KB234395

한국사회 대립과 갈등 진단(상)

한국사회 대립과 갈등 진단(상)

이진호 지음

한국학술정보(주)

머리말

갈등에는 하위요소와 상위요소가 있다. 상위요소인 정치갈등이 해소되면 큰 갈등은 해소된다. 한 국가에서 가장 큰 공식적인 사회단체는 정당이다. 그 정당을 운영하는 핵심 인물이 정치인이다. 실질적인 정치는 정당과 그에 소속된 정치인에 의해 이루어진다. 정치인 중에는 대통령과 국회의원, 자치단체장과 자치단체의원, 정무직공무원 등이 핵심이다. 이들 모두 갈등을 해소하고 국론을 통합해 국가발전을 선도해야 할 위치에 있는 사람들이다. 그런데 오늘날 대한민국에는 정당과 그에 소속된 정치인이 오히려 사회갈등을 조장하고 있다. 우리가 한국 사회의 정치갈등 문제를 우려하는 것은 정치가가 제 역할을 다하지 못하고 있다는 것이다. 정치가 제 역할을 하면, 하위요소에 해당하는 노사갈등과 빈부격차 문제 같은 제반 사회갈등 문제의 해결은 물론 갈등을 국가발전을 위한 원동력으로 전환할 수 있다. 그런데 정치가 제 역할을 하지 못하면 갈등을 해소할 수 있는 주체가 없어지는 것과 같다. 이는 심각한 일이다. 갈등이 심화되면 국가의 권위와 법치가 도전을 받고 사회는 혼란으로 빠져들어 불공정한 사회가 될 가능성이 크다. 혼란하고 불공정한 사회에서는 권력과 힘을 가진 사람 그리고 그들에 아부하는 조리

부동한 사람들만 득세하는 세상이 될 수밖에 없다.

　권력을 가진 자들이 제 밥그릇 챙기기에 골몰하여 정실인사와 청탁이 횡행하면, 자라나는 우리 아이들이 힘들게 노력해도 자신의 실력을 펼칠 기회가 보장받기 어려워진다. 그렇게 되면 사회는 갈등, 대립, 투쟁, 반목을 거듭하며 힘으로 자신이 성취하고자 하는 것들을 쟁취해 나가야 하는 상황이 만들어질 수도 있다. 이것은 우리가 바라는 살기 좋은 세상이 아니다. 우리가 바라는 살기 좋은 세상은 공정한 사회이다. 공정한 사회는 법과 규칙이 지켜지는 가운데, 공정한 기회가 주어지고 자신이 가진 실력을 인정받고 성취해 나가는 사회이다. 이런 사회를 만들기 위해서는 규칙과 실력이 통용되는 사회가 되어야 한다.

　사회갈등 문제를 해결해야 할 이유는 여러 가지가 있지만, 공정한 사회를 만드는 것이 가장 중요한 요소 중 하나다. 그리고 대한민국이 선진국이 되고 세계를 선도하는 국가가 되기 위해서는 반드시 누군가가 나서서 사회갈등문제를 파헤치고 통제할 수 있는 길을 열어야 한다. 우리가 스스로 공정한 사회, 자부심을 갖는 국가가 되지 못하면 단순하게 국민소득이 3~4만 달러에 이른다고 하여 크게 좋아할 일도 아니다. 공정하지 못한 사회에서는 부가 편중되기 때문에 국가발전은 오히려 빈부격차만 크게 만들 수도 있다. 그러므로 대한민국이 선진국에 진입하고 세계를 선도하는 일류국가가 되기 위해서는 반드시 사회갈등을 통제할 수 있는 체계를 만들어야 한다. 이것이 우리 시대에 주어진 역사적 사명이다. 그런데 오늘날 대한민국 정부와 정치권은 사회갈등이 국가 최우선 해결과제가 되고 있음에도 이렇다 할 대책을 내놓지 못하고 있다. 사회통합위원회가 출범했지만, 본질적인 정치갈등 문제는 제대로 다루지도 않는다. 전체적인 상황을 알지 못하고 지엽적인 문제를 통하여 전체적인 문제를 풀려고 하면 제대로 풀리지 않는다.

　이러한 현실을 고려하여 한국사회의 갈등을 해소하는 방안을 찾기 위해 국민으로서 소명의식을 갖고 사회갈등 문제를 연구하기 시작했다. 이 책은 5년 동안의 사회갈등에 대한 연구결과이다. 한국 사회갈등의 원인을 분석하고 해결방안을 제시하는 데 주력했다. 그림에 비교하면 완성품이 될 수는 없을지 몰라도 후학들에게 한국사회 갈등이 어디에서 무엇 때문에 시작되었으며, 해법은 어떤 것이라는 전체적인 윤곽은 한눈에 보고 파악할 수 있도록 그 큰 틀을 제시했다. 또한 세부 내용을 참고하여 각자가 자신이 원하는 그림을 그릴 수 있는 밑그림으로 곧바로 활용할 수 있을 것으로 생각한다.

　우리의 사회갈등 문제를 해결할 수 있는 방법은 첫째는 국회가 정상화되는 것이다. 둘째는 국회가 정상화되기 위해서는 국회의원들이 법규를 준수하고 절차와 민주주의 원리를 존중하고 실천해야 한다는 것이다. 대화와 타협, 양보 그리고 열심히 공부하고 일하는 모습을 보여주고 정당성과 합리성을 추구해야 한다. 알아도 실천하지 않으면 하는 것이 아니다. 셋째는 가정에서 남을 위한 공부, 나눔과 배려하는 교육을 실시해야 한다. 넷째는 법규와 원칙을 준수하는 사회화 교육, 땀 흘려 돈을 벌어야 한다는 제대로 된 경제교육, 다른 사람과 더불어 살아가야 한다는 인성교육을 실시해야 한다. 다섯째는 대통령과 정치인들이 뛰어난 지도력과 문제해결능력을 갖추어야 한다. 특히 대통령이 위법을 하고도 책임을 지지 않은 비도덕적인 사람을 능력 운운하며 정무직공무원에 임명하는 일은 하지 말아야 한다. 인사가 만사기도 하지만, 사회적 학습을 통해 법과 규칙이 이기주의에 의해 도전받는 심각한 부작용을 불러일으키기 때문이다. 이것이 기본이다. 그 밖의 문제는 사안에 따른 연구를 통해 대응해 나가면 된다.

　사회갈등은 나타나는 현상이다. 국가적인 차원에서 일어나는 현상은 누구도 개인의 힘으로는 그 자료를 수집하는 데 한계가 있다. 그리고 사실 자체에 대한 객관성 문제도 발생한다. 따라서 이러한 제약을 극복하기 위해 언론기관이 보도한 자료와 공인연구기관이 연구한 자료, 관련 분야 전문서적 내용을 많이 인용했다. 이 책에서 참고가 된 내용은 모두 그 근원을 찾을 수 있도록 주석을 붙여 언론기관, 출판사, 저자 등 각자의 노력이 동시에 전달되도록 하였다. 지식은 선대 또는 동시대를 살아가는 누군가의 노력에 의해 축적된 것이지만, 내가 더욱 발전시켜 다른 사람은 물론 후대에 물려주는 것이다. 이 책 또한 다른 사람과 국가를 위해 도움이 되는 용도로 사용되기 바란다.

2010년 12월 1일

이 진 호

제3장　정치사회갈등에 대한 의문과 이해 제고

제1절 정치사회적 쟁점 분석

제2절 정치사회갈등에 대해 갖는 의문

제4장 주요 사회 갈등 사례 분석

사례 1: 촛불시위의 전말

표 · 그림 차례

제1장

다원주의와 사회적 갈등

공동체 사회와 한국정치

1. 무질서 속의 질서 세상의 이치

세상 속에 존재하는, 생명이 있는 생물과 생명이 없는 무생물 또는 사물(事物)을 자세히 들여다보면 나름대로 일정한 규칙이 있고 그 속에는 질서와 무질서가 공존한다. 거시적인 측면의 우주나 지구적 관점, 생태계의 관점에서 보면 세상은 질서가 너무나 잘 짜여 있다. 사계절의 순환 속에서 매일 해가 뜨고 진다. 조수와 간만의 변화에 따라 일정한 해면 높이도 유지된다. 사람들이 끊임없이 소금을 채취하고 많은 비가 오거나 빙하가 녹아내려도 바다의 염도는 거의 변함이 없다. 공기 중에는 질소와 산소 등 주요성분 구성비가 거의 일정하다. 태양열에 의한 물의 순환 속에 온도와 습도가 적당하게 유지되기 때문에 온갖 생물들이 제각기 삶을 영위(營爲)할 수 있다.

생태계는 특정한 개체가 너무 과도하게 증가하지 않도록 모든 생물

은 일정한 수명이 주어져 있고, 먹이사슬에 의한 견제와 순환구조도 작
동된다. 먹이사슬의 최상위에 있는 인간도 질병, 노화, 전쟁 등에 의해
최하위에 존재하는 미생물에 자양분을 공급하는 기본적인 체계 속에서
살아간다. 가끔 이상기후현상이 나타나기도 하지만 그것은 인간이 그
렇게 인식하는 것일 뿐 아직 지구 전체 기후체계 자체를 근본적으로 변
화시키는 단계에까지 이르지는 않고 있다. 그리고 미시적인 측면에서
보면 같은 개체군들끼리 옹기종기 모여서 짝을 이루고 자연 속에서 먹
이를 찾아 생존을 영위하며 번식을 통해 새로운 세대가 끊임없이 태어
나고 기성세대는 사라져간다. 개체군을 벗어난 생명체는 대부분 먹이
사슬 체계의 상위단계에 있는 개체에 의해 공격을 받는다.

자연의 체계 속에 인간도 포함된다. 개인의 생리현상과 건강 유지,
행동양식은 비교적 질서가 잘 정리되어 있다. 피곤하면 잠자고, 배고프
면 음식을 먹는다. 성인이 되면 번식을 위해 남자와 여자가 관계를 맺
고 자녀를 가진다. 당연히 나이가 들면 죽는다. 세상은 이렇게 거시적
인 측면과 미시적인 측면에서의 질서와 체계가 잘 정리되어 있다. 하지
만 자연 속에는 끊임없이 변화가 일어난다. 모든 동식물이 자연적인 생
로병사 현상에 따라 천적이나 노화, 경쟁, 자의적인 개체 수 조정을 통
해 질서를 유지하고 삶을 영위한다. 이러한 자연계 내부의 질서가 가까
이서 보면 한없이 무질서해 보이지만 거시적인 측면에서 보면 질서와
무질서가 공존하고 상호 견제와 균형 속에 치열한 생존경쟁이 이루어
지는 공간은 인간이 꿈과 이상을 펼치는 삶을 영위하고 존재할 수 있는
최적의 조건을 만들어 준다.

인간은 완전한 것을 지향하지만 완전한 것은 더는 발전이 없다. 일시
적으로 완벽한 것으로 평가될 수 있는 것은 있지만, 그것은 어디까지나
특정 시점에서 순간적으로 나타날 수 있는 현상이나 결과일 뿐 영원한

것은 아니다. 이 세상에 변화까지를 수용할 수 있는 완벽한 것은 아무 것도 없다. 인간 자체가 불완전한 존재이기 때문에 인간이 만든 모든 법과 제도도 마찬가지다. 완벽한 것은 이상향일 뿐 현실적으로는 존재하지 않는다. 우리는 그것을 알면서도 끊임없이 완전함을 추구하고 완전해지기 바란다. 그 이유는 불완전, 불평등, 무질서가 인간이 존재할 기회를 제공하고 완전, 평등, 질서에 근접하려는 노력을 통해 발전을 추구하면서 삶의 의미를 찾도록 세상의 이치가 만들어졌기 때문이다. 만일 모든 것이 질서 정연하고 완벽하며, 모두에게 평등하다면 인간이 더는 노력하고 개선하거나 창조해야 할 것은 존재하지 않게 된다. 먹을 필요도 없고, 감정을 표현하는 정서도 없으며, 심지어 어른이나 아이의 구별은 물론 생로병사도 없기 때문에 존재의 의미가 없을 수밖에 없다.

그렇다고 불완전한 것, 불평등한 것, 무질서를 내버려두면 갈등과 대립이 양산되고 확산하여 모든 것은 혼란과 혼동에 빠져들게 하고 혼란은 결국 파국으로 치닫게 한다. 인간은 이러한 폐해를 예방하고 자존중감을 실현하기 위해 자신을 스스로 존중하고 타인으로부터 존재를 인정받으며 안정적으로 에너지를 확보하기 위한 노력을 벌여왔다. 그러나 인간의 생존에 필요한 자원은 부족하고 에너지를 확보할 수 있는 능력은 제각기 다르다. 신체와 지능의 조건, 기술이나 방법, 정서, 욕망, 성취도 등 여러 가지 개인적인 차이는 노력을 통한 생존경쟁을 유발한다. 경쟁결과는 희비를 만들고 개인 간의 희비 차이는 자원의 불균등 분배로 충분한 자원을 확보하지 못한 사람들에 의해 사회 내부에 갈등과 불만이 커진다. 이러한 잠재적 갈등과 불만을 통제하고 공정한 경쟁을 통한 이해관계 조정과 질서 확보를 위해 국가 체계와 법률의 필요성에 대한 요구는 더욱 강화된다.

결국, 인간 삶의 가치는 끊임없는 노력을 통하여 두질서 속에서 완전한 질서를 만드는 순환과정 속에 존재하며 불안과 불완전 속에서 안정과 완전한 것을 추구하는 삶을 영위한다. 따라서 이해관계에 대한 경쟁으로 유발되는 갈등과 대립을 통한 혼란은 우리나라만의 독특한 현상이 아닌 인간 존재 자체가 가지고 있는 보편적인 모습이다. 그럼에도, 우리사회의 갈등과 대립으로 말미암은 혼란이 우려되는 것은 갈등을 해결하고 국가발전을 선도해 나가야 할 본원적 책무를 가진 정치인이 자신들의 권력에 대한 탐욕을 채우기 위해 인간의 가장 보편적인 삶의 방식인 불안과 불완전함에서 안정과 완전함을 추구하는 순리적인 방법에 역행하여 갈등과 반목을 부추겨 대립하게 하고 혼란을 불러일으키고 있다는 점이다.

오늘날 한국사회의 갈등과 대립은 이기적인 정치가의 권력 향유에 대한 집착이 만들어낸 폐습(弊習)이다. 한국의 정당이나 정치인은 자신들의 권력 획득을 위해 공공연하게 국민을 대립과 분열 속으로 몰아넣고, 혼란을 부추기고 있다. 일회성으로 끝나는 것이 아니라 하나의 사안에 대한 여론이 채 수그러들기도 전에 다른 문제를 촉발시켜 다시 정쟁을 이어나가는 나쁜 버릇을 계속해 내보이고 있다. 아무리 큰 사회적 비용이 발생해도 아무도 책임을 지지 않는다. 제대로 사과하는 사람도 없다. 오르지 여론을 환기시키고 국민의 주의를 집중시켜 정국을 주도하고 선거에서 많은 지지를 받아 권력을 획득하면 우리 마음대로 할 수 있다는 자기중심주의 사고에 갇혀 있다. 항상 그럴듯한 말로 유권자들을 현혹하지만 진정으로 국가발전과 국민을 위한 정치가는 찾아보기 어렵다. 정당성과 합리성을 추구하지 않고 여론에 편승하는 정치를 한다. 그러므로 권력이 바뀌어도 여야의 역할과 입장만 변화되었을 뿐 이전투구1)(泥田鬪狗)하기는 마찬가지다. 참으로 개탄스러운 일이라 하지

---

1) 이전투구(泥田鬪狗)는 진흙탕에서 싸우는 개라는 뜻으로 명분이 서지 않는 일로 몰골사납게 싸움을 이르는

않을 수 없다.

세상은 발전과 진브를 위해서는 많은 에너지가 필요하다. 1868년 독일의 물리학자 루돌프 클라우지우스(Rudolf Clausius)는 이용 가능한 에너지의 상실을 엔트로피(entropy)라 명명하여 사용하기 시작했다. 열역학 제1법칙은 우주의 에너지 총량이 일정하며 에너지가 새로 생성되거나 소모될 수 없다는 내용이다. 에너지가 소모되었다고 하는 것은 실은 에너지가 그 형태를 바꾸었다는 의미가 된다. 열역학 제2법칙은 에너지가 변환될 때는 항상 일정한 방향, 즉 엔트로피가 증가하는 방향으로 이루어진다는 내용이다. 다시 말해 에너지는 이용 가능한 것에서 불가능한 것으로, 얻을 수 있는 것에서 얻을 수 없는 것으로, 질서에서 두질서로 움직인다.[2]

인간이 가진 에너지는 개인이나 집단, 사회 모두 유한한 것이다. 그러므로 우리는 대한민국이 가진 에너지를 한번 사용하여 이용 불가능한 것으로 끝나게 해서는 안 된다. 그리고 에너지를 사용함으로써 무질서가 형성되는 것을 내버려둬서도 안 된다. 열역학 제1법칙은 에너지의 순환 의미를 내포하고 있다. 국가적 관점에서 볼 때 열역학 제2법칙에 의한 에너지의 변환이 제1법칙으로 선 순환되는 구조를 갖기 위해서는 정치가들이 국민이 사용하는 에너지가 소모되는 것으로 끝나는 것이 아니라 순환되어 다시 사용될 수 있도록 할 필요가 있다. 그 방법은 국민이 에너지를 사용하여 분출하는 갈등을 잘 조정하여 발전적인 방향으로 전환하는 일이다. 이런 의미에서 보면 정치가의 역할은 아주 중요하다. 그런데 오늘날 대한민국은 국민과 정치가의 역할이 거꾸로 된 것 같은 느낌이 든다.

말이다.

2) 전흥신 · 김형택 저(2006), 『에너지 · 연소 · 환경』, 한티미디어, p.9~10

국민은 힘겹게 에너지를 결집해 발전을 지향하며, 무질서에서 질서를 향해 나아가려고 노력하는데 정치는 파국으로 향할 수 있는 갈등과 혼란을 조장하며 국가와 국민의 앞길을 가로막는다. 질서는 편하고 좋은 것이기 때문에 반드시 그만한 노력과 대가를 필요로 한다. 국민이 잘못된 정치를 바로 세우기 위해 나서는 것도 국민과 정치인이 하나 되어 더 낫고 좋은 상태인 질서와 완전함을 향해 나아가도록 하기 위함이다. 발전과 성장 에너지가 충만하고 비상을 꿈꾸는 국민을 막아서 분열을 획책하는 사람이 어떻게 제대로 된 정치인이라고 할 수 있겠는가? 이제 더는 한국의 정치인들은 국가의 앞길을 막고 국민의 노력을 외면해서는 안 된다. 어차피 권력은 정치가에게 돌아간다. 순리에 따르면 될 것을 꼭 국론을 분열시키고 국민이 혐오하는 저급한 정쟁으로 진흙탕 싸움을 하며 가져가야 하겠는가? 정치인에게도 양심이 있다면 가슴에 손을 얹고 지금 무슨 행동을 하고 있는지 한번 생각해 보기 바란다.

2. 공동자산의 비극

1) 자유와 공유자산에 대한 접근

오늘날 공동목장의 비극을 우리 정치 현실에 비추어 반추(反芻)하는 것은 국가의 구성원인 국민과 정치지도자가 국익을 우선하지 않고 개인이나 집단의 이익을 앞세웠을 때 닥쳐올 수 있는 위기가 무엇이라는 것을 잘 일깨워주기 때문이다. 공유자산의 비극은 주로 경영학에서 공공재의 효율적인 분배의 중요성을 강조하거나 환경운동을 하는 시민단체들이 오염문제의 심각성에 대한 경각심(警覺心)을 불러일으켜 자연의 중요성을 일깨워주기 의한 목적으로 많이 인용한다. 하지만, 공유자산의 비극은 단순하게 경영이나 환경문제에 국한된 것이 아니다. 국가도 마찬가지다. 국민, 특히 사회적 영향력을 가진 정치가와 관료들이 개인적인 이익을 앞세워 국가자원을 남용할 때 공유자산의 비극을 피할 수 없다.

공유자산의 비극3)(The Tragedy of Commons)은 1968년 미국 캘리포니아 대학의 하딘(Garret Hardin)이 사이언스(Science)지에 발표한 논문이다. 공유자산에 악영향을 미치는 활동에 대해 완전한 자유를 허용한 사회는 실패하기 마련이라는 것이 기본 주장이다. 하딘이 예로 든 것은, 해당 지역의 가축 사육자라면 누구나 이용할 수 있는 공용 방목장이었다. 최대의 편익을 추구하려는 사육자라면 누구나 자신의 가축 수를 늘리고자 한다. 그래야 추가소득을 올릴 수 있을 것이기 때문이다. 사람들은 대개 단기적으로는 지나친 방목에 의한 영향이 크지 않으리라고 생각한다. 그러나 어느 시점에 이르면, 공용 목초지의 크기와 풀의 양에 따라 다르기는 하겠지만, 가축의 수가 늘어나면 지나친 방목으로 말미암아 목초지가 파괴되어 결과적으로 모두에게 재앙이 된다.

공유자산 비극의 현대판을 하버드대학의 브룩스(Harvey Brooks)가 다루었다. 자가용 승용차는 이동 편의성, 사생활 보호, 안전성으로 말미암

---

3) 공동목장의 비극: 어느 마을에 20가구가 살고 있으며 집집마다 소유한 젖소를 함께 기르는 공동 목장이 있다. 목장은 20마리를 기르기에 딱 알맞다. 가구 당 젖소 한 마리씩 기르면 언제나 풀이 충분하고 모두 맛있는 우유를 즐길 수 있다. 이런 상태가 계속 유지되면 아무 문제도 발생하지 않는다. 그러나 어느 한집에서 젖소 두 마리를 이 목장에서 기르면 전체적으로 풀이 모자란다. 그렇다고 대단한 변화가 일어나는 것은 아니다. 굶어 죽은 젖소가 나오지도 않는다. 그러나 젖소마다 매일 먹는 풀이 줄어들므로, 젖소 한 마리당 생산되는 우유의 양은 감소한다. 젖소 전체가 생산되는 우유의 양은 종전과 같은데 그것을 20등분이 아니라 21등분해야 하기 때문이다. 그 결과는 어떻겠는가? 젖소 한 마리를 목장에 더 집어넣은 가구는 이전보다 더 많은 우유를 얻는 반면 다른 가구들은 우유가 줄어든다. 그러자 눈치를 챈 다른 집에서도 한 마리씩을 더 집어넣을 것이다. 인간의 이기심이 발동하게 된다. 이제 젖소 20마리만 키울 수 있는 목장에 40마리가 풀을 뜯게 된다. 이쯤 되면 우유 생산량이 줄어드는 정도로 문제가 그치지 않게 된다. 40마리의 젖소에 짓밟힌 목장은 황폐해지고 풀은 더 이상 자라지 못해 40마리 모두 죽어 버릴 것이다. 각 가정은 자기 이익을 확대하기 위해 가장 적절하고 논리적인 판단에 따라 행동했다. 그러나 이런 각 개인의 행동이 동시에 나타나자 공동 파멸의 비극이 초래된 것이다. 공동목장의 비극은 1833년 윌리엄 포리스터 로이드라는 사람이 쓴 글인데 이것을 1968년 미국 캘리포니아 대학교 교수인 윌리엄 하딘이 공유자산의 비극이라는 논문에 인용하면서 세상에 널리 알려지게 되었다.

아 출퇴근, 등하교, 쇼핑 등에서 즐겨 이용한다. 교통량 수준이 낮을 때는 현대 생활의 수요에 논리적으로 완벽한 수단이 자가용 승용차이다. 그러나 교통량이 임계수준에 도달하면 교통망이라는 공유자산이 모든 교통량을 다 수용할 수 없다. 고장 난 자동차, 배달용 트럭, 사소한 사고 등 도로에서 작은 혼란이 생겨도 운전자는 몇 분이나 몇 시간을 낭비해야 하며, 의도와는 정반대의 현상이 벌어진다. 이를테면 오늘날의 로스앤젤레스, 도쿄, 나폴리, 방콕, 멕시코시티 등에서 볼 수 있는 도로망 공유자산 체계의 혼잡이 대표적이다.

공용 목초지나 공용 도로망은 국지적 사회체계이고 쓰레기의 무단배출이나 소각에 의한 매연 방출도 기본적으로 국지적 문제의 예이므로 국지적 조치로 대처할 수 있다. 그러나 환경 공유자산 중 물이나 공기의 교란 유형(pattern)은 이러한 경우와 다르다. 수권이나 기권은 국지적 공유자산(local commons)이 아니라 지구적 공유자산(global commons)이기 때문이다. 세계적으로 개인이 자신의 이득을 위해 변형시킬 수는 있지만, 남용하면 모두가 손해를 보는 체계(system)이다.[4] 그러므로 사회 공유자산에 대해 우리는 보다 신중하게 접근하고 행동해야 한다. 공익보다 개인의 이익을 앞세우면 그 결과는 모두에게 피해로 돌아가고 종국에는 혼란과 파멸에 이른다는 답은 이미 나와 있다.

2009년에 이어 문화 예술계의 케케묵은 논란이 2010년에도 반복되었다. 이러한 논란의 중심에 선 작품은 연극 '교수와 여제자'이다. 이 극은 교수와 여제자의 관계를 통해 중년 남성의 성(性)에 대한 정체성을 찾아간다는 내용으로 구성되어 있다. 그러나 여배우의 전라 연기와 사실적인 성(性) 묘사 때문에 기획 의도는 온데간데없고 '노출'로 관심이 쏠렸다.[5] 이미 서울에서 공연할 때 관객의 돌발적인 행동으로 주연 여

---

4) T. E. Graedel · B. R. Allenby 저, 조영일 역(2004) 『산업생태학』, 도서출판 한산. p.1~2

배우가 교체된 바 있다. 그런데 2010년 6월 4일 오후 5시 대전 중구 대흥동 홍명아트홀에서 펼쳐진 알몸연극 '교수와 여제자'의 대전 첫 공연에서 40대 관객이 연극 무대로 뛰어올라 여배우를 끌어안는 돌발 사태가 또 발생했다. 공연이 중반에 접어든 5시 45분경 여배우가 옷을 벗어 전라의 몸매가 드러나자 객석에 앉아 있던 L모 씨(46)가 갑자기 무대 위로 뛰어올라 여배우를 끌어안았다. 이 상황을 지켜보던 일부 관객들은 '이 장면도 연극 일부분의 퍼포먼스인가'하며 어리둥절해했지만 그렇진 않았다. 곧바로 극장 내에 있던 직원 3명이 무대로 올라가 여배우를 끌어안은 L씨를 공연장 밖으로 끌어냈고, 급기야 L씨가 경찰에 인계되기도 했다.6) 이처럼 교수와 여제자는 연극 장면에 관객이 유혹되고 관객의 행동이 연기자에게 위협이 되는 등 논란의 대상이 되었다.

여기에서 한 걸음 더 나아가 이번에는 국내에 '알몸 삼림욕촌'이 생긴다고 한다. 전남 장흥군은 2010년 초부터 국비와 군비 45억 원을 들여 장흥읍 장평면 우산리에 있는 편백 숲 20ha를 사들이고 이 숲에 움막 6개와 평상 5개를 설치해 삼림욕 촌으로 조성 중이다. 특히 이 숲에서는 이용객이 남녀 구별 없이 몸에 아무것도 걸치지 않은 채 숲길을 걷거나 누운 채로 산림욕을 할 수 있다고 해 관심을 모았다. 이를 위해 산책로는 숲 외곽으로 옮겼고 삼림욕 객들끼리 잘 보이지 않도록 움막과 평상을 배치하고 동선을 짰다. 장흥군은 애초 이곳을 '누드 삼림욕촌'으로 이름 지으려 했지만, 여러 사항을 고려해 비비드 에코토피아(Vivid Ecotopia: 생생한 생태계적으로 이상적인 장소나 상황)로 명명했다. 장흥군 측은 서로 모르는 남녀가 알몸으로 섞여 노는 게 아니라, 가족이나 친구들끼리 일정한 공간 안에서 휴식하기 때문에 도덕적으로 별 문제

---

5) 국민일보 2010. 1. 18.
6) 뉴시스 2010. 6. 5.

가 없을 것으로 보고 있다. 지역의 산림자원인 편백의 가치를 전국에 알리고 상표(brand)화하기 위해 나체로 숲을 거닐 수 있는 구간을 포함해 치유의 숲을 조성, 산림 관광자원 개발과 관광객들에게 볼거리를 제공하기 위해 이 같은 시설을 만들었다. 편백은 스트레스 해소, 장ㆍ심폐 기능 강화, 살균작용에 효과적인 피톤치드 향을 발산하는 식물이다. 2010년 8월부터 운영에 들어가 2010년 말까지 방문객들에게 무료로 시설을 개방하며, 치유의 숲 시설이 완벽하게 구축되는 2011부터 입장료를 받을 계획7)인 것으로 알려지면서 한동안 논란의 대상이 되었다.

혼자가 아닌 가족이 있는 상태에서는 자기 집에서도 옷을 막 벗어서는 안 된다는 것이 문명화된 사회의 상식이다. 그런데 제작자 측은 수익을 목적으로 상연하면서 제한된 공간이고 예술의 자유와 표현의 자유가 있기 때문에 그러한 상연을 해도 무방하다고 생각하고, 지방자치단체인 장흥군도 지역의 자원을 활용하기 때문에 괜찮은 것으로 판단한 것 같다. 그러나 교수와 여제자를 상연하는 극단과 장흥군의 속내는 사실 이윤 추구 행동에 지나지 않는다. 돈벌이 수단이 되고 실제 돈벌이가 되기 때문에 논란의 대상이 되는 것을 알면서도 하는 것이다. 돈이 안 된다면 하라고 해도 안 할 것이다.

물론 시중에 성인관련 영상물도 많이 유통되고 외국에는 나체촌이나 가족이 혼욕하는 곳도 있으므로 별로 대수로운 일이 아닐 수도 있다. 하지만, 나와 우리의 행동이 국부적인 영향으로 그치지 않고 사회적 논란의 대상으로 발전할 때는 그것이 더는 확산하지 않도록 노력하는 것이 바람직하다. 방죽은 작은 구멍 하나에서 시작하여 무너진다. 논란의 대상이 될 만한 문제나 행동은 법에 따른 처벌이나 여론의 비난에 앞서 스스로 자제하려는 자세가 중요하다. 모든 인간은 천부인권적 자유를

---

7) 서울경제 2010. 7. 30.

갈망하지만, 민주주의는 그 자유가 오히려 안정을 해친다는 것을 알기 때문에 공존공영을 의해 법규를 통하여 개인의 자유를 일정부분 제한하면서 동시에 타인으로부터 보호될 수 있는 영역을 만들어 준다. 그런데 모두가 나 하나쯤 어떻게 해도 괜찮겠지 하는 생각과 개인의 자유를 앞세워 기존 사회질서와 체계, 법률을 훼손하거나 도전하는 행동을 시작하면 결국 모두를 위험 속으로 몰아넣을 수밖에 없다.

오늘날 우리에게 주어진 자유는 무한대의 자유가 아닌 국가에 의해 통제되고 법률로 허용된 것으로 개인이나 지자체가 다음대로 행할 수 있는 자유가 아니다. 국가로부터 전혀 통제받지 않는 무한대의 자유가 좋을 것 같기도 하지만, 그러한 자유는 타인으로부터 나의 안전을 지켜주지 못하기 때문에 가치와 의미가 없다. 따라서 지나치게 억압받고 통제되는 자유도 곤란하지만, 우리 모두의 안전과 안정을 확보하기 위해 제정된 법규는 스스로 지키기 위해 노력해야 한다. 미풍양속도 쉽게 허물어서는 곤란하다. 표현의 자유를 내세워 개인이나 지자체가 규정을 훼손하고 질서를 파괴하면 공동목장의 비극처럼 결국에는 모든 사람이 피해자로 전락할 수 있다는 점을 염두에 두고 행동해야 한다.

2) 부산 남구와 경기도 성남시 사례의 시사점

부산시 남구, 경기도 성남시, 대한제국의 몰락이 주는 교훈의 공통점은 공유자산에 대한 관리에서 행정기관의 수장이나 정치가가 권력을 누리면서 무능하고 무책임하며, 공무원이 적당히 거기에 편승할 때 어떤 결과가 나타나는지 그 결과를 보여주는 좋은 사례이다. 한국의 민주화 주도 세력은 자신들의 업적에 대해 자랑스럽게 말한다. 그 중 상당수는 현실정치에 참여해 지방자치제도가 시행되도록 하는 데 이바지했다. 그러나 오늘날 전국 곳곳의 지자체에서 나타나는 문제점에 대해 아무도 책임을 지지 않고 함구하는 무책임함으로 일관하고 있다. 즉 공적은 말하고 과오나 책임에 대해서는 애써 모른 체 한다.

(1) 부산 남구 지방채 발행

부산광역시 남구는 2009년 말 지자체 처음으로 월급 줄 돈이 없어 지방채를 발행해 20억 원의 빚을 낸 것으로 밝혀졌다. 지방채는 2년 거치 5년 만기 상환(대출금리 3.25%) 조건으로 조달됐다. 이는 종전 체육센터나 도로 건설 등 특정 사업에 대해서만 할 수 있었던 자치구의 지방채 발행이 세계적 금융위기 등으로 말미암아 2008년 한시적으로 인건비 조달 등까지 포괄적으로 가능하도록 허용된 데 따른 것이라고 한다. 남구 측은 부동산 경기 하락 탓에 중앙 정부의 부동산교부세 지원 규모가 줄고, 재산세 등 자체 세수도 급감, 2009년 말 환경미화원 인건비와 퇴직금 11억 2천여만 원, 공무원 연가보상비 3억 7천여 만원, 국·시비 보조사업 구비부담금 3억 천여 만 원, 일상 경상경비 2억 2천여 만원 등으로 사용할 재원이 없어 돈을 빌렸다. 종전엔 예비비, 국·시비 지원 등으로 이리저리 돌려막을 수 있었으나 2009년엔 자체적으로 부족분을 메울 수 없었다.[8]

부동산 값이 내리면서 재산세 같은 세입(歲入)과 정부의 지방교부금이 크게 줄어 어쩔 수 없었다고 했지만, 사정은 다른 지자체도 비슷한데 왜 남구만 빚을 졌는지는 설명하지 못한 것으로 알려졌다. 남구는 2005년부터 437억 원을 들여 새 청사를 짓고 체육센터 등을 세우느라 몇 년 사이 120억 원을 빌려 썼다고 한다. 부산시는 "그 바람에 예산 운용에 어려움을 겪는 것 같다"고 말했다. 우리나라는 1995년 본격적인

---

8) 조선일보 2010. 1. 27.

지방자치제 시행 이후 수천억[9]짜리 호화 청사를 짓거나 전시성·선심성 행사에 예산을 허루루 쓰는 곳이 수두룩하다. 외국 지자체 파산이나 재정 비상사태를 남의 일로만 여길 수 없는 상황이다.[10] 다행히 부산 남구는 아직 파산상태는 아니다. 하지만, 외국에는 지자체들이 선심성 정책을 추진하여 파산지경에 이른 곳이 적지 않다. 남구는 우리나라도 그러한 상황이 충분히 일어날 가능성이 있음을 시사해 준다.

(2) 경기도 성남시 지불 유예 선언

성남시는 2009년 11월 18일 총사업비 3천222억 원이 투입되어 논란을 빚은 호화 신청사를 개청[11] 그동안 끊임없이 논란의 대상이 돼왔다. 그런데 결국 그동안 우려되어 오던 지자체 방만 경영이 성남시에서 터졌다. 4년 동안 판교특별회계[12]에서 5400억 원을 전용해 쓰고, LH(한국토지주택공사)와 정부에 갚아야 할 5천2백억 원에 대해 지급 유예를 선언하자 논란이 일고 있다. 지방정부의 방만한 예산 운영이 지급 유예 사태를 초래한 것이다. 이와 관련, 일각에서는 5기 지방정부가 여당에서 야당으로 대거 고체됨에 따라 그동안 무사안일한 재정운용과 일방통행식 도시계획 수립 등이 뒤집히는 것으로 보고 있다. 서울시는 오세훈(한나라당) 시장이 중점사업으로 추진해 오던 한강 주운 사업이 삐걱대고 있고, 인천시는 전임 안상수(한나라당) 시장이 추진하던 굴업도 휴

---

9) 조선일보 2009. 11. 18.

10) 조선일보 2010. 1. 27.

11) 조선일보 2009. 11. 18.

12) 판교특별회계(5400억 원)는 판교지구 택지개발을 하면서 거둬들인 토지매각 대금으로 조성된다. 수익금이 아니라 대부분 상환하거나 부담해야 할 자금이다. 특별회계 자금 중 개발초과0 익금(2900억 원 추정)은 광역교통시설 등에, 기반시설조성비(2300억 원 추정)는 판교 기반시설 설치에 사용해야 한다. 성남시의 판교지구 개발지분은 20%다. 판교특별회계는 판교신도시 개발사업과 사업 후 공공시설 건설에 사용토록 시 조례에서 정하고 있다. 그러나 시는 이를 다른 용도로 사용한 셈이다. 성남시 관겨자는 "시 예산이 부족해 판교특별회계에서 전용했다. 특별회계에서 일반회계로의 전용이 가능한 만큼 불법은 아니다"라고 설명했다.

양시설 프로젝트와 계양산 골프장 사업이 불투명해진 상황이다. 하지만, 새 지방권력이 전임자가 해 온 정책을 무턱대고 바꿀 때 매몰비용[13]을 시민이 부담해야 하는 문제가 생긴다.

이재명 성남시장은 2010년 7월 12일 기자회견을 하고 "판교신도시 조성사업비 정산이 7월 중 완료되면 2007년부터 LH와 국토해양부 등에 5천2백억 원을 내야 하지만, 현재 성남시 재정으로는 이를 단기간 또는 한꺼번에 갚을 능력이 안 돼 지불 유예를 선언한다"고 밝혔다. 성남시의 전용금 상환계획에 따르면 2011년 1천억 원, 2012년 2천억 원, 2013년 2천억 원, 2014년 400억 원을 나눠 상환하는 방안을 시 의회에 제출한 상태다. 그러나 상황이 녹록치 않다. 당장 성남시 2011년도 예산은 2010년보다 23%나 줄어든 1조 7천억 원에 불과하다. 기존에 벌여놨던 사업을 하기에도 빠듯하다. 성남시가 발행하려는 지방채 규모도 460여억 원에 불과하다. 현재까지 발행한 지방채는 모두 131억 원이다. 성남시 뜻대로 지방채 발행과 세입이 여의치 않을 때 결국 신규사업이나 기존 사업 추진을 대거 줄일 수밖에 없다. 애초 상환계획보다 장기간에 걸쳐 혈세로 메워야 하는 상황도 배제할 수 없다. 특히 상환자금 마련에 실패할 때 '제2의 모라토리엄[14]' 선언도 불가피하다[15]고 한다.

---

13) 매몰비용(sunken cost)이란 이미 지출되었기 때문에 회수가 불가능한 비용을 말한다. 물건이 깊은 물속에 가라앉아 버리면 다시 건질 수 없듯이 과거 속으로 가라앉아 버려 현재 다시 쓸 수 없는 비용이라는 뜻이다. 경제학에 있어 매몰 비용은 이미 지출되었기 때문에 합리적인 선택을 할 때 고려되어서는 안 되는 비용이다. 예를 들어, 영화 관람료를 이미 지불한 상태에서 아직 영화를 보지 않았다면 영화 관람료는 매몰비용에 해당한다. 따라서 그 상황에서 영화를 볼 것인가 혹은 다른 일을 할 것인가를 놓고 선택할 때, 이미 지출한 영화 관람료는 고려사항이 되어서는 안 된다. 매몰비용은 다시 돌려받을 수 없으므로, 연연하지 말고 잊어버리고 새로운 미래를 위해 가능성을 찾는 것이 현명한 것이다.

14) 모라토리엄(moratorium)은 한 국가가 경제정치적인 이유로 외국에서 빌려온 차관에 대해 일시적으로 상환을 연기하는 것을 말한다. 모라토리엄은 상환할 의사가 있다는 점에서 지급거절과 다르다. 그러나 외채를 유예 받는다고 하더라도 국제적으로 신용이 하락하여 대외거래에 갖가지 장애가 뒤따른다. 또한 환율이 급등하고 신용경색으로 인해 물가가 급등하여 전반적으로 심각한 경제적 혼란을 겪게 된다. 모라토리엄을 선언하면 채권국은 채무국과 채무조정 작업을 하게 된다. 만기를 연장하거나 여러 형태의 구조조정 작업을 통해 신뢰도를 높이는 것이다. 또는 모라토리엄 선언 이전에 상환연기나 금리 재협상, 원리금을 추가 대출금으로 돌리는 재 융자, 원금 삭감 등의 방법을 협상하기도 한다.

그러나 이재명 시장의 지급 유예 선언은 다분히 정치적인 행동으로 보인다. 정부, 성남시 공무원, 주민 등 성남시가 부채를 청산할 수 있는 여력이 있다는 의견이 적지 않은데다 다른 한편으로 대규모 사업비를 투입하는 공원조성을 추진하고 있는 것으로 알려졌기 때문이다. 즉 대책 없이 업적을 고려해 구리한 예산을 집행한 전임시장에 대한 책임을 분명히 하고, 자신이 공약한 공원조성사업을 비롯한 신규사업 추진에 차질이 빚어지는 불단을 표출한 것으로 보인다. 그러나 그것이 어떤 내용이든 결국 권력은 정치가가 향유하고 모든 부담은 시민이 떠안아야 한다는 점이다.

대한제국은 교육이 탐욕에 찬 이기적인 인재를 양성하고 공무원이 정치가에게 아부하며 일신의 영달을 추구하며 최고 정치지도자인 국왕의 지도력이 부실한 상태에서 내각을 담당하는 수장 등 주요 정치가가 자기중심적인 사고에 빠져 권력에 대한 탐욕과 향유에 집착할 때 나타나는 사회갈등을 통한 분열과 대립이 가져오는 것이 국치라는 것을 우리에게 여실히 보여주었다. 세계 10위권에 진입한 경제 대국이 된 오늘날도 나라를 잃은 100년 전의 상황과 크게 다르지 않다는 우려가 제기되는 것은 우리의 국력이 주변국들의 첨예한 이해관계 속에서 자신을 스스로 지켜낼 수 있는 자주국방의 단계에 아직 도달하지 못하고 여론이 분열되어 국민이 단결력을 제대로 발휘하지 못하고 있기 때문이다. 자국의 이익을 위해서는 언제든지 우리에게 비수를 들이댈 수 있는 다른 나라 지도자들 앞에서 한국의 탐욕에 찬 정치가들은 지금 정쟁으로 국민의 갈등을 조장하고 분열과 대립으로 몰아가는 저급한 마당극을 역사와 민족 앞에 아무런 죄의식도 없이 태연하게 연출하고 있다.

단결만이 우리의 살길이고 분열의 끝이 망국이라는 자명한 답은 이

---

15) 이데일리 2010. 7. 12.

미 나와 있음에도 그동안 우리의 정치인들은 개인과 계파, 정당의 이익을 국익보다 우선시하며 법, 제도, 절차, 원칙, 기준 등 각종 민주주의 기본적인 가치를 짓밟아 왔다. 입으로는 민주주의 발전을 위해 앞장섰다고 외치면서도 실제로는 가장 비민주적인 행태를 일삼으면서 아무런 책임도 지지 않고 오직 자신들에게 주어진 권리만을 부르짖으며 권력만 향유하려 든다. 오죽하면 정치가와 공무원이 잠든 사이에 경제가 성장한다는 말이 나왔을까?

우리의 정치가들이 운동선수와 예술인 등 사회 제반분야에서 도전과 봉사를 통해 국민에게 희망과 감동을 주는 그런 사람들의 마음을 10분의 1일 만이라도 본받았으면 좋겠다는 생각이 들 정도다. 정치인들이 본연의 직무로 돌아와 제 몫을 하면 자신감과 도전정신이 충만한 국민이 있고, 이미 경제력이 어느 정도 뒷받침되고 있으니, 우리나라는 금방 선진국에 진입할 가능성이 크다. 그런데 우리의 정치가들은 여전히 국가와 국민을 위한 봉사와 헌신은 고사하고 직분을 망각한 채 입신출세와 권력 향유라는 이기적인 탐욕에 집착해 부끄러움조차 잊은 듯하다. 오늘날 우리의 정치현실을 보며 공동목장의 비극을 상기하게 되는 것도 정치인이 국가대사를 좌우할 위치에 있음을 알기 때문에 보호본능이 작동하여 생기는 우려임이 틀림없다.

무릇 정치가는 성공과 실패, 영광과 굴욕, 기쁨과 슬픔을 장구한 세월의 흐름 속에서 파악하며 역사 앞에 큰 승부를 향해 나아가는 담대한 자세를 가져야 한다. 그런데 오늘날 우리 정치가들은 다들 지나친 조급증에 걸려 있다. 상대를 상대로 인정하려고 하지 않기 때문에 경청도 하려 하지 않는다. 문제가 자신에게 있다는 것을 모르고, 그저 모든 책임을 상대에게만 돌리고 상대의 행동에 대해 트집을 잡는 천박하고 저급한 행동만 일삼는다. 모두가 마음의 여유를 잃었기 때문이다. 여유가 있어야 다른 사람의 행동도 너그럽게 보아줄 수 있고 양보도 가능하다. 전후좌우를 살펴볼 수 있어야 실수도 줄일 수 있는데 여유가 전혀 보이지 않는다. 참으로 안타까운 일이다. 내가 아니면 안 된다는 생각은 오만이다. 누구를 위한, 무엇을 위한 정치인가? 이제 그단 탐욕을 내려놓고 품위(品位)와 여유를 찾았으면 좋겠다.

욕망(欲望) 절제, 희생, 인내 없이 민주주의는 절대 진보하지 않는다. 세상에 공짜는 없다. 자연, 자원, 환경, 사회질서, 국가발전, 권력 모두 마찬가지이다. 어느 나라 할 것 없이 정치가와 국민을 포함한 사회 구성원들이 큰 비용과 대가를 치러야 민주주의는 발전하고 꽃을 피울 수 있다. 우리나라는 그동안 나름대로 상당한 대가를 치러 온 것 같은데, 오늘날 정치인들의 행동과 태도 등 우리의 정치현실을 보면 안타깝게도 여전히 대한민국 국민이 민주주의를 향유하기에는 아직 더 많은 대가를 요구하고 있는 것 같다.

3. 정치사회문제 발원 권력에 대한 잘못된 인식

정치가와 고위공구원에게 있어 권력이 국민으로부터 위임받는 것인가 아니면 나의 노력으로 쟁취하는 것인가에 대한 답에 따라 권력에 대한 의식과 권력의 행사방식이 크게 달라진다. 권력이 국민으로부터 위임받는 것이라는 인식을 한 사람들은 국민의 복리증진과 안녕(安寧)을 위해 합리적이고 공정한 방법을 통한 질서유지와 자원 분배를 위해 노력하고, 국민의 아픈 곳을 어루만져주며, 국민의 뜻에 따라 살기 좋은 세상을 만들기 위해 봉사하고 헌신한다. 이들은 최선을 다해 노력하지만, 자신의 능력이 부족할 때는 스스로 물러날 줄도 알고 차세대를 이끌어갈 지도자를 양성하는 데도 심혈을 기울인다. 국민이 제공했던 권력을 회수하려 할 때도 결코 저항하거나 집착하지 않고 순순히 국민의 의사에 따른다. 이들에게 있어서 지향하는 목표는 오르지 국가발전, 국민의 복리증진과 권익 신장이기 때문에 평범한 국민으로 돌아가는 것을 당연한 일로 여긴다. 소속된 정당과 추종 세력이 있어도 국민을 위한 일을 하는 에너지원으로 활용한다.

나의 노력으로 권력을 쟁취한 것으로 인식하는 사람들은 권력을 사유화하고 누리려 든다. 그들에게 있어 국민은 하나가 아니라 두 가지 부류로 구분된다. 나를 지지하는 추종세력을 형성하는 합리적인 국민과 나를 비난하거나 지지하지 않는 비합리적인 국민이 있다. 그러므로 자신의 권력기반이 되는 추종자나 자신과 같은 정당에 소속된 사람을 집중적으로 기용, 내부결속을 강화하는 방법으로 끊임없이 나를 지지하는 합리적인 세력의 확장을 꾀한다. 이와 반대로 나를 지지하지 않는 비합리적인 국민에 대해서는 끊임없이 경계하고 견제한다. 심지어는 법률로 임기가 보장되어 있음에도 무리한 방법을 동원하는 등 그들을 퇴출하기 위해 갖은 노력을 다한다. 이들에게 있어서 어루만져 주어야 할 대상은 합리적인 국민뿐이다. 국민을 위해 일을 하는 것은 비합리적인 국민을 합리적인 국민으로 만들고 나의 권력을 유지하려는 방편이다.

자신의 세력 기반이 되는 이익단체의 요구에 대해서는 순응적이기 때문에 이익단체가 원하는 정책에는 다소 무리수를 쓰더라도 될 수 있으면 실행하려 든다. 어떤 때는 전체 국민에게 피해를 주는 불합리한 정책임을 알면서도 합리적인 국민은 이해해 줄 것으로 생각하거나 때로는 그들을 동원하여 정당한 것으로 호도하기도 한다. 특히 자신의 업적이 될 만한 내용에 대해서는 병적으로 집착하는 경향을 보이는 경우도 적지 않다. 그러면서도 정책에 대한 책임은 지지 않으려 한다. 자신이 하는 것은 모두 국민이 원하는 것으로 정당하고 옳은 것이며, 상대 정당이 한 것은 모두 잘못된 것이라는 이분법적인 사고를 갖는 경우가 많다. 따라서 여론을 잘 수렴하지 않고, 여론을 수렴하더라도 합리적인 국민을 대상으로 함으로써, 높은 지지도가 유지되고 있는 것처럼 눈가림을 일삼고 국민 위에 군림하려 든다.

훗날 잘한 것은 모두 내가 한 것이고, 잘못이 탄로 나면 모두 내가 한 것이 아니라거나 나는 몰랐다는 변명을 하기에 급급하다. 심지어는 퇴임 후에도 현직에 있는 것처럼 행동하는 경향까지 나타난다. 권력에 강한 집착을 보이며, 어쩔 수 없는 상황이 되지 않으면 권력을 내놓지 않으려 하는 것이 이들의 공통된 특징이다. 하지만, 우리나라에 항상 이처럼 대비되는 유형의 정치가만 있는 것은 아니다. 권력에 대한 이해와 인식에 따라 양자가 적절하게 혼합된 여러 종류의 정치가도 존재한다. 단지 이제까지는 그들의 수가 적고 세력 확장을 제대로 꾀하지 못해 균형적인 정치발전에 크게 기여하지 못했을 뿐이다.

중요한 점은 정치가들이 국민이 위임했다고 생각하든 아니면 자신이 권력을 잡거나 쟁취했다고 생각하든, 국가의 공권력은 항상 국민이 위임한 것이라는 사실이다. 국가에서 권력의 소유자는 국민이다. 좀 더 구체적으로 말하면 주권이다. 국민이 선거를 통한 주권 행사로 대통령과 국회의원, 지방자치단체장을 선출했을 때, 그들의 직위에 합당한 직무를 수행할 수 있도록 권력이 부여된다. 그 구체적인 형태는 이미 제도라는 체계로 만들어져 있고 내용도 법으로 명시되고 있다. 상당수 임명직 공무원이나 비례대표 국회의원의 경우, 권력자나 상급자에게 아부하고 그들에게 잘 보이면 승진하고 임명되는 것으로 생각하는 경향이 있지만, 결국 그들이 인식하는 최고의 권력자는 국민이 선출하므로 다를 것이 없다.

한국의 정치가 갈등을 조장하고 혼탁한 것은 여러 가지 요인이 있지만, 특히 대통령이나 국회의원, 장관 같은 정치가나 고위공직자가 권력을 국민이 위임한 것이 아니라 스스로 쟁취한 것으로 인식하는 데에 그 원인이 있다. 이제까지 국민이 반대하는 정책을 과감하게 포기하고 국민을 위해 봉사하고 헌신하는 대통령이 나오지 못한 이유도 여기에 있다. 국민으로부터 합리적인 지도력을 인정받아 정권을 잡기보다는 추종세력의 결집을 통해 무리수를 써서 정권을 억지로 잡으려고 하다 보니 결국 국론을 분열시킬 수밖에 없었다. 이런 잘못된 방법과 과정을 통해 정권을 획득했더라도 집권 후에는 국민 통합을 위해 적극적으로 노력을 해야 하는데도 그러한 노력을 게을리 하는 사람들이 적지 않았다.

겨우 한다고 하는 일이 외형으로 뚜렷하게 드러나는 점을 고려하여, 장관 등 정무직공무원을 선임할 때 출신지역을 안배하는 정도에 불과했다. 수도권지역의 한 전직 국회의원은 특정 정치인의 행태를 거론하면서 지역구민이 좋지 않은 정치인을 선출한 것이 문제라며 지역의 유권자들을 비난하는 글을 자신의 홈페이지에 올린 일도 있었다. 이렇게 국민을 단합시키는 노력은 제대로 하지 않으면서 항상 자신들은 열심히 일하고 옳고 정당하다고만 주장한다. 국민의 마음은 하나가 아니다. 다양한 국민의 마음에서 우러나오는 의견을 수렴하여 발전적인 방향을 모색해야 살기 좋은 사회를 건설할 수 있다. 그런데 국민의 소리를 들으려는 자세가 안 되어 있고, 일방적으로 자기 목소리만 높여 훈시하는 듯한 말만 쏟아내기 일쑤였다.

사회정의는 내가 아무리 옳다고 말한다고 해서 옳게 되는 것이 아니다. 타인들이 옳은 것으로 평가할 때 옳은 것이 된다. 정책이나 업적도 마찬가지이다. 내가 좋은 정책을 폈다고 주장한다고 되는 것이 아니라 국민이 그것을 인정해야 좋은 정책이 되고 기록된 업적도 떳떳한 내용이 된다. 그런데 오늘날 한국의 정치가들은 국민이 인정할 수 있는 좋은 정책이나 정치를 하지 않으면서, 국민이 내 마음을 몰라준다며 국민을 비난하기도 한다. 심지어는 자신이 한 일에 뚜렷한 잘못이 있었음에도 불구하고 '수사하지 말아야 했었다'며 불편한 심기를 드러내는 몰지각한 정치가까지 있다. 이 모두가 나의 노력으로 쟁취하는 것이라는 권력에 대한 잘못된 인식이 만들어낸 저급한 정치인의 행태이다. 송곳은 자루 속에 넣으면 자연히 밖으로 삐져나오고 물은 높은 곳에서 낮은 곳으로 흐른다. 공적이 있으면 스스로 떠벌리고 자랑하지 않아도 사람들은 칭송한다. 후이훠이 이제 이 나라에서 스스로 공치사하고 업적 자랑하는 소인배들은 모두 하루빨리 떠나라.

4. 2010년 한국 정치상황 진단

2008년 9월 국제금융위기 발생 이후 세계경제는 여전히 미래를 낙관하기 어려운 상황에 직면해 있다. 21세기의 첨예한 경제전쟁 속에서 우리가 살아남기 위해서는 정치권이 국가와 국민을 선도하는 견인력이 그 어느 때보다 절실한 상황이다. 그런데 우리나라 정치는 권력에 대한 탐욕에 눈이 먼 정치인들이 국가발전을 저해하고 국론을 분열시키는 원흉으로 전락한 지 이미 오래되었다. 심지어 세종시 건설 문제 하나를 두고 8년 이상 논란을 벌이기도 했다. 민의의 전당인 국회를 이끌어 가는 여당과 야당 간 대화와 타협은 상실되고, 국민 단합을 위해 가장 큰 지도력을 발휘해야 할 대통령은 지도력과 문제해결능력이 부족함에도 불구하고 잘못된 공약에 매어 정국을 혼란 속으로 밀어 넣기 일수다. 정치권의 상황만 보면 우리나라는 심각한 국가 위기 상황에 직면해 있는 것으로 볼 수도 있다.

1999년 6월 15일 제1연평해전, 2002년 6월 29일 제2연평해전에 이어 7년여 만에 남북 해군이 2009년 11월 10일 오전 서해 대청도 부근에서 교전을 벌였다.[16] 그리고 두 달 남짓한 시간이 흐른 시점에서 북한군 총참모부가 김태영 국방부장관의 "북한이 핵으로 공격할 때 선제타격이 필요하다"는 발언과 관련, 2010년 1월 24일 "선전포고로 간주한다. 단호한 군사행동으로 지휘의 중심을 비롯한 중요 대상물을 송두리째 들어낼 것"이라고 주장[17]했다. 이렇게 남북한의 긴장과 대치에 변함이 없는 상태에서 2010년 3월 26일 천안함 사건[18]이 발생하여 많은 군인이 희생되었다. 그러나 우리 사회에는 천안함 사태의 원인에 대한 의혹 제기와 논란이 끊이지 않았다.

세계적인 경제 대국으로 성장한 중국은 우리의 가장 위협적인 존재로 다가서고 있고 호전적인 북한은 무력시위와 위협적인 행동을 지속하고 있지만, 이런 상황에도 우리 정치권의 구태는 여전하다. 달라진 것이 아무것도 보이지 않는다. 법안은 국민적 관심사가 되지 않으면 버려두고, 쟁점사항은 당리당략에 따라 정쟁으로 발전하기 일쑤다. 민주주의 원칙도, 승복도 없다. 국민의 눈총도 별로 신경 쓰지 않는다. 대의

---

16) MBN 2009. 11. 10.

17) 연합뉴스 2010. 1. 25.

18) 천안함 침몰 사건(天安艦沈沒事件)은 2010년 3월 26일에 백령도 근처 해상에서 대한민국 해군의 초계함인 PCC-772 천안이 침몰한 사건이다. 줄여서 천안함 사태 또는 천안함 사건이라고 불리기도 한다. 이 사건으로 대한민국 해군 40명이 사망했으며 6명이 실종되었다. 대한민국 정부는 천안함 침몰 원인을 규명할 민간·군인 합동조사단을 구성하였고, 한국을 포함한 오스트레일리아, 미국, 스웨덴, 인도네시아 70여 명의 전문가로 구성된 합동조사단은 2010년 5월 20일 천안함이 조선민주주의인민공화국의 어뢰공격으로 침몰한 것이라고 발표하였다. 이러한 조사 결과 발표는 미국과 유럽 연합, 일본 외에 인도 등 비동맹국들의 지지를 얻어 국제 연합 안전보장이사회의 안건으로 회부되었으며, 안보리는 천안함 공격을 규탄하는 내용의 의장성명을 채택하였다. 그러나 조선민주주의인민공화국이 자신들과 관련이 없다며 부인하고, 중화인민공화국과 러시아가 반대하면서 북한을 직접적으로 비난하는 내용에 이르지는 못했다. 천안함의 침몰에서 인양, 조사 발표까지 대한민국 사회와 주변국의 관심을 끌었으며, 언론과 각계 인사들을 통해 다수의 가설 또는 의혹들이 제기되기도 하였다. 이 사건으로 인해 남북 간의 긴장이 고조되었다.

민주주의 기능이 사실상 마비된 상태라 할 수 있다. 국민이 한국 정치 이대로는 이제는 안 되겠다는 생각을 하게 되는 것도 무리는 아니다.

한국방송(KBS)을 통해 보도된 2009년 7월 22일 미디어 관계법(신문사와 대기업의 방송진출 허용을 주요 내용으로 하는 신문법과 방송법 그리고 IP TV법 등) 국회 본회의 통과과정은 국민이 정치에 대한 혐오감을 갖기에 충분했다. 국회는 아수라장 그 자체였다. 민의의 전당이 종일 몸싸움과 난투극으로 부끄럽게 얼룩졌다. 오전 9시 15분. 한나라당이 미디어법 협상 결렬을 선언하고 곧바로 국회 본회의장 의장석 주변을 점거했다. 민주당 보좌진 등이 국회 본청에 진입하고… "누가 막으라고 그랬어. 나와", 곧바로 민주당 의원들까지 합세해 본회의장 출입구 6곳을 봉쇄했다. "문 닫아. 문 닫아", 오후 들어 한나라당 보좌진 등이 본회의장 중앙 홀에 모이면서, 여야의 본격적인 몸싸움이 시작됐다. "위험해", 이때 이윤성 부의장이 처음으로 본회의장 입장을 시드했지만 심한 몸싸움에 밀려 실패했다. 부상자도 속출했다. 1시간 30분여 만에 본회의장 출입구 한 곳이 뚫렸고, 이윤성 부의장 등 밖에 있던 한나라당 의원들이 본회의장 진입에 성공했다. 법안 4개를 처리하는 동안 한나라당 의원들은 인간 띠를 만들어 야당 의원들의 의장석 접근을 막았다. 표결이 시작되면 한 명씩 자리로 뛰어가 표결을 마쳤다. "저리 가, 비켜", 민주당 의원들은 의사봉을 뺏으려고 몸을 날렸다. 방청석에서도 격렬한 반대 구호가 터져 나왔다. "이윤성은 물러가라, 부끄럽다", 단상점거부터 부의장의 산회 선포까지 7시간 동안 국회는 전쟁터나 다름없었다.[19]

2008년 12월 미디어법안을 국회에 제출하면서 시작됐던 미디어 관계법 정국은 8개월 가까운 지루한 여야 대치 끝에 일단락되는가 싶었는

---

19) KBS 2009. 7. 22.

데 곧바로 대리투표 논란으로 이어졌다. 세계에 망신을 사며 온갖 흉한 모습을 보여주고 헌정사상 처음으로 헌법소원과 헌법재판소 판결에도 논란은 여전히 계속되고 있다. 그런데 정작 중요한 것은 1년이 지난 2010년 8월 현재 이렇다 할 후속 조치가 아무것도 이루어지고 있지 않다는 점이다. 그들만의 놀음 또는 힘겨루기만 한 셈이었다.

2010년 7월 21일 한겨레 보도에 의하면 2009년 언론법 강행처리를 주도했던 정병국 문화체육관광방송통신위원장(당시 미디어산업발전 특별위원장)은 최근 들어 "종편은 시대에 뒤떨어졌다. 미디어산업발전에 도움이 되겠냐"라며 종편 선정 원칙으로 '준칙주의'(자격 되는 사업자에게 모두 허용)를 설파하고 있다. 앞서 그는 "(언론법 개정이) 대기업의 자본을 이용해 산업 경쟁력을 갖추도록 하기 위한 것"이라고 했다가, 2009년 1월 정보통신정책연구원의 '방송규제완화의 경제적 효과분석' 보고서 왜곡 논란 전후론 "여론 다양성이 첫 번째이며 산업적 효과는 부수적"이란 태도를 보여 왔다. 2009년 문방위원장이었던 고흥길 한나라당 정책위 의장도 "(종편) 숫자가 중요한 것은 아니다. 몇 개라고 정하고 들어가는 것은 인위적"이라고 밝히고 있다. 정 의원의 '종편 무용론'은 종편 허용이 '미디어산업발전'과 '지상파 독과점 해소'에 주춧돌이 될 것이라던 한나라당의 '날치기' 논리와 배치되는 주장이다. 이명박 대통령은 2009년 1월 대통령과의 원탁 대화에서 "(언론법은) 일자리 창출을 위한 법"이라고 했고, 2월엔 홍준표 당시 한나라당 원내대표가 "미디어법이 통과되면 방송분야에서만 당장 2만 개의 일자리가 생겨난다"고 강조했다. 온통 '장밋빛' 일색이었다.

여권 주역들이 동원한 언어적 수사에서 급격하게 기름기가 빠진 것을 두고, 조준상 공공미디어연구소장은 "지상파방송이 순치된 마당에 종편은 '계륵'이 돼버렸기 때문"이라고 해석했다. 그는 "정권이 눈에 가시라고 여겼던 지상파가 지금 초록은 동색이 됐다. 정 의원이 지상파 여론 독과점 해소 목적이 달성됐는지 언급도 없이 종편 무용론을 이야 기하는 까닭"이라고 말했다. 2010년 12월 초 방송통신의원회는 종편 및 보도전문채널 신규 사업자 선정 계획안을 마련 심사와 의결을 거쳐 연 내 사업자를 선정하겠다고 밝혀 하루가 급하다며 세계에 망신을 사며 법을 통과 시킨 후 1년 5개월이 지나 겨우 매듭 되게 됐다. 그런데 12월 8일 국회는 또 폭력으로 국민을 경악케 했다.[20]

이런 상황 속에서도 국가가 발전하는 것은 에너지가 충만한 국민이 세금을 잘 내고 공무원 조직체계가 탄탄하게 구축되어 있는데다 예산 이 여론에 떠밀려서라도 통과되기에 가능한 일이다. 그동안 정치권의 행태를 볼 때, 우리나라가 세계 10위권의 경제 대국에 진입한 것이 기 적적인 일로 여겨질 정드다. 국가발전을 위해 국민을 선도해야 하는 정 치권력이 지극히 부실한 상황에서 세계적인 경제 대국이 될 수 있었던 것은, 가난의 고통 속에서 벗어나고 불합리한 현실을 개선해 더욱 살기 좋은 세상을 만들고 싶다는 국민의 노력과 도전이 토대가 되어 만들어 진 것이다.

역사를 통한 민족적 저력을 볼 때 우리나라는 국가가 위기에 처하면 국민이 단결하고 영웅이 나타나 국난을 극복해 왔다. 그런데 지금 우리 정치 상황은 참으로 안타까움을 느끼게 한다. 오늘날의 우리 정치인들 의 행동과 태도를 보면 모두 100년 전에 당했던 국치를 망각한 것처럼 보인다. 세계적인 미래 경제학자로 한국을 집중적으로 관찰해온 으마 에 겐이치(大前研一) 브레이크스루 대학 학장은 "일본은 1970년대 세계 2위의 경제 대국이 됐다. 행복감을 느꼈지만, 지금은 향수만 남았고 어 떤 통계를 보더라도 일본은 이미 절정기를 지났으며, 경제지표들은

---

20) 한겨레 2010. 7. 21.

1995년 수준으로 돌아갔다. 이것은 아주 당연하다. 우리는 아주 쓸모없는 정부와 관료 체제를 갖고 있다. 무엇이 잘못됐는지 보자. 사람들은 경제가 회복될 것으로 기대하고 있지만 그럴 것으로 보지 않는다. 사람들은 이런 사실을 받아들이려 하지 않는다. 일본 경제의 쇠락에는 아주 분명한 이유가 있다. 대중 영합주의와 도전 의식의 결여다. 여러 분야에서 그 현상들이 보인다. 외국에서 공부하려는 학생들이 크게 줄었다. 그래서 국제 경쟁력이 크게 떨어졌다. 누구도 도전하려고 하지 않는다. 도전의식이 없는 남성들을 의미하는 초식계 남자 증후군(syndrome)이 일본의 오늘을 말해준다. 다행스럽게 한국은 국가 차원에서는 여전히 성장 커브(curve, 곡선)를 그리고 있지만, 한국도 이런 문제를 10~20년 후 경험하게 될 것"이라고 지적한다. 또한, 그는 "뛰어난 지도자 한 명만 있으면 그 국가는 반드시 성장 커브를 그린다. 그러나 일본에는 현재 그런 지도력(leadership)을 갖춘 정치인이 없다. 한 명의 지도자가 세상을 바꾼다. 기업이나 국가에서나 탁월한 지도자가 필요한 시대이다. 그럼에도, 한 사회나 조직을 성공으로 이끌려면 전체가 함께 지혜를 모으는 집단 IQ(intelligence quotient: 지능지수)가 중요하다"고 강조했다.[21]

외견상으로 보면 일본의 미래학자가 한국의 현실을 긍정적으로 평가하고 우리의 성장과 발전을 위해 조언을 아끼지 않으면서 일본의 현실을 비판하는 것 같다. 그러나 이것을 우리는 역설적으로 받아들일 줄 알아야 한다. 현재 상태에서 일본과 대한민국의 국력 차이는 상당하다. 일본은 지난 40여 년간 세계 2위의 수출규모를 자랑하는 여전히 세계적인 경제 대국임에도 이렇게 추락을 우려하는 선각자가 있는데 우리는 어떤가? 우리에게도 민족적 자긍심을 잃지 않고 국가발전을 위해 노력하는 많은 사람이 있기는 하다. 그러나 아직 세계적인 경제 대국이

---

21) 중앙일보 2010. 1. 25.

되지는 못하였다. 일본은 정치지도자들이 국가발전을 선도하여 세계 2위까지 올라갔는데도 미래를 걱정하는데 우리의 정치가들은 어떤가? 오늘날 우리의 정치 현실을 우려하는 이유가 여기에 있다. 21세기 경제전쟁에서 승리하고 명실상부한 선진국이 되기 위해서는 그 어느 때보다도 정치권의 선도적 역할이 필요하다.

전 세계와 함께 우리가 겪고 있는 국제금융위기가 남겨준 가장 큰 교훈은 경제를 포함한 전반적인 국가운영을 시장의 자율에만 맡길 수는 없고 궁극적으로는 국가의, 즉 정치의 능동적 결정과 개입이 반드시 필요하다는 것이다. 한국 민주주의, 이대로는 안 되겠다는 데에 이미 국민적 공감대가 형성된 지 오래다. 지금과 같이 의회정치를 약화시키고 정당은 기형화될 수밖에 없는 권력 편중을 조장하는 대통령제, 특히 과도하게 집중되는 권력에 대해 책임은 지지 못하는 현행 대통령제는 어떤 형식으로든 개혁 보완돼야 한다. 우리처럼 의회의 기능과 권력이 약화된 채 변칙적인 파행 운영이 거듭되는 선진국이 어디에 있는가. 이런 상황에서 대통령선거가 의회선거보다 훨씬 정치의 중심이 되는 것은 당연한 결과이며, 많은 모순과 문제가 이로부터 파생될 수밖에 없다. 세종시를 둘러싼 분열과 난투극도 대선의 역학이 자아낸 부작용임을 잊어서는 안 된다. 현행 제도를 고수한다면 다음 대선, 다음 정권에서도 똑같은 혼란이 되풀이될 수밖에 없다. 한국 의회정치가 국민적 불신 속에서 점차 무력화되고 있는 것은 의회 운영의 절차적 규칙이 확고히 제도화돼 있지 않은 탓이 가장 크다. 무엇보다도 규범적 차원에선 다수결의 원칙이, 관행적 차원에선 여야 합의 또는 소수의 거부권 인정이란 원칙이 우선시되도록 혼선의 해결점부터 찾아야겠다.22)

경제력의 기초 위에 세금이 잘 걷히고 국가 재정이 계속 늘어나고

---

22) 중앙일보 2009. 12. 28.

있는 나라에서는 문제가 잘 드러나지 않는다. 오늘날 우리나라도 정부나 정치권이 재정이 팍팍 소요되는 내용을 공약해도 어느 정도 유지될 것이다. 그러나 어느 순간 성장의 한계가 노출되면 그때는 실로 심각하고 중대한 타격을 입을 가능성을 배제하기 어렵다. 역사는 성장의 정점에 도달한 이후 급격한 쇠락의 길을 걸어 간 사례를 우리에게 많이 보여 주었다. 오늘날의 아르헨티나 역시 100년 전에 세계 5대 강국에 속하는 부국이었다. 세종시나 4대강사업 같은 일로 더는 국론을 분열시켜서는 안 된다. 이상한 명분을 들고 나와 국민을 혼란스럽게 만드는 기회주의자는 국민이 나서서 시급히 퇴출시켜야 한다. 모두가 주지하다시피 아직 세계 경제는 미래를 낙관하기 어려운 상황이다.

우리 경제가 다소 호전되기는 했지만 1997년 당시 외화보유액이 39억 달러로 떨어져 IMF에 긴급 구제 금융을 지원받는 외환위기를 겪은 이후 11년 만인 2008년 11월 말 당시 한국의 외화보유액 규모는 세계 6위 수준을 유지하고 있었다. 한국은행 외화보유액은 전월말(2,122.5억 달러)보다 117.4억 달러 감소한 2,005.1억 달러였다.[23] 그럼에도, 우리는 당시 외환을 쏟아 부으며 심각한 외화유동성 위기를 겪어야 했다. 불과 2년 전의 일이다. 하루빨리 국회는 정상화되고 국민의 여망에 부응하는 정치지도자가 나타나길 기대하는 이유가 여기에 있다.

다행히 2010년 8월 10일 한국은행에 따르면 우리나라의 7월 말 현재 외화보유액은 전월보다 117억 달러 늘어난 2,859억 6천만 달러를 기록하면서 사상 최대치를 경신 인도를 제치고 세계 5위 외화보유국이 됐다고 한다. 그러나 아직 안심하기에는 이르다.[24] 일본이 외화보유액이 적어서 재정적자문제를 걱정하고 있는 것이 아니다. 오늘날 대한민국

---

23) 한국은행
24) 매일경제 2010. 8. 11.

을 지키는 것은 국민이다. 정치권이 연일 추태를 연출하든 말든 국민은 각자 나름의 영역에서 자생적 동력과 질서를 유지하며 묵묵히 하루하루 버텨가고 있는 것이다. 그러나 건강한 국민과 건강한 정치가 함께 가야 대한민국의 미래가 있다.

5. 우리 정치 현실과 문제 해결 접근

정치가 불신의 단계를 넘어 우리 사회의 발전을 저해하는 대표적인 요소 중 하나로 거론된 지 오래다. 정치인들 눈에는 국민의 눈총도, 나라의 앞날도 안 보이는 모양이다. 오로지 권력에 대한 탐욕에만 관심이 있는 양, 안하무인이다. 때로는 오만하기까지 하다. 생각 없이 막말해대고 서로 말꼬리 잡고 원수처럼 앙칼지게 싸운다. 정치권의 싸움은 결수록 감정적이고 노골적이어서 해악이 되는 단계에 이르렀다.[25] 이러한 모습이 그대로 고스란히 국민 눈에 투영(透映)되어 이제는 많은 국민이 정치에 대해 공공연하게 불만과 불신, 심지어는 혐오감을 드러내는 데 주저하지 않는다. 국회의원 자체도 마찬가지이다.

자유선진당 이회창 총재는 2009년 연말 예산안 처리와 관련해 2010년 1월 "선진국다운 품격은커녕 도저히 민주주의 국가라고 볼 수 없는 야만스런 행태를 보였다. 소수당의 회의 참여 기회나 토론기회를 박탈한 것은 소수를 배제한 반민주적 행패의 폭력정치가 판치는 야만시대 국회를 두고 어떻게 우리가 선진국에 진입했다고 착각할 수 있겠는가? 이런 일들을 하나하나 고쳐 나가야 선진국에 합당한 품격을 갖추게 될 것이며, 그렇지 않은 처 자만한다면 조롱거리가 되고 만다"고 경고했

---

25) 동아일보 2010. 1. 21.

다.[26] 박찬종 전 의원도 홈페이지(a home page: 인터넷에 마련된 자기만의 공간)에 올린 글에서 "여의도에서 벌어지고 있는 국회, 국회의원, 정당의 이 행태를 더 묵과해서는 안 된다. 이런 정치 몰골로 어떻게 2010년 G20[27] 회의를 개최하려 하느냐? 토론과 타협이 실종되고 폭력과 날치기 패거리 싸움으로 점철되고 있다. 여의도식 한국 정치, 폭파해야한다. 그리고 새로운 질서를 바로 세워야 한다. 정치, 이대로 방치할 수없다"라며 정치권을 강하게 비판했다.[28]

우리의 정치현실에 대해 그렇다고 너무 부정적으로 생각할 필요는 없다. 사회에는 비판자가 있어야 균형을 잡고 발전한다. 우리는 숱한 난관을 헤쳐 온 저력과 당면한 문제들을 풀어나갈 수 있는 역동성(力動性)을 갖고 있다. 불편함과 같은 어떤 필요를 느끼면 이것은 창의적 사고의 출발점이 되고, 이것이 중요한 단계 중의 하나이다, 이것을 문제의 인식이라고 한다. 문제를 인식하는 것이 가장 중요하다. 그래야 사고가 작동되기 때문이다. 그렇지만 대개 우리의 사고는 문제가 인식되면 일반적인 문제 해결 양식으로 전개된다. 이것이 사고의 법칙이기 때문이다. 이때 문제를 새롭게 보기 위한 한 가지 방편은 질문의 양식을 바꾸는 것이다. 질문을 달리하면 문제가 다르게 보이기 때문에 다른 답

---

26) 뉴스웨이 2010. 1. 4.

27) G20(영어: Group of 20) 또는 주요 20개국은 세계 경제를 이끌던 G7과 유럽 연합(EU) 의장국에 12개의 다른 국가를 더한 20개 국가의 모임을 나타내는 말이다. 1999년 9월 IMF 연차총회 당시 개최된 G7 재무장관회의에서 G7 국가와 주요 신흥시장국이 참여하는 G20 창설에 합의하고 1999년 12월 독일 베를린에서 처음으로 주요 선진국 및 신흥국의 재무장관 및 중앙은행 총재가 함께 모여 국제사회의 주요 경제·금융 이슈를 폭 넓게 논의하는 G20 재무장관회의가 개최되었다. 이후 G20는 매년 정기적으로 회원국 재무장관과 중앙은행 총재들이 회의를 주도해오다가 2008년 11월 세계 금융 위기 발생 이후 위기 극복을 위해 선진국과 신흥국가 공조 필요성이 대두되면서 정상급 회의로 격상되어 처음으로 미국 워싱턴 D. C.에서 G20 정상회의가 개최되었다. 2차 런던회의에 이어 3차 피츠버그 회의에서는 G20 체제로 전환되는 과도기인 2010년에 캐나다가 6월에 G8과 G20을 연계 개최하고, 대한민국이 11월에 개최하기로 결정했으며 G20 정상회의를 정례화하기로 했다. G20 국가의 인구를 합치면 전 세계 인구의 3분의 2에 달한다. 또 이들 국가의 국내총생산(GDP)을 모두 합한 값은 전 세계의 85%가 넘으며, 세계 교역량의 80%가 G20 국가에서 나온다.

28) 뉴데일리 2009. 12. 22.

이 나오게 된다. 문제 해결의 단서를 주는 질문을 하는 것이 좋은 질문이 되고 그 질문에 다한 답은 쉽게 풀릴 수 있어야 한다. 질문이 중요한 이유는 질문을 통해 문제의 표상이 형성되기 때문이다.[29] 우리나라의 정치사회 문제는 그 실체가 드러난 이상 이제부터 그것을 개선하기 위한 노력을 기울이면 된다.

인간 사회에 완전함이란 없다. 불완전함은 항상 다소의 혼란과 불편을 수반한다. 국민이 이구동성으로 불신을 드러내고 불편함을 언급하는 것은 우리 정치 현실에 대하여 느끼는 불편함이 이미 용인될 수 있는 단계를 넘었다는 것을 의미한다. 하지만 이러한 불편함의 지적은 불만을 표출하기 위한 것이 아니라 생산적 정치를 만들어내기 위한 출발점이다. 잘못된 정치문제에 대한 현실적 인식이 이루어지고 있다는 점에서 중요한 의미가 있다. 인식(認識)은 사물을 분명히 분별하고 판단하여 아는 일 또는 그 작용, 심리학에서는 대상을 감지하는 감각 및 지각으로부터 이를 분별·판단하는 기억·사유에 이르기까지의 광의의 의식 작용, 철학에서는 지각·기억·내성 및 이와 같은 이해를 나타내는 명제·판단을 포함하며, 의욕·정서와 함께 의식의 기본이 되는 측면 또는 기능을 뜻한다. 따라서 문제에 대한 인식은 이미 문제해결노력이 시작된 것으로 볼 수 있다.

그동안 많은 사람의 지적과 노력에도 우리 정치가 개선되지 못한 것은 문제에 대한 잘못된 인식으로 해결책을 도출하려 한 데 그 원인이 있다. 즉 우리 스스로 잘못된 질문을 했기 때문에 제대로 된 답이 나올 수 없었다. 오늘날의 대립과 갈등에 대한 접근을 진보와 보수 또는 좌파와 우파의 대결로 인식하는 것이 가장 대표적인 사례에 속한다. 그러나 진보와 보수, 좌파와 우파의 대결로 인식하면 내놓을 수 있는 답은 없다.

---

29) 박천식(1999), 『재미있는 심리학』, 원출판사, p.184

답을 내놓을 수 없는 질문을 통해 해답을 구하려 한 것은 우문(愚問)이다.

여기서 기존의 그것과 다른 새로운 형태의 질문과 분석 안을 제시하면 우리의 대립과 갈등은 실력이 부족한 정치가들이 이기주의 실현을 위해 탐욕에 찬 행동을 앞세워 세력화하는 집단이기주의와 자기중심적 사고가 진보나 보수로 형상화하여 대립한 형태를 갖춘 것으로 볼 수 있다는 것이다. 이 분석에 대한 구체적인 내용은 단계적으로 설명된다. 그리고 우리나라 국민이면 누구나 대한민국의 정치가 제자리로 찾아가도록 하는 방안이 있다면 각자가 생각하는 대로 새로운 질문을 제시하는 것이 필요하다. 우리나라가 세계 최고 일류 국가가 되는 그날까지…

한국사회 갈등에 대한 이해제고

1. 갈등 개념 이해

갈등의 어원은 confligere라는 라틴어에서 유래하는데, 이는 con(함께)과 fligere(충볼, 부딪침, 다툼)이라는 용어의 합성어이다. 서로 불화-여 다툼, 상반(相反)하는 것이 양보하지 않고 대립함이라는 갈등의 의미처럼 인간이 함께 살아가면서 부딪침이 일어날 때 발생한다. 흔히 '인간은 갈등적 존재이다(homo conflitus)'라는 명제에서 갈등의 의미가 잘 나타난다고 할 수 있다.

갈등의 존재 자체는 불가피한 긴장(inevitable tension)을 상징하며 기능론의 정태적인 관점보다는 갈등론에서 제기하듯이 사회발전의 역등성을 의미한다고 하겠다. 일반적으로 갈등의 개념은 당사자 간의 동의 여부, 이해관계의 양립가능성, 실제와 인식 간의 차이, 세계관 및 행의양식의 불일치 등으로 구성된다. 분석적 차원에서는 인지(cognition), 정서

(emotion), 행위(behavior) 차원으로 세분될 수 있으며, 세 차원은 다시 주관적 및 객관적 상황이 연계되면서 갈등의 복합성을 더해간다고 할 수 있다.[30] 어떤 시대나 어떤 사회에도 갈등, 불일치, 경쟁, 해체, 파멸, 위기의 현상은 있었다. 그 차이는 현상의 정도, 형식과 내용, 효과 등에서 나타난다고 할 수 있다. 사회변동과 마찬가지로 사회갈등 역시 그 비중을 어느 정도 중시하고 효과를 어떻게 분석하느냐의 문제는 근본적으로 이론적 시각에 달렸다. 어떤 이론을 근거로 주제를 다루느냐에 따라 판이한 방향으로 논의가 전개되기 때문이다.

이론적으로 사회갈등에 관한 관심이 사회과학의 오랜 주제임에도 아직 어떤 일반화된 결론이 도출되지 못하고 있다. 기능주의나 갈등이론이나 다 같이 사회갈등에 관한 개별적 연구는 많이 축적되었으며, 같은 이론적 줄기에서도 조금씩 다른 설명방식이 잉태됐다. 그 이유는 우선 갈등의 차원이 개인, 집단, 조직, 지역, 국가 간의 상호관계에서처럼 다양하며, 갈등의 원인도 가치, 이해관계, 제도, 체제, 이념, 권력, 자원, 보상과 같이 다양할 수 있기 때문이다. 갈등의 형식은 불만, 불평, 질투, 시기와 같은 개인적 차원에서부터 투쟁, 혁명, 전쟁과 같이 사회적 차원의 집단행동에까지 이르고 있다. 갈등의 내용 면에서도 형식적인 합의에 따른 협상, 협동, 협력관계가 실질적으로는 내적 갈등을 축적하기도 한다. 효과 면에서는 분리, 해체, 붕괴, 통합, 단결 등 상호 이질적인 요소를 포함하게 된다. 요컨대 갈등의 다양성 및 이질성과 함께 갈등의 차원, 원인, 형식, 내용, 효과 면에서 상당한 수준의 복합성을 갖는다.

경험적으로 현대사회에 올수록 사회적 분화 및 상호의존성이 증대하면서 갈등현상도 증대하고 있음을 알 수 있다. 다원화되어 가는 사회경향이 현대 민주사회의 특징 중 하나이기 때문에 갈등현상이 존재한다

---

30) 서문기 외(2001), 『한국사회의 갈등구조에 대한 이해』, 삼성경제연구소, p.14

는 것은 당연한 현상이라 할 수 있다. 이들의 갈등관계는 근원적인 해소를 보류한 채 상당 부분 협동으로 수렴되어 나가야 함에도 실제로 갈등현상이 중첩 심화되어 간다. 어떤 갈등이 해소된다고 하더라도 또 다른 갈등이 생겨나기 때문이다. 따라서 그러한 갈등현상을 민주적, 효율적으로 처리하여 사회의 분열을 막고 통합으로 이끌어 가는 것이 요구되며 이에 관한 정부의 조정역할이 중요하게 된다. 만약 사회적 갈등을 해소하는 작업이 불가능한 일이라고 한다면, 이를 위한 지속적인 노력은 제도화되어야 하고, 그 운영의 기초는 주어진 사회의 신뢰가 될 것이다. 즉 갈등관계를 발견하고 이를 처방하는 작업은 주어진 현상을 조정, 협상, 협동할 수 있는 기제(mechanism)의 정착인 갈등관리를 요구하게 되는 것이다. 그러므로 갈등현상에 적극적으로 대처하는 기제를 제도화해야 할 필요성이 제기된다.[31]

2. 다원주의 사회와 갈등

수많은 사람이 모여 살아가는 세상에는 개인이나 집단, 사회, 국가 등 전반적인 영역에 걸쳐 다양한 이해관계가 형성된다. 이해관계의 조정이 원활하게 이루어지는 사회는 체계가 잘 정비되고, 국민은 법과 질서를 잘 지키며, 국가는 발전한다. 이에 반해 이해관계의 조정이 제대로 이루어지지 않는 사회는 불안정 때문에 혼란이 초래되고 국론이 분열되어 국가 발전을 저해하게 된다. 따라서 정치가에게 요구되는 중요한 사회적 역할 중 한 가지가 법규에 의한 통제의 한계를 극복하고 이해관계를 잘 조정하여 사회갈등을 해소하는 일이다.

31) 서문기 외(2001), 『한국사회의 갈등구조에 대한 이해』, 삼성경제연구소, p.1~12

갈등은 두 행위자 또는 그 이상의 행위자들 간의 목적에 대한 불일치성이 있어서 내 것을 더 얻겠다고 투쟁하는 과정에서 생기는 역동적 사회관계라고 규정할 수 있다. 2009년 우리나라는 미디어 관계법, 4대강 사업, 세종시 수정 여부를 두고 사회적 갈등과 논란이 빚어져 국회에서 여야 대치국면이 일 년 내내 반복되었다. 거리의 집회와 시위도 예년과 비교하면 많이 늘어났다. 우리는 이미 민주 다원주의 사회[32]에서 살고 있다. 다원주의 사회에는 개인, 단체의 생각이나 가치관이 다르고 수많은 이익집단이 존재한다. 개인이나 단체도 자신의 어떤 요구사항이나 생각하는 바를 자유롭게 피력할 수 있다. 따라서 민주적 다원사회에서 갈등의 존재는 거의 필연적인 어떤 상관관계를 갖는 것이다. 단지 갈등의 양태가 문제가 될 뿐이다. 갈등 문제의 핵심은 갈등과 대립이 어느 사회에나 있는데 그것이 발생할 때 어떻게 풀 것인가 하는 것이 핵심이다. 그런데 우리 사회에서 갈등이 문제가 되는 것은 갈등 해소의 제도와 절차에 대한 사회적 합의가 상당히 부족하다. 어렵사리 그런 제도와 절차를 마련해 놓아도 확립된 제도와 절차를 준수하겠다는 실천의지와 사회적 훈련도 미흡한 것이 문제이다.[33]

이해관계로 마찰을 빚을 때 전혀 손해를 보지 않겠다거나 우리 생각대로 되어야 한다는 고정관념을 가지고 있는 한 해결될 수 있는 갈등은 전혀 없다. 그런데 현재 우리나라는 자신은 손해를 보지 않겠다는 생각

---

32) ① 다원주의(多元主義, pluralism)는 개인이나 여러 집단이 기본으로 삼는 원칙이나 목적이 서로 다를 수 있음을 인정하는 태도. 사회는 여러 독립적인 이익집단이나 결사체로 이루어져 있으므로 권력 엘리트에 의하여 지배되기보다는 그 집단의 경쟁·갈등·협력 등에 의하여 민주주의적으로 운영된다고 보는 사상. 다원주의자들의 견해로는, 상충적인 이익집단이 정치적 영역에서 서로 경쟁하거나 협상하는 과정 속에서 권력은 다소 민주주의적으로 운영된다. 그리고 공공정책이라는 것은, 경쟁하는 집단들이 내린 타협과 협상의 결과로 나타나는 것이며, 대중은 선거와 조직적인 참여를 통하여 엘리트에 대해 상당한 영향을 미칠 수 있다고 본다.
② 다원사회는 소수의 의견 존중, 대화와 타협으로 의견을 조율하고 다수의견에 의해 정책이나 법 결정, 인간능력과 개성 존중을 우선시한다.
33) KBS 생방송 심야토론.

을 하는 정치인과 국민이 적지 않다. 심지어 국가와 다른 사람의 손익은 안중에도 없고 오르지 나의 이익만 추구하는 사람, 타고난 반골[34](反骨) 성향으로 항상 누군가를 비판하고 비난하는 등 트쟁 자체를 즐기거나 그것에 몰입하는 사람들도 있다. 매번 사회문제가 발생할 때마다 항상 전면에 서는 사람들이 그들이다. 이런 요소들이 복합적으로 작용하여 갈등 해소를 어렵게 한다.

대형 국책사업을 놓고 각기 다른 입장, 위치, 이해관계에 있는 기관과 사람들이 각양각색의 의견을 내놓는 것은 당연한 일이다. 민주화된 사회에서는 이처럼 다양한 의견이 제시되는 가운데 극민적 합의가 도출될 수 있으며, 그럴 수 있어야 국가와 사회에 가장 유익한 해결책이 마련될 수 있다. 그리고 의사를 결정하는 과정에서는 반드시 갈등이 발생한다. 갈등이란 일정한 선택기준이 명백하지 않거나 의사결정의 표준적 작용 원리나 구조(mechanism)가 파괴됨으로써 개인 또는 집단이 방안을 선택함에 곤란을 겪는 상황을 말한다. 의사결정이란 어떤 의미에서는 갈등의 해결이라고 할 수 있다. 갈등의 원인은 이해 및 목표의 상반, 의지 및 태도의 차이, 원활하지 못한 의사소통, 구조적인 분화(전문화)와 상호 기대 차이에서 오는 수도 있다. 갈등을 해결하는 최고의 방법은 현안을 당사자들이 공동노력으로 해결하는 것이다. 다른 해결방법으로는 쟁탈경쟁의 대상이 되는 자원의 보충·증대, 현안 결정의 회피·보류, 서로 조금씩 양보하는 타협, 제삼자의 중재수용, 태도 변화, 인사교류·직제변경 등의 제도 개선 등 상황에 따라 달리 적용할 수 있다[35]

사회적 갈등이란 개인의 심리적 불안이나 혼돈의 상태, 또는 조직이나 사회계층 등의 제(諸) 이해관계 변수의 충돌 그리고 기대수준과 가치

---

34) 반골(反骨·叛骨): 세상의 풍조나 권세, 권위 따위를 무작정 좇지 않고 저항하는 기질 또는 그런 사람.
35) 최창호·하미승(2006), 『새 행정학』, 삼영사, p.130~131

관, 또는 인지 등의 차이에서 유발되는 사회적 현상[36]으로 둘 이상의 개인이나 집단이 대립되는 목표, 생각, 철학, 지향을 하고 있을 때 발생한다. 어느 조직에서나 갈등이 존재하기 마련이다. 갈등은 개인 간 갈등, 집단 내 갈등, 집단 간의 갈등으로 구분된다.[37] 갈등의 발생원인은 첫째는 개인·조직·체제의 목표가 상충하거나 적대감정을 유발하여 갈등을 일으키게 된다. 둘째는 한정된 자원에 대한 개인이나 조직 간의 경쟁 관계가 갈등을 유발시킨다. 셋째는 인지 또는 지각의 차이에서 유발하는 것으로 경험·신념·태도와 동기 등의 상이성에서 유발된다. 넷째는 지위와 역할관계의 불일치 또는 부조화 관계로서 갈등이 유발되기도 한다. 다섯째는 문화적·인종적 또는 신체적 차이에서 고정관념과 편견 등이 갈등의 원인으로 등장하기도 한다. 여섯째는 다변수적 긴장의 결과로 말미암아 사회심리적 불안감이 사회적 고립과 소외 및 갈등을 유발시켜 급기야는 집단형태[38]나 집단운동으로까지 확산되는 원인이 되기도 한다. 일곱째는 시민의 민주적 욕구기대에 관료집단 혹은 이익집단의 역할과 불균형, 정치발전과 경제발전, 사회적 발전과의 불균형 관계일 때 사회적 불안과 갈등은 유발되고 집단행태로까지 표출된다.[39]

민주화, 세계화, 지방화시대로 접어들면서 우리는 이제까지 경험하지 못한 다양한 형태의 사회적 갈등을 경험하고 있다. 그동안 잠재해 있던 다양한 욕구와 이념이 분출되는 시기를 맞았으나, 아직 우리 사회의 갈등관리 역량이 부족하여 크고 작은 사회적 갈등이 끊이지 않고 있

---

36) 김영종(2001), 『부패학』, 숭실대학교 출판부, p.103
37) 이성근(2006), 『정책계획론』, 법문사, p.494
38) 집단행태(collecive behavior)는 일반적으로 조직 내적 요인과 조직 외적·환경적 요인에 의하여 발생하는 정치사회적 운동이나 일탈된 행위로서 사회변동의 과정 속에서 파생되는 부산물이라고 할 수 있다.
39) 김영종(2001), 『부패학』, 숭실대학교 출판부, p.104

는 것이 현실이다. 그러나 우리 사회를 지속적으로 발전시키기 위해서
는 이러한 사회갈등을 저대로 활용할 필요가 있다. 갈등을 덮어두려고
만 하는 것은 무책임할뿐더러 발전의 원동력을 사장하는 결과를 초래
한다. 갈등은 없애야 할 존재가 아니라 잘 조정해야 할 관리대상이다.

갈등이 잘 조정되기 위해서는 정부, 비정부 조직(non-governmental organization, NGO), 지역주민 등 우리 사회 모두의 갈등관리 역량이 축적되어 있어야 한다. 그러나 우리는 유사한 갈등이 재발할 때에도 이전의 경험을 살리지 못하고 매번 엄청난 사회적 비용을 지불하고 있는 경우를 본다. 민주와 참여의 시대로 접어들면서 공공 부문의 다양한 갈등이 표출되고 있다. 국가가 운영되기 위해서는 매일 무수히 많은 결정이 공공정책의 이름으로 내려지게 된다. 이와 같은 공공정책은 이해당사자들의 이해관계를 변화시키는 것은 물론, 갈등해결 과정에서 많은 직·간접적인 비용을 유발하기 마련이다.[40]

사람들이 갈등에 직면하였을 때, 그들이 사용할 수 있는 기본적인 공격 행동 목록을 가지고 있지 않다면, 즉각적으로 공격적인 반응을 나타내기 어렵다. 그런데 정보통신수단의 발달로 사회적 학습 등을 통해 우리는 일상 속에서 직간접인 공격적 모형을 자주 접하고 있다. 개인이 학습한 공격성의 정도는 폭력을 사용할 것인가 아니면 다른 반응을 보일 것인지에 도움을 준다. 다양한 공격 모형의 행동을 자주 접한 사람들은 타인의 공격 행동을 자주 보지 못한 사람들보다 훨씬 광범위한 공격적인 반응 목록을 획득한다. 폭력적인 주위환경에서 사는 사람들은 종종 대수롭지 않게 생각하지만 자신에 대한 공격에 대해서 폭력적으로 행동하기 쉽다. 반면 타인의 공격 행동을 거의 보지 못한 사람은 아주 극단적인 상황을 저 외하고 거의 공격적으로 행동하지 않는다.

---

40) 박진 · 채종헌(2006), 『갈등 조정, 그 소통의 미학』, 굿인포메이션, p.9

어떤 사람이 화가 났을 때, 공격적으로 행동하느냐 또는 비공격적인 반응을 보이느냐는 어느 정도 화가 났느냐와 그 상황에서의 친공격적 요인과 반공격적 요인의 상대적 강도에 달렸다. 과거에 공격적 행동을 가함으로써 보상을 받은 사람, 공격성을 잘 억제하지 못하는 사람, 다양한 공격 행동 목록을 학습한 사람들에게 공격성이 일어날 가능성이 크다. 공격성을 별로 경험하지 못한 사람, 공격적인 모형을 많이 접하지 않았던 사람들에게서는 공격성이 잘 일어나지 않는다. 만약 어떤 사람이 화를 참을 수 있다든지, 타인의 처지에서 상황을 고려한다면 공격적 행동은 덜 일어나게 된다. 각 개인이 가지고 있는 좌절, 분노, 그리고 공포에 대한 인내의 정도에 따라서 신체적 폭력이 일어날 때까지 견딜 수 있는 불쾌한 경험과 정서상태의 정도도 다르다.

만약 어떤 사람이 자극에 대하여 여러 가지 반응을 학습하였다면, 비록 공격 행동도 그 중의 하나이겠지만, 그가 비공격적인 반응을 사용할 가능성은 크다. 즉 개인이 취할 수 있는 대안적인 행동이 많으면 많을수록 그가 공격적으로 반응할 가능성은 적어진다. 이렇게 되는 데는 많은 이유가 있다. 첫째는 어떤 사람이 여러 가지 가능한 행동 중에서 하나의 행동을 선택해야 한다면, 어떤 행동을 선택할 것인가를 결정해야 한다. 이러한 과정은 시간과 인지적 심사숙고가 필요하기 때문에 충동적으로 행동할 기회가 최소화된다. 둘째는 그 사람이 무의식적으로 행동반응을 선택한다 하더라도, 그가 반응할 수 있는 행동 대안이 많으면 많을수록 공격적인 행동을 선택할 가능성은 적다.[41]

---

41) Jeffery H. Goldstein 저, 홍성열 · 임영식 옮김(2002), 『환경이 범죄자를 만드는가』, 교육과학사, p.128~130

3. 사회갈등 확산, 와 막아야 하는가?

갈등(葛藤)은 서로 불화하여 다툼, 상반(相反)하는 것이 양보하지 않고 대립함을 뜻한다. 인간의 욕망이 필연적으로 충돌하게 되어 있는 세상에서 갈등은 어떤 형태로든 일어나기 마련이다. 우리에게 관심의 대상이 되는 것은 갈등을 없애는 것이 아니라 갈등을 어떻게 관리할 것인가 하는 점이다. 이 문제에 접근하기 위해서는 사회갈등의 확산을 왜 막아야만 하는지 그 이유를 반드시 알아야 한다.

먼저 갈등을 어떻게 관리할 것인가 하는 점의 핵심은 국가사회발전과 국민의 권익 신장, 복리증진, 삶의 질 향상에 직접적인 장애요소로 작용하지 않는 수준으로 통제 관리해 나가는 것이다. 관리 방법은 사안에 따라 효율적인 방법을 개발하여 대응하면 된다. 갈등을 없앨 수 없고 적당한 갈등은 인간관계는 물론 사회발전에 도움이 되는 측면도 있으므로 포괄적인 측면에서 사회 구성원 모두의 이익과 발전에 큰 걸림돌로 작용하지 않는 수준으로 관리되면 문제가 될 것이 없다. 개인 간의 갈등문제는 그 파장도 제한적인데다 법률로 대부분 처리된다. 그러므로 갈등관리에 있어 우리의 관심 대상이 되는 것은 법규로 쉽게 처리하기 어렵고 지역사회나 국민이 모두 영향을 받는 국가나 사회적 측면에서의 갈등이다. 지금 우리에게 문제가 되는 갈등은 정치권이 개입하거나 직접 문제를 양산하는 정치사회적인 갈등이다. 남북 간의 갈등이나 노사 간의 갈등, 정책 시행에 따른 갈등, 빈부격차문제 등도 있지만, 이것들은 정치사회적 갈등의 하위 요소에 해당된다.

다음은 우리는 사회갈등이 확산되는 것을 왜 막아야 하는가 하는 점이다. 그 이유는 국가발전, 국민의 권익 신장, 복리증진, 삶의 질 향상을 저해하기 때문이다 갈등이 확산되면 성장을 위해 반드시 필요한 사회적 자본 확충을 방해하고 기회비용을 낭비시키므로 국가는 발전하지 못하고 국민 삶의 질은 향상되는 것이 아니라 떨어지고 질서가 파괴되어 사회는 혼란에 빠진다. 갈등이 극심해지면 나라가 망할 수도 있다.

1) 기회비용 낭비

기회비용[42](機會費用, opportunity cost)은 한정된 자원으로 생산활동이나 소비활동을 하는 경제생활에서 경제활동은 다른 경제활동을 할 수 있는 기회의 희생으로 이루어진다. 한 품목의 생산이 다른 품목의 생산 기회를 놓치게 한다는 관점에서, 어떤 품목의 생산 비용을 그것 때문에 생산을 포기한 품목의 가격으로 계산한 것이다. 예컨대 기업의 입장에서 저렴한 비용으로 적지가 나타난 공장 증축, 시장 변화에 대비 신제품 생산을 위해 기존 생산설비를 교체해야 하는 두 가지 당면과제에 대해 자금이 한정되어 있어 한 가지 밖에 처리할 수 없는 상황이다. 이때 만약 신제품 생산을 선택하면 공장을 증축하는 것은 기회의 희생이라고 볼 수 있다. 즉 기회비용의 관점에서는 어떤 경제활동의 비용은 그것을 위해 단념해야 하는 다른 경제활동의 양이다. 따라서 기회비용은 대치비용(代置費用) 또는 이전비용(移轉費用)이라고도 한다.

---

42) 기회비용(機會費用, opportunity cost)은 어떤 재화의 여러 가지 종류의 용도 중 어느 한가지만을 선택한 경우, 나머지 포기한 용도에서 얻을 수 있는 이익의 평가액(評價額)이다. 기회원가(機會原價)라고도 한다. 기업가가 특정한 선택을 하였기 때문에 포기한 나머지 선택의 가치를 말하며 기업에 투자한 돈을 은행에 예금했다면 이자를 받을 수 있는데, 이 이자가 이 기업가에게는 기회비용이 된다. 일정한 생산요소를 가지고 어떤 생산물을 생산한다는 것은 그만큼 다른 생산물의 생산을 단념하는 것을 의미한다. 그 경우 생산의 기회를 잃게 된 다른 생산물을 생산했을 때의 이익을 실제로 생산된 생산물의 일종의 비용으로 간주할 수가 있다. 이러한 비용을 기회비용이라 한다. 기업가의 경우 자기 기업에 투자함으로써 얻어지는 이윤은 기회비용인 이자보다도 많지 않으면 안 된다. 그렇지 않다면 기업소유자로서는 돈을 빌려주는 편이 유리하기 때문이다. 경제학에서는 언제나 회계비용(Accounting Cost)뿐만 아니라 기회비용을 고려하여 반영하여야 한다. 한정된 생산요소를 가지고 다양한 선택의 기회가 존재한다. 기회비용의 사고방식은 경제이론의 분석도구 중에서도 중요한 것으로 채택되고 있다.

국가적인 측면에서 기회비용이 문제가 되는 것은 간단하게 설명하면 갈등에 직접 소요되는 비용과 시간, 노력과 지혜, 국민의 단결된 힘을 국가발전에 투입할 대 더욱 가속화시킬 수 있다. 즉 갈등을 줄이면 우리나라가 선진국에 진입하고 세계사를 선도하는 중심국가가 되는데 그만큼 더 속도가 빨라지고 도움이 될 것이 확실한데, 갈등으로 말미암아 그것을 낭비하고 있다는 말이다. 그런데 정작 중요한 점은 기회이다. 사람이나 국가 등 인간사회에서는 기회가 일하는 데 아주 중요한 역할을 한다. 아무리 준비를 많이 하고 실력이 있어도 기회가 찾아오지 않으면 능력을 발휘할 수 없다.

지금 우리나라는 선진국에 진입할 수 있는 절호의 기회가 찾아왔다. 이런 기회가 다시 주어진다는 보장은 없다. 기회가 주어졌을 때 선진국으로 진입하지 못하고, 여기서 정치사회적 갈등으로 말미암아 좌절된다면, 우리가 주도하는 통일도 기약하기 어려운 중차대한 문제이다. 그러므로 우리는 사회갈등으로 낭비할 생각, 비용, 노력, 시간 등 총체적인 에너지를 전환하여, 세계 선도국가가 되는 데 총력을 기울여 나가야 한다. 만약 그동안의 경제건설 노력이 바탕이 되어 선진국에 진입하더라도 그것이 끝이 아니다. 계속 선진국으로 유지하고 세계사를 선도해 나가기 위해 사회갈등은 반드시 해결해야 할 과제이다. 우리 스스로에게서 발생하는 갈등문제도 적절한 수준으로 관리 통제하지 못하면서 어떻게 선진국이라고 자부할 수 있겠는가?

2) 사회적 자본 확충 방해

일방이 다른 일방을 권력적으로 부당하게 구속하지 않으며, 타인에게 귀속되어야 할 정당한 몫을 취하지 않고, 자신에게 정당한 몫만을 취하는 것이 바로 윤리이고 청렴이다. 따라서 윤리와 청렴에는 이타성, 권력의 정당한 공유, 규범의 준수 등과 같은 것들이 내재되어 있다. 이와 같은 것들이 확보되었을 때, 구성원들은 각자의 정당한 몫을 위하여 타인의 권리를 침해함이 없이 노력하며, 공동체를 규율하는 절차와 규범을 따르게 된다. 그리고 동일한 구조 아래 있는 다른 구성원들을 신뢰하게 된다. 결국, 윤리와 청렴이 공동체를 유지, 발전시키는 가장 강력한 유인체계인 '신뢰(trust)'를 만들어내는 것이다. 이와 같은 점에서 한국이 지향해야 하는 지속 가능한 발전된 사회는 '구성원들 간에 신뢰로 형성된 사회'라고 할 수 있을 것이다.

신뢰는 사회자본[43]의 가장 핵심적인 요소이다. 사회자본은 개인 간 협력을 촉진하는 무형의 자산으로서 기존의 토지, 노동, 자산과 같은 유형의 자본과 구분된다. 무형의 자산에 해당하는 것으로서 신뢰, 규범, 유대관계(network), 사회적 관계 등을 들 수 있는데, 이들은 사회적 맥락 속에서 만들어진다. 사회적 자본은 국가의 부와 사회 안정을 증진시키기 위한 핵심적인 조건으로 인식되고 있다. 물론 이러한 자본은 이것을 가능하게 하는 직접적인 조건이라기보다는 간접적 조건의 역할을 한다. 그런데 한국은 사회자본의 축적이 낮은 수준인 것으로 평가된다. 삼성경제연구소 조사로는 한국인 10명 중 9.9명이 가족을 신뢰한다고 응답하였는데, 처음 만난 사람에 대해서는 1.3명만이 신뢰한다고 응답하였으며, 이 수치는 경제협력개발기구(OECD) 평균인 33.9%와 비교하여 매우 낮은 수치로, 조사대상 29개국 중 22위에 해당하는 낮은 수준이다.

---

43) 사회자본(社會資本, social capital)은 피에르 브르디외(Pierre Bourdieu)가 말한 자본의 종류 중에서 집단과 사회에서의 위치와 관계이다. 일반적으로 인맥이나 학연, 연줄, 소속단체 등이 여기에 속한다. 이것은 지속적이고 공동적인 속성을 지니고 있으며 유용한 관계에 의해 뭉쳐진 사람들의 집합이다. 운동을 위해 골프장에 가는 것보다는 고위층 사람들과 사귀기 위해 골프장에 간다거나, 업무를 위해 사교클럽에 가입하는 것은 모두 사회적 자본을 얻기 위함이다. 사회적 자본은 자신이 소속되거나 자신과 연결된 집단을 통해 동원할 수 있는 유·무형의 자원의 총합이기도 하다. 그러므로 한 개인의 사회자본 총량은 그 자신이 활용할 수 있는 관계망과 함께 그와 연결된 다른 사람의 경제, 문화, 상징자본까지도 합한 것이 된다.

신뢰를 핵심요소로 하는 사회자본은 추상적인 가치 수준에 머무는 것이 아니라 실질적인 경제적 가치를 가진 것으로 평가된다는 점에서, 사회자본의 축적은 곧 경제발전을 위한 자본의 축적이라고 할 수 있다. 특히 지속적인 경제발전을 위해서는 신뢰, 규범과 같은 무형의 사회자본이 자연자원보다 더 중요한 것으로 평가된다. 다른 조건이 동일한 상태에서 사회자본의 핵심인 신뢰지수가 10% 떨어지면 경제성장률은 약 0.8% 하락하는 것으로 연구되기도 하였다. 사회자본의 축적이 낮다는 것은 곧 사회 자체가 고비용구조임을 보여주는 것이다. 사회자본의 축적이 제대로 이루어지지 않은 경우, 사회분열과 공공부문에 대한 불신이 팽배해지고, 이는 각종 공식적 제도의 작동 및 개혁을 어렵게 하며, 이것이 결국 한국경제의 효율성을 저해한다. 특히 한국적 특성으로 부각되어 있는 혈연, 지연, 학연 등 폐쇄적 연고주의 때문에 사회적 갈등은 더욱더 심화되고, 이것이 불필요한 사회적 비용을 과다하게 발생시킨다. 결국, 낮은 국가경쟁력을 초래하는 요인들로서 노사 간 갈등, 높은 거래비용, 내부 감시 등 관리비용(기업수준), 법질서 유지비용(국가수준) 그리고 각종 감사 및 통제관련 비용을 들 수 있는데, 이것들은 모두 낮은 사회자본에 기인한다.[44]

사회적 자본은 동일한 양과 질의 노동, 자본 등 생산요소를 투입하고도 다른 성과가 나오는 이유를 추적하는 과정에서 사회적 자본의 존재가 확인되었다. 미국 하버드대학교 교수 로버트 퍼트넘(Robert David Putnam)은 사회적 자본을 '상호이익을 위한 협력과 조정을 용이하게 하는 사회적 특성'으로 정의했다. 사회적 자본은 축적할 수 있고 다른 생산요소의 생산성을 높인다는 점에서 일종의 무형자본이다. 거래비용을 절감하여 인적·물적 자본의 효율적 투입과 운용을 가능하게 하는 요

---

44) 윤태범(2010), "한국의 지속적 성장발전을 위한 청렴정책의 방향", 국민권익위원회, p.22~24

소이다. 세계은행은 경제발전을 위해서 신뢰, 규범과 같은 무형자본이 자연자원보다 중요하다고 주장하고 있다.[45] 사회적 자본은 국가의 부와 사회적 안정을 동시에 증진하기 위한 핵심조건이며, 기업의 신기술 창출과 제품혁신에도 기여한다. 그러나 한국사회의 취약한 사회적 자본이 높은 거래비용을 유발하여 경제의 고비용 구조화를 초래하며, 노사갈등 등 각종 사회문제를 확대한다는 주장이 지속적으로 제기되고 있다.[46]

낮은 신뢰, 후진적 법질서 의식, 폐쇄적 네트워크, 배타적 집단주의 문화는 경제 활력을 저하시키고 집단 이기주의를 통해 사회분열을 조장한다. 외국기업이 복잡한 규제, 노사 신뢰부족, 인적 유대관계(network)의 폐쇄성 등을 대(對) 한국 직접투자를 회피하는 주된 이유로 거론할 정도로 한국은 신뢰와 법질서의 부족으로 사회 합력이 약하다. 국민이 타인을 잘 믿지 않는 저(低) 신뢰 사회, 정부에 대한 공적 신뢰가 부족하여 시민이 정책 결정에 반대하는 사례가 빈번하게 발생한다. 법질서 의식 수준이 낮아 실정법을 어기는 것이 이득이 된다는 사회분위기가 형성되어 있다. 가치배분 기준으로 혈연, 지연, 학연 등 비공식적인 연고가 중시되면서 부정부패가 성행, 혈연, 지연, 학연을 중심으로 한 폐쇄적 유대관계가 형성되어, 국가나 사회 단위에서 하나로 통합되지 못하는 분절된 모습이 나타난다. '연줄'이라는 용어는 한국사회에서 사회적 유대관계가 얼마나 폐쇄적으로 사용되고 있는지를 보여주는 대표적인 예이다.[47]

우리 사회는 개인과 정부에 대한 낮은 신뢰, 후진적인 법질서 의식, 폐쇄적 연고주의나 배타적 집단주의에서 발생하는 집단 이기주의가 한

---

45) 이동원 외(2009), "사회적 자본 확충을 위한 정책과제", 삼성경제연구소 CEO Information 722호, p.1
46) 이동원 외(2009), "사회적 자본 확충을 위한 정책과제", 삼성경제연구소 CEO Information 722호 요약
47) 이동원 외(2009), "사회적 자본 확충을 위한 정책과제", 삼성경제연구소 CEO Information 722호, pp12~15

국의 사회적 자본 확충을 위해 해결해야 할 문제이다. 먼저 사회적 신뢰를 증진하기 위해서는 교통법규와 공공질서 등 모든 영역에서 '법을 지키면 손해 보지 않는다'라는 사회적 합의를 이루고 비현실적인 법 규제를 정비하며, 시민교육을 통해 규칙을 존중하는 질서의식을 함양하는 것이 필요하다. 또한 지역·이해집단 간에 단절된 유대관계에서 열린 유대관계를 지향하고, 정부는 합리적인 소통으로 공공사업 추진의 절차적 정당성을 제고하는 등 사회갈등을 효과적으로 관리해야 한다. 2009년 삼성경제연구소는 사회적 자본 수준을 제고하지 못한다면 사회통합과 경제발전을 저해하여 결국 선진국으로 진입하는 데 걸림돌이 될 것이라고 지적한 바 있다. 지금 우리 사회는 신뢰제고, 법질서 준수, 열린 유대관계(network), 합리적 소통을 통한 사회적 자본 확충이 강하게 요구되고 있다.[48] 그 첫걸음은 정치권이 모범을 보이고 국민이 따르는 법규와 절차 준수, 청렴한 공직자 임명, 합리성과 정당성 추구이다.

4. 한국사회 갈등 무엇이 문제인가?

1) 갈등의 구조적 발전과정

지난 세기 한국은 사회 각 부문에서 대단히 빠르고 격렬한 변동과정을 경험했다. 변동의 범위는 그 포괄성뿐만 아니라 심화과정에서도 대규모로 진행되어 사회구성원의 삶의 조건을 바꾸어 놓은 근본적인 것이었다. 괄목할만한 경제성장에 이어 민주주의 초기 단계에 진입한 한국사회는 발전과정의 마지막 단계인 복지 및 환경사회를 지향하고 있

---

48) 이동원 외(2009), 『사회적 자본 확충을 위한 정책과제』, 삼성경제연구소 CEO Information 722호

기도 하다. 그러나 발전 이면에는 성장 위주의 발전전략에 의해 여타 사회부문이 희생되어 온 값비싼 성장의 대가를 지불하고 있으며, 향후 사회발전의 균형성과 지속성에 많은 문제가 제기되고 있다.

워낙 부존자원이 빈약한 한국사회의 입장에서 수출주도형 후발 산업화 전략은 역사적인 필연성을 잉태하고 있지만, 그 추구과정에서 개발독재의 울타리 안에서 민주주의 기본질서가 국가발전에 맞추어 균형적으로 성장하지 못하는 문제점을 드러냈다. 대기업과 중소기업의 격차, 농업부문의 희생 위에서 빠른 성장이 이루어진 가운데, 근대화·도시화·산업화의 물결 속에서 사회구성원은 차별의 범주 안에서 여러 층으로 분절화되는 경험을 갖게 된 것이다. 이처럼 불균형 성장이라는 발전과정에서 수직적 불평등의 현상은 도시와 농촌 간의 격차, 지역 및 계층 간의 차별 등 사회 제 분야에 걸쳐 확대 심화되었다. 특히 경제력 집중의 문제, 소득분배의 문제, 빈곤층의 문제 등은 중요한 사회문제로 부각되어 사회적 긴장과 갈등을 야기했다. 이 같은 사회적 갈등의 잠재적 효과는 사회규범의 부재현상을 초래함으로써 구성원들의 일탈적인 사고방식과 행동을 유발하였으며, 사회 각층의 부정부패를 초래하고 만연시키는 결과를 불러왔다.

상류층은 주식 투기 등의 이른바 사적 이익추구(rent-seeking)에 몰두하면서 이를 통해 정치헌금, 탈세, 뇌물 등 각종 불법적 방법을 동원하여 막대한 경제적 이익을 축적했다. 이렇게 벌어들인 수입으로 과시적 소비와 유한 생활, 금전 만능주의 등을 즐기며 성실한 '무능력자'를 천대하는 역설적 사회 관행을 창출해 냈다. 잘못된 관행은 중산층을 통해 빈곤층까지 부의 축적에 대한 부정적 인식과 강한 거부감 그리고 저항의식을 심화시켰다. 이러한 배금주의[49] 인식을 토대로 사회생활의 각

---

49) 배금주의(拜金主義): 돈을 최고의 것으로 여기는 주의.

분야에서는 한건주의, 편법주의, 물신주의50) 등이 기승을 부리게 되었다. 급기야 교육과 종교분야에까지 이러한 사회적 분위기가 확산되어 그 폐해가 심각하게 나타나 총체적 부패라 하지 않을 수 없다. 수시로 터져 나오는 각종 게이트와 서울시교육청의 비리는 우리 사회의 일그러진 단면을 잘 보여준다.

주지하다시피 근대 국민국가의 기본 틀을 구축하고 사회갈등에 대한 통제력을 확고히 하는 국가형성(state-building)의 과제는 일제의 식민통치, 외세에 의한 남북분쟁과 전쟁, 군사쿠데타와 권위주의 지배에 의해 본질적으로 왜곡된 형태로 한국사회의 구조적 상흔(structural trauma)을 안겨 주었다. 이러한 과정에서 지배기구로서 국가조직이 갖추어지지만, 그 형성과정이 사회구성원의 동의와 상관없이 외부로부터 또는 위로부터 강압적으로 이루어짐으로써 국가의 정당성이 심각하게 훼손되었기 때문에 갈등의 구조적 조건이 마련되었던 것이다.

예를 들어 한국사회 정권교체의 이유 가운데 사회갈등 여부가 가장 큰 비중을 차지한다. 이 같은 경향은 제1공화국에서부터 현(現) 정부에 이르기까지 적용되어 왔으며, 동시에 갈등의 심각성과 대책에 대해 각종 방안이 제시됐다. 그러나 언론과 국민의 반응은 냉소적이었으며, 정부의 공공정책에 대해 극도의 불신을 표출하고 있다. 갈등조정의 비용은 경제적 측면에서 상당할 뿐만 아니라 민주주의나 자유주의의 양립 가능성에 출발하기 때문에 이를 감소, 조정하기 위한 고비용의 작동기제(mechanism)가 필요하다. 이 비용을 고려한다면 미래도 역시 사회갈등으로부터 벗어날 수 없다고 할 수 있다.

내부적으로 사회구성원이 민주주의 가치와 이념을 깊이 내면화하지 않으면 정치·경제적 위기가 발생할 때 민주화의 과정은 굴절되고 사

---

50) 물신주의(物神主義): 물질적인 것을 숭상하는 주의.

회갈등의 양상은 더욱 극렬해진다. 그 결과 민주주의와 지속적 사회발전은 위기에 직면하게 된다. 또한 사회구성원들이 자신의 욕구를 절제하지 못하고 민주주의가 보장하는 자유와 권리를 남용하여 무분별한 요구를 하게 되면 결국 국가는 과잉부담의 문제에 빠지게 되고, 사회전체는 통제 불능의 상황이 전개될 수 있다. 그뿐만 아니라 타인의 주장을 수용하지 못하고 타협할 태세를 갖추지 못할 때에도 사회갈등은 더욱 심화되며 민주화의 길을 방해하게 된다. 민주주의는 사회갈등을 포함한 모든 문제를 가장 효과적으로 해결해 주는 만병통치약도 아니고 억눌린 욕구를 모두 충족시켜주는 마술 같은 것도 아니다. 민주적 절차를 통한 해결방식은 상당한 시간과 노력, 인내를 필요로 하는 반면, 모든 당사자의 요구를 최대한 만족시켜 주지 못한다.

어떻게 보면 민주주의는 문제 해결의 절차와 방법이며, 개개인의 측면에서 볼 때에는 최선의 방법이 아닌 차선책에 불과하다. 따라서 사회구성원이 민주화 과정을 견지해 나갈 수 있는 사회문화적 조건을 갖추지 못하면, 고통스런 과정을 통해 성취한 민주주의는 혼란, 갈등, 불안정만을 초래할 가능성이 크다. 따라서 사회발전의 전환기에 들어선 한국사회에서 가장 중요한 과제 중 하나는 갈등의 해소책으로서 민주주의 문화를 정착시키도록 국가, 시민사회 등 각 차원에서 각고의 노력이 요구된다.[51]

2) 갈등 전개양상

그동안 한국 사회는 갈등이 개발주도형 국가체제 아래서 억압 및 잠재된 유형으로 진행되어 왔다고 할 수 있다. 유신체제 아래서는 인권의

---

[51] 서문기 외(2001), 『한국사회의 갈등구조에 대한 이해』, 삼성경제연구소, p.31~33

존중과 자유에 대한 욕구가 상당 부분 억압되고, 사회적 평등에 대한 기대도 무시되어 왔기 때문에 국가의 강제력에 의한 억압이 사회 각 분야에서 좌절감으로 연결, 축적되었다. 군사정권의 권위주의아래서 한국사회 안의 갈등은 내재되어 제대로 표출되지 못한 채 누적되어 온 것이다. 그러다가 1987년 소위 6·29선언에 의해 억압 구즈의 분출구가 형성되고 갈등 양상은 사회구성원의 전체적인 운동 차원으로 양상을 달리하게 되었다. 이후 형식적 민주화 과정을 거치면서 사회구성원의 요구는 봇물처럼 터져 나오게 된다. 이러한 양상은 문민정부와 국민정부에 이르러 실질적인 민주화 과정에 대한 기대로 인해 사회 각층에서 표출되기 시작하였으며, 갈등의 강도를 더해 가게 되었다. 이러한 기준에서 볼 때, 한국 사회는 갈등의 잠재화에서 현재화로 전환되고 있는 것으로 볼 수 있다. 사회의 모든 부문에서 비리영역의 상존과 확장이 전개되고, 갈등의 이항기르 인해 한동안 누적된 갈등요소가 봇물처럼 터져 나오고 있다.

전체적인 맥락에서 한국사회의 갈등과정은 압축적 성장, 문화 지체, 관행성 부패구조에서 연유하며, 과정보다 목표가 우선되는 결과주의가 문제다. 그 결과 한국사회가 겪는 대표적인 갈등은 정치갈등, 노사갈등, 세대갈등 등을 비롯하여 교육, 여성, 농촌 등 거의 전 영역에서 심각할 정도로 나타나게 되었다. 역설적으로 민주화의 열기 속에서 분출되어 온 이러한 갈등들은 민주화 과정을 촉진시키고 부의 재분배, 권력의 분산, 남북문제의 진전에도 일정한 영향력을 행사하게 되었다.

[그림 1-1]에서 보는 바와 같이 역사적으로 한국사회 갈등의 출발점은 좌우 이념논쟁에 근거한 세대 간의 보혁 갈등으로 특징되어 질 수 있다. 이후 몇 년간에 걸쳐 전국 각 사업장에서 발생하였던 노사갈등은 성장 과정에서 억압되어 온 부의 불평등에 대한 불만과 좌절이 한꺼번에

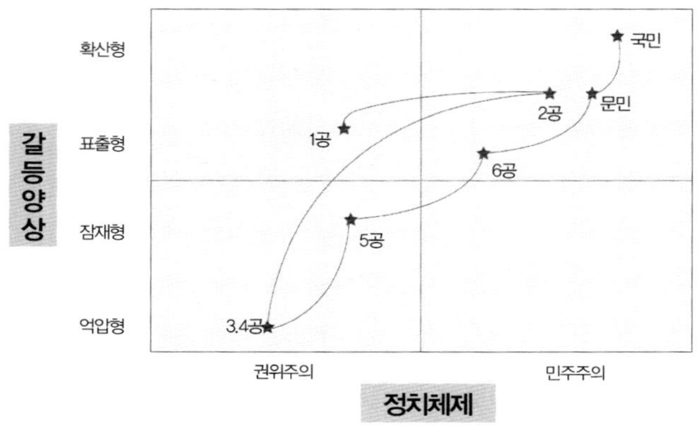

1,2공: 이념갈등   3,4공: 권력갈등   5공: 직업 및 계층갈등
6공: 복지 및 환경갈등   분민: 지역갈등   국민: 집단 및 윤리갈등

[**그림 1-1**] 한국사회 정치체제와 갈등추이

분출된 것으로 계급갈등의 성격을 가진다. 때로는 노사 또는 노노 간의 세대적인 요인과 권력 투쟁적 요인도 혼재되어 있었으나, 주로 경제적 파이의 재분배를 둘러싼 정부 및 기업의 약속이행을 목적으로 한 노사 양측 간의 계급대립이라고 할 수 있다. 대통령 선거를 포함하여 각종 선거에서 나타났던 극렬한 갈등 상황과 혼란, 정치권의 잘못된 행태와 불신 및 정당 간의 투쟁은 권력의 갈등 현상임이 틀림없다.

사람들이 추구하는 목적과 가치가 권력이든 부이거나 기회이거나 간에 그 가치가 항상 부족하고 인간의 소유욕은 제한이 없어서 자제력과 인내의 힘을 상실하고, 사회적인 제어 장치가 합리적으로 제도화되어 있지 못한 상황에서는 공격적인 행동을 수반한 폭력적 갈등 양상이 벌어지게 된다. 그뿐만 아니라 이러한 부족한 자원과 가치의 배분 상황이 지나치게 편중되어 원칙이 깨어지고 불평등 구조가 확산되면 갈등상황은 심화되고, 적절한 조건이 형성되면 화산에서 분출하는 마그마와 같이 사회 안에 갈등이 범람하게 된다.

경제성장과정에서 불평등 구조가 심화되어 온 한국 사회는 특히 대기업 위주의 성장정책으로 인하여 부의 편중현상이 심화되어 빈부격차가 커지고 정치적 후진성과 독재권력에 의해 젊은 세대의 기대와 희망을 제대로 부응하지 못함으로써 갈등의 제반 요소를 내재, 체계화시키게 된다. 사회적 연줄이라는 폐쇄된 사회구조 속에서 시민사회의 형성을 위한 기초적 조건은 굴절되어 왔으며, 정부에 대한 신뢰 저하와 함께 권력에 의한 불평등 구조에 의해 한국사회의 만성적 갈등요인으로 작용하게 된 것이다.

세대 간의 갈등은 1980년대 학생운동과 1990년대 이후 신세대 갈등으로 구분될 수 있다. 전자는 기성세대들이 정치적, 사회적 권위 및 특혜를 지나치게 독점하는 데 대한 반발로써 상대적 좌절감의 정도가 심하여짐에 따라 갈등의 양상도 과격한 모습을 갖게 된다. 물론 기성세대 중심의 사회 자체가 사회갈등의 충분조건은 아니다. 공공선과 사회적 정의를 실현시킬 수 있다는 믿음과 확신을 상실했을 때, 세대 간의 갈등과 학생운동 등은 강하게 일어나고 촉진되는 것이다. 다시 말해서 기성사회에 대한 불만, 반발, 좌절 그리고 이로 인해 생긴 불신에 따른 사회구성원의 저항이라고 할 수 있다. 젊은 세대가 요구하는 기대와 이를 충족시켜 주지 못하는 기성체제 그리고 현실과의 격차에서 파생되는 괴리감, 좌절감이 세대적 저항으로 나타나게 된다.

예컨대 기대와 만족도 간의 격차에 의해 설명될 수 있는 세대 간의 갈등과 젊은 층이 전개하는 사회운동의 심리적 기저에는 사회적 불평등, 불공정에 대한 강한 비판, 기성체제에 대한 부도덕성과 자신들이 가진 잠재력 및 도덕적 자부심, 독단 사이에 심각한 심리적 갈등이 내재되어 있는 것이다. 학생들은 기성세대와 비교하면 상위의 윤리와 가치를 가졌으며, 더 높고 순수한 목적을 추구함으로써 부정하고 부도덕

한 기성세대나 가치에 대해 모든 수단을 정당시하는 엘리트적 부도덕
성에 기초하고 있다.

기성세대에 대한 저항감이 높으면 높을수록 기성세대와 기성체제가
거부하는 이념, 즉 저항 이데올로기를 찾아 그들의 적개심을 표현하는
도구로 삼고, 운동 구성원들의 연대 의식을 높이고, 자신들의 행동을
합리화하는 수단으로 사용하게 된다. 더욱이 권위주의적 체제가 중심
이 되거나 굴절된 민주주의를 갖는 체제에서는 젊은 지성인들은 공통
의 목적을 갖게 된다. 그러나 권력 등 사회적 자원이 기성세대 등 어느
한 층이 독점하게 되면 사회구성원 간의 심리적 괴리감은 커지게 되며
사회갈등의 공간적 확장이 발생하게 된다.

1960년의 민주주의와 반외세적 민족주의적 운동이념이 1970년대로
이어져 한때 유행하였던 자생적 좌익세력은 이렇듯 억압에 대항하기
위한 운동 이데올로기로서 발전하였으며, 북한이나 국제조직과 직접
연관된 것은 아니었다. 1980년대 학생운동은 노동운동과 연계되어 새
로운 양상을 보이기 시작하였으나, 1990년대 초 동구 및 구소련의 몰락
으로 운동권 세력이 급격히 약화되었다. 자본주의 체제 아래에서 갈등
의 지속성을 특성으로 하는 노사갈등은 어떤 조정방안도 영구적인 해
결방안이 될 수 없어서 언제나 폭발 가능성이 큰 갈등 관계를 벗어날
수 없다. 한국의 노사관계는 이러한 관계에다가 사회·정치적으로 많
은 문제점을 안고 있어 폭발위험성이 더 높다고 할 수 있다.

주요 원인을 살펴보면 첫째는 국가의 산업화 전략에 따른 구조적 문
제를 들 수 있다. 즉 국가의 '선 성장 후 분배' 전략에 따른 노동자의
저임금, 장시간 노동으로 노동력 재생산의 위기와 함께 산업재해 등 열
악한 노동조건으로 좌절과 불만이 축적되어 왔다. 둘째는 '부익부 빈익
빈' 과정에서 국가의 약속이행에 대한 기대와 성취 간의 괴리에 따른

사회구성원의 상대적 박탈감 확산을 들 수 있다. 이 밖에도 강력한 노동 통제구조라든지 노동자의 사회적 욕구 증대 등을 들 수 있다.

노사갈등은 이념 갈등과 맥을 같이 하면서도 현실적으로 부의 분배문제에 직접 연결되는 차원으로서 계급적 성격을 뚜렷이 갖고 있다. 개발주도형 국가체제 아래에서 성장위주의 경제정책과 독재적 정치체제로 인해 노동활동이 철저히 봉쇄당했기 때문에 노사갈등은 초기에 간헐적으로 표출되다가 6·29 이후 억제되었던 욕구가 폭발적으로 분출되어 급진적 노사 간 갈등의 진통을 경험하게 된다. 이때까지 한국사회의 노동조건은 열악하고 저임금 수준에서 노동삼권도 보장되지 않았던 시기였다. 결과적으로 노사갈등은 분출되자마자 전국적으로 확산되면서 폭력적으로 발전하기도 하였다. 노사갈등의 근본적인 원인은 경제성장에 따른 부의 축적과 이익 배분을 둘러싼 불만이라고 할 수 있지만, 기저에는 군사 문화적 억압구조 아래에서 사측의 권위주의적 사고와 태도가 지배적으로 작용하였기 때문이라고 할 수 있다. 노동자들을 인간으로 보기보다는 효율적인 생산을 위한 하나의 기계적 요소로 보는 과학적 경영 관리법(Taylorism)적인 경영 철학이 지배적이었던 것이다. '선 성장 후 분배'의 정책공약을 이행하지 않는 정부의 역할도 노사갈등의 첨예화에 일조하였다.

경제적 수요공급의 시장원리에 의해 이익창출과 축적에만 노력하였지 노사 간의 공정한 경쟁원리에 의한 쟁의권이 박탈된 상태였으며, 경제력 독점 및 집중현상, 정경유착 등 부조리와 비교하면 상대적으로 저임금의 고통을 감내하였던 것이다. 이러한 견지에서 이후 민주화 물결에 의해 노동자의 상대적 박탈감이 분출하여 대규모로 확산되었던 현상은 결코 우연이 아니었다. 부의 분배문제는 여전히 한국사회에서 지속적으로 남아 있는 중요한 갈등현상임이 틀림없다. 자원의 재분배와 지나친 노사갈등은 양측 모두에 해가 된다는 공동인식 그리고 평화적 공존의 지혜를 터득해 나가는 것이 바람직하다. 충분한 투자와 노동조건의 개선 그리고 일방적인 요구나 지나친 투쟁만이 능사가 아니라 합리적인 대화와 타협의 과정으로 도출해 나가는 것이 갈등조정의 핵심이다.

권력중심의 정치적 갈등은 해방 후 지금까지 지속되어 왔기 때문에 조금도 새로운 현상이 아니다. 해방 이후 좌우 간의 치열한 대립 그리고 각 파벌 간의 분열과 갈등으로부터 한국사회의 정치적 갈등은 심각하게 노정되었다고 할 수 있다. 정권의 야당탄압과 야당의 극한투쟁 형식의 여야 간의 갈등으로부터 최근까지 계속되어 온 권력투쟁은 정치적 갈등의 핵심이다. 한국사회의 야당은 탄압 속에서 극한투쟁을 하든지 아니면 어용 야당일 수밖에 없는 구조적 한계를 갖는다. 민주화가 진행됨에 따라 여야는 합리적이고 공정한 경쟁의 규칙을 만들고 지킴으로써 사회구성원이 공감할 수 있는 선거 및 정책입안 문화를 형성해야 한다.

갈등 내용 면에서는 크게 지역, 직업, 계층, 권력, 윤리 갈등으로 집약할 수 있다. 먼저 지역차원에서는 지역감정, 권력배분, 지역개발 등에 편차를 보임으로써 집단의식화, 탈개성화를 촉진하고 있어 향후 분권화 및 환경문제 등으로 지역갈등이 첨예화할 가능성이 크다. 계층차원에서는 빈부격차와 상대적 박탈감으로 인해 사회 불평등의 구조화 정도가 높아질 전망이다. 불로소득 또는 금리소득에 기초한 과소비집단에 대해 사회적 괴리감이 형성되고 경쟁과정의 비정상화, 퇴폐적 문화가 발달하고 있다.

사회 전체적으로 지배층에 대한 불신감과 정당성의 결여로 인해 집단 단절에 의한 갈등해결 방식을 추구하게 된다. 윤리차원에서는 왜곡된 사회화과정과 통념에 의해 가족 및 교실교육 붕괴가 진행되고 신세대의 성취동기가 실종되어 극단적 개인주의가 팽배해 있다. 사회정의 및 민주주의 등 개혁 주장만 있고 그것이 허용될 하부구조 등 사회적 기반이 취약하여 사회구성원의 다양하고 새로운 욕구를 반영 못 할 경우 구 갈등과 신 갈등구조가 중첩되어 다원사회로의 이행에서 한국사회 갈등도 빈도와 강도에서 그만큼 더 심각해지고 있는 것이다. 사회적 공개념이 부재하고 상호보완적이 아닌 사회구조와 윤리체계 간의 불일치는 사회구성원 간에 단합보다 분열을, 화해보다는 갈등을 조장함으로써 한국사회의 신인도와 국가경쟁력을 저하시키는 요인으로 작용해 왔다.

향후 삶의 객관적 요인보다 주관적 요소가 중요해지고 권력자는 있어도 파워엘리트[52](Power Elite: 핵심권력자)는 부존한 상황이 진행됨에 따라 구조적 갈등이 심화되어 경제성장의 지속적 발전가능성을 저해할 것으로 전망된다. 집권 후반기의 레임덕현상[53](Lame Duck)과 함께 갈등 조정의 기능이 위축됨으로써 한국사회를 위기상황으로까지 강제할 가능성이 있다고 하겠다.[54]

3) 왜 우리의 갈등을 우려하는가?

정치(政治)는 국가의 주권자가 그 영토 및 국민을 통치함, 국가 권력을 획득하고 유지하며 행사하는 활동으로 여러 권력이나 집단 사이에

---

52) 파워 엘리트(Power Elite)는 미국 사회학자 밀스(C. W. Mills)의 저서로, 1956년 발간되었다. 밀스는 이 책을 통해 미국 사회는 정치·경제·군사적 부문의 소수 엘리트가 지배하고 움직이는 사회로, 결코 개방적인 기회의 나라가 아니며 매스미디어의 획일적 문화생산에 좌우되는 대중사회라고 지적했다. 이후 파워 엘리트는 사회적인 계층(hierarchy), 특히 정치상의 위계제도에서 중요한 지위를 차지하는 일단의 사람들을 가리키는 개념으로 일반화되었다.

53) 레임덕현상(Lame Duck)은 미국 대통령 선거에서 현직 대통령이 패배하는 경우 새 대통령이 취임할 때까지 약 3개월 동안의 국정(國政)정체 상태를 기우뚱거리며 걷는 오리를 비유해 이르는 말이다. 우리나라의 경우 '통치적 누수 현상'이라고 표현하고 있다. 일반적으로 미국의 대통령 선거는 11월 초순에 대통령 선거인을 선출하고, 12월 중순에 이들 선거인이 다시 투표를 해 다음해 1월에 개표하며, 새 대통령에 새로운 인물이 선출될 경우는 11월 초순부터 다음해 1월 20일까지 약 3개월간 사실상 국정 공백 기간이 생기게 된다.

54) 서문기 외(2001), 『한국사회의 갈등구조에 대한 이해』, 삼성경제연구소, p.35~40

생기는 이해관계의 대립 등을 조정·통합하는 일이다. 정치활동을 하는 사람이 정치가이므로 당연히 사회에서 발생하는 이해관계의 대립 등을 조정·통합하는 일을 해야 한다. 그것이 본분이다. 우리나라 정치가들도 갈등을 해소하는 일을 하지 않는 것은 아니지만, 평상시에는 정국 주도를 위한 여론몰이, 선거철에는 권력 획득을 위해 갈등과 대립을 이용하고 조장한다는 점이 문제다. 국가사회적인 관심사가 되는 현장에는 반드시 국회의원들과 정당의 당원 또는 지지단체 등의 지지자들이 대거 참여하여 여론을 표출한다. 대의민주주의에서 갈등에 의한 이해관계의 조정은 입법과 강제에 의해 처리되는데, 갈등해결의 정점에 법규 제정권을 가진 국회와 공권력을 가진 정부가 있다.

사회 내에서 발생하는 갈등을 해결할 수 있는 가장 중요한 위치에 있는 사람이 정부의 수반인 대통령과 국회의원이다. 그런데 오늘날 우리나라는 대통령과 국회의원이 갈등을 일으키고 조정하고 조장하고 해결하는 역할을 동시에 추진한다. 올바로 된 민주주의라면 갈등은 적게 일으키고 어쩔 수 없이 발생하는 갈등은 적극적으로 해결하기 위해 노력해야 한다. 우리의 정치인들도 그 정도는 안다. 문제는 권력 향유에 대한 탐욕 때문에 당리당략에 따라 행동하는 경향이 너무 강하다는 것이다. 방향타는 여론의 추이이다. 유리한 여론을 조성하고 지지와 득표 획득을 위해서는 훗날 사회갈등의 대상이 될 내용이라도 일단 수렴하여 공약하고 실행과정에서 반발이 거세지면 다시 입장을 변경하거나 다른 합리적인 사안을 내세워 관심을 유도해 나가는 방법을 사용한다. 즉 합리성과 불합리성을 넘나들기 때문에 국민은 계속 현혹된다. 항상 기대로 지지표를 행사하지만 얼마 지나지 않아 실망으로 돌아오고 결국 여야 모두 같은 사람이라는 생각을 갖게 된다.

사회갈등의 구조적인 측면에서 볼 때 정치갈등이 최상위에 있다. 정치권은 자체의 문제 해결은 물론 국민과 사회 내에 존재하는 각종 갈등을 조정하는 일이 고유의 기능과 역할이다. 남북갈등고 노사갈등, 빈부격차에 의한 갈등 등 제반 갈등은 정치갈등보다 하위에 있으며, 정치권이 이러한 갈등을 해결하기 위해 정상적인 노력을 기을인다면 많은 것들을 해결할 수 있도록 법으로 그 권한을 보장한다. 그러나 최상위에 있는 정치갈등을 관리하는 것은 용이하지 않다. 국민이 여론과 투표를 통하여 견제할 수는 있지만, 대통령은 단임이라 실효성이 낮고, 정당 내 책임 소재를 정확하지 가리기 어려운 상태에서 정치권 전체의 문제를 개별 국회의원에게 척임을 물어 투표를 통해 심판하는 것도 한겨가 있다. 이를테면 당론 또는 계파의 수장이 배후에서 조종 하는 대로 움직일 수밖에 없는 신진정치인들의 행동을 그들에게 책임을 묻는다고 해서 해결될 문제가 아니라는 것이다.

어느 나라 할 것 없이 정치권이 사회갈등의 원인으로 작용하면 국가는 위기에 직면할 가능성이 크다. 사회에서 갈등을 해결할 주체가 제 기능을 상실하면 국민은 모든 갈등문제에 대해 대가를 치르고 난 후 법에 의존하여 풀 수밖에 없는 상황으로 내몰리지만, 국회가 제대로 운직이지 않으면 정당하고 합리적인 법이 만들어지는 것을 기대하기 어렵다. 부당하고 불합리한 상태에서 만들어진 법은 국민이 저항하고 승복하지 않으려 하기 때문에 사회는 혼란에 빠질 수밖에 없다. 아직 우리나라는 혼란이 극에 달한 것은 아니지만, 다른 선진국에 비해 현저하게 높은 수준을 보여주고 있는 개인 간의 고소고발 남발은 정치가에 의한 우리의 갈등상황이 국민 속에 그대로 투영되고 있는 것으로 볼 수 있어 우려를 자아내게 한다.

오늘날 양식 있는 국민이 우리 사회의 갈등을 우려하는 것은 정치권, 특히 대통령과 정무직공무원, 국회의원, 민선 교육감, 지자체장, 법원,

검찰, 경찰 등 갈등을 해소해야 할 위치에 있는 사람들이 직분을 망각하고 공공연하게 사회갈등을 조장하는 것이 문제다. 하지만 그보다 더 심각한 것은 권력에 대한 탐욕과 집착으로 정권획득이나 직책 차지를 위해 의도성을 갖고 정치 전략적으로 법규 준수와 위법, 합리성과 불합리성을 넘나드는 행보를 보이며 국민을 현혹시키고 있다는 점이다. 이 것은 국민의 가치를 교란하고 사회적 학습 대상이 되어 유사한 행동이 확산되도록 만들 수 있는 중대한 문제에 속한다. 이를 방치하면 법은 뒷전이고 처세와 청탁에 능한 사람만 승진하고 권력을 잡아 갖은 횡포와 비리가 난무하는 사회가 될 수밖에 없다. 그러므로 정치인들의 위법에 대해 국민은 권리와 책임에 대해 따지고 잘못이 있으면 비판하고 비난하고 항의를 통해 반드시 책임을 지게 만들어야 한다. 그래야 공정한 사회를 만들 수 있다. 모든 국민은 스스로 공정한 행동을 하기 위해 노력해야 하지만, 특히 정치가들이 보이는 불공한 행위에 분노하지 않고 방치하면 항상 불공한 일을 당할 수밖에 없다.

4) 고소고발 남발 개인 간 갈등도 우려 수준

다툼이 발생하는 것은 여러 가지 이유가 있지만, 그 기저로 들어가면 사람과 사람 간의 신뢰 상실과 연결된다. 대화와 타협, 양보도 신뢰가 전제될 때 그 효력을 발휘한다. 다툼이라는 측면에서 볼 때 분쟁과 갈등은 같은 의미이다. 그러나 갈등은 대립하는 것을 말하기도 하므로 그 뜻이 더 넓다. 일반적으로 갈등이 심화되면 분쟁으로 발전한다. 법치국가에서 분쟁이 발생하면 당사자에 의한 대화와 타협, 삼자에 의한 조정이나 중재로 해결을 시도한다. 그래도 양측이 합의에 이르지 못하면 대개 고소고발을 통해 사법기관인 법원에서 재판을 통해 잘잘못을 가린다. 결국 고소고발이 많이 일어난다는 것은 사회 내에 불합리한 요소가 그만큼 많고 갈등이 광범위하게 확산되어 있다는 것을 의미한다.

사회에 표출된 갈등을 수렴하여 해결하는 가장 일반적인 방법은 법률제정과 개정을 통해 합리적인 방안을 제시하는 것이다. 국회와 정치권의 주된 역할인데 우리나라의 국회와 정치권은 갈등을 해소하기 보다는 오히려 조장하는 측면이 더 강하다. 합의되지 않은 법률의 처리 강행은 물론 여당과 야당이 상호 의혹을 제기하고, 그것을 스스로 풀지 못해 마치 정치 쇼를 하듯이 요란한 소리를 내며 고소고발을 하지만 얼마 지나지 않아 슬그머니 철회하는 사례도 적지 않다. 이러한 정치 기능의 역할 부실은 국민 간 갈등을 증폭시켜 고소고발이 늘어나는 원인으로 작용하고 있다. 정치권이 만들어내는 불신, 준법정신의 미흡, 정쟁에 대한 사회적 학습과 사회가 불공정하다는 인식은, 개인으로 하여금 더불어 사는 사회를 위해 손해를 조금 보더라도 양보하고 인내하기 보다는 적극적으로 자기이익 방어노력을 기울이도록 함으로써 고소고발이 남용되고 있는 것이다.

우리나라의 연간 고소고발 접수건수는 일본의 44배(인구 비례를 감안 124배)에 달하고 있을 정도로 많다고 한다. 피해자가 민사적 손해를 배상받기 위해 형사고소를 남발하는 잘못된 행태로 연간 60여만 명이 피의자 신분으로 수사기관에서 조사를 받고 있으며, 교도소나 구치소 수형자들이 사적인 감정으로 고소고발을 남발하면서 국가 행정력이 낭비되고 있다. 그럼에도 우리나라 고소고발 사건 중 특히 사기, 횡령 등 금전분쟁과 관련된 사건의 기소율은 20여%에 불과하며 80여%는 무혐의 처분되는 것으로 알려졌다. 우리 사회에는 고소남발이라는 거품이 잔뜩 끼어 있는 것이다. 빌려준 돈을 못 받거나 재산분쟁 등 개인 간에 해결해야 할 일에 고소 제도를 이용한다. 심지어 신용카드사도 고소를 채권추심에 활용하는가 하면 일부 법무법인은 합의금을 받아내기 위해 청소년을 고소하는 예도 있다. 고소 사건이 많다 보니 범죄예방과 다른 사건의 수사에도 상당한 지장을 초래한다. 법무법인이 청소년을 상대로 저작권법 위반 고소를 남발하면서 경찰서 수사업무가 마비되다시피 한 사례도 있다. 실제로 2007년 2만 5천27건이던 저작권법 위반 사범은 2008년 9만 979건으로 3배 이상 급증했다. 이 같은 문제점으로 인해 현재는 한시적으로 저작권법 위반 청소년 중 초범은 1년 동안 각하처분 결정을 내리기로 한 바 있다.[55]

처음에 갈등과 분쟁이 어떻게 시작되었든 마무리는 외압에 의한 강제나 강요보다는 자율적으로 해결하거나 조정을 통해 매듭짓는 것이 모두를 위해 바람직하다. 미국 일본 등 선진국에서 합리적인 분쟁해결 수단으로 조정이 주목받는 것과는 달리 우리나라의 고소고발 특징은 정식 재판 회부 비율이 낮아 화풀이 수단이나 단순한 채무 면탈 목적 등으로 남발되고 이전투구식 고소와 맞고소로 이어지는 경우가 적지 않다는 점이다. 타협이나 조정 등 보다 쉬운 해결방안을 버리고 먼저 고소를 제기하면 향후 유리할 것이라는 생각이 만연[56]해 있기 때문이다. 이 모두 이해당사자가 되는 국민 간 신뢰가 실추되고 왜곡된 교육과 정치권의 잘못된 행태에 대한 사회적 학습이 만들어낸 폐해다.

5) 우리 사회 반목과 갈등 원인 정치인

(1) 정치인 사회갈등 주역 국가 발전 저해

우리시대의 명실상부한 과제는 대한민국을 선진 일류국가로 만드는

---

55) 강원도민일보 2010. 4. 13.
56) 매일경제 2001. 6. 12.

일이다. 이를 위해서는 경제적 발전을 통해 부강한 나라, 고르게 잘사는 나라를 만드는 것이 중요하다. 또한 그에 못지않게 중요한 것은 사회의 기본질서와 국가기강을 확립하고 생활문화를 선진화함으로써 국가의 품격(국격, 國格)을 갖추는 일이다. 성숙한 사회, 선진 일류국가 건설은 대통령 혼자 힘으로 되는 것이 아니라 국민 모두의 동참과 노력으로 함께해야 성취 가능한 국민적 희망이자 목표다. 2010년 대한민국은 G20 의장국 역할을 수행하는 등 세계 중심 국가로 자리 잡아가고 있다. 경제위기도 다른 어느 나라보다 먼저 극복할 것이라는 전문가들의 전망은 우리에게 더욱 큰 용기와 힘을 갖게 해준다. 그런데 국민을 선도하여 국가발전으로 이끌어가야 할 정치가 오히려 선진 일류국가로 나아가려는 대한민국의 발목을 자꾸만 잡는다.

2008년 12월 국회에서 야당 국회의원이 한미 자유무역협정(FTA) 비준 동의안 처리를 막는다며 해머를 동원해 우리 국회는 '폭력 국회'란 오명을 들었다. 2009년에는 미디어 관계법안 통과, 4대강 사업 예산을 둘러싸고 여야가 1년 내내 한 치 양보 없이 격돌했다. 현직 야당 당수가 우리 국회를 일컬어 야만의 시대라고 했으며, 전직 대통령은 국회가 선진국이 되는 것을 막는다고 하였다. 이렇게 정치인 자신이 자체를 바라보는 모습과 국민의 생각도 큰 차이가 나지 않는다.

청주 서원대 손경애 교수팀의 '학교 민주시민 교육의 실태 연구보고서'에 의하면 전국 초·중·고교 및 대학교 학생 4,500명을 대상으로 설문 조사한 결과 '국회의원이 선거 때 내건 공약을 당선 이후 지키려 노력하느냐?'라는 질문에 '정말 그렇다' 또는 '대체로 그렇다' 등 긍정적 답변을 한 비율이 전체의 9.2%에 불과했다. 반면 '전혀 그렇지 않다'라거나 '대체로 그렇지 않다' 등 부정적 답변은 62.4%에 이르렀다. 또 '대통령이 국민 전치의 이익을 대변하고 있느냐?'라는 질문에 부정적 답변이 49.3%로 긍정적 대답(15.5%)보다 훨씬 많았다. '정당이 국가 정책에 국민의 뜻이 반영되도록 노력하느냐?'라는 질문에도 부정적 응답(44.8%)이 긍정적 대답(15.1%)을 압도했다. 입법·사법·행정부, 정당, 언론 등 9가지 민주주의 제도적 장치 중에서 학생들은 정치 영역에 유독 심각한 불신을 나타냈다. 9개 영역을 5점 척도로 점수화한 결과 시민단체(3.22점)와 법관(2.93점)은 상대적으로 신뢰를 받았지만, 정당(2.58점), 대통령(2.46점), 국회의원(2.23점) 등은 최하위권을 맴돌았다.[57]

기업들도 여야 간 정치적 대립에 대해 우려하고 있는 것으로 나타났다. 전국경제인연합회가 국내기업의 사회 내부 갈등에 대한 인식 및 갈등으로 인한 피해 분야 파악을 위해 2009년 11월 2일부터 6일까지 팩스 및 이메일을 이용 분야별 매출액 상위 국내 600(응답 업체: 312)개 기업을 대상으로 '사회갈등이 기업경영에 미치는 영향'을 조사했다. 그 결과 [표 1-1], [표 1-2], [표 1-3], [표 1-4]에서 보는 것처럼 응답업체의 15.0%는 우리 사회의 갈등이 '매우 심각'한 수준이라고 답했으며, 72.3%는 '다소 심각'하다고 응답해 전체 응답자의 87.3%가 사회갈등 수준을 심각하게 보는 것으로 나타났다. 가장 심각했던 갈등 분야를 묻는 말에 대해서는 63.7%가 '정치·이념대립'을 꼽았으며, 24.9%는

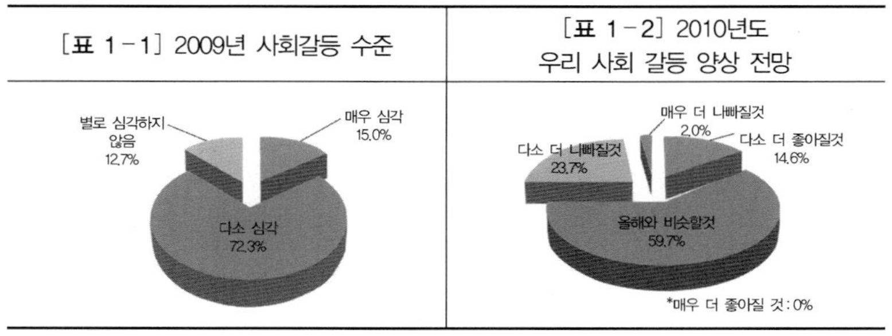

----

57) 동아일보 2009. 12. 21.

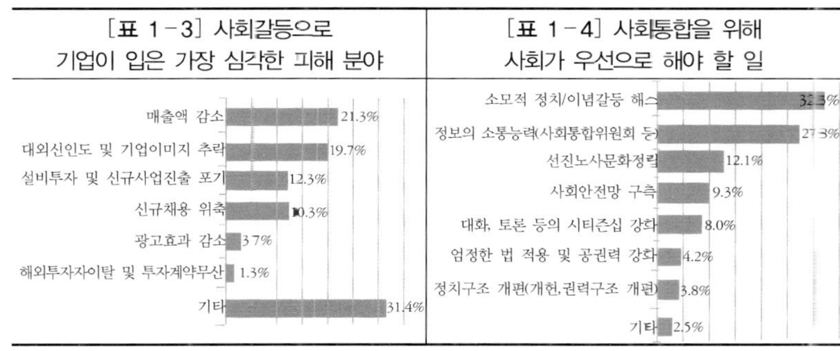

[표 1-3] 사회갈등으로 기업이 입은 가장 심각한 피해 분야	[표 1-4] 사회통합을 위해 사회가 우선으로 해야 할 일
매출액 감소 21.3%	소모적 정치/이념갈등 해소 32.3%
대외신인도 및 기업이미지 추락 19.7%	정보의 소통능력(사회통합위원회 등) 27.8%
설비투자 및 신규사업진출 포기 12.3%	선진노사문화정립 12.1%
신규채용 위축 10.3%	사회안전망 구축 9.3%
광고효과 감소 3.7%	대화, 토론 등의 시티즌십 강화 8.0%
해외투자자이탈 및 투자계약무산 1.3%	엄정한 법 적용 및 공권력 강화 4.2%
기타 31.4%	정치구조 개편(개헌,권력구조 개편) 3.8%
	기타 2.5%

출처: 전국경제인연합회 2009. 12. 22.

'빈부격차 심화', 11.3%는 '노사대립 심화'였다고 응답했다. 사회갈등으로 인한 피해에 대해서는 21.3%가 '매출액 감소'를 들었으며, 19.7%는 '대외신인도와 기업이미지 추락'을 지적했다. 이 밖에도 '설비투자 및 신규사업진출 포기' 12.3%, '신규채용 위축' 10.3%였다. 응답자의 32.7%는 사회갈등이 기업경영에 부정적 영향을 주는 이유로 '투자, 고용 등의 기업경영 불확실성 심화'를 꼽았다.

이 밖에도 '이념·빈부갈등 심화에 따른 반기업정서 확산' 19.0%, '소모적 대립에 의한 국회·정부활동 지연' 18.3%를 들어 빈부격차나 노사대립 심화보다는 정치이념 대립으로 인해 매출 감소, 기업이미지 추락, 설비투자 및 신규 사업 진출 포기 등을 걱정하고 있는 것으로 나타났다. 2010년도 사회갈등 전망과 관련해 응답 업체의 83.4%가 2009년과 비슷하거나 더 나빠질 것으로 전망했다. 응답자의 59.7%는 2010년도 사회 갈등 수준이 2009년과 비슷할 것으로 전망했으며, 23.7%는 다소 악화, 2.0%는 매우 악화될 것으로 보았다. 그 이유로는 빈부격차 심화 43.2%, 이념 갈등 심화 33.8%, 노사문화 악화 12.2% 등을 들었다. 한편 기업들은 사회갈등 해소를 위한 방안으로 '소모적 정치·이념 갈등 해소'(32.3%), '정부의 소통 노력'(27.8%)으로 조사되었다. 전경련 관계자는 '사회적 갈등 해소가 규제해소나 법령정비 못지않게 기업을 경영하기 좋은 환경을 조성하는 데 중요한 과제'라며, "경제의 성장잠재력과 기업의 경쟁력을 제고하는 데 사회통합 노력이 선결되어야 한다"라고 강조했다.58)

(2) 갈등 유발 실질적인 주역

오늘날 한국사회에서 갈등이 일어나도록 하는 데 실질적인 역할을 하고 원인을 제공하는 사람들은 누구인가? 첫째는 대통령이다. 우리나라의 역대 대통령은 하나같이 갈등의 원인을 제공했다. 이승만은 장기집권과 부정선거, 박정희는 유신헌법 도입, 전두환은 뇌물수수와 군사독재, 노태우는 뇌물수수와 중간평가, 김영삼은 김현철의 부정부패와 IMF 사태 초래, 김대중은 독도문제와 지역주의, 세 아들 비리 연루와 돈을 주고 남북정상회담 추진, 노무현은 무리한 세종시 추진, 이명박 현 대통령은 세종시 문제, 4대강 정비사업, 영어 공교육 강화와 사교육 대책, 비도덕적인 정무직공무원 임명 강행 등 일일이 열거할 수 없을 정도로 많다. 역대 대통령이 하나같이 사회갈등의 원인으로 작용한 것은 제왕적인 대통령이 되기를 원했던 자신의 잘못도 있겠지만 올바르지 않은 일을 하는 것에 대해 직언을 하고 제어하는 역량을 가진 청와대의 유능한 참모 부족도 중요한 이유에 포함된다. 둘째는 국회의장이다. 국회의장은 국회가 정부의 견제역할을 하는 본연의 업무를 수행하도록 국회 체제를 정비하여 잘 운영해야 하는데 그러한 역할을 제대로 수행하지 못한 책임이 있다. 국회에서 폭력이 난무해 세계에 망신을 사고 대화와 타협이 실종되도록 조장하거나 방치했다. 오늘날 우리 국회에서 국회의장은 때가 되면 연설이나 인사말 정도만 하면서 자리만 지

58) 전국경제인연합회 2009. 12. 22.

키는 꼭두각시와 허수아비의 중간자인 바지사장[59] 또는 바지의장 정도에 머무르고 있다. 입법부 수장으로서 독자적인 국회개혁이나 발전을 선도하는 모습은 찾아볼 수 없다. 지도력이라고는 눈을 씻고 보아도 보이지 않는다. 직위는 있지만 사실상 유명무실하다. 셋째는 대법원장이다. 대법원장은 법원의 사회적 기능과 역할의 중요성에 비추어 생각할 때 어떤 일이 있어도 법을 어기고 책임을 지지 않은 비도덕적인 사람을 임명해서는 안 된다. 법을 적용하여 국민을 심판하는 사람이 법을 어기고 책임을 지지 않으면서 사과로 얼버무리고 넘어가는 것은 용납될 수 없는 일이다. 그런데 법치국가의 기본도 모르는 몰염치하고 몰지각한 사람이 속속 대법원 판사에 임명되도록 잘못된 인사구정을 내버려 두고 있다. 법원 규칙을 제정하여 위법한 행동을 하고도 책임을 지지 않은 사람과 책임을 졌더라도 실형을 선고받은 전력이 있는 사람 등은 대법원 판사에 임명되지 못하도록 규정을 만들면 된다. 위법한 행동을 하고도 사과로 갈음할 것 같으면 법원의 존재 자체가 필요 없다. 그리고 비도덕적인 사람이 단결한 것에 국민은 승복하기 어렵다. 국민은 문제를 제기하는데 시정할 생각을 보이지 않는다. 또한 국민의 정서와 동떨어진 판결을 내리는 사례가 빈발하는데도 심급제도가 있다는 이유로 능동적인 대책을 내놓지 못해 법원과 검찰 간 갈등의 원인을 제공했다. 유죄와 무죄의 상반된 판결을 하는 것은 심급제도가 문제가 아니라 실력의 문제이다. 비슷한 실력을 갖춘 사람이 동일한 사건에 대해 판결을 하면 비슷한 결과가 나와야 한다. 실력이 부족한 판사들을 어떻게 할 것인지 대책을 세워야 한다. 판사라고 다 같은 판사 아니다. 노력하는 판사와 그렇지 않은 판사, 편향된 생각을 가진 판사와 그렇지 않은 판

---

59) 바지사장: 회사의 경영에 참여하지 않고, 운영하는 데 필요한 명의만 빌려주고 실제는 운영자가 아닌 사
   장을 일컫는다.

사의 실력과 판결 내용은 하늘과 땅의 차이가 날 수밖에 없다. 넷째는 국무총리이다. 세종시 문제에서 보듯이 정운찬 총리는 스스로 위법을 저질렀으면서도 책임도 지지 않고, 후보 사퇴도 하지 않아 결국 국무총리에 임명되었다. 지도력도 없고 문제해결능력도 없으면서 문제를 제기해 재임 기간 내내 세종시 수정안 문제를 외치면서 한동안 국가의 최고 시급한 해결 현안이 되게 하는 등 격렬한 사회갈등을 촉발시켰다. 그리고도 물러나는 것 외에는 아무런 책임을 지지 않았다. 다른 국무총리도 크게 다르지 않다. 주요 임무이자 역할이 대통령의 보좌와 행정부 수장으로서 역할을 제대로 이행하지 못해 사회갈등을 조장하는 역할을 하기는 마찬가지였다. 국무총리는 대통령과 장관의 잘못된 정책을 조율할 수 있는 실질적인 위치에 있으면서도 제대로 역할을 한 사람은 거의 없었다. 전직 국무총리들이 '나는 잘 했다'는 말을 하고 싶어 하겠지만, 우리나라의 모든 대통령이 사회갈등의 중심에 서 있다는 점을 고려하면 그것은 국무총리 자신들만의 생각에 불과한 것이다. 다섯째는 검찰총장이다. 김준규 검찰 총장은 스스로 위법한 행동을 하고 책임을 지지 않았으면서 검찰 총장이 되었다. 검찰총장이 되어서도 몰지각한 행동으로 기자들에게 돈을 주어 사회적 물의를 빚었다. 그리고 걸핏하면 검찰이 법원의 구속영장 실질심사 결과와 판결에 불만을 나타낸다. 검찰의 실력이 부족한 것이다. 판사가 그런 판결을 내리지 않거나 판사의 판결을 번복시킬 법리를 갖고 있으면, 현행 제도에서 검찰의 뜻은 모두 관철시킬 수 있다. 그렇게 하지도 못하고 검찰의 실력이 부족한 것을 보완하려는 모습도 거의 보이지 않는다. 다섯째는 국회의원과 정당이다. 오늘날 우리나라는 정쟁으로 하루가 시작되고 정쟁으로 하루가 저문다. 대화와 타협은 실종되고 절차와 민주주의 원리는 무시하면서 권력 향유와 획득에만 혈안이 되어 국회의원이 중심이 되는 정당이 우리 사회의 갈등 제조기 역할을 톡톡히 하고 있다. 이외에 실력이 부족하면서 자사고, 외고 문제, 사교육 대책, 입학사정관제도 등 온갖 외국 교육정책을 베끼고 사회적 논란이 되는 정책을 만들어내는 데 직접적으로 관여 또는 관장해온 이주호 교육과학기술부 장관을 비롯한 각 부의 장관, 부정부패의 대명사가 된 공정택 전 서울시 교육감과 체벌금지와 무상급식, 학생인권조례제정, 선행학습과 전쟁을 선포한 것으로 알려진 현 곽노현 서울시 교육감을 비롯한 민선 교육감, 서울광장 개방과 4대강 정비 사업을 두고 논란을 벌이는 오세훈 서울시장을 비롯한 지자체장과 의회 등 정치인이다. 모두가 하나같이 사회갈등을 해결하고 국가발전을 선도해야 할 위치에 있는 정치인이다.

정부가 주요 국책사업을 대화와 타협을 통해 진행하는 것, 국회에서 법규 등 절차적 민주주의를 준수하면서 대화와 타협을 통해 합의과정을 거쳐 소수 의견을 수렴하고 다수결에 의한 표결로 법률을 통과시키는 것, 대통령이 정두직공무원에 도덕적인 사람을 임명하는 것 등은 단순한 것 같지만 국민에게 공정한 사회라는 것을 인식하도록 하는 아주 중요한 일이다. 이러한 일들이 정상적으로 이루어지면 법질서를 지키는 사람은 늘어나고 사회갈등은 대폭 줄어들기 마련이다. 그런데 정부는 국책사업에 대해 반대자들과 대화와 타협도 거부하고 대응 논리를 개발하며 밀어붙이기식으로 진행하고, 국회에서는 절차도 지키지 않고, 국무총리는 리더십과 문제해결능력도 없으면서 문제를 제기하여 사회를 혼란에 빠뜨리고, 국회의장은 이기적인 법률을 통과시키는 국회의원들의 세비를 올려야 한다고 하여 비난의 대상이 되었으며, 대통령과 대법원장은 비도덕적인 사람을 정무직공무원에 임명하여 국민으로 하여금 법규에 도전하고 승복하지 않도록 하는 방향으로 이끌고 있다. 즉 오늘날 우리 사회를 갈등의 도가니로 몰아넣는 것은 대통령과 국회의장, 대법원장, 국무총리 등 삼부요인과 국회의원을 중심으로 한 정치인이다. 언론도 상당한 문제가 있기는 하지만 원인은 정치인에게서 나온다. 정치인들의 권력에 대한 탐욕과 무책임에서 비롯되고 있다. 모두가 한자리하는데 급급하다. 아무도 자신의 행위에 대해 제대로 된 책임을 지지 않으면서 국론을 분열시키고 사회갈등을 조장하고 있다.

정치권과 정부는 법률제정과 공약, 정책수립, 제도를 도입하더라도 법률에 근거하고 타당성 분석과 국민의 민의를 수렴하는 일련의 정해진 절차에 따라서 일을 처리해야 한다. 모두가 아는 이러한 방법과 내용을 무시하고 자기중심주의에 빠져 권력을 획득했다고 권력에 의존하여 마음대로만 하려고 하니까 자꾸 문제가 생긴다. 어떤 형태가 되든 사회갈등 문제가 발생하면 그것을 해결해야 할 사람은 대통령, 정부, 국회의원을 중심으로 한 정치권이 될 수밖에 없고 그들의 행동과 노력에 따라 결과는 현저하게 달라진다. 오늘날 우리 정치권은 지나친 권력 획득 경쟁을 벌이면서 끊임없이 스스로 사회 갈등을 만들고 그 문제를 풀기 위해 노력하는 그들만의 놀음을 하면서 국론과 국민 분열을 획책하며 국력을 소진시키고 있다.

(3) 갈등 지속 원인

갈등은 인간 사회에 나타나는 보편적인 하나의 현상이다. 개인과 개인, 개인과 집단, 집단과 집단, 사회단체와 사회단체, 사회단체와 정부 및 행정기관, 여당과 야당, 국민과 정부, 국민과 행정기관 등 제한된 재화 획득을 두고 벌어지는 경쟁, 이해관계가 얽혀 있는 곳에서는 언제나 갈등이 존재한다. 이러한 갈등의 내용과 지속기간, 범위, 사회적 파장의 정도는 제각기 다르고 발생 이유도 가지가지다. 그럼 이러한 모든 갈등이 사회적인 관심사가 되는가? 그것은 아니다. 일반적으로 사회적 관심사가 되는 것은 적어도 지역사회, 대개는 전체 국민이나 국가적인 파급 효과가 발생하는 사안에 해당된다. 가장 대표적인 것이 지방자치단체 나 정부의 정책사업 수행, 새로운 제도 도입 및 법률제정과 관계된다.

한국사회에 나타나는 갈등은 정치권력 획득을 두고 벌이는 정치갈등 이 핵심이다. 주로 국민적 관심사가 되는 선거공약 이행과 정책시행에 따른 정당성과 합리성 논란이 문제가 된다. 노사갈등과 빈부격차 같은 분배갈등, 지역주의에 의한 지역갈등, 세대 간 갈등, 남북한 간에 벌어 지는 분단갈등이 있지만 그렇게 심각한 것은 아니다. 다른 나라에서 일 어나는 종교갈등, 인종갈등, 한 국가 내 민족분쟁 등은 찾아볼 수 없다.

정권 획득과 정국 주도에 필요한 득표와 여론 조성을 목적으로 국익 과 국민의 복리증진보다 당리당략에 우선하는 행동, 불합리한 선거공 약과 실행 강행, 대통령과 여당의 지도력 미흡, 정부의 문제해결능력 부족, 국회의원의 직분 망각, 여당의 역할 부실, 권력에 대한 탐욕과 집 착으로 사회 통합에 앞장서야 할 대통령과 국회의원 등 정치권이 본분 을 망각한 채 이기적인 행동을 계속하는 것이 우리 사회의 갈등을 지속 시키는 원인이다. 세종시 문제에서 보듯이 갈등의 주역인 대통령이 그 것을 중단하니까 금방 봉합된다. 이처럼 현재 일어나고 있는 우리나라 의 사회갈등은 정당성과 합리성을 추구하고 정치권이 마음만 먹으면 대부분 금방 해결될 수 있는 것들이다. 그런데 우리의 정치권은 사회갈 등의 해결을 결정하는 방식이 특이하다. 당리당략에 따라 행동한다. 정 당에 이익이 되면 열일을 제치고 거리로 뛰쳐나가고, 손해가 되면 요구 하지 않아도 금방 행동이나 정쟁을 포기하거나 중단한다. 뚜렷한 대책 이나 대안도 없으면서 당에 이익이 되거나 당을 위해 필요하다고 느끼 면 일단 문제를 제기해 갈등을 만들고 여론이 불리하면 조용히 꼬리를 내린다.

정치가의 이러한 행동 이면에는 민족의 정체성, 역사관 혼란, 이데올로기의 변화, 급격한 경제성장에 따른 사회 가치의 혼란, 역대 정권에 대한 자의적 평가, 사상과 이념대립, 경제성장의 불균등 분배, 다양한 국민의 생각 등 여러 가지 문제들이 반영되고 복잡하게 얽혀 있다. 여기에 과거 경제개발과 민주화 운동 과정에서 사용된 비민주적 방법에 의한 여론의 관심 끌기가 권력 획득에 도움이 된다는 잘못된 인식, 정권 획득 세력의 자기중심적인 사고에 의한 권력 향유 자세, 지도력과 문제해결능력 부족이 맞물려 지속적인 정쟁을 불러일으키고 있다. 그러나 무엇보다도 중요한 점은 우리 정치권이 갈등을 해결해야 할 본분을 망각한 채 스스로 갈등을 일으키는 원인이라는 것을 알면서도 권력 획득을 위해 갈등을 조장하고 지속시키고 있다는 점이다.

그렇다고 갈등을 우려만 할 필요는 없다. 우리는 대부분 갈등을 나쁘고 파괴적인 것으로 받아들이기 때문에 갈등의 출현을 회피하거나 무마시키기 위하여 상당한 노력을 기울인다.[60] 갈등이 종종 긴장, 근심 그리고 불쾌감을 낳는 것은 사실이지만, 갈등은 균형적인 성장과 발달을 위하여 필요한 자극을 제공할 수 있기 때문에 우리에게 주어진 과제는 우리 사회에 내재하는 갈등을 어떻게 성장과 발전적인 요소로 전환시킬 것인가 하는 점이다. 갈등을 불쾌한 것으로 생각한다고 없어지지도 않지만 불쾌한 것으로 생각해야 할 필요도 없다.

갈등은 대부분 개인이나 집단이 가진 욕망에서 근원하는데 우리가 모두 이미 알고 있는 것처럼 욕망은 인간이 살아가는 데 있어 필수적인 에너지원으로 행동의 동기는 대부분 본능적 욕망에서 나온다. 하지만 절제되지 못하는 욕망은 동시에 자신을 망치는 요인으로 작용하기도 한다. 갈등도 마찬가지이다. 우리에게 큰 갈등이 있다는 것은 역설적으

---

60) Richard a. schmuck · Patricia A. Schmuck 저, 김경식 역(2000), 『학급의 사회심리학』, 원미사, p.375~376

로 그만큼 큰 위험도 있지만, 한편으로는 그만큼 큰 에너지원이 존재하기 때문에 발전과 성장 가능성도 있다는 것을 의미한다. 문제는 이 갈등이 우리 자신을 망치는 요소가 아니라 성장과 발전적인 요소로 전환될 수 있도록 만드는 것이 우리 시대가 해결해야 할 사명이자 과제다.

(4) 현안 회피 사회통합위 이해하기 어려운 행보

이명박 정부 들어 우리 사회의 갈등을 치유하기 위한 목적으로 2009년 12월 23일 대통령 직속 사회통합위원회가 공식 출범했다. 우리 사회의 뿌리 깊은 계층과 이념, 지역과 세대 간의 갈등을 해소하는 대책들을 논의할 예정이어서 앞으로의 활동에 관심이 모아졌다.[61] 그런데 사회통합위원회의 출범 후 행보를 보면 왜 이런 조직을 출범시켰는지 그 이유를 의심하게 하는 측면이 있다.

현재 사회통합위원회에는 계층, 이념, 지역, 세대 등 4개 분과가 있고 10가지 핵심프로젝트가 소개되어 있지만[62] 우리 사회에 가장 심각한 현안 문제인 정치갈등과 노사갈등을 전문적으로 연구하거나 다루는 내용은 사실상 포함되어 있지 않다. 갈등의 최상위에 있는 정치갈등에 대한 원인 분석이나 현안이 되는 사회적 갈등에 대해서는 거의 언급하지 않는다. 별다른 대책이나 대안도 제시하지 못하고 있다. 세종시나 4대강 정비 사업에 이제까지 사회통합위원회에서 해결방안이 제시된 것은 거의 들어보지 못했다. 하위요소를 연구하는 것도 의미가 없는 일은 아니지만 우선 급한 것은 누가 뭐라고 해도 현안 문제이다. 갈등을 해소하기 위해 전담 조직을 만들었는데 쟁점을 다루지 않거나 대책을 내놓지 못하면 도대체 구엇을 하겠다는 것인지 이해하기 어렵다.

---

61) KBS 생방송 심야토론
62) 사회통합위원회

(5) 사회갈등 경제적 손실 한해 300조

지금 우리는 갈등과 대립의 시대에 살고 있다. 한국사회에는 노사갈등을 비롯해 지역갈등, 이념갈등 등 전 분야에 걸쳐 다양한 형태의 갈등이 존재한다. 갈등이 언제나 부정적인 것은 아니다. 긍정적으로 작용하느냐 부정적인 것으로 작용하느냐 하는 점은 관리능력에 따라 달라진다. 효과적으로 관리만 된다면 사회갈등은 국가발전의 에너지로 사용될 수도 있다. 갈등은 사회가 그동안 간과해 왔던 구조적인 문제들에 대해 관심을 끌게 하고 해결책을 모색하는 계기가 될 수도 있지만, 제대로 관리되지 못하면 정치와 사회가 불안해져 생산적인 경제활동이 위축되기 쉽다. 또한 국가적으로 꼭 필요한 정책이 집단행동에 막혀 실패하거나, 강한 이익집단에 유리한 방향으로 정책이 왜곡될 수도 있다.

여기서 우리나라는 사회갈등으로 어느 정도의 경제적 손실이 발생하고 있는지 한번 살펴보자. 이것은 갈등관리에 있어 중요한 의미가 있다. 사회갈등의 경제적 비용을 계산하기 위해서는 먼저 한 나라의 갈등수준을 국제적 비교가 가능한 수치로 나타낼 수 있어야 한다. 그래야만 사회갈등수준과 국민소득의 관계를 분석할 모형을 세울 수 있다. 한 국가의 전반적인 갈등수준을 파악하는 데는 크게 두 가지 방법이 있다. 첫 번째 방법은 파업, 시위, 폭동, 내전 등 실제 발생한 물리적 갈등사건들을 일일이 집계하는 것이다. 이것은 직관적으로 이해하기 쉽고, 할 수만 있다면 가장 정확한 갈등수준을 구하는 방법이다. 그러나 각국에서 발생한 모든 갈등사건을 참여자 수, 동원된 물리적 폭력의 강도 등을 고려하여 집계한 신뢰도가 높은 자료를 구축하기란 매우 어려운 일이다. 두 번째 방법은 사회갈등수준을 기존의 이론적 연구로부터 도출한 몇 가지 요인들을 이용해 간접적으로 추정하는 것이다. 하버드대학의 대니 로드릭(Dani Rodrik) 교수는 경제위기가 발생할 때 소득불평등,

인종다양성 등 한 사회에 잠재된 갈등이 성장률 감소를 가속화 하지만, 갈등관리제도가 제대로 작동하면 잠재적 갈등의 부정적 효과는 억제될 수 있다고 보았다. 삼성경제연구소는 로드릭 교수의 이론에 근거해 사회갈등수준을 소득불평등이라는 구조적 갈등요인과 갈등관리시스템의 함수로 파악했다. 구조적 갈등요인이 심할수록 집단 간 물리적 충돌이 발생할 가능성이 커지지만, 갈등관리시스템이 효과적으로 작동할 때 사회갈등수준은 완화될 수 있다는 논리에 착안했다.

여기서 갈등관리체계이란 민주주의와 정부의 갈등조정능력으로 이해할 수 있다. 민주주의는 다양한 이해관계를 수렴해 공공정책을 산출하는 데 필요한 제도와 규범이다. 성숙한 민주주의는 선거, 국회, 정당, 언론매체(media) 등 민주적 제도가 완비돼 있을 뿐 아니라 제도를 운영하는 정치인, 언론인, 국민이 대화와 타협이라는 민주적 규범을 내면화하고 있어야 한다. 종교적, 인종적 다양성이 심한 스위스는 소수파의 정부참여를 보장하는 '합의민주주의'를 통해 사회통합을 유지해 왔다. 또한 정부가 능숙한 갈등조정자로서 정책운용에서 공정성과 일관성 등을 발휘하면 민주주의 성숙도가 미흡해도 사회갈등을 완화할 수 있다. 스위스처럼 다민족 국가인 싱가포르공화국(Republic of Singapore)은 정부가 영어를 공용어로 채택하는 등 중립적인 정책운용을 통해 다수 중국계와 소수 말레이계 간의 잠재적 갈등을 조정할 수 있었다.

삼성경제연구소가 개발한 사회갈등지수로 측정한 결과 우리나라의 갈등지수는 경제협력개발기구[63](OECD) 평균을 상회하여 27개 회원국

---

63) 경제협력개발기구(經濟協力開發機構, OECD: Organization for Economic Cooperation and Development)는 경제발전과 세계무역 측진을 위하여 발족한 국제기구. 제2차 세계대전 뒤 유럽은 미국의 유럽부흥계획(마셜플랜)을 수용하기 위해 1948년 4월 16개 서유럽 국가를 회원으로 유럽경제협력기구(OEEC)를 발족하였고, 1950년에는 미국·캐나다를 준회원국으로 받아들였다. 1960년 12월 OEEC의 18개 회원국 등 20개국 각료와 당시 유럽공동체(EEC: 유럽경제공동체), 유럽석탄철강공동체(ECSC), 유럽원자력공동체(EURATOM)의 대표가 모여 경제협력개발기구조약(OECD조약)에 서명함으로써 OECD가 탄생하였다.

중에서 4번째로 높았다. 참고로, 2007년 현재 한국의 소득불균형은 경제협력개발기구 평균 수준이지만, 민주주의 성숙도는 27위, 정부의 갈등조정능력을 재는 '정부의 효과성'은 23위로 매우 낮았다. 그리고 사회갈등지수가 1인당 국내총생산에 어느 정도의 영향을 주는지 경제협력개발기구 27개국을 대상으로 통계분석을 한 결과, 사회갈등지수가 10% 하락할 때 1인당 국내총생산[64](GDP: Gross Domestic Product)이 7.1% 증가하는 것으로 나타났다.[65] 한국의 2007년 1인당 국내총생산은 21,655달러, 2008년 19,106달러였다.[66]

이는 한국의 갈등지수가 경제협력개발기구 평균 수준으로 완화되면 1인당 국내총생산이 27% 증가한다는 뜻으로, 여기서 제시한 1인당 GDP의 27%가 바로 한국이 OECD 평균보다 높은 사회갈등으로 인해 부담하고 있는 경제적 비용이다.[67] 환율과 GDP에 변화가 있지만, 이것을 금액으로 환산하면 대략 연간 300조 원(연간 1인당 국내총생산 2만 달러 중 사회갈등으로 인해 부담하는 경제적 비용 27%, 인구 5천만 명, 환율 1달러에 1,100원으로 가정하면＝297조 원)이 된다. 사회갈등으로 인한 파국적 결과를 막으려면 당사자들이 갈등의 사회적 비용이 막대함을 지각함으로써 효과적인 갈등관리의 필요성에 대한 사회적 공감대를 형성해야 한다.

2009년 한해 한국의 핵심적인 사회적 갈등 대상이었던 4대강 사업과 세종시의 경우 민간부문까지 합친 총투자비용을 늘려 잡아 50조 원이라고 하더라도 우리가 얼마나 형편없는 논쟁으로 많은 기회비용을 낭

---

64) 국내총생산(國內總生産, GDP: Gross Domestic Product)는 국내에서 일정기간 내에 발생된 재화(財貨)와 용역(用役)의 순가치(純價値)를 생산면에서 포착한 종합계액(總合計額)이다.

65) 박준(2009), 『한국의 사회갈등과 경제적 비용』, 삼성경제연구소, p.9~12

66) 통계청

67) 박준(2009), 『한국의 사회갈등과 경제적 비용』, 삼성경제연구소, p.12

비하고 있는지 계산상 금방 드러난다. 여야가 합리적으로 일 처리만 했으면, 2009년 한해만 하더라도 추가로 세종시와 4대강 정비사업 5개를 신규로 추진할 수 있는 비용을 정쟁과 사회갈등으로 낭비한 셈이다. 또한 한국무역협회 국제무역연구원은 2010년 11월 서울 G20 정상회의 개최로 인한 직접적인 경제효과는 2천667억 원이며 간접 효과는 31조 800억 원에 이르겠다고 밝혔다.[68] 애를 써도 유치에 몇 년이 걸리는 G20 정상회의 같은 국제회의 개최보다 정치권이 정쟁을 하지 않아 사회갈등이 해소되면 한해에만 10배 정도의 경제적 효과를 볼 수 있다. 밖에서 벌어들이는 것도 중요하지만, 우리 내부에 있는 에너지를 제대로 활용하는 것은 아주 중요하다.

이제 학생들뿐만 아니라 국민에게 있어 정치인은 못 믿을 존재가 돼버렸다. 기업은 정치적 대립이 경제활동의 발목을 잡는다며 하소연하고 있다. 민주주의의 전당인 국회에서 민주주의가 실종 된 지 오래다. 지금 우리의 사회갈등은 도를 넘었다. 사소한 일을 놓고도 갈등을 빚기 일쑤고, 표출 방식도 거칠기 짝이 없다. 사회 구성원 모두가 깊이 반성할 일이다. 특히 정치권이 오히려 갈등을 증폭시키는 역할을 하는 것은 심각한 문제다. 정부의 책임도 크다. 양극화 해소 등을 통해 사회갈등 유발요인을 원천적으로 제거해야 한다. 민주주의를 위협하는 행태에 단호하게 대응하는 것도 절실하다.[69]

해머 동원, 회의장 점거는 답이 아니다. 힘의 논리만 앞세우는 것도 옳지 않다. 정치인들이 대화와 타협을 통해 민주주의를 회복해야 국민의 신뢰를 얻고, 기업의 불안감도 해소할 수 있다.[70] 대한민국 국민은

---

68) 뉴스웨이 2010. 10. 7.

69) 세계일보 2009. 6. 25.

70) 동아일보 2009. 12. 21.

남녀노소를 불문하고 김연아를 좋아한다. 김연아 선수가 먹을 걸 줘서 좋아하는 것도 아니고 입을 걸 줘서 좋아하는 것도 아니다. 김연아 선수는 우리 모두에게 단지 대한민국 국민이라는 것에 대해 자랑스러움을 느끼게 해주었다. 그리고 세계 최고가 될 수 있다는 꿈과 희망을 주었다. 사람들은 그런 사람을 좋아한다.[71] 우리의 정치가들도 하루빨리 국민에게 꿈과 희망을 주는 정치를 펼쳐주길 기대한다.

6) 갈등 분출에 따른 폐해 예방 방안

현재 우리 사회는 그동안 내재해 있던 갈등들이 여과 없이 드러나면서 집단 간의 불화와 반목이 심화되고 있다. 다양한 사람들이 모여 사는 사회에서 여러 갈등의 표출은 매우 당연한 현상이라 할 수 있지만, 그로 인해 인간관계가 단절되고 사회가 분열된다면 이는 아주 불행한 일이다. 갈등의 표출이 서로에게 불행한 결과를 낳지 않도록 우리 모두 힘써야 할 시점이다. 이를 위해 첫째는 갈등을 합리적으로 조정하고 해결할 수 있는 관리체계를 구축할 필요가 있다. 일단 갈등이 발생한다면 그것을 조정하고 해결할 수 있는 체계가 있어야 한다. 이러한 체계는 사법기관과 같이 형식성이 높고, 강제력이 있는 것에서부터 이해 당사자 간의 협의체와 같이 형식성이 낮고, 상호신뢰에 기초한 것에 이르기까지 다양한 형태가 있을 수 있다. 갈등의 종류와 정도에 따라 그에 적합한 갈등 조정 체계를 갖추고 있다는 것은 갈등이 파국으로 치닫는 것을 방지하는 데 매우 중요하다. 이러한 갈등관리체계가 제대로 작동되기 위해서는 갈등 당사자들이 신뢰하고 수긍할 수 있는 사회적 기준을 만들어 나가야 하며, 동시에 갈등관리체계와 그에 종사하는 사람들이

---

71) 미디어오늘 2009. 8. 5.

이러한 기준을 충분히 담보하려는 노력도 병행되어야 한다. 만약 사법기관 또는 갈등조정 협의체가 합당한 사회적 기준을 벗어나 임의로 조정을 시도한다면 갈등의 해결은커녕 또 다른 갈등을 불러일으킬 수 있기 때문이다. 둘째는 소통과 배려의 힘을 기르는 교육을 하자는 것이다. 개인이나 집단 간 갈등과 불화를 낳는 가장 큰 원인 중 하나는 상호소통, 이해, 배려의 부족 때문이다. 가정에서 부부가 서로 이해하고 배려하지 않을 때 갈등이 발생하고, 그것을 해소하지 못한 채 누적시키면 극단적인 결과에 이를 수 있다. 또 기업주와 노동자가 서로 배려하지 않고 자신의 사리사욕만을 추구한다면 이는 결국 공멸의 타격을 자초하는 셈이 되고 만다. 사회가 다원화로 갈수록 개인 간, 집단 간 소통, 이해, 배려의 필요성과 방법에 대한 교육은 더욱 절실해진다.

우리는 자신의 정체성 형성에 영향을 미치는 심리적 경계 속에서 살아가고 있다. 개인을 둘러싸고 있는 심리적 경계는 다양하다. 계층, 직업, 지역 등과 같이 사회 문화적인 것도 있고 성(性), 신체, 성격 등과 같이 생리적·개인적인 것일 수도 있다. 예컨대 어떤 사람이 도시지역에 살면서 대기업을 운영하고 있다면, 도시라는 지역, 기업가라는 직업, 상층이라는 계층적 지위 등이 그 사람의 심리적 경계를 형성하게 된다. 또한 그가 건강한 신체와 외향적 성격의 남성이라면 건강하고 외향적이라는 신체적·성격적 특성과 남성이라는 성적 지위가 그 사람의 심리적 경계에 영향을 미치게 되는 것이다. 사람들은 대체로 유유상종의 경향이 있기 때문에 심리적 경계 안쪽에 있는 사람들끼리 친하게 되고, 그러다 보니 서로 더 잘 이해하고 통하게 된다.

반면 심리적 경계 바깥의 존재에 대해서는 잘 모르게 되고, 그래서 오해와 편견이 생기며, 그로 인해 그 존재와 집단에 대한 부정적 인식을 갖게 되기도 한다. 자연스럽게 심리적 경계 안쪽 집단과 그 바깥쪽 집단이 구분된다. 안쪽 집단에서 어떤 문제가 제기되면 쉽게 공감하고 동조하지만, 바깥쪽 집단에서 제기된 문제에 대해서는 공감이 쉽지 않기 때문에 무시하거나 반대하게 된다. 이런 연유로 갈등이 생기게 되고, 소통을 통한 공감이 없어서 상대방의 처지를 이해하기보다는 무시하고 심지어 적대적인 태도를 보이기도 한다. 이는 상대방에 대한 부정적 태도의 고착화로 이어지고, 결국 관계의 단절과 사회 분열을 일으킨다.

이와 같은 불행한 결과를 미연에 방지하기 위해서는 계층, 직업, 성(性), 지역, 인종, 문화 등 다양한 심리적 경계를 넘나들며 소통할 수 있는 능력을 어린 시절부터 길러주어야 한다. 이를 위해서는 심리적 경계 바깥의 존재를 외부자의 시각으로 멀리서 바라보는 교육보다는 가까이 다가가 내부자의 관점에서 이해하려는 교육이 필요하다.[72) 법규 준수와 질서의식 함양, 배려와 나눔, 양보와 타협 등 올바른 교육만 이루어져도 많은 사회갈등을 막을 수 있다.

---

72) 경인일보 2010. 1. 11.

제2장

국가 권력 정치에 대한 사고 확장

1. 국가의 탄생과 필요성

넓은 의미에서 볼 때 국가는 어느 시대, 어느 지역에도 존재해 왔다
고 볼 수 있을 만큼 가장 보편적인 인간 집단이며, 일관성 있게 그 속성
을 유지해 오고 있다. 국가(state)라는 말은 17세기 초 프랑스에서 오늘
날과 같은 의미의 기본적인 법 개념으로 자리 잡았다. 이때부터 국가는
단일 주권자가 지배하는 영토단위를 가리키게 되었다. 이 국가는 국왕
에 충성하는 정부, 국왕의 생애와 관계없이 유지되는 관료기구, 공통의
주권 아래서 정서적 일체감을 지닌 공동체로 이루어진다.[73] 시대별로
볼 때 야경국가 또는 입법국가 시대와 복지국가 또는 행정국가 시대 간
에 정부에 대한 관점에 많은 변화가 있었다. 정부의 구조는 그 기능과

---

73) 박완규(2007), 『리바이어던, 근대국가의 탄생』, 사계절, p.150

권력이 기구들 사이에 분배되는 방법에 따라 특징을 달리한다. 따라서 정부의 구조는 나라별로 또는 시대별로 다르다.[74]

국가의 형성이론은 여러 가지가 있다. 홉스가 볼 때 국가는 개인이 자유를 구가하게끔 하기 위해서가 아니라, 개인을 파멸로 이끄는 자유로부터 개인을 구하기 위해 형성된 것이다.[75] 하지만 국가는 초월적 세계로부터 그 존재 이유를 확보하고 있다기보다는 인간의 뜻에 따라 이루어진 인위적 기제라고 할 수 있다. 시민 사회의 분자화된 개인들 사이의 갈등 위에 군림하며, 이들의 갈등을 통제하는 객관적인 법질서로 투영되고 있다. 국가는 도덕적 힘뿐 아니라, 물리적·도구적 힘, 심지어는 심리적 압력이나 문화적 영향력까지 행사하는 것이 현실이다.

국가는 인간의 경제와 정치적 필요에 의해 생겨났다. 첫째, 인간이 국가를 형성한 것은 인간생존에 필요한 물자의 자급자족을 위한 것이다. 인간의 기본적 경제욕구인 의식주(衣食住) 문제는 공동의 노력을 통하여 원활하게 해결해 나갈 수 있고, 타자로부터 분리된 고립된 존재로서는 그 경제적 욕구를 충족시킬 수 없다. 인간 각자는 다른 사람이 필요로 하는 것을 그들에게 줄 수 있으며, 다른 사람이 줄 수 있는 것을 필요로 한다. 이러한 상호의존 관계는 필연적으로 노동의 분화와 기능의 전문화를 가져오며 사회가 발전할수록 강화된다. 경제적 필요에 의해 결합된 사람들 사이의 경제적 근거에서 오는 노동의 전문화는 더 많은 양과 더 좋은 질의 물자를 더욱 더 쉽게 생산하는 것을 의미한다. 노동의 분업화에 입각한 인간적 협동은 최초에는 가정사회로부터 시작해서 점점 복잡해지면서 마침내 국가사회 규모에 이르게 된다. 국가성립의 최초 원인은 이렇게 경제적 필요에 있었다. 그렇다고 경제적 요소가

---

74) 이종수 외(2005), 『새 행정학』, 대영문화사, p.43~45
75) 박완규(2007), 『리바이어던, 근대국가의 탄생』, 사계절, p.157

국가적 생활에 최초의 그리고 최소한의 의미를 갖는 것은 결코 아니다. 모든 국가는 그 본성에서 그 무엇보다도 큰 경제적 관심이 있으며, 언제나 최대한으로 경제생활에서 자급자족적 생존을 유지하는 상태가 되도록 노력한다. 인간생활과 인간생존에 경제적 자급자족은 결정적 의미를 지닌다. 가족은 개인보다는 경제적으로 더 자급자족한다. 사회는 가족보다 더욱 경제적 자급자족을 실현한다. 사회가 자급자족할 만큼 커져서 비로소 국가 형성된다. 경제적 자급자족은 인간과 사회와 국가가 존재하는 한 언제나 변함없이 소망되는 것이다. 국가는 인간이 생존하기 위해 서로의 도움을 필요로 하는 데서 성립하고, 사람들이 상호 조력자로서 한 거주지에 모이게 되는바 생활공동체가 국가로 발전하지만, 경제적 자급자족을 지향하는 국가는 정상적 국가가 아니다. 둘째, 국가는 먼저 경제적 필요에서 생겨났다. 경제적 필요어 의해 결합된 개인들은 각자의 독자적 공헌에 의해 경제사회를 구성한다. 경제사회를 형성한 각 개인은 처음어는 개인적 이해관계에만 집착하게 된다. 경제사회에서 사람들 사이의 갈등과 대립은 필연적이다. 여기서 국가의 정치적 역할이 요구된다. 국가는 경제사회 또는 사회생활에서 야기되는 갈등과 대립을 해소하려는 정치적 필요에 의해 형성된다.[76] 사회 속에서 인간 대 인간의 투쟁은 사회가 발전할수록 더욱 진전되고 그것이 해결되지 않으면 만인(萬人)에 대한 만인(萬人)의 투쟁 상태에 도달해 사회를 해체상태로까지 이르게 할 수도 있다. 인간은 그러한 상태를 미연에 방지하기 위해 정치적 역할을 통해 사회질서의 조직화를 시도하고 사회가 분열과 파쟁(派爭)으로 마비되거나 파국 상태에 이르지 않도록 질서를 확립해 나간다.

국가의 기본기능은 국가 구성원의 갈등을 완화시켜 내부 질서를 지

---

76) 이수윤(1998), 『정치학 개론』, 법문사, p.105~107

키고 외부의 침해로부터 안전을 유지하는 데 있다. 이처럼 국가는 안정된 질서를 요구하는 개인들이 있기 때문에 존재한다.[77] 그러나 개인의 자율성과 국가의 권위 사이에는 심각한 갈등과 대립이 존재한다. 국가의 권위는 개인에게 판단을 정지하고 국가의 판단에 따르라고 요구한다. 이와 같은 성격의 국가권위에 복종할 경우, 개인의 가장 중요한 의무, 즉 매 순간마다 개인이 옳다고 판단하는 것을 선택해야 할 자율성의 의무와 배치되는 문제를 불러일으킨다. 그러므로 통치자나 정부에 의한 국가권위에 대한 무조건적 복종행위 요구는 시민불복종운동을 만들어낸다. 시민은 법을 따라야 할 의무가 있음에도 문제의 법이 부당하다고 판단할 경우 이에 불복한다.

시민불복종운동은 국가가 심각한 수준으로 정의의 규범이나 도덕의 규범을 위배할 때는 그 오류를 시정하는 데 기여하는 등 합리적인 지배가 이루어지도록 하는 중요한 요소이다. 따라서 지배와 복종의 관계를 안정시키기 위하여 지배자 쪽에도 피지배자 쪽에도 그들의 관계가 정당한 것이라 하여 피차에 인정하는 지배 정당성의 근거에 대한 신념이 필요하다. 합법적 지배는 제정된 법질서가 가지는 합법성에 지배·복종의 근거를 두는 것으로서, 기본적으로는 법의 지배를 의미한다. 법의 지배(rule of law)는 사람에 의한 자의적 지배를 부정하고 법에 의한 지배를 강조하는 원리이다. 이 경우 법질서는 인간의 주체적인 정치적 활동으로 창조되고 변경될 수 있다는 신념이 전제되어 있는 것이다.

국가의 권위가 도덕성을 띤 정당한 권위인지, 다수의 동의에 입각한 법적인 권위인지에 관한 한, 항상 불확실성이 내재해 있다. 그러나 이러한 불확실성에도 국가에 대한 복종을 결정하는 것은 '나'이다. 정치적 복종은 국가에 대한 문제가 아니라 '나'에 대한 문제인 셈이다. 국가

---

77) 박완규(2007), 『리바이어던, 근대국가의 탄생』, 사계절, p.151

의 권위가 도덕적 차원이나 법적 차원에서 불확실성에도 '내'가 복종하기로 한다면, '나'의 불완전성과 이기주의적 속성을 고려할 때, 그것은 의미 있는 결단이다.[78]

2. 헌법과 헌법재판소

1) 헌법

헌법(憲法)은 국가 존립의 기본적 조건을 규정하는 근본법으로 국가의 조직·구성·작용의 대원칙을 정한 기초법이다. 다른 법률·명령으로써 변경할 수 없는 한 국가의 최고 법으로 국민의 기본권을 보장하고 국가의 권력구조와 국가 기능 상호 간의 관계를 규율함으로써 모든 국가작용의 근원과 정당성의 근거를 이룬다. 기본적으로 국가의 형태(제1조), 국가에 대한 개인의 기본권, 그리고 통치조직의 조직과 구성, 기능을 규율대상으로 하고 있다. 이 밖에 우리 헌법은 국가의 사회경제적인 과제를 기본권의 형태로, 또 사회경제질서 형성에 대한 국가의 과제를 선언하는 형태로 표현하고 있다. 오늘날 보편화되어 있는 헌법국가는 인류의 오랜 역사의 산물이다.[79]

2) 헌법재판소

헌법재판소는 분화된 권력구조 상호 간의 견제와 균형을 기하기 위

---

78) 박효종(2001), 『국가와 권의』, 박영사, p.26~61
79) 전광석(2004), 『한국헌법론』, 법군사, p.3

한 사법적 헌법보장기관으로서 법률의 위헌 여부에 대한 심판, 탄핵심판, 정당의 해산에 대한 심판, 국가기관 상호 간·국가기관과 지방자치단체 간·지방자치단체 상호 간의 권한쟁의에 관한 심판, 법률이 정하는 헌법소원에 관한 심판을 관장한다.[80] 헌법상 독립기관이며, 순수한 사법기관이 아니라 특별한 사법기관으로서 국회가 제정한 법률의 위헌 여부를 판단하여 그 법률의 효력을 상실시키는 권한을 가지며, 국가기관 간의 권한쟁의를 재결하며, 탄핵을 결정하고 선거심사를 한다. 따라서 헌법재판소는 ① 정치적 사법기관, ② 사법적 헌법보장기관, ③ 기본권보장기관, ④ 권력의 통제기관, ⑤ 헌법재판에 관한 최종심판기관의 지위를 가지고 있다.

헌법재판소는 9인의 재판관으로 구성된다. 재판관은 ① 판사·검사·변호사, ② 변호사 자격이 있는 자로서 국가기관, 국·공영기업체, 정부투자기관, 기타 법인에서 법률에 관한 사무에 종사한 자, ③ 변호사의 자격이 있는 자로서 공인된 대학에서 법률학 조교수 이상의 직에 있던 자로서 15년 이상 종사하고 40세 이상인 자 중에서 임명한다. 9인의 재판관은 3인은 대통령이 선정한 자, 3인은 국회에서 선출한 자, 3인은 대법원장이 지명한 자를 대통령이 임명한다. 재판관의 임기는 6년이며 연임할 수 있고, 정년은 65세이다. 다만 헌법재판소장인 재판관의 정년은 70세이다. 헌법재판소의 판정을 통해 중요한 정책변경이나 최종적 해석이 이루어지기도 한다.[81]

---

80) 하태권 외(2001), 『현대 한국정부론』, 법문사, p.59~61
81) 하태권 외(2001), 『현대 한국정부론』, 법문사, p.317~318

3. 삼권분립

삼권분립(三權分立)은 상호 간 견제·균형을 유지함으로써 국가권력의 집중과 권력의 남용을 막기 위하여 권력을 입법·사법·행정의 상호 독립된 세 기관에 분산하는 원리이다. 자유주의적인 정치조직 원리로서 국가권력의 전횡(專橫)을 방지하여 국민의 자유를 보호하기 위한 것이다. 이 이론을 처음으로 받아들인 것은 1787년 ㅁ국연방헌법이었으며, 1791년 및 공화력(共和曆) 3년의 프랑스헌법 등이 이를 채택하였다. 영국은 불문헌법 국가이기 때문에 1688년 명예혁명이 있을 때까지 대헌장(마그나카르타)·권리청원·권리장전 등에 의한 헌법적 원칙이 문서로 만들어짐으로써 이 원칙이 서서히 나타났다. 그 뒤로 삼권분립주의는 차차 헌법적 원칙으로 발전하고, 오늘날과 같이 보편화하기에 이르렀다. 대한민국 헌법은 제40조 입법권은 국회에 속한다. 제66조 ④ 행정권은 대통령을 수반으로 하는 정부에 속한다. 제101조 ① 사법권은 법관으로 구성된 법원에 속한다고 하여 삼권 분립주의를 규정하고 있다.

1) 입법부

입법부(立法府)는 법률을 제정하거나 수정 또는 폐기하는 국가기관이다. 행정부, 사법부와 함께 국가의 주요 기능을 담당한다. 근대 민주주의 정치는 권력의 독점을 막기 위해 입법권, 행정권, 사법권을 서로 견제하는 세 개의 국가기관에 분리하여 부여하는 것을 원칙으로 하고 있다. 이러한 권력 분립과 견제를 삼권분리의 원칙이라 한다. 입법부(立法府)는 삼권 분립에 따라 법률을 제정하는 국회를 이르는 말로 국민의 대표기관으로서 대표기능, 법률심사, 예산심의, 행정부 감독, 갈등조정,

쟁점명기의 중요한 기능을 수행한다.[82] 국회(國會)는 국민이 뽑은 대표로서 국회를 이루는 구성원인 국회의원(國會議員)으로 조직된 헌법상의 합의체인 입법기관이다. 입법부인 국회의 기능은 국회의원들의 의정활동에 의해 이루어진다.

2) 사법부와 법원

사법부(司法府)는 대법원과 그 관할에 속한 모든 기관을 총칭하며, 법원(法院)은 국가의 사법권을 행사하는 기관이다. 법원조직법 제3조 법원의 종류에 따라 우리나라 법원은 대법원, 고등법원, 특허법원, 지방법원, 가정법원, 행정법원 등 6종이 있다. 사법부를 구성하는 핵심적인 기관이 법원이기 때문에 일반적으로 형식적 의미가 강한 사법부라는 표현보다는 그 대표기관인 법원이라는 표현이 더 많이 사용된다.

법원은 법률이 헌법에 위반되는지가 재판의 전제가 될 때 헌법재판소에 위헌법률 심사를 제청할 수 있으며, 행정명령이 헌법이나 법률에 위반하는지에 대한 심사권과 행정재판권을 갖고 있다. 대법원장은 대통령이 국회의 동의를 얻어 임명하고, 대법관은 대법원장의 제청으로 국회의 동의를 얻어 대통령이 임명하며, 대법관이 아닌 법관은 대법관회의의 동의를 얻어 대법원장이 임명한다. 제6공화국 헌법은 이처럼 법관의 임명 제도를 보다 민주적으로 개선함으로써 법관의 인적 독립을 보장하고 있다.[83]

헌법 제101조 ① 사법권은 법관으로 구성된 법원에 속한다고 규정하고 있다. 이것은 우리나라가 삼권 분립원칙을 채택하고 있는 것을 표명

---

82) 하태권 외(2001), 『현대 한국정부론』, 법문사, p.309~310
83) 하태권 외(2001), 『현대 한국정부론』, 법문사, p.59~61

한 것으로 사법권의 독립을 표현한 것이다. 사법권의 득립이라 함은 공정한 재판을 보장하기 위해 첫째는 사법기관인 법원을 입법부와 행정부로부터 독립시키고, 둘째는 법관의 심판을 독립시켜 사법부 밖의 압력은 물론이고 사법부 안의 간섭으로부터의 독립을 말하고, 셋째는 법관의 신분보장과 인사의 독립을 말한다. 우리 헌법은 권력분립의 원칙에 의하여 사법부는 입법부와 행정부로부터 독립하여야 하며, 상호 견제와 균형을 유지하여야 한다. 이를 위해 대법원은 법원의 내부규율 및 사무 처리에 관한 규칙제정권을 갖도록 하고 있다.[84] 사법부는 법규에 의한 민사 및 형사의 재판작용을 통하여 법치의 실현과 국민의 권리를 최종적으로 보장하는 역할을 수행한다.

3) 행정부

정부(政府, government)는 행정을 맡아보는 국가기관으로 국가의 통치권을 행사하는 기구이다. 넓은 의미로는 입법·사법·행정 등 한 나라의 통치기구 전체를 가리키며, 좁은 의미로는 내각 또는 행정부 및 그에 부속된 행정기구만을 가리킨다. 고래로부터 인간사회에는 권력조직체인 정부적 기구가 존재하고 기능해 왔으며, 근대국가가 출현한 이후 획기적으로 발전하였다. 즉 영국·프랑스·미국 등에서 로크, 루소, 미국의 연방주의자 등의 주장을 반영하여 국민의 의사를 대표하는 의회를 중심으로 하는 정치기구가 만들어지고 정부라는 말은 입법기관을 비롯하여 필연적으로 사법·행정기관까지도 포함하여 넓은 의미로 생각되어 왔다. 오늘날 이들 여러 국가에서 정부란 국가의 존속이나 활동을 유지하기 위한 동적인 국가권력의 작용으로 간주되고 있다.

---

84) 최종고(2008), 『법학통론』 박영사, p.303~305

우리가 일반적으로 널리 사용하는 정부는 좁은 의미의 정부를 말하며 헌법 제4장에 명시된 제1절 대통령과 제2절 행정부로 구성되는 정부가 이에 해당한다. 행정권은 대통령을 수반으로 하는 정부에 속한다(헌법 제66조 ④). 대통령은 행정권의 수반일 뿐만 아니라 국가원수(元首)이며 국군통수권(제74조 ①), 긴급처분·명령권(제76조 ①), 사면권(제79조 ①), 국민투표부의권(제72조), 공무원 임면권(제78조) 등 강력한 권위와 권한을 지닌 정치의 중심이 되고 있다. 한국의 정부형태는 여러 차례 변화의 길을 걸어왔으나, 현재의 정부형태는 대통령제 또는 대통령중심제이다.

4. 정치

1) 정치의 발현

사회에서 인간과 인간 사이의 투쟁은 그들이 추구하는 사회적 가치의 희소성 때문이다. 인간은 생존을 위한 물질적 욕망을 비롯하여 명예욕에 이르기까지 그 욕망이 무한하다. 그러한 인간 욕망을 충족시키기 위하여 일정한 사회가 자유롭게 처리할 수 있는 자원은 유한하다. 무한한 욕망과 유한한 자원 사이의 모순은 필연적으로 사람들 사이의 갈등과 투쟁을 촉발시킨다. 인간이 한정된 희소자원의 획득을 둘러싸고 서로 대립하는 곳에서는 인간과 인간의 싸움은 좀처럼 피할 수 없다. 인간과 인간의 대립, 경합, 투쟁관계는 당사자들 사이에서 해결되는 때도 있지만 종종 날카롭고 치열한 투쟁으로 진전되기도 한다. 그러한 사태를 미연에 방지하기 위해 사회질서의 조직화가 시도된다. 바로 여기에서 정치는 필연적으로 등장한다.

　정치는 인간 사회생활의 제반 문제로부터 발생하며 직접 결합도 되어 있다. 인간의 정치생활은 국가의 역할과 더불어 시작된다. 정치는 항상 국가권력을 중심으로 전개되며, 권력의 확립과 권력행사를 통해 발현된다. 정치의 역할에 의해서 사회생활 내부에 질서가 확립되고 사회생활이 영속화할 수 있다. 하지만 정치는 단순히 사회적 질서의 조화에 그쳐서는 안 된다. 궁극적으로 사회적 조화에 입각한 사회통합을 실현하여야 한다.[85] 현실 속에서 실질적인 정치의 주역으로서 사회통합을 이끌어 가야 할 사람은 정치인이다. 정치인(政治人)은 정치에 활발히 참여하거나 매우 밀접하게 관련하는 직업을 가진 사람을 말하며 정치가(政治家)라고도 한다. 이들이 정치에 참여하는 이유는 개인적인 이익, 정당의 이익, 국민 이익 때문일 수 있다. 많은 정치인이 정치적인 성과를 내기 때문에 정치인들은 국가의 동량, 후세의 모범으로 간주된다. 이들은 보통 관리 업무 일반에 상당히 숙달되어 있으며, 때때로 국민 복지 향상과 국가 이익 도모 사업에 상당한 영향력을 행사한다.

　정치인의 범위를 뚜렷하게 구분하기는 쉽지 않지만 좁은 의미에서는 대통령, 국회의원, 지방자치단체장, 지방의회의원같이 정당 정치에 참여하는 사람, 넓은 의미어서는 국가 차원에서 볼 때 주로 선거를 통해 취임하거나 임명에 국회의 동의가 있어야 하는 공무원. 감사원의 원장·감사 위원과 사무총장, 국회의 사무총장과 사무차장, 헌법 재판소의 재판관과 사무처장 등이 속하는 정무직공무원(政務職公務員)을 비롯한 행정부, 입법부, 사법부 등에서 일하는 고위관료, 여론 형성에 관여하는 사람 등도 포함될 수 있다. 하지만 단순한 업무를 하는 고위공무원은 정치가로 보기 어렵다.

---

85) 이수윤(1998), 『정치학 개론』, 법문사, p.79~110

2) 다수결의 원칙은 항상 합리성을 갖는가?

　인간이 만든 국가체제 중 가장 발전된 형태가 현대 민주주의 국가이다. 국가 권력을 입법·사법·행정부 등 3개의 권력으로 분립하여 운영하는 삼권분립, 시장경제를 바탕으로 한 사유재산제도, 인권존중, 평등주의, 국민 참여 선거제도 운영, 다수결의 원칙 등 일련의 준거 틀을 가지고 있다.

　국가 운영의 기초가 되는 법률은 국회에서 제정한다. 법률을 제정하는 국회의원은 국민이 참여하는 선거를 통해 다수 득표자가 선출된다. 다수결의 원칙이 합리성을 갖기 위해서는 국회의원으로 당선되는 정치인이 최소한 전체 유권자 절반 이상의 지지를 받아야 한다. 그런데 우리나라는 상당수 국민이 정치에 대한 불신과 무관심으로 선거에 참여하지 않기 때문에 실제 국회의원이나 대통령, 지자체장에 당선되는 사람 중 전체 유권자의 절반 이상에 달하는 득표를 통해 선출되는 경우는 많지 않다. 의사결정에 다수결의 원칙이 정당성과 합리성 모두를 갖추기 위해서는 전반적으로 사회구성원 다수의 지지가 반영되는 상태에서 의사결정이 이루어져야 한다. 그런 의미에서 보면 현대 민주주의는 구조적으로 불합리성을 내포한 다수결의 원칙이 통용되고 있다.

　헌법 제49조 국회는 헌법 또는 법률에 특별한 규정이 없는 한 재적의원 과반수의 출석과 출석의원 과반수의 찬성으로 의결한다고 명시하고 있다. 이 규정에 따르면 법률 통과에는 국회의원 정원의 26% 이상이면 가능하다. 그런데 현실적인 선거에서 당선되는 국회의원은 전체 지역유권자의 50% 정도 지지를 받는다고 가정할 경우, 그 속에는 공직선거법 제15조(선거권)에 의해 선거권이 제한되는 18세 이하의 국민이 제외되고, 선거 대상이 아닌 비례대표 의원을 반영하면, 실제 국회에서 법률이 통과되는 데는 지도적 장치에 의해 매번 우리나라 전체 국민의 10% 정도의 주권이 실질적인 효력발휘에 간여되는 것으로 법률이 통과될 수 있다는 말이다. 물론 이것은 법률이 국회를 통과하기 위한 국민 지지를 정량적으로 환산한 계산적 수치로 다수결 원칙의 허구성을 지적하기 위한 것이다. 하지만 현실적인 상황은 계산과는 달리 때에 따라 상당한 차이가 난다. 그런데 이뿐만 아니다. 우리 국회에서는 공공연하게 정당 차원에서 법률안의 통과 여부를 두고 협상이 이루어져 왔다. 의원 개인 차원에서 자신이 발의한 법안 통과 때 상호 부조(扶助) 형식으로 지지를 통해 법률을 통과시키기도 한다. 그런데 이것만 문제가 되는 것이 아니다.

법안 처리 방식과 절차도 문제다. 우리 국회는 법안을 몰아서 무더기 처리하기로 유명하다는 것은 이미 잘 알려졌다. 어느 정도일까? 2009년 2월 국회, 더 정확하게 표현하면 281회 임시국회는 본회의가 열린 2009년 3월 2일과 3일 이틀간 법안 160여 건이 처리됐다. 하지만 법안 심사에 들인 시간은 고작 일주일 정도라고 한다. 폐회일의 자정 무렵까지 본회의장에서 여야 의원들 간 고성과 몸싸움이 이어졌다.[86] 대다수 국민은 국회에서 무슨 법안이 통과되었는지도 잘 모른다. 그런데도 모든 국민은 이렇게 심의되고 통과된 법을 지켜야 하고 강제된다. 따라서 국민은 정치인의 독단적이나 당리당략에 편승한 행동에 대해 강력하게 견제할 필요가 있으며, 정치인과 정당 자신도 더 많은 민의가 반영될 수 있도록 최선을 다해 좋은 법안이 만들어지도록 노력해야 한다. 제정된 법률이 국민에게 요구하는 강제가 때로는 너무 가혹하고 크다.

법률심의 과정 중에 과학적 근거, 합리성과 정당성, 객관성 등에 대한 자료가 제시될 때 법률안을 조정하는 것은 얼마든지 허용될 수 있는

---

86) 중앙일보 2009. 3. 4.

일이다. 하지만 당리당략에 의한 당론에 따라 협상이 이루어지고 그 협상에 의해 당론을 앞세워 소속 국회의원 모두에게 사실상 지지를 강요해 통과되는 법률이 적지 않다는 점은 다수결의 원칙을 근본적으로 부정하는 것은 물론 대의민주주의 근간을 흔드는 일이다. 국회에서 법률이 잘 만들어져도 통치 목적을 위한 행정적 필요에 의해 법에 부수되어 제정되는 시행령과 시행규칙, 고시에서 왜곡된 내용을 만들어 국민을 옥죌 수 있다. 폐해와 문제가 발생하는 것은 항상 시간이 한참 지난 후의 일이다. 또한 법률이 제정된 이후 몇십 년이 지나 사회 환경이 변화하여 현실과 맞지 않는 등 불합리하게 된 경우에도 손질이 방치되어 그 법으로 인해 사유재산권의 행사가 침해되거나 피해를 보게 되더라도 구제받을 길이 막막하다. 정부도 이러한 폐단을 줄이기 위해 규제 완화 차원에서 일몰제[87]를 시행하고 있지만, 대체입법을 통해 새로운 법률이 끊임없이 제정되기 때문에 실효를 제대로 거두지 못하고 있는 실정이다. 전후 사정이야 어떻든 오늘도 국민에게 제정된 법률을 지키도록 하는 강요는 계속되고 있다.

하지만 근대적 의회정치는 유권자의 범위에 넓고 좁은 차이는 있어도 어떻든 일반 국민이 선거에 의해 국민 가운데서 전체국민을 대표하

---

87) 규제일몰제(規制日沒制, sunset law)는 일몰제라고 하기도 하는데, 새로 신설되거나 강화되는 모든 규제는 존속기한을 설정하고, 기한이 끝나면 자동적으로 규제가 폐기되는 제도이다. 제로베이스(zero base) 방식이라고도 한다. 규제를 신설할 때는 규제 상한선에 맞춰 기존의 규제를 폐지하는 제도인 규제총량제(規制總量制)와 함께 도입된 개념이다. 김대중 정부 때인 1998년부터 4년 동안 정부는 대통령 직속 규제개혁위원회를 통해 각종 규제를 폐지하였다. 그러나 규제가 폐지되면 새로운 규제가 만들어져 실질적인 규제는 줄어들지 않는다는 비판이 제기됨에 따라 2004년 4월부터 규제총량제와 함께 도입되었다. 새로운 규제를 만들 때는 반드시 존속기한을 설정하고, 그 기한이 끝나면 자동적으로 폐기되는 제도를 일컫는다. 규제의 존속기한은 규제의 목적을 달성하는 데 필요한 최소한의 기간 안에서 설정하되, 원칙적으로 5년을 넘길 수 없다. 규제의 존속기간을 연장할 필요가 있을 때는 해당 규제의 존속기한이 끝나기 1년 전까지 규제의 신설·강화의 절차에 따라 규제개혁위원회에 심사를 요청해야 한다. 규제의 신설·강화와 존속기한을 연장할 때는 규제영향을 분석해 그 결과를 자체적으로 심사해야 하며, 필요성을 입증하지 못할 때는 원칙적으로 폐지된다. 예를 들어 2004년 4월부터 시행된 주택거래신고제에 따르면, 연립주택에 대해서는 2년간만 한시적으로 신고제를 운영하고, 필요하면 더 연장하기로 하였는데, 이렇듯 한시적으로 규제가 제한되는 제도가 규제일몰제이다. 그 외에 존속할 명백한 이유가 없는 규제도 5년을 넘길 수 없다는 규정에 따라 5년이 지나면 자동적으로 효력이 상실된다.

는 의원을 선출하고, 의희가 입법, 예산 및 정부감독의 권한을 가지며, 의회의 의사가 공개된 장소에서 토론과 설득의 절차를 거쳐 최종적으로 다수결에 의해서 결정되는 제도를 말한다. 의회정치를 주도하는 국민을 대표하는 의원의 개념은 고정적 이해의 대립을 초월한 공적인 국가의 성립을 전제로 하며, 이해관계나 의견의 대립을 무력이 아니라 토론과 다수결로 해결한다는 것은 다수와 소수를 초월한 전체라는 개념이 인정되고 있는 것을 의미하기 때문에 국민은 국회에서 제정한 법률을 준수한다.

대통령 선출도 마찬가지이다. 우리의 현행 대통령제는 구조적으로 불합리한 요소가 존재한다. 3명 이상의 후보가 난립하는 상황에서 상대적 다수를 얻은 빈약한 승자가(이것이 양당제의 미국과 차이) 권력을 독점하여 정책을 추진하고, 패자는 배제된 상황에서 견제하는 제도다.[88] 이처럼 오늘날 민주주의의 근간이 되는 다수결의 원칙은 지극히 불합리한 구조를 내프하고 있다. 그러므로 국민은 추태를 보이는 국회의원을 질타하고 무능한데도 공권력을 앞세워 행정이라는 이름으로 제도를 마음대로 바꾸고 일방적인 정책을 밀어붙이는 정부와 관료들을 비판하고 강력하게 견제하지 않으면 안 된다.

3) 대통령과 여론

우리 사회는 1987년의 민주화 이후 대통령이 대중에 영합하는 모습이 역력하다. 국민은 선거를 통해 정권을 선택하고, 정권은 임기 중 책임정치를 하는 것이 민주주의이지만 선거가 전부일 수는 없다. 늘 다양한 민의를 수렴하고 조화를 이루어내는 국정이어야 한다. 재·보선 같

---

88) 조선일보 2009. 10. 1.

은 작은 선거에 나타난 민심의 변화도 무겁게 수용해야 한다. 지난날 노무현 대통령은 대선과 총선에서 이겼으나 재·보선에선 연패했다. 그럼에도 민심과 불화(不和)하다가 국정 추진력을 잃다.[89]

국민이 공감하는 정책을 펴고 소통하는 것도 중요하지만, 정부와 대통령이 균형감각을 잃지 않는 것은 더 중요하다. 대통령이 국민과 같이 행동하면 지도자 자격이 없다. 대통령은 국민보다 항상 한발이나 반발 정도 앞서나가야 하고 때로는 국민이 싫어하는 일도 국가발전을 위해 필요한 일은 해야 한다. 그동안의 여론조사 결과를 보면 역대 대통령들은 대부분 당선 초기에는 지지도가 높았다가 임기 후반으로 갈수록 지지도가 급격하게 낮아지는 경향을 나타냈다. 그러나 이러한 경향은 국민이 원하는 정책만 펼 수 없는 문제가 있기 때문에 상당 부분 필연적인 측면이 있다. 대통령과 집권세력이 국정을 독선적으로 운영해선 안 되지만, 한국의 산업은 상당 부분 국민의 반대 위에 건설이 강행되고 오늘날 그 바탕 위에 세계적인 경제 강국이 되었다는 점을 잊어서는 안 된다.

대통령과 청와대가 여론의 추이를 무시해서는 안 되지만 그렇다고 지나칠 정도로 여론조사에 너무 신경을 쓰거나 귀를 기울이고 이를 바탕으로 정국을 운영하는 것 같은 느낌이 들게 하는 것은 바람직하지 않다. 여론의 지지도가 높아지면 국민이 힘을 실어준 것으로 또는 정치를 잘하는 것으로 인식하지만, 여론의 지지도가 낮아지면 마치 대통령의 힘이 약해진 것으로 생각하여 추진력이 약해진 것처럼 이분법적으로 생각하는 것은 문제가 있다. 그런데도 오늘날 한국의 정부, 특히 이명박 정부는 대중의 눈치를 보고, 대중의 인기를 의식하고, 대중이 아우성치면 그에 맞추어 마치 의무적으로 답을 하거나 대책을 내놓아야 한

---

89) 동아일보 2009. 6. 4.

다고 생각할 정도로 위축된 모습을 보이는 경우도 적지 않다. 이것을 눈치 챈 속인들이 더욱더 기승을 부리는 경향이 있다.90)

대통령이 국정을 원활하게 수행하려면 주어진 공식적, 비공식적 권한을 적절히 행사할 수 있어야 하고, 이를 위해 요구되는 다양한 인적 물적 자원을 충분히 동원, 활용할 수 있어야 한다. 대통령은 이러한 자원(권력원)으로 대중적 인기와 여론, 인사권, 예산권, 개인적 지지 또는 정보 등을 활용하고, 이를 통해 다른 사람들이 자신의 프로그램을 지지하거나 자신의 뜻대로 행동할 수 있도록 영향력을 발휘하기 때문에 대통령에 대한 대중적 인기나 여론은 대통령의 성공적 국정운영을 좌우하는 가장 중요한 변수의 하나가 되었다. 따라서 이러한 요소들이 대통령의 핵심 권력기반을 구성한다는 데 거의 이견이 없다. 그러나 대통령에 대한 대중적인 인기나 여론이 얼마나 중요한 역할을 하는지는 정확히 알 수 없다. 이러한 요소들이 대통령의 국정운영이나 정책결정에 미치는 영향력을 조사한 체계적인 연구가 없기 때문이다. 다원화된 민주사회에서 국정을 이끌어가야 하므로 더는 과거와 같은 행태로 국민적 지지나 여론을 무시한 채 정책을 결정, 집행해 나갈 수는 없게 되었다. 따라서 비록 국민적 지지나 여론이 반드시 바람직한 것은 아닐지라도, 이를 적절히 수용하여 자신의 주관적인 정책 판단과 조화를 이룰 수 있도록 해야 한다. 그렇지 않을 경우, 대통령은 쉽게 독재자라는 비난을 견디기 어렵게 될 것이고, 결과적으로 국정 운영에 상당한 어려움을 겪게 될 가능성이 크다.

그렇다고 여론이 대통령 통치수단의 기본적 구조를 변화시키는 것은 아니며, 대통령에 대한 국민적 여론이나 대중적 인기가 반드시 바람직한 것만도 아니다. 이러한 요소들은 다분히 즉흥적이고 감상적이어서

90) 뉴데일리 2009. 11. 3.

신뢰하기 어렵다. 특히 돌발적인 사건에 의해서 쉽게 변할 가능성이 크다. 그러나 이러한 요소들이 중시되는 이면에는 대통령이 국가를 움직이려면, 반드시 국민을 움직일 수 있어야 한다는 전제가 깔렸고, 이러한 전제는 경험적으로도 어느 정도 타당성을 지닌 것으로 입증되고 있다. 비록 대통령에 대한 대중적 지지가 자동으로 대통령의 정치적 영향력을 제고시키지는 못할지라도 대통령의 인기가 높을수록 여론을 유리하게 이끌어 갈 수 있고, 결과적으로 국정운영을 원활하게 이루어 나갈 수 있다.[91]

오늘날 대부분의 민주주의 국가 대통령은 국민적 지지나 여론을 등에 업고 정치적 지도력을 발휘하려 하고, 다양한 여론기관들도 이러한 인기나 지지도를 주기적으로 측정하여 그 결과를 대통령의 정책결정에 환류 시키고 있다. 그러나 여론이나 대중의 인기에 지나치게 영합할 때 현실적 필요성이 제기되는 데도 힘들고 어려운 결정은 차기 정부로 미룰 수밖에 없는 폐단이 나타나기 마련이다. 우리는 이미 건강보험이나 국민연금, 공무원연금제도를 개선할 때 이러한 모습을 경험했다. 따라서 국민이 여론을 통해 대통령의 독주를 견제하고 올바른 정치를 하도록 유도하기 위해서는 국민 스스로 인내하고 부담을 감수하는 냉정한 여론이 형성될 수 있도록 하는 데 동참할 필요가 있다. 오늘 개인적 이익이나 쾌감을 추구하는 무절제한 감정적인 표출 행동은 내일 나의 부담을 강요하는 내용으로 되돌아오는 것을 피하기 어렵다.

4) 왜 준비된 대통령이 필요한가?

대통령이 정치 및 통치기능을 수행하는 과정에서 기대되는 역할은

---

91) 하태권 외(2001), 『현대 한국정부론』, 법문사, p.87~88

국가원수와 행정가라는 양면적 역할을 통해 구체화된다. 국가원수는 국가가 나아갈 방향과 미래상(vision)을 제시하고 이를 구현하기 위한 정책적 대안을 제시하는 데 초점을 두는 데 비해, 행정가로서의 대통령은 주어진 정책을 효율적으로 완수하는 데 초점을 둔다. 그러나 정치와 통치는 항상 뚜렷하게 구분되는 것이 아니다. 양자는 단절적이라기보다는 연속적이고, 실천과정에서 서로 중복되는 부분이 많다.

대통령의 지위나 역할은 한 나라의 통치구조나 정부형태에 따라 가변적이다. 따라서 대통령의 통치구조상 위상을 획일적으로 규정하기란 쉽지 않다. 우리의 현행 헌법은 대통령의 지위를 크게 국가원수, 국가의 수호자 그리고 행정권의 수반으로 규정하고 이러한 지위에 맞는 역할과 이를 수행하는 데 필요한 권한을 부여하고 있다. 첫째, 대통령은 국가의 원수로서 외국에 대하여 국가를 대표한다(헌법 제66조 1항). 국가 원수는 국가의 수장을 의미하나 통치구조상 반드시 필요한 지위는 아니며, 공식적으로 크게 대외적 관계에서 최고외교관과 국정 최고지도자로서의 역할을 수행한다. 국정 최고지도자로서 대통령은 국정운영의 효율을 유지하고, 입법, 사법, 행정의 3권을 통합, 조정하는 책임을 지는데, 이를 위하여 국회의 동의를 얻어 대법원장, 헌법재판소장, 감사원장 등의 헌법기관을 조직하고, 헌법개정안을 제안하며, 사면, 감형, 복권 등의 사면권을 행사한다. 그리고 최고외교관으로서 역할을 수행하기 위해서는 조약의 체결·비준, 외교사절의 신임·접수·파견 그리고 선전포고와 강화 등의 외교적 권한을 행사한다. 둘째, 대통령은 국가의 독립, 영토의 보존, 국가의 계속성과 헌법을 수호할 책무를 진다(제66조 2항). 대통령은 이러한 책무를 '헌법을 준수하고 국가를 보위'한다는 취임선서를 통하여 스스로 천명하고(헌법 제69조), 이러한 역할의 수행을 위하여 헌법이 부여한 긴급명령권, 긴급재정경제처분·명령

등의 국가긴급권과 계엄선포권을 행사한다. 이와 같은 대통령의 위기
관리 및 긴급대처 능력은 사태에 대한 정확한 판단과 신속한 대응을 요
구하는 것으로서 국가의 존립을 좌우하는 것이기에 대통령의 임무 중
가장 중요한 임무의 하나가 된다. 셋째, 행정권은 대통령을 수반으로
하는 정부에 속한다(헌법 제66조). 행정수반은 행정부를 운영하는 데 필
요한 일체의 활동을 통할하는 사람으로서, 집행부를 조직하고, 행정정
책을 결정하며, 법을 집행하는 행정의 최고책임자로서의 역할과 법적
인 견제와 법률 제정에 관여하는 입법가로서의 역할을 수행한다. 행정
최고책임자로서의 대통령은 법 집행에 관한 최종 결정을 하고 그 이행
여부를 감독한다. 그리고 이러한 역할을 원활히 수행하기 위해서 국무
총리를 비롯한 집행부의 모든 비선출직 공무원을 임명하고, 국군을 통
수하며, 국무회의의 의장으로서 회의를 소집, 주재하고 그 운영을 통할
한다. 그 외에도 집권당의 당수로서 권한 행사 등 비공식적 역할도 적
지 않다.[92]

　국가정책의 최종결정권자인 대통령은 여러 가지 다른 방법으로 또한
여러 출처(source)로부터 정책자문을 받아 정책을 결정한다. 대통령이
정책의 복잡성 및 정책 간의 상호관련성 증가, 행정조직의 분화, 보다
종합적이고 일관성 있는 정책에 대한 국민의 기대 등에 부응하기 위해
서는 자신의 의사결정방식에서 여러 가지 사항을 고려하여야 한다. 대
통령은 정책에 대한 믿을 만한 정보와 정책에 대한 세심한 분석 자료를
얻기 원한다. 또한 모든 현실적 정책 대안을 종합적으로 검토할 수 있
기를 원하고, 각 대안이 갖는 장단점이 빠짐없이 비교·검토되기를 원
한다. 어떤 대통령은 행정부 내부의 의견을 존중하고 어떤 대통령은 외
부의 의견을 경청한다. 어떤 대통령은 대단히 조직적인 체계를 통하여

---

92) 하태권 외(2001), 『현대 한국정부론』, 법문사, p.80~81

정책자문(policy advice)을 얻는가 하면, 어떤 대통령은 정당한 이해관계를 갖고 있는 많은 사람으로부터 제시되는 상충되는 의견을 청취한 뒤 결정을 내리기도 한다. 물론 대통령의 개인적인 특성에 따라 또는 정책 사안에 따라 서로 다른 방법들을 사용하기도 하고 재임 기간의 경과에 따라 정책결정 방법을 바꾸어 나가는 때도 있다.

대통령은 자신의 정책결정과정 방식이 행정부에 대한 자신의 지도력 유지 그리고 자신이 결정한 정책의 집행과정에 어떻게 영향을 미치게 될지를 고려하고, 국민 눈에 자신이 얼마만큼 영향력을 지닌 지도자로 비치게 될 것인지를 염려하여야 한다. 정책결정의 시기 선택도 중요한 요인이다. 신속한 정책결정 또는 의외의 정책결정은 강력한 지도자로서 자신의 이미지를 심어줄 수 있기 때문이다. 국가안보, 환율결정 등과 같은 민감한 정책결정은 비밀유지를 위해 정책참여자를 극소화하지 않을 수 없다. 그러나 대체로 많은 정책결정은 얼마나 많은 사람으로부터 정책 조언을 듣느냐 하는 것은 순전히 대통령의 판단에 달린 경우가 많다. 대통령이 이처럼 다양한 요인들을 동시에 고려하기란 어려운 일이다. 예를 들면 비밀을 유지하는 것이 중요한 정책결정은 폭넓은 정책 조언을 듣기란 어렵다. 따라서 대통령은 그때그때 또는 정책 사안에 따라 적절한 정책결정방식을 채택하여야 하는 경우가 많다.[93]

대통령의 국정운영 성공 여부는 크게 두 가지 요인에 달렸다고 할 수 있다. 하나는 대통령 자신이 소유한 개인적 특성이고, 다른 하나는 대통령을 둘러싼 다양한 제도 및 환경적 요인이다. 전자는 대통령의 인격이나 성격, 경험, 대중적 인기, 리더십, 정치적 협상능력 그리고 정책결정과정의 역할 같이 개인적 자질이나 능력을 지칭하는 것이다. 후자는 대통령이 지닌 법적 권한과 책임, 통치이념, 대통령을 보좌하는 비

---

93) 오석홍 외(2000), 『정책학의 주요이론』, 법문사, p.170~171

서실, 대통령이 직면하는 정책문제 내지는 위기 상황 그리고 대통령과 의회·국민·이익집단·언론 간의 상호관계 등 대통령 자신을 초월하여 존재하는 모든 상황적 변수들을 의미한다. 이러한 요인들은 모두가 나름대로 대통령의 행동에 영향을 주어 국정 운영의 성과를 좌우하지만, 모두가 동등한 중요성을 지니는 것은 아니다. 우리나라의 경우, 대통령의 권한이 다른 통치기구에 비하여 크지만 대통령을 견제할 만한 통제 세력이 존재하지 않아서 대통령의 개인적, 심리적 특성이 다른 요인에 비하여 훨씬 영향력이 크고, 특히 대통령의 출신 지역이나 안보상황과 같은 외재적 변수들도 국정운영에 크게 작용하고 있는 실정이다.[94]

우리가 준비된 대통령을 뽑아야 하는 이유는 무엇보다도 대통령에게 주어진 권력이 지나치게 크기 때문이다. 권력이 잘못 행사되거나 편향되었을 때 불러올 수 있는 부작용은 가늠하기가 쉽지 않다. 오늘날 우리 사회가 겪고 있는 사회적 갈등과 반목도 전직 대통령이나 대통령 선거와 직접적인 연관이 있다. 국가와 국민의 명운까지도 대통령의 지도력과 문제해결능력에 의해 영향을 받는다. 선거는 이러한 막중한 책무를 수행할 사람을 뽑는 신성한 일이다. 개인적으로 좋아하는 것과 올바른 인물에게 투표하는 것은 구분해야 한다. 탐욕을 가진 사람에게 현혹되어 투표하면 얼마 지나지 않아 후회하게 되지만, 그때는 이미 늦다. 신중하지 못한 후보자 선택의 결과는 반드시 모든 국민이 치러야 할 대가(代價)가 되어 돌아온다.

5) 국가는 국민의 뜻에 따라 지배되고 있는가?

민주주의 국가에서 정부와 정부정책을 평가할 때 가장 먼저 고려하

---

94) 하태권 외(2001), 『현대 한국정부론』, 법문사, p.77

는 항목은 국가 혹은 정부가 '국민의 뜻에 따라 지배되는가'하는 문제일 것이다. 따라서 정부와 정권은 수시로 국민의 여론 동향을 살피고 의견을 수렴(monitering)해서 국민의 뜻에 맞춰 공공정책을 추진하는 노력을 기울이고 있다. 그럼에도 정부의 노력과 의지와는 달리 국민의 여론은 정부가 자신들의 뜻에 맞지 않는 혹은 거슬리는 방향으로 지배되고 있다는 것으로 드러나는 경우가 적지 않다. 이는 국가마다 상황에 따라 다소 차이가 있다. 하지만 '국민의 뜻에 의한 지배'라기 보다는 '국민의 뜻에 어긋난 지배'로 보는 견해가 세계 어느 곳에서나 더 많이 나타난다.

'당신의 국가는 국민의 뜻에 따라 지배되는가?' 이 질문에 대해 세계인들은 긍정보다는 두 배 높은 부정의 답변을 했다. 갤럽 인터내셔널(Gallup International)이 세계 50개국 5만 7천 명을 대상으로 한 1999년 '새천년 조사' 결과를 보면, 세계인 30% 미만이 위의 질문에 "그렇다"고 답했고, 이보다 두 배 많은 62%가 "아니다"라고 답하였다. 이 자료에 의하면 우리나라 국민 중 "그렇다"고 답한 사람은 20%가 채 안 되는 것으로 나타나 당시 집권했던 국민의 정부와 정치권에 대한 불신이 위기 수준에 와 있었으며, 국가지태 문제가 심각하다는 것[95]을 보여주기도 했다.

중요한 것은 11년이 지난 오늘날에도 정부에 대한 국민의 신뢰도는 크게 개선되지 않고 있다는 점이다. 여기에는 경제성장에 따른 국민의 기대 수준이 향상한 이유도 있지만, 정치인들의 저급한 정치 수준과 행태에 혐오감이 표출된 것으로, 정치인의 자기성찰을 통한 행동 개선 없이는 앞으로도 정부에 대한 국민의 신뢰도는 상승하기 어려울 것으로 보인다.

---

95) 주성수(2004), 『공공저책 거버넌스』, 한양대학교 출판부, p.33

6) 국민의 만족

정부에 대한 국민의 만족은 하버드대학교 교수 로버트 퍼트넘(Robert David Putnam)의 말처럼 '기대와 실제가 일치했을 때' 일어난다. 그것은 국민의 기대에 부응하는 정부의 성과가 얼마나 되는가 하는 비율로 표시될 수 있다. 만족이 줄어드는 것은 정부가 일을 잘못하거나 국민의 기대감이 올라갈 때 또는 그 두 가지 현상이 연계될 때 발생한다. 이때 정부에 대한 국민의 기대와 정부에 대한 국민의 인식(실제 정부의 활동성과 일치할 수도 있고, 괴리될 수도 있다)이 얼마나 서로 상응하느냐 하는 문제와 '성과'가 여러 가지 유형의 정부활동 중 어느 하나를 지칭한다는 점을 고려하면 국민의 정부에 대한 만족 비율의 공식은 다음과 같다.

$$\text{만족} = \frac{\text{정부에 대한 인식}}{\text{국민의 기대}}$$

정부에 대한 인식은 일상적인 정책의 굴곡과 변화에 따라 훨씬 변덕스럽기 마련이다. 국민의 만족 여부를 결정짓는 인식요소에는 6가지가 있다. 여론 형성에 끼치는 영향으로 가장 두드러진 것은 정부가 얼마나 일을 잘하는가에 대한 국민의 평가, 특정 정책결정에 대한 국민의 동의 여부, 정부 지도자의 청렴도와 정부성과의 성실성에 대한 국민의 평가 그리고 영향력 있는 여론 주도층의 정보에 대한 비판 등 네 가지 단기 요소들이 있다. 이렇게 형성된 인식들은 다시 정부가 국민을 위해 해주었으면 하는 요구와 정부가 해줄 것으로 예측하는 희망으로 구분되는 두 가지 방식의 국민의 기대와 맞물린다.

'정부의 업무가 과중하다'는 표현은 정부의 능력이 고정되어 있다는 것을 전제로 어떤 상황으로 인해 정부에 과부하가 걸려 있다는 의미이

다. 그러나 '과부하'라는 말은 상대적인 용어이다. 예를 들면 어떤 정부
는 다른 정부에 비해 실업 감소나 완전한 의료보장제도 등의 분야에 훨
씬 더 잘한다. 각 정부의 '과부하' 여부는 국민이 무엇을 원하는지 그리
고 그에 따른 대가를 기꺼이 지불하려 하는지에 따라 결정된다.[96]

민주화된 현대의 다의적인 사회 속에서 국민의 정부에 대한 기대는
무한대로 증가하는 반면 의무는 최소가 되기를 바란다. 그러므로 정부
는 항상 과부하가 걸려 있을 수밖에 없고 국민을 만족시키기란 쉽지 않
다. 정부는 만능이 아니다. 정부의 모든 기본적인 기능과 역할은 국민
이 부담하는 재정에서 나오지만, 오늘날의 정부는 주어진 권력과 권한
에 의존하여 국민에게 부담을 전가시키며, 지극히 제한적인 역량을 발
휘할 뿐이다. 그러므로 국민 스스로 만족한 정부를 만들기 위한 가장
좋은 방법은 창조적인 지도력을 발휘할 뛰어난 지도자 선출, 세금은 많
이 내고 기대는 크게 줄이는 두 가지밖에 없다. 그러나 유감스럽게도
현재 지구상에 존재하는 여러 국가 중 국민을 만족시켜주는 나라는 없
으며, 대다수 공무원은 국민의 기대를 충족시키기 위해 일을 하는 것이
아니라 자신들의 삶의 방편으로 일한다. 그러므로 현실 속에서 국민의
만족도를 제고할 수 있는 방법은 공무원을 통제하는 정부와 정치가를
강력하게 견제하고 국민 자신도 인내하며 고통을 분담하려는 자세를
갖추는 것이다.

7) 국민 불신과 불만 간과해서는 안 되는 이유

국민의 불신에 대한 연구자들의 견해는 두 가지로 대별된다. 첫째는
정치에 대한 불신이 의례적인 부정주의의 표출일 뿐이며 지속적인 불

---

96) 조셉 S. 나이 외 저, 박준원 옮김(2001), 『국민은 왜 정부를 믿지 않는가』, 굿인포메이션, p.132~199

화라기보다는 일시적인 동요라고 주장한다. 심지어 정부가 실제로 얼마나 업무를 잘 수행하느냐가 문제일 뿐 국민의 평판은 무의미하다고 여기는 극단적인 견해도 있다. 둘째는 국민의 불신에 대해 국민이 정부와 지도자들에게 가지는 경계심과 회의가 민주주의를 발전시키는 토대라고 주장하며 칭찬을 아끼지 않는 사람들도 있다. 국민의 불신에 대한 이러한 낙관적인 견해와는 달리 오늘날 국가에 대한 국민의 불만은 일시적이고 천박한 유행이 아니라 정부에 대해 근본적으로 부정적인 영향을 미친다고 생각된다.

국민 정서의 작은 물줄기가 환멸의 강으로 흘러들면서 거센 격류로 바뀌어 오늘날 정치인들이 그 속에서 허덕이게 되었다. 국민 정서의 물줄기는 정부 설립 때부터 존재했던 권위에 대한 오랜 의심에서부터, 최근 정치가들이 권위를 상실했다고 생각하는 급격한 인식 확산에 이르기까지 다양하다. 그러나 오늘날의 냉소주의는 정부에 대한 전통적인 회의주의가 최근에 고착된 데 불과한 것이 아니며, 특정 현직 정치가나 정당의 인기 하락 때문만도 아니다. 오늘날 냉소주의는 정당이나 이념을 불문하고 정치권력, 제도 및 정치행태 전반에 대해 쌓여온 불만이 더욱 심화된 결과이다. 이렇게 생긴 냉소주의는 일시적으로 인기가 뚝 떨어진 것(slump)이 아니라 시간이 지나면서 많은 국민이 가지고 있던 온건한 불만이 점차 혐오로 바뀌는 경향을 보이고 있다.

국민의 불만이 쌓이면 민주주의가 훼손된다. 국민의 강력한 동의가 없으면 무슨 일이든 실행하기 어렵게 만들어진 헌정구조 아래에서 그러한 불만은 통치에 많은 제약을 안겨 준다. 국민의 불만은 선동적인 주장과 부정적인 발언을 일삼는 오늘날의 정치연설에서 빼놓을 수 없는 단골 차림표(menu)이다. 그것은 좌파, 우파, 중도를 가리지 않고 국민의 불만이 팽배해지면 임기제한, 조세저항, 주요 정당들 안팎에서 극단적인 요구사항 같은 복잡한 문제들에 대해서 성급한 처방을 내리게 되어 지속적이고 실용적인 해결책을 찾기가 어렵게 된다. 정치가들은 정부에 대한 국민의 곱지 않은 시선을 절대 간과해서는 안 된다. 해결책을 찾으려면 국민의 인식과 기대가 무엇인지를 주의 깊게 살펴야 한다.[97]

8) 지금 우리에게 주어진 민주주의를 향한 과제

민주주의(民主主義)는 주권이 국민에게 있으며 국민에 의해 국민을 위하여 정치를 행하는 주의를 말한다. 민주주의를 가장 잘 요약한 표현으로는 링컨의 유명한 게티즈버그 연설의 말미에 나오는 '국민의, 국민에 의한, 국민을 위한 정부'(government of the people, by the people, for the people)를 들 수 있다. 하지만 그것을 어떻게 해석하는가에 대해서는 의견이 크게 갈린다.

'국민의 정부'란 둘론 나라의 주인이 국민이라는 뜻이고, 주인은 언제나 권리와 책임을 함께 지닌다. '국민에 의한' 정치의 대표적 표현은 선거를 통한 정치참여이다. 주권자인 국민은 주인의식을 갖고 선거에 참여하고 그 결과에 책임을 지게 된다. 개인적으로 아무리 못마땅한 결과가 나왔다고 하더라도 투표 결과에 불복한다는 것은 민주국가에서 국민주권을 침해하는 자해행위이고, 용납할 수 없는 폭력이다. 그 때문에 합법적으로 선출된 대통령이나 국회의원에 대한 모독은 국민주권에 대한 침해로 간주되어 정파 간 차이에 상관없이 배격하는 것이 정상이다. 도시국가 규모를 벗어나 정치 단위가 커질 때 대의제는 불가피하며, 모든 국민이 다 중요한 정치직위를 차지하거나 행정직에 직접 참여할 수 없다. '국민에 의한'이라는 표현이 '국민이 모두 대통령'이라는 뜻으

---

97) 조셉 S. 나이 외, 박준원 옮김(2001), 『국민은 왜 정부를 믿지 않는가』, 굿인포메이션, p.121~123

로 해석될 수는 없다. 국민에 의한 정부라는 표현은 '국민을 위한'이라는 조항과 연계해 실천에 옮겨야 한다. 결국 분야별로 소수의 빼어난 사람(elite)의 발탁 활용은 민주주의와 상치되지 않고 오히려 필요요건이라는 결론이 나온다. 국가정책을 펴나가는 일에서 가장 공공의식이 투철하고 능력이 탁월한 사람을 공직자로 발탁해 활용하지 않는다면 '국민을 위한' 최선의 정책을 폈다고 할 수 없다. 공직이 마치 먹을 자리인 듯 객관적으로 입증된 자격보다 정치적 안배부터 생각하는 이른바 코드인사[98] 또는 위인설관[99]의 관행이 오히려 민주화가 진행되면서 만연하게 된 것은 '국민을 위한'이라는 조항을 지나치게 협소하게 잘못 해석한 데서 오는 부작용이라고 할 수 있다.

민주주의란 사실 평등한 권리를 가진 시민이 모두 정책 결정 과정에 함께 참여하는 길을 보장하고 서로 다른 입장을 절충해 타협을 이끌어 내는 가장 비폭력적인 방법일 뿐 그 이상의 것이 아니다. 삶의 질을 결정하는 것은 정치제도뿐만 아니라 그 나라가 가진 총체적 인적, 물적 역량과 그 역량을 효율적으로 가동시켜 활용해 나가는 지혜와 도덕적 용기이지 민주주의제도 자체가 아니다. 삶의 질이 가장 높기로 정평이 나 있는 나라 중에는 아직도 입헌왕정체제를 고수하는 경우가 적지 않다. 대중민주주의는 히틀러의 추악한 독재를 낳을 수도 있었음을 상기할 필요가 있다. 지금 우리 정치가 헛도는 것은 상당 부분 민주주의에 대한 과잉 기대와 그것을 획책하는 일부 정치인의 위선적 인기 영합주의 때문이 아닌가 한다.

그동안 자부해 왔듯이 우리가 선거를 통해 몇 번의 정권교체를 이뤄

---

98) 코드인사(code人事)는 정치·이념 성향이나 사고 체계 따위가 똑같은 사람을 관리나 직원으로 임명하는 일. 또는 그런 인사.

99) 위인설관(爲人設官)은 어떤 사람을 채용하기 위하여 일부러 벼슬자리를 마련함.

내며 민주화에 성공했다면 이제 정치는 안정되고 일반 국민은 각자 생업에 몰두할 수 있어야 한다. 그런데 지금 우리는 어떤가? 눈앞에 펼쳐지는 우리 국회의 모습, 정치권의 모습이 분명히 우리가 그동안 꿈꾸고 기대해온 민주주의는 아닐 것이다. 국민이 정치를 걱정하는 상황이 된 지금 우리에게 주어진 민주주의를 향한 과제는 무엇인가? 그것은 지난 시절 민주화의 성공이나 현재 제도적으로 선진국 수준에 도달했다는 성취감이 아니라 우리가 꿈꾸고 기대하는 진정한 민주주의를 만드는 것이다. 생각해 보면 못할 것도 없고 그렇게 어려운 일도 아니다. 정치인이 법과 규칙, 절차를 지키고 민주주의 원리를 존중하며 실천하도록 하는 것이면 충분하다.

초등학생도 잘 실천하는 일이다. 이렇게 간단하고 단순한 일을 두고 우리는 그동안 민주화라는 이름으로 너무나 많은 희생을 치르고 시간을 낭비했으며, 앞으로도 언제쯤 이것을 실현할 수 있을지 장담하지 못하는 저급한 정치 수준을 보이고 있다. 모두가 탐욕에 사로잡혀 국익보다 개인, 계파, 당리당략을 우선하기 때문에 빚어지는 현상이다. 헌법에 명시된 대로 국회의원이 직무수행에 있어 국익을 우선하면 하루아침에 세계적인 모범이 되는 정치체계를 만들어 내는 일도 가능하다. 그렇게 한다고 국회의원이 필요 없어지는 것도 여당이나 야당이 없어지는 것도 아니다.

9) 힘겨운 결정

미래의 민주정부들은 날로 늘어나는 국민의 기대에 부응하기에는 턱없이 부족한 자원문제로 시달릴 것이다. 힘겨운 결정을 내려야만 하는 날이 임박했다. '모두를 만족시킬 수 있는' 해결책은 없고 누군가 희생이 불가피할 때, 결정권자에 대한 신뢰가 부족하면 손해 보는 사람들이 그 결정의 공정성을 의심하게 된다. 그러한 의심은 결국 정치를 곤혹스럽게 만들고 조만간 법률 준수의식까지 심각하게 훼손할 수도 있다. 전형적으로 법규 준수의식이 낮은 사회는 전체 자원 중 많은 부분을 감시하고 처벌하는 데 써야 하기 때문에, 자발적인 협조가 이루어지는 사회와 경쟁에서 이길 수 없다.

정부에 대한 불신 풍조를 뒤바꾸기 위해 우리는 ① 전통적인 많은 민주국가에서 정부에 대한 불만이 고조되는 원인을 더욱 명확히 이해해야 하고, ② 정부의 성과와 정부의 부패에 대한 믿을만한 평가수단을 확립해야 하며, ③ 국민이 다양한 시각으로 문제를 바라볼 수 있도록 해 주고, 힘겨운 결정이 필요한 심사숙고 과정에 국민을 동참시킬 수 있는 제도적 장치를 만들어야 한다. 에이브러햄 링컨(Abraham Lincoln, 1809년 2월 12일~1865년 4월 15일) 미국 전 대통령은 1858년 7월 31일 <링컨 – 더글라스 논쟁> 중에 민심을 얻으면 천하를 얻고, 민심을 잃으면 천하를 잃는다. 따라서 민심을 이끌어낼 줄 아는 자가 법령을 제정하고 판결을 내리는 자보다 더 위대하다고 하였다[100].

국민은 공정한 사회를 원하는데도 자체의 행동은 권력을 향유하며 일방적으로 밀어붙이고 불공정한 사회를 만들면서 입으로는 소통을 강조하며 공정한 사회가 되도록 해야 한다고 떠들어 대는 표리부동한 행동으로는 결코 민심을 얻을 수 없다. 개개인의 국민은 우매할지 몰라도 국민은 위대하다. 오늘날 한국의 정치지도들이 링컨 대통령이 한 말을 염두에 두고 행동했으면 좋겠다.

---

100) 조셉 S. 나이 외 저, 박준원 옮김(2001), 『국민은 왜 정부를 믿지 않는가』, 굿인포메이션, p.119~223

5. 정당

1) 정당의 정의 및 개요

정당(政黨)의 설립곡적, 정의, 구성에 대해서는 정당법에 잘 나타나 있다. 우리나라 정당법은 제1조(목적) 이 법은 정당이 국민의 정치적 의사형성에 참여하는 데 필요한 조직을 확보하고 정당의 민주적인 조직과 활동을 보장함으로써 민주정치의 건전한 발전에 기여함을 목적으로 한다. 제2조(정의) 이 법에서 정당이라 함은 국민의 이익을 위하여 책임 있는 정치적 주장이나 정책을 추진하고 공직선거의 후보자를 추천 또는 지지함으로써 국민의 정치적 의사형성에 참여함을 목적으로 하는 국민의 자발적 조직을 말한다. 제3조(구성) 정당은 수도에 소재하는 중앙당과 특별시·광역시·도에 각각 소재하는 시·도당(이하 '시·도당'이라 한다)으로 구성한다고 규정하고 있으며, 이외에도 정당의 성립, 운영, 입당이나 탈당, 합당, 소멸, 활동의 보장 등에 관한 사항이 명시되어 있다.

인간이 도당 또는 당파를 조직해서 정치적 목적을 달성하려고 한 역사는 오래된다. 이것을 인간의 투쟁본능 표현으로 보는 설도 있으나, 어떻든 단결이 힘의 결집수단으로서 효과적이라는 단순한 이유가 작용하고 있음은 틀림없다. 정당도 이러한 당파현상이라고 할 수 있겠으나, 단순한 도당과 정당 사이에서는 유사점보다도 상위(相違)점 쪽이 중요한 의미가 있다. 정당은 근대적 의회제도 아래서 정치권력을 위해 투쟁하는 조직이지만, 도당은 역사적으로 그 이전의 현상이며, 정치권력이 개인 또는 폐쇄적인 집단에 독점되었던 시대에 거기에 대항하는 집단으로서의 도당은 직접 폭력수단에 호소하여야 하였다.

정당은 정치의 기구·조직 가운데서 비교적 최근에 발달한 편에 속한다. 사회가 근대화됨에 따라 정치가 다원화하는 것을 반영하는 데 있어서 의회만으로는 충분하지 못하게 되어 여기서 생기는 투입과정의 차질을 보완하기 위하여 점차로 정당이 형성되기 시작했다. 서구의 정치사에서는 근대정당의 성립과 발전을 대체로 19세기 초로 보고 있으며 의회정치를 기준으로 해서 볼 때 나라에 따라 19세기 말에 이르러서야 정당정치의 전통이 확립되는 때도 있다. 정당이라는 조직의 목적을 어떻게 보는가에 관해서는 특정의 주의 및 정책의 실현이라고 하는 설과 정권의 획득·유지라고 하는 설이 있는데, 더욱 현실적인 관점에서 후자의 설이 타당하다고 해야 할 것이다. 정당은 보통 보수정당과 혁신정당으로 구분된다. 보수정당은 보수주의의 입장을 취하는 정당이며 혁신정당은 혁신주의에 입각한 정당이다.

정당이 다른 정치집단, 예를 들면 이익단체나 시민단체와 다른 결정적인 차이점은 궁극적인 집단목적에 있다. 정당의 일차적인 목적은 정치권력의 획득·행사·유지에 있다. 마틴 웨이튼버그(Martin P. Wattenberg)에 의하면 현대 민주주의에서 정당이 수행하는 기능은 ① 동질성과 충성의 상징, ② 정치적 이익의 표출과 집약, ③ 유권자 및 의회 내에서의 과반수 세력의 동원, ④ 투표자의 사회화와 대중지지 확보, ⑤ 불만과 반대의사 조직화, ⑥ 정치지도자의 충원과 정부 요직 추구, ⑦ 항쟁·분쟁의 제도화·채널화·사회화, ⑧ 분파주의(sectionalism)의 극복과 국익 촉진, ⑨ 정책목표 실현, ⑩ 정부결정의 정당화, ⑪ 정부 안정화 촉진 등이다.[101)

2개 이상의 정당이 다 같이 정권장악을 목적으로 해서 활동한다는 것은 이들 정당이 서로 대립관계에 서서 정권을 둘러싸고 투쟁하는 조직이라는 것을 의미한다. 이 투쟁은 선거에서부터 시작되어 입법·사

---

101) 오카자와노리오 저, 이명남 역(1997), "현대정당론", 도서출판 문원, p.24~29

법·행정의 모든 영역에서 인사 및 정책에 관해 격렬히 전개된다. 그러나 정당이 투쟁조직이라는 것은 반드시 정당 상호 간의 관계가 전부 적대적이라는 것을 의미하지는 않는다. 3개 이상의 정당이 존재할 때 선거나 내각타도(內閣打倒)라는 공통의 목표를 위해 몇 개의 정당이 잠정적·부분적인 협력관계를 맺는 예가 적지 않다. 또한 연립내각(聯立內閣)도 이러한 잠정적·부분적 협력의 한 형태이다. 그러나 이러한 협력은 어디까지나 일시적·부분적이며, 결국 투쟁의 한 국면에 지나지 않는다. 만약 지속적·전면적인 협력이 실현된다면 그것은 이미 정당의 병합을 의미하는 것이다. 투쟁조직으로서 정당의 당면 과제는 투표자·지지자·당원 및 소속의원의 수를 늘리는 당세확장(黨勢擴張)이지만, 이에 못지않게 중요한 것은 당원의 질을 높이고, 그 사기를 고무해서 당의 결속을 강화하는 일이다. 정당은 대립정당이 완전히 약체·무력하게 되는 것을 바라기보다는 강력하기를 바란다. 강력한 경쟁대상이 있어야 당내의 결속이 공고해지는 것이며, 상대방이 무시해도 될 만큼 무력할 때는 당의 결속이 이완되어 내분(內紛)이 생기는 예가 많다.

정당과 정책 사이에는 밀접한 관계가 있다. 근대적 의회제도 자체가 편견이나 폭력이 아니라 토론과 이성에 호소하여 문제를 처리하는 제도이므로 이 제도 아래에서 활동하는 정당이 일정한 원리에 따라 주의, 주장, 정책을 놓고 투쟁한다는 것은 당연한 일이다. 선거는 본래 '인물'의 선택을 의미했으나, 정당이 선거 때에 정책을 발표하게 되면서부터 '정책'의 선택이라는 의미도 갖게 되었다. 이것은 유권자의 수가 격증하고 사회적으로 많은 계층적 이질 요소가 형성되어 종전처럼 입후보자나 그 지지자인 명망가(名望家)들의 지명도나 권위에만 의존해서는 표를 모으기가 곤란해진 데서 온 결과이다. 또한 정부 시책에 의해서 적절한 해결을 기대할 수 없는 문제의 범위가 넓어졌기 때문에 유권자가 정책을 주목하는 경향이 생긴 데서 오는 결과이기도 하다.

정당은 사적 성격이지만 그 활동은 의회정치에서 불가결한 공적 기능이 있다. 선거는 의원, 대통령 및 기타 공직자의 지명절차이다. 각 정당은 입후보자를 내세우고 강령을 발표하며 유권자의 지지를 얻기 위해 선거운동을 전개한다. 이러한 것에는 두 가지 의미가 있는데, 그 하나는 정당이 정치지도자 선출의 파이프로서 당에서 양성하고 선정한 자를 국민에게 제공한다는 의미이고, 또 하나는 정당이 중요한 정치문제를 쟁점으로 국민에게 제시하고, 거기에 대한 당의 정책을 밝혀 국민의 선택을 기다린다는 의미이다.

정당이 활발하게 정치활동을 전개하고, 대립정당과의 효과적인 투쟁을 통해서 정권을 장악한다는 목적을 달성하기 위해서는 영속적인 결사(結社)로서 그 조직을 확립하고, 그것에 의해 움직이는 기구가 있지 않으면 안 된다. 정당조직의 목적은 첫째, 각 기관을 설립하여 거기에 임무와 권한을 배분하고, 이들이 서로 결합되어 전체의 통일을 유지하며, 목적 달성을 위해 합리적으로 또 능률적으로 상호 협력할 수 있는 체제를 만드는 것, 의결기관과 중앙조직, 지방조직의 유기적 결합을 실현시킨다는 것이다. 둘째, 당원 대중의 민주적 발언권을 확보하며 당원의 도덕(morals)과 에너지를 고양(高揚)시켜 당 운영에 참여케 하는 동시에, 당원 중 적극 분자를 지도부의 후계자로 양성하는 데 있다.

정당은 의회정치라는 기계를 움직이는 엔진이라고 할 만큼 중요한 공적 조직이며, 정당이 없는 민주정치는 생각할 수도 없다. 미국의 대통령선거나 비례대표제의 의원선거는 정당의 존재를 떠나 생각할 수 없으며, 의회의 의사운영도 정당이 없다면 극도의 혼란을 빚을 것이 틀림없다. 그리고 여당이 결정한 정책은 정부에 의해 실제로 시행될 수 있다. 근대적 의회정치는 ① 유권자의 범위에 넓고 좁은 차이는 있어도 어떻든 일반 국민이 선거에 의해 국민 가운데서 전체국민을 대표하는 의원을 선출하고, ② 의회가 입법, 예산 및 정부감독의 권한을 가지며, ③ 의회의 의사가 공개된 장소에서 토론과 설득의 절차를 거쳐 최종적으로 다수결에 의해서 결정되는 제도를 말한다.

'전체 국민을 대표하는 의원'의 개념은 고정적 이해의 대립을 초월한 공적인 국가의 성립을 전제로 하며, 이해관계나 의견의 대립을 무력이 아니라 토론과 다수결로 해결한다는 것은 다수와 소수를 초월한 전체라는 개념이 인정되고 있는 것을 의미하며, 근대적 의회정치가 시민사회를 기초로 하는 근대국가에서 비로소 가능하게 되었다는 것을 말해 주고 있다. 이리하여 의회 내부에서 동지로서 의원을 모아 다수파의 자리를 차지하기 위한 노력이 벌어지고, 의원의 원내조직으로서 정당이 생기게 된 것은 극히 당연한 일이었다. 의회의 세력이 한층 더 강화되어 정부가 의회의 다수파를 기초로 해서 설립되게 되자 정당도 정권의 획득·유지를 위해 그 결속을 한층 더 강화하게 되었고, 또 유권자의 범위가 한층 더 확대됨에 따라 정당 자체가 선거활동의 영역에까지 그 활동범위를 넓히게 되었다. 이렇게 정당의 활동은 의회정치의 구조와 불가분의 관계에 있다.

우리나라는 대통령중심제를 채택하고 있기 때문에 극회에서 다수당의 여부에 상관없이 대통령을 배출한 정당이 여당102)이 되고 다른 정당

---

102) 여당(與黨, government pary)은 정당정치에서 정권을 잡고 있는 정당이다. 여(與)는 '같은 편' 또는 '한 패'라는 뜻으로, 여당이란 '정부와 한패가 되는 정당'이라는 뜻이다. 자유민주주의국가에서는 복수정당제가 정치체제의 기본으로 되어 있다. 그러므로 정당간의 정책대결을 통한 의회정치가 중심이 되어 정치가 이루어지는데, 이 때 정권을 잡은 정당, 즉 여당은 자기들이 원하는 인물들로 정부를 구성하고, 그들을 통해 정책을 수행하게 된다. 여당이 되는 조건은 대통령중심제의 경우와 의원내각제의 경우가 상이하다. 전자의 경우는 국회의원총선거의 결과에 상관없이 대통령을 배출한 정당이 여당이 되고, 후자의 경우는 총선거의 결과 국회에서 다수의석을 차지하는 정당이 여당이 된다. 그런게 양당체제의 의회정치가 발달된 영국과 같은 국가에서는 의회(하원)의 다수당은 반드시 절대다수의 의석을 점유하게 되므로 여·야의 구분이 확실한 데 반해, 프랑스나 이탈리아와 같이 다수의 정당이 난립해 있는 국가에서는 다수당이 반드시 절대의석을 점유한다고 볼 수 없기 때문에 연립정부의 구성이 불가피하게 되며 여·야의 구분도 명확하지 않다. 한국은 대통령중심제를 채택하고, 또한 여러 개의 정당이 대결하면서도 국민들의

은 야당이 된다. 대한민국에는 건국 이후 60여 개의 정당이 명멸했다. 그중에서 현재 존속하고 있는 대표적인 정당은 한나라당, 민주당, 자유선진당, 민주노동당, 진보신당 등이 있다.

2) 민주화 후 한국정당 정책정당화 지체 원인

1987년 민주화 이후 우리 정당들이 정책정당으로 발전하지 못하고 정당 간의 경쟁이 당면한 주요 쟁점들과 관련한 정책대안 제시를 중심으로 이루어지지 못한 중요한 원인으로 우선 무엇보다도 민주화 이후 등장하게 된 지역주의 정당체계를 지목하지 않을 수 없다. 오랫동안 민주 대 반민주 대립구도에 기초해 왔던 우리의 정당체계가 민주화 이후 실시된 1987년 대통령 선거와 1988년 국회의원 선거를 통해서 지역주의 정당체계로 재편성된 이후 정당 간의 경쟁구도는 지역균열이라는 단일 균열구조의 틀 속에 포획됐다.

지역적 균열이라는 단일 균열선에 기초한 정당 간의 경쟁이 지속적으로 이루어지면서 지역적 균열 이외의 사회경제적 균열들은 정치적 균열로 발전될 기회를 갖지 못하였다. 그리고 민주화 이후 한국 유권자들이 지역균열에 기초한 정당 간 경쟁구도에 의해 구조화된 정치적 선택에 익숙해지면서 정당들은 선거에서 지역적 균열을 활용하여 유권자의 지지를 비교적 용이하게 동원할 수 있었다. 결국 이와 같은 상황에서 정당들이 지역균열 이외의 사회·경제적 균열에 기초한 쟁점들과 관련한 정책대안을 개발할 유인이 적게 되고, 따라서 이러한 정책대안 제시에 소홀해질 수밖에 없었다.

성향과 종선거 결과는 뚜렷한 양당체제의 양상을 드러내고 있다. 따라서 여·야의 구분이 확연히 나타날 뿐만 아니라 그로 인한 여·야의 대결상이 너무 날카로워 정치적 불안을 유발하는 경우도 있다.

사실 1987년 당시 제1야당이 그해 말 대통령 선거를 앞두고 김영삼·김대중 양 김 씨를 각각 지도자로 하는 통일민주당과 평화민주당으로 분열된 이후, 정당지도자의 지역주의를 청산해야 한다는 수사(愁思)에도 불구하고 지역적 균열구조를 활용하여 유권자의 지지를 동원하기 위한 이들 정당지도자의 노력은 계속되었다. 민주화 이후 정당들의 정책정당화 실패는 그동안 여러 차례 치른 선거에서 유권자들의 의미 있는 선택을 하기도 어렵게 만들었다. 이는 선거에서 유권자들이 의미 있는 선택을 하기 위하여 무엇보다도 우리 사회가 당면하고 있는 주요 문제들에 대하여 문제 해결을 위한 차별성 있는 정책대안이 정당에 의해 경쟁적으로 제시되는 것이 전재되어야 하기 때문이다. 민주적인 정치과정에서 유권자들에게 정치적 대안을 제시하는 것은 정당이고 유권자들은 결국 정당에 의해 제시된 대안 중에서 선택을, 좀 더 정확하게 말하자면 제약된 선택을 할 수밖에 없음을 고려할 때, 민주화 이후 정당지도자들이 유권자들에게 주로 지역적 균열구조에 기초한 선택을 강요하고, 지역주의 이외의 새르운 정치적 대안을 제시하고자 하는 시도를 억제함으로써 지역주의 정당체계를 지속시키는 데 결정적으로 기여하였다.

더욱이 급속한 경제발전뿐만 아니라 유권자의 교육수준 및 인식능력의 향상, 가치성향의 변화 등 정당을 둘러싼 환경이 빠르게 큰 폭으로 변화하고 있음을 고려한다면, 지역 간 대립이라는 단순한 균열선[103]에만 기초하는 인물 중심의 정당체계는 우리 사회에서 그동안 이루어진 변화에 비해 매우 뒤떨어져 있으며, 정당의 변화는 이미 너무 오래 지연됐다고 할 수 있다.[104]

---

103) 균열선(龜裂線)은 터져 갈라진 금.

104) 정진민(2008), 『한국의 정당정치와 대통령제 민주주의』, 인간사랑, p.88~90

3) 지역주의 한국 정치의 가장 큰 폐해

민주화 이후 다당화된 정당제 속에서 나타나는 구조적 변동의 특징을 보면 다당구도와 양당구도가 순환적으로 반복되면서 정당들의 통합과 분열이 권력 지향적 목적에 따라 이루어져 왔다. 하지만 한국 정당정치에서 나타나는 가장 중요한 특징 중 하나는 권위주의 시기에는 여촌야도(與村野都)의 현상, 민주화 시기에는 지역주의 지지기반을 보인다는 것이다. 한국 정치에서 권위주의 시기에도 지역감정은 존재했지만, 지역이 정당의 지지기반으로 나타났던 것은 아니었다.

권위주의 시대에 정당의 지지기반으로서 가장 일관되게 나타났던 것은 농촌에서는 여당의 지지도가 높고 대도시에서는 야당의 지지도가 높게 나타나는 여촌야도(與村野都) 현상이었다. 여촌야도는 농촌과 도시 거주민의 교육수준과 연령수준의 차이에서 기인하는데, 일반적으로 농촌인보다 교육수준이 높고 연령이 낮은 도시인은 민주화를 상대적으로 더 선호하기 때문에 야당을 지지하는 반면, 교육수준이 낮고 연령이 높은 농촌인은 경제성장과 반공과 같은 가치를 더 선호하기 때문에 여당을 지지하는 경향이 나타났던 것이다.

민주화 이후 정당의 지지기반으로서 여촌야도를 대체하여 새로이 등장한 것이 지역주의였다. 지역주의 현상이 주목받는 것은 지역주의 강도가 지속성보다는 지역주의 지지가 정당 간 노선상의 수렴과 정당제의 변화의 동인이라고 여겨지기 때문이다. 즉 정당이 지도자의 출신지역에서 전통적인 지역적 충성심에 호소하여 지역민들의 높은 지지를 효율적으로 동원할 수 있게 됨에 따라 더는 정책이나 노선상의 경쟁을 하지 않게 되었으며, 정당 지도자들은 지역민들의 높은 지지를 이용하여 정당을 사당화(私黨化)하고 그들 자신의 권력을 극대화하기 위해 함부로 정당 간 통합과 분열을 반복함으로써 정당제 유동화를 가져왔다는 것이다.

1987년 대선과정에서 폭발적으로 등장하여 현재까지 지속하는 중강 지지기반으로서의 지역주의 현상은 특정 정당에 대한 지지가 그 중강 지도자의 출신지역에서 집중되어 나타난 결과이다. 이런 지역주의 현상은 제3공화국의 대통령 선거에서와 같이 과거에도 나타난 적은 있으나 민주화 이후의 지역주의 현상과는 차이를 보인다. 첫째, 민주화 이후의 지역주의는 대선에서뿐만 아니라 총선에서도 나타남으로 정당의 지지기반이 되었다. 둘째, 선거가 끝난 후에도 지속적으로 유지됨으로써 정당의 균열구조가 되었다. 셋째, 지역주의 지지강도가 강하게 나타나고 있기 때문이다. 특히 호남표의 집중은 김대중이라는 구심점이 있을 때 표출되었다.[105]

김대중 전 대통령 퇴임 이후 지역주의에 의한 갈등은 빠른 속도로 줄어드는 추세가 나타나고 있으나, 우리나라의 향후 정치적 구도 변화 여부는 2012년 국회의원을 선출하는 총선과 대통령을 선출하는 대선을 실시해야 정확하게 가늠할 수 있을 것으로 전망된다. 그동안 한국 정당 정치의 가장 큰 폐해로 작용해온 지역주의는 우두머리(boss) 정치, 계파 정치, 영·호남 간 경쟁과 대립, 인사문제 등 곳곳에서 사회갈등의 원인으로 작용해 왔다. 이 지역주의 구도가 깨어져야 정책대결을 통한 정책정당이 출현하고 안착할 수 있기 때문에 지긋지긋한 정치가들의 저급한 모습을 보지 않기 위해서는 2012년 유권자인 국민의 현명한 선택이 필요하다.

---

105) 이원종(2006), 『국민참여시대의 한국 정당』, 나남출판, p.105~107

4) 정당 민주화와 당내 민주주의의 중요성

오늘날 정치권력은 민주성과 정당성을 보장받아야 한다. 정치권력의 민주화와 정당화를 위해서는 정당의 민주화, 즉 당내 민주주의가 먼저 확립되어야 한다. 민주주의 공고화 과정[106]에서의 정당은 국민의 의사를 수렴하여 정치부문에서 명확하게 표출되도록 하는 정책결정자로서의 기능과 역할을 담당한다. 이 경우 무엇보다도 정당운영의 민주화가 전제되어야 정당이 가지는 본연의 기능과 역할을 담당할 수 있다. 정당 민주주의의 본질은 당내 참여이며, 이것은 당의 결정에 영향을 끼치기 위한 당원들의 자발적 행위를 총칭한다. 이러한 당내 민주주의는 정치적 의사를 형성하는 과정에서 매우 중요한 의미가 있다. 한 국가의 민주주의 척도는 그 나라 정당의 민주성 여부에 의해 결정된다. 이는 정당 내에서 직접 민주적인 제도적 장치(mechanism)가 활성화되고 있을 때 정당을 매개로 하는 대의민주주의 또 한 발전할 수 있기 때문이다. 따라서 정당정치의 측면에서 볼 때 민주주의는 결국 정당 민주주의로 귀결된다고 할 것이다.

정당 민주주의는 정당의 각급 단위에서 정당 지도자와 정당의 공직 후보자 선출의 공정한 경쟁기회를 제공하는 조직체계를 갖추고 있으며, 일반당원이 대표에 대하여 높은 통제를 수행하는 상태라고 할 수 있다. 이를 위해 독자적 의사형성 영역을 가진 민주적 하부조직과 민주적 의사형성을 위한 대의기구를 가져야 하며, 각급 정당지도부와 공직후보자는 공정하고 개방적이며 주기적인 선거를 통해 선출되어야 한다. 또한 경쟁자도 지도부가 될 수 있는 실질적으로 균등한 기회가 보장되어

---

106) 민주주의 공고화 과정: 새로운 절차와 원칙들이 보다 명확해지고 또한 널리 이해되고 받아들여져서 이행의 시기에 존재하는 많은 불확실성이 점차적으로 감소하는 것을 말한다.
이원종(2006), 『국민참여시대의 한국 정당』, 나남출판, p.45

야 하며, 상향적 의사소통(communication)이 하향적 의사소통에 우선해야 한다.[107] 오늘날 우리나라 정당들이 계파정치로 국민 기대에 미치지 못하는 정치를 하여 실망을 안겨주는 것도 모두 정당 내의 민주화와 민주주의가 제대로 안착 되지 못한 데 그 원인이 있다. 즈로 대선과 총선을 앞두고 몇몇 뜻이 맞는 사람이 중심이 되어 급조된 정당이 많고, [표 2-1]에서 보는 것처럼 정당의 역사가 짧아 우두거리의 영향력이 지나칠 정도로 강하게 작용하는 것이 특징이다. 공천이나 당내 경선과정에 충성을 강요하는 계파와 인물 중심의 이기적인 정당 운영을 지속하면서 정쟁과 사회갈등의 원인으로 작용해 왔다.

[표 2-1] 역대 주요 장수 정당 순위

당 명	존속기간	주요지도자
민주공화당	17년 6개월(1963. 5~1980. 10)	박정희
한나라당	12년 6개월 (1997. 11~현재)	조순, 이회창, 박근혜
통일한국당(진리평화당)	11년 3개월(1992. 11~2004. 2)	허경영
신민당	11년 1개월(1969. 9~1980. 10)	유진오, 김영삼, 김대중
자유민주연합	10년 9개월(1995. 5~2006. 3)	김종필
민주노동당	10년(2000. 5~현재)	권영길
민중당(신민회)	9년 9거월(1963. 9~1973. 7)	성보경
민주정의당	9년 1거월(1981. 1~1990. 2)	전두환, 노태우
통한당(추풍회)	7년 9거월(1963. 8~1971. 5)	오재영
신한국당(민주자유당)	7년 9거월(1990. 2~1997. 11)	노태우, 김영삼, 김종필, 이회창
민주통일당	7년 9거월(1973. 1~1980. 10	양일동

출처: 중앙선거관리위원회

---

107) 이원종(2006), 『국민참여시대의 한국 정당』, 나남출판, p.45~46

6. 국회

1) 헌법에 명시된 국회의 권한과 기능

국회의 권한은 한 마디로 엄청나다. 헌법 제40조 입법권은 국회에 속한다. 제52조 국회의원과 정부는 법률안을 제출할 수 있다. 제54조 ① 국회는 국가의 예산안을 심의·확정한다. ② 정부는 회계연도마다 예산안을 편성하여 회계연도 개시 90일 전까지 국회에 제출하고, 국회는 회계연도 개시 30일 전까지 이를 의결하여야 한다. 제55조 ① 한 회계연도를 넘어 계속하여 지출할 필요가 있을 때에는 정부는 연한을 정하여 계속비로서 국회의 의결을 얻어야 한다. ② 예비비는 총액으로 국회의 의결을 얻어야 한다. 예비비의 지출은 차기국회의 승인을 얻어야 한다. 제58조 국채를 모집하거나 예산 외에 국가의 부담이 될 계약을 체결하려 할 때에는 정부는 미리 국회의 의결을 얻어야 한다. 제59조 조세의 종목과 세율은 법률로 정한다. 제60조 ① 국회는 상호원조 또는 안전보장에 관한 조약, 중요한 국제조직에 관한 조약, 우호 통상항해조약, 주권의 제약에 관한 조약, 강화조약, 국가나 국민에게 중대한 재정적 부담을 지우는 조약 또는 입법사항에 관한 조약의 체결·비준에 대한 동의권을 가진다. ② 국회는 선전포고, 국군의 외국 파견 또는 외국군대의 대한민국 영역 안에서의 주류에 대한 동의권을 가진다. 제61조 ① 국회는 국정을 감사하거나 특정한 국정 사안에 대하여 조사할 수 있으며, 이에 필요한 서류의 제출 또는 증인의 출석과 증언이나 의견의 진술을 요구할 수 있다. 제62조 ① 국무총리·국무위원 또는 정부위원은 국회나 그 위원회에 출석하여 국정처리상황을 보고하거나 의견을 진술하고 질문에 응답할 수 있다. ② 국회나 그 위원회의 요구가 있을 때에는 국무총리 · 국무위원 또는 정부위원은 출석 · 답변하여야 하며, 국무총리 또는 국무의원이 출석요구를 받은 때에는 국무위원 또는 정부위원으로 하여금 출석 · 답변하게 할 수 있다. 제63조 ① 국회는 국무총리 또는 국무위원의 해임을 대통령에게 건의할 수 있다. 제65조 ① 대통령 · 국무총리 · 국무위원 · 행정 각부의 장 · 헌법재판소 재판관 · 법관 · 중앙선거관리의원회 위원 · 감사원장 · 감사위원 기타 법률이 정한 공무원이 그 직무집형에서 헌법이나 법률을 위배한 때에는 국회는 탄핵의 소추를 의결할 수 있다고 명시(明示)되어 있다.

국정(國政) 운영에서 국회의원의 책임은 실로 막중하다. 위에 명시된 일련의 직무를 원활하게 수행할 수 있도록 하기 위해 신분을 보장하고 있다. 헌법 제44조 ① 국회의원은 현행범인인 경우를 제외하고는 회기 중 국회의 동의 없이 체포 또는 구금되지 아니한다. ② 국회의원이 회기 전에 체포 또는 구금된 때에는 현행범인이 아닌 한 국회의 요구가 있으면 회기 중 석방된다. 제45조 국회의원은 국회에서 직무상 행한 발언과 표결에 관하여 국회 외에서 책임을 지지 아니한다. 또한 신분보장과 동시에 권력이 남용되는 것을 방지하기 위해 의무와 직무수행의 원칙도 제시하였다. 제46조 ① 국회의원은 청렴의 의무가 있다. ② 국회의원은 국가이익을 우선하여 양심에 따라 직무를 행한다. ③ 국회의원은 그 지위를 남용하여 국가 · 공공단체 또는 기업체와의 계약이나 그 처분에 의하여 재산상의 권리 · 이익 또는 직위를 취득하거나 타인을 위하여 그 취득을 알선할 수 없다고 규정, 국가의 이익을 우선하고 청렴의 의무를 지켜야 한다. 그런데 우리나라 국회의원은 신분보장을 비롯한 권리는 강하게 주장하면서 행동은 당리당략에 따라 하고 의무는 제대로 이행하지 않는다. 그릇된 행동을 하는 국회의원을 심판할 수 있는 가장 좋은 방법은 유권자들이 선거를 통해 퇴출시키는 것이다.

2) 국회 입법권 행사의 중요성

　법률은 민주주의 국가에서 국민의 의사일 뿐만 아니라, 법치국가에
서는 모든 국가 작용의 근거가 되기 때문에 법률의 제정과 개정은 국가
의 가장 중요한 일이다. 그러나 현대국가에서 사회의 구조적 변화에 따
른 국가기능의 확대와 적극적 행정으로 말미암아 행정부의 권한과 기
능이 확대되는 권력구조상의 변화를 가져왔고, 입법과정에서도 의회의
기능을 약화시키고 있다. 더군다나 현재 의회정치가 소속 정당에 의존
하게 되고, 중요한 의안에 관해 의원은 당규와 당의(黨意)에 충실함으로
써 의회 내의 토의와 심의가 형식화되는 현상이 나타나고 있다.

　국회는 국민의 대표기관으로서 대표기능, 법률심사, 예산심의, 행정
부 감독, 갈등조정, 쟁점명기의 중요한 기능을 수행하고 있다. 그러나
정부주도형의 급속한 경제발전을 추구한 우리의 개발연대에 국회는 제
기능을 수행하지 못하고 행정부의 시녀 노릇을 감수해야 했다. 정책형
성의 과정이라고 할 수 있는 입법과 예산집행 과정에서 행정부 주도적
으로 예산과 법률이 결정되었으며, 이에 대한 통제장치인 국정감사와
국정조사도 형식적이었다.[108]

　국회가 입법권을 행사하고 있다고는 하지만 정부제출 법안이 대부분
을 차지하고 있는 현실을 고려해보면, 행정부처의 담당과가 실질적으
로 입법과정을 주도하고 있다고 해도 과언이 아니다. 이러한 현실은 결
과적으로 담당 공무원에게 자의적 해석과 재량의 여지를 많이 주게 된
다. 경우에 따라 너무 현실과 동떨어진 이상주의적 입법 때문에 많은
국민을 심지어 범법자로 만들고, 일반 국민의 법 준수 의식을 흐리게
하는 경우도 드물지 않다. 국민이 따를 수 있는 정당한 법률, 국민이 지

---

108) 하태권 외(2001), 『현대 한국정부론』, 법문사, p.309~310

킬 수 있는 합리성 있는 법률이 많지 않기 때문이다. 이 경우 역시 위반자 중 일부만 선별해서 처벌하는 재량권을 관료가 갖게 되고, 결과적으로 그 법은 부정부패를 낳는 온상으로 작용하게 된다. 결국 입법권이 적절히 행사되지 않으면 권력분립의 가장 중요한 요소인 견제와 균형이 무너지는 것이다.[109]

입법부의 견제기능이 무너지면 상대적으로 행정부의 기능이 강화되어 독재 권력이 출현할 수 있는 여지는 그만큼 확장된다. 국회의 무분별한 운영을 방치하는 것은 독재자가 출현할 수 있는 가장 확실한 방법이다. 독재자를 비난한다고 독재자가 생기지 않는 것이 아니다. 독재자가 출현하는 것이 싫다면 사전에 독재자가 출현할 수 있는 공간을 줄여야 한다. 민주주의가 발전하면 자연적으로 독재가 출현할 수 있는 공간은 그만큼 줄어든다. 민주주의를 유지·발전시키기 위해 국민은 국회가 입법권을 제대로 행사하도록 감시해야 한다. 국회가 방만하게 운영되고 국회의원들이 돌지각한 행동을 일삼는 것을 철저하게 심판하여야한다.

3) 법률 제정과정에서 절차준수의 중요성

오늘날 국민이 누리는 권리와 자유는 자신의 생명을 유지하기 위해 제약을 전혀 받지 않고 자유롭게 행사할 수 있는 자연적인 것이 아니다 법규에 의해 허용되는 한정된 자유와 권리이다. 민주주의를 진·선·미를 지향하는 과정에 있는 인류의 생활태도라고 본다면 지금 시행되고 있는 법은 완전무결한 법이 아니라 진리와 일치시키려고 애를 쓰고 나가는 과정에서 점정적인 법이라고 할 수 있다. 그러므로 근원적 한계

---

109) 이상안(2001), 『지식국정운영론』, 대명출판사, p.473

를 갖고 있는 법을 잘 지키도록 하기 위해서는 그 법을 지켜야 하는 국민은 물론 집행하는 사람의 처지에서도 편리한 법을 만드는 것이 아주 중요하다.

법의 가치와 존재가 도전을 받는 것은 근본적으로 인간의 불완전성에서 기인한다. 그러므로 어떤 사람들은 법을 지키는 사람은 좋은 사람이고 법을 지키지 않는 사람은 나쁜 사람이라고 생각하기도 한다. 하지만 현실적으로는 법을 지키려는 정신과 법을 지키지 않으려는 정신이 투쟁하고 있다. 인간사회에서 선이라는 것은 법을 만들고 법을 존중해 나가는 것이고 악은 법을 깨뜨리자는 것이다. 이 두 가지 방향이 우리 마음속에서 싸우고 있다. 그래서 좋은 법을 만들어도 그 법을 잘 지키려는 사람도 있지만 다른 한쪽에서는 법을 깨뜨려 버리려고 하는 경향이 나타난다. 그러나 이미 만들어진 법은 민주적인 방식으로 법적 절차에 의하여 폐지하고 개정되어야지 힘으로 깨뜨려서는 안 된다.

개인이 갖는 권리는 타인의 권리를 인정하는 상대적 측면이 고려될 때 제약될 수밖에 없다. 개인이 갖는 권리와 타인이 갖는 권리가 충돌하지 않도록 상호의 권리를 한편에서는 제한하고 다른 한편에서 동시에 보호하기 위해서는 적절한 기준이 필요한데, 여러 사람의 이해관계가 동시에 상충(相衝)될 때 이 기준으로 제정되는 것이 법이다. 현대 대의민주주의 국가에서 법률제정은 일반적으로 의회(국회: 법률, 지방의회: 조례)와 정부(시행령, 시행규칙)에 맡긴다. 의회와 정부가 합리성과 정당성을 잃고 편향되었을 때 이해관계를 조정하는 법률 또한 특정인이나 특정한 집단 및 사회에 특혜를 부여하는 방향으로 만들어질 수 있기 때문에 주권을 가진 국민의 강력한 견제가 필요하다.

법률의 제정과 개폐과정에서 적절한 책임체제의 부재, 절차의 무시, 위법한 과정을 거친 법률 제정은 근본적으로 법률이 지향하는 질서유지와 정의사회 실현에 정면으로 배치된다. 이러한 법률 제정은 법의 정당성을 훼손하는 것은 물론 법에 대한 가치 혼란을 불러일으켜 법 준수를 강요할 때 국민으로 하여금 법과 정부에 저항하고 불신하게 하는 등 민주적 가치를 위태롭게 하고 국가 사회적 낭비와 문란을 초래하는 원인으로 작용할 수밖에 없다. 용산참사가 그 대표적인 사례이다. 용산참사는 법률이 현실을 제대로 반영하지 못하고, 사회에서 법, 절차, 질서를 무시하는 풍조가 확산되어 정당성에 대해 자기중심적으로 해석할 때 어떠한 결과를 낳을 수 있는지 잘 보여준다.

우리가 국회의 폭력을 우려하는 이유도 법이 사회적 가치와 정당성의 기준으로 작용하고 국민이 법질서를 준수하도록 하기 위해서는 철저하게 민주적 가치와 절차를 준수하면서 법률이 제정되지 않을 때 나타날 수 있는 부작용과 혼란을 우려하기 때문이다. 어떠한 일이 있더라도 국회에서의 폭력은 근절되어야 하며 절차적 문제가 있는 법률은 재의결 과정을 거쳐 정당성을 확보하도록 해야 한다. 국회 통과과정에서 국회법 절차를 어긴 미디어법110)도 마찬가지이다.

---

110) 미디어법은 방송법, 신문법, IPTV법으로 이뤄진 미디어 활성화를 위한 법안이다. 대기업과 신문사의 방송사 지분 참여 허용, 종합편성 PP신규 허가, 보도전문채널 허가 등을 골자로 하고 있다. 대기업과 신문은 지상파TV의 지분을 10%까지 보유할 수 있고, 종합편성채널과 보도전문채널의 지분은 30%까지 참여할 수 있다고 규정하고 있다. 대한민국의 제279회 국회에서, 여당인 한나라당이 제안한 미디어 관련법 개정에 관해 2008년 말부터 2010년 현재까지 계속해서 논란이 일고 있다.
　2009년 7월 23일 진보신당 · 민주당 · 창조한국당 · 민주노동당 국회의원 83명은, 전날 신문법 등 4개 법률의 직권상정 과정에서 자신들의 법률의 심의 · 표결권을 침해했다면서 헌법재판소에 침해 확인과 해당 법안의 가결 선포 무효 신청을 하였다. 2009년 10월 29일 헌법재판소는 청구인들의 심의 · 표결권 침해는 인정했으나, 법안 가결 무효 청구는 '청구인들이 심의 · 표결권을 침해받지 않았다'(민형기 · 목영준), '피청구긴의 재량에 맡겨야 한다'(이강국 · 이공현 · 김종대), '국회법의 절차는 어겼으나 헌법의 원칙을 위반하지는 않았다'(이 동흡)는 이유 등으로 기각하였다. 이를 언론에서 '절차는 위법이지만 법안은 유효'로 보도하면서 "술 먹고 운전은 했지만, 음주운전은 아니다" 등에 비유하여 비판되었다. 그러자 2009년 11월 16일, 국회 법사위 전체회의에 출석한 헌법재판소 하철용 사무처장은 "권한침해는 인정하면서 미디어법은 무효가 아니라고 했는데 어느 정도 위법행위가 있어야 무효라는 것인가"라는 민주당 (대한민국) 이춘석 의원의 질문에 대해 "이번 헌재 결정 어디에도 '유효'라고 한 부분은 없다"고 말했으며, "헌재 결정은 (절차적 하자 문제를) 국회 스스로 시정하라는 것 아니냐"는 민주당 우윤근 의원의 물음에 "입법 형성권을 가진 입법부가 해결할 문제라고 보는 것이 정확한 결정군의 취지"라고 답변했다. 그는 이어서 거듭되는 의원들의 질문에 하 사무처장은 결정문에는 '법에 어긋난 게 있으니 국회가 자율적으로 시정하는 게 옳다'그 들어가 있다"며 "더 이상 분명한 의견을 어떻게 결정문에 넣을 수 있는가"

7. 법

1) 법은 왜 만드는가?

생태계의 먹이사슬이 존재하는 원시 자연 상태에서 군거 생활을 하는 특성이 있는 인간의 삶은 종족 보존, 식량 확보, 다른 포식동물로부터 안전을 확보하기 위한 집단생활 과정에서 때로는 족장 등에 의해 행동이 강제되기도 했지만 다른 종족(種族)이나 생물집단 간 역학관계 속에서 천부인권을 가진 자연인으로 비교적 많은 자유를 누릴 수 있다.

자연 상태는 법이나 계약을 강제하는 어떠한 권위도 존재하지 않을 때 현재 있는 그대로의 인간이 필연적으로 취하게 되는 행동양식을 묘사한 것이다. 인간은 자신을 위압하는 힘이 없는 곳에서는 자신에 대한 더 높은 평가를 얻어내기 위해, 그럼으로써 자신에게 이로운 것을 얻기 위해 할 수 있는 모든 노력을 한다. 그들은 위압하는 공통의 권력이 없는 상황에서 벌어지는 이 같은 노력은 결과적으로 그들 서로 멸망시킬 가능성이 크다.[111]

질서가 체계화되지 못한 자연 상태에서 힘에 의한 이익의 추구하는 충돌로 이어지고 약육강식의 세계가 펼쳐지지만, 패자의 불복은 집단 간 투쟁이나 보복으로 발전하여 폭력이 폭력을 부르는 사태를 초래한다. 경험을 통하여 이러한 폭력은 모두에게 피해만 남긴다는 사실을 터득한 인간은 충돌을 회피하기 위한 효율적인 수단으로 상호 양보하거

라고 반문했다. 이에 대해 민주당 우윤근 원내수석부대표는 이날 국회 귀빈식당에서 가진 한나라당 김정훈 원내수석부대표와의 회동에서 하 사무처장의 발언을 거론하면서 "이를 봐서는 잘못됐으니 국회가 자율적으로 시정하라. 그래서 재논의 하라는 것이 헌재가 내린 결정"이라며 미디어법 재수정을 위한 논의를 요구했다. 그러나 김 수석부대표는 "미디어법도 국회법에 정해진 절차대로 야당이 개정안을 내면 다시 논의할 수 있다. 그것을 자꾸 재협상하자는 것은 안 된다"며 재논의 요구를 거부했다.

111) 박완규(2007), 『리바이어던, 근대국가의 탄생』, 사계절, p.81~84

나 이해관계를 두고 대화와 타협, 협상을 통하여 조정하거나 경쟁 과정을 거쳐 승자는 지배자가 되고 패자는 피지배자가 되는 사회 규칙을 만들기 시작했다. 특히 집단 내에서의 질서 유지는 원시시대 초기에는 힘에 의존하였지만, 무리가 늘어날수록 힘의 지배에서 사물의 이치를 터득하고 자연적인 변화에 대응하는 능력이 뛰어난 지혜를 가진 사람들에 의해 지배되기 시작하면서 투쟁보다는 논쟁으로, 힘보다는 법과 규율에 의한 통제로 발전하였다.

사람은 모두 자신의 판단에 따라 모든 일을 평가하기 때문에 개인이나 집단 간 이해관계 속에서 발생하는 논쟁은 내 것과 네 것, 옳은 것과 그른 것, 유익한 것과 무익한 것, 선한 것과 악한 것, 정직한 것과 부정직한 것 등에 관해 사람들의 의견이 다르다는 데서 일어난다.[112] 이렇게 개인의 가치관과 지식이 판단기준으로 작용하는 데서 오는 혼란과 마찰을 줄이고 사람들로 하여금 통일된 행동양식을 갖추도록 하기 위해서는 모두가 공감하고 수용할 수 있는 판단기준이 필요하다.

마키아벨리는 사람들의 행동을 일정한 방향으로 몰고 가려고 할 때 사용될 가장 전형적이고 효과적인 강박의 수단으로서 법을 제시했다. 법은 동료 인간들에 의한 처벌의 공포를 가져다주기 때문이다. 정치의 영역에서 폭력(국가의 합법적 공권력)의 사용은 불가피한 것이지만, 그것이 더욱 큰 효용성과 효과를 갖기 위해서는 사용 목적과 방식에서 일정한 제한이 가해져야 한다. 목적 면에서는 파괴 그 자체로 그치지 않고 창조로 이어져야 한다. 방식과 관련하여 반복되는 폭력사용으로 인한 혐오감의 발생도 방지되어야 한다. 어떤 의미에서 마키아벨리의 궁극적인 관심 또는 그가 의도하는 새로운 '정치학'의 목적은 적용되어야 할 적절한 폭력의 양을 산정하는 데 있다고 할 수도 있다. 구체적인 상

---

112) 박완규(2007), 『리바이어던, 근대국가의 탄생』, 사계절, p.65

황을 주지 않는 한 구체적인 답이 주어주질 수는 없지만, 원론적으로 그가 말하고자 한 것은 '폭력이 너무 많아도 안 되고 너무 적어도 안 된다'는 점이다.[113]

따라서 폭력의 효과적 사용은, 어떤 사람이 폭력의 적용을 통해 그 소기의 목적을 달성하고 또한 폭력의 공포를 적절히 심어 놓은 다음 더 나아가서는 가능하다면 폭력의 사용을 사회 구성원들의 구체적인 이익 실현과 연결시킴으로써 다음부터는 폭력의 직접 사용보다는 사용 가능 성을 상기시키는 것만으로도 소기의 의도하는 바를 실현할 수 있게 하 는 지속적 관계의 수립을 전제로 해야 한다.[114]

2) 법은 만인에게 평등한가?

우리 헌법 제11조 ① 항은 모든 국민은 법 앞에 평등하다고 규정하 고 있다. 법규의 본원적 기능은 이해관계의 조정을 통한 질서유지를 지 향하고 있다. 그러므로 법은 인간이 어떤 행동을 하고자 할 때 이를 원 천적으로 차단하거나 봉쇄하는 데 있는 것이 아니라 허용 가능한 범위 와 제한하는 범위를 동시에 설정하여 그 허용범위 내에서 행동이 이루 어지도록 유도하기 위한 일종의 기준을 제시한 것으로 볼 수 있다. 따 라서 실질적인 행위가 있어야 하는 개인의 처지를 반영하는 것이 아니 라 사회를 구성하는 다수 이익을 위해 그 범위가 정해진다.

법률 제정 시기도 고정된 것이 아니라 시대적 상황에 따라 국민적 필 요와 합의에 따라 결정된다. 집행에서도 처벌할 수 있는 권한은 국가가 가진다. 특정인이 자신의 이익을 위해 법을 어기고 그로 인해 다른 어떤

---

113) 박상섭(2002), 『국가와 폭력: 마키아벨리의 정치사상연구』, 서울대학교출판부, p.231
114) 박상섭(2002), 『국가와 폭력: 마키아벨리의 정치사상연구』, 서울대학교출판부, p.236

사람이 피해를 보더라도 피해를 본 사람은 가해자를 응징할 수 없도록 규제한다. 하지만 처벌 권한을 행사해야 할 공권력은 현실적으로 개인 간에 발생하는 이해관계에 대한 충돌을 모두 감지하고 시시비비를 가릴 수 없다. 고소나 고발제도가 있기는 하지만 실생활에서는 권력, 금력, 완력을 가진 사람에게 유리하게 작용한다. 힘 있는 사람에 의해 다른 사람의 이익이 침해당하는 현상이 발생하더라도 현실 속에서 개인은 자신이 받은 피해를 구제받기가 쉽지 않다. 억울함을 호소하고 하소연한다고 모두 통용되는 것도 아니고, 공권력 기관이 다 들어주지도 않는다.

국가가 국민을 충분히 보호하지 못하는 시절도 있었다. 과거에는 공권력의 집행자가 공정하게 법을 적용하지 않는 경우도 많았다. 민주화가 진전된 오늘날 많이 개선되기는 했지만, 공정한 법집행은 여전히 해결해야 할 과제이다. 우리는 일상생활 속에서도 경찰이 자신들의 편의에 따라 음주단속을 하고 평상시에는 하지 않는 것을 볼 수 있다. 구청의 주정차 단속도 마찬가지이다. 대통령 특별사면 등 권력이나 재력을 가진 특권층에게는 법이 비교적 관대하게 적용되는 사례가 적지 않지만, 일반 국민에게는 엄격하다. 2009년 불법 정치자금 수수혐의로 한명숙 전 총리에 대한 구속고- 재판과정에서 검찰이 보여준 행태가 좋은 사례이다. 과거 김대중 정부와 노무현 정부에서 같이 일했던 사람들의 시위도 한몫을 하기는 했지만, 검찰도 일반 국민을 구속할 때는 언론을 통해 구속의 불가피성을 흘리거나 공방을 하지 않는다. 혐의가 있으면 곧바로 소환이나 구속에 들어가는 일반 국민에 대한 법집행의 그것과는 분명히 다른 모습이었다. 이러한 공권력 행사는 '법이 코에 걸면 코걸이, 귀에 걸면 귀걸이', '유전무죄, 무전유죄'라는 말을 만들어 냈다.

공권력의 이중적 집행이 계속되면 국민의 불만과 법에 대한 불신은 고조될 수밖에 없다. 그 불만은 국민으로 하여금 자기들도 이기적으로 행동할 수밖에 없다고 생각하게 한다. 이러한 인식이 확산되면 같은 계층 안에서도 사람들 사이에 이기적인 행동 양식이 나타나게 되고, 다른 사람의 권리를 부정하는 현상이 생긴다. 그렇게 되면 실정법이 구비되어 있고, 권리 실현 방법으로 공적 소송 절차가 명확히 규정되어 있더라도, 권리의 주장과 실현은 실정법을 제쳐 놓고, '법보다 주먹이 먼저'라는 식의 실력에 의지하게 된다. 한 걸음 더 나아가면 자신의 힘이 미약해지면 언제 누가 자기의 무력함을 틈타 침해할지도 모른다는 피해망상 의식을 갖게 할 수 있다.

같은 행위라 할지라도 시대와 상황에 따라 범죄로 규정되어 처벌을 받기도 하고 그렇지 않기도 한다. 예를 들면 술을 마시는 행위가 오늘날 대부분 국가에서 매우 자유롭지만 이슬람 문화권인 중동의 여러 나라는 엄벌에 처하고 있으며, 금주법 시대에는 술의 제조·유통·판매에 엄격한 제재가 있었다. 화투나 카드놀이의 경우에 가족이나 친구들이 오락 삼아 즐기는 것은 범죄로 보기 어렵지만 많은 돈을 걸고 도박장(house)을 차려 전문적으로 할 때에는 처벌을 면하기 어렵다. 매춘의 경우도 프랑스나 이탈리아처럼 공창제도[115]를 가지고 있고, 매춘이 엄연한 직업으로 인정되어 매춘부가 국회의원이 되는 나라도 있지만, 대부분의 국가는 불법으로 규정하고 있다.[116]

현실 속에서 모든 사람은 법 앞에 평등하다는 말은 이상일 뿐이다. 정부의 실정법 집행에서 모든 사람이 법 앞에 평등할 수 없고, 그것은 애초부터 가능한 일이 아니다. 법률 제정에 개인의 입장과 시대의 변화를 모두 반영할 수 없는 한계도 있다. 그리고 평등의 가치는 항상 같은 것이 아니다. 세상의 모든 것은 쉼 없이 변화한다. 변화 속에서 인간이

---

115) 공창제도(公娼制度): 관(官)의 허가를 받고 매음 행위를 업으로 하는 공창을 인정하는 제도.
116) 전대양(2007), 『현대사회와 범죄』, 형설출판사, p.17

추구하는 가치의 달성은 끊임없는 노력을 통하여 만들어 가야 한다. 어제의 평등과 오늘의 평등은 다르다. 그 가치뿐만 아니라 평등을 실현하기 위해 요구되는 노력의 정도 또한 같지 않다. 따라서 법 앞의 평등을 실현하기 위해서는 현재 우리가 추구하는 가치를 달성할 수 있는 그에 합당한 노력을 지속적으로 벌여나가야 한다.

처음에 법률이 제정될 때 좋은 법이 만들어지도록 국민이 주권행사를 통하여 국회의원들의 의정 활동을 철저하게 감시하고 견제해야 하는 것은 필수적이다. 불평등이나 불공정한 집행으로 말미암아 불이익을 받는 사람들이 생기지 않도록 잘못된 법규는 개정하도록 끊임없이 국회에 건의하고, 불공정한 집행에 대해서는 공권력 기관에 항의하거나 억울함을 사법기관에 호소하는 노력을 기울이는 일도 중요하다. 이러한 노력이 모여야 모두가 법 앞에서 평등한 공정한 사회가 만들어진다.

3) 법치주의 실현

민주사회에서 법은 국가와 국민 상호 간의 약속이라고 볼 수 있다. 따라서 정부와 시민 모두가 법을 지켜야 하며 그것이 법치주의를 실현하는 것이다. 법치주의란 대체로 '사람의 지배'가 아닌 '법의 지배'를 의미한다. 국가 권력은 국민의 의사를 대변하는 의회가 제정한 법률에 따라 발동되어야 한다. 따라서 국가가 국민의 자유를 제한하거나 국민에게 새로운 의무를 부과하려고 할 때에는 반드시 의회가 제정한 법률에 의하거나 그에 합당한 근거가 있어야 한다. 법치주의 목적은 사회를 구성하고 있는 사회의 주인으로서 시민의 자유와 권리를 보장하는 것이다. 법치주의를 실현하게 하는 기초적인 조건은 권력분립이며, 그 구체적 내용은 국민의 자유와 권리를 제한하거나 새로운 의무를 부과하려 할 때에는 반드시 의회가 제정한 법률로서 하여야 하고, 행정은 이러한 법률의 존재를 전제로 그에 따라 행해져야 하며, 사법도 법률의 존재를 전제로 법률에 따라 행해져야 한다. 그러나 법치주의는 국가가 위기나 비상사태에 처하면 대통령에게 긴급명령권, 계엄선포권 등을 인정 일정한 범위 안에서 제한할 수 있도록 허용하고 있다.

행정과 재판이 의회가 제정한 법률에 적합하도록 행해질 것을 요청할 뿐 그 법률의 목적이나 내용을 문제 삼지 아니하는 형식적 합법주의를 의미하는 형식적 법치주의는 독재가 출현할 때 법률을 개인 권익보호 수단에서 국가권력이 개인을 억압하는 수단으로 악용하게 된다. 이 경우 법치주의는 '법의 지배'가 아니라 법률을 도구로 한 '합법적 독재'를 의미할 뿐이다. 그래서 오늘날에는 국가가 국민의 자유와 권리를 제한하거나 국민에게 새로운 의무를 부과할 때에는 반드시 의회가 제정한 법률에 의하거나 그에 근거가 있어야 한다는 형식적 법치주의뿐만 아니라, 법률의 목적과 내용도 정의에 합치되는 정당한 것이 아니면 안 된다고 하는 실질적 법치주의가 요청되고 있다. 형식적 법치주의가 통치의 합법성을 특징으로 한다면 실질적 법치주의는 통치의 정당성을 특징으로 하며, 이런 실질적 법치가 확립되기 위해서는 최소한 국민이 참여하는 행정의 통제와 사법적 권리구제제도가 완비되어야 한다.[117]

하지만 아무리 여러 가지 제도가 있어도 지키지 않으면 소용이 없다. 인간 사회는 정해진 규범이 100% 작동되는 완전사회가 아니다. 법치주의 실현도 법을 지키려는 치열한 노력 없이는 요원하다. 국가의 공동이익을 위해 법을 지키지 않는 개인이나 단체, 심지어 그것이 정부라 하더라도 강력한 압력을 행사하여야 한다. 이러한 노력 없이는 법치주의는 이상에 불과하다. 법 앞에 평등이라는 미명하에 오히려 특정인이 이

---

117) 김범주(2003), 『법과 사회』, 형설출판사, p.44~45

익을 추구하는 수단으로 전락하거나 또 다른 사람들에게는 피해를 유발하고 행동을 제약하는 족쇄가 될 수도 있다. 따라서 진정한 법치주의가 실현되는 민주주의의 달성은 한두 사람 지도자의 선도적 역할로 이루어지는 것이 아니라 올바른 법률 제정과 공정한 집행이 이루어지도록 하기 위한 사회구성원 모두의 노력이 수반되어야 한다. 생활 속에서 법을 준수하고 다른 사람들도 법을 지키도록 유도하는 공동의 노력을 통해서만 이루어질 수 있는 일이다. 그리고 무엇보다도 법이 규정하는 개인의 이익도 때로는 공익을 위해 상당 부분 희생하는 자세와 각오가 되어 있을 때 법치의 실현은 가능하다.

재판정에서는 오늘도 법의 경계를 넘나들며 치열한 논리경쟁이 이루어지지만, 법이 존속하는데도 불구하고 이해다툼이 극심하고 세상이 시끄러운 것은 법의 경계에서 내가 한 걸음 더 양보하여 손해를 감수하는 단계에 이르러야 경계선이 뚜렷해지고 경계선에서의 논란이 없어질 수 있다. 지금 우리는 입으로는 모두 법치주의의 중요성을 강조하지만, 실제 행동에는 법의 제한 경계를 넘나들며 개인이나 집단의 이익을 앞세우려 하기 때문에 갈등과 대립이 격화되고 법치가 도전을 받는 것이다.

4) 유전무죄 무전유죄에 대한 재해석

경제인이나 정치가의 비리에 대한 재판을 지켜보면서 국민이 느끼는 법 감정을 가장 잘 표현하는 말이 유전무죄 무전유죄이다. 유전무죄 무전유죄가 되는 이유는 외형상으로는 경제적인 문제인 것 같지만, 실질적인 내용으로 들어가면 경제문제가 아니라 인간의 불완전성에 기인한 제도와 공무원의 능력 한계, 직권남용, 월권행위와 연관된다. 이러한 불합리한 점을 개선하기 위해 제도적으로 만들어진 것이 상소제도, 심급

재판과 체포·구속적부심사제, 변호사제도, 행정소송을 비롯한 여러 가지 행정구제제도, 헌법소원 등이 있다.

상소(上訴)는 하급 법원 판결에 불복하여 상급 법원의 심리를 청구하는 일로 억울한 사람은 상소제도를 통하여 판결에 불복하면 상소할 수 있다. 심급재판은 재판에 여러 급을 두어 여러 번 재판할 수 있도록 하는 제도이다. 즉 재판의 공정과 정확을 기하기 위하여 재판할 때 법원에 급을 두어 여러 번 심판하게 하는 것을 말한다. 우리나라는 원칙적으로 3심제도를 채택하고 있다. 체포·구속적부심사제(拘束適否審査制)는 체포 또는 구속된 피의자가 체포·구속의 적부 여부 심사를 청구하여 심사한 결과 적법한 것이 아닌 경우 법관이 직권으로 피의자를 석방하는 제도를 말한다. 이는 구속된 피의자(被疑者), 그 변호인, 법정대리인, 배우자, 직계친족, 형제자매, 호주, 가족, 동거인, 고용주 등이 청구할 수 있다. 이에 대한 심사는 영장을 발부한 법관은 원칙적으로 관여하지 못하며, 심사 후 결정으로 기각하거나 석방을 명한다. 석방된 피의자가 도망하거나 증거를 인멸하는 경우 외에는 재 구속하지 못한다. 이에 불복할 때도 검사나 피의자 모두 항고할 수 없다. 118)

변호사(辯護士)는 변호사법에 규정된 일정한 자격을 가지고 당사자나 그 밖의 관계인 의뢰 또는 법원의 명령에 따라 소송에 관한 행위와 그 외의 일반 법률 사무를 행하는 것을 직무로 하는 사람으로 피고인과 그 가족은 법정에서 검사의 공격으로부터 피고인의 이익을 옹호토록 하기 위해 수임료를 주고 변호사를 선임할 수 있다. 위법 또는 부당한 행정작용을 시정하고, 행정작용에 의해 발생한 국민의 재산적 손해를 전보하는 데 따르는 제도를 일괄해서 행정구제라고 하며 행정소송 등 여러 가지가 있다. 행정소송(行政訴訟)은 행정관청의 위법 처분에 따라 권리

---

118) 김범주(2003), 『법과 사회』, 형설출판사, p.42

를 침해당한 사람이 관할 고등법원에 대하여 그 처분의 취소 또는 변경을 요구하는 소송을 말한다. 헌법소원(憲法訴願)은 법을 어긴 공권력의 발동으로, 헌법에 보장돤 기본권을 침해당한 국민이 그 권리를 구제받기 위하여 헌법재판스에 내는 소원이다. 이러한 일련의 제도는 모두 공권력으로부터 국민의 권리를 보호하거나 침해된 권리를 구제하는 것을 기본 목적으로 한다. 검사의 잘못된 수사와 기소, 판사의 잘못된 판결이 이루어질 수 있다는 것을 전제로 하여 만들어진 제도들이다.

현실적으로 대부분 국민은 자신이 억울하다는 것을 알더라도 법률에 대한 지식이 부족하기 때문에 억울함을 호소하고 누명을 벗을 수 있는 역량이 부족하다. 그런데 이 일을 대신해줄 사람이 변호사이다. 변호사의 선임에는 수임료가 들어가고 때로는 성공보수도 제공해야 한다. 일심에서 유죄를 선고받은 사람이 이심과 삼심 등 상급심에서 무죄를 받는 경우 죄가 없는데도 일심에서는 억울한 죄를 뒤집어쓴 것이다. 일심에 참여해 기소한 검사와 유죄를 선고한 판사는 모두 나름대로 책임이 있다. 능력의 한계를 드러낸 것으로 직권을 남용하거나 월권행위를 하여 일을 잘못한 것에 해당한다. 그런데도 그러한 잘못에 대해 대부분 검사와 판사는 책임을 거의 지지 않는다. 다른 사람에게 피해를 주었으면 대가를 치르는 것이 당연한데도 법 현실은 그렇지 않다.

법규위반이나 범죄 혐의로 구속된 사람이 실제 재판과정에서 무죄로 방면되는 것은 모두 업무에 대해 치밀하지 못한 점에서 출발한다. 이러한 잘못을 시정하고 단 한 사람이라도 억울한 사람이 생기지 않도록 하기 위해서는 처음부터 국민에게 법규를 적용하는 과정에서 최대한 유리하고 형량을 적게 받도록 일선에서 실무를 집행하는 경찰이나, 검찰, 일반 행정직 공무원, 감사업무 수행자 등이 문제가 발생할 수 있는 자료들을 찾아내어 꼼꼼하게 적용하는 것이 마땅하다. 하지만 대부분의 공무원들은 '우리가 할 일이 얼마나 많은데, 그런 것까지 일일이 신경을 쓰면 일을 어떻게 하느냐'고 항변하기 일쑤이다.

결국 돈이 있는 사람은 자신의 억울함을 변호사를 고용해 해결하거나 피해를 줄일 수 있기 때문에 유전무죄가 실현되지만, 돈이 없는 사람은 변호사를 고용할 수도 없고 공무원의 잘못된 집행으로 당하는 억울함을 호소할 길도 없으므로 무전유죄가 되는 것이다. 죄가 있으면 벌을 받는 것이 마땅하지만, 죄가 없는데도 억울한 일을 당하는 사람들은 국가와 사회가 원망스러울 수밖에 없다. 국민을 지키고 보호해야 할 의무가 있는 국가가 법을 빙자하여 개인의 존엄성을 짓밟는 행위에 대해 사람들이 분노를 느끼는 것은 당연하다. 국민이 위법한 행정작용으로 인한 권리침해에 대해 구제를 받을 수 있도록 손해배상청구권을 명시하고 있지만 가난한 사람에게는 그림의 떡이다. 구제받을 방법을 알더라도 생업을 제쳐 놓고 자신이 잘못하지 않았다거나 다른 사람이 잘못한 내용을 입증해야 하는 일에 매달릴 수 없는 때도 있다. 이런 사람들은 대부분 사회에 대한 분노와 함께 억울함을 가슴에 안고 살아간다. 힘없는 개인에게는 그것이 한이 되지만 오늘도 해는 뜨고 공권력은 또 누군가에게 집행된다.

질서유지를 빙자하여 권력을 내세워 국가가 국민에게 누명을 씌우고 그것을 국민 스스로 잘못이 없다고 입증하도록 요구하는 것은 불합리하다. 그렇다고 또 다른 법률을 제정한다고 해결될 수 있는 일도 아니다. 아무리 법을 잘 만들어도 운용이 잘못되면 소용이 없다. 법과 제도의 운용을 맡은 공무원들은 보람찬 하루 일을 끝마치면서 내가 오늘 처리한 일이 단 한 명의 국민에게라도 무전유죄가 되는 억울함을 만들지 않도록 최선을 다했는지 한번 생각해 볼 일이다.

8. 정부

1) 정부의 개념과 역할

사회는 상호작용하는 개인과 집단의 복잡한 이해관계로 구성되어 있다. 사회를 구성하는 수많은 개인과 집단들은 권력이나 물질적 재화 혹은 지위나 명예 등의 사회적 가치를 둘러싸고 서로 많이 차지하려 경쟁한다. 그런데 이들이 추구하는 사회적 가치는 매우 한정되어 있기 때문에, 사회적 가치의 배분을 둘러싼 경쟁은 필연적으로 갈등을 초래한다. 그러나 사회적 질서와 안정을 유지하기 위해 갈등은 완화되거나 해소되어야 한다. 정부란 이와 같은 정치체제 내에서 발생하는 갈등을 완화하거나 해소시킬 수 있는 방법을 모색하고 그것을 실행하기 위한 장치(device)라 할 수 있다. 정부는 사회적 갈등을 해소하고 사회통합을 이루기 위하여, 정책결정 및 집행을 통하여 사회 전체의 이익이 증진되는 방향으로 정당한 권의(legitimate authority)를 행사하여 그 사회의 구성원들에게 가치를 배분하는 기능을 수행한다. 이러한 역할을 통하여 정부는 사회적 질서를 유지하고, 환경의 변화에 적응하도록 사회를 변화시키기도 한다.[119]

일반적으로 거시적인 관점에서 정부의 역할은 시장과의 관계에서 규칙 제정자(심판자), 지원자, 규제자로 구분할 수 있다. 이러한 정부의 역할은 이념적 성격과 시대적 위상에 따라 달라진다. 정부의 역할을 규제자와 지원자의 관점에서 본다면 네 가지 유형으로 구분할 수 있다. 정부의 시장에 대한 규제와 지원이 거의 없는 경우는 자유방임주의형이다. 이때 정부의 역할은 규칙 제정자에 국한된다. 규제는 거의 없는 상

---

119) 하태권 외(2001), 『현대 한국정부론』, 법문사, p.11~12

태에서 정부의 강력한 지원이 있는 경우는 중상주의형이다. 여기서 정부의 주된 역할은 지원자로서의 역할이다. 정부의 규제와 지원을 동시에 강력하게 하는 경우는 가부장주의형인데, 정부는 지원자와 규제자의 역할을 동시에 수행한다. 정부의 지원은 약한 대신에 강력한 정부의 규제를 받는 경우는 입법주의형이며, 정부는 규제자로서의 역할을 수행한다. 미시적 관점에서 정부의 기능은 정부가 제도상 또는 사실상 담당하는 행정사무인 정부가 '하는 일'을 말한다. 정부의 기능은 활동영역에 따라 법질서 유지, 국방 및 외교, 경제적 · 사회적 · 기능, 교육 · 문화적 기능으로 분류할 수 있으며, 활동과정의 성질에 의해 기획 · 집행, 규제 · 조장 · 중재 기능으로 분류할 수 있다.

정부의 형태는 넓은 의미와 좁은 의미의 두 가지 형태로 나눌 수 있다. 넓은 의미의 정부는 삼권분립구조를 이루는 입법부, 사법부, 행정부 모두 포함한 총체적인 정부기관을 지칭하며 정부를 국가 통치기구 혹은 국가권력구조로 본다. 이러한 권력분립의 원리가 헌법의 권력구조에 어떻게 적용하느냐에 따라 여러 가지 정부형태로 나눌 수 있다. 일반적으로 권력집중형 전제주의와 권력분립형 입헌주의로 나눌 수 있으며, 입헌주의 정부 형태는 다시 대통령제와 의원내각제 등으로 구분할 수 있다. 좁은 의미의 정부형태는 국가 목적을 달성하기 위해 행정권을 행사하는 정부관료제 조직으로 입법부와 사법부에 대한 행정부를 의미하며 행정권의 주체이다.[120)]

정부의 사명은 ① 정의를 수호하고, ② 내정의 안정을 확립하며, ③ 국토를 방위하고, ④ 국민 복지를 증진시키고, ⑤ 자유를 지키는 것[121)]이지만 정부의 제1차적인 임무이면서 본원적인 임무는 국민이 일상생

---

120) 이종수 외(2005), 『새 행정학』, 대영문화사, p.51~55
121) 조셉 S. 나이 외 저, 박준원 옮김(2001), 『국민은 왜 정부를 믿지 않는가』, 굿인포메이션, p.28

활에서 불편을 겪지 않도록 공공의 서비스를 제공하는 것이다. 우리나라 행정은 이런 측면에서 많은 반성을 해야 한다. 국제화니 세계화니 하는 거시적이고 거창한 구호만 내세우고 있지, 국민의 기본적인 일상생활은 상당히 등한시되는 측면이 있다. 하지만 오늘날 우리는 무한경쟁시대에 살고 있다. 정부도 여기서 예외가 될 수 없다. 정부의 경쟁력이 떨어지면, 정부에 의해 영향을 받는 기업의 경쟁력이 떨어지고, 사회 다른 부문의 경쟁력도 저하될 수밖에 없다. 이 치열한 무한경쟁 여건 속에서 우리나라가 살아남기 위해서는 이제 정부 부문도 관점의 전환이 필요하다. 힘의 논리로 대변되는 정치적 사고보다, 합리성과 효율성으로 대변되는 경영적 사고가 어느 때보다 요구된다.[122]

전통적인 정부의 개념은 정부와 민간부문과의 관계뿐 아니라 세계화의 영향으로 근본적으로 변화하고 있다. 먼저, 민간부문과의 관계에서는 사회 각 부문이 공공정책과 행정에 더 많은 영향력을 행사하게 되면서 사회에 대해 통제적이고 규제적인 기관으로 보았던 전통적인 정부의 개념이 구시대의 개념이라는 주장이 나오고 있다. 세계화는 현대정부에 심각한 도전이 된다. 정부의 역할뿐만 아니라 전통적인 정부의 개념에 근본적인 변화를 일으켜 놓고 있기 때문이다. 정부에 대한 긴장의 일부는 국제환경의 점진적인 중요성의 결과이자 동시에 세계적 압력으로부터 자국의 경제와 사회를 차단하려는 정부 능력의 한계에서 비롯된 것이다. 정부에 대한 압력은 국제 자본시장에서 그리고 유럽연합[123]

---

122) 박세정(1995), 『세계화 시대의 일류행정』, 가람기획, p.14~21

123) 유럽연합(EU: European Union)은 1957년 유럽경제공동체가 출범한 이후 단일 유럽법과 마스트리히트조약에 의한 EC(European Community: 유럽공동체)의 새로운 명칭이다. 약칭은 EU이다. 유럽의 정치·경제 통합을 실현하기 위하여 1993년 11월 1일 발효된 마스트리히트조약에 따라 유럽 12개국이 참가하여 출범한 연합기구이다. 원래 EEC(European Economic Community: 유럽경제공동체) 회원국은 벨기에·프랑스·서독·이탈리아·룩셈부르크·네덜란드였으며 1973년에 덴마크·아일랜드·영국, 1981년에 그리스, 1986년에 포르투갈·스페인, 1995년에 오스트리아·핀란드·스웨덴 등 EFTA(European Free Trade Association: 유럽자유무역연합) 회원국이 모두 가입하였다. 2004년 폴란드·헝가리·체코·

(EU: European Union)과 같은 초국가적 기구에서 나오고 있다. 따라서 세계화는 국가의 주권에 심각한 제약을 가하고 있다. 경제협력개발기구(OECD: Organization for Economic Cooperation and Development)는 '주권의 개념을 외부의 간섭 없이 통제력을 행사할 수 있는 능력으로 정의한다면, 국민국가는 분명히 주권의 약화를 경험하고 있다'고 지적한다.[124]

정부는 그저 단순하게 어떤 가치 있는 정책내용과 정책 목적을 달성하는 수단적 존재 그 이상의 의미가 있는 존재이다. 따라서 정부의 정책결정과정을 정부가 생산해내는 가시적이고 물질적인 성과만을 기초로 평가해서는 곤란하다. 사람들은 정부를 통해 자신의 존엄성과 가치를 인정받으려고 한다. 더 나아가서 정부의 정책결정과정은 타인에 대해 윤리적으로 행동할 수 있도록 가르치고, 우리의 인격을 형성하는 학교로서의 기능을 수행한다. 타인은 우리에게 중요하다. 그들이 우리를 어떻게 생각하느냐 하는 것이 우리의 자존심과 존엄성에 대한 느낌을 좌우한다. 정부의 정책과정 역시 이러한 느낌이 전달되는 상호작용의 과정이다. 정부의 역할 가운데 하나는 바로 국민의 존엄성과 가치에 대한 사회적 인정(social recognition)이다. 사회적 인정이라고 하는 가치는 결코 시장에서 생산되거나 거래될 수 없는 성질의 것이다.[125]

2) 정부 신뢰 위기와 불신의 원인

세계적인 관점에서 볼 때 정부에 대한 국민의 불신은 한국에만 국한된 것은 아니다. 정부에 대해 국민이 불신을 나타내는 이유는 국민이

슬로바키아 · 슬로베니아 · 리투아니아 · 라트비아 · 에스토니아 · 키프로스 · 몰타 등 10개국이 가입하였고, 2007년 불가리아 · 루마니아가 새로 가입함으로써 가맹국 수가 총 27개국으로 늘어났다.

124) 주성수(2004), 『공공정책 가버넌스』, 한양대학교 출판부, p.17
125) 오석홍 외(2000), 『정책학의 주요이론』, 법문사, p.320

정부를 잘 믿지 않는다는 데 있다. 불신이 확대되면 국민은 정부의 합법적인 권능은 어디까지인가에 대해 의문을 품을 수도 있다. 그러나 정부에 대한 어느 정도의 경계심과 회의주의는 민주주의를 건강하게 하는 요소로 작용할 수도 있으므로 정부는 국민의 불신을 잘 관리하고 국민에게서 신뢰를 얻기 위해 노력해야 한다. 오늘날 우리나라에서 정부에 대한 국민의 낮은 신뢰도는 정부에 대한 깊은 환멸이라기보다는 정쟁만 일삼는 정치행태에 대한 불만의 표현이며, 일종의 주기적인 현상이라는 측면도 있다. 대통령의 취임 초기 높은 지지도가 집권 후기로 갈수록 낮아지는 경향을 보이는 것과 같이 우리가 보는 현상들 일부분은 주기적인 등락을 거듭하는 국민 정서의 변화처럼 느껴지기도 한다. 하지만 정확한 사리분별은 소심한 겁쟁이와 극단적인 낙천가 어느 한쪽으로도 경도되지 않을 때 가능하다.

개리 R. 오렌은 국민이 정부를 불신하는 인식을 하게 된 원인을 전통적인 회의주의, 후기 물질주의 가치관, 정부성과, 정책, 도덕성, 언론의 정부에 대한 비난 등 여섯 가지로 들었다. 첫째, 역사적으로 볼 때 정부에 대한 불신은 국민에게 일상화되어 있다. 여러 사람이 모이면 정부정책에 대한 비판은 어디서나 화제가 되어왔다. 둘째, 국민이 정부와 다른 기관들에 대해 환결을 느끼게끔 하는 장기적 요소로는 기술진보와 경제발전을 들 수 있다. 산업화가 성공하면서 경제적, 육체적 안전에 대한 걱정을 덜게 된 국민이 자기표현과 자아실현 욕구를 분출하게 되었고, 그 결과 선진 산업국가의 국민은 기존 기관들의 지도자들에게 더욱 거센 도전을 하게 되었다. 셋째, 아마도 국민의 만족 여부를 결정하는 가장 영향력 있는 요소는 정부의 능력에 대한 국민의 평가일 것이다. 이 평가는 주관적이어서 반드시 실제 정부의 객관적인 활동성과와 맞아떨어지지는 않는다. 넷째, 별로 큰 비중은 아니지만 정책 방향과 정책안 선택에 국민이 동의하지 않을 때도 정부에 대한 신뢰 저하가 일어난다. 정부가 하는 일이 형편없다는 결론을 내리고 정부를 믿지 않게 된 사람들과 달리, 정부가 전혀 엉뚱한 일에 노력을 기울이고 있다는 인식 때문에 정부를 신뢰하지 않는 사람들이 있다. 실행단계나 계획단계의 정책이 국민의 기대에 어긋나거나 이념적인 원리원칙과 충돌할 수 있다. 또 여야를 막론하고 정당이 국민이 바라는 정책을 대변하지 못할 수도 있다. 다섯째, 정부가 국민에게 불신을 받게 되는 단기적인 요소는 도덕적 쟁점에 관한 국민 여론이다. 영국의 역사학자 월터 배젓은 정부가 국민의 신뢰를 유지하는 가장 중요한 요인은 효율성이 아니라 품위라고 주장했다. 정치 지도자와 정치행태의 도덕성이라는 측면에서 정부의 품위는 국민이 생각하기에 급격하게 악화하였다. 정치지도자들의 도덕적 이미지는 직접적인 표리부동함과 상스러운 언동에서부터 개인적인 경솔함과 유약한 인품 그리고 공공연한 부패에 이르는 일련의 행태들에 의해 여지없이 실추된다. 정부나 다른 기관들의 신뢰도는 국민이 그 기관 지도자들의 직업윤리와 도덕성에 대해 어떻게 평가하고 있는지에 따라 좌우된다. 여섯째, 언론이 정부에 대한 국민의 혐오를 실제로 조장한 것인지, 아니면 이미 만연된 정서를 반영한 것뿐인지에 대한 논쟁은 계속되고 있다. 하지만 오늘날의 뉴스보도는 예전보다 상당히 인신 공격적이다. 언론은 때로는 정치지도자들의 사생활을 깊이 침범할 뿐만 아니라, 정부활동이나 제도 자체에 대한 보도보다는 국민과 그들 간의 갈등을 더 부각시킨다. 이러한 편향된 태도가 정부에 대한 국민의 신뢰를 저하시키는 결과를 가져오기도 한다.[126]

  정부의 신뢰 위기가 초래되는 배경과 결정요인은 대개 정치적 해석, 제도적 해석, 경제적 해석, 문화적 해석, 사회자본적 해석 등 다섯 가지

---

126) 조셉 S. 나이 외 저, 박준원 옮김(2001), 『국민은 왜 정부를 믿지 않는가』, 굿인포메이션, p.137~153

가 있다. 정치적 해석은 '정부 실패'에서 불신의 원인을 찾는다. 1970년
대 '정부위기' 이론을 제시했던 학자들은 일반시민이 정부로부터 기대
하는 기대치와 정부의 실질적인 성과 사이의 차이(gap)에서 정부에 대
한 불신이 팽배했다고 지적한다. 제도적 해석은 정치과정에서의 심각
한 변화로 인해 정부와 시민 사이의 거리 혹은 간격이 확대되는 추세를
정부 불신의 주요요인으로 간주한다. 제도적 해석의 기초가 되는 '민주
적 결손' 이론은 정부의 신뢰 문제를 근본적으로 대의민주주의 문제로
제기한다. 국민의 대표로 선출된 의회 엘리트와 일반시민의 의사를 반
영하는 여론 사이를 연결해주는 중개기관으로서 의회, 정당, 이익집단
의 역할이 쇠퇴했고, 또 이들의 역할에 대해 일반 유권자들이 심각한
의문을 제기해왔다는 해석이다. 경제적 해석은 정부에 많은 영향을 미
치는 사회경제적 환경의 변화에는 신자유주의 영향을 주목해볼 필요가
있다. 이에 대해 유럽연합(EU)은 사회 전반의 '상품화 증대'가 정부의
불신과 관련된다고 지적한다. 소비자로서 시장에서 얻는 만족감과 정
부로부터 얻는 만족도의 차이에서 정부 불신이 키워진다고 보는 시각
이다. 문화적 해석은 후기 산업사회의 가치변화는 정부를 포함한 전통
적인 권위의 주체에 대해 심각한 의문을 갖는 '비판적인 시민'의 등장
과 확대를 유도해 왔다.[127]

1960년에 일어난 문화운동이면서 정치·경제·사회의 모든 영역과
관련되는 한 시대의 이념인 포스트모더니즘(postmodernism)은 권위에 대
한 존중을 바람직하지 않은 것으로 거부하는 경향이 있다. 따라서 포스
트모더니즘 확대는 정부 신뢰의 위기에 적지 않은 영향을 미친다고 볼
수 있다. 중앙정부, 의회, 사법부 등 권위의 상징이 되는 정부기관과 종
교기관에 대한 신뢰도가 지속적으로 쇠퇴하는 추세이다. 이와 대조적으

---

127) 주성수(2004), 『공공저책 거버넌스』, 한양대학교 출판부, p.50~59

로 환경, 평화, 인권 등 신사회 운동과 비정부 기구(NGO: non-governmental organization)에 대한 지지와 신뢰가 상대적으로 높아지는 동향을 주목해 볼 필요가 있다. 전통적 권위기관에 대한 불신이 민주주의에 대한 불신을 의미하지는 않는다. 사회자본적 해석에서 사회 자본은 조정화된 행동을 유도함으로써 사회의 효율성을 높일 수 있는 신뢰, 규범, 네트워크와 같은 사회조직의 특성들을 의미한다. 사회자본 해석에 의하면, 정부의 신뢰 실추는 사회자본의 쇠퇴와 밀접하게 관련된다. 시민 사이의 신뢰와 유대의 약화, 시민의 단체 활동 쇠퇴 등이 정부에 대한 신뢰의 쇠퇴에 관련된다는 것이다. 개인과 집단 차원에서는 사회자본 결여와 불신의 형태가 일종의 악순환을 이룬다고 볼 수도 있다.[128]

오늘날 대한민국에 나타나는 정부 정책에 대한 국민의 불신과 사회 갈등은 정치가들이 국가이익보다 자신의 이익을 우선하여 일하는 이기적인 행태, 자기중심적인 사고, 공무원의 부패, 인권보장·환경보호· 범죄문제를 비롯한 제반 정책 실패, 국민의 편익증진보다는 공무원 자신의 이익 챙기기에 급급한 관료적 정부와 정치가에 있다.

(1) 국민이 정부를 믿지 않는 이유

자유민주주의를 표방하는 나라에서 국민이 왜 정부를 믿지 않는가를 연구하는 방법은 대체로 실증주의를 따른다고 한다. 미국 하버드대학교의 존 F. 케네디 정책대학원(John F. Kennedy School of Government)의 원장인 조셉 나이 2세가 편집한 「국민은 왜 정부를 믿지 않는가」라는 책은 자유민주주의 국가에서 국민이 정부를 믿지 않는 이유를 실증주의적으로 연구한 책 중에서도 가장 철저한 것으로 알려졌다.

일반적으로 볼 때 국민이 정부를 믿지 않는 이유는 여러 가지가 있

---

128) 주성수(2004), 『공공저책 가버넌스』, 한양대학교 출판부, p.50~59

다. 첫째, 경제적인 관점에서 정부에 대한 불신의 원인을 찾는 이론이다. 이는 정책이 실패할 때 국민은 정부를 믿지 않게 된다는 것이다. 둘째, 사회학적으로 정부에 대한 국민의 불신을 연구하는 방법이 있다. 현대사회에 등장한 몰가치적 현상과 개인주의적 성향이 많은 국민으로 하여금 쉽사리 불신 풍조를 갖게 하였다는 가설을 만들 수 있다. 많은 사람이 정부의 권위주의적인 통치에 도전하고 정부의 행동을 비판하게 됨에 따라 정부를 불신하는 사회적 경향이 증진되었다는 가설이 성립할 수 있다. 셋째, 정부에 대한 불신을 여러 가지 정치적인 변수로 설명하는 방법도 있다. 자유주의 사회에서 나타나는 정치적인 복수주의는 정부에 대한 다양한 태도를 허용한다. 따라서 다수의 국민은 정부에 대하여 일관성 있는 충성이나 지지를 보여주지 않는다. 또 여러 선진국에서 관찰된 것처럼 특정한 정치인들이 보여 준 크나큰 과오는 국민의 정부에 대한 믿음을 떨어지게 한다는 가설을 가능하게 한다. 그리고 정치적인 부정과 부패가 정부에 대한 믿음을 쇠퇴시켰다는 가설도 있다. 넷째, 정치적이며 문화적인 활동이라고 할 수 있는 언론의 역할에서 정부에 대한 신뢰도 저하를 설명해보려는 노력도 있다. 정부의 비리를 들추어내어 국민의 주목을 받으려는 언론의 선정주의적 경쟁이 국민의 불신을 높였다는 설명을 제공한다. 특히 텔레비전을 비롯한 대중매체의 폭넓은 보급은 일반 대중의 일탈적인 행위를 조장하고 정확한 사실에 근거하지 않은 비판, 냉소주의, 불신을 유발했다는 것이다.[129]

(2) 우리나라가 겪은 혼란과 정부에 대한 불신원인

임길진 교수에 의하면 정부에 대한 신뢰 저하는 여러 가지 원인이 복합적으로 작용하여 생겨나고 자유민주주의를 표방하는 여러 선진국

---

129) 조셉 S. 나이 외 저, 박준원 옮김(2001), 『국민은 왜 정부를 믿지 않는가』, 굿인포메이션, p.7~9

에서도 광범위하게 나타나고 있기에 우리나라만의 특수한 현상은 아니지만, 우리가 처한 특수한 정치·경제·사회·언론적인 특성을 고려하면 우리나라의 혼란과 정부에 대한 불신원인은 다음과 같다. 첫째, 우리나라 경제정책은 1997년 외환위기가 보여주었듯이 크나큰 실패였다는 것을 솔직히 인정해야 한다. 또한 그 이후 경제개혁이 정부에 의해서 추진되었으나 소득격차 증대, 실업자 증가, 중산층 붕괴를 경험했다. 이러한 상황에서 국민이 정부를 신뢰하지 못하는 것은 당연하다. 둘째, 우리나라 정치는 오랫동안 권위주의, 중앙집권주의, 입장주의, 막후 교섭주의로 장식됐다. 비록 1998년 2월 우리나라 정치사상 처음 수평적으로 정권이 이양되었지만 정치적 권위주의는 국회, 행정부, 사법부에 뿌리 깊게 남아 있다. 지방자치제도 도입 후에도 중앙정부는 막대한 권력을 행사한다. 양당 정치를 골격으로 삼아 의회 민주주의를 실행한다고는 하지만 우리는 매일 양대 정당의 입장주의적 대립을 보고 있다. 대화는 없고 대결만이 있을 뿐이다. 그러다가 문제를 해결하기 위해서 장막 뒤에서 비밀 교섭을 시도한다. 이러한 한국 정치의 특수한 상황은 국민으로 하여금 정부에 대한 믿음을 파괴할 뿐이다. 셋째, 사회문화적으로 볼 때, 우리는 정통적인 가치관을 갑자기 버리고 새로운 서구적 가치를 비판 없이 받아들였다. 유교적 가치관에서 서구적 가치관으로 옮겨가려는 경향이 있기는 하지만 이 두 가지 가치관 사이에 많은 사람이 갈팡질팡하고 있다. 이런 가치관의 혼란은 지속적인 인간관계나 조직관계를 어렵게 한다. 이것은 미국, 영국, 일본 등과는 확연히 다른 상황이다. 넷째, 우리나라 언론은 선정주의, 냉소주의, 그리고 가십[130] (gossip)을 중심으로 한 편파적 보도를 해온 것이 사실이다. 보수진영이

---

130) 가십(gossip)은 신문, 잡지 등에서 개인의 사생활에 대하여 소문이나 험담 따위를 흥미 본위로 다룬 기사 또는 어떤 사람에 대한 흥미 본위의 뜬소문.

나 진보진영을 대변하는 언론사를 구분하는 것은 그렇게 어려운 일이 아니다. 이렇게 편향된 보도 태도는 국민은 어디에서 정보를 획득하고 어떻게 판단해야 할지 헷갈리게 한다.[131]

3) 정부실패

정부실패(government failure)는 정부의 민간 부문에 대한 개입·통제가 순간 상황적 문제 해결에 도움이 되는 것도 사실이나 결과적으로 성공하지 못하고 실패현상을 야기, 사회적 효율이나 사회적 효용크기에 도움을 주지 못했다는 지적을 말한다.

정부 실패의 원인으로는 첫째, 19세기 '최소 정부의 최선의 정부' 관에 대한 반작용으로 현다 정부의 여러 가지 사회문제 해결자로서의 역할증대에서 비롯된 정부 역할 기능의 확대가 시장개입을 촉진했고, 이것이 경제의 효율성과 법제도 운영의 사회적 효율까지도 저하해 즐국 국가 경쟁력을 취약하게 만들게 된다는 것이다. 이는 주로 정부의 보호와 규제 양 방향에서 집행이 이루어짐으로써 규제로 인한 '자율축소', 보호로 인한 '경쟁력 약화'라는 두 가지 요인에 영향을 미침으로써 국가경쟁력의 기초 자본력을 약화시킨 것으로 볼 수 있다. 둘째, 이와 같은 '보호와 규제'는 정부의 일을 늘어나게 하였다. 이로 인한 정부기구와 인력의 팽창을 초래하여 여기에 파킨슨의 법칙[132]에 의한 관료들의

---

131) 조셉 S. 나이 외 저, 박준원 옮김(2001), 『국민은 왜 정부를 믿지 않는가』, 굿인포메이션, p.10~12

132) 파킨슨의 법칙(Parkinson's law)은 영국의 역사학자·경영연구가인 C. N. 파킨슨(Northcote Parkinson) 이 사회를 풍자적(諷刺的)으로 분석하여 제창한 사회생태학적(社會生態學的) 법칙이다. 원래는 "공드궐의 수(數)는 해야 할 일의 경중(輕重), 때로는 일의 유무와 관계없이 상급공무원으로 출세하기 위하여 부하의 수를 늘릴 필요가 있다는 사실 때문에, 일정한 비율로 증가한다"는 사실을 수학적 법칙으로써 지적하고, 그것은 장기에 걸친 조사결과라고 한 데서 비롯되었다. 그 밖에 유명한 것으로는, "공무원은 부하를 늘리기를 원하지만 경쟁자는 원하지 않는다", "예산심의에 필요한 시간은 예산액에 반비례한다", "내각에서 각종 위원회에 이르기까지 정원은 5명 이내로 한정시킬 필요가 있으며 20명 이상의 위원회는 운영불능이 된다", "유능하지 못한 사람은 공무원과 군인이 되고, 유능한 사람은 비즈니스맨이 된다",

부하직원 늘리기가 동시에 작용하여 거대한 정부(big government)가 되었고, 이로 인한 정부부문의 비효율성과 거대관료제로 인한 역기능의 사회손실 발생 등을 더욱 심각한 사회문제로 만들었다. 셋째, 공공부문과 민간부문 간의 기술 및 정보 불균형으로 인한 정부의 민간부문 개입이 거래비용 등의 증가를 초래해 결국 사회적 효율을 떨어뜨린 결과를 가져왔다. 따라서 공공부문의 거대화, 정보 불균형 등이 정부의 역할과 기능의 재정립을 요청하게 되었고 이로 인한 행정규제에 대한 반성이 바로 탈규제화(deregulation)의 배경이다. 넷째, 경제부흥의 사회간접자본 형태의 일종인 공무원 혁신의식의 크기 여부이다.[133]

세상은 원래 불완전한 것이기 때문에 정부의 실패 또한 개인의 그것과 다르지 않고 특별할 것도 없다. 오히려 실패가 존재하기 때문에 개혁이 논의되고 새로운 정책이나 제도의 도입 또는 고안으로 좀 더 발전된 사회를 만들 수 있는 여지가 생긴다. 부정의 부정은 긍정이 되는 것처럼 정부의 실패에 대한 인식은 부정에 근거하지만, 부정적인 것에 대한 대안을 찾는 행동은 긍정으로 나아가기 위함이다. 여기서 중요한 것은 정부나 시민사회단체, 국민 모두 인간 세상에는 어느 정도 문제가 있을 수 있다는 점을 인정해야 한다는 것이다. 그래야 정부는 시민단체와 국민이 제기하는 불편한 점을 수용하여 개선하려고 노력하게 되고, 국민 자신도 어느 정도의 불편은 감수하고 인내하는 것을 당연한 일로 받아들일 수 있게 된다. 하지만 인내에는 한계가 있기 때문에 불편함이 정도를 넘었을 때는 참지 말고 문제 제기를 통해 개선되도록 적극적으로 요구하는 자세도 동시에 필요하다.

"파티에서 사람들은 중앙부를 피하고 왼쪽으로 편중하여 몰린다", "공무원은 서로를 위하여 서로 일을 만들어낸다" 등이 있는데, 내용은 신랄한 풍자로 가득 차 있다.

133) 이상안(2000), 『공직윤리봉사론』, 박영사, p.121~122

　‘비판적 시민’의 등장과 정부 불신도 정책실패와 현실적인 불합리함을 개선하기 위한 것에서 출발한다. 인간 사회는 환경과 여건 변화 속에서 안정적인 삶을 추구해 나가는 과정으로 끊임없이 재창조와 재구성이 이루어지면서 변화 발전해 나간다. 일방이 독주하는 사회는 건전한 사회가 될 수 없다. 모든 사회는 독주에 대한 견제 세력의 양성을 통해 발전적 균형을 추구해야 한다. 국가도 마찬가지이다. 그렇지 못하고 치자와 피치자 사이에 괴리감이 커지면 사회를 발전시키는 것이 아니라 혼란을 불러와 사회구성원 모두를 피해자로 만들 가능성이 크다.

9. 정책

1) 정책의 개념과 목표

　정책(policy)은 특정한 목표를 달성하기 위해 개인이나 조직, 기업, 정부 등 행위자나 기관이 취하는 공식적인 결정 혹은 행동계획이라고 말할 수 있다. 공공정책은 정부가 피지배자인 일반 국민의 공익을 위해 정부나 국가기관이 취하는 공식적인 결정 혹은 행동계획이라고 볼 수 있다.[134] 하지만 정책에 대한 학자들의 정의는 다양하다. 히긴슨(M. Higginson)은 ‘정책이란 행동화하기 위한 하나의 지침이다’라고 하였고, 공공부문에서의 정책에 대해 이스튼(D. Easton)은 ‘정책이란 사회 전체를 위한 가치의 권위 있는 분배’라고 주장했다. 정책에는 공공정책뿐만 아니라 비(非) 공공정책도 취급하기 때문에 일반적인 관점에서 정책이란 조직의 이상과 목적을

---

134) 주성수(2004), 『공공정책 거버넌스』, 한양대학교 출판부, p.3

달성하기 위한 기본목표와 계획 및 사업이라고 정의되기도 한다.[135]

Lowi(로－위)의 분류에 따르면 정책에는 4가지가 있다. 첫째, 배분정책(distributive policy)은 국민에게 권리나 이익 또는 서비스를 배분하는 내용을 지닌 정책이다. 둘째, 규제정책(regulatory policy)은 개인이나 일부 집단에 대해 재산권행사나 행동의 자유를 구속 억제하여 반사적으로 많은 다른 사람들을 보호하려는 목적을 지닌 정책이다. 셋째, 재분배정책(redistributive policy)은 고소득층으로부터 저소득층으로의 소득이전을 목적으로 하는 정책이다. 넷째, 구성정책(constitutional policy)은 선거구의 조정, 정부의 새로운 기구나 조직의 설립뿐만 아니라 공직자 보수와 군인 퇴직 연금에 관한 정책 등 정치체제에서 투입을 조직화하고 체제의 구조와 운영에 관련된 정책 등이다.

정책목표는 소극적인 목표와 적극적인 목표로 나눌 수 있다. 소극적 목표는 문제발생 이전에 존재하던 상태를 정책목표로 삼는 경우이고, 적극적 목표는 과거에 경험해보지 않은 새로운 상태를 창조하려는 것이다. 정책은 바람직한 사회 상태를 이룩하려는 정책목표와 이를 달성하는 데 필요한 정책수단에 대하여 권위 있는 정부기관이 공식적으로 결정한 기본방침으로 정치제도에 따라서 다르지만 삼권분립적 민주제도하에서는 원칙적으로 국회와 정치적 책임을 지는 대통령과 장관 등 정책결정권을 지니고 있는 권위 있는 정부기관이 결정한다.[136] 정책은 문제정의 및 목표설정, 대안의 탐색, 모형작성 및 결과예측, 대안의 평가, 대안 선택의 의사단계를 거쳐 결정된다.

카이덴(Caiden)은 정책결정을 사회문제를 공적으로 해결하려는 일반적 방향의 결정이라고 말한다.[137] 합리적 · 포괄적 정책결정은 시한성

---

135) 김형렬(2000), 『정책학』, 법문사. p.4
136) 정정길(2001), 『정책학원론』, 대명출판사. p.52~73

의 문제, 정보, 자료 및 지식의 한계성, 정책결정자의 제한된 능력, 매몰비용으로 인한 제약, 외적인 제한요인이 작용하기 때문에 그 유용성을 제약받기 마련이다.[138] 따라서 정책이 성공하려면 바람직한 방향으로 영향을 미치는 여러 가지 요인들이 집행과정에 존재하고, 시간적인 선후관계, 공간적인 지위면 등이 적절히 배합되어야 한다.[139]

2) 정책 수행과 갈등

정부의 정책과정은 가장 전형적인 정치과정으로 정치체제의 핵심적인 활동이다. 정부의 정책과정을 통하여 산출되는 정책은 모든 국민에게 영향을 미친다. 그러므로 국민은 누구나 자신들의 이익을 추구하기 위하여 정책의제 설정에서부터 정책효과 평가와 환류(feedback)에 이르기까지 정책과정의 모든 단계에 참여하고자 한다. 이 과정에서 그들은 자신들의 이익을 극대화하기 위해 조직을 결성하고, 대통령과 행정부 및 의회에 더 큰 영향력을 행사하고자 경쟁과 협력, 갈등과 타협을 반복한다. 모든 민주적 정치체제에서는 이러한 현상이 자연스러우면서도 당연한 것으로 인정되고 있다.[140]

정책 갈등을 초래하는 구조적인 요인은 네 가지로 나누어 볼 수 있다. 첫째, 공식조직의 단절적 성격으로서 부처, 국, 과 등 공식조직의 단위가 정책갈등의 제도적인 벽으로 등장하는 수가 있다. 조직이론에서는 조직 간의 갈등 원인으로 조직목표의 비상응성, 관할권의 중복, 상호의존적 관계 그리고 희소자원에 대한 경쟁 등이 거론된다. 둘째, 이

---

137) 정종기 · 최락인(1999), 『지격사회행정론』, 글로벌, p.85

138) 김형렬(2000), 『정책학』, 법문사, p.185~189

139) 정정길(2001), 『정책학원론』, 대영출판사, p.603

140) 하태권 외(2001), 『현대 한국정투론』, 법문사, p.34

익 대변 구도상 골이 형성되어 정책갈등이 증폭되는 때가 있는데 사회부문 간의 분화와 경쟁이 관료체제 내부의 분절을 강화시키는 요인으로 작용한다. 고객집단의 존재가 관료조직의 자원이 되기도 하지만 동시에 갈등을 촉발시키는 자극제의 역할을 하기도 한다. 셋째, 비공식적 파당이 정책갈등의 원인을 제공할 수도 있다. 어느 조직에서나 고교나 대학 동창, 지역의 선후배, 동호인 모임, 연구회 등으로 형성된 비공식조직은 있게 마련이다. 넷째, 경계 선상의 분립문제이다. 현대사회의 근본적인 분절은 권력을 가진 자와 가지지 않은 자의 대립관계일 것이다.[141]

정부는 정책을 통하여 사회를 설계하고 개인과 집단 간의 이해관계를 조절한다. 특히, 정치과정과 더불어 정책을 통한 갈등의 조정과 해소는 현대정부의 주요한 기능으로 부상되고 있다. 원칙이 있는 정부가 타협하는 정부와 상충하는 것은 아니다. 정부가 전체 국익을 위하여 결정한 사항은 일부 이해당사자들의 반발이 있더라도 무시하고 '원칙'을 가지고 강력하게 추진해야 한다고 믿는 사람이 있다면 갈등관리의 중요성을 이해하지 못하는 사람이다. 원칙을 가진 정부라도 이해당사자의 반발이 정책추진에 걸림돌이 될 상황이라면 당연히 이해당사자의 특수성이나 입장을 어느 정도 수용해야 한다. 그러나 원칙 있는 정부는 이해당사자가 가지고 있는 교섭력(bargaining power)에 해당하는 수준의 요구만을 받아들인다. 실제 교섭력을 넘어서는 협상결과를 얻기 위해 법과 원칙이 정한 수준 이상의 투쟁을 하는 이해당사자들의 시도는 반드시 무위에 그친다는 인식을 심어주는 일이 아주 중요하다.

불법적인 의사표현을 하는 이해당사자들은 불법행위에 대한 처벌을 받아야 할 뿐 아니라 불법행위로 말미암아 대정부 협상에서 이익을 얻어서도 안 된다. 마찬가지로, 불법은 아닐지언정 협상 결렬을 목표로

---

141) 오석홍 외(2000), 『정책학의 주요이론』, 법문사, p.101~102

하는 이해당사자들에게도 손해가 돌아가도록 하는 것이 원칙 있는 정부의 자세다. 이해당사자들이 불법적 혹은 무리한 집단행동을 하는 이유는 그것이 목표달성에 효과적이라고 생각하기 때문이다. 집단행동은 이해당사자들의 절박함을 알리고 갈등이 파국으로 치달을 때 정부가 입게 될 피해를 미리 알려주는 효과가 있다. 이러한 집단행동을 최소화하기 위해서 정부는 무엇보다도 먼저 이해당사자와 정부 간 논의 창구를 만들어야 한다.[142] 갈등관리는 경쟁, 회피, 조정, 타협, 협조의 다섯 가지 방법이 많이 사용되지만 원만한 관리가 이루어지기 위해서는 원칙과 신뢰, 공정과 투명, 대화와 타협, 분권과 자율이 지켜져야 한다.[143]

3) 정책평가

국가가 운영되기 위해서는 많은 공공정책이 추진된다. 이와 같은 공공정책은 당사자들의 이해관계를 변화시키므로 한편에서는 사회갈등을 해소하기도 하지만 다른 한편에서는 새로운 갈등을 유발한다. 내용에 따라 차이는 있지간, 갈등을 해소하는 데는 반드시 상당한 대가를 필요로 한다. 우리나라는 오랫동안 권위주의적 통치체제와 안보 및 경제개발 우선 정책 아래에서 갖가지 정책들이 많은 시행착오 과정을 겪어 왔다. 의약분업, 시화호 건설사업, 새만금 간척사업, 영월댐 건설사업 등 주요 정책과 사업들이 잘못 계획됨으로써 국가 정책의 표류와 막대한 예산낭비의 원인이 되기도 했다.[144]

무슨 정책이든 잘못된 정책은 조기에 발견하여 대책을 강구하는 것이

---

142) 박진 · 채종헌(2006), 『갈등 조정, 그 소통의 미학』, 굿인포메이션, p.355~357
143) 박진 · 채종헌(2006), 『갈등 조정, 그 소통의 미학』, 굿인포메이션, p.355~361
144) 김병섭 외(2007), 『살아있는 우리 정부조직 이야기』, 법문사, p.104

최선의 방법이다. 하지만 정책이 실행되는 중간 단계에서는 문제점의 수정이나 보완이 용이하고 내용을 변경할 수 있기 때문에 진행과정에서는 주로 당초 계획대로 순조롭게 나아가고 있는지 점검하고 정해진 기간 내에 완성하는 목표달성 위주(爲主)로 일이 추진된다. 정책이나 단위사업 집행자들이 불만이 많다고 할 때 이를 얼마나 정확히 측정할 수 있느냐는 문제도 제기될 수 있다. 뭔가 현장에서 불합리하다고 느끼더라도 정책에 의해 추진되는 사업은 대개 독립적으로 이루어져 객관적인 비교와 평가를 할 수 있는 기준이 없는 경우가 많고 감독기관이 그 불만을 합리적인 것으로 평가하느냐 개선이 필요한 불합리한 것으로 평가하느냐 하는 여부도 자의적 판단으로 이루어질 수밖에 없다. 정책에 대한 이러한 정보와 지식의 한계는 정책결과 평가에서 더욱 뚜렷하게 나타난다. 정책 평가를 위해서는 집행체계 내에 존재하는 동태적·정태적 정보와 관련된 여러 가지 자료가 필요한데 이것을 확보하기가 쉽지 않다.

정책평가는 정책집행이 이루어진 후 그 정책대안이 소기의 효과를 가져왔는가를 판단하는 단계로서 정책이나 공공사업기획이 그 대상에 미치는 효과를 달성하고자 하는 정책목표와 관련지어 객관적이고 체계적, 실증적으로 검토하는 것[145]으로 넓은 의미의 평가와 좁은 의미의 평가가 있다. 넓은 의미로는 정책 전체의 바름과 그름, 잘됨과 잘못됨, 성공과 실패를 판단하는 활동으로서 정책 내용·결과·과정 전반에 걸쳐 이루어지는 평가를 의미한다. 반면에 좁은 의미로는 정책의 전체 활동 중에서 정책효과를 포함한 정책결과와 집행과정의 평가만을 의미한다.[146]

정책평가기준은 정책유형이 배분적인 것, 규제적인 것, 재배분적인 것에 따라 차이가 있다. 배분정책은 정부가 국민에게 이익이나 서비스

<hr>

145) 정종기·최락인(1999), 『지역사회행정론』, 글로벌, p.92
146) 이상안(2000), 『공직윤리봉사론』, 박영사, p.346

를 분배하는 정책을 말하는 것으로 이익은 주되 비용 부담은 주지 않는다. 따라서 이 정책을 평가할 때는(예컨대 보조생계비지원, 고속도로 건설, 방범순찰 등) 정책수단인 사업 대상 선정이나 추진상의 효과성, 능률성이 정책 수혜자 선정에서 공평성, 집행과정에서 수혜자의 참여와 대응성, 즉 민주성 평가기준이 중요시된다. 반면 규제정책은 일부 국민의 자유와 행동을 제한하거나 구속하여 반사적으로 여타 국민을 보호하려는 정책이므로 이익을 보는 집단과 비용을 부담하는 집단 간에 차별화가 생긴다(근로기준법, 공정거래법, 보건위생법, 환경오염방지법 등). 그러므로 규제정책은 정책수단의 효과성은 중시되나 능률성은 크게 제약요인이 되지 않을 수 있다. 규제대상에 대한 규제의 정도와 이로 인해 보호되는 공익 간에 '균형성'이 존중되어야 하고 집행과정에서는 대응성이나 참여 대신 일관성·투명성이 중요한 평가기준이 된다. 이 일관성과 투명성이 낮은 평가기준이 될 때 부정부패의 소지가 커지기 때문이다. 규제가 부패의 고리 역할을 하는 이유도 여기에 있다. 다음으로 정책의 수준별 평가기준은 정책 결정구조와 관계된다. 정책의 기본방향과 목표를 결정하는 최고정책결정 수준에서는 적절성과 충분성 그리고 지향해야 할 가치, 즉 통치체계의 이념에서부터 사회·경제적 실천이념에 이르기까지 가치성 평가기준이 중요하게 된다.[147]

하지만 어느 체계어서든지 완전한 정책평가를 한다는 것은 거의 불가능한 일이다. 왜냐하면 정책평가 과정에서 합리적·포괄적 정책결정을 논의할 때 누구나 완전한 정보, 자료 및 지식을 획득하기란 어려우며, 이 과정에서 인식상대주의[148]가 적용될 수 있기 때문이다.[149] 이러

---

147) 이상안(2000), 『공직윤리봉사론』, 박영사, p.348

148) 상대주의(相對主義, relativism)는 절대적으로 올바른 진리란 있을 수 없고 올바른 것은 그것을 정하는 기준에 의해 정해지는 것이라는 주장이다. 인식·가치의 상대성을 말하는 입장이다. 철학사적으로는 고르기아스, 프로타고라스 등의 소피스트들이 처음 이를 주장했는데 프로타고라스의 "인간은 만물의 척도이

한 정책평가의 어려움으로 오늘날 대부분의 정책 가담자들은 잘못된 정책 수행에 관여하고도 책임을 지지 않는다. 엄청난 재원이 낭비되고 막대한 수습비용이 투입되는 사업도 마찬가지다. 이런 점에서 보면 현대의 정부와 정치체제는 국민이 세금을 통하여 모든 정책에 소요되는 비용을 부담하는 것에 비하면 정치가, 정책 입안자나 집행자들에게 지나치게 관대하다.

4) 일관성과 정책변동

논리적으로는 정책 내용이 잘못 결정된 것은 당연히 변동되어야 한다. 그럼에도 일반적일 때 정책 내용상 오류가 있더라도 그 자체만으로 정책변동을 일으키지 않는다. 웬만한 잘못은 집행과정에서 수정, 보완할 수 있기 때문이다. 하지만 환경 변화와 결합하면 커다란 변동이 일어날 수 있다. 특히 정치적 목적과 결부된 정책이 그 실질적 목적 면에서 타당성에 대한 논란이 있을 때는 문제가 된다. 새만금간척사업, 세종시 문제, 4대강사업이 대표적인 사례이다.

특정정책이 공간적으로 볼 때 다른 정책과 모순 또는 갈등 없이 조화를 이루고, 시간적으로도 큰 변화가 없는 것을 정책의 일관성이라고 한다. 따라서 정책이 일관성을 상실했다는 것은 다른 정책과 모순 또는 충돌되거나 시간이 흐름에 따라 정책 내용이 수시로 변화하는 것을 의미한다. 정책내용 변화는 시간 흐름과 환경 변화에 신축적으로 대응한다는 점에서 불가피한 측면이 있으므로 바람직한 결과를 가져올 수 있

다"라는 주장은 지식이나 가치가 개인과의 관계에서 상대적으로만 타당하다는 것을 나타내며, 그러한 입장은 주관적 상대주의라고 할 수 있다.

149) 김형렬(2000), 『정책학』, 법문사, p.618

다. 그렇다고 정책변동이 단기간 내에 지나치게 급속하게 일어나는 것은 바람직하지 않다. 정책의 일관성이 상실되었을 때 모순·충돌되는 정책이 동시에 추진됨으로써 사회적 낭비가 초래될 뿐만 아니라 정책이 수시로 바뀜으로서 그 정책과 관련된 이해당사자들은 물론이고 국민 사이에 혼란이 초래될 수 있다. 정책이 공간적으로, 시간적으로 일관성이 없는 것은 물론이고, 단기간 내의 급격한 변동으로 국민이 여러 정책의 내용을 착각할 정도로 혼란을 느끼는 상태를 정책혼란이라고 부른다. 정책의 일관성 상실이나 정책 혼란이 발생하는 것은 기본적으로 정책 변동요인들 때문이다.[150]

한 정책이 집행되고 있을 때 처음에 예상했던 기대효과가 발생하지 않을 경우, 중도에 정책집행을 포기하는 방안을 고려해야 한다. 그러나 이미 투입된 경제적·비경제적 비용의 이유뿐만 아니라 정책집행을 둘러싼 조직원들의 행동양식이 어느 정도 정착된 상태이기 때문에 기존 정책을 중단하는 결정을 내리기는 매우 어려운 일이다. 반면에 기존 정책이 만족스럽게 잘 진행되어 갈 때 좀 더 효율적인 정책 대안을 찾으려는 조직원들의 실질적인 노력은 찾아보기 어렵다. 특히 선거를 통해 취임하는 정책결정자들은 전임자의 정책을 그대로 인계받는 경우가 많은데, 이들이 새로운 정책을 추구하기 위해 합리적·포괄적 접근법을 사용하려고 할 때 매몰비용으로 인한 한계에 직면하게 될 것이다. 즉 기존의 정책을 폐기한다는 것은 명백히 전임자를 비평하는 결과가 되기 때문에 이는 정치적으로 신중을 기해야 하며, 새로운 정책을 채택하기 위해서는 어느 정도 의견의 합의가 요구되는데 이러한 과정이 신임자에게는 매우 힘든 일이다.[151]

---

150) 정정길(2001), 『정책학원론』, 대명출판사, p.799
151) 김형렬(2000), 『정책학』, 법문사, p.188

정책변동이 필요한 사업에서 현재 추진되고 있는 정책을 포기해야 할지 아니면 다소 문제가 있음에도 정책의 일관성을 유지해야 할 것인가의 판단 기준은 국가이익과 국민 권익 신장이다. 마음을 비우고 보면 무엇이 국가이익과 국민 권익 신장에 도움이 되는 일인지 알 수 있다. 그런데도 과거 새만금간척사업, 방사능 폐기물사업장 건설, 세종시 문제 오늘날의 4대강 사업이 정책 혼란의 단계로 까지 접어들어 국가의 최우선 해결과제가 된 것도 모두 정치가와 그들에 편승한 시민단체의 권력에 대한 탐욕이 빚어낸 합작품이다.

정부여당은 사전에 충분한 타당성 조사와 준비 없이 선거 공약이었다는 것을 내세워 정책으로 채택하여 강행하고, 정책평가가 용이하지 않는데도 야당은 자기중심적인 사고에 기초한 주의주장을 내세워 반대를 위한 반대를 한다. 그동안 각각 찬반 양측의 입장을 지지해온 모든 정치가와 정당, 사회단체, 전문가 중 그 누구도 자신의 신념이 상대편 주장의 그것보다 논리적으로 확실하게 우수하다는 것을 입증하지 못하고 있다. 책임도 지지 않는다. 그러면서 그 어느 쪽도 자신들의 주의주장을 굽히지 않고 여론의 관심을 끌기 위해 소모적인 논쟁을 지속한다. 내 주장에 대한 정당성과 합리성을 상대에게 관철시킬 수 없을 때는 새로운 대안을 찾기 위해 대화와 타협이라도 해야 한다. 아쉽게도 그러한 모습도 찾아보기 어렵다.

한국 정치에서 대화를 하고 타협안이 제시되는 것은 여론이 불리했을 때의 일이다. 정쟁을 위한 전략전술로 접근하기 때문이다. 그러면서 정권이 바뀌면 기존 정책에 대한 일관성을 무시하고 새로운 정책을 추진하는 데 골몰한다. 정책 수립에서 정당성과 합리성을 추구하고 사전에 철저한 타당성 조사를 하면 여당이 야당 되고, 야당이 여당 된다고 하여 기존 정책을 중단하거나 급격하게 변화시켜야 할 이유가 없다. 그리고 모든 정책은 완성 후 평가를 통해 문제점을 분석 보완하고 다른 정책 수립에서 유사한 폐해가 발생하지 않도록 활용하면 된다. 그런데 어느 정당할 것 없이 정당성과 합리성을 제대로 추구하지 않고 타당성 조사와 철저한 사전 준비 없이 권력과 여론에 의존하는 정책을 수행하고 반대를 위한 반대에 골몰하기 때문에 실질적인 정책변동은 없이 끊임없는 정쟁의 논란만 지속한다.

5) 정책 종결이 어려운 이유

정책과정에는 많은 이해당사자가 참여한다. 정책과정 이해당사자는 크게 세 가지 유형으로 구분될 수 있다. 첫째, 법에 따라 공식적으로 정책과정의 주도적인 역할을 하는 입법부, 행정부, 사법부 등 '공식적' 정책결정자가 있다. 둘째, 법에 의하지는 않지만, 정책과정에 참여해서 직접적인 영향력을 행사하는 주요 이해당사자로서 정당과 이익집단 등 '관례적' 이해당사자가 있다. 셋째, 최근 가버넌스[152](governance)의 확대와 함께 '새로운' 이해당사자로 꼽히는 비정부조직이나 기구와 일반시민이 있다.[153]

공식적 정책결정자는 법적 권위에 의해 공공정책의 형성에 관여하는 사람들이다. 이런 법적 권위를 가진 사람들은 입법부 의원, 대통령과 행정책임자들 그리고 법원의 판사들이다. 이들이 현대 입헌국가의 삼권분립을 대표하는 공식적 정책결정자들이다. 따라서 이들 사이에는 삼권분립 정신에 의해 견제와 균형이 이뤄지는 것이 원칙이지만, 현실 정책과

---

152) 국정관리 체계(國政管理體系, governance)는 국가의 여러 업무를 관리하기 위해 정치 · 경제 및 행정적 권한(authority)을 행사하는 방식을 말한다. 국정관리 체계의 주요 양식으로는 계층제(관료제 또는 전통적 형태의 정부조직), 시장, 네트워크(network) 등이 있다. 이러한 국정관리 체계 가운데 특히 네트워크 방식을 특히 뉴가버넌스 또는 가버넌스라 한다.

153) 주성수(2004), 『공공정책 가·버넌스』, 한양대학교 출판부, p.144~145

정에서는 균형이 이뤄지고 있지 않은 실정이다. 입법부의 권한이 많이 축소되는 반면 행정부와 사법부의 권한이 상대적으로 점차 확대되는 추세다.[154] 공식적인 정책결정자를 제외한 다른 정책 이해당사자들을 비공식적 참여자로 간주한다. 여기에는 정당, 기업, 이익집단, 언론매체, 연구기관 등도 포함된다. 이들은 정보를 제공하고 압력을 행사한다.[155]

어느 조직이 하나의 정책을 담당하고 있는 경우 그 정책의 종결은 바로 조직의 소멸을 의미한다. 또 다른 정책도 같이 담당하고 있으면 종결되는 정책을 담당하는 하위조직과 그 예산, 사업이 모두 삭감된다. 그러므로 조직은 정책종결에 강력하게 저항한다. 정치적인 측면에서 보면 정책종결에 따른 부담이 흔히 문제가 된다. 정치인들이나 정책을 입안한 사람들, 집행책임자 등의 정부지도자들은 정책의 종결이 마치 자신의 잘못 때문으로 비추어질 가능성이 크기 때문에 정책종결에 소극적이다. 특히 정책의 오류나 집행의 잘못 때문에 정책변동이 있어야 한다고 하면 자신들의 잘못이 그대로 나타나는 일이 된다. 그뿐만 아니라 정책 종결은 현재 수혜자들에게 제공되는 혜택을 박탈하는 것이므로 이들의 정치적 저항이 정치인이나 정부지도자에게는 큰 부담으로 작용한다. 정책 대체의 경우에도 새로운 정책이 얼마나 큰 혜택을 누구에게 줄 것인지 확실치 않기 때문에 정치적 손실은 크면서 정치적 지지의 확보는 극히 불확실하다. 그래서 정치지도자들도 정책의 변동, 특히 정책종결에 협조하지 않는다.[156]

그동안 우리나라에서 정책 종결과 관련하여 많은 잡음을 발생시키는 것 중 한 가지가 위원회 해체와 축소 통폐합이다. 가장 대표적인 사례

---

154) 주성수(2004), 『공공정책 가버넌스』, 한양대학교 출판부, p.145
155) 주성수(2004), 『공공정책 가버넌스』, 한양대학교 출판부, p.149
156) 정정길(2001), 『정책학원론』, 대명출판사, p.804~805

는 2009년 국가인권위원회 축소 및 현병철 위원장 코드인사 논란[157],
국가청렴위원회의 국민권익위원회 편입 등을 들 수 있다.

10. 행정

1) 행정의 정의와 임무

행정이란 질서유지·복리증진 등 공공목적을 달성하기 위한 두 사람
이상의 합리적 행위라고 할 수 있으며, 공공성(공익)을 도모하는 면과
합리성을 증진하야 하는 양면을 동시에 갖고 있다. 행정의 임무에는 사
회를 안정시키는 기능인 소극적 기능과 사회변화를 촉진하는 기능인
적극적 기능을 내포한다. 즉 어느 정부든 소극적 기능으로서 치안, 국
방, 외교, 경제통제 등의 기능이 있으며, 적극적 기능으로서 교육, 건설,
경제발전, 사회개발, 지역개발, 기업경영 등의 기능이 있다. 그러나 이
두 기능의 비중은 시대와 사회에 따라 다르다.[158] 행정 목표 또한 시대
와 상황에 따라 변화하는데 우리나라 정부는 정치의 민주화, 경제발전,
국민 생활의 질 향상 및 통일 등을 목표로 설정하고 있다.[159]

2) 행정이념과 가치

현대 행정의 일반적인 이념으로 제시된 것은 행정의 합법성·안정성·

---

157) 에이블뉴스 2009. 12. 29.

158) 최창호·하미승(2006), 『새 행정학』, 삼영사, p.3~5

159) 이종수 외(2005), 『새 행정학』, 대영문화사, p.425

합리성·능률성·민주성·효과성·합목적성 등 지극히 다양하다. 행정 이념이란 행정에서 준수되어야 할 일반적인 지침·기준·원칙을 말한다. 행정이념은 수행과정상의 길잡이, 즉 수단성을 내포한다는 데 그 특징이 있다. 행정 이념은 하나의 이상이기 때문에 언제나 행정현실이 이에 완전히 합치될 수는 없다. 그럼에도 행정 이념이 제시되는 이유는 이의 제시가 행정현실로 하여금 부단히 이에 합치되도록 노력하게 하는 촉진제가 되고, 행정발전도를 측정하는 데 있어서 유용한 평가기준이 되기 때문이다.[160]

행정이 추구하는 가치란 '무엇을 위한 행정인가?'를 논할 때, '무엇'에 해당하는 것이다. 여기서 논하는 가치는 당위적·규범적 측면에서 제기되는 본질적 가치를 의미한다. 행정이 추구하는 가치는 행정활동에서 직면하게 되는 의사결정 과정에서 합리적인 가치판단 기준으로 작용한다. 행정을 통해 이룩하고자 하는 궁극적 가치인 본질적 가치에는 정의, 공익, 복지, 형평, 자유, 평등 등의 개념을 포함할 수 있다. 수단적 또는 비본질적 가치는 궁극적 목표로서 본질적 가치를 실현하는 것을 가능하게 하는 가치들을 의미한다. 여기에는 사회적 가치의 배분 절차나 실제적인 행정과정에서 구체적 지침이 될 수 있는 가치 개념들이 포함된다. 보편적으로 제시되는 수단적 가치 개념으로는 합리성, 능률성과 효과성, 민주성, 책임성, 합법성, 투명성 등이 있다.[161]

3) 행정의 효율과 생산성

생산성이란 일을 얼마나 효율적으로 하는가의 정도를 나타낸다. 일

---

160) 최창호 · 하미승(2006), 『새 행정학』, 삼영사, p.18~19
161) 이종수 외(2005), 『새 행정학』, 대영문화사, p.184~185

상적인 표현을 쓴다면 같은 노력으로 좀 더 많은 일을 하는 것을 의미한다. 생산성이 높은 정부는 그만큼 국민의 세금을 좀 더 값어치 있게 쓰기 때문에 주어진 세금으로 국민에게 더 많은 서비스를 제공할 수 있다. 반대로 생산성이 낮은 정부는 국민의 세금을 그만큼 값어치 있게 쓰지 못하고 어떤 면에서는 낭비한다. 생산성은 인류가 삶을 시작한 이래 민·관을 불문하고 늘 중시되어온 가치이자 목표이다. 정부의 생산성 차이는 다른 나라와 소득수준 차이를 몇십 배로 벌어지게 할 수 있기 때문에 생산성은 인류문명 발전의 원동력이고, 국부(國富)를 결정짓는 가장 중요한 변수이다.[162]

정부나 행정기관의 생산성은 투입량과 산출물로 확인할 수 있다. 산출물은 양과 유용성에 의해 평가된다. 그러므로 산출물의 양이 아무리 많아도 쓸모가 없는 것이라면 소용이 없다. 정부 스스로 가치 있는 것으로 평가하는 산출들이 국민의 입장에서 볼 때 저가치한 것이거나, 구가치적인 것이면 생산성이 낮은 정부가 되기 때문에 국민은 정부의 정책이나 행정서비스에 대해 불만을 나타내기 마련이다. 정부는 공무원, 정치가, 정부 자신을 위해 존재하는 것이 아니라 국민을 위해 존재한다. 정책에 대한 국민의 지지도가 낮고 열심히 일하는데도 소통이 잘 안 된다고 생각될 때 정부와 행정기관은 국민의 현실적 기대와 요구를 다시 점검하고 이를 수용하는 정책안을 만들어야 한다.

노동과 자본재라는 요소 투입량을 무턱대고 늘려서 생산량을 늘리던 고비용 저효율의 생산기법으로는 국제경쟁에서 살아남을 수 없게 되었다. 생산성 향상은 같은 요소 투입량으로 저비용 고효율의 생산체제로 바꾸는 것이다. 효율성이나 생산성이라는 관점에서 우리나라의 발전을 되돌아보면, 초창기에는 풍부한 인력을 집중적으로 투입하고 나중에는

---

162) 박세정(1995), 『세계화 시대의 일류행정』, 가람기획, p.28

비효율적으로 자본을 집중적으로 투입한 전형적인 요소집약형 발전 모델이었다고 할 수 있다. 요소 투입을 늘리자면 비용이 들게 마련이다. 적은 비용으로 더욱 많이 생산하거나, 최소한 같은 양만 생산할 수 있다면 그것은 생산적이고 효율적이다.[163] 양적 팽창에 젖어 체계(system)의 생산성과 효율성은 무시하고, 요소 투입만 증가시키는 고비용 저효율 체제를 유지해온 결과가 국제통화기금(IMF) 관리체제였다.

우리가 다시 국제통화기금의 관리를 받지 않으려면 정부나 행정기관의 효율과 생산성을 지속적으로 개선하고 개혁해 나가야 한다. 아직은 늘어나는 재정을 바탕으로 한 예산효과에 의해 정부와 행정기관의 서비스가 개선되는 것처럼 보이지만 일본이 세계 3위의 수출대국임에도 국가 재정 적자를 우려하는 상황을 고려하면 지출을 늘려 국민의 불만을 잠재우는 방식의 저급한 행정과 정책은 훗날 더 큰 폐해를 불러올 수 있음을 기억해 둘 필요가 있다.

4) 행정조직 내부 통제

행정내부통제는 말 그대로 행정조직의 내부에서 행해지는 통제를 말한다. 여기에 포함되는 가장 대표적인 것으로는 감사원의 감사와 자체감사를 들 수 있다. 대통령 산하의 독립기관인 감사원의 감사는 회계감사기능과 직무감찰기능으로 구성되어 있다. 전자는 재무활동을 대상으로, 후자는 비재무적 활동을 대상으로 합법성, 경제·능률성 및 효과성을 검토하는 것이다. 한편 각급 행정기관 내부에 설치된 자체감사기구는 개별 기관마다 다른 조직이 있으며, 조직 내에서 차지하는 위상도 제각각이다. 감사원과 자체감사기구의 관계는 원칙적으로 계층제적인

---

163) 허명환(1999), 『관료가 바뀌어야 나라가 바로 선다』, 한국세정신문사. p.38

것이 아니다. 다만 업무의 성격상 상호 협조 및 보완이 필요하기 때문에 감사원은 자체감사의 적정성 심사, 자체감사의 계획 및 기준 제공 등의 역할을 맡고 있다.

5) 행정권 오용 양태

공무원은 국민에 대한 봉사자로서 행정업무를 수행할 때 법률에 규정된 일정한 범위에서 권한을 행사하여야 하며 일정한 윤리규범에 따라 행동해야 한다. 그러나 행정업무가 복잡해지고 전문화됨에 따라 공무원들에게 부여된 재량의 범위가 넓어졌으며, 이에 따라 공무원들이 비윤리적 일탈행위를 할 가능성은 그만큼 커지게 된다. 이와 같은 행정윤리를 벗어나는 행정권 오용의 유형은 다음과 같이 범주화할 수 있다. ① 부정행위는 공공기금을 횡령하고 계약의 대가로 지불금의 일부를 가로채는 등 부정한 행위를 하는 것을 말한다. ② 비윤리적 행위는 공무원들이 비록 특혜의 대가로 금전을 수수하지는 않더라도, 친구 또는 특정 정파에 호의를 베풀거나 자신의 경제적 이익을 위해 어떤 결정을 내리는 행위를 의미한다. ③ 법규 경시는 공무원들이 법규를 무시하거나 자신의 행위를 정당화하는 방향으로 법규를 해석하는 것이다. 경우에 따라서는 예산이나 현실적 어려움 등의 구실을 내세워 법 규정대로 시행하기를 거부하기도 하며, 집행을 끝없이 미루는가 하면, 말로는 약속하면서도 시행하지 않기도 한다. ④ 입법 의도의 편향된 해석은 행정기관이 법규를 위반하지 않는 합법적인 테두리 안에서 특정 이익을 옹호하는 경우이다. 예컨대 정부가 환경보호 의견을 무시한 채 관련 법규에서 개발업자나 목재 회사 편을 들어 벌목을 허용한다면 입법 의도를 개발 중심으로 해석하는 것이 된다. ⑤ 불공정한 인사, ⑥ 무능은 의도가 아무리 좋더라도 부여된 업무를 적절히 수행하지 못한다면, 공무원은 그 책임을 다하지 못한 것이 된다. ⑦ 실패의 은폐, ⑧ 무사안일은 상황이 명백히 어떤 조치를 요구함에도 사후 책임을 두려워하는 공무원들은 아무런 조치도 취하지 않음으로써 안일을 추구하고, 아무도 그들을 비판하지 않는 경우가 많다. 책임이라는 개념이 흔히 부정적인 용어로 사용되기에 무사안일은 중요한 의미를 지닌다. 공무원들에게 요구되는 것은 최대한의 봉사이지 최소한의 봉사가 아니다.[164]

6) 행정구제

위법 또는 부당한 행정작용을 시정하고, 행정작용에 의해 발생한 국민의 재산적 손해를 전보하는 데 따르는 제도를 일괄해서 행정구제라고 하고 이에 관한 법을 행정구제법이라 한다. 행정구제제도는 실질적 법치국가원리를 실현하는 중요한 제도로 종래 대륙법계 국가에서는 사후적·간접적 구제에 치중해 왔으나, 오늘날에는 다양한 행정형식의 전개에 따라 사전적·절차적 구제의 중요성을 강조하고 있다. 이러한 의미에서 행정절차, 옴부즈맨제도[165](Ombudsman), 청원 등에 대한 적극적인 검토가 요구되고 있다. 전통적인 사후적 구제제도에는 국가보상(행정상의 손해배상과 손실보상)과 행정상 쟁송(행정소송과 행정심판)이 있다.

최근에는 국민의 권익 침해를 미연에 방지하는 청문(聽聞), 각종 민원처리 같은 사전적 구제 수단이 중요시되고 있다. 청문은 행정주체가 어떤 의견을 결정할 때 당사자나 이해관계인을 소환하여 그 의견을 듣는

---

164) 이종수 외(2005), 『새 행정학』, 대영문화사, p.213~215
165) 옴부즈맨제도(ombudsman system)는 행정기능의 확대·강화로 행정에 대한 입법부 및 사법부의 통제가 실효를 거둘 수 없게 되자 이에 대한 보완책으로써, 국회를 통해 임명된 조사관이 공무원의 권력남용 등을 조사·감시하는 행정통제제도이다.

경우를 말한다. 어떤 정책을 수립하기 전에 공청회를 열고, 여러 사람의 의견을 듣는 것은 바로 청문의 예라고 할 수 있다. 민원처리는 국민으로부터 신청을 받아 필요한 조사를 거친 후, 관계 기관에 민원의 내용을 연락하여 그 해결에 대해 권고하거나 적정한 조처를 하는 것을 말한다. 행정상의 손해배상은 공무원의 위법한 직무행위 또는 국가나 공공단체가 관리·경영하는 물건 또는 시설의 하자로 인하여 개인에게 손해를 입히면 국가나 공공단체가 그 손해를 배상함을 말하며, 행정상의 손실보상은 적법한 공권력 행사로 인하여 개인에게 특별한 희생을 가하였을 때 국가 또는 공공단체가 하는 손실의 보전을 가리킨다.

우리나라 헌법 제29조 제1항은 '공무원의 직무상 불법행위로 손해를 받은 국민은 법률이 정하는 바에 의하여 국가 또는 공공단체에 정당한 배상을 청구할 수 있다. 이 경우 공무원 자신의 책임은 면제되지 아니한다'고 규정함으로써 국가의 일반적인 배상책임을 헌법적으로 보장하고 있다. 즉 국민이 위법한 행정작용으로 인한 권리침해에 대하여 구제를 받을 수 있는 경우의 하나로 손해배상청구권을 명시하여, 이를 청구권적 기본권으로 보장하고 있는 것이다.[166]

7) 행정기관과 이익집단 간 상호 작용

행정기관은 정부의 핵심축으로서 이익집단이 영향력을 행사하고자 하는 주요 대상이다. 행정기관은 공익적 견지에서 중립적으로 정책을 결정·집행하여야 하는 정부기구인 데 반해, 이익집단은 스스로 특수 이익을 방어하거나 극대화하고자 노력하는 사적 결사체인 관계로 양자의 존재 목적과 기능은 원칙적으로 상치된다. 그럼에도 나라에 따라서

---

166) 김범주(2003), 『법과 사회』, 형설출판사, p.399~401

는 개별 행정기관과 이들이 소관하는 정책영역의 관련 이익집단들이
조화롭게 공존함은 물론 상호 적극적으로 협력하는 경향을 보이는 경
우도 적지 않은데, 이는 양측의 현실적 요구에서 비롯되는 현상이다.

이익집단이 가치배분의 기능을 수행하는 행정기관에 접근하려는 이
유 못지않게, 행정기관이 이익집단을 가까이해야 할 필요성 또한 크다.
후자는 이익집단의 지지는 행정기관의 대외관계에 정치적 힘이 되고
정책집행을 용이하게 하는 까닭이다. 대부분의 이익집단이 행정기관
주최의 공청회, 간담회, 설명회에 참석하거나, 행정기관에 청원, 건의,
의견서를 제출하는 등 여전히 보수적이고도 합법적인 방식 위주로 행
정기관에 접근하지만, 일반대중이나 언론매체를 상대로 한 각종 사회
운동(campaign)이나 공개토론회(symposium)와 같은 활동을 전개하거나
물리적 실력행사를 하는 등 보다 과감하고도 적극적인 이익표출방식을
동원하기도 한다.167)

8) 민주주의와 행정 · 국민과의 관계

민주정치에서 행정은 주권자인 국민에게 봉사하고, 국민의 이익을 위
하여 수행되어야 한다. 민주정치에서 가장 기본이 되는 것은 정부와 국
민 간의 신뢰관계이다. 정부가 국민을 멸시하고, 국민이 정부를 불신할
때 불안과 혼란이 조성되고, 더 나아가서는 국가 · 민족의 자멸을 초래한
다. 이처럼 국민과 정부 간의 불신과 멸시를 불식하고, 양자 간의 신뢰관
계를 형성함에서 행정의 자세 여하가 그 결정적인 역할을 하게 된다.

행정에서 정부와 국민 간 두터운 신뢰가 형성되고 정책이 국민의 의
사를 반영하여 결정되며, 그 집행이 공정 · 합리적이고, 공무원 언동이 친

---

167) 하태권 외(2001), 『현대 한국정부론』, 법문사, p.164~166

절하고 성실하며, 행정에 대한 국민의 통제가 확보되어 국민에 대한 행정책임이 보장될 때 민주정치는 확고해진다. 이러한 의미에서 행정과 국민의 건전한 관계는 민주정치의 출발점이요, 초석이라고 평가되고 있다. 그런데도 발전도상국에서 행정이 권위주의적·관료주의적으로 수행되고, 국민의 지각마저 미흡하여 행정과 국민 간의 건전한 관계가 확립되지 못한 것이 특징이다. 즉 행정이 시행과정에서 불친절, 부정, 부패, 업무 지체현상을 두드러지게 보이지만, 국민은 행정부에 대하여 두관심, 방관, 소극적인 태도를 보이기 때문에 나타나는 현상이라 할 수 있다.[168]

9) 공익과 공무원의 자세

세상에 모든 사람이 합의할 수 있는 공익의 명백한 기준은 존재하지 않는다. 현대사회는 하나의 복잡한 체계(system)이다. 이러한 복잡한 체계 안에서 다양한 형태의 단체나 조직들은 제각기 자기들의 이익을 실현하기 위해 애쓰고 있다.

공익은 행정에서 매우 까다로운 개념 중 하나이다. 그 이유는 공익의 실체가 뚜렷하지 않고 그에 따라 어떤 행위나 결정이 공익에 부합하는지 아닌지를 가려낼 분명한 기준을 세우기 어렵다는 데 있다. 공익추구가 오늘날 행정업무의 수행에서 중요하게 인식되는 것은 현대사회의 가치와 구조가 대단히 다양해서 모든 개인과 집단을 만족하게 하는 결정이란 사실상 존재하지 않기 때문이다. 따라서 행정가들은 자신의 결정과 행동이 사회구성원 모두를 만족시키지는 못할지라도 최대한 그에 근접하기 위해 노력하지 않을 수 없으며, 동시에 그 결정과 행동에 대해 책임을 져야 하는 것이다.[169]

---

168) 최창호·하미승(2006), 『새 행정학』, 삼영사, p.780

　공무원은 공익의 대변자이다. 그러나 공무원의 행동이나 판단이 모두 옳은 것은 아니다. 공무원이 판단하여 추진하지만 결국 정부의 정책방향은 공무원에 의해 결정되는데, 가끔은 가는 방향이 옳지 않을 수도 있다는 점이다. 그것은 공무원의 판단 착오나 오류가 정보에 의하여 내린 정책결정이 잘못되어 나타나기도 하고, 여론에 밀려 잘못된 결정을 하게 되는 예도 있다. 때로는 예산이 부족하거나 지방의회의 지나친 간섭, 단체장의 정치적 욕심 때문에 옳지 않은 정책이 추진되기도 한다. 따라서 공무원은 정책과정에서 수시로 환류(feedback)하여 잘못된 결정을 수정하는 유연성을 가질 필요가 있다.[170]

　국민을 보호해야 할 경찰청이 멀쩡한 국민을 범법자로 만드는 것은 말이 안 된다. 그런데도 그런 일이 발생하기도 한다. 2009년 10월 과속 카메라 불량에 의한 억울한 단속이 그 대표적인 사례 중 하나이다. 도로교통공단이 검사한 결과 서울 구로구 카메라는 차량 속도를 최대 54%, 양천구 카메라는 31% 높게 측정해 불량 판정을 받았다. 100킬로미터로 달렸다면 각각 154와 131킬로미터로 측정했을 수 있는 것으로 나타났다. 이렇게 오차 허용 기준인 5%보다 더 높게 속도를 측정한 단속카메라는 2008년 전국에서 18대가 발견됐다. 이외에도 차량번호를 잘못 읽거나 단속하지 않아야 할 차를 찍는 경우까지 더하면 불량 카메라는 모두 129대나 되는 것으로 확인됐다. 단속 건수는 3만 1천 건이었다. 카메라가 속도를 실제보다 높게 측정하더라도 대부분의 운전자는 이 사실을 알지 못한 채 범칙금을 내야 했다. 운전자가 속도 측정이 잘못됐다고 생각해 이의신청을 하더라도 재판까지 받아야 하기 때문에 구제는 현실적으로 매우 어려운 상황이었다. 이에 대해 당시 경찰청은

---

169) 노정현(1996) 『깨끗해야 떳떳하다』, 미래미디어, p.29
170) 이주희(2006), 『고객감동 행정 서비스』, 기문당, p.21〜22

전국에 설치된 3천 대 가운데 불량 카메라는 1% 안팎에 불과하다며 어쩔 수 없다는 태도였다. 모든 장비는 오차가 있으므로 어쩔 수 없이 이것을 인정하고 측정된 수치는 모두 합법한 것이라고 했다.[171]

경찰의 변명은 너무나 옹색한 것이다. 잘못을 알았으면 사과하고 적극적으로 시정하는 태도를 보이는 것이 바람직하다. 그런데 그렇게 하지 않았다. 문제가 드러났을 때 사과도 제대로 하지 않고 변명에 급급했다. 이미 2008년도에 부산경찰청은 이해하기 어려운 과속 단속과 편집된 납부통지서에 대해 무인단속카메라의 검교정상 공차문제를 비롯한 오작동 가능성에 대해 한 시민이 문제를 제기한 일이 있었다. 그때 부산경찰청은 오작동과 공차문제를 일축하고 기계는 전혀 문제가 없다고 끝까지 자신들의 입장만 고수했다. 그런데 경찰청은 2009년 KBS의 보도 내용에 대해 상당수 기기의 고장 또는 오작동 사실을 인정했다. 개인의 이의에 대해서는 권위주의적인 태도로 묵살하고 힘 있는 언론기관의 문제 제기에 대해서는 꼬리를 내리고 사실을 시인하는 것은 정당성과 합리성을 벗어난 비겁한 행동이다. 사람은 누구나 잘못을 저지를 수 있다. 어떤 일이든지 문제가 제기되면 그 사안에 대해 면밀히 검토하고 잘못이 확인되었을 때는 사과하고 고치면 된다. 문제가 없을 때는 이의 제기자에게 정확한 내용을 안내해 이해시키는 것이 중요하다. 구차한 변명과 책임 회피는 아무에게도 도움이 되지 않고 상황을 더욱 악화시켜 곪게 할 뿐이다. 곪으면 종국에는 터진다.

10) 지방분권화 추진

자치권은 법적 실체 간의 권한 배분관계에서 배태된 개념으로 지방

정부가 중앙정부로부터 지역문제 처리에 필요한 권한을 확보해 가는 과정이다. 분권화는 자치권과 맥을 같이하는 개념으로서 중앙정부가 지방정부의 요구에 의해 또는 중앙정부의 자체적 판단에서 효율성, 서비스 질, 정책성과 등을 고려해 지방정부에 권한을 이양시켜 주는 것을 말한다.[172]

현대행정이 중앙정부 주도적으로 수행되어 온 결과 전국이 획일적·총량적으로 발전될 수 있었으나, 지역적 특수성과 배분성에 문제가 발생하게 됨에 따라, 각 지역이 그 특수성을 바탕으로 창의적으로 노력함으로써 전국이 다양하게 발전하도록 하는 발전철학이 필요하게 되었다. 또한 국제질서 속에서 국제경쟁이 심화함에 따라 중앙정부 혼자만으로는 그 경쟁을 감당할 수 없어 많은 지방정부에 의한 다원적인 접근을 통한 전국 모든 국가기관의 총력전(all court pressing)을 요구하게 되었다. 이에 중앙정부와 지방정부 기능의 재배분을 통하여, 지방정부에 많은 사무·권한을 이양하고 그에 따라 재원도 이양하는 경향이 나타나고 있다. 중앙 논리적 행정으로부터 지방 논리적 행정으로 변화하는 경향을 보이고 있는 것이다. 또한 정부 기능의 과도한 확대와 행정의 과도한 민간영역 간섭에 대한 비판과 반성, 국제화·다원화 시대의 무한경쟁에서 살아남기 위해서는 이른바 정부실패를 최소화하여야 한다는 데에서도 '작은 정부'가 추진되고 있다.[173]

---

172) 이종수 외(2005), 『새 행정학』, 대영문화사, p.613
173) 최창호·하미승(2006), 『새 행정학』, 삼영사, p.24~25

제3장

정치사회갈등에 대한 의문과 이해 제고

정치사회적 쟁점 분석

1. 진보와 보수 이념 논쟁의 본질

1) 이념에 대한 개념

세계는 이미 오래전부터 평화공존의 시대로 접어들었지만 분단 현실이 지속되고 있는 우리나라는 여전히 보수와 진보 간 대립이 치열하게 전개되고 있다. 많은 사람이 현재 우리나라의 국론 분열을 이념 논쟁으로 이해하며 이념적 노선의 정비를 통한 세력 결집에 집착하고 때로는 색깔논쟁까지 벌이는 보수와 진보라는 우리 사회의 이념은 해방과 분단, 전쟁과 냉전체제 등 불행한 역사적 경험과 정치발전 과정에서 만들어졌다. 그러므로 우리 사회에 나타나는 보수와 진보를 단순히 이분법적으로 분류하기는 어렵다. 보수와 진보의 이념이 다양해서 교차하기 때문이다. 역사의 변화와 맞물려 돌아갈 때, 어느 한 시대에서는 진보

이념이었던 것이 다른 역사적 상황에서는 보수이념으로 평가되고 분류
되기도 한다.[174]

사전적 의미를 살펴보면 신념(信念)은 굳게 믿는 마음, 철학(哲學)은
인간과 세계에 대한 근본 원리와 삶의 본질 따위를 연구하는 학문, 자
신의 경험에서 얻은 인생관, 세계관, 신조 따위를 이르는 말이고, 이
념[175](理念)은 이성으로부터 얻은 모든 경험을 통제하는 최고의 개념 또

---

174) 최한수(2009), 『보수와 진보, 그때그때 달라요』, 주간동아(694호), p.18~20
175) **이념의 학문적 분류**
　(1) 진보 이념
　① **사회주의**
　　19세기 자유주의에서 파생한 이념이다. 본질적으로 공상적이며 미래지향적이다. 사회주의는 자유주의
　　가 주창하는 자유에 대해서는 공감했으나 경쟁은 파괴적인 것이고, 사유재산은 불공평하고 차별을 지
　　속하는 것으로 인식하면서 새로운 이념으로 발전했다. 자본주의와 사회주의는 국가 경제체계에서 소유
　　의 원칙에 근본적 차이를 갖는다. 사회주의에서 생산수단의 사적 소유를 배제하는 배경은 마르크스의
　　말로 하면 '노동력 착취'를 막기 위해서다.
　　19세기 후반에는 사회주의란 용어가 훨씬 폭넓게 사용됐지만 일반적으로 사회주의와 공산주의는 동의
　　어였고, 마르크스와 엥겔스도 어느 정도 이를 수긍했으며 사회민주주의라는 명칭에도 크게 이의를 제
　　기하지 않았다. 사회주의는 200여 년의 역사를 겪으면서 처해진 상황에 따라 다양한 모습으로 나타났
　　다. 나라마다 사회주의라는 이름의 정당이나 정부가 취하는 노선이 다르다. 이러한 사회주의들은 사회
　　민주주의, 민주사회주의라는 이름으로 대별된다. 레닌이 '사회민주주의' 대신 '공산주의'를 선택하고
　　10월 혁명을 성공시키면서 사회민주주의는 공산주의자들에게서 비판과 경멸의 대상이 됐다. 이 과정에
　　서 사회민주주의는 사회주의라는 표현으로 대체되기도 했으며, 결과적으로 '민주사회주의'라는 명칭도
　　파생한 것으로 볼 수 있다. 민주사회주의자들은 자유와 평등의 원칙 속에서 민주주의를 수단인 동시에
　　목표로 간주한다. 수정사회주의 이론 대가인 베른슈타인은 1906년 "민주주의는 수단인 동시에 목적이
　　다. 민주주의는 사회주의를 위한 투쟁의 수단이고, 사회주의가 실현되면 사회주의가 취할 형태"라고 언
　　명했다. 민주사회주의는 평등과 함께 자유를 소중한 가치로 하고 있다. 자유는 방종이 아니라 개인의
　　선택과 책임의 행사, 즉 타인의 자유에 대한 존중이 허용하는 범위에서 자기 방식으로 자신의 삶을 사
　　는 것을 의미한다.
　② **공산주의**
　　마르크스와 엥겔스의 저작물에 관념적 기초를 두고 레닌 등에 의해 발전한 이데올로기. 마르크스가 본
　　공산주의는 사유재산과 인간 자기소외의 완전한 폐지가 이상이며, 따라서 인간을 통한, 인간을 위한, 인
　　간 본성을 실질적으로 발휘하자는 사상이다. 그것은 인간 자신의 사회적 존재, 즉 참다운 인간으로의
　　복귀이며, 공산주의는 완전히 발휘된 인본주의이고 인간과 자연, 인간과 인간 사이에서 일어나는 문제
　　의 최종적인 해결책이다. 북한의 공산주의도 마르크스 – 레닌주의를 기초로 하고 있음은 물론이다. 그러
　　나 중국 공산주의가 마오쩌둥을 세력의 혁명으로 삼아 창설된 데 비해 북한 공산주의는 한반도의 해방
　　공간에서 소련에 의해 북한에 조직적으로 이식된 스탈린주의가 그 바탕이다. 스탈린은 또한 우상화와
　　더불어 공포정치, 대량 숙청, 강제 노동수용소, 정신병동, 테러리즘, 비밀경찰 조직망을 구축했는데 김
　　일성 – 김정일 부자의 전체주의 체계는 바로 이를 옮겨온 것이다. 다만 북한의 김일성 주체사상은 70년
　　대 초 조선로동당의 지도이념에서 대체된 통치이념이다. 이는 스탈린주의를 기본으로 유교적 전통사상
　　을 가미해 가부장적 통치이념으로 변질시켜놓은 것이다. 공산주의는 레닌과 스탈린에 의해 권위주의적
　　지배원리로 변질되면서 파시즘, 나치즘과 함께 전체주의 정치체계의 다른 이름으로 인식됐다. 이런 점
　　에서 현대 공산주의 이념을 단순히 마르크스와 엥겔스 사상과 같은 것으로 여기거나, 레닌과 스탈린 또

는 한 사회나 개인이 이상으로 여기는 근본적인 사상을 말한다. 보수(保守)는 보전하여 지킴. 새로운 것이나 변화를 반대하고 전통적인 것을 옹

는 마오쩌둥이 발전시킨 사상으로 인식해서도 안 된다.

(2) 보수 이념

① 자유주의

모든 이념의 어머니요 아버지다. 보수나 진보도 자유주의의 반제 혹은 합제(synthesis)의 한 형태다. 보수와 진보의 이념을 이하하려던 자유주의의 본질과 발전에 대한 이해가 선행돼야 한다. 자유주의는 진보적 이념으로 출현해서 현재는 보수적 이념의 한복판에 자리한다. 17세기 절대왕정 체계에서 자유는 결국 국가권력의 제한을 통해 달성될 수 있다는 관념이었다. 그러다 존 로크에 이르러 국가의 권력과 기능을 제한적으로 보는 자유주의 관념으로 바뀌었고, 프랑스의 몽테스키외를 비롯한 계몽주의 후대와 미국의 건국 주역들을 거쳐 보편화됐다. 자유주의는 결사 및 사유재산의 강조와 함께 절대군주제에 대항해 법이 지배하는 의회제에 대한 주장도 포함했다는 점에서 개혁적, 진보적이었다. 그러나 이념은 추구하는 가치나 목표가 가시권에 들어오면 그에 대응하는, 또는 방향을 달리하는 다른 이념의 도전을 받는다. 자유주의도 프랑스혁명 대 평등으로부터 도전받으면서 보수이념으로 밀렸다.

② 자본주의

사유재산 소유 및 축적에 대한 법적인 제한의 부재, 자유 시장, 즉 경제에 대한 정부의 불간섭과 이윤동기를 특징으로 한다. 자본주의는 이윤의 획득을 가장 큰 목적으로 하는 경제활동으로 많은 사람은 이윤 동기를 자본주의의 동력으로 본다. 1930년대의 대공황을 계기로 자유방임 정책이 배제되면서 자본주의는 대부분 나라에서 회의의 대상이 됐고, 자유주의 국가에서 태양처럼 홀로 빛나던 아담 스미스의 주장은 존 케인스(1937)의 주장, 즉 적극적인 정부 주도의 경제정책에 가려졌다. 케인스의 이러한 노선을 기존 자본주의와 구분해 수정자본주의라고 한다. 수정자본주의는 자본주의에 대한 상당한 변화로, 특히 경제적 자유가 국가권력에 의해 제한되면서 수정된 양만큼 평등 지향적이라는 점에서 진보적이다.

③ 보수주의

보수주의의 개념은 나라와 시대에 따라 다르므로 각각의 상황에서 적절한 내용을 담아 표방할 수 있다. 한국, 영국의 보수주의와 캐나다의 보수주의, 일본의 보수주의가 다르고 1890년대의 미국 보수주의자와 현대의 보수주의자가 다르다. 그러나 보수주의는 각 나라에서 탄생한 것이 아니라 하나의 사상적 원류에서 파생됐다. 보수주의는 전통가치를 보호하고 역사와 기존 관행에 많은 관심을 기울이면서 더 새롭고 정의로운 사회질서 확립을 위한 진보적 변화를 모색하는 데 있어선 신중한 태도를 보인다. 보수주의자들은 '변화가 필요하지 않을 때는 변화하지 않는 것이 필요하다'고 본다. 따라서 변화 자체를 반대한 것이 아니라 필요할 때는 변화한다는 시각이다. 보수주의 철학에서 자유와 평등이 양립 불가능하다는 것은 가장 기본적인 원칙이다. 자유의 일관된 목적은 개인과 가족의 재산(물질 및 비물질적인 것도 포함)을 보호하는 것인 반면, 평등의 고유한 목적은 한 공동체에서 불평등하게 쿠배된 물질적, 비물질적 가치를 재분배하거나 평준화하는 것이다. 보수주의 특성은 변화에 대한 저항, 전통에 대한 존중과 인간 이성에 대한 불신, 인간의 조건을 개선하기 위한 정부의 이용에 대한 거부, 개인의 자유에 대한 선호와 전통 가치를 유지하기 위한 자유의 제한, 반평등주의와 인간 본성에 대한 불신으로 요약된다.

④ 신보수주의

새로운 보수주의(New Conservatism)는 유럽의 보수주의가 미국에 이식되면서 태어난 미국적 보수주의를 뜻한다. 이것이 1960년대 급진적 보수주의를 거쳐 70년대에 신보수주의(Neo-Conservation)를 낳았다. 미국 신보수주의의 기원은 전통보수주의가 아닌 현대자유주의에서 찾을 수 있는데, 30년대 뉴딜 자유주의자들에게서 비롯됐다. 특히 신보수주의는 60~70년대에 자유주의 세력이 자기분열 과정을 겪으면서 분화된 일부 세력이 신좌파와 자유주의적 급진세력에 대응하는 가운데 점차 보수화하면서 그 명칭을 얻게 됐다. 이어 80년 전후부터 2000년 전후로 신보수주의자들은 민주당과 결별하고 레이건의 공화당 행정부에 참여하면서 오늘에 이르렀다. 신보수주의는 자본주의에 강한 신념을 갖고 있으며, 현대자유주의에 뿌리를 둔다는 점에서 사회보장제도를 전면적으로 부정하는 태도를 취하진 않았다. 그렇다고 복지정책의 완전 철폐를 주장하는 전통보수주의자와도 다르다.

호하며 유지하려 함을 뜻한다. 보수주의(保守－主義)는 현상 유지나 전통의 옹호 또는 점진적 개혁을 받아들이는 주의, 급격한 변화를 반대하고 전통의 옹호나 현상 유지 또는 점진적 개혁을 주장하는 경향이나 태도를 말한다. 보수주의를 주장하거나 지지하는 사람을 보수주의자(保守主義者)라 한다. 신보수주의(新保守主義)는 영국 보수당이 1951년 이후에 내건 정책 원리로 사회 복지와 분배 균등의 실현을 주장한 것이다. 진보(進步)는 정도나 수준이 나아지거나 높아짐, 역사 발전의 합법칙성에 따라 사회의 변화나 발전을 추구함을 뜻한다. 진보주의(進步主義)는 사회의 모순을 변혁하려는 전진적(前進的) 사상, 사회의 모순을 변화와 개혁을 통하여 점진적으로 해결해 나가려는 사고방식, 인간의 정신, 문명, 역사 따위가 시간을 따라서 나아지고 발전한다고 하는 신념이다. 진보주의자(進步主義者)는 진보주의를 신봉하는 사람을 말한다.

혁신주의(革新主義)는 지금까지의 조직·관습·방법 등을 바꾸고 새로운 방향을 향해서 나아가려는 입장이나 사고방식, 묵은 풍속, 관습, 조직, 방법 따위를 완전히 바꾸어서 새롭게 하려는 사고방식 또는 그런 경향이나 태도이다. 혁신주의자(革新主義者)는 묵은 풍속, 관습, 조직, 방법 따위를 완전히 바꾸어서 새롭게 할 것을 주장하는 사람을 말한다. 중도(中道)는 어느 한 쪽으로 치우치지 아니하는 바른길, 실용주의(實用主義)는 19세기 후반 이후 미국을 중심으로, 실제 결과가 진리를 판단하는 기준이라고 주장하는 철학 사상이다. 행동을 중시하며, 사고나 관념의 진리성은 실험적인 검증을 통하여 객관적으로 타당한 것이어야 한다는 주장으로, 제임스, 듀이 등이 대표적이다. 우파(右派)는 우익의 당파, 어떤 단체나 정당 따위의 내부에서 보수주의적이거나 온건주의적인 경향을 지닌 파, 극우파(極右派)는 극단적인 보수주의나 국수주의 성향을 띤 세력이다. 좌파(左派)는 좌익의 당파, 어떤 단체나 정당 따위의 내부에서 진보적이거나 급진적인 경향을 지닌 파, 중도좌파(中道左派)는 좌우의 대립에서 균형을 지키면서도 좌익 쪽으로 약간 기울어져 있는 정파(政派), 극좌파(極左派)는 극단적인 사회주의나 공산주의의 성향을 띤 세력, 급진주의(急進主義)는 사회적 이상을 실현하기 위하여 현재의 사회 제도나 정치 체제 관행 따위를 급격하게 변혁하려는 주의로 18세기 말 영국에서 선거법과 사회 제도의 개혁을 주장한 정파(政派)에 대하여 붙인 이름이었는데, 나중에 프랑스 급진당의 주장이 되었다.

진보와 중도, 보수 개념은 그 특징을 비교하면 상당한 차이가 난다. 진보는 모든 종류의 억압, 차별, 배제, 착취를 혁파하고자 하는 태도이자 행동양식이고, 보수는 진보의 주장에 원칙적으로 반대하지는 않지만 그런 부정적 현상들도 엄연한 현실의 일부분이기 때문에 점진적인 방식으로 고쳐야 한다는 태도이자 행위양태라 할 수 있다. 또한 중도는 좌익과 우익의 중간에서 좌익에도 우익에도 기울지 않는 정치를 주장하는 입장으로 실질적으로 점진적 개혁의 입장일 수도 있고, 보수적 태도를 취할 수도 있다. 그 구체적 내용은 각국의 정치 상황에 따라 좌우된다.

사회 모순을 변혁하려는 전진적(前進的) 사상, 변화와 개혁을 통하여 점진적으로 해결해 나가려는 사고방식, 인간의 정신, 문명, 역사 따위가 시간을 따라서 나아지고 발전한다고 하는 신념을 진보주의(進步主義)라고 할 때, 진보주의의 가장 핵심적인 역할은 과거의 잘못된 점을 검토하고 현재의 문제점을 분석하여 발전적인 미래를 만들어나갈 합리적인 대안을 제시하는 데 있다. 보수에 대한 투쟁이 본질적 역할이 아니다. 그런데도 오늘날 한국의 진보주의는 국민이 누구나 공감할 수 있는 발전적인 미래를 이끌어갈 합리적인 대안을 내놓지도 못한다. 보수주의도 마찬가지이다. 급격한 변화를 반대하고 전통의 옹호나 현상 유지 그는 점진적 개혁을 주장하는 경향이나 태도를 보수주의(保守－主義)라고 할 때, 우리가 지키고 유지해야 할 것과 그 이유가 무엇인지 합리적인 설득력이 있는 내용을 내놓을 수 있어야 한다. 그리고 현재 나타나고 있는 문제에 대한 해결 능력을 갖추어야 함에도 이렇다 할 문제 해결능력을 보여주지 못하고 있다.

진보가 진보주의 역할을 제대로 하지도 못하고, 보수가 보수주의 역할도 제대로 하지 못하면서 진보주의와 보수주의를 표방하는 것은 권력 쟁취를 목적으로 모인 비슷한 생각을 하는 사람들의 세력이나 집단을 진보주의와 보수주의로 지칭하는 것일 뿐 파당과 크게 다를 것이 없다. 그러므로 자신의 정치적 이득을 위해 신념과 의리를 버리고, 상반된 이념을 가진 집단이나 사람들까지도 권력 쟁취의 필요에 따라 언제든지 이합집산한다. 그 가장 대표적인 사례가 김영삼 씨의 민정당·자민련·통일민주당 3당 합당, 김대중 씨의 DJP(김대중－김종필) 연합을 통한 정권 획득이다.

한국 사회는 반세기가 넘는 시간 동안 이념의 순수성을 강조해왔다. 우파는 우파대로, 좌파는 좌파대로 뚜렷한 색깔을 요구하면서 중간을 용납하지 않았다. 중간은 양쪽으로부터 '이해관계에 따라 카멜레온처럼 정치색을 바꾸는 기회주의자'라고 비난받았다. 하나부터 백까지 모두 동일한 이념에 따라 판단해야지, 단 하나라도 이념과 배치되는 판단을 하면 배신자로 매도됐다. 그런데 과거 같았으면 배신자라는 말을 들을 법한, 보수－진보를 넘나드는 정치적 선택이 늘고 있는 것이 오늘의 현실이다. 이념 성향을 잘 몰라서든, 이념 전향을 해서든, 자신의 이해관계에 따라 판단을 해서든 보수－진보를 넘나드는 이유는 다양하다. 대중은 모두 변화를 갈망한다. 변화를 바라는 대중에게 보수－진보의 구분은 무의미하다. 보수－진보의 이분법적 패러다임은 더는 유효하지 않다. 대중이 보수-진보를 넘나드는 이유는 이념 정체성의 혼란 때문이라기보다 정권이 대중의 변화 욕구를 제대로 수용하지 못한 데 따른 실망감의 표출로 봐야 할 것이다.[176]

어느 시대를 막론하고 이념 논쟁의 본질적 핵심은 비슷한 이념을 가진 사람들의 결집과 세력 확장을 통한 권력 투쟁에 있었다. 진보와 보수가 공존한다는 것은 견제의 기능이 발휘될 수 있기 때문에 사회발전을 위해서는 바람직하지만 그렇다고 모든 사안을 보수와 진보, 둘로 쪼개는 것은 맞지 않는 일이다. 그럼에도 우리 사회에서는 보수 아니면 진보를 강요하는 풍토가 국민을 혼란에 빠뜨리고 있다. 우리의 보수-진보 구분법은 특수한 이념적 지형 아래 놓였다. 선진국들은 대개 경제정책에서의 시각 차이, 즉 친(親)자본이냐 친서민이냐에 따라 보수-진보가 갈린다. 그러나 우리는 상대에게 딱지 붙이는 용도로 보수-진보를 애용한다. 우리 사회에서 누군가를 '좌파'라고 말하는 것은 '빨갱이 아냐?'라는 의미를 내포한다. 참여정부는 진보인 듯 행동했지만, 실제 정책에서는 한나라당과 큰 차이가 없었다. 우리는 오래도록 보수-진보 논쟁을 벌였지만 지나칠 정도의 이념 대결이 있었을 뿐, 아직 제대로 된 보수나 진보가 형성돼 있지 않다.[177]

정치인과는 달리 생업에 바쁜 국민에게 있어 관심의 대상이 되는 문제는 진보냐 보수냐 아니라 정당이나 특정한 정치가를 중심으로 형성된 세력이 확장하여 권력을 획득하는 과정에서 국론을 분열시키고 공익보다 사익을 우선하는 행동을 한다는 점이다. 국론 분열과 이념 대결이 사익을 우선할 때 국가는 위기에 직면할 수 있다. 그 가장 대표적인 사례가 임진왜란이다. 황윤길(黃允吉)은 임진왜란 직전인 1590년 통

---

176) "우리는 왜 이념 앞에서 방황하는가", 주간동아(694호), p.14~17
177) "대한민국 대표 논객들 '진보-보수 갈등'을 말하다", 주간동아(694호), p.32~35

신정사(通信正使)로 일본에 다녀와 장차 일본의 침략이 있을 것을 보고
하였으나 조정에서 채택되지 않았다. 그러나 김성일(金誠一)은 1590년
통신 부사로서 일본에 가서 실정을 살핀 후, 침략의 우려가 없다고 보
고하였다. 동행한 두 사람의 보고내용은 전혀 달랐다. 결국 일본의 침
략으로 임진왜란이 발발하여 조선은 전국이 살육전장이 되어 엄청난
희생과 대가를 치러야 했다.

2) 한국 정치와 우리 사회 이념 대립

미국산 소고기 수입 반대 집회로 2008년 5월에 발생한 '촛불시위'는
반정부의 상징이 됐다. 경찰은 '법치'를 내세워 촛불을 끈다. 그러자
'독재'라는 단어가 등장했다. 특정 정책에 대한 반정부 시위는 사실 이
념투쟁과는 그 개념이 다른 것이다. 그런데 촛불시위는 진보로 인식되
었고 정부는 중도 깃발을 들었다. 보수는 보수대로, 진보는 진보대로
정부에 대한 불만이 이만저만 아니었다. 누가 보수이고, 누가 진보인지
구분도 희미해졌지만, 한동안 보수와 진보의 갈등은 더욱 극렬해지는
양상이 전개되었다.

좌우는 상대적 개념이다. 상대를 타도 대상으로 설정하는 순간 논쟁
은 전쟁이 된다.[178] 세상은 마음대로 되는 것이 아니므로 좌우 모두 만
족하기 어렵다. 하지만 일도양단의 극한은 피해 가야 한다. 새는 좌우
의 날개로 난다는 것을 우리는 상기할 필요가 있다. 그런데 우리 사회
의 갈등 원인이 된 이념문제는 정도를 넘어 교과서 속으로까지 파고들
어 2008년 하반기에 뜨거운 '좌편향 역사교과서' 논란을 일으켰다.[179]

---

178) 중앙일보 2010. 1. 21.
179) KBS 2009. 8. 4.

우리가 가진 이념적 성향을 많이 반영한 내용을 삽입하려 한 것이 문제의 발단이었다. 그러나 역사교과서의 이념편향 시비를 없애는 답은 간단하다. 저자의 사상이나 이념은 현실적으로 검증하기 어려우므로 공과를 모두 다루고 편향된 내용을 배제하는 원칙을 세우면 된다. 이런 간단한 해결방법이 있어도 욕심 앞에서는 힘을 발휘하지 못한다.

결국 정부가 권력에 의존하여 상당수 집필진을 바꾸고 새로운 역사교과서 집필 기준을 마련하면서 문제가 일단락되었다. 하지만 논란은 언제든지 재연될 수 있다. 또 정권이 바뀌고 기존에 만들어진 역사교과서 집필 기준을 문제 삼으면서 자신과 비슷한 이념적 성향이 있는 사람을 집필진으로 임명하거나 위촉해 편향된 목적과 의도성을 갖고 교과서를 집필하도록 하던 논란의 대상이 될 수밖에 없기 때문이다. 따라서 개인의 이념도 중요하지만, 더 중요한 국가이익을 우선하고 우리 모두를 피해자로 몰아넣지 않기 위해서는 자라나는 세대에게 직접 영향을 미치는 교과서에 대해서는 이념적으로 접근해서는 안 된다.

2009년에는 이념 논쟁이 더욱 가열되면서 사회 갈등의 핵심적인 원인으로 지적되기도 했다. 보수와 진보의 이념 논쟁을 통해 발생하는 정치사회적 갈등과 반독의 원인을 밝혀내기 위해서는 '보수와 진보란 무엇인가?, 우리 사회에 진보와 보수가 존재하는가?, 진보와 보수 논쟁이 지향하는 바가 무엇인가?'하는 세 가지 측면을 살펴보아야 한다. 이념은 기본적으로 개인의 가치관(價値觀)과 신념(信念)에 의해 형성되기 대문에 이념논쟁에 참여하는 각 개인이 '나는 나의 신념에 따라 행동한다'고 할 때 민주국가에서 국민은 사상의 자유가 있기 때문에 이념 논쟁을 통제하거나 해결방법이 없다. 따라서 이념에 대한 존재의 확인단으로 해법을 제시하기는 어렵다. 하지만 이념 논쟁이 지향하는 바를 밝혀내면 그것을 통하여 대책을 수립할 수 있다.

보수와 진보는 인간이 갖는 속성 중 하나로 우리나라뿐만 아니라 세계 모든 나라에 존재한다. 단지 정도 차이가 있을 뿐이다. 내용도 하나가 아니다. 나라마다 보수와 진보를 나누는 기준이 동일하지 않다. 각 나라가 처한 지정학적 환경과 역사 경험, 정치구조가 다르기 때문이다. 심지어 이웃 나라인 영국, 프랑스, 독일도 보수와 진보를 가르는 기준이 상이하다.[180] 일당 독재체제가 유지되고 있는 북한에도 보수와 진보는 존재한다. 단지 개인에 따라 자신의 이념을 밖으로 드러내고 표출하느냐 하지 않느냐 하는 점은 자유이므로, 외관으로 표시하는 사상과 속내의 그것이 다를 수는 있다. 이념은 고정된 것이 아니므로 개인의 이념도 나이나 상황, 이해관계에 따라 달리 표출되거나 변화될 수 있다.

우리나라는 1940년대 말과 1950년대 초, 즉 정부 수립과정에서 6·25 전쟁까지 극심한 이념대립이 있었다. 남로당에 의한 직접적인 빨치산 활동, 여순반란사건, 제주 4·3사건, 보도연맹 사건, 군경에 의해 6·25 전쟁 중 지리산을 중심으로 한 인근 지역 소개 작전 등이 그것을 입증해 준다. 그 이후 이념문제는 한동안 잠잠해졌다가 1998년 2월 김대중 대통령 집권으로 여야 간 정권이 교체된 이후 다시 표출되었다. 2009년 노무현 전 대통령과 김대중 전 대통령의 운명을 계기로 우리 사회에 내재해 있던 보수와 진보, 좌익과 우익 또는 좌파와 우파의 이념논쟁이 본격적으로 제기되어 이념대립이 정점에 달했다.

보수우파든 진보좌파든 이념을 논하기 위해서는 먼저 자신의 정체성을 찾아야 한다. 자기의 주장이 무엇이고, 지향하는 가치가 무엇인지, 무엇을 위한 보수이고 진보인지 스스로 물어야 한다. 그리고 그것이 왜 우리나라 국리민복과 발전에 중요한지, 자신은 대한민국 선진화와 통일에 어떠한 기여를 할 것인지를 자문해봐야 한다.[181] 그래서 자기주장

---

180) 주간동아 694호(2009. 7. 14.)

과 철학을 먼저 세운 후 자신이 진보나 보수라는 결론에 도달하고 그러한 이념에 따른 행동을 통하여 추구하고자 하는 것이 무엇인지 정확하게 이해와 인식을 하는 사람은 확실하게 이념을 가진 것으로 볼 수 있다. 하지만 대부분의 사람들은 일상 속에서 자신의 이념적 정체성에 대해 고민하지 않는다. 살아가는 데 별로 중요하지 않은 문제이기 때문이다. 대부분 보수와 진보의 정확한 개념도 모르고 어떤 점에서 차이가 나는지도 알지 못한다. 학창시절 정치학 시간에 언뜻 들은 것도 같지만, 책을 찾아봐야 이해할 수 있다. 그래서 사람들이 이념성향을 물으면 중도라거나 즉답을 피하는 경우가 많다.

무엇보다 국민은 보수와 진보로 나누는 이분법적인 사고를 경계하고 별로 달갑게 생각하지 않는다. 지연·학연·혈연 등 개인적인 친분, 선호, 이해관계에 따라 행동하기 때문에 실제로는 중도가 훨씬 더 많다. 사람들은 자의적인 판단과 상황에 따라 진보적 성향이 있는 정치인이나 정당을 지지하기도 하고 또 다른 때는 보수적 성향이 있는 정치인이나 정당을 지지하기도 한다. 보수주의자로 보수적 성향이 있는 사람도 서울광장에 나가 정부를 비판하면 진보로 분류되고, 반대로 지난 정권의 대북정책에 대해 한마디라도 토를 달면 진보적인 사람도 한순간에 보수주의자로 취급받을 수도 있는 것이 우리의 현실이다. 그렇다고 그들을 진보나 보수로 낙인찍는 것은 바람직하지 않다.

우리 사회에 항상 고착된 행동을 하는 이념적 사고를 하는 사람은 극히 소수에 불과하다. 같은 정당 내에도 다양한 이념적 성향이 있는 사람들이 있다. 오늘날 우리나라의 이념 대립 실상은 선명성 경쟁을 벌이며 국민을 분열시키는 정치인과 정당, 언론에 의해 조장되는 것이다. 국민의 입장에서는 단순하게 내가 좋아하는 사람이나 정당에 대한 지

<hr>

181) 주간동아 694호(2009. 7. 14.)

치적 지지 표명을 정치가의 성향에 따라 분류하고 해석하는 오류가 빚어내는 허상에 불과하다. 조문은 이념과는 상관없는 문제이다. 그럼에도 언론을 비롯한 우리 사회는 이념으로 재단한다. 지금 대한민국에 정치가 외에 일부러 이념 대립을 일삼는 사람이 몇이나 될까? 논객이나 교수 등 불과 몇 명밖에 안 될 것으로 생각된다. 그리고 만약 진보 측의 공산주의 이념을 가진 사람이 공산주의를 확산시키기 위해 노력한다고 얼마나 많은 사람이 그들에게 동조할까? 북한이 남아 있기는 하지만 이미 공산주의는 민주주의에 패배했다. 북한도 지금 과거 다른 공산주의 국가와 마찬가지로 국민을 굶주리게 하고 있다. 아직은 대결 구도가 가시지 않고 있지만, 붕괴가 멀지 않을 것이다.

현재 우리의 정치 체계상 정당의 공천을 받지 않고 지방자치단체장, 국회의원, 대통령 등 정치가가 되기는 쉽지 않다. 이제까지 직접선거나 간접선거에 의해 선출된 우리나라의 대통령은 모두 정당 공천을 받았다. 그런데 정당 활동은 법률로 엄격하게 제한된다. 헌법 제8조 ① 정당의 설립은 자유이며, 복수정당제는 보장된다. ② 정당은 그 목적·조직과 활동이 민주적이어야 하며, 국민의 정치적 의사형성에 참여하는 데 필요한 조직을 가져야 한다. ③ 정당은 법률이 정하는 바에 의하여 국가의 보호를 받으며, 국가는 법률이 정하는 바에 의하여 정당운영에 필요한 자금을 보조할 수 있다. ④ 정당의 목적이나 활동이 민주적 기본질서에 위배될 때에는 정부는 헌법재판소에 그 해산을 제소할 수 있고, 정당은 헌법재판소의 심판에 의하여 해산된다고 명시하고 있다.

정당 공천을 통해 대통령이 되던 아니면 무소속으로 출마하여 대통령에 당선하던 개인적으로 어떤 사상이나 이념의 자유를 갖고 있다고 하더라도 헌법 제1조에 ① 대한민국은 민주공화국이라고 명시하고 있는 이상 대한민국은 공산주의 국가가 될 수 없다. 정치가들이 좌익이나 우익, 좌파나 우파, 진보와 보수로 나누어 대립하고, 그 중 어느 한 쪽이 정권을 획득하여도 컵률에 따라 대통령이 되고 정권을 획득한 이상 민주국가의 테두리를 벗어날 수 없다. 결국 이념대립에 의한 갈등도 모두 민주주의의 원리에 내에서 허용된 행위에 의해 가능하다. 따라서 좌파나 좌익 또는 진보진영에서 정권을 획득하여도 공산주의 국가를 세우자고 하지도 않지간 그러한 행위가 허용되지도 않고 국민이 이를 용납하지 않을 것이 틀림없다. 결국 정치권이 이념 논쟁을 하는 것도 궁극적으로 공산주의 국가로 전환을 위한 체제 전복에 목적이 있는 것이 아니라 정권의 장악에 있기 때문에 좌파나 우파, 진보나 보수에 대해 국민은 지나치게 경계하기보다는 건전한 이념대립과 정책대결을 통해 국가발전과 국민의 복리증진을 위한 정권이양이 이루어지도록 유도해 나가면 된다.

결자해지(結者解之)라고 했다. 오늘날 우리 사회의 대립과 갈등의 중심에 서 있는 정치인기 스스로 나서서 국가발전을 위한 단합과 통합으로 국론을 모아간다면 이념 대립은 단시간에 사라질 것이 틀림없다. 헌법이 존재하는 이상 우리는 민주주의 국가이고 주권이 국민에게 있기 때문에 국민의 입장에서는 국가발전과 국민의 삶의 질 향상에 도움이 된다면 진보나 보수 어느 쪽도 상관이 없다. 건전한 경쟁과 대립, 비판은 사회발전의 원동력이지만 정도를 넘은 사회 분열은 경우에 따라 국치와 같은 치명적인 결과를 불러올 수 있다는 점을 항상 염두에 두어야 한다. 진보와 보수를 불문하고 지금 우리에게 없는 그래서 더욱 필요한 것은 정치적 당파성과 공동체의 전체 이익을 멋지게 조화시킬 수 있는 능력 있는 정부와 정당, 정치인이다.[182] 정치권은 지금과 같이 이분법적으로 나누어 대립하지 말고 따뜻한 밥 먹어주는 진보, 평화주의를 바

---

182) 프레시안 2009. 11. 19.

탕으로 합리적 정책을 펴는 보수로 전환하여 국가발전에 기여하는 견제와 균형을 유지하는 대립과 갈등이 이루어지기를 기대한다.

3) 국민지지 이념 편향으로 착시

우리 사회에 진보와 보수이념을 가진 사람들이 있는가? 있다. 얼마나 있는가? 그것은 아무도 모른다. 설문조사나 학자들의 분석 자료를 보면 심각할 정도로 편이 갈라져 있는 것 같기도 하다. 그러나 그것은 질문하거나 행동의 결과를 설정된 기준으로 평가해 분류한 것에 불과하다. 개인은 자신이 진보나 보수이념을 가졌다고 주장할 수도 있다. 그리고 개인적인 이념 성향을 분석할 수는 있지만, 그 분석은 평가기준에 따른 분류로 상대적 개념을 갖는 경우가 적지 않다. 분석된 결과가 진보라는 결과가 나와도 자신이 진보가 아니라 보수라고 생각할 수도 있고, 보수라는 결과가 나와도 진보라고 생각하거나 주장할 수 있다. 같은 진보나 보수 중에도 여러 가지로 성향이 달라진다. 이처럼 이념은 추상적이고 가변적인 것이기 때문에 일관성을 유지하는 사람도 있지만 같은 사람도 젊었을 때는 진보였다가 나이가 들면 얼마든지 보수로 회귀할 수도 있다. 또한 진보로 분류되면서 행동을 할 때는 보수적인 주장을 할 수도 있다.

예를 들면 '원칙과 상식이 통하는 사회'를 이루자는 말을 누가 했던가? 진보를 표방하던 노무현 전 대통령이었다. 원칙과 상식이 통하는 사회, 이것은 보수주의자가 내걸 강령이다. 진보주의자라면 주어진 원칙보다 더 좋은 원칙, 주어진 상식보다 더 나은 상식을 찾자고 나서야 한다. 이런 말이 진보 쪽에서 나온 것은 보수가 보수 노릇을 너무나 제대로 못 한 결과다. 또한 명백히 진보적 사고를 하는 이가 자신은 보수라고 우기고, 보수적 주장을 하면서도 스스로는 진보라고 믿는 사람이 많다. 감세정책과 정부 역할 축소를 지지하면서도 자신을 진보라 믿고, 그 반대의 생각을 하면서 보수라고 여기는 경우가 대표적이다. 이렇게 된 데는 출신지역 탓도 있을 것이고, 지지하는 정당 때문일 수도 있다. 무엇보다 정치인부터 보수와 진보 진영으로 나누는 경계선이 분명하지 않다.

상당수 민주당 의원은 생각이 보수주의에 가깝다. 그런데도 대북 햇볕정책에 동조한다는 이유 하나만으로 그들도 진보파가 돼 있다. 한나라당도 마찬가지다. 정책토론을 하다 보면 몇몇 의원은 진보적 성향임을 금방 알아챌 수 있는데, 그럼에도 대북 포용정책에 반대하기에 보수파로 불린다. 결국 이런 정체성의 혼란은 일천한 민주주의의 역사 때문이기도 하지만 지역주의에 바탕을 둔 3김 정치의 후유증도 빼놓을 수 없다. 이념과 정책이 아니라 지역에 따라 뭉치다 보니 우리 정당들의 이념적 스펙트럼은 대우 넓다. 한나라당, 민주당 할 것 없이 보수주의자와 진보주의자가 혼재돼 있다. 우리 정당 중에 서민과 중산층을 위하지 않는 정당은 없다.[183]

우리 사회에 이렇게 뚜렷한 이념적 성향이 있는 정치인이 생각보다 많지 않고 그 구분도 뚜렷하지 않은데도 상당수 학자나 정치가들은 우리 사회에 이념적 대립과 갈등이 심각한 것으로 분석한다. 하지만 이러한 분석은 일견 타당성이 있는 것 같지만 상당한 오류를 범하고 있는 것으로 생각된다. 가령 이런 것이다. 1970년대와 1980년대에 대학에 다닌 학생 중 대규모 반정부 시위나 집회에 참석한 사람들이 많다. 그들은 모두 진보인가? 북한에 소를 제공하고 금강산과 개성 관광 사업을 추진한 현대는 친북좌파인가? 이에 대해서는 답을 할 수 없다. 70~80년

<hr>

183) 전원책(2009), 『대한민국 대표 논객들 '진보－보수 갈등'을 말하다』, 주간동아(694호), p.32~35

대에 대학생으로 집회를 주도한 사람들은 상당수가 뚜렷한 진보적 이념을 가졌을 가능성이 있다. 그러면 현재도 모두 진보적 이념을 그대로 갖고 있을까? 이에 대해서는 그런 사람도 있지만 아닌 사람도 분명히 있다. 민주화를 위한 시위에 참가했던 시민도 마찬가지이다. 이보다 더 근본적인 문제로 접근하여 자신이 진보라고 생각하는 사람 중에 과연 학습을 통해 진보와 보수의 개념을 정확하게 구분하고 이념에 따라 행동하는 사람이 얼마나 될까 하는 점이다. 우리 사회에 그러한 사람들은 극소수에 불과하다. 만일 뚜렷한 이념을 갖고 사는 사람이 있다고 하더라도 현재 자신의 개인적인 생업에 종사하는 사람들은 이념적 성향을 잘 표출하지도 않지만, 또 자신이 가진 이념이 국가사회적인 측면에서 볼 때 큰 의미도 없다. 단지 자신의 인생일 뿐이다.

그럼 왜 우리 사회에서 이념적 갈등이 문제가 되는가? 그것은 정치적 해석 때문이다. 이념 갈등의 상징적인 일로 노무현 전 대통령과 김대중 전 대통령의 장례식이 주목되고 있다. 그러나 이것은 노무현 전 대통령과 김대중 전 대통령을 좋아하거나 추종하는 국민이 조문을 하기 위해 운집한 것일 뿐 거기에 참여한 사람들을 모두 진보나 보수이념을 가진 것으로 단정하는 것은 김대중 전 대통령과 노무현 전 대통령의 이념적 성향에 따라 추모행사에 참여한 사람들도 같은 이념적 성향이 있는 것으로 생각하는 착시현상에 불과하다. 그것은 단순한 조문일 뿐이었다. 물론 개인적인 측면에서는 이념적 성향을 갖고 의도적으로 참석한 사람도 있고, 노무현, 김대중 두 전직 대통령과 소속 정당인 열린우리당과 민주당의 대외적인 성향이 진보로 분류되고 있는데다, 그에 소속되거나 연관된 정치인이 장례의 주축이 되어 행사를 진행했고, 보수진영에서 조문객을 지지자로 인정하고 진보로 해석한 것에 불과하다. 거기에 참여한 국민의 개인적인 진보 보수 분류는 큰 의미가 없다. 장례식에 참석한 사람 중 자신이 보수주의자라고 할 수도 있으며, 참석하지 않은 사람도 진보주의자라고 말할 수 있다. 또한 장례식 참여 여부와 상관없이 자신은 진보도 보수도 아니라고 말할 사람도 분명히 있을 것이 틀림없다.

착시(錯視, optical illusion)는 착각하여 잘못 봄, 시각(視覺)에 관해서 생기는 착각이다. 외계 사물의 크기·형태·빛깔 등 객관적인 성질과 눈으로 본 성질 사이에 차이가 있는 경우의 시각을 가리킨다. 이와 같은 차이는 항상 존재하므로 보통은 양자의 차이가 특히 큰 경우를 착시라고 한다. 영화처럼 조금씩 다른 정지한 영상을 잇달아 제시하면 연속적인 운동으로 보이는 가현운동, 주위의 밝기나 빛깔에 따라 중앙부분의 밝기나 빛깔이 반대방향으로 치우쳐서 느껴지는 밝기와 빛깔의 대비, 공복 시 다른 것을 그린 그림을 음식물 그림으로 잘못 보는, 이른바 요구에 입각하는 시각의 변화 등도 일종의 착시라고 할 수 있다.

실제 조문에 참여했던 사람에게 자신이 진보인가 아니면 보수인가 하는 질문을 하면 제대로 이론적으로 이념을 설명하며 답을 할 수 있는 사람은 드물다고 볼 수 있다. 하지만 모든 조문객들에게 왜 조문을 했느냐고 물으면 연고, 이웃, 동료, 같은 교인, 안면, 거래, 지지나 선호, 이해 등의 관계가 있기 때문이었다고 말할 것이다. 그리고 김대중 전 대통령과 노무현 전 대통령을 지지하고 추종하는 이유가 무엇이냐고 물으면 아마 이념 때문에 좋아한다고 말하는 사람보다는 뛰어난 정치인이고 훌륭한 지도자이기 때문에 좋아한다고 대답하는 사람이 더 많을 것이다. 물론 이념을 보고 좋아하는 사람들도 있겠지만, 대다수의 국민은 어떤 행동을 하거나 인간관계를 할 때 이념까지 고려하지 않는다. 그것은 선거 때 지지표를 행사하는 사람도 마찬가지이다. 특히 김대중 전 대통령의 운명 이후 얼마 지나지 않은 2009년 11월 전국경제인연합회 실시한 설문 조사 결과에 따르면 우리 사회의 갈등 원인 중 1위가 정치·이념대립(63.7%)에 의한 갈등이고 다음이 노사분규이며 지역적 갈등은 극히 적은 것으로 나타난 것에서 알 수 있는 바와 같이 지금은 지역갈등을 논하는 사람들이 많지 않다. 그러면 과거 김대중 전 대통령에게 적극적인 지지를 보낸 호남 사람들은 모두 진보라고 해야 할까? 이에 대해서는 모두 말도 안 되는 소리라고 할 것이다.

결국 우리사회에서 오늘날 대표적인 사회갈등의 원인으로 지목되고 있는 이념대립은 일부 정치인이 입신출세와 이기주의적인 권력 획득과 향유를 위해 국민을 진보와 보수라는 이분법적 이념으로 편 가르기를 하는 분열 정치를 계속하고 분열되도록 노력한 결과라 할 수 있다. 정치권의 분열을 통한 견고한 지지 세력 확보 방식은 여러 가지가 있지만, 대표적인 것으로는 자기 정당이나 지지하는 국민에 대해서는 패거리 정치나 코드인사를 통한 이익 배분, 당론을 내세운 체제 결속과 이탈 방지, 우리 측 인사에 대해 불이익을 준다면서 선동하는 등 피해의식을 조장한 내부결속 강화, 상대적 위치에 있는 정치인이나 국민에 대해 끊임없이 시비하고 비판하면서 모든 잘못이나 책임은 상대에게 있다고 뒤집어씌우는 행동을 하는 것이 대표적이다. 중간적 위치에 있는 국민에 대해서는 선택적 행동을 하도록 압력을 가하여 독자적으로 행동할 수 있는 여지를 좁혀 나간다. 그 중심에 한국의 정치인과 정당이 서 있다. 그리고 궁극적인 목표는 국회의원을 많이 당선시키고 나아가서는 정권을 획득하는 것이다. 마치 국민이 이념적으로 분열되어 갈등을 벌이는 것으로 말하는 전문가나 정치인도 있지만, 사실은 그들 자신이 국민의 분열을 끊임없이 획책하는 사람이다.

올바른 전문가와 정치가는 문제가 있으면 문제해결능력을 발휘하여 이해관계를 조정하고 국민을 통합할 대안을 제시하고 지도력을 발휘해야 한다. 그러한 행동은 하지 않으면서 국민이 이념적으로 분열한 것으로 굳이 애써 해석하고 믿으려 하는 것은 자신들의 기대에 따라 국민이 분열과 대립하기 바라고 행동해온 성과가 나타난 것으로 믿고 싶은 마음을 표현한 것으로 볼 수 있다. 만일 그렇지 않다면 오늘이라도 당장 정치가들이 나서서 이념적 대립을 중단하고 국민을 통합하고 국론을 합치는 데 적극적으로 나서야 할 것이다. 그러면 우리 사회의 이념적 대립과 갈등은 바로 수그러들 것이 확실하다. 하지만 정치인들은 말로는 국민을 분열시키지 않는다고 하고 국가 발전을 위해 일한다고 하면서 실제로는 국민이 화합하는 행동으로 전환하지 않는다. 공개석상에서는 화합을 외치지단 뒷전에서는 공공연하게 분열을 획책하고 조장한다는 것을 이제 국민도 잘 안다.

세상을 보는 다양한 관점은 존중해야 하지만 그 한계가 인류의 보편적 가치와 우리 헌법 이념을 넘어설 수 없음도 분명히 해야 한다. 좌파든 우파든 목적을 위해 수단과 방법을 가릴 필요가 없다고 여기는 세력이 발호할 수 없는 풍토를 정착시켜야 말 그대로 자유롭고 민주적인 선진국으로 나아갈 수 있다.[184]

4) 보수와 진보 그때그때 다르다

주간동아 표지기사[185](COVER STORY) '촛불 켠 보수, 주판 든 진보'에 게재된 글에서 최한수 건국대 정치외교학과 교수는 단순한 이분법적 분류는 곤란하고 큰 흐름에 따라 보수와 진보가 상대적 개념으로 변모하므로 이념에 대한 왜곡된 인식이나 엉뚱한 처방 낳을 수도 있다고

---

184) 동아일보 2009. 11. 2.
185) 커버스토리(cover story): 잡지나 신문 따위의 표지에 나오는 그림이나 사진에 대하여 설명하는 글.

지적한다.

노무현 전 대통령의 분향소에 500만 명이 넘는 추모객이 다녀갔다. 재임 때 바닥권이던 그의 인기를 되돌아보면 놀라운 숫자다. 전직 대통령의 죽음에 대한 추모와 애도라는 단순한 감정이 이처럼 많은 국민을 동원했을까? 그건 불가능하다. 그것을 가능하게 한 힘은 바로 이데올로기다. '고학력, 상류사회, 권위'에 대한 반제(antithesis)인 '서민, 탈권위'가 이념적으로 형성된 것이다. 상류사회는 자유가 좋을 것이고 서민은 평등을 바랄 것이다. 서민들이 평등에 대한 욕구를 '추모'로 표출했다고 본다면 지나친 확대해석일까? 노 전 대통령의 죽음을 놓고 보수와 진보, 좌익과 우익 또는 좌파와 우파의 이념논쟁이 제기되는 것은 결코 우연이 아니다. 문제는 논의되는 이념들에 대해 정확히 인식하고 있느냐는 것이다. 이념에 대해 부정확하고 왜곡된 인식이나 지식은 우리 사회에 대한 진단이나 처방을 엉뚱한 방향으로 이끌 위험이 있기 때문이다.

보수와 진보는 우리 사회에 존재하는 이념들을 대별하는 용어다. 보수는 사회의 기존 가치와 체계, 질서를 유지하려는 이념을 가리킨다. 반면 진보는 기존 질서를 타파하거나 개혁해 변화를 추구하는 이념을 담고 있다. 보수와 진보 모두 인간의 자유와 평등을 소중한 가치로 인식한다. 전자가 자유를 강조하는 반면 후자는 평등을 강조한다. 자유와 평등은 둘 중 무엇을 강조하느냐에 따라 사회의 방향이 달라진다. 보수를 우익 혹은 우파, 진보를 좌익 혹은 좌파로도 부른다. 이 용어들은 프랑스혁명 직후 보수세력과 개혁세력의 회의장에 앉은 위치를 지칭하는 단어였다. 자유주의와 사회주의를 지칭하는 개념에서 출발해 우익은 자유주의자에서 파시스트까지, 좌익은 사회민주주의자에서 공산주의자까지 여러 스펙트럼을 포괄하고 있다.

용어들은 본질적 의미와 함께 뉘앙스도 품고 있는데, '우익'과 '좌익'

이 '우파'와 '좌파'보다 강한 의미를 전달한다. 우익과 좌익은 해방공간에서부터 자유민주주의와 공산주의를 의미했다. 우익은 반공이념의 총체였고 좌익은 용동분자 불온이념인 동시에 불법집단이었다. 이제 북한이 하나의 정치적 실체로 인식되면서 좌익은 진보이념을 통칭하는 좌파라는 말로 대처됐다. 따라서 우리의 좌파는 반보수적인 진보이념과 이른바 통일세력, 북한에 호의적인 세력을 가리킨다. 다만 시민들이 진보의 개념보다는 좌익 이미지에 익숙하다 보니 좌파와 좌익을 동일시하면서 반보수적 이미지는 묻히고 '친북 빨갱이'로 덧칠되는 실정이다. 보수와 진보를 단순히 이분법적으로 분류하기는 어렵다. 보수와 진보의 이념이 다양해서 교차하기 때문이다. 역사의 변화와 맞물려 돌아갈 때, 어느 한 시대에서는 진보이념이었던 것이 다른 역사적 상황에서는 보수이념으로 평가되고 분류되기도 한다.

오늘날 살아 있는 모든 이념은 자유주의에서 태어났다. 자유주의가 자본주의를 토대로 하자 이에 대응하는 사회주의가 출현하면서 보수와 진보로 갈리게 됐다. 보수이념은 자본주의를 바탕으로 자유주의에서 고전적 자유주의, 현대적 자유주의, 신자유주의 그리고 보수주의, 신보수주의로, 자본주의는 수정자본주의로 변화해왔다. 고전적 자유주의가 보수적이라면 현대적 자유주의는 상대적으로 진보적이고, 신자유주의는 고전적 자유주의로의 복귀라는 점에서 보수적이다. 보수주의도 마찬가지다. 전통적 보수주의와 비교하면 신보수주의는 사회주의 요소를 일부 수용한다는 점에서 상대적으로 진보적이다. 자본주의와 비교하면 수정자본주의도 사회주의 논리를 부분적으로 포용한다는 점에서 진보적이다. 사회주의는 자본주의에 대한 분명한 진보이념이다. 아울러 '제3의 길'은 자본주의 관점에서는 진보이념이지만 사회주의 관점에서는 보수이념이다.

공산주의는 자본주의 대안으로 사회주의보다 근본적이라는 점에서
극단적 이념이다. 다만 공산주의를 주창하고 이론화한 마르크스나 엥
겔스의 의도와 달리, 레닌과 스탈린에 의해 공산주의가 전제정치의 수
단이 된 까닭에 공산주의로 포장된 레닌주의나 스탈린주의는 이념이라
기보다는 권력의 도구가 됐다. 우리 사회는 특히 진보이념에 대해 왜곡
된 인식을 하고 있어 이를 피하려 한다. 보수진영에서는 김대중 정권과
노무현 정권을 좌파정권이라 부르지만, 북한의 공산주의는 왕조시대에
나 있는 부자세습 권력체계라는 점에서 더는 진보의 모델이 아니다. 북
한은 이제 좌파나 진보의 대상에서 안보·민족·통일 정책의 대상으로
분리돼야 한다.

김대중 정권이 진보라면 그것은 이전의 보수정권과 상대적인 점에서
진보정권이다. 일부 정책이 수정자본주의를 따랐다는 점과 그동안 견
지되던 상호주의 대북정책을 햇볕정책으로 변화시켰다는 점 때문이지,
그 대상이 북한이어서가 아니다. 다만 노무현 정권은 김대중 정권보다
수정자본주의적인, 혹은 분명한 진보이념을 토대로 하는 정권이었다.
예를 들면 균형발전 정책과 부동산 정책은 평등추구 정책이었다는 점
에서 진보적이다. 그럼에도 노무현 정권이 이를 사회주의, 진보, 평등으
로 부르지 않은 것은 진보이념에 대한 우리 사회의 부정적 인식에 대한
정치적 고려에서이었을 것이다. 진보와 사회주의 이념을 표방하는 민
주노동당의 정당지지율은 이러한 해석의 충분한 실마리가 된다.

보수주의 창시자 에드먼드 버크는 정당을 '이념을 같이하는 사람들
의 집단'이라고 정의했다. 그런데 사실상 이념을 같이하는 사람들이 한
나라당, 민주당, 자유선진당으로 분할돼 있다. 이념 차이가 없다 보니
지역을 분할의 기초로 하고 있다. 정책도 크게 다르지 않다. 분명한 진
보이념을 표방하는 정당은 민주노동당 혹은 진보신당뿐이다. 이제 보

수와 진보의 이념은 당당히 전면으로 나와야 한다. 특히 정당부터 시작해야 한다. 국민에게 자신들의 정책을 가장 간명하고 효과적으로 제시하는 용어는 '보수와 진보', '자유와 평등' 어느 하나의 선택이다. 국민도 이념을 깊이 이해해야 한다. 국민 스스로 이제 공산주의에 대한 잘못된 인식에서 벗어나야 한다.[186]

5) 편 가르기와 이념으로 포장된 권력 다툼

우리 사회의 갈등 요소로 작용하고 있는 진보와 보수 그리고 정당의 이념에 대해 박형준 청와대 홍보기획관은 중앙일보의 '좌우 극한 대결, 해법을 묻다' 연속대담에서 다음과 같이 설명했다. 우리 사회의 좌우 대립이 해방 직후와 비슷하다는 주장도 있고, 그 정도는 아니라는 반박도 있다. 1990년대 초까지는 NL(민족해방파)이니 PD(민중민주파)니 하는 이념적 좌파가 강했다. 지금은 이념이 아니라 '정치적 편 가르기'가 더 문제인 것 같다. 5년 단임 대통령제를 하면서 권력이 '전부 아니면 전무(All or Nothing)' 게임이 돼 버렸다. 이명박 정부 들어와서는 더 심해졌다. 2002년에는 대선 뒤 한나라당이 패배를 인정했고, 1년간은 대통령이 국정 중심을 잡고 갈 수 있었다. 한데 이명박 정부 출범 후 바로 총선이 있으니까 편 가르기가 조기화된 것이다. 거기에 미국산 쇠고기 수입 반대 촛불시위까지 이어져서 정부는 '허니문(honeymoon: 밀월) 기간'이 없어졌다.

이념으로 포장됐지만 결국 권력 다툼이라고 볼 수 있다. 우리나라에선 보수와 진보의 개념이 뒤집어져 있다. 원래 진보는 현 체제를 넘어서려고 한다. 그런데 지금 진보 진영에서 내놓는 대안적 체제가 없다.

186) 최한수(2009), 『보수와 진보 그때그때 달라요』, 주간동아(694호), p.18~20

교원평가반대, 한·미 자유무역협정(FTA) 반대, 미디어법 반대 등 무조건 반대하면서 6·15남북공동선언 이행과 세종시 원안건설 요구 등 기득권이나 기존 정책을 지키려고 한다. 진보가 오히려 수구의 모습을 가진 경우도 많다. 보수 또한 마찬가지이다. 너무 전통적인 개념(concept)이나 이념에 모든 걸 맞추려는 경향이 있다. 내 편, 네 편 갈라서 다른 쪽을 좌파로 몰아붙이는 식이다. 예를 들어 자유민주주의와 시장경제는 우리의 헌법적 가치이다. 고정된 게 아니라 계속 발전시켜 나가야 할 가치이다. 한데 자유민주주의와 시장경제를 너무 원리주의적으로 해석하면 안 된다. 그러면 그것 역시 편 가르기가 될 가능성이 있다. '중도 실용주의'는 시대 조건에 맞게 국민의 자유를 신장하고, 민주주의의 성숙을 이루고, 시장경제를 발전시키자는 것이다. 그리고 보수는 진취적·개혁적·실용적이어야 한다고 생각한다. 거기서 개혁 에너지가 나온다고 보는 것이다.

프랑스 사회학자 장 보들리야르(Jean Baudrillard; 1929~2007)가 지적한 대로 우리는 이미지(image)와 실체(substance) 사이의 괴리가 이뤄지기 쉬운 조건 속에서 살고 있다. 인터넷 문화가 대단히 발전해 있고, 영상이 메시지를 압도한다. 어떤 이미지가 꽂혀버리면 아무리 다른 행동을 해도 초기 이미지가 안 없어진다. 우리 국민은 주장과 의견이 강하지만 대부분 자기가 관심 있는 부분만 본다. 미디어법은 홍보가 많이 되었지만 정확한 내용을 아는 분들이 별로 없다. 사람들에겐 그냥 'MB(이명박) 악법, 조중동(조선·중앙·동아일보)살리기 법'이라는 선동적 이미지만 남는다. 선동이 의외로 쉽게 먹히는 환경이다. '좌파 척결'을 외치는 분들도 있지만 그런 식으론 문제 해결이 어렵다. 또 다른 편 가르기를 가져올 수밖에 없다. 물론 10년 만에 정권교체를 하다 보니까 어려운 면이 많다. 지난 정부와 이명박 정부는 지향점과 철학에 차이가 있고 또 과거에 임명된 분들이 이명박 정부 정책을 따라주지 않는 부분도 있었다. 그걸 극복하는 데는 시간이 걸릴 수밖에 없다.

보수는 문화적으로 좀 더 진보적·진취적이 될 필요가 있다. 20~30대가 이념적인 진보라고 보기는 어렵다. 문화적으로 진취적이고 활달한 것이다. 굳이 진보라면 문화적 진보라고 할 수 있을 것이다. 보수 진영의 문화는 여전히 좀 고리타분한 측면이 있다. 그리고 민주당은 정권 심판론을 앞세우는데, 당장에야 그게 쉽겠지만 옳은 전략은 아니다. 세계적 금융위기 속에서, 대한민국이 선진화로 가느냐, 못 가느냐 하는 역사적 길목에서, 민주당다운 가치와 비전을 제시해야 한다. 중도 좌파라면 중도 좌파답게 말이다. 집권하려면 자기주장이 있어야 한다. 지금 우리나라의 보수는 이념에 끼워 맞추고 진보는 무조건 반대만 하는 경향이 있다. 국가발전과 국민 삶의 질이 높아진다면 좌파정책을 못 쓸 이유가 없다. 하지만 좌파라면 좌파다운 가치와 비전을 제시해야 한다.[187)

6) 이념 갈등 원인 자기중심주의 사고

적절한 갈등은 사회발전의 원동력이다. 그동안 지역감정으로 인한 고통이 적지 않았다. 그게 좀 나아지나 했더니 이젠 좌우 갈등이다. 지금 우리나라의 갈등은 국가발전을 저해하는 단계에까지 이르고 있어 개선이 시급한 상황이다.

윤평중 한신대 철학과 교수는 중앙일보의 '좌우 극한 대결, 해법을 묻다' 연속대담에서 왜 이런 갈등 상황이 이어지는 것일까 하는 의문에 대해 다음과 같이 설명했다. 갈등의 요인에는 여러 가지가 있다. 우선 자기중심적 사고에 의한 이해관계의 다툼, 즉 밥그릇 싸움의 측면이 있

다. 그건 인간사회 어디나 있는 것이다. 우리 사회에선 특유의 문화적 습속 같은 것도 반영되고 있다. 원리주의적인 태도로 이념과 명분을 포장하는 것이다. 그렇게 되면 타협과 조정이 굉장히 힘들어진다. 사실은 별 차이도 없는데 명분론 · 원칙론으로 공격하면서 충돌이 가열된다. 정강 · 정책이 서로 크게 다른 것도 아닌데 정권 획득을 목표로 설정한 뒤 수단 · 방법을 가리지 않고 싸움에 매진한다. 이때 동원하는 민심 · 민주주의 · 효율성 · 산업화 · 세계화 등의 명분은 포장에 불과한 측면이 있다.

현대 민주주의는 대의민주제이고 간접민주제일 수밖에 없다. 한데 우리 국회에서는 절차와 법을 무시하는 '폭력의 관행화'가 이뤄지고 있다. 다원화된 사회에서 이해가 충돌하는 건 당연하다. 하지만 그걸 어떻게 처리할 것인지 제도적 절차가 이미 마련돼 있다. 그럼 거기에 따라야 한다. 폭력 행사가 민주주의와 국민을 위한 것이라고 주장하는 사람들도 있다. 그런 사람에게는 어떤 민주주의냐고 물어봐야 한다. 자신의 이해관계에 따라 민심 또는 여론을 앞세우는 것은 옳지 않다. 여론은 중요한 참고 자료지만, 조변석개(朝變夕改)하는 게 민심이다. 여론조사는 질문 구성에 따라 결과를 윤색할 수도 있다. 따라서 직접민주주의적 요소는 어디까지나 보완재인데 진보진영에선 직접민주주의가 거의 물신화(物神化)돼 있다. 물신화된 수사학[188]으로 남용되고 있는 것이다.

증오의 정치가 횡행하는 건 이해관계보다는 '진리 정치(politics of truth)'가 원인이라고 볼 수 있다. 정치행위 자체를 진리의 실현으로 보는 것이다. 이 경우 자신은 '진리 주체'가 된다. 하지만 거기 반대하는 사람은 비(非)진리와 허위를 옹호하는 세력이 되고, 유교 정치에 이런 전통이 강하다. 마르크스주의적 정치관도 마찬가지이다. 우리 사회에서

---

188) 수사학(修辭學, rhetoric): 그리스 · 로마에서 정치연설이나 법정에서의 변론에 효과를 올리기 위한 화법 (話法)의 연구에서 기원한 학문.

도 민주화 운동을 했던 이들의 밑바닥에 깔린 게 '진리 정치' 같다. 민주화되고 다원화된 세상에선 그게 오히려 정치적 상상력에 굴레와 멍에로 작동한다. 천주교 정의구현사제단은 1980년대엔 민주화의 물꼬를 트는 데 중요한 역할을 했다. 하지만 다원주의 사회가 된 뒤에도 자신들이 옳은 정치의 길을 제시하고, 판단하고, 평결하는 것 같은 모습을 보이고 있다.

진리를 독점하는 태도가 더 큰 문제를 만들어낸다는 것이다. 우리는 내면의 진실, 결단, 양심을 높이 평가하는 경향이 있다. 정치와 역사는 여러 사람이 어울려 상호작용하는 세계이다. 주관적 양심에 따라 판단하고 평가하고 평결하는 건 한계가 있다. 백범 김구 선생의 남북합작 시도와 전쟁을 막으려는 충정 그리고 장렬한 산화는 그의 진정성을 한결 빛나게 한다. 하지만 세계적 냉전구도와 남북 분단구조가 본격화되는 상황에서 백범의 희망은 현실적으로 무망한 일이었다고 볼 수밖에 없다. 천성산 터널 공사를 반대하며 단식했던 지율 스님은 종교인의 양심과 진정성에 따라 저항했을 것이다. 생태보호라는 명분도 갖췄고, 불자(佛子)로서의 생명존중 사상도 있었을 것으로 생각된다. 그런데 이는 전형적인 감정 정치의 표출이다. 이게 한국사회라는 정치공동체의 다른 시민에게 과연 얼마만큼 공감대를 얻을 수 있으며, 객관적 사실에 얼마나 부합되는 행위였느냐는 엄밀하게 따져봐야 한다.

한번 진보면 영원한 진보인 게 아니다. 서구 사회의 진보가 자동으로 한국 사회 진보가 아니다. 법과 질서를 조롱하는 게 민주주의고, 그게 지식인인 것처럼 여겨지는 분위기이다. 흔히 1987년 이후에 절차적 민주주의는 확고해졌지만, 내용적 민주주의가 부족하다고 한다. 많은 경우에 절차가 내용과 실질을 구성한다. 절차의 핵심이 법이다. 최선은 아니지만, 우여곡절 끝에 도달한 1987년 헌법이 있다. 그게 이해관계

당사자들이 합의해 만든 법이라면 바뀌기 전까지는 일단 지켜야 한다. 절차는 공허하고 진짜 민주주의의 내용과 실질은 다른 곳에 있는 게 아니다. 법과 질서로 이뤄진 절차 자체가 민주주의의 내용을 형성한다. 그게 인류사회의 역사적 통찰이다.[189]

민주공화국(民主共和國, democratic republic)은 공화국 중 주권(主權)이 국민 전체에 있는 국가이다. 그런데 우리 헌법은 '대한민국은 민주공화국이다'(1조 1항)라고 규정하여 한국이 군주국·귀족적 공화국이 아닐 뿐만 아니라, 전제적·전체주의적·독재적·인민민주주의적인 것이 되지 않도록 규정하고 있다. 이념 논쟁을 통하여 체제를 바꾸는 것이 목적이 아니라면 남는 것은 정권을 누가 잡느냐 하는 것이다. 방법은 이미 법과 규칙에 따라 정해져 있다. 결국 남는 것은 내 편이 잡느냐 네 편이 잡느냐 하는 것인데, 내 편이나 우리 편이 잡아야 한다는 것이다. 즉 나와 우리가 권력을 획득하기 위해 편 가르기를 하는 것이 오늘날 우리나라 이념 갈등의 원인이다. 이러한 사고는 국익을 우선하고 상대를 존중하는 것이 아니라 오로지 나와 우리의 범주에 들어 있는 사람의 이익을 우선시하는 자기중심적 사고에서 나온다.

7) 상대주의에 입각한 세력결집과 대립

민주주의에는 다양한 생각과 의견, 이해관계가 존재한다. 우리 사회도 마찬가지이다. 1991년 구소련의 붕괴[190]로 세계는 냉전체제에서 본

---

189) 중앙일보 2009. 7. 21.

190) 구소련 붕괴: 공산국가였던 소비에트 연방이 개혁, 개방과 함께 붕괴되고 독립국가연합(CIS)과 러시아연방으로 분리된 사건이다. 소련사회에 대변혁은 1985년 고르바초프의 등장과 함께 시작되었다. 그는 경제침체와 외교적 고립이라는 난제를 해결하기 위해, 대내적으로 페레스트로이카(개혁), 대외적으로는 글라스노스트(개방)라는 실용적인 정책을 펼쳤다. 국내 경제발전을 위해 국가통제체제를 완화하고 기업과 지방의 자율권을 확대하는 동시에, 시장경제제도 도입과 무역확대를 추진하였다. 또 관료주의의 축소,

격적인 평화공존 시대로 접어들었다. 그런데 다른 나라와 달리 우리나라에는 여전히 진보와 보수의 이념 논쟁이 강하게 나타난다. 그것은 이질적인 체제를 가진 남북한 간 대립 영향, 한반도를 둘러싸고 있는 여러 가지 환경요소를 이해하고 해석하는 데 있어 우리 사회에 대별되는 두 개의 핵심 세력이 중추가 되어 대립하면서 갈등을 빚고 있기 때문이다. 이 대별되는 두 개의 핵심 세력을 우리는 일반적으로 보수와 진보라고 말한다. 그러나 현재 우리나라에 존재하는 진보와 보수는 학문적으로 분류되는 이념적 진보와 보수와는 그 성격이 다르다.

학문적 이념으로 구분되는 진보에는 사회주의나 공산주의가 포함되지만, 우리의 현행 헌법상 이것은 인정되지 않는다. 그런데 우리는 공공연하게 진보세력이 존재한다고 말한다. 이때의 진보세력이나 진보주의자는 학문적 이념 분류방식에 의한 분류보다는 민족문제와 북한 정

권력의 지방분산, 인민대표회의 창설, 대통령제의 도입 등 정치개혁을 실시하였다. 1989년 최초로 다당제 선거가 실시되었고 1990년 고르바초프가 초대 대통령으로 선출되었다. 한편 국내 개혁을 효율적으로 추진하기 위해 외교적 부담을 줄일 필요가 있었다. 그리하여 아프가니스탄에서의 철수, 군축회담, 동유럽 민주화에 대한 불개입, 미 · 소 정상회담 등을 통해 새로운 데탕트를 형성하였다. 그러나 그의 개혁정책은 외교 면에서는 큰 성과를 얻었지만 국내정치 및 경제에서는 부분적인 성과에 그쳤다. 오히려 소련 내 누적되어 왔던 경제적, 사회적, 민족적 문제들이 터져 나오는 계기가 되었고, 그에 따라 경제의 혼란과 연방 내 공화국 간의 갈등이 심화되었다. 러시아공화국의 최고회의의장 옐친은 보다 급진적인 개혁을 요구하면서 고르바초프와 대립하였고 고르바초프의 퇴진을 요구하였다. 고르바초프는 이 난국을 타개하기 위해 1991년 연방이 가진 권한을 대폭적으로 각 공화국에 이양한다는 〈신연방조약안〉을 제시하였다. 그러던 중 강경보수파에 의한 쿠데타가 일어났고 1991. 8. 18. 쿠데타 세력은 고르바쵸프가 크리미아로 도망가는 것을 막고 그를 연금시켰다. 다음날 아침, 쿠테타 리더들은 고르바쵸프가 사임하고 비상사태의 상태가 선언되었다고 발표했다. 군대는 새로운 정부의 힘을 강화하기 위해 급파되었다. 정부, 당, 군, KGB, 내무부의 최고위층이 쿠데타의 주모급이었으나 계획이 철저하지 못한데다가 옐친의 기도 하에 반쿠데타 투쟁을 전개하고, 서방선진국(특히 미국)의 강력한 반발로 쿠데타는 〈3일천하〉로 실패하였다. 고르바초프는 위기를 모면하였으나, 쿠데타 실패의 결과 고르바초프체제는 현저히 약화된 반면에 러시아연방의 대통령이었던 옐친의 위상은 그만큼 높아졌다. 고르바초프는 공산당 서기장직을 사임하고 아울러 공산당의 해체를 선언하였으며, KGB, 내무부, 군의 권한과 규모도 축소되었다. 각 공화국의 독립 기운이 고조되었고, 1991년 9월에는 소련인민대표대회가 발트3국의 독립을 승인하였다. 쿠데타 후에도 〈신연방조약안〉을 추진하던 고르바초프의 노력이 좌절되고 마침내 각 공화국이 독립을 선언하고 독립국가연합을 구성하자 고르바쵸프는 대통령직을 사임하였다. 이에 74년간 유지되었던 소련은 완전히 해체되고 옐친이 주도하는 독립국가연합(CIS)에서 러시아연방이 과거 소련정부의 역할을 인수, 계승하였다. 옐친은 러시아최고회의가 부여한 비상대권을 1년간 유지하면서 가격자율화를 단행하는 등 시장경제정책을 추진하였으나 별다른 성과를 거두지 못하자 보수파 중심의 최고회의와 인민대표대회의 심한 견제를 받았고 이에 1993년 의회해체와 신헌법의 제정, 총선 등을 실시하게 되었다.

권에 대한 실체 접근 문제에서 견해를 달리하는 양대 세력 중 북한 정권의 실체를 인정하고 상호 화해, 교류, 협력을 추구하는 데 좀 더 큰 비중을 두는 쪽으로 볼 수 있다. 하지만 진보세력 내부에 급진, 중도, 온건파 등 다양한 생각과 의견, 성향이 존재하기 때문에 진보세력에 대한 규정은 이것만으로는 분류가 곤란하다. 특정 정치인과 정치노선, 계파, 정당, 지역주의 등이 복합된 복잡한 개념이다. 우리가 현실적으로 가장 이해하기 쉬운 구분 방법은 학문적 이념이나 남북문제보다는 상대주의에 입각한 정권 획득을 위해 규합된 동질적인 성향과 주의주장을 가진 사람들의 일군의 세력으로 가장 대표적인 것이 보수와 진보세력으로 인식과 가치에서 다분히 상대주의적인 입장을 취한다.

원래 상대주의(相對主義, relativism)는 절대적으로 올바른 진리란 있을 수 없고 올바른 것은 그것을 정하는 기준에 의해 정해지는 것이라는 주장으로 인식·가치의 상대성을 말하는 입장이다. 철학사적으로는 고르기아스, 프로타고라스 등의 소피스트들이 처음 이를 주장했는데 프로타고라스의 '인간은 만물의 척도이다'라는 주장은 지식이나 가치가 개인과의 관계에서 상대적으로만 타당하다는 것을 나타내며, 그러한 입장은 주관적 상대주의라고 할 수 있다. 상대주의는 지식이나 가치의 보편타당성을 인정하지 않으므로 회의주의(懷疑主義)와 합쳐질 가능성이 있다.

우리나라에 나타나는 상대주의에 의한 진보와 보수는 절대적인 진리의 부정이나 진리가 그것을 정하는 기준에 의해 정해지는 것이라는 인식과 가치에 대한 상대성을 말하는 입장과는 차이가 있다. 뚜렷한 진리, 정당성과 합리성의 추구 없이 소수 정치가는 권력 획득을 목적으로 한 이해관계를 중심으로 결집하여 있고, 일반 대중들은 대부분 이념에 대한 개념 없이 지연·학연·혈연 등 개인의 친분, 선호도 같은 인간관계나 이해관계를 중심으로 결집하여 세력을 형성한다. 이 세력은 주요 정치가를 중심으로 하는 자기중심적인 사고에 의해 우리의 주장이 옳고 상대의 주장은 옳지 않다는 방식의 공격적인 행동으로 나타난다. 이론적 대결보다는 정권 획득을 두고 상대의 행동과 태도에 대해 비난과 비판을 쏟아내며 세몰이를 통하여 시위하거나 여론을 표출하고 유도하는 행동을 통하여 평상시에는 여론의 지지, 선거에서는 유권자의 지지표를 획득하는 데 중점을 둔다.

그러므로 이해관계에 따라 진보정당에 소속된 사람이 보수정당으로 당적을 옮기기도 하고 보수당에 소속된 사람이 진보정당으로 당적으로 바꾸기도 한다. 당권 경쟁을 비롯한 당내 주도권 경쟁에서 패하거나 소외된 사람들이 탈당하여 무소속으로 국회의원에 출마한 후 다시 당에 복귀하는 등 난맥상을 보인다. 이때 지지자들은 자신과 연관되는 정치인을 따라 움직이는 경향이 강하다.

8) 18대 국회의원 278명 이념 분석[191]

(1) 이념 지도 맨 왼쪽 곽정숙, 맨 오른쪽 이인기

18대 국회의원 가운데 가장 진보적 투표 성향을 보인 의원은 [그림 3-1]에서 보는 바와 같이 민주노동당 곽정숙, 가장 보수적 투표 성향을 보인 의원은 한나라당 이인기 의원인 것으로 나타났다. 또한 한국의 주요 정당은 이념보다는 지역에 기반을 둔 것으로 흔히 인식되지만, 실제 국회에서 법안 투표 형태는 정당 간에 뚜렷한 이념적 차이를 보이는 것으로 확인됐다.

동아일보는 한규섭(연세대 언더우드국제대), 임요한(서울대 통계학과) 교수팀과 함께 18대 국회의원 278명(총 298명 가운데 재·보궐선거

[그림 3-1] 18대 국회의원 법안 투표성향으로 본 이념 지도

당선자 등 20명 제외)이 개원 이래 본회의에서 처리된 720개 법안에 어떤 투표를 했는지를 첨단 분석기법인 잠재변수모형으로 분석했다. 비슷한 투표 성향을 보이는 의원들에게 비슷한 '이념 점수'를 부여해 의원들 간의 상대적 이념 위치를 보여주는 방식이다. 이 분석에서 '진보'와 '보수'는 의원들 사이에서 상대적 개념이다. 분석 결과 민주노동당, 민주당, 자유선진당, 한나라당의 순서로 진보적인 투표 행태가 확연히 드러났다.

민주당 소속 의원은 부산 출신인 조경태 의원을 제외한 전원이 한나라당 의원 중 누구보다도 진보적인 성향의 표결을 한 것으로 나타났다. 민주노동당 소속 의원 전원은 민주당의 강성종 의원을 제외한 다른 민주당 소속 의원들보다 진보적인 투표 성향을 보였다. 주요 정치인 가운데 박근혜 전 한나라당 대표의 이념 순위는 121위로 한나라당 의원 전체의 중간 값(205.2위)과 비교하면 상대적으로 진보적 투표 패턴을 보였다. 민주당 정세균 대표의 이념 순위는 60위로 민주당 의원들의 중간값(50.5위)보다는 오른쪽에 있어 당내에서는 상대적으르 보수적 투표 성향을 보이고 있는 것으로 나타났다.

(2) 이미지와 투표 행태 간 괴리 보여

한국 국회의원의 법안 투표 행태를 전면 분석해 이념순위를 매긴 것은 이번이 처음이다. 미국 등 선진국에선 언론과 대학 등이 발표하는 '의원 이념 평가 순위(Vote Ratings)'가 대선 등 각종 선거에서 유권자의 선택에 큰 영향을 미치는 기준이 되고 있다. 18대 국회의원들의 투표성향에 따른 이념성향 분석[192] 조사 결과는 정치인의 이미지와 실제 법안 투표 행태 간의 괴리를 보여준다. 이념지도에서 한나라당과 민주당은 조경태 외 민주당 의원 전원이 한나라당 의원보다 왼쪽에 위치했다 정체성 모호한 집단도 있고 친이계와 친박계 투표성향이 비슷했으며 자유선진당은 의원 간 편차가 컸다. 소모임은 색깔이 뚜렷해 '민본21', '다시 민주주의'는 각각 당내 진보세력을 대변하는 것으로 나타났다.

○ '진보적인 박근혜? 보수적인 원희룡?'

가장 진보적인 의원을 1위로, 가장 보수적인 의원을 278위로 했을 때 한나라당 박근혜 전 대표의 이념 순위는 121위로 나타났다. 분석 대상 의원(278명)의 한가운데(139위)보다 왼쪽에 서 있는 것이다. 박 전 대표의 지역구는 TK(대구·경북)이고, 보수적 이미지도 강하다. 박 전 대표 측 관계자는 "외교, 안보 관련 법안에는 보수적이지만 사회 관련 법안

---

192) 동아일보와 한규섭－임요한 교수팀이 실시한 18대 국회의원들의 투표성향에 따른 이념성향 분석 조사 결과는 정치인의 이미지와 실제 법안 투표 행태 간의 괴리를 보여준다. 교수팀은 "정치인의 이미지는 눈에 띄는 몇몇 사건이나 '이미지 메이킹'으로 결정되기 쉽다. 법안 투표 결과를 통해 나타난 의원의 성향을 객관적으로 알아보자는 게 이번 분석의 의미"라고 말했다.

에는 진보적 성향을 보였기 때문이다"라고 말했다. 박 전 대표는 국회 보건복지위원회 소속이다. 그렇다면 '친박(친박근혜)계' 의원들도 상대적으로 진보적 투표 행태를 보였을까. 한나라당에서 가장 진보적인 의원은 친박계인 이혜훈 의원(93위)으로 나타났지만, 전체 의원 중 가장 보수적인 의원으로 나타난 이인기 의원(278위) 역시 친박계였다. 한규섭 – 임요한 교수팀이 친박계 의원 가운데 핵심 12명(구상찬, 김선동, 서병수, 서상기, 유승민, 유정복, 이성헌, 이정현, 이혜훈, 진영, 허태열, 현기환 의원)을 골라 이념 순위 중간값을 산출해본 결과 209.1위였다. 한나라당 의원 전체(중간값 205.2위)나 '친이(친이명박)계' 의원 모임인 '함께 내일로' 소속 의원(중간값 208.1위)들과 투표 성향이 별반 다르지 않은 것이다.

반면 학생운동권 출신으로 '소장파' 이미지가 강한 한나라당 원희룡 의원(이념순위 242위)은 한나라당 의원 중간값(205.2위)보다 오히려 오른쪽에 위치했다. 원 의원 측은 "원 의원은 (덜 논쟁적인 법안이라면) 대체로 당 지도부에 힘을 실어주는 편"이라고 말했다. '한나라당 원조 소장파'로 불리는 남경필 의원의 이념 순위는 132위로, 한나라당 의원만을 대상으로 했을 때는 25번째로 진보적인 것으로 나타났다. 민주당 정세균 대표(60위)는 의원 전체의 분포로 봤을 때는 왼쪽에 있지만, 민주당 의원(분석 대상 80명의 중간값은 50.5위) 중에서는 52위로 당내에서 상대적으로 오른쪽에 위치한다. '친노(친노무현)계', 386세대가 지지 기반이지만 실제 표결 패턴은 상대적으로 보수적으로 이뤄지고 있다는 얘기다. 추미애 의원의 이념 순위는 전체 10위로 한때 '탈레반'으로까지 불렸던 천정배 의원(26위)보다 진보적 투표 성향을 보인 것으로 나타났다. '원조 보수'를 자처하고 있는 자유선진당 이회창 총재의 이념 순위는 145위로 분석 대상 의원의 중간 지대에 속했다.

○ 민노당 → 민주당 → 자유선진당 → 한나라당 순

당별로는 왼쪽부터 민주노동당, 민주당, 자유선진당, 한나라당의 순서로 배열됐다. 민주당과 민노당은 정책마다, 사안마다 공조하곤 히 정치권에서는 '실제로는 한 묶음'이라는 얘기가 나오지만, 법안 투표 결과를 분석해 보니 드 당의 성향엔 차이가 있음이 분명히 나타났다 민노당 의원들(5명)은 민주당 강성종 의원(이념 순위 4위)을 제외하고는 모두 민주당 의원들의 왼쪽에 위치했다. 민주당은 부산지역 출신인 조경태 의원(107위)을 제외한 의원 전원이 한나라당 의원보다 왼쪽에 위치했다. 조 의원을 제외하고는 전원이 92위 이전에 속했다. 자유선진당 의원들의 중간값은 99.3위로 한나라당의 중간값(205.2위)보다 왼쪽에 있지만, 의원들의 이념 스펙트럼이 대단히 넓어 중간값만 가지고 자유선진당의 이념적 위치를 평가하기는 어려웠다. 가장 진보적인 의원(박선영, 39위)과 가장 보수적인 의원(이용희, 191위) 사이에 무려 152명의 의원이 있었다. 한규섭 - 임요한 교수팀은 "선진당이 정책, 이념 성향보다는 충남이라는 지역을 근간으로 하는 정당이기 때문일 것"이라고 분석했다. 실제로 선진당 의원들은 16, 17대 국회 때엔 열린우리당(권선택, 박상돈, 이상민, 이용희 의원) 자민련(김낙성, 류근찬, 변웅전, 이재선 의원) 등에 속해 있었다.

○ **당내 모임별 특성도 드러나**

한나라당 소장파 모임인 '민본21' 소속 14명(권영진, 권택기, 김선동, 김성식, 김성태, 김세연, 김영우, 박민식, 신성범, 윤석용, 정태근, 주광덕, 현기환, 황영철 의원)의 이념 순위 중간값은 168.1위로 한나라당 중간값(205.2위)보다 훨씬 왼쪽에 위치했다. 민주당 강경파 의원들의 모임인 '다시 민주주의' 소속 의원들(강기정, 김상희, 김영록, 백원우, 조정식, 최문순, 최영희, 최재성, 홍영표 의원)의 이념 점수 중간값은 30.8위로 민주당 평균값(50.5위)보다 훨씬 왼쪽에 위치했다. 민주당 의원 중 후순위 10명에 속하는 최인기(80위), 홍재형(82위), 변재일(83위), 김진표(84위), 강운태(85위), 박상천(90위), 강봉균(92위) 의원은 대부분 관료나 옛 민주계 출신이다.

○ 중도 성향 의원들은

278명 가운데 이념 점수의 중간(139위·한나라당 이애주 의원)을 중심으로 양쪽으로 10명씩(129~149위)은 18대 국회의원 중 '가장 중도적인 의원'으로 볼 수 있다는 게 교수팀의 분석이다. 여기에는 한나라당 권영세(130위), 홍정욱(140위), 진영(142위), 김세연 의원(146위) 등이 포함됐다. 한나라당 의원들 사이에서 중간지대에는 정태근(170위), 황우여(182위), 김효재 의원(192위) 등이, 민주당 내 중간지대에는 백재현(42위), 전병헌(45위), 신낙균 의원(48위) 등이 각각 포진한 것으로 나타났다.

9) 이념 갈등 국민 충분히 조정할 수 있다

이제까지 진보와 보수의 개념 그리고 우리나라 정치인들의 이념에 대해 살펴보았다. 그동안 상생보다는 분열, 합의보다는 비토를 일삼아 온 것이 우리나라 여의도 정치의 현주소다. 한국 정치가 갈등의 극한에서 서로 대립하지만, 일반 국민의 삶에서 중요한 것은 좌우 이념 대결이 문제가 아니라 현재 그리고 앞으로 먹고사는 문제를 어떻게 해결할지가 핵심이다. 다만 이념이 사회갈등으로 표면화된 점을 고려할 때 현재 한국 사회에서 가장 걱정스러운 점은 정치적, 이념적으로 '내 편'이라면 내용에 관계없이 무조건 감싸고도는 우리 사회 일각의 일그러진 모습이다.

우리 사회가 극단적인 이분법적 분열현상을 보이는 것도 개인의 이념이나 신념에 따라 움직이는 권력 쟁취를 목적으로 한 소수의 탐욕자들이 합리성과 정당성을 결여한 채 길거리 투쟁과 언론 매체를 통한 자기 세력 확장을 꾀하고, 다수의 국민이 자신들의 사익을 위해 여기에 편승하고 있기 때문이다. 권력이 사유화되었을 때의 극한이 절대왕조이다. 자연과 사물처럼 형체가 눈에 보이는 형이하학적 요소의 가치 판단은 쉽지만, 철학이나 이념과 같이 형체가 눈에 보이지 않는 형이상학적 요소들은 가치판단이 쉽지 않다. 특히 폐해를 내포하고 있으면 우리가 가치판단을 할 만한 상황이 되었을 때는 이미 그 대가를 모두 치렀거나 현재 치르고 있는 것이 일반적이다.

그동안 많은 정치인이 인기에 영합해 국민에게 부담을 지우는 의제(agenda)만 쏟아냈지 문제해결능력과 지도력은 제대로 발휘하지 못하고 이기주의적인 행동을 일삼아 왔다. 보수나 진보 어느 것도 항상 옳은 것은 없다. 그들이 내세운 이념이 어떤 것이든 국민은 탐욕자들이 정치나 이념이라는 추상적이고 모호한 명분을 내세워 국민을 현혹하고 있는지, 아니면 진정 국민을 잘살 수 있도록 하는 합리성과 진정성을 갖고 행동하는지 경계해야 한다. 정치인들은 공익이 중요하다는 것을 잘 알면서도 현실 속에서는 누구나 사익에 따라 행동하는 표리부동한 행태를 보여 왔다.

사회민주주의의 땅 유럽은 오랜 투쟁을 통해 극단적 의견을 지닌 사람도 포용하고 상호 존중하는 분위기에서 논쟁을 벌인다. 그러나 우리 사회에서 토론은 아직도 제로섬 게임이다. 정치는 대통령 혼자 하는 게 아니다. 입법, 행정, 사법 등 서로 다른 권력기관이 협력해 성과를 일궈나가는 것이다. 합리적 보수는 열린 진보를 상대할 때 존중하며 선의의 경쟁을 벌일 줄 알아야 한다.[193] 우리 사회는 너무 다름만 얘기하고 같음에 대해서는 경시하는 경향이 있다. 그러므로 나아가야 할 방향과 가치에 대한 합의가 존재하지 않는다. 진보와 보수 간에 다름보다는 같음을 더 많이 얘기하는 변화가 시작돼야 한다.[194] 이러한 행동에 앞장서야 하는 것이 정치인이다. 정치인 스스로 성찰하고 행동하지 못하면 그때는 국민이 나서야 한다.

오늘날 우리나라의 이념 갈등은 그 실체가 편 가르기를 통한 정치인의 입신출세, 권력 향유를 위한 이기주의, 자기중심적 사고가 그 중심이다. 이 가운데 어느 것이 문제의 발단이라고 하더라도 대한민국 국민은 정치인의 그릇된 행태를 주권을 통해 얼마든지 조정해 나갈 수는 충분한 역량이 있다. 공익을 우선하는 소수의 합리성과 진정성을 갖는 사람을 찾아내고 그들을 지도자로 선출하면 된다.

2. 국책사업으로 인한 사회갈등 원인과 특징[195]

1) 공공사업 갈등의 원인

일반적으로 갈등의 원인은 다양하다. 당사자 간의 정보와 믿음의 차이, 경제, 시간, 공간, 지위 등을 포함한 자원의 희소성, 이해, 욕구, 가치의 차이 그리고 상호 경쟁의식 등 개인적 성향과 사회적 구조 등이 원인으로 지적될 수 있다.

---

193) 주간동아 694호(2009. 7. 14.)

194) 주간동아 694호(2009. 7. 14.)

195) 국책사업 사회갈등의 원인과 특징 내용은 국책사업과 사회갈등에 대한 이해제고를 위해 국토연구원(통권 제283호)에 실린 박형서 국토연구원 연구위원의 논문 중 주요부분을 발췌 인용하였다.

지역개발이나 공공시설입지와 관련된 갈등의 원인분석도 다양한 측면에서 이루어져 왔다.[196] 공공사업 갈등은 논쟁점(issue)이 다양하고 갈등참여 구조가 복잡하며 불특정한 여러 사람이 이해당사자로 참여할 가능성이 있기 때문에 매우 다양한 요인에 의해 발생되고 심화한다. 일반적으로 국가 또는 지역정책에 따라 추진되는 공공시설입지와 관련한 갈등의 원인을 구체적으로 보면, 첫째는 입지에 따른 경제적인 이해득실이다. 경제적인 문제는 우선 입지에 따른 토지보상 문제와 재산적 가치의 이해 여부, 토지이용에 대한 제약 등에 대한 입장차이가 있을 수 있다. 둘째는 생활의 편리성에 대한 영향이다. 생활의 편리성에서는 입지에 따른 소음, 교통 혼잡, 안전, 직접적인 환경공해 등의 부정적인 문제에 대한 입장 차이와 시설 이용의 편의성에 대한 의견 불일치가 있다. 셋째는 환경적인 가치에 대한 차이점이다. 최근 가장 심각한 갈등을 야기하는 원인으로 환경문제에 대한 인식차이는 개발과 환경보전 간의 가치평가 차이가 주요 원인이 되고 있다. 넷째는 정책수립 절차와 추진에 대한 불만과 정보차단 등이 원인으로 작용한다. 그 외에도 여러 가지 원인이 영향을 미칠 수 있다.

(1) 이해관계의 불균형

공공갈등의 가장 근본적인 원인은 사업에 따른 내·외부경제효과에 대한 이해관계자 간의 불균형에 대한 이해충돌이다. 특히 공공사업과 관련된 환경이나 사회변화는 다시 복원되거나 회복될 수 없는 변화를 초래하여 지속적인 영향을 주고, 지역적 한정성과 고착성으로 일부 이

---

196) Amour는 비용-편익과 관련된 경제적 요소, 부정적 영향 및 기치시설의 위험성 등 기술적 요소, 반대자의 배제 등 정치적인 요소로 구분하고 특히 시설입지와 관련하여 님비신드롬, 공공관계의 결핍, 입지선정 절차의 결점을 들고 있다. 이영희는 우리나라의 갈등 원인으로 효율성을 중시하는 관료체제와 개방성과 호응성을 요구하는 시민사회 간의 민주화 격차를 지적하고 있다. 박형서는 원인을 크게 사회·환경적 요인, 정책 및 입지시설 요인, 갈등당사자 요인 등으로 구분하고 있다.

해당사자에게 현저한 희생이 수반되기 때문에 이해당사자가 쉽사리 협
상과 양보를 못하고 갈등은 치열할 수밖에 없다.[197] 그러나 최근의 갈
등경향을 보면 직접 재산적 이해당사자보다 외부효과에 영향을 받는
주변 당사자의 반발이 더욱 거세지고 있다. 이는 앞으로 갈등관리를 위
한 이해당사자의 선별과 조정협상이 더욱 복잡하고 어려워질 수 있음
을 보여주고 있다.

외부효과의 형태는 [표 3-1]과 같이 거리에 반비례하는 표준곡선 A
를 기준으로, 입지지점에서 외부효과 영향이 매우 높으나 거리가 멀어짐
에 따라 급격하게 감소하는 곡선 B와 관련이 있는 시설은 주로 직접 이
해관계 당사자(지역주민)와의 갈등이 대부분으로 이해갈등 관계를 형성
한다. 반면에 입지지역에도 영향을 미치지만 더욱 넓은 지역에 불경제가
미치는 곡선 C의 시설은 사회단체, 환경단체 등이 갈등의 당사자로 개입
하게 되는데 이런 시설의 경우가 갈등을 관리하고 해소하기 더 어렵다.

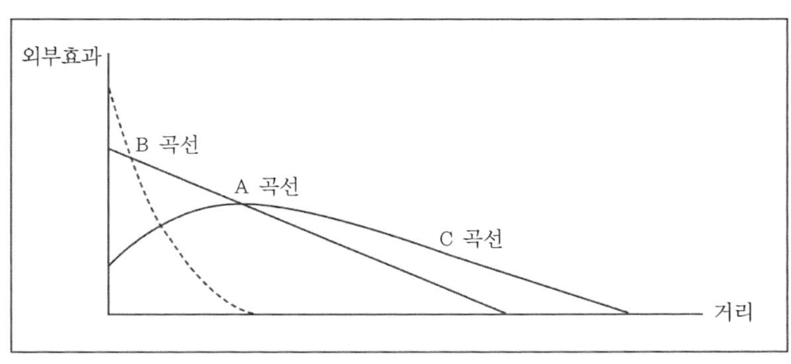

[표 3-1] 공공시설 입지의 외부효과

---

197) 공공사업 갈등과 관련하여 특별한 지역적 희생뿐만 아니라 이용편익을 위한 지역 간 경쟁 또는 갈등이
발생하거나 일부지역 희생과 일부지역의 편익이 혼재한 경우도 있다. 이용편익으로 지역적 발전을 위한
주요시설의 유치경쟁은 호남고속철도 분기점 및 노선 선정과 관련된 유치경쟁, 이전 예상 공공기관 유
치경쟁, 경마장을 비롯한 스포츠시설 유치경쟁, 일부지역의 도청 유치경쟁 등이 이에 해당되며, 혼재된
경우는 경부고속철도 경주노선, 대구위천공단 조성 등을 둘러싼 갈등이 이에 해당된다고 볼 수 있다.

(2) 가치인식의 차이

과거에는 주로 사업츠진에 따른 피해주민의 토지보상과 관련된 규제가 갈등의 주원인으로 작용하는 경우가 많았으나 점차 이런 직접 이해당사자의 재산적 이해갈등에서 환경적인 또는 사회적인 가치인식으 차이에 따른 사회 전체의 가치갈등으로 중심이 옮겨가고 있다. 즉 환경에 대한 인식이 바뀌면서 환경가치 차이에 대한 개발권과 환경보전권역 간의 입장차이가 주요한 갈등 논쟁점으로 대두되고 있다. 따라서 과거 시설입지의 생산이나 이용으로 인한 직접적인 이해의 갈등보다는 시설 가동으로 인한 생산이나 이용과는 직접관계가 없는 외부효과에 대한 입장차이가 갈등의 쟁점이 되는 사례가 많다.

이처럼 갈등이 가치갈등으로 변화하여 가고 있지만, 이 역시 경제적 효과에 따른 충돌이라고 볼 수 있다. 즉 공공사업으로 인한 환경파고나 악화 또는 사회적 악영향 등은 사업으로 인한 사회적 비용지급의 하나로 볼 수 있기 때문이다. 외부효과의 비용편익에서 사회단체는 공공사업의 외부불경제로 인한 사회적 비용을 강조하고 사업추진 주체는 외부경제효과인 편익을 강조하며, 직접 이해당사자는 개인적인 이해득실에 관심을 두는 인식의 차이로 갈등이 발생하고 심화된다.

(3) 정책수립 과정

최근 갈등의 원인으로는 사업결정이 경제적 효율성과 사회적 합의와 관계없이 정치적 상황논리로 일부 관료와 전문가에 의하여 정책이 수립되고 결정되는 예가 많이 지적되고 있다. 즉 정책수립 절차상의 원인이다. 이 경우는 정치적 상황이 변화하면 정책의 정당성과 타당성을 문제로 이해관계자는 결정된 정책의 변화를 시도하게 되고 여기에서 갈등이 발생하게 되는 경우가 많다. 현재 사업이 표류하고 있는 대부분의

국책사업은 과거 정책결정 과정에서 시민사회 참여를 통한 여론 수렴
이 부실하고, 경제적 타당성 검토에 대한 사회적 합의가 부족한 상황에
서 사업을 추진하여 문제를 자초한 면이 있다.[198] 그 외에도 일부 국책
사업은 지방선거 또는 지역주민 여론을 의식한 지방자치단체의 비협조
로 갈등[199]이 일어나고 있는데 영광 원자력 발전소의 발전기 추가건설
과 관련된 공공사업 갈등의 사례도 정치적 논리에 휘말린 경우라고 볼
수 있다.

(4) 시민사회의 성장과 참여구조

그다음으로는 시민단체의 인적 결합과 정책결정에 참여 빈도가 높아
지면서 관료들의 정책수립 독점권 파괴는 정부와 시민단체 간에 새로
운 동반자 관계(partnership)를 형성하는 계기가 되었다. 이로 인하여 자
연히 시민사회의 정책참여 욕구는 더욱 높아지고 있다. 그럼에도 아직
공개행정 및 공공참여 기회의 부족과 정확한 기술적·경제적 관련 자
료를 공개하지 않거나 적절한 시기에 이해당사자에게 제공되지 않아 갈
등의 원인으로 작용하는 수가 있다. 특히 시민사회의 성장으로 다양한
단체가 형성되어 시민동원이나 조직화에 탄력을 받으면서 정책수립·집
행기관과 대립이 늘어나고 있다. 그 외에 기술적 한계도 이해당사자에
게 불확실성을 주고 이는 곧 불안감을 야기해 모든 자료나 정보를 불신
하는 결과를 가져오고, 결과적으로 갈등을 불러오는 일도 있다. 방사성
폐기물처리시설 선정 갈등이 이런 예에 속한다.

---

198) 경부고속철도의 경우는 사업성보다는 정치적 판단이나 정략적 책략에서 결정되었고 수요문제도 이에 맞
추는 형식으로 추진되었다. 새만금 간척사업도 역시 추진배경과 경제성 등에 문제가 있었으며, 경인운하 역
시 경제성의 문제점으로 굴포천 방수로 공사로 축소하면서 국고만 1,700억 원을 낭비하는 결과를 낳았다

199) 영광원자력 5~6호기 건설과 관련된 영광군과 중앙정부와의 갈등은 당초 영광군수가 원전추가 건설에
반대를 선거공약으로 내걸었으나 이후 건설을 위한 부속건물 건축허가를 하면서 군민의 반대에 부딪히
자 이를 취소하면서 중앙정부와 지방자치단체 간의 분쟁으로 확산되었다.

2) 공공사업 갈등의 특징

(1) 정책추진단계별 특징

하나의 정책이 형성되고 종결되기까지는 여러 단계를 거치게 된다. 즉 어떤 문제의 인식에서 정책의제 및 정책목표를 설정하게 되고 이 목표를 달성하기 위하여 다양한 정책대안을 탐색하게 되며 대안별 분석을 통하여 정책을 결정하게 된다. 결정된 정책은 집행과정을 거쳐 평가와 정책의 종결 및 승지로 끝나게 된다.

지금까지 우리나라는 정책의제 형성단계인 의제설정과 정책목표설정 부분에서는 크게 갈등관계가 발생하지 않았다. 이 단계에서는 대부분 정책논점 자체를 의도적으로 외부에 공개하지 않았거나, 정책형성단계를 정책입안자의 전유물로 여겨져 왔기 때문이다. 그러나 이런 행태 때문에 자연히 다음 단계인 정책대안을 모색하고 각 문제점을 분석하여 결정하는 정책선택단계에서 또는 정책이 결정되고 난 이후의 집행단계에서 갈등이 많이 발생하였다. 결국 정책형성과정과 선택과정에서 충분한 토의나 사회적 합의 없이 정책이 추진되었다는 증거다. 특히 가능한 정책대안에 대한 심도 높은 탐색이나 분석이 이루어지지 않고 설정된 정책목표 달성만 추구하면서 많은 갈등을 생산하였다. 이처럼 정책이 결정되어 사업실행이 이루어지는 단계에서 갈등으로 인한 사업 중단, 변경 등은 국가적으로 막대한 비용을 지급하게 되며 갈등의 부정적 영향이 극대화하는 경향이 있다. 최근에는 이미 착공하여 건설 중인 사업의 갈등에 휘말려 계속 추진할 수도, 중단할 수도 없는 소위 '죄수의 딜레마200)(prisoner's dilemma)'어 빠져버리는 경우가 많이 발생하고 있다.20

---

200) 죄수의 딜레마(PD: Prisoner's Dilemma)는 게임 이론의 유명한 사례로, 2명이 참가하는 비제로섬 게임의 일종이다. 이 사례는 협력을 통해 서로 이익이 되는 상황이 아닌 더욱 불리한 상황을 선택하는 문제

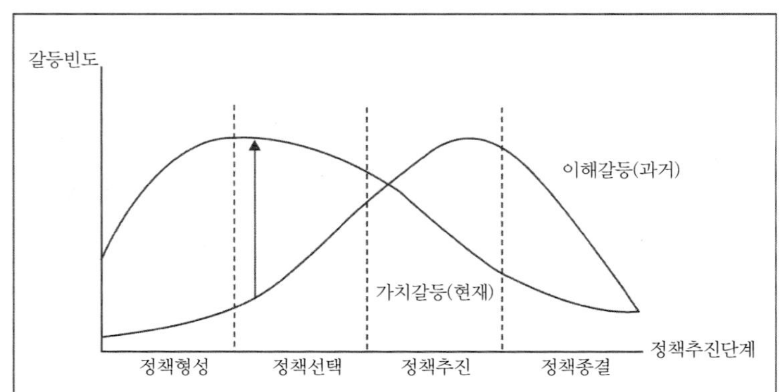

[표 3-2] 정책추진 단계별 갈등 발생빈도 변화

과거에는 정책실행단계에서 갈등이 주로 발생하였다면 요즘의 갈등 발생 행태는 시민사회의 참여의식 고양과 정보 및 전문지식의 공유로

가 발생되는 것을 보여주고 있다. 일반적인 예의 경우 상황은 다음과 같다. 두 명의 사건 용의자가 체포되어 서로 다른 취조실에서 격리되어 심문을 받으며 서로 간의 의사소통은 불가능하다. 이들에게 자백여부에 따라 다음의 선택이 가능하다. 둘 중 하나가 배신하여 죄를 자백하면 자백한 사람은 즉시 풀어주고 나머지 한 명이 10년을 복역해야 한다. 둘 모두 서로를 배신하여 죄를 자백하면 둘 모두 5년을 복역한다. 둘 모두 죄를 자백하지 않으면 둘 모두 6개월을 복역한다. 죄수A 선택: 죄수B가 침묵 할 것으로 생각되는 경우 자백을 하는 것이 유리하다. 죄수B가 자백 할 것으로 되는 경우 자백이 유리하다. 따라서 죄수A는 죄수B가 어떤 선택을 하든지 자백을 선택한다. 죄수B 선택: 죄수A와 동일한 상황이므로, 마찬가지로 죄수A가 어떤 선택을 하든지 자백이 유리하다. 균형: 죄수 A, B는 모두 자백을 선택하고 각각 5년씩 복역한다. 이 게임의 죄수는 상대방의 결과는 고려하지 않고 자신의 이익만을 최대화한다는 가정 하에 움직이게 된다. 이때 언제나 협동(침묵)보다는 배신(자백)을 통해 더 많은 이익을 얻으므로 모든 참가자가 배신(자백)을 택하는 상태가 내쉬균형이 된다. 참가자 입장에서는 상대방의 선택에 상관없이 자백을 하는 쪽이 언제나 이익이므로 합리적인 참가자라면 자백을 택한다. 결국 결과는 둘 모두 5년을 복역하는 것이고, 이는 둘 모두가 자백하지 않고 6개월을 복역하는 것보다 나쁜 결과가 된다.

신자유주의, 특히 신자유제도주의론자들은 이 죄수의 딜레마를 이용해 여러 경우의 국제 관계에서 나타나는 문제들을 이론적으로 정형화시키려 노력해왔다. 특히 이 죄수의 딜레마를 이용한 해석은, 특히 비합리적으로 보이는 문제들이 어째서 합리적으로 설명될 수 있느냐에 초점을 맞춰왔다. 예를 들어, 왜 개별 국가들이 세계적인 환경을 해치고, 자원을 남획하며, 분쟁지역에 무기를 판매하는가에 대한 설명의 준거로 활용되어 왔다. 상위 정부가 없는 개별국가 간의 국제체제에서 상대 국가의 전략이 항상 협동적으로 나올 것으로 기대할 수 없기 때문에, 개별국가들은 각자 자신의 이익을 추구하게 된다. 신자유제도주의자들은 이 결과 국가들은 협동의 필요성을 절감하게 되고, 협동에 대한 확신을 얻을 수 있게 하기 위해, 개별국가에 우선하는 국제 레짐의 등장을 필요로 하게 될 것이라 전망하고 있다.

201) 대표적인 국책사업인 경부고속철도, 새만금 간척사업, 방사성폐기물처리장, 인천공항, 월드컵 경기장 건설 등이 '죄수의 딜레마'상황과 유사하다.

정책형성 및 대안탐색단계에서 더욱 증가하는 경향이 있다. 이러한 변화는 사회적 비용 지급 면에서 바람직한 면도 있다. 즉 정책결정 이전의 갈등이 이후의 갈등에 비하여 사회적 비용이 적게 들어가기 때문에 그만큼 정책결정 전 단계에서 사회적 합의가 중요하다는 것을 깨우쳐 주고 있는 것이다. [표 3-2]에서 보는 것처럼 정책추진단계에 따라 갈등발생 빈도의 변화가 일어나고 있지만, 단계에 따라 갈등의 주요 참여자도 변화하고 있다. 정책형성과 탐색 그리고 결정단계에서는 주로 시민 또는 환경단체의 역할이 두드러지고 정책이 결정된 후 갈등에서는 직접 이해가 걸린 이해당사자들이 자주 갈등의 중심역할을 한다.

(2) 합리적 협상토론의 부족

우리나라 갈등의 또 하나의 특징은 소위 고성불패[202](高聲□敗)라는 신념과 이에 따른 학습효과가 매우 크다는 것이다. 이런 행태는 자연히 갈등현장에서 이해당사자 간의 조정·협상이라는 지극히 당연한 합의 형성 과정을 봉쇄해버리는 결과를 초래하기도 한다. 다중의 힘이나 큰 목소리에 굴복하여 정책이 결정되거나 변경되는 경우가 발생하고 있으며 이런 전례는 유사한 다른 갈등에서도 모방하고 실제로 실행하여 효과를 보고 있다.[203] 정책입안자와 이해당사자 간에 합리적인 협상토론으로 정책의 타당성을 점검하고 대안을 탐색한 후 정책이나 사업이 결정되어야 함에도 시민동원이나 큰 목소리에 의하여 이들을 대변하는 정책으로 결정되는 때도 있다. 그 외에도 정당한 절차에 의하여 결정된 국가정책이나 공공사업마저도 반대의 목소리에 밀려 변경될 수가 있는

---

202) 한국개발연구원의 2005년 보고서에 따르면 주요 현안에 대해 목소리가 큰 이익집단의 손을 들어주는 고성불패(高聲不敗, too loud to lose)식 정책결정은 시급히 개선돼야 하는 것으로 지적됐다

203) 방사성폐기물처리시설(법률적 용어는 '원전수거물처리시설'임) 입지선정과 관련된 갈등은 선행갈등의 학습효과에 의해 여러 곳에서 유사한 갈등행태에 부딪혀 입지선정이 크게 지체됐다.

데, 이는 정책의 일관성뿐만 아니라 정책의 신뢰성을 훼손하는 결과를 낳을 우려가 크다.

(3) 제3자 개입 가능성

최근의 갈등 양상을 보면 제삼자 개입으로 갈등이 확산되는 특징이 있다. 공공사업과 관련된 갈등에서 비판적 기능의 다양한 시민사회단체 출현과 정책참여 욕구 증가 등으로 갈등의 빈도가 늘어날 뿐만 아니라 그 양상도 이해갈등으로부터 환경, 문화 등 가치갈등으로 변화되면서 갈등의 해소가 더욱 어려워지고, 지루하게 지속되는 경향이 있다. 물론 외국에서도 이런 변화과정을 겪으면서 사회적인 성숙을 추구했지만 한국의 시민사회운동은 서구와 달리 압축된 성장을 이뤄왔다.

서구 시민사회가 100~200년에 걸쳐 형성되고 구조화 과정이 이루어졌다면 한국은 불과 수십 년 동안에 그 토대를 마련하였다. 짧은 기간의 시민사회 성장으로 아직 사회적 합의시스템이 구축되지 않은 상태에서 이들이 정책형성 과정에 참여와 일정한 역할을 요구하고, 상이한 목소리를 내면서 공공갈등의 문제는 사회 안정을 위하여 먼저 관리하여야 할 사안으로 대두하였다. 특히 이런 시민사회의 성장은 갈등현장에서 시민동원과 조직화에 능동적으로 활동하면서 갈등구조에 핵심적인 구성원으로 역할을 하게 되어 갈등구조가 직접 이해당사자보다 간접 이해당사자의 주도로 바뀌는 경우가 많다. 즉 갈등조정자로서의 3자가 아닌 갈등당사자로서 제삼자 개입이 늘어나 갈등구조가 복잡하게 되고 갈등의 정도가 심화되는 경향이 있다.

한편 공공사업과 관련하여 이해당사자 간 갈등에서 제삼자 개입 가능성이 큰 이유는 공공사업은 주로 공공기관에서 수행하며, 갈등의 관리와 해소는 자주 그들의 책임과 의사결정 한계를 벗어나기 때문이다.

즉 공공사업 갈등에서 이해당사자 간 합의에 도달한 후 합의 이행을 위해서는 일반적으로 정부의 동의나 허가가 필요한 경우가 많은데, 이는 합의를 한 이해당사자의 손을 떠나 정부라는 또 다른 제삼자의 개입을 불러오게 된다. 즉 이런 경우 정책을 추진하는 공공기관은 갈등의 당사자가 될 뿐만 아니라 제3자적 역할도 하게 된다.

(4) 갈등 논쟁점의 복잡성

공공사업과 관련된 갈등은 이념과 가치, 환경, 지역이라는 요소가 결합하여 갈등 논쟁점이 복잡한 양상을 띠는 것이 보통이며, 집단적 이해와 사회구성원 간의 가치판단도 다양하여 갈등당사자의 구조도 복잡한 것이 보통이다. 즉 갈등참여자의 한 일방이 사회공동체와 변화에 관심이 있다면, 다른 한쪽은 환경적 영향에 관심이 있고 또 다른 일방은 재산권과 성장가치에 관심이 있는 등 지향하는 목표가 다르므로 매우 복잡한 사회갈등으로 발전할 가능성이 크고, 따라서 갈등참여구조 및 해소 기제 탐색이 어려운 특징이 있다. 또한 지역개발이나 시설입지는 제한된 또는 유일한 지역적 환경요소라는 특징 때문에 일단 시설이 입지하게 되면 돌이킬 수 없는 지속적 영향을 주게 되므로 이해관계자의 관심이 매우 클 수밖에 없다. 이 외에도 반복되지 않고 한 번만 허용되는 게임으로 다음을 기약할 수 없고, 한 번 결정으로 인한 결과의 영향을 장기간 지속한다는 것을 알고 있기 때문에 첨예한 대립을 가져오기 쉽다. 따라서 상호합의 및 조정이 어려울 뿐만 아니라 일단 합의된 사항의 이행 또한 쉽지 않다.

(5) 갈등대상 불명확

공공사업관련 갈등의 중요한 요인은 비용편익의 평가가 어렵고, 불

생되는 논쟁점(issue)을 정확하게 규명하기가 어렵다는 문제점이 있다. 갈
등당사자는 문제가 되는 논쟁점에 대해 정확한 정보가 없거나 의사소통
이 불충분할 경우 문제의 논쟁점을 매우 심각하게 받아들이는 경향이 있
으며 갈등을 심화시키는 경향이 있다. 또한 환경영향이나 시설의 외부
효과에 대한 이해관계자를 선별하는 문제도 매우 힘들다. 만약 이해관
계에 있으면서 어떤 협상에서 소외된다면 갈등 해소에 합의가 이루어
지더라도 이들에 의해 새로운 갈등이 발생할 수 있기 때문에 모든 이해
관계자를 선별하고 그들을 협상에 참석시키는 것이 갈등관리와 해소에
필수적이다. 공공사업과 관련된 갈등논쟁점은 시간적인 범위와 지리적인
한계가 불명확한 특징도 있다. 특히 환경적 논쟁점은 갈등이 일어난 지
역에서 더욱 넓게 영향이 확산될 수 있어 지리적 범위가 매우 모호하며,
현재의 갈등 이해관계자의 책임이 미래 어느 때까지 책임을 져야 하는
가 하는 점 등에서 범위가 매우 불명확하여 갈등 해소가 그만큼 어렵다.

3) 갈등 해소방안

공공사업을 추진하면서 갈등의 원인을 모두 제거하기란 불가능하다.
다만 그 원인을 알고 미리 대처한다면 갈등을 예방하거나 갈등의 정도
를 완화할 수 있다. 또한 갈등의 특징에 대한 분석은 발생한 갈등을 해
소하거나 관리하는 데 어떤 기제가 유용할 것인가를 고려하는 데 도움
을 줄 것이다.

공공사업 갈등의 원인과 특징에 따라 고려해야 할 갈등관리로는 사
전적 갈등예방과 관리가 가장 바람직하고 사회적 경비를 줄이는 방법
이다. 사전적 갈등관리 방법으로는 공공참여가 중요하다. 따라서 정책
수립단계에서 이해당사자의 참여체계 확립 및 경제적 수단개선, 공개

행정 및 투명성 제고와 충분한 정보제공, 정확한 외부경제효과의 논리에 따른 대안선택 등으로 사전 갈등예방 활동이 강화되어야 한다. 다음 정책추진단계에서는 이해당사자의 사업진행 감시체계 구축, 사업진행 자료 및 정보제공, 합의 형성 결과의 이행을 위한 사회적 압력장치를 마련하는 것이 필요하다. 마지막으로 사업완료 후의 관리단계에서는 사업 갈등에 대한 자체평가 및 문제점 분석과 갈등관련 기초 데이터베이스204)를 구축하고 기존 합의체계의 지속적 작동 여부를 점검하는 것이 필요하다.

이같이 결정된 정책을 온전히 추진하기 위해서는 사회 합의체계의 구축과 합의된 정책을 존중하는 풍토가 확립되어야 한다. 오늘날 우리 사회 전반에는 다중의 힘이나 큰 목소리로 상대방을 제압하려는 행태가 만연되어 있다. 협상문화는 없고 이런 비정상적인 행태가 통하는 사회는 결코 효율적이고 정상적인 정책결정과 정의가 이루어질 수 없다. 고성불패를 추방하기 위해서는 우리 사회 각 참여자의 각성과 더불어 정당한 목소리를 내는 것도 중요하지만, 정부의 정책수립과정에서 투명성과 결정된 정책의 일관성이 무엇보다 중요하다.

시민사회발전은 정책참여와 합의구축에서 그 기능과 역할을 하고 있음에도 책임행정이라는 측면에서는 불안한 모습을 보이는 것도 사실이다. 시민이나 사회단체는 정책형성과 결정에 영향을 미치고 있지만, 정책결과에 대한 직접적인 책임이 없었다. 이제는 시민참여에 상응하는 그 결과에 대한 책임도 공유할 필요가 있다. 감시와 비판의 입장에서 동반자의 입장으로 스스로 대안제시와 결과에 대한 평가가 이루어지면

---

204) 데이터베이스(DB: Data Base)는 여러 사람에 의해 공유되어 사용될 목적으로 통합하여 관리되는 데이터의 집합을 말한다. 자료항목의 중복을 없애고 자료를 구조화하여 저장함으로써 자료 검색과 갱신의 효율을 높인다. 현대적인 의미의 데이터베이스 개념을 확립한 사람은 당시 제너럴일렉트릭사(社)에 였던 C. 바크만으로 그는 1963년 IDS(ntegrated Data Store)라는 데이터베이스 관리시스템을 만들었다.

서 사회발전에 동참하여야 한다.

예방활동에도 불구하고 갈등이 발생하면 이를 적절히 해소할 수 있는 체계도 동시에 갖추어야 한다. 기존의 조정협의 기관을 최대한 활용하는 한편 전문인의 3자 조정을 이용한 다양한 대안적 갈등해소방안(ADR: Alternative Dispute Resolution) 기법의 공공분야 도입을 촉진하고 이에 필요한 제도적 확충을 서둘러야 한다. 그러나 이러한 제도적인 참여체계를 구축하는 것도 중요하지만, 무엇보다도 조정협상으로 합의에 이르는 것이 사회평화와 상호이익을 위한다는 갈등참여자의 확고한 믿음이 필요하다. 결국 갈등관리는 사회 환경과 갈등활동에 참여하는 구성원에 크게 의존한다.[205] 따라서 사회 전반의 갈등관리 교육을 강화하기 위하여 학교 및 일반 사회인의 협상토론 문화에 대한 교육과 합의형성 및 조정을 위한 전문적인 인재양성과 기관의 육성이 필요하다.

---

205) 갈등은 어떤 객관적 사실에 의존하기보다는 사람의 머릿속에 있으며 사람의 문제는 거의 대부분 상호인식, 감정 그리고 의사소통과 관련된다. 갈등해소 및 관리에 있어서 갈등참여자의 주관적 요소가 정형화된 시스템이나 제도, 방법보다 중요함을 뜻한다.

정치사회갈등에 대해 갖는 의문

1. 권력의 근원은 무엇인가?

절대왕조에 의해 통치되던 고대의 전제군주 시대나 민주주의가 정착된 현대에도 늘 권력의 근원은 국민의 마음속에 있다. 즉 권력의 근원은 국민의 마음이다. 단지 차이가 있다면 절대왕조시대에는 정권이 정복자에 의해 탄생하고 승계되는 제도를 통하여 국민이 왕이나 군주로 인정하고 받아들이면 세습이 이루어졌다. 외형상으로는 후계자가 함부로 그 직위를 물려받는 것으로 보이지만 항상 세습의 과정에는 치열한 권력투쟁과 반발, 수용과정이 있었다. 조선왕조 500여 년 역사 속에서 장자가 대권을 이어받은 것은 총 25번의 왕위계승 중 7번[206)에 불과했

---

206) 조선왕조 장자 왕위계승 7번: 조선왕조는 경국대전에서 적장자에 의한 제사의 승계를 규정하고 부계 혈통에 의한 가계승계의 확립을 도모하고자 했다. 왕위 계승은 적장자로 하겠다는 입장은 분명히 지니고 있었던 것이다. 그러나 정작 조선왕조는 25번의 왕위 계승 중 장자 승계를 7번, 기중 적장자 승계는 6번밖에 실행에 옮기지 못했습니다. 숙종과 장희빈의 아들인 경종이 장자이긴 하나, 적장자는 아니다. 그리

다는 것이 이를 잘 증명한다. 오늘날의 민주주의는 국민투표에 의한 선거를 통해 대통령을 선출하도록 규정하기에 이르렀지만, 대통령의 직책 및 직무 권한의 내용 및 범위를 법규에 명시함으로써 권력이 남용되는 것을 견제하고 있다. 이러한 제도적 체계가 정립된 현대 민주주의 국가에서는 모든 국민이 다수결에 따라 대통령이 되고 관료제에 따라 국가가 통치되는 것을 당연한 것으로 받아들이게 되었다.

관료제에서 대부분 의사결정권은 계층제 상층부에 있다. 민주주의에서 권력은 우선 국민으로부터 선거에 의해 당선된 관리로, 대통령과 지방자치단체장 같은 관리의 예산 및 인사 등을 담당하는 중앙 참모기관으로 그리고 마지막으로 중앙통제기관으로부터 계선 행정기관의 관리자로 이동한다. 보통선거에 의해 당선된 관리들은 가능한 한 많은 권력을 유지하려 하며 중앙 통제기관도 마찬가지이다. 경계나 한계를 나타내는 선을 관리하는 계선(界線) 관리자들은 구체적으로 명시된 예산집행 내용과 인사 규칙, 행정구매 조달체제, 감사 실태 등등에 의해 융통성이 제한된다. 또한 공무원들은 의사결정권이 거의 없다. 그 결과 정부조직은 상황을 변화시키거나 고객의 욕구에 신경 쓰기보다는 새로운 명령을 좇기에 급급할 뿐이다.[207]

마음은 사람이 본래부터 지닌 성격이나 품성, 사람이 다른 사람이나 사물에 대하여 감정이나 의지, 생각 따위를 느끼거나 일으키는 작용이나 태도, 사람이 사물의 옳고 그름이나 좋고 나쁨을 판단하는 심리나 심성의 바탕, 사람이 어떤 일에 대하여 가지는 관심, 이성이나 타인에

고 외아들인 경우가 3번이다. 외아들인 경우 3번을 제외하고는 세자책봉과정에서 왕실과 신료들의 의견이 엇갈리는 일이 빈번하게 나타난다. 태조 이성계의 적장자인 방우는 조선건국 자체를 부정한 인물이었기에 자연히 왕위를 포기했고, 그 빈자리를 아우들인 정종, 태종 등이 왕위 승계 쟁탈과정에서 승리 왕위를 이어받게 된다.

207) 데이빗 오스본·피터 플래스트리크 저, 최창현 옮김(1998), 『정부개혁의 5가지 전략』, 삼성경제연구소, p.72~73

대한 사랑이나 호의(好意)의 감정 등 여러 가지 뜻이 있다. 권력을 용인하는 국민의 마음은 외부로부터의 자극에 대하여 일어나는 기분이나 느낌이 투영된 것으로 하나도 아니며 고정된 것이 아니다. 기존의 가치체계와 결부되어 보완과 반복된 생각을 통하여 이제까지 더욱 더 튼튼하여질 때 고정관념이나 일정한 신념 또는 이념으로 발전할 수도 있지만, 외부의 영향 요인인 지식, 정보 내용에 따라 언제든지 달라질 수 있다. 호감을 느낄 때 대개 긍정적으로 반응하지만, 호감을 느끼지 않거나 싫을 때도 주위의 상황이나 여건에 따라 수긍하거나 찬성하는 등의 긍정적인 반응을 나타나기도 한다. 그러므로 선거 때마다 특정한 후보와 정당에 대한 지지도와 지지율이 변화하고 임기 중인 대통령도 정책내용에 따라 좋은 정책을 펼칠 때는 지지도가 올라가고 좋지 않은 정책을 무리하게 추진할 때는 지지도가 내려가는 등 등락을 거듭한다.

지도자에 대한 지지도의 변화는 국민이 임의대로 결정하고 일정한 방향으로 이끌어 가는 것이 아니라 국민의 마음에 비친 정책과 정견, 이념, 신념과 철학, 문제해결능력, 미래에 대한 구상인 비전(vision), 합리적인 행동을 하는가 불합리한 행동을 하는가 등 지도자의 행동과 태도가 만들어 낸 그림자의 빛깔과 형태에 따라 달라진다. 지도자의 행동과 태도가 특정한 형태와 모양 빛깔을 만들 때 그것을 좋아하는 선호도를 가진 사람들은 변함없이 지지하지만 한동안 좋아했다가도 또 다른 고습을 보고 실증을 느끼거나 실증을 느끼다가도 다시 좋아할 수도 있으며 시종일관 싫어하는 사람도 있다. 어느 경우이든 시대와 상황, 환경, 지식의 변화를 적절히 반영하여 국민의 지지를 얻는 사람은 선거에서 당선되어 정권을 얻을 수 있지만 그렇지 못하면 정권을 획득할 수 없다.

국민의 지지를 얻어 정권을 획득하게 되느냐 그렇지 못하느냐 하는 것은 오늘날 많은 사람의 관심 대상이 되는 관상이나, 사주팔자, 조상의 묘가 아니라 끊임없는 노력과 인내 속에서 시대의 변화를 이끌어갈 수 있는 역동성[208](力動性)을 발휘하고 그것이 국민에게 합리적인 것으로 공감을 받느냐 받지 못하느냐에 따라 결정된다. 지도자의 행동과 태도, 노력이 국민의 마음을 얻거나 움직이면 정권을 획득하게 되지만 그렇지 못하면 정권을 획득할 수 없으므로 결국 권력은 국민이 쥐여 주는 것이 아니라 정치가의 실력과 의지, 노력에 달렸다. 이러한 개인적 실력과 의지, 노력을 바탕으로 국민으로부터 긍정적 지지를 끌어내야 한다. 그럼에도 오늘날 선거에서는 다수 득표자가 당선되는 선거방식 특성상 나의 실력이 우수하지 않아도 경쟁후보의 실책이나 추문을 들추어내어 여론을 환기시키고 지지도가 급락하면 정권을 획득할 수 있는 불합리한 점을 이용하여 정권을 쟁취하려는 경향이 강하게 나타난다.

우리 정치 현실도 예외는 아니다. 선거에서의 네거티브전략은 오늘날 우리나라 정치인들이 권력 획득 과정에 대한 잘못된 인식을 하게 만드는 가장 큰 폐단 중 하나로 작용하고 있다. 정권 획득은 국민의 마음을 얻고 국민으로부터 통치를 위임받는 것이 아니라 어떤 수단과 방법을 사용하든 쟁취하기만 하면 마음대로 할 수 있다는 그릇된 생각을 하게 만들기 때문에 제왕적으로 국민 위에 군림하려 들고 권력을 계속 유지하고 집권기간을 연장하기 위해 권력을 사유화하며 온갖 정쟁을 일삼게 된다. 국론을 분열시키는 데 앞장서 온 함량 미달의 인사도 자기 사람이나 자기편이고 필요한 사람으로 인식되면 국민의 반발을 무릅쓰고 요직에 등용하는 무리한 인사를 서슴지 않는다. 업적을 고려하여 합리성을 결여한 정책을 추진하고 책임은 지지 않기 위해 자기 합리화를 시도한다. 그러면서도 상당수 정치가는 자신들의 잘못된 행동에도 특별히 새롭게 부각되는 다른 인물이 없으므로 국민이 다음 선거에서

---

208) 역동성(力動性): 힘차고 활발하게 움직이는 성질.

다시 지지해줄 것으로 생각하는 오만이 서려 있다.

오늘날 상당수의 유권자가 마음에 드는 사람이 없는데도 법과 제도가 갖는 한계성으로 인해 누군가를 대통령, 국회의원, 지방자치단체장으로 선출하게 되어 있어 선거 때마다 의례적으로 투표에 참여하는 경향이 있다. 마음에 들지 않지만 그래도 국가와 국민을 위해서 열심히 일 해달라고 권력을 위임해준다. 그런데 그러한 국민의 마음도 모르고 상당수 정치가는 공공연하게 정치를 흥행으로 생각하고 몰지각한 일부 정치평론가 또한 선거를 흥행으로 표현하는 저속함을 공공연하게 내보인다.

정치권력은 국가와 국민을 위하여 나의 열정을 쏟아 봉사하고 헌신할 기회를 국민으로부터 잠시 위임받는 것이다. 개인이 아무리 그 자리를 오래 차지하고 싶어도 세월이 지나고 새로운 역할을 할 인사가 나오면 그들에게로 돌아간다. 국민으로부터 위임받아 직무를 수행하기 위해 주어지는 직위는 그저 한 자리 차지하는 것쯤으로 여기는 개인적인 명예의 대상이 되어서는 안 된다. 명예는 결코 내가 명예로운 행동을 했다고 생각하고 주장하는 것으로 만들어지지 않는다. 진정으로 열심히 국가와 국민을 위해 헌신하고 봉사할 때 타인이 그의 역할과 행적을 추앙하면 자연스럽게 명예가 높아지는 것이다. 그런데 오늘날 우리나라의 정치인들에게는 자기의 추종 세력에 의한 지지가 명예라고 착각하는 사람이 너무 많은 것 같다.

반쪽짜리 명예가 어떻게 제대로 된 명예가 될 수 있는지 의문이다. 지금의 추종자와 지지자는 내일의 추종자나 지지자가 아니다. 역사의 거대한 수레바퀴 앞에서 볼 때 추종자나 지지자가 생각하는 업적은 대수로운 것이 아닐 수도 있다. 세월이 지나면 진정으로 국가발전과 국민을 위한 정치를 한 사람들은 반드시 정당한 평가를 받는다. 그리고 역사는 국민을 위한 것이 아니라 국민을 위한다는 명분을 내세워 국론을 분열시키면서 개인의 권력에 대한 탐욕과 입신출세를 위해 인내하고 노력했는지 아닌지도 분명하게 밝혀준다. 시대를 초월하여 정당성과 합리성을 추구하지 않고 가식적인 행동을 한 정치가의 꼼수는 반드시 허물이 벗겨져 진정한 면모가 백일하에 드러나기 마련이다. 개인의 생각과 시각은 편향되어 있을 수 있지만, 국민의 눈은 냉철하고, 역사의 평가와 심판은 준엄하다. 권력의 근원인 국민의 마음과 역사의 평가는 같은 것이다. 추종자나 몇몇 전문가에 의한 평가, 국민의 논란 대상이 되는 평가는 제대로 된 평가가 아니다. 인간이 갖는 보편적 가치는 시대를 초월한다. 그렇기 때문에 진정한 명예를 얻고 싶으면 국민 누구나 인정하는 정당성과 합리성을 추구해야 한다. 그러면 아무리 시대가 바뀌어도 자신의 공적은 훼손되지 않는다.

2. 민주주의는 누가 만드는 것인가?

1970년대 이후 30여 년간 우리나라의 가장 대표적인 정치사회적 화두(話頭)는 민주화였다. 그 민주화에 선도적인 역할을 한 사람들은 오늘날의 변화된 한국사회가 자신들의 헌신과 노력으로 크게 진전되었다고 평가할 가능성이 크다. 그런 측면이 없는 것은 아니지만 그렇다고 민주화 운동에 앞장선 사람들의 역할에 의존하여 오늘날 우리의 민주화가 이루어진 것만은 아니다.

현재 우리나라의 민주화를 이루어낸 민주화의 주역은 민주화 운동에 앞장선 사람들을 포함한 대한민국의 모든 국민이다. 민주화 운동에 앞장서 온 사람들, 특히 운동 과정에서 탄압(彈壓)을 받았다고 생각하는 사람들과 피해를 당한 당사자들은 '우리의 피와 땀으로 민주화가 이루어졌는데 무슨 소리를 하느냐?'라고 펄쩍 뛸지도 모르겠다. 하지만 그 것은 어디까지나 그들의 생각이다. 자신들의 가치관이나 판단 기준에 서 볼 때 그런 것이지 극민 전체의 입장에서 볼 때는 그렇지 않다. 민주 화 운동에 참여한 사람들의 공적이 있는 것은 사실이지만 그것은 민주 주의 발전에 일부분 기여한 것으로 엄청나게 크다고 보기는 어렵다.

70년대와 80년대에 민주화에 앞장섰던 사람들은 입으로는 민주화를 외치고 요구했지만, 비민주적인 물리력을 동원한 투쟁방법을 통해 민 주화를 추구하는 논리적 모순을 범했다. 개인적인 투쟁 방식에는 차이 가 있지만, 전체적으로 볼 때 법과 절차에 입각한 원칙과 기준을 준수 하며 비폭력적인 방법으로 민주화를 이루어낸 것이 아니므로 민주화의 공적만큼 과오도 만들었다. 민주화 운동에 참여한 주도 세력 중 한 분 파는 정치가들이었기 때문에 그들은 민주화의 공적을 인정받고 국민의 지지를 얻어 정권을 획득하거나 국회의원으로 당선도 었다. 하지만 그 들이 주역이 되어 만들어 낸 우리 민주주의 자화상은 대화와 타협은 실 종되고 폭력적인 행동이 난무하는 오늘날의 정치권과 국회가 되도록 하는 데 상당 부분 원인을 제공했다.

그럼에도 여전히 민주화에 앞장섰던 사람들은 법을 개정하고 제도를 정비하여 잘못된 관행을 바로 잡아 자유롭게 살 수 있는 사회를 만든 것은 모두 민주화 노력의 공이 아니냐고 반문할 것이 틀림없다. 물론 한 시대의 민주주의 발전에 일조한 것은 맞지만, 나라를 독립시키고 긴 주화의 틀을 만들어 초석을 다지고 공산주의로부터 국가와 민주주의를 지켜낸 공적과는 비교할 수 있는 것이 아니다. 과거보다 민주화가 많이 진전되었다고 하지만 현재 우리나라의 대의 민주주의는 크게 왜곡되어 진정한 민주주의 모습은 찾아보기 어렵다. 가장 시급하게 해결해야 할 국가적 과제가 정치권의 민주화라는 점은 우리에게 시사하는 바가 크

다. 그리고 오늘날의 민주주의는 국민 삶의 질을 향상할 경제력이 받침
이 되지 않는 상태에서는 큰 의미를 갖지 못한다. 또한 법이 바뀌고 제
도를 정비하고 잘못된 관행을 바로 잡는 것은 민주주의 국가에서 몇몇
민주화 운동을 하는 사람들에 의해 이루어질 수 있는 것이 아니다. 대
다수의 국민이 원할 때만 가능하다. 그러므로 민주화를 이루어내고 민
주주의를 만들어 낸 주역은 국민이 되는 것이다.

　다수인 국민이 원하지 않을 때는 그 어떤 일도 성공할 수 없다. 그것
이 민주화라도 마찬가지이다. 국민의 뜻에 반하는 행동을 하는 정치지
도자는 독재자가 된다. 그들에 대항해 투쟁에 나서는 사람은 투사(鬪士)
나 혁명가(革命家)가 되는 것이다. 우리의 민주화 운동 중에 정권 획득
을 목적으로 한 사람들은 많았지만, 민주주의 체제의 전복을 꾀한 혁명
가는 없었다. 민주화 운동에 참여한 사람들이 개인의 정치적인 포부를
펴기 위한 목적이든 아니면 자신의 자유와 행복 추구를 위해 양심에 따
라 민주화에 앞장섰든 그것은 국민이 원하는 민주화를 선도하고 편승
하면서 일정부분 기여하는 역할을 한 것이다. 무슨 일이든 앞장서는 사
람이 있다는 것은 중요하지만 몇몇 정치가가 원한다고 해서 결코 민주
화가 되는 것은 아니다. 모택동을 비롯한 중국의 혁명가들이 공산주의
건설에 성공할 수 있었던 것도 중국인민의 선택이었지 단순하게 중국
공산당이 원했기 때문에 공산주의 국가 건설이 성공한 것으로 보기는
어렵다.

　민주화가 민주화 운동에 앞장서는 사람들만의 노력으로 이루어진 것
이 아니라는 점은 민주화에 대한 본질을 파악하면 더욱 분명해진다. 민
주화의 투쟁대상이 되는 독재 권력은 국민이 부여한 권력을 강압적인
방법에 의해 장기간 향유하면서 대다수의 전체 국민보다는 개인이나
일족, 자신을 따르는 무리의 이익을 앞세워 국민을 억압하는 정권이다.

국민의 입장에서 볼 때 민주화는 국민이 부여한 권력을 국민을 위한 목적으로 제대로 사용하지 않는 정치가나 정권으로부터 권력을 환수하여 국민에게 도움이 되는 민주주의를 발전시키는 일을 하고자 하는 정치가에게 정권을 위임하기 위해 정권을 회수하는 작업에 속한다. 민주화에 앞장서며 민주화 운동을 선도한 사람들, 특히 그중에서도 민주화에 앞장선 정치가는 자신들에게 정치권력이 돌아오기를 기대하기 때문에 그들은 민주화에 앞장서서 상당한 역할을 하고도 언제나 동기의 순수성을 의심받게 된다.

3 · 15부정 선거가 도화선이 되어 발생한 4 · 19의거를 통한 장면정부의 집권과 6 · 10민주화 운동을 통한 6 · 29선언으로 본격적인 민주화가 진행된 것도 돌이켜보면 민주화에 앞장선 사람들의 노력이 있었다. 하지만 그것이 성공할 수 있었던 것은 수많은 국민이 어떠한 희생을 감수하고서라도 잘못된 것을 바로 잡아야 하겠다며 직접 거리로 뛰어나왔고, 생업에 종사한 국민이 마음으로 민주화를 지지했기 때문에 이루어질 수 있었다. 결국 국민들이 민주화를 원했기 때문에 가능했다. 극단적으로 말하자면 현재 지구상에 사라져 가는 공산주의도 절대다수의 국민이 원하면 만들 수 있는 것이 인간사회이다. 그러므로 민주주의를 발전시키는 것도 후퇴하게 하는 것도 모두 국민의 몫이다.

양 김 씨가 우리나라 민주화의 주역인 것처럼 말들을 하지만 그들의 역할은 역사라는 거시적인 관점에서 볼 때 민주주의 발전을 위해 한순간 정치인으로서 주어진 역할을 한 것에 지나지 않는다. 크게 존경스러울 것도 없다. 그들의 지지자들은 흥분할지 몰라도 그들이 정치 일선에 나서기 전에도 우리나라에 민주주의는 있었고 그들이 정치 일선에서 물러난 지금도 우리의 민주주의는 건재하다. 이것은 민주주의 주인으로서 국민 스스로 민주주의를 유지 발전시키는 주역이기 때문에 주인인 국민이 민주주의를 발전시키려는 노력을 계속하는 한 우리의 민주주의는 지속할 수 있다. 그럼에도 세월이 흘러도 민주화 운동에 앞장선 사람들을 기억하고 추켜세우는 것은 어느 시대를 막론하고 민주화의 진전 실현에 앞장선 사람들의 노력과 희생정신의 필요성과 공적을 인정하는 것이지 그들이 사용한 비민주적 방법론까지 동의하는 것은 결코 아니다.

인간사회는 끊임없는 변화 속에서 새로운 가치를 정립하고 만들어가는 것이기 때문에 완성이란 있을 수 없다. 우리의 민주주의도 완성된 것이 아니라 앞으로도 계속 만들어나가야 할 미완성품이다. 스스로 대단한 일을 했다고 생각하는 민주화의 주역들도 역사라는 관점에서 보면 하나의 방점(傍點)에 불과하다. 오직 나여야만 한다는 생각을 하는 정치가는 오만한 사람이다. 우리나라 정치가 중에는 그러한 사람들이 적지 않은 것 같다. 적지 않은 사람들이 과거의 업적으로 인해 고인이 된 일부 정치가를 지나치게 추종한 결과 현실적인 갈등과 대립을 보이기까지 하는 것 같다. 이것은 잘못된 행동이다. 우리가 과거를 반추하는 이유는 앞으로 살아가는 데 교훈을 삼아 같은 실수를 되풀이하지 않거나 발전을 지향하기 위함이다. 그런데 그 과거에 매몰되어 국가사회의 현재와 미래 발전이 저해된다면 이는 결코 바람직한 일이라 할 수 없다.

항상 지도자의 역할과 역량에 따라 시대적 기류는 변화한다. 그러므로 올바른 일을 한 정치가는 존경을 받는다. 각 정치가의 삶이나 행동이 나름대로 의미가 있었다고 하더라도 단지 자신들의 시대에 주어진 역할에 충실한 사람들이었을 뿐이다. 하지만 그가 아니면 안 된다는 생각은 착각이다. 세상은 그가 아니라도 또 다른 사람에 의해 선도된다. 그들의 가치가 오늘 우리의 가치와 동일한 것도 아니고 그들이 없었다고 하여 오늘의 우리가 없어지는 것도 아니다. 더욱이 오늘 우리의 민주주의가 없어지는 것은 더더욱 아니다. 그것은 선구적인 역할을 한 정치가들의 업적을 깎아내리거나 훼손하기 위함이 아니라 국가는 정치가 한두 사람의 노력으로 이루어지는 것이 아니라 다수의 국민이 지지와 동참, 공동의 노력 속에 발전한다는 점이다. 그러므로 민주주의뿐만 아니라 독재정권도 어떻게 보면 국민의 선택일 수도 있다.

오늘날 우리의 정치권이 세계적인 망신을 사는 추태를 보이며 사회갈등을 조장하고 국론의 대립과 분열을 일삼고 있는데도 국민이 인내하며 기다리는 것은, 정치인의 잘못을 용인하는 것이 아니라 정치인 스스로 잘못을 깨닫고 수정할 기회를 주고자 함이다. 그 잘못을 차단하는 방법을 몰라서 그런 것이 아니다. 앞으로도 계속해서 현재와 같은 구태를 벗어나지 못하면 국민은 언젠가는 반드시 저급한 정치인들을 몰아내는 심판을 할 것이 틀림없다. 우리의 자유와 민주주의가 어떤 대가를 치르고 만들어진 것인데, 일신의 영달만을 추구하는 저급한 인간들이 본분을 잊고 몰지각한 행동을 일삼으며 사회를 혼란 속으로 몰아넣는 군상(群像)들을 정치지도자로 계속 모시겠는가? 국민과 역사 앞에 죄인이 되지 않으려면 국민을 화합시키고 국가발전과 국민 삶의 질을 향상시키는 데 선도적 역할을 하는 본연의 자세로 기회가 주어졌을 때 뿌리 돌아오는 것이 좋다.

3. 정치는 누구를 위한 일인가?

우리는 여기서 정치는 누구를 위한 일인가를 한번 생각해 볼 필요가 있다. 그 답은 간단하다. 국민을 대상으로 하는 나를 위한 일이다. 그럼 정치가들이 어떤 정치를 해야 하는가 하는 새로운 의문이 생긴다. 선각자들은 인생은 남을 위해 사는 것이고, 나를 위해 사는 것이 남을 위해 사는 것보다 더 어렵다고 했다. 이 말은 어떻게 보면 우리의 일상적인 삶과는 반대되는 것 같지만, 해석과 이해의 차이일 뿐 일상적인 삶의 모습과 다르지 않다.

사람의 삶은 나를 위해서 사는 것이다. 아무리 남을 위해서 살려고 한다고 해서 살아지는 것이 아니다. 만일 남을 위해 산다고 하면 대부분 그만한 반대급부를 기대하고 행동한다. 그런데도 인생이 남을 위해 사는 것이라고 하는 것은 나의 삶과 존재가 모두 타인과의 관계 속에서 의미가 있고 가치가 형성되는 동전의 양면과 같은 것으로 실제로도 타인을 위해 살고 있기 때문이다. 다시 말하면 이런 것이다. 내가 누구를 사랑한다고 할 때 그 사랑은 나의 욕구나 만족, 행복을 추구하기 위한 것이지만 상대방인 타인과의 교류나 교감을 통하여 형성된다. 나의 사랑하는 마음을 상대방에게 줄 때 상대방도 그것에 응하여 자기의 사랑하는 마음을 나에게 돌려준다. 결국 쌍방이 사랑을 하는 것이다.

하지만 여기서 사랑은 두 가지 해석이 가능하다. 즉 나를 기준으로 생각할 때, 내가 다른 사람에게 사랑하는 마음을 준 것은 크게 의식하지 않고 내가 기대했던 것을 더 크게 의식할 때 사랑은 받는 것이 되지만, 반대의 경우에는 사랑을 주는 것이 된다. 어느 쪽의 해석이든 나의 사랑은 내 욕구를 실현하기 위한 행동의 결과이다. 상대방이 먼저 사랑을 주어도 내가 그것을 받지 않으면 사랑은 이루어지지 않는다. 결국 내가 상대방에게 사랑을 베푸는 남을 위한 행동의 결과가 다시 내게 돌아올 때 나도 사랑을 만끽한다. 이렇게 교감 속에서 이루어지기 때문에 나의 사랑의 행위는 남을 위한 것이 되기도 하지만 궁극적으로는 나를 위한 것으로 돌아온다.

이와는 반대로 나를 위해 사는 것은 타인에게 사랑을 베풀 필요가 없다. 그저 내가 필요한 것을 취하기만 하면 그뿐이다. 이것은 자연 속에서 필요한 음식들을 채집하는 일차적인 행동에 해당한다. 그런데 가만히 생각해보면 자연도 그렇게 넉넉한 것만은 아니다. 먹이사슬을 통한 생태계의 흐름과 물질의 순환이 이루어진다. 채집한 것을 그 자리에서 다시 채집하기 위해서는 무엇인가 그것을 다시 만들어 낼만한 물질 또는 원인이 제공되어야 한다. 그러므로 일방적인 이익은 그 이익을 베풀 객체가 많고 이익을 취할 주체의 수가 적을 때는 어느 정도 가능하다. 하지만 오늘날과 같이 인구가 늘어나면 자연적인 것으로는 감당이 되지 않는다. 우리가 농사를 짓고 가축을 기르며 필요한 제품을 만들어 내는 것도 자연적으로 해결이 안 되는데 그 이유가 있다.

자연이 인간의 생존에 절대적 필수요소이지만 우리의 삶은 자연과 사는 것이 아니라 자연 속에서 인간과 사는 것이다. 인간관계에서 항상 일방적으로 받기만 할 수 있는 것은 아무것도 없다. 누군가의 행위와 노력, 희생의 결과로 지금의 내가 살아가고 있으며, 나는 누군가와의 관계를 통해 행복을 느끼고, 기대와 실망도 하고, 때로는 사랑을 쟁취하기도 한다. 오로지 나 혼자 받기만 하려고 하면 세상은 나를 거부하고 싫어하며 제약하려 든다. 모든 사람이 나를 위해 사는 이기적인 세상은 질서와 공존은 없고 탐욕만 판치는 약육강식의 세상이 될 것이 뻔하다. 결국 나를 위해서 사는 것은 나의 삶을 위협하는 결과로 되돌아오지만 남을 위해서 사는 것은 나의 삶을 풍요롭게 하고 성취로 돌아온다. 인간은 누구나 안정과 풍요로운 삶을 원하기 때문에 나를 위해 사는 것은 남을 위해서 사는 것보다 어려운 일이 되는 것이다.

국민을 위한 정치도 마찬가지 원리이다. 정치행위를 통하여 얻는 직위와 권력, 행복과 만족은 정치가 자신을 위해서 사는 것에서 얻는 것이 아니라, 정치가가 국민을 위해 사는 것으로부터 얻는 정치가의 것이다. 즉 국민을 위해 사는 것에서 정치가가 만족과 기쁨, 행복을 얻는다. 단지 우리 삶에서 그 대상이 정치이고 국민이라는 점이 다를 뿐이다. 정치가는 정치활동을 통하여 국민이 잘 살 수 있도록 해주면 된다. 그 것이 전부이다. 그러면 국민은 정치를 통하여 삶의 질이 향상되고 정치가는 국민의 신뢰제고를 통하여 권력을 향유하는 기쁨을 느끼게 된다. 당연히 지도자의 업적도 높이 평가되기 마련이다. 나가 정치를 행한 결과가 국민에게서 만족이나 즐거움으로 돌아오는 것이다. 궁극적으로 정치가의 국민에 대한 정치는 국민을 대상으로 한 정치가 자신을 위해 사는 것에서 실현된다. 이렇게 순방향으로 진행될 때 국가발전이나 국민 삶의 질 향상은 국민을 위한 것으로 끝나고 정치가는 자신의 업적을 통하여 기쁨과 행복, 만족을 구하는 것이면 충분하다.

만약 국민에게서 돌아오는 만족의 정도가 적다면 정치인은 지도력의 품질을 증가시키거나 더욱 효율적인 방법으로 개선하면 된다. 이런 노력이 국민에 잘 받아들여지지 않아 업적을 제대로 못 낸다고 하더라도 자기 인생을 열심히 살고 한계를 극복하며 좋은 실적을 올리기 위해 노력하는 것으로 만족해야 한다. 혹시 실적 부족으로 만족이 이루어지지 않더라도 원천적으로 만족의 여부는 정치인 자신의 영역에 속한 것이고 부족으로 느끼는 기준도 정치인 자신이 설정한 것이다. 국민은 그것을 잘 모른다. 따라서 기대했던 좋은 업적을 내지 못했다고 국민에게 화를 내거나 비난해야 할 이유가 없다. 만일 화를 내야 한다면 정치인 자신의 부족함과 너무 큰 기대를 설정하도록 자기관리를 게을리 하고 국민에게 더 많은 것을 해주지 못한 자신에게 화를 내야 마땅하다. 그런데도 우리 주위에 있는 많은 정치인은 좋은 업적을 내지 못한다고 화를 내거나 속상해하며 언짢아한다. 무엇이 문제이고 잘못인지도 모르면서 속상해하고 그것을 표출하니까 정치를 하는 정치인 자신도 힘들고 국민도 힘들다.

근본적으로 잘못된 것이다. 문제의 근원은 정치인 자신에게 있다. 국민을 위해 사는 것이 아니라 정치인 자신을 위해 살았기 때문이다. 만약 국민을 위해 살았다고 생각하는 데도 이러한 일이 생겼다면 그것은 상대에게 내 마음을 주고 열심히 사랑했는데 상대는 나에게 사랑을 주지 않는 짝사랑과 같다. 상대방에게서 사랑이 돌아오지 않으면 기분이 안 좋아지게 된다. 짝사랑의 끝은 대부분 상대를 야속하게 생각하거나 원망하고 미련이나 마음의 상처를 남긴다. 상대와 다등한 관계에서는 이렇게 끝나지만 대등하지 않은 관계에서는 좋지 않은 행동으로 이어지기도 한다. 정치에서 정치가가 국민에게 쏟은 열정과 경제력이 만족할 만한 좋은 결과로 돌아오지 않으면 대등한 관계가 아니므로 정치가가 국민에게 직접적으로 화를 내거나 실망감을 표현하는 것도 비슷한 행동에 속한다.

결국 정치에서 국민에게 실망을 적게 하고 만족을 구하는 방법은 정치가 국민을 대상으로 한 정치인 자신을 위한 것이라는 점을 재인식하는 것이다. 국민에게서 얻어지는 결과가 만족스럽지 않다고 화를 내고 기분 나빠할 것이 아니라 진정으로 국민을 위한 삶을 살고 그래도 정치인 자신의 만족이 채워지지 않는다면 국민에게 더 많은 열정과 한계 극복방법을 제공하는 것이 정석이다. 주는 것은 적게 주면서 큰 기대로 많이 바라고, 돌아오는 것이 적다고 징징대며, 순간순간의 결과에 대해 감정을 직접적으로 표현하며, 만족을 구하려고 하는 것은 이기심을 국민에게 내보이는 부덕의 소치(所致)에 불과하다.[209]

---

209) 이진호(2010), 『현명한 부도의 자녀교육』, 팔모, p.54~56

4. 정치가의 역할은 무엇인가?

정치가는 정치하는 사람을 말한다. 그들의 역할은 정치하는 것이다. 정치가가 할 수 있는 가장 이상적인 정치는 무엇인가? 그것은 정치하는 것이면 된다. 그것이 전부이다. 고대의 전제군주 시대에나 주권이 국민에게 있는 현대 민주주의 사회에서도 정치가의 역할에는 변함이 없다. 단지 차이가 있다면 의사결정, 다스리는 방식, 제도에 차이가 있을 뿐 살기 좋은 세상을 만들고 국민의 마음을 어루만져주어야 하는 내용에는 변함이 없다.

정치(政治)라는 단어를 글자 뜻 그대로 풀이하면 바르게 다스리는 것을 말한다. 그럼 정치가는 정치하는 사람이므로 바르게 다스리면 되지 왜 국민의 마음을 어루만져주는 것인가 하는 의문이 생길 수 있다. 그것은 정치가에게 주어진 역할과 그 역할에 의해 수행해야 할 내용의 관계로 실질적인 것은 같다. 그러면 정치가의 역할 내용에 좋은 세상을 만드는 것도 있다고 했는데 그것과 국민의 마음을 어루만져 주는 것은 또 어떤 관계인가? 이것 또한 추구해야 할 이상적인 목표와 그것을 실현해 가는 과정으로 형태상 구분할 수도 있지만, 본질적인 것은 동일하다. 즉 바르게 다스리는 것이 국민의 마음을 어루만져 주는 것이고, 마음을 어루만져 국민의 근심과 걱정이 줄어들 때 살기 좋은 세상이 달성되기 때문이다.

또한 국민 중에는 어느 시대 할 것 없이 권력을 획득하고 부를 축적하여 호사를 누리는 사람들도 적지 않은데 왜 정치가의 역할이 국민의 마음을 어루만져주는 것이어야 하는가? 이 문제에 대한 답을 얻기 위해서는 정치가가 바르게 다스리는 통치를 하기 위한 기반이 되는 권력과 법의 근원 및 본질을 살펴보아야 한다. 권력의 발원은 국민의 마음이다.

그것이 정복이나 통제에 의한 강압이든 아니면 자율적인 선거를 통한 주권행사로 위임한 것이든 통치자는 국민이 마음으로 인정하고 수용하여 순응하는 3가지 요스와 항상 직결되어 있다. 아무리 정복하고 강압이나 강제하여도 인정하지 않으면 반발하고 반항하지만, 강제에 의해 힘들고 괴로워도 통치자에 대한 실체를 수용하거나 국가의 제도와 체제에 대해 순응하면 현실을 받아들이고 감내한다. 일반적으로 고대사회와 현대 사회 모두 국민은 통치자에 대한 인정보다는 국가의 제도와 체제에 대한 수용과 순응하는 삶을 추구해 왔다.

통치자는 세월이 가면 바뀌거나 죽지만 국가의 체제는 현재 상태가 불합리하더라도 국민의 입장에서 볼 때 새로운 국가가 형성되기 위해서는 혼란의 대가를 요구하고 크게 달라질 것이 없다는 것을 경험적으로 알고 있기 때문이다. 법이 국민인 나를 강제하고 의무를 부과하며 통치자들이 항상 나의 삶에 도움이 되는 것이 아니다. 그런데도 법을 존중하고 통치자의 존재와 행위를 인정하여 수용하고 순응하며 살아가는 것은, 통치자와 법이 부재한 상태에서 각 개인이 부족한 자원의 확보에 나설 때 발생할 수 있는 극단적인 혼란과 피해를 통치와 법을 통해서 예방하고 적절하게 조정하는 것이 더 효율적이라는 것을 공감하는 데서 형성되는 행동 양식이다. 즉 통치자를 선임하고 법의 제정과 집행을 통해, 원천적으로 부족한 자원이 소수의 특정인에게 쏠리는 현상을 막고 다수의 전체 국민이 살아가는 데 도움이 되도록 하자는 자발적인 생각에서 비롯된다.

정치가들이 제대로 정치를 하면 질서가 유지되고 이해관계가 조정되며, 자원의 원활한 재분배가 이루어져 많은 사람이 노력한 대가를 획득하여 자신의 삶을 영위할 수 있다. 그러나 정치가 제대로 이루어지지 않고 권력을 사유화하여 왜곡시키면 자원의 원활한 배분이 이루어지지 않아 개인적인 수완이나 역량이 부족한 국민은 시련을 겪을 수밖에 없다. 또한 아무리 정치를 잘해도 근본적으로 부족한 자원 문제는 해결이 용이하지 않고 모든 자원을 공평하게 분배할 수 없으므로 항상 힘들고 어려운 사람들은 존재하기 마련이다. 정치가의 역할은 잘 사는 사람, 부를 축적하고 창조할 능력이 있는 사람으로 하여금 더욱 많은 부를 창출하게 하여 여러 사람에게 분배되도록 해야 한다. 여기에 정치가의 역할이 있다. 항상 빈부의 격차는 생기게 마련이고, 공정한 사회 건설을 통해 부가 고루 분배되도록 하는 데 목적이 있으므로 부자를 육성하여, 어렵고 힘든 사람들이 여유 있는 삶을 영위해 나갈 수 있도록 일할 기회를 제공하는 등 국민 모두의 마음을 어루만져주어야 한다.

'어루만지다'라는 동사는 위로하여 마음이 편하도록 하여 주다는 뜻이다. 정치가가 국민의 마음을 어루만져주어야 하는 이유는 여러 가지가 있다. 사람의 욕망을 만족시키는 물질인 재화(財貨)가 부족한 세상에서 그 부족한 재화를 확보하기 위해 필연적으로 요구되는 삶 자체가 고단할 수밖에 없다. 때로는 아무리 노력해도 재화를 구하는 것이 연명하기에 벅찬 상황이 생기기도 한다. 생존을 위한 몸부림은 사회불안의 요소로 작용하기 때문에 이것이 방치되면 사회혼란으로 이어진다. 이때 정치가들이 여러 권력이나 집단 사이에 생기는 이해관계의 대립 등을 조정·통합하는 일을 하면, 힘없고 가난한 국민도 잘사는 사람, 능력이 있는 사람들과 공존할 수 있도록 하는 세상을 만들 수 있다. 따라서 국민의 마음을 어루만져주는 것은 이해의 조정, 구제제도 운용과 같은 사회보장제도 등을 통한 자원의 적절한 재분배 정책, 스스로 자신의 역량을 개발하고 일 할 기회를 제공하는 등 다양한 방법이 있다. 하지만 식량과 식료품 제공은 병약하여 스스로 일을 할 수 없는 사람에게 국한되어야 한다. 아무리 좋은 사회보장제도와 분배정책도 한계가 있기 때문에 분배보다는 일을 할 수 있는 일자리 창출이 이루어지지 않으면 곤란하다. 결국 정치가가 국민의 마음을 어루만져 주는 일은 모든 국민이 스스로 역량을 발휘하며 상호 가치를 인정하고 더불어 잘 사는 사회를 건설하는 데 있다.

어느 시대를 막론하고 자신이 해야 할 역할도 제대로 모르면서 개인적인 탐욕을 앞세워 정치가가 되고 권력을 휘둘러 국가와 국민을 도탄에 빠지게 하는 저속한 인간들이 있었다. 오늘날 우리나라에도 그러한 인간들이 적지 않은 것 같다. 때로는 처음 정치에 입문할 때 참신한 양질의 지도자였던 사람도 동료의 행동과 사고에 영향을 받아 개인의 행동이 바뀌는 동료효과[210](peer effect)에 의해 그들 주의에 산재해 있는 저속한 기존 정치인과 교류하며 형편없는 정치가로 전락하는 사례가 적지 않다. 근본을 잃고 탐욕에 집착하는 경거망동은 반드시 화를 부른다. 본분을 망각한 사람들의 끝은 아름다울 수 없다.

정치지도자의 본분은 국민의 마음을 어루만져 주는 일이다. 그러면 업적(業績)도 자연스럽게 쌓인다. 위대한 업적을 남기고 싶으면 열심히 국민의 마음을 어루만져주면 된다. 그런데 오늘날 우리나라의 정치인 중에는 국민의 마음을 어루만져주는 일은 제대로 하지 않고 자기중심적인 사고에 빠져 일방적인 행동을 일삼으면서 인위적으로 업적을 쌓으려는 사람이 심심찮게 눈에 뜨인다. 진실은 언젠가는 반드시 밝혀지고 기반이 약한 건물이 오래가지 못하듯이 스스로 역할을 망각하고 가식적인 행동으로 쌓은 업적은 오래가지 못한다.

---

210) 조현국(2009), 『SERI 경영노트, 제36호, 보이지 않는 힘: 동료효과』, 삼성경제연구소, p.1

5. 한국의 정쟁 무엇이 문제인가?

국민이 정치에 대해 불신과 혐오감을 드러내게 된 것은 정치인들이 보여준 그릇된 정쟁이 가장 큰 원인이다. 그 속에는 법규와 절차를 무시한 법률안과 예산의 날치기 통과를 일삼는 정부·여당, 반대를 위한 반대를 일삼는 야당이 어우러져 벌이는 저질 희극(comedy) 같은 국회 운영 행태, 합리성을 벗어나 끊임없이 문제를 만들어내는 대통령의 제왕적 통치행위가 있다.

정당(政黨)은 공공 이익의 실현을 목표로 하여 정치적 견해를 같이 하는 사람들이 정권 획득을 위해 자발적으로 조직한 집단이다. 의회 내부에서 동지로서 의원을 모아 다수파의 자리를 차지하기 위한 노력이 벌어지고, 의원의 원내조직으로서 정당이 생기게 된 것은 극히 당연한 일이었다. 의회의 세력이 한층 더 강화되어 정부가 의회의 다수파를 기초로 해서 설립되게 되자 정당도 정권의 획득·유지를 위해 그 결속을 한층 더 강화하게 되었고, 또 유권자의 범위가 한층 더 확대됨에 따라 정당 자체가 선거활동의 영역에까지 그 활동범위를 넓히게 되었다. 이렇게 정당의 활동은 의회정치의 구조와 불가분의 관계에 있다. 정쟁은 정당의 대내외적인 이해관계 속에 정당 관계자와 소속 국회의원들의 행동을 통하여 나타난다.

정쟁(政爭)은 정치상의 주의·주장 등에 관한 싸움을 말하는 것으로 정당과 그 정당에 소속된 국회의원들이 정치적 견해가 다를 경우 자연스럽게 발생할 수 있으며 국회 밖에서 당대표를 비롯한 중앙당이나 지역정당관계자에 의해 이루어질 수도 있다. 정당들은 정쟁을 포함한 여러 가지 정치활동을 통하여 자기 당의 합리성과 정당성을 국민으로부터 인정받을 때 그것이 지지표 획득으로 이어져 국회의원과 대통령을 당선시켜 정권을 획득하는 것이 현대 민주주의 기본 정치체계이다. 따라서 정당이나 정치인이 정쟁을 벌이는 것은 당연한 일로 국회의원이 국회에서 정쟁하는 것은 잘못된 일이 아니다. 그런데도 국민은 왜 정당과 정치인이 당연하게 하는 일인 정쟁을 보면서 정치를 불신하고 정치에 대한 혐오감을 갖게 되는가? 그것은 규칙을 지키지 않고 정쟁의 방법이 잘못된 데다 정도를 넘어선 행동을 너무 많이 하고 결과에 승복도 하지 않기 때문이다. 국민이 원하는 것은 정쟁하지 말라는 것이 아니라 민주적인 방법으로 수긍하고 납득할 수 있는 정쟁을 하라는 것이다.

그럼 국민이 수긍할 수 있는 정쟁의 방법은 무엇인가? 그것은 정도를 지키며 법규와 절차에 따라 정쟁을 하는 것이다. 규칙이 인정하는 범위 내에서 정쟁이나 정견발표, 선거활동 등을 통하여 당선되고 국회의원이나 대통령으로서 직무를 수행하는 정치활동을 하라고 요구한다. 정도(正道)는 올바른 길 또는 정당한 도리를 말한다. 올바른 길이라는 것은 국민이 인정하고 지지할 수 있는 방법으로 정쟁을 하는 일이다. 극단적인 표현이나 물리력 행사와 같은 저급한 방법은 피하고, 결과에 승복하며, 법과 규칙을 지키면서 정쟁을 하는 것이다. 이미 법규와 절차는 헌법, 국회법, 공직선거법, 정당법 등 제반 법률 속에 이미 그 내용이 충분히 명시되어 있다.

정치인들이 국민의 요구를 수용하고 규칙에 따라 직무를 수행하거나 정치활동을 하면 정치가 국민의 불신이나 혐오를 받을 이유가 없다. 오늘날 한국 정치에 대해 많은 국민이 불신과 혐오를 갖게 된 것은 정치인들이 규칙과 민주주의의 기본 원리를 무시하는 추한 모습을 너무 많이 보아왔기 때문이다. 이해관계나 의견의 대립으로 정쟁을 하게 되더라도 정해진 규칙과 절차에 따라 공개된 장소에서 토론과 설득을 거쳐 다수결로 해결하면 된다. 아주 간단한 이 내용만 실행하면 의장석을 점거하고 고성을 지르며 몸싸움을 벌이고 드러눕는 추태를 보일 이유가 없으며, 국민도 정치권에 혐오감을 갖고 불신을 드러내지 않을 것이 틀림없다. 정치권이 욕을 먹지 않고 국회가 정상적으로 운용되기 위해서는 규칙준수와 토론, 설득, 다수결을 통해 쟁점을 해결해야 한다는 것을 국회의원들도 대부분 잘 안다. 그런데 이것이 지켜지지 않는다.

정치가들은 왜 합리적인 방법을 알면서도 규칙을 지키지 않는가? 그것은 규칙을 모두 지키는 정상적이고 합리적인 방법으로는 국민의 지지를 이끌어내어 정권을 획득할 수 없다는 잘못된 인식에 기인한다. 이러한 인식은 실력과 자신감 부족이 그 원인이다. 정치권이 국가발전에 도움이 되고 국민에게 희망을 주기 위해서는 정상적이고 합리적인 방법으로 국민의 지지를 이끌어내기 위해 실력을 쌓는 노력을 기울여야 한다. 그런데 우리 정치권은 그 노력은 등한히 하면서 상대편의 행동에 트집을 잡거나 흠집을 내는 일에 골몰함으로써 정치권에 대한 국민의 불신과 혐오감을 조장시켜 왔다.

정치인은 스스로 연출하는 정치권의 모습에 국민이 실망하고 선거를 통한 주권 행사로 자신들을 심판하려 들 것이라는 점도 잘 안다. 하지만 지역에서 자신들과 경쟁할 수 있는 조직력과 지명도를 갖는 사람이 일시에 출현하기 어려우므로 문제가 있는 행동을 되풀이하더라도 자신 중 누군가를 국회의원이나 대통령으로 당선시킬 수밖에 없을 것이라는 오만(傲慢)에 빠져 있다. 그러므로 정치인들은 이기주의에서 발원한 권력에 대한 탐욕에 골몰하는 추태를 되풀이하여 보이고 있으면서도 자신의 행동에 부끄러움도 모르고 국민과 역사 앞에 죄인이 되어, 후손들의 손가락질 대상이 될 것이라는 사실도 잊은 채 오늘도 권력의 향유와 유지, 획득에 골몰한다.

동기가 아무리 좋아도 결과에 이르는 과정이 정당성과 합리성을 벗어나면 결과가 좋아도 그 순수성을 의심받게 된다. 이에 반해 동기는 좋지 않은 것으로 출발하여도 실행과정에서 정당성과 합리성을 인정받고 결과가 좋으면 그 출발 동기는 크게 문제 되지 않는다. 이것은 인간의 삶 자체가 만들어지는 과정이 빚어낸 결과에 의존하기 때문이다. 따라서 바람직한 행동은 과정과 결과에 대해 항상 정당성과 합리성이 요구된다. 잘못은 스스로 고치는 것이 가장 바람직하고 가급적이면 수신이 안 된 사람은 정치에 나서지 않는 것이 좋다. 이왕 정치에 입문했으면 우선은 조금 힘들고 불이익이 돌아오더라도 국민과 역사 앞에서 정당성과 합리성으로 경쟁하는 것이 마땅하다. 약간은 손해 보고 힘든 것을 조금 감수해도 어떻게 안 된다. 계파나 당리당략보다 국익을 우선하고 국가와 국민 앞에 당당하게 행동하라.

6. 정치인, 이기적 행동 왜 부끄러워하지 않는가?

이기(利己)는 자기 이익만을 꾀하는 것, 이기적(利己的)은 자기 이익간 차리는 것, 이기주의(利己主義)는 자기의 이익만을 행위의 규준으로 삼고, 사회 일반의 이익은 염두에도 두지 않는 주의, 남을 돌보지 않고, 자기 이익만 차려 멋대로 행동하는 일을 뜻한다. 삶을 영위하기 위한 한 개인의 기본적 행위가 이기적인 것은 불가피한 측면이 있다.

사회와 국가 체계가 아무리 고도로 발달하더라도 개인의 삶을 온전히 영위하도록 보장할 수 없으므로 모든 사람은 스스로 노력에 의존해 살아가기 위해서는 끊임없이 자기 이익을 차리는 행동을 할 수밖에 없다. 하지만 인간은 사회적 동물이므로 개인의 이기적인 행동도 사회 내에서 법규가 허용하고 관습과 도덕에 위반되지 않는 범위 내에서 이루

어져야 한다. 모든 사람은 법 앞에 평등하다. 무한대의 이기적인 행동
은 그 누구에게도 허용되지 않는다. 인간이 사회를 만들게 된 이유가
자연인으로서 천부인권에 의존하여 혼자의 힘으로 살아가는 삶보다는
공동생활을 통해 삶을 영위하는 것이 더 효율적이고 합리적이라는 경
험적 토대 위에 만들어진 것이다. 다른 사람들의 도움을 받는 것만큼
개인의 행동이 제약되는 것은 피할 수 없다. 나의 이익이 제한적인 범
위 내에서 보호되고 동시에 타인의 이익을 침해하는 행동이 제약받는
것은 당연한 일이다.

　인간은 누구나 양심에 따라 행동한다. 하지만 자기의 이익을 꾀하기
위해 양심에 어긋나는 행동을 했을 때는 양심의 가책을 느끼거나 부끄
러워할 줄 알아야 한다. 인간이 동물과 다른 속성(屬性) 중 하나가 부끄
러워할 줄 안다는 것이다. 부끄러움은 부끄러워하는 느낌이나 마음이
고, 부끄럽다는 동사는 양심에 거리낌이 있어 남을 대할 면목이 없다는
뜻이다. 개인이 자신의 삶을 영위하기 위한 재화 획득 과정에서 발생하
는 이기적 행동은, 설령 그것이 양심을 어겼다고 하더라도 생계를 위해
불가피한 부분이 있었을 때는, 사회적으로 상당 부분 용인되기도 한다.
하지만 지도자가 이기적으로 행동했을 때의 사회적 반응은 냉소적이다.
지역구 국회의원과 같이 지역발전에 도움이 되는 예산 편성이 이루어
지도록 노력해야 하는 부분이 없지는 않지만, 그것도 충분한 정당성과
합리성이 전제되어야 한다. 유난히 정치지도자의 이기적인 행동에 대
해 엄격한 기준을 들이대는 이유는 그들이 공인(公人)이고 지도자이기
때문이다.

　지도자(指導者)는 가르쳐 이끌어 가는 사람을 말하고, 공인(公人)은 국
가·사회에 영향을 끼치는 사람이나 공직에 있는 사람을 뜻한다. 정치
지도는 공인으로서 주어진 직분(職分)이 국가와 국민, 사회에 도움이 되

는 일을 하게 하려고 그러한 직무를 충분히 수행할 수 있는 직책고 권한, 급료를 주어 예우까지 하고 있으므로 이기적으로 행동해야 할 이유가 없다. 만일 이기적인 행동을 하는 삶을 살기를 원하면 대통령이나 국회의원, 지자체장 같은 정치지도자가 되는 길을 애초부터 나서지 말아야 마땅하다. 그런데 우리나라의 정치지도자들은 정치지도자로 나섰으면서 이기적인 행동을 지속한다.

비판을 해도 소용이 없다. 비판의 목소리를 제대로 들으려고 하지도 않을뿐더러, 들어도 잘못된 행동을 고치려고 하지도 않는다. 누구든 잘못을 저질렀으면 그 잘못을 인정해 사과하고 죗값을 치르면 된다. 정치가도 마찬가지다. 그럼에도 오늘날 우리나라의 정치인들은 누구도 자신의 잘못을 인정하려고 하지 않는다. 나 혼자만 그렇게 잘못한 것이 아니라 모두가 그렇다고 생각하기 때문이다. 대표적인 사례 중 하나가 정치자금문제이다. 불법자금(뇌물)과 합법자금(후원금)의 경계가 모호한 것도 불법정치자금을 양산하는 한 요인이다. 뇌물과 후원금의 차이는 대가성 여부지만 입증이 쉽지 않고, 부정한 돈을 받고도 후원금 영수증을 끊어주는 경우가 적지 않다. 이런 애매한 정치자금을 받아 금배지가 날아간 사람이 적지 않지만, 문제는 의원들이 여전히 "재수가 없어서 걸렸다"라는 인식을 하고 있다는 점이다. 이런 인식이 사라지지 않는 한 불법정치자금 비리는 되풀이될 가능성이 크다.[211]

오늘날 우리 정치인이 보이는 잘못된 행동은 상당 부분 잘못된 교육에서 비롯되었다. 인간은 사회적 동물이기 때문에 사회화를 통하여 사회의 모든 가치를 이해하고 지식과 기술을 습득하면서 살아가게 되어 있다. 어릴 때부터 남을 돕고 국가와 국민을 위해 헌신 봉사하도록 교육을 받았으면 공부의 목적이 국가와 국민을 위한 헌신 봉사가 되었을

것이다. 그런데 입신출세가 많았다. 잘못된 교육 목표에 따라 유명학교에 진학하고 입신출세하기 위해 노력했다. 권력을 향유하려는 정치인의 탐욕 근저에는 피해의식과 억울함, 가난에 대한 아픈 상처가 자리하고 있는 경우가 적지 않다. 이 모든 것을 한방에 떨쳐버리는 방법이 입신출세였고, 그것이 교육 목표가 되었다.

얼마나 입신출세에 대한 욕망이 강했으면 노래에서도 '억울하면 출세하라'고 까지 했을까? 그런 시대를 살며 가치관이 형성된 사람들에게 있어 사용되는 수단과 방법은 웬만한 위법행위를 했더라도 모두 입신출세 목적에 도달하기 위해서는 정당화될 수도 있는 것으로 생각하는 자기중심적 사고경향이 강하다. 그러므로 청문회에서 위법 사실이 드러났는데도 하나같이 변명으로 일관하거나 잘못했다고 반성하는 모습을 제대로 보이지 않는다. 그 정도는 괜찮다. 나만 그런 것이 아니라 다른 사람들도 모두 마찬가지라는 오만한 모습을 보이기까지 한다. 하지만 사회와 국민의 입장에서는 그러한 가치를 가진 정치인을 용납하기 어렵다. 따라서 정치인은 자신의 입신출세라는 가치관에 따라 이기적인 행동을 하고도 부끄러움을 못 느끼지만, 그들을 바라보는 국민의 혐오감과 불신은 커진다. 이것이 우리의 오늘날 정치현실이다.

이제는 우리 교육도 국가와 국민을 위해 봉사하고 헌신하는 사람, 문제해결능력이 뛰어난 지도자가 되어야 국가가 발전할 수 있다는 점을 아이들에게 분명히 가르쳐야 한다.

7. 정치가, 왜 비합리적인 행동 일삼는가?

오늘날 우리 국회의 모습을 보면 독재 권력에 항거하며 민주화를 외치던 30년 전 아니 50년 전과 크게 다를 것이 없다. 우리나라 국회의원의 수준이 어느 정도인지 국회의원들의 참모습을 볼 수 있는 곳이 국정감사장이다.

KBS에서 보도한 2009년도 국회 국정감사장 분위기를 살펴보자. 「좀 달라질까 하는 국민 기대와는 달리 이번 국감도 호통과 막말이 난무하고 있다. 걸핏하면 막말 투의 말싸움이 벌어진다. "똑바로 해 반말하지 말란 말이야", "마음대로 하라 마라냐 왜", "주제에 맞아야 할 것 아닌가…" 별별 이유로, 툭하면 정회… 사회자인 위원장의 질의 문제로 정회소동도 빚어진다. "질의하려면 의석에 내려와서 해, 아까도 30분 했잖아…", 추미애(환경·노동 위원장) "정회합니다. 버릇이 없어 정말… 배우고 오세요. 배우고…조폭 집단이야." 감사와 관계없는 증인채택 논란도 여전했다. 안민석(민주당 의원) "증인 출석이 아니라 증인 할아버지라도 국회에서 불러야 한다고 생각한다", 조전혁(한나라당 의원) "기강래 원내대표를 교과위 증인으로…." 피감기관의 성의 없는 답변 태도도 여기저기서 눈에 띄었다. 김성규(결핵협회 회장) "회계 관계는 거의 무식합니다. 양해 간절히 부탁합니다." 회의시간을 제대로 지키지 않아 피감기관들의 눈총을 받는 일도 다반사다. 김충환(한나라당 의원) "지금이 3시가 넘었는데… 시작은 아침부터 했죠." 국정감사 본래의 역할이 아쉽다.[212]」

우리나라 국회의원이나 기관장은 시민운동, 정당 활동, 사법고시 합격, 유명학교 졸업, 대학교수, 고위공직자, 기업의 임원, 자영업자 등 대부분 전직이 화려한 스위 말해 출세하고 목에 힘주고 살아온 사람들이 많다. 그런데 회의 운영이나 대화수준, 상대에 대한 배려, 질서의식, 자의주장 등의 행터를 보면 유치원생보다 못하다. 모순적인 행동을 아무

---

212) KBS 2009. 10. 9.

렇지도 않다는 듯이 일삼는다. 정치인들이 이렇게 상식 이하의 비합리적인 행동을 하는 것을 그동안 우리는 심심찮게 보아왔다. 다들 자기가 생각하기에는 똑똑하고 잘난 사람들이고 면면을 보더라도 상당한 역량을 갖춘 사람인 것 같은데, 어떻게 국회의원만 되면 하는 행동이 몰상식하고 저급해진다.

1980년대 초 정풍운동을 하던 박찬종 변호사가 저술한 '부끄러운 이야기'(일월서각, 1983)에 나오는 모습과 비슷하다. 국회의원 스스로 왜 이런 희극 같은 일을 하는지 모르겠다. 현재 우리 국회를 이끌어 가는 사람 중 상당수는 스스로 민주화 운동의 주역이라고 자부하는 사람들인데, 그 자부심은 어디에 팔아먹었는지 전혀 보이지 않는다. 세월이 30년이 흘렀고 우리나라가 세계 10위권의 경제 대국이 되었는데 국회의원들은 그러한 변화를 아는지 모르는지 여전히 저급한 행태를 반복하고 있다. 배역과 주인공이 바뀌면 이제 주제와 내용도 조금은 손질할 필요가 있을 것 같은데 옛것을 좋아해서 그런지 달라진 것이 없기는 마찬가지다. 오히려 옛날보다 더 흉한 모습도 보인다. 그래도 옛날에는 국회에서 전기톱과 망치 들고 설치는 일은 없었다.

우리의 국회가 어쩌다 이 지경이 되었을까? 그것은 부정부패에 의해 공천을 받고 금권 선거를 통해 당선되는 과정에서 소모한 돈에 대한 본전 생각과 다음 선거에서 공천권을 획득하기 위한 준비, 자기중심적 사고, 권력에 대한 탐욕과 향유, 국회의원의 직무와 관련된 신분보장을 지나치게 확장해석하기 때문인 것으로 보인다. 이 가운데 가장 크게 문제되는 것이 권력에 대한 잘못된 인식에서 비롯된 권력에 대한 탐욕과 향유가 결부된 본전 생각과 다음 공천을 위한 준비이다. 권력을 향유하기 위해 돈을 주고 공천을 받고 유권자들에게 돈을 뿌리고 당선되어 권력과 명예를 얻었더라도 국가와 국민을 위해 봉사하고 헌신하면 개과천선했으니 그런대르 보줄만 하다. 그런데 권력을 향유해 보니 큰소리도 치고 예우해주는 사락도 많고 괜찮다. 본전 생각도 나고 권력을 계속 누리기 위하서는 다음 공천이 필요하다. 결국 부정부패에 가담하고 공천권을 가진 당과 계파의 수장이 요구하는 행동이던 무엇이든 한다. 선거나 국민은 일단 뒷전이고 공천권을 획득하는 것이 우선이다. 돈을 주고 공천을 받고 금권 선거를 통해 당선되는 과정에서 소모한 돈에 대한 본전 생각과 다음 선거에서 공천권을 획득하기 위해 준비하는 부정부패의 고리를 끊지 못하면 우리는 앞으로도 정치가들이 보이는 상식 이하의 극단적인 행동과 비합리적인 일을 계속 보아야 할 가능성이 크다.

다른 사람의 복지증가를 행위의 목적으로 하는 생각이나 행위인 기타주의(利他主義)적인 정신이 우리나라 정치가들에게 존재한다면 정치에 입문한 후 전개하는 정치활동 자체가 국가와 국민을 위한 봉사와 헌신이 될 것이다. 그런데 아쉽게도 우리나라 대다수 정치인의 정치입문과 정치활동은 기본적으로 입신출세를 목표로 하기 때문에 자기의 이익만을 행위의 규준으로 삼고, 사회 일반의 이익은 염두에도 두지 않는 주의인 이기주의(利己主義)적인 색채가 강하다. 사회 일반의 이익을 전혀 염두에 두지 않는 것은 아니지만, 그것은 나의 이익 실현을 전제(前提)로 행해지는 경향이 강하다. 봉사를 위한 목적보다는 최소한 사회의 이익과 나의 이익이 고환되거나 나의 이익이 우선하는 것을 전제로 행동하는 경우가 많다.

헌법 제46조 ① 국회의원은 청렴의 의무가 있다. ② 국회의원은 국가이익을 우선하여 양심에 따라 직무를 행한다고 명시되어 있다. 따라서 국회의원은 국가이익을 의해서 활동해야 한다. 물론 소속정당의 이익을 대변하기도 해야 하지만 국익이 우선이다. 그런데 당 내외의 거센 논란에도 민주당이 2010년 2월 2일 당무위원회를 열어 2009년 연말 '노동조합 및 노동관계법' 개정안 처리 과정에서 야당 의원들의 출입을 막고 표결을 강행한 추미애 국회 환경노동위원장에 대해 표결권 침해와 당론 위배 등을 이유로 2개월 당원 자격정지 징계를 확정[213]했던 것도 사회 안정이나 국익보다는 사당인 민주당의 이익을 우선시했기 때문에 나타난 대표적인 사례라 할 수 있다.

정치인에게 있어 입신출세의 목표는 선거를 통한 당선, 국무총리, 장관이나 차관 같은 정무직공무원에 임명되는 것이다. 이러한 입신출세를 향한 이기주의적 행동도 선거법이나 형법 등 제반 법규에 의해 재제를 받을 수밖에 없다. 그런데 헌법 제45조 국회의원은 국회에서 직무상 행한 발언과 표결에 관하여 국회 외에서 책임을 지지 아니한다고 명시하고 있다. 그동안 상당수 국회의원이 이 규정의 본질을 확장해석하고 잘못 이해하여 어떠한 행동을 해도 괜찮은 것으로 받아들고 자기합리화를 통해 극단적인 행동이나 비합리적으로 악용하는 일이 적지 않았다. 심지어 어떤 의원은 공공연하게 정쟁의 도구로 활용해 왔다고 주장하기도 했다.

이러한 경향은 권력의 향유(享有)에 대한 집착, 내가 아니면 안 된다는 자기중심적 가치관과 사고를 하는 정치인에게서 더욱 강하게 나타난다. 초선의원보다는 재선 이상의 중진의원들에게서 특히 많이 나타나는데, 국정감사나 청문회장에서 국회의원이라는 특권의식에서 증인이나 피감기관의 기관장에게 인격을 무시한 반발이나 막말, 추측성 질문에 대한 답변 강요, 일방적으로 하고 싶은 말만 쏟아 내거나 회의 내용과는 동떨어진 정치적인 발언, 무례한 의사진행방해 행동을 일삼는다. 만약 증인이나 피감기관의 기관장 등의 언행이 조금이라도 듣기에 거북하면 국민의 대표를 빙자하여 호통을 치고, 제대로 변명이나 발언

---

213) 한겨레·2010. 2. 2.

기회도 주지 않는 행동을 태연하게 연출한다. 그러나 그것은 권력을 가졌기 때문에 누리겠다는 국회의원들의 권력에 대한 잘못된 인식과 자기성찰이 부족한 소치에 불과하다.

죄가 있으면 벌을 받으면 되고 도덕성에 문제가 있는 공직 후보자는 임명하지 않으면 그뿐 그 누구도 인격을 무시해서는 안 된다. 국민은 한 번도 국회 국정감사장이나 청문회장에 출석하는 공무원이나 유관기관 종사자들에게 인격을 무시하라고 요구하거나 그렇게 해도 좋다고 말하지 않았다. 설령 증인이나 공직 후보자에게 문제가 있다고 하더라도 마찬가지이다. 국회의원이 스스로 막된 행동을 한 것에 대해 국민이 속이 후련해할 것이라는 것은 국회의원 그들만의 착각이다. 국회의원들은 본분에 충실하던 도고 잘못이 있거나 법을 어긴 사람은 법률에 의한 절차와 방법에 의해 처벌하면 된다. 심지어 국정감사나 청문회에서 돌출행동을 하는 것이 정치활동 중 한 방법이라고 공공연하게 말하는 중진의원들도 있는 것이 우리의 현실이다. 이 모두가 올바른 정치에 대한 이해 부족 때문이다.

정치인의 본분은 이해관계가 있는 현장을 찾아 국민의 소리를 듣고 이해를 조정하거나 합리적인 법률 제정으로 갈등을 해소하고 예산 심의 등을 통해 정부를 견제하고 국가발전을 선도하는 방법으로 정치역량을 인정받는 것이다. 이제부터라도 부정부패에 의한 공천, 자기중심적 사고, 권력에 대한 탐욕과 향유에 대한 집착, 이기주의에서 벗어나 국가이익에 부합하는 국민을 위해 일하는 정치인이 되었으면 하는 바람이다.

8. 정치지도자, 지나친 권력 집착 이유?

집착(執着)은 어떤 것에 마음이 쏠려 잊지 못하고 매달리는 것을 뜻하고, 향유(享有)는 누려서 가지는 것을 말한다. 모든 인간은 근본적으로 권력을 누리고자 탐내는 마음인 욕망(欲望)이 있다. 그것은 인간이 가진 타고난 속성이기 때문에 욕망을 가진다고 문제 될 것은 없다. 욕망은 잘못 사용할 때 문제이지 좋은 방향으로 활용하면 인간이 삶을 영위해 나가는 원동력이다. 우리가 살아가면서 목표를 세우고 그것을 달성하려고 노력하는 것도 욕망 때문에 가능한 일이다. 그러나 욕망이 지나쳐 욕심이 되면 그때부터는 다른 사람들과 충돌과 마찰을 일으키는 등 문제가 본격적으로 발생하기 시작한다.

욕심(慾心)은 무엇을 탐내거나 분수에 지나치게 하고자 하는 마음이다. 이 욕심보다 한 단계 더 나아간 것이 탐욕이다. 탐욕(貪慾)은 지나치게 탐하는 욕심을 말하는데 우리의 정치인들이 권력을 탐하는 욕심이 지나쳐 탐욕의 단계에 이르고 있다. 마음속에 위민은 적고 탐욕이 가득해 권력 향유에 집착하며 합리적인 사고를 마비시키는 것으로 보인다. 심지어 권력을 유지하고 획득하기 위해서는 무슨 일이든지 할 수 있다는 생각을 갖는 사람들도 없지 않은 것 같다. 합리적 이성이 마비된 정치가는 이미 부끄러움도 못 느끼고 정상적인 판단을 할 수 없다. 자신이 권력을 계속 향유할 수 있는 근원이 되는 공천 권한을 가진 계파의 수장이나 정당 지도부의 의사를 거절했을 때 권력 향유가 위협받을 수 있다는 것만을 의식해, 그들이 요구하면 스스로 비겁한 행동임을 알면서도 무슨 행동도 서슴지 않는다.

이미 권력의 노예가 된 것 같은 느낌이 들게 하기에 충분하다. 하지만 정치가 스스로는 자신이 노예라고 생각하는 것이 아니라 입신출세를 위해 필요한 행동을 한 것이고 권력을 향유하기 위해서는 대개 어쩔 수 없다거나 필연적인 것으로 이해한다. 국민과 정치인 자신이 하는 정치가의 행동에 대한 판단기준이 서로 다른 것이다. 국민은 국가와 국민의 이익을 우선하지만, 정치가는 개인의 입신출세가 우선이기 때문에 자신에게 도움이 되는 일을 먼저 하고 국가와 국민은 내가 정권을 획득했을 때 돌아보아도 문제 될 것이 없으며, 여론은 필요에 따라 조정할 수 있다는 인식이 바탕이 되고 있다. 본분을 망각한 정치가들의 오만이다.

그러면 우리나라의 정치가는 왜 이렇게 권력에 강한 집착을 보이는 것일까? 여기에는 여러 가지 요인이 있지만 조선말기와 대한제국시절 몰락하고 일제강점기를 통하여 수난을 겪은 가문의 영광을 부활하여 명예를 회복하고, 그동안 입은 피해의식에 대한 보상과 스스로 권력을 향유하고 싶은 욕망이 짙게 깔려 있는 것으로 보인다. 우리나라 모든 가문은 조상님들이 다들 한자리 한 분이다. 그런데 그것이 일제강점기를 거치면서 친일파를 제외하고는 예외 없이 모든 가문이 수난을 주었고, 대개 가난의 나락으로 빠져들었다. 모두 말은 안 하지만 우리의 의식 속에는 피폐한 집안을 일으켜 세워야 하겠다는 의지와 가난을 떨치고 일어나야 하겠다는 집념이 존재한다. 따라서 시의원만 되어도 조상 묘소를 돌보고 움츠렸던 어깨를 활짝 편다. 큰소리를 치며 보란 듯이 대외활동에 나선다. 그러므로 선거에 당선되기 위해서라면 조상님 모소의 이전도 마다하지 않는다. 남의 시비와 불법도 개의치 않고, 오르지 목표인 당선단 하면 된다는 생각이 지배적으로 작용한다.

또한 정치가의 권력에 대한 강한 집착에는 '내가 아니면 안 된다'라는 자기중심적 가치관과 사고가 결합하여 나와 우리의 행동에 대한 자기합리화로 이어진다. 자기합리화의 근원은 주로 패자로서 겪는 권력에 대한 박탈감과 승자가 하루아침에 유지나 사회적 명사가 되는 상반된 성취감이 권력 향유에 대한 강한 집착을 만들어 내는 에너지원으로 작용하는 것으로 분석된다. 패배 사실을 수용하면 자신의 능력 한계를 인정하고 스스로 무능한 패배자라는 의식을 갖는 사람들이 적지 않다. 일반적으로 정치가들은 승자일 때 갖는 성취감보다 패자로서 갖는 박탈감에 더 심리적 영향을 강하게 받는다. 패자가 되었을 때 스스로 능력을 체념(諦念)하고 물러서는 사람들과 오히려 그것을 기회로 삼아 더욱 강렬하게 도전의식을 불태우는 사람들이 있다. 자기중심적 가치관을 강하게 가진 사람일수록 참혹한 패배를 겪고 망가지더라도 다음 선거에서 승리하면 한방에 모든 것이 해결된다는 기대로 인해 그 어떤 수모도 견디게 하는 인내력을 발휘하게 한다. 이러한 인내력은 오뚝이처럼 다시 일어나게 하는 에너지원으로 작용, 새로운 도전을 하려는 열의를 불태우게 된다. 그리고 마음속에는 복수의 칼을 간다. 이러한 부류 중 가장 대표적인 표상이 월왕 구천(勾踐)이고, 그의 행동에 유래된 고사가 와신상담[214](臥薪嘗膽)이다.

치욕과 패배를 극복하는 정치인은 패배와 고통의 세월이 길수록 가슴 속에서 불이 일어나도 얼굴에는 태연함을 가장할 수 있는 내공이 생

---

214) 와신상담(臥薪嘗膽)은 중국 춘추전국시대 오나라와 월나라 간의 싸움에서 전해지는 고사이며 가시가 많은 나무에 누워 자고 쓰디쓴 곰쓸개를 핥으며 패전의 굴욕을 되새겼다는 뜻이다. BC 496년 오(吳)나라의 왕 합려(闔閭)는 월(越)나라로 쳐들어갔다가 월왕 구천(勾踐)에게 패하였다. 이 전투에서 합려는 화살에 맞아 심각한 중상을 입었다. 병상에 누운 합려는 죽기 전 그의 아들 부차(夫差)를 불러 이 원수를 갚을 것을 유언으로 남겼다. 부차는 가시가 많은 장작 위에 자리를 펴고 자며, 방 앞에 사람을 세워 두고 출입할 때마다 "부차야, 아비의 원수를 잊었느냐!"하고 외치게 하였다. 부차는 매일 밤 눈물을 흘리며 아버지의 원한을 되새겼다. 부차의 이와 같은 소식을 들은 월나라 왕 구천은 기선을 제압하기 위해 오나라를 먼저 쳐들어갔으나 대패하였고 오히려 월나라의 수도가 포위되고 말았다. 싸움에 크게 패한 구천은 얼마 남지 않은 군사를 거느리고 회계산(會稽山)에서 농성을 하였으나 견디지 못하고 오나라에 항복하였다. 포로가 된 구천과 신하 범려(范蠡)는 3년 동안 부차의 노복으로 일하는 등 갖은 고역과 모욕을 겪었고 구천의 아내는 부차의 첩이 되었다. 그리고 월나라는 영원히 오나라의 속국이 될 것을 맹세하고 목숨만 겨우 건져 귀국하였다. 그는 돌아오자 잠자리 옆에 항상 쓸개를 매달아 놓고 앉거나 눕거나 늘 이 쓸개를 핥아 쓴맛을 되씹으며, "너는 회계의 치욕 [會稽之恥]을 잊었느냐!"하며 자신을 채찍질하였다. 이후 오나라 부차가 중원을 차지하기 위해 북벌에만 신경을 쏟는 사이 구천은 오나라를 정복하고 부차를 생포하여 자살하게 한 것은 그로부터 20년 후의 일이다. 이와 같이 와신상담은 부차의 와신과 구천의 상담이 합쳐서 된 말로 '회계지치'라고도 한다.

긴다고 한다. 이러한 성향이 있는 정치가는 실질적인 목표는 권력 장악이지만 외형상으로는 항상 국민을 위한다는 명분을 내세운다. 권력 향유에 대한 탐욕을 잘 위장하여 자신이 지향하는 바를 걸핏하면 국민이 원하는 것이라는 억지 논리와 명분으로 둔갑시켜 내세운다. 우리가 지금 이렇게 삼류 희극보다 훨씬 저급한 행동을 하면서까지 정부·여당에 반대를 하는 것은 그만큼 상대방이 크게 잘못하고 있기 때문이다. 우리는 이렇게 해서라도 국민을 위하여 상대가 잘못하는 점을 시정하도록 해야 한다는 절박한 심정에서 하는 것이다. 우리가 사용하는 방법을 때로는 국민이 싫어한다는 것을 잘 안다. 하지만 이 모두 국민을 위한 일이다. 우리의 이러한 행동에 대해 우선은 국민이 싫어하는 것 같지만, 국민은 하나가 아니므로 전체 국민 중 우리와 상대 정당 어느 쪽도 지지하지 않는 중도어 있는 국민 중 상당수는 우리의 진심을 알아주고 우리를 지지해 줄 것이 틀림없다고 자위한다. 과거의 경험을 통하여 우리가 해온 행동과 판단이 틀렸다면 우리는 이미 군소 정당으로 추락해야 한다. 그럼에도 오늘날까지 여전히 우리가 건재한 것은 지지해 주는 국민이 그만큼 많이 있고 정권 획득에 도움이 된다는 정치적인 계산이 작용한다. 실제 계산은 하지 않겠지만, 경험적으로 분명히 그렇게 느낀다.

우리나라 국회의원들이 국회에 들어가면 행동이 달라지는 것은 자기중심주의 사고, 이기주의, 입신출세, 권력 향유, 피해의식, 가문의 부활을 통한 명예회복, 권력을 휘두르는 권력자의 행태가 잘못되었다고 생각하면서도 자신도 그렇게 해보고 싶은 욕망에 사로잡힌다는 것이다. 그렇게 행동하는 것을 권력을 향유하는 것으로 생각하기 때문이다. 결국 자신의 욕망을 절지하지 못하는 것이 권력에 집착하는 원인이다. 우리나라 지도자 중 저급한 행태를 보이면서도 권력에 강한 집착을 보여는 사람들이 적지 않은 이유가 여기에 있다. 그러나 국회의원들이 보여 주는 온갖 추태에 대해 국민이 선거에서 두 번만 그러한 행동을 한 사람을 모두 지지하지 않으면, 그 어떤 국회의원도 국회에서 국민이 싫어하는 저급한 행동을 하지 않을 것이 확실하다.

9. 정치가 행태, 왜 가부 가리기 어려운가?

지식(知識)은 배우거나 실천하여 알게 된 명확한 인식이나 이해, 알고 있는 내용, 인식에 의해 얻어진 성과, 넓은 뜻으로는 사물에 관한 개개의 단편적인 사실적·경험적 인식, 엄밀한 뜻으로는 원리적·통일적으로 조직되어 객관적 타당성을 요구할 수 있는 판단 체계를 의미한다. 즉 지식은 대부분 경험을 통하여 확인된 것, 약속이나 합의에 따라 설정된 것, 필요에 의해 고안된 것으로 인간의 정신작용과 활동과정에서 얻어진 인식과 이해에서 출발하는 것이기에 그 형태가 구체적으로 만들어지고 정리된 것도 근원으로 파고들면 그 실체를 확인하기 어렵다.

민주주의의 핵심 가치에 속하는 자유, 평화, 평등, 정의 등 우리가 일상적으로 흔히 사용하는 단어들도 사전에는 그 개념들이 비교적 쉽게 정리되어 있지만, 학문을 연구하는 학자들은 제각기 다른 정의를 내리는 것을 어렵지 않게 볼 수 있다. 대단히 모순적이게도 최고 수준의 학문을 연구하는 학자들이 제각기 다른 정의를 내리는 데도, 일상 속에서는 마치 정의가 합의되고 정립된 것처럼 사용한다. 한편으로는 이해가 잘되지 않는 것처럼 생각될 수 있지만, 이것은 전혀 이상할 것이 없는 당연한 현상이다. 지식이나 학문은 완성된 것이 아니다. 시대에 따라 새로운 내용이 계속 추가되는 등 그 가치가 변화하기 때문에 현실 속에서 정의는 대다수의 사람이 그렇게 이해하고 인식하는 것에 기초하여 통용되는 내용으로 정리된 것이라고 할 수 있다. 학자들이 다르게 정의하는 것은 그들 나름대로 근본적인 요체(要諦)를 파악해 가는 과정에서 얻은 결론이다. 그들의 연구 결과가 대다수의 사람에게 지지를 받으면 그것이 새로운 정의로 성립될 수도 있다. 처음부터 누군가에 의해 정의가 내려졌기 때문에 다시 바꾼다고 하여 크게 문제 될 것도 없다. 하지만 변경에 따른 혼란을 피하기 위해 보편성과 타당성을 요구한다. 인간의 역사는 장기적인 측면에서 보면 근본적으로 다수결의 원칙이 통용되어 왔다.

이처럼 중요한 본질적인 가치를 파악하는 일은 쉽지 않다. 따라서 정치가들이 무수하게 쏟아내는 구호나 약속, 말에 대해 모두 옳고 그름을 파악한다는 것은 원태부터 가능한 일이 아니다. 그럼에도 우리가 합리성이나 정당성을 거론하며 옳고 그름을 따지는 이유는 이미 우리에게 옳고 그름을 판단할 수 있는 정당성과 합리성의 기준이 되는 법과 절차, 공부와 경험을 통해 축적된 지식이 있기 때문이다. 그리고 법과 같은 원칙은 사회를 지탱해 주는 질서를 유지시키는 중요한 약속이며, 이 약속이 도전받거나 두너지면 모든 사회구성원이 피해를 당한다는 자기보호본능에서 출발한다.

국민이 정치가의 행동과 태도에 대해 가부를 가리기 어려운 것은 여러 가지 이유가 있지만, 대표적인 것은 3가지로 요약해 볼 수 있다. 첫째는 지식은 추상적이고 정치가의 행동에 대해 일일이 옳고 그름에 대한 본질적인 가치를 파악하는 일은 쉽지 않다. 그것을 모두 지적하기에는 지식과 증거, 시간이 부족하고 국민이 너무 바쁘다. 노력하면 많은 것을 파헤칠 수는 있지만, 생업 때문에 매달려 있을 수 없다. 둘째는 국회에서 돌아가는 일을 가장 잘 아는 정치가들이 각기 자당의 이익을 앞세워 적당하게 국민의 관심을 끌 목적으로 정치 전략적으로 이용한다. 국회의원 개인도 정당도 끝까지 시비를 잘 가리지 않는다. 항상 어느 정도 국민의 관심이 집중되면 뒤에서 막후 협상을 통해 이해관계를 조정하는 선에서 유야무야 해나간다. 정치가는 정치가가 견제하는 것이 가장 바람직하다. 그런데 피장파장 오류를 범하는 이기주의가 일반화되어 있다. 여당이나 야당 모두 다를 것도 특별할 것도 없다. 셋째는 정치가들은 교묘하게 정당성과 부당성, 합리성과 불합리성, 공정성과 불공정성을 넘나드는 행동을 한다. 때로는 이러한 행동 중 여론의 뭇매를 맞아 결정적인 타격을 입는 일도 있기는 하지만 그 수는 많지 않다. 특히 오래된 정치인일수록 책임질 만한 내용은 계파에 소속된 신진정치인이나 아랫사람을 내세워 처리한다. 추후 문제가 되면 나는 몰랐다거나 나와는 상관이 없다는 말로 책임을 회피하는 방향으로 교묘하게 행동하며 배후에서 조종해 나간다. 각 정당과 중추적인 역할을 하는 중진정치인은 여론의 공격을 받으면 주로 당원에 해당하는 지지자, 추종자를 끌어들여 대항하거나 반격을 하면서 이분법적으로 편 가르기를 시도하는 때도 적지 않다.

2009년 국회 예산안 통과를 위한 의사진행과정은 이러한 단면을 보여주는 좋은 사례이다. 2009년 12월 8일 1시 35분경 한나라당 소속 이병석 국토해양위원장은 국토해양부, 해양경찰청, 행정중심복합도시 건설청 소관 2010년도 예산안 등에 대해 진행 중이던 대체토론을 중단시킨 뒤 매우 빠른 속도로 의결절차를 진행했다. 이 위원장은 "의사일정 108항부터 111항까지 토론을 종결하고 의결하고자 합니다. 이의 있으십니까, 가결되었음을 선포합니다"라고 신속하게 말했다. 최규성 민주당 의원이 "이의 있습니다"라고 외쳤지만, 소용이 없었다. 이 위원장은 말이 끝나기 무섭게 망치를 세 번 내리쳤다. 민주당 의원들은 위원장석으로 뛰어나가 일방적인 의사진행에 항의했다. 최규성 의원은 "위원장이 '이의 없습니까'라고 물을 때 내가 분명히 '이의 있다'고 했으면 표결절차에 들어가야 하는 것 아니냐"라며, "명백히 절차를 어긴 것이므로 무효"라고 주장했다.

회의 직후 속기록에도 "이의 있습니다. 하는 의원 있음"이라고 기록돼 있어 민주당 의원들의 주장을 뒷받침하고 있다. 민주당 의원들이 날치기의 근거로 삼고 있는 부분은 국회법 112조 3항으로, '의장은 안건에 대한 이의의 유무를 물어 이의가 없다고 인정한 때에는 가결되었음을 선포할 수 있다. 그러나 이의가 있을 때에는 제1항 또는 제2항의 방법으로 표결하여야 한다'라고 규정하고 있다. 이날 국토해양위를 통과한 2010년도 국토해양부 소관 예산안은 국토해양부가 제출한 25조 6천31억 원에서 사회간접자본 건설비 등 3조 4천492억 원을 증액한 예산심사소위 수정안으로 총 29조 523억 원이 예산결산특별위원회로 넘겨졌다. 3조 5천억 원의 4대강 사업 예산은 정부 원안에서 변화가 없다. 민주당 소속 국토해양위원들은 이번 예산안 처리를 "국회법을 무시한 날치기 강행"이라고 정의하고 적법한 절차에 따라 재심의 하라고 요구했다. 민주당 국토해양위 간사를 맡은 박기춘 의원은 "동지상고 출신 이병석 위원장이 날치기로 처리한 것"이라고 비난했다. 동지상고는 이명박 대통령과 형인 이상득 의원의 출신 고등학교로, 4대강 사업 낙동강 지역 8개 공구를 동지상고 기업이 참여한 컨소시엄[215]이 낙찰 받은 것으로 밝혀져 특혜논란을 빚은 바 있다.[216] 분명히 국토해양위원회의 예산안 통과절차에는 문제가 있었다. 그럼 처음부터 다시 절차를 밟다

---

215) 컨소시엄(consortium): 대규모 개발 사업의 추진이나 대량의 자금 수요에 대응하기 위해 국제적으로 은행이나 기업이 공동으로 참가하여 형성하는 차관단 또는 융자단. 자금을 공동으로 대는 사업에 참여 하는 기업공동체.

216) 오마이뉴스 2009. 12. 8.

처리하면 간단하게 해결된다. 그런데 정략과 정쟁에 목적이 있는 여당과 야당은 모두 그렇게 처리하지 않는다.

4대강 예산이 상임위를 통과했어도 앞으로 국회 예산·결산특위 심의와 의결, 본회의 표결의 단계가 남아 있었다. 그런데도 민주당은 4대강 예산을 문제 삼아 본회의를 무산시켰다. 하지만 2009년 12월 9일 본회의를 통과 못 한 61건의 법안 중 4대강과 관련된 안건은 단 한 건도 없었다. 축산법·비료관리법·수의사법·도시가스사업법·상표법 개정안 등 대부분 여야가 상임위에서 합의 처리한 법안들이다. 국회의원들에겐 국회에 올라온 수천 건의 법안 중 하나일지 모르지만, 이 법이 통과되길 기다려 온 이해 당사자들이나 국민에게는 중요한 법안들이었다. 정국을 이끌어 가야 할 여당 또한 야당과 다를 바가 없었다. 재적 과반수인 한나라당이 단독 본회의를 열지 않은 것은 야당을 의식해서가 아니다. 한나라당 의원 상당수가 외부 일정 또는 지역구 행사 참석 등으로 아예 국회를 비운 때문이었다. 국회의원에게 가장 중요한 본회의가 열리고 있는 시간에 국회 밖에 있었던 의원들은 말 그대로 본분을 망각한 사람들이다. 2009년 정기국회 법안 처리율은 3.3%로 역대 최악이었다. 이러고도 부끄러운 줄을 모른다.[217]

상임위원회에서 의사진행절차에 문제가 있었는데도 본회의에서 그대로 통과될 수 있었던 것은 그만한 이유가 있었다. 국토해양위의 예산 심사 소위에서 증액돼 그대로 통과된 3조 4천692억 원에는 이병석 위원장은 물론 여야 의원들의 지역구 예산안이 골고루 들어 있었다. 한나라당 이병석 위원장의 지역구(포항시 북구) 관련 예산은 울산~포항 복선전철을 비롯한 5개의 고속도로·철도 사업을 통해 2천764억 원 증액됐고 여당 간사인 허천 의원의 지역구(춘천) 관련 예산도 경춘선 복선

---

217) 조선일보 2009. 12. 9.

전철 등 총 618억 원 증액됐다. 같은 당 신영수 의원(성남시 수정구)의 지역구 관련 예산도 성남~장호원 지역 간 국도 사업 등 총 1천46억 원 증액됐고, 유정복(경기 김포시) 의원의 지역구 관련 예산도 김포 양촌산단 진입도로 등 165억 원이 증액됐다. 4대강 살리기 사업 예산이 포함된 국가하천정비계획에서 제외됐던 울산 태화강 수계는 아예 국토위 소위에서 신규 사업으로 추가돼 200억 원이 배정됐다. 여당인 강길부 의원 지역구(울산 울주군) 관련 예산이다. 지방하천정비사업의 경우, 소위에서 총 2천억 원이 증액됐는데 주로 충남·전남·경기 지역에 배정됐다. "해당 지역구 의원들이 특별히 신경을 썼다"라는 게 관계자들의 전언이다. 야당 의원들의 지역구 예산도 마찬가지였다. 민주당 간사인 박기춘 의원(경기 남양주 을)은 3개 도로 예산으로 252억 원을, 김성곤 의원(전남 여수갑)은 여수국가산업단지 진입도로 등을 통해 940억 원을 증액시켰다. 자유선진당 이재선 의원(대전 서구 을)의 지역구 관련 예산은 대전~문의국지도로 등 224억 원이 증액됐다.[218] 이렇게 모두 각각 다른 잘못을 하면서 다른 사람의 잘못을 지적하고 문제 삼으면서 공격하기 때문에 누가 잘잘못을 하는지 구분하기 어려울 수밖에 없다.

　우리에게는 많은 법규와 절차, 원칙과 기준이 존재하지만, 그 내용을 다 아는 사람도 없고, 그것들이 모두 정당성과 합리성을 갖는다는 근거도 없이 합의되고 설정되어 통용되는 데다 정보도 부족하기 때문에 국민을 현혹하고 선동 정치가 가능하다. 정권을 획득하기 위해 격돌하는 선거에서 자신들의 주의 주장에 동조하고 지지하는 사람이 많으면 실질적인 내용의 옳고 그름과는 상관없이 정권획득이 가능한 것이 현실 정치의 세계이다. 어느 시대를 막론하고 정치가 중에는 스스로 국가와 국민을 위하여 동사하고 헌신하는 위대한 지도자도 있지만, 개인의 영

<hr>

218) 경향신문 2009. 12. 9.

달을 추구하는 시정잡배 같은 저급한 정치가는 훨씬 더 많아서 정치가의 행동과 태도에 대해 모두 옳고 그름을 파악할 수는 없다 할지라도, 국민은 자신이 가진 지식과 정보에 따라 끊임없이 정당성과 합리성을 갖는 것인지 평가하기 위해 노력해야 한다. 그래야 세상을 어지럽히고 사람들을 미혹하게 하여 속이는 혹세무민(惑世誣民)을 일삼는 정치가가 출현하여 혼란을 초래하는 폐해를 사전에 예방할 수 있다.

10. 구태 타파할 신진 정치가 출현, 왜 어려운가?

국민은 옛날이나 지금이나 자신들의 부담을 덜어주고 자유롭게 살 수 있는 세상을 만들기 위해 위대한 정치가의 출현을 학수고대[219](鶴首苦待)한다. 대부분 마음에 드는 사람은 없지만, 그래도 누군가를 대표로 선출해야 하기에 어쩔 수 없이 불만족스러운 정치가라도 지지를 보내고 그들이 열심히 일해 줄 것을 기대하며, 다음에는 좀 더 나은 정치가가 나타날 것이라는 희망을 품고 현실적 한계를 인정하곤 한다. 지금 우리의 정치가 중 상당수는 국민이 만족해서 뽑은 것이 아니라 제도상 어쩔 수 없이 출마한 사람 중에 누군가를 지지해야 하는 제도적 한계 때문에 선출된 사람들이다. 전체 유권자의 50%를 넘지 못하는 지지를 얻고도 다수득표자가 선출되도록 한 제도에 따라 대통령에 당선된 분들이 많은 것도 모두 이러한 국민의 마음이 표심에 그대로 나타난 것이다.

기존 정치권을 구성하는 정치인들이 만족스럽지 않을 때 국민의 기대는 자연스럽게 새로 영입되거나 정치에 입문하는 신진정치인에게 관심이 쏠리게 된다. 그들이 기존 정치권이 안고 있는 문제를 해결하고

---

219) 학수고대(鶴首苦待): 몹시 애타게 기다림.

국가발전과 국민을 위하여 좀 더 나은 정치를 해줄 것을 기대하기 때문이다. 그런데 우리나라 정치현실을 보면 매번 국회의원 선거에서 많은 사람이 바뀌고 있지만, 구태는 여전하다. 대통령이 여러 번 바뀌어도 민주화와 정치선진화는 크게 진척되지 않고 구태를 벗어나지 못하고 있는 것이 현실이다. 정치권이 상당한 물갈이에도 이렇게 구태를 벗어나지 못하고 국민에게 불신의 대상이 되는 이유는 무엇일까? 그것은 잘못된 기존 정치인의 기득권과 공천체계, 인재를 양성하는 국가 교육정책의 실패, 신진정치인들의 역량 부족으로 볼 수 있다. 기존 정치군은 항상 그들이 가지고 있는 기득권을 향유하기 위해 가능한 한 모든 수단과 방법을 동원한다. 그들이 신진정치인을 영입하거나 정치입문의 길을 열어주는 것도 국가와 국민이 아닌 자신이나 자신의 소속정당에 충성할 수 있는 사람이다. 즉 기성 정치인이 가진 기득권을 유지하는데 충성하는 사람에게 즈로 공천을 통해 길을 열어준다. 합리적인 공천체계 구축으로 기존 정치인들이 기득권을 이용하여 공천에 의한 금권정치를 일삼고 공천자를 통한 조직 관리와 자금 관리에 이용하려는 생각을 버리지 않는 한 을바른 신진 정치인의 출현은 기대하기 어렵다.

동아일보에 보도된 내용을 보면 왜 그런지 이유를 알 수 있다. 매번 선거철만 되면 특히 경·호남처럼 공천이 선거에 결정적 구실을 하는 지역에서는 학연을 통한 로비전도 치열하다. 지역구 내 고등학교, 대학의 총동문회 차원에서 특정 후보를 밀어주라는 청탁을 받으면 차기를 생각하는 국회의원으로서도 무시할 수 없기 때문이다. 청탁 압력을 행사하기 위해 후보들이 고등학교와 대학 선배들에게 금품 로비를 하는 일도 다반사라고 한다. 지난 일련의 선거에서 각 당은 국민 참여 경선과 공천심사위원회 등을 운영하면서 공정한 공천을 강조했다. 하지만 선거에 참여한 사람들의 말을 들어보면 현실은 전혀 다르다는 것이다.

"(국회의원에게) 기본 베팅은 큰 거 5장(5억 원)이다. 어떤 식으로든 '신호'가 온다. 국회의원도 자신이 다음 선거에서 공천을 받으려면 당과 실세들에게 공천헌금 베팅을 해야 한다. 국회의원은 공천 줄 사람에게만 실탄을 받는다. 전혀 예상 못 한 사람이 베팅을 시도하면 '지금 시대가 어느 때인데 신세 망치려느냐'라며 거절한다. 물론 기초단체장 출마 후보자의 지역구 국회의원이 2명 이상이면 상황은 다르다. 더 복잡할 수도, 단순할 수도 있다. 시·도의원도 사정은 비슷하다"고 한다. "공정한 심사를 통한 공천은 국민에게나 그럴듯한 이야기죠. 지난 선거 때 당에서 일한 사람이나 지역 변호사, 교수 등 10명이 공천심사위원을 맡았는데 모두 국회의원과 친분이 있었어요. 만일 본인(국회의원)이 원하는 결론이 나오지 않으면 무효 선언을 하죠. 그러다 다시 심사하고…. 결국 국회의원의 입김대로 됩니다. (선거) 뛰어본 사람은 혀를 내두를 지경이에요." 두 차례의 지방선거에서 기초단체장의 선거본부장을 맡았던 C씨는 "일꾼보다 '똘마니'를 선호하는 국회의원의 성향도 문제"라고 개탄했다. "국회의원이요? 범 새끼는 절대 안 키웁니다. 범이 커서 잡아먹으려 들면(국회의원에 출마한다면) 자기 자리도 위태로워지거든요. 그러니 다루기 편하고 선거비용 지원을 잘 해주면서 표밭 관리도 해주는 '만만한' 후보에게 공천을 줍니다. 그러니 그 기초단체장은 각종 이권에 개입할 수밖에 없죠." 기초단체장이 이권에 적극 개입해 실탄을 모으고 2년 뒤 국회의원 선거 자금을 지원해주면 다시 국회의원은 공천을 주는 사이클인 셈이다. 그는 "몸으로 충성하는 것보다 돈으로 충성하는 게 훨씬 효과적인 현실에서 똑똑하고 참신한 젊은 인재가 영입되겠느냐"며, "공천 받으면 100명 중 99명이 당선되는 정치 풍토부터 개선돼야 한다"고 말했다.[220]

---

220) 동아일보 2010. 1. 27.

　　기존 정치권의 행태가 그렇다고 하더라도 정치에 새로 입문하는 정치가들은 자연인으르서 양심(良心)과 소신(所信)에 따라 행동하며 자신의 정치적 신념과 철학, 이상을 펼치기 위해 부단히 느력해야 한다. 이러한 노력이 이어질 때 점차 정치는 합리성과 정당을 찾아가게 되어 있다. 그런데도 현실정치가 그렇지 못한 것은 신진정치인들이 처음부터 정치권에 진출하는 목적이 개인의 입신출세와 권력의 향유에 있기 때문이다. 기존정치권에 영합하는 방법이 그것을 실현하는 데 도움이 된다는 판단에 따라 학연, 지연, 혈연 등의 연고를 찾는다. 일부 신진정치인 중에는 국가와 국민을 위해 봉사하고 헌신하기 위래 정치권에 진입하기는 하지만 기존 정치권의 높은 장벽을 허물지 못하고 현실 정치세계 속에서 자신의 능력 한계를 인정하여 기존 정치권어 동화되고 만다.

　　신진정치인의 자정 노력이 수포로 돌아가고 기존 정치권이 아무리 자신들에게 충성하는 사람들만 골라 영입하고 싶어도 컴국가적인 차원에서 생산된 인재들이 국가와 국민을 위해 봉사하고 헌신하겠다는 사람들이 주류를 이룰 때 기존 정치권도 점차 개선되어 나갈 수 있다. 그런데 우리의 교육은 입신출세를 통한 개인의 영달을 쫓는 이기주의자들을 양산하고 있다는 점 또한 큰 문제다. 기존 정치권이 이기적인 사람들로 가득 차 있는 데다 충원되는 사람들도 이기주의적인 사람들이기 때문에 그들이 모여 보여주는 정치행태는 저급한 것이 될 수밖에 없다. 이러한 상황 속에서도 기존 정치인의 추천을 받지 않고 그들의 영향으로부터 비교적 자유로운 상황에서 정치를 하도록 하기 위해 정당의 민주화와 합리적인 공천심사를 위해 외부 인사를 선임한 공천심사 등 정치개혁 노력이 시도되고 있다. 그러나 아직은 실효를 제대로 거두지 못하고 있다. 하향식 공천의 폐해를 막기 위해 지역구에서 유력한 후보자를 선임하여 설문조사를 통해 가능성이 가장 큰 인사를 후보자

로 공천하는 상향식 공천 방법도 거론되고 있기는 하지만 그것도 문제
가 있는데다 기득권을 가진 기존 정치세력들의 내부 반발로 아직 어느
당도 제대로 정착되지 못하고 있는 상태다.

반드시 상향식 공천이나 외부인사에 의한 공천 심사방법이 아니더라
도 당을 선도하는 역량을 가진 당원들이 기득권을 버리고 합리적인 방
안을 찾아 역량 있는 신진인사를 영입하고 그들로 하여금 정치개혁에
나서도록 하려는 마음만 먹으면 언제든지 가능하다. 하지만 기득권에
집착해 공천 때만 되면 내부에서 저희끼리 일으키는 분쟁을 하는 내홍
(內訌)을 겪고 명분이 서지 않는 일로 몰골이 사납게 싸우는 이전투구
(泥田鬪狗)를 일삼는다. 그러한 불공정하고 불합리한 공천 결과는 항상
승복하지 않는 사람을 양산하고, 결국 그들은 탈당이라는 극적인 방법
을 통해 무소속으로 출마하여 당선된 후 다시 당내에 진입하는 꼴사나
운 모습이 여전히 계속되고 있다. 이 모두가 합리성과 정당성을 벗어나
당내 주도권을 장악하고, 자기 계파에 속하는 추종자를 많이 공천하고
당선시켜, 자신이 대통령선거 후보로 나서는 데 유리한 지위를 차지하
기 위한 당내 권력 투쟁이 만들어 내는 추태이다. 공정하게 경쟁하여
실력으로 당권을 장악하고 당원의 지지를 받아 대통령 후보로 선출될
수 있는 역량을 갖추지 못한 사람들이 기득권을 바탕으로 당권을 장악
하고 대선후보에 나서거나 대선 후보자를 지지하여 부분적인 권력을
향류하려는 탐욕이 이러한 저급한 행동을 되풀이하게 만든다.

차기 선거가 1년 가까이 남은 2010년 1월 5일 바이런 도건 미국 상원
의원은 "아직 공직에 대한 강한 열정이 있습니다. 다시 출마해서 이길
자신도 있습니다. 그렇지만 책도 두어 권 쓰고 싶고 강의도 하고 싶습
니다. 고민 끝에 다음 선거에 출마하지 않기로 했습니다. 남은 임기 동
안에도 노스다코타주와 미국을 위해 최선을 다하겠습니다"라고 불출마

변을 밝혔다.[221] 미국과 같이 우리도 신진 정치 세력이 형성되려면 기존 정치권의 합리적인 공천 체계 확보와 정치인들의 순리적인 양여가 필요하다. 우리나라의 주요 정치 등용문인 국회의원은 외형상으로 보면 매번 3분의 1 정도는 교체되는 것 같다. 그러나 우리의 정당은 계파 간 힘의 논리가 작용한다. 즉 물러나는 사람들도 새로 들어오는 사람도 기득권 세력의 비호와 영향력에 의해 공천되고 선거를 통해 당선되기 때문에 자유로운 정치를 할 수가 없다. 우리나라 정치권도 합리적인 공천 체계의 구축, 이유와 조건 없이 자리를 내주고 각자의 방식으로 국가를 위해 일을 하는 여유를 찾았으면 좋겠다.

11. 패자, 왜 선거 결과에 승복하려 하지 않는가?

민주주의는 다수결의원칙이 지배하는 사회이기 때문에 국민의 절대다수가 아니더라도 대부분 법과 절차에 따라 선거 참여 유권자의 유효투표 중 가장 많은 득표를 한 사람이 대통령으로 당선하도록 규정하고 있다. 국민인 유권자가 입후보자에 직접 투표하는 직접선거와 국민이 대의원을 선출하고 대의원이 입후보자를 선출하는 간접선거 방식이 있기는 하지만 기본적으로 다수결의원칙이 통용되기는 마찬가지이다.

현재 우리나라의 공직선거법 제15조(선거권) ① 19세 이상의 국민은 대통령과 국회의원의 선거권이 있다. 제187조(대통령당선인의 결정·공고·통지) ① 대통령선거에 있어서는 중앙선거관리위원회가 유효투표의 다수를 얻은 자를 당선인으로 결정한다고 명시되어 있다. 이러한 공직선거법을 적용해 선거를 할 때 실제 선거에서 가장 많은 지지표를 얻

---

221) 중앙일보 2010. 1. 14.

[표 3-3] 2007년 이회창 대선 출마로 본 번복의 정치사

경선 불복의 역사

1992 이종찬 민자당 경선후보 경선 포기 선언 후 탈당
1992. 12 김대중 전 대통령 정계 은퇴선언
1995. 7. 김 전 대통령 대국민 사과문 발표 정계 복귀
1997 이인제 현 민주당대선후보 경선 불복, 신한국당
    탈당 후 독자출마
1997. 12 김 전 대통령 당선
2002 이인제 후보 경선포기, 민주당 탈당 후 자민련
    입당
2002. 11. 정몽준 의원 노무현 대통령과 후보단일
    화
2002. 12. 정의원 노 대통령 지지 철회 선언
2002. 12. 이회창 전 한나라당 총재 정계 은퇴선언
2007. 11. 이 전 총재 정계 복귀, 대선 출마기자회견

출처 : 헤럴드경제 2010.4.4

어 당선되는 대통령도 전체국민은 물론 전체유권자의 과반수 지지표를 획득하여 당선되는 경우가 많지 않다. 선거권을 가진 19세 이상의 전체 유권자 중 선거참여율이 통상 80%를 넘지 않기 때문에 유효투표자 중 과반수인 50%의 지지를 받더라도 기권한 사람을 포함한 전체 유권자로 환산할 때 40%에 해당하는 것이며, 19세 미만의 국민을 고려하면 전체 국민의 30%에도 못 미치는 지지를 받아 대통령에 당선된다. 그런데 근래에 우리나라 대통령 중에는 유효투표의 50%에도 못 미치는 득표율로 당선되는 분들이 적지 않다.

얼마의 득표율로 당선되던 우리가 선거 규정을 그렇게 만들어 놓은 이상 선거 결과에 대해 인정하고 받아들여야 한다. 그래야 여당이 야당이 되고, 야당이 여당이 되었을 때도 동일하게 선거결과를 인정받아 정권을 인수하고 정부를 구성해 국가를 통치할 수 있다. 그럼에도 우리나라 역대 대통령 선거는 [표 3 - 3]에서 보는 바와 같이 결과에 승복하지 않으려는 경향이 유난히 강하게 나타난다. 대통령 선거 후보자를 가리기 위한 당내 경선에 나섰던 후보자가 탈당하여 독자출마를 하거나 선거 패배 후 스스로 정계 은퇴를 선언해 놓고 다시 복귀하는 등 선거나 경선결과에 승복하지 않는 태도를 보이는 사례가 적지 않다.

미국의 정치가들은 대체로 선거결과에 깨끗하게 승복하는데 우리나라 정치가들은 왜 그렇지 못할까? 그것은 세 가지 측면의 차이가 그렇게 만들고 있는 것으로 보인다. 첫째는 정치가의 권력 향유에 대한 인식차이이다. 우리나라의 정치가들은 죽어도 대통령을 한번 해보고 죽고 싶어 할 정도로 정치권력에 강하게 집착한다. 개인의 입신출세 목적이 대통령이 되는 것이기 때문에 수단과 방법을 가리지 않는 경향이 나타난다. 그러므로 정권을 획득하기 위해서는 국민과의 약속도 하루아침에 던져버리고 신념과 철학이 다른 사람들과도 필요하다면 언제든지 밀실에서 야합하고 손을 잡는다. 하지만 미국의 정치가들은 대통령이 되는 것을 개인의 입신출세보다는 국가와 국민을 위해 봉사하는 일로 인식하는 경향이 강하다. 따라서 내가 되면 더 좋지만 내가 아니라도 나보다 더 국민을 위해 열정적으로 일할 사람을 국민이 선택하면 그 뜻을 수용한다. 대통령직에 대한 출마가 정권 장악을 통한 권력의 향유보다도 국민에 대한 봉사와 헌신할 기회로 생각하기 때문에 겸허하게 선거 결과에 승복할 수 있다. 당과 상관없이 나의 지지자들에게 당선자를 지지해 줄 것을 호소할 수 있다. 그리고 패배한 정당도 국익을 정당의 이익보다 우선해야 한다는 데 모두 동의하고 있으므로 그러한 행동을 당연한 것으로 받아들인다. 이것은 앨 고어뿐만 아니라 다른 정치가들에게서도 이러한 면면들을 어렵지 않게 찾아볼 수 있다. 이런 분위기는 선거를 국민적인 축제로 이끌어 나간다. 지지자들도 자신이 보낸 지지에 대해 참여한 것으로 만족을 구하고 대가를 요구하지 않는 분위기가 정착되어 있다. 자신이 지지한 후보자가 당선에 실패하더라도 격려를 아끼지 않는다. 이러한 미국 선거의 전반적인 기조를 가장 잘 보여 준 것이 2000년 대통령 선거였다. 앨 고어[222]는 2000년 미국 대선에서 경쟁자인 부시보다 많은 득표를 했지만, 선거인단 수에 의해 당선 여부가 결정되는 복잡한 선거방식 때문에, 대통령은 부시가 되고 앨 고어는 아쉽게 정권 획득에 실패했다. 대통령 선거에서 간접선거 방식을 채택한 연방제 국가인 미국의 독특한 선거방식과 규정이 나은 결과였다. 한동안 플로리다주 재개표를 요구하며 격렬한 법정 투쟁을 벌인 고어 부통령은 플로리다주 재개표를 요구했지만 연방 대법원이 플로리다주 수검표를 위헌으로 규정함에 따라 텔레비전으로 생중계된 연설에서 연방 대법원의 판결을 수용한다고 밝히고 부시 당선자를 중심으로 단합할 것을 제의해 국민은 물론 부시 진영으로부터도 좋은 반응을 얻었다. 고

---

222) 앨버트 아널드 고어(Albert Arnold Gore, Jr, 1948년 3월 31일~)는 미합중국의 제45대 부통령(1993~2001)
이다. 기후 변동에 관한 정부 간 패널과 함께 2007년 노벨 평화상을 공동 수상했다. 현재 미국의 방송국
커런트 TV의 사장이며 제너레이션 인베스트먼트 메니지먼트 회장, 애플 컴퓨터의 사외이사이며 구글 비
공식 자문역을 맡고 있으며 기후보호동맹(the Alliance for Climate Protection)의 회장이기도 하다. 하버드
대학교 행정학사와 밴더빌트 대학교 로스쿨을 졸업하고, 베트남 전쟁 종군기자 그리고 지역신문의 기자
로 일하다가, 테네시 주 대표 미국연방상원의원이었던 그의 아버지를 뒤이어 1977년에 테네시4지역 미
국연방하원의원으로 정계에 입문하였으며, 1985년부터 부통령에 취임한 1993년까지 미국연방상원의원
(테네시주 대표)을 지냈다. 1992년 11월에 빌 클린턴의 러닝메이트로 부통령직에 당선되었다. 환경문제
해결에 조예가 깊어 1997년 기후변화에 관한 교토 의정서의 창설을 주도하고 온실가스배출 최소화 및
국립공원의 확대조치를 이끌어내는 등 전지구적 환경보호에 정치적 수완을 발휘하였다. 2000년 대통령
선거에서 국민투표에서는 약 5100만 표(48.4%)를 득표, 54만여 표를 앞서 1위를 기록했으나, 선거인단
수에서 271 대 266으로 조지 W. 부시(약 5046만 표, 47.9%)에게 석패하였다. 특히 플로리다주에서는
당초 2700여 표 차로 패배하였으나, 플로리다주 일부 선거구에서의 수작업 재검표 결과 400여 표 차까
지 줄었고 주 전체 지역에서 재검표를 할 경우에는 결과가 뒤집혀 선거인단에서 역전할 수 있었다. 그러
나 공화당 성향의 판사들이 주도한 연방 대법원의 재검표 중지 판결로 백악관 입성에 실패하고 말았다.

어는 "국민의 단합과 민주주의의 가치를 지키기 위하여 저는 패배를 인정합니다. 저는 지금부터 부시 대통령을 존경하고 지원할 것입니다. 저를 지지했던 분들도 새 대통령을 인정하고 지지해 줄 것을 부탁드립니다"라는 아름다운 연설을 통해 깨끗하게 승복하는 모습을 보였다. 이렇게 고어 부통령은 대통령 후보로 출마하여 국민의 표심을 더 많이 얻고도 선거 규정에 따라 결과를 깨끗하게 승복하는 미덕을 보였으며, 그 후 본격적인 환경운동을 전개하여 기후 변동에 관한 정부 간 위원회(panel)와 함께 2007년 노벨 평화상을 공동 수상하기도 했다. 또한 2008년 대통령 선거에서 민주당의 버락 오바마 후보에게 패한 공화당 대통령 후보였던 존 매케인[223](John Sidney McCain III)이 선거 패배 후 지지자들에 대한 연설에서 미국국민의 단합을 강조하는 장면도 대단히 인상적이었다. 미국의 정당과 정치인들이 보이는 이러한 태도는 국가와 국민에게 봉사할 기회로 국민이 권력을 맡겨주는 것으로 인식하고 정당성과 합리성을 추구하는 데서 나온다. 이번 선거에서 지더라도 다음 선거에서 우리의 합리성이 국민에게 더 높이 평가받으면 국민은 우리에게 정권을 맡겨 줄 것으로 믿고 또 그렇게 할 수 있는 충분한 역량이 있다는 자신감에서 비롯되는 것으로 보인다. 당선자나 패배자 모두 봉사와 헌신하는 자신의 역할이 끝나면 당연히 원래의 자리로 되돌아간다. 굳이 자기 사람을 심기 위해 노력하지도 않지만, 정도를 넘는 무리

---

223) 존 매케인: 상원의원, 존 시드니 매케인 3세(John Sidney McCain III, 1936년 8월 29일 ~)는 미합중국 상원의원이며 2008년 미국 대통령 선거 미국 공화당 대통령 후보였다. 매케인의 할아버지와 아버지 모두 미국 해군에서 제독을 지냈으며, 미국 해군 사상 최초의 사성장군 부자이다. 매케인 본인도 미국 해군사관학교를 졸업하고 항공모함에서 전투기 조종사로 베트남 전쟁에 참전하였다. 1967년 작전 도중 격추되어 5년 반 동안 전쟁포로가 되었으며 이후 1973년 파리 평화 조약에 의해 풀려났다. 1981년에 해군에서 퇴역한 후 애리조나 주로 이주하였으며 정치 생활을 시작하였다. 1982년 아리조나 제1선거구의 미국 하원의원으로 당선되었으며 두 번의 임기를 지낸다. 1986년에는 아리조나주의 미국 상원의원이 되었으며 1992년, 1998년과 2004년의 선거에서 승리했다. 2008년 공화당 대통령 후보 지명전에서는 초기의 열세에도 불구하고 줄리아니 후보 사퇴 후, 지지를 받게 되면서 공화당 대통령 후보로 지명 받는 데 성공하였다.

한 인사는 국민이 용인하지 않는다. 산하기관의 인사를 하더라도 법규에 따라 무리가 없고 별로 잡음도 생기지 않는다. 우리는 어떤가? 권력은 향유하기 위하여 장악하는 것으로 인식하므로, 선거에서의 패배는 권력을 빼앗기는 것이고, 승리는 권력을 장악하는 것이므로 당선하면 가장 먼저 하는 것이 인사를 통하여 자기 사람 심기에 들어간다. 코드인사나 정실인사, 패거리 정치라는 말이 그냥 우연하게 생긴 것이 아니다. 당연히 선거를 흥행으로 생각하는 저급한 정치문화가 만들어진다. 두 번째는 선거과정의 투명성 차이이다. 모든 국민은 무죄 추정의 원칙에 따라 위법사실이 드러나기 전에는 죄가 없는 것으로 인정된다. 그런데 우리나라도 공직선거법이 있지만, 선거과정에서는 2002년 한나라당 이회창 대통령 후보 측이 차떼기로 선거 자금을 받은 사실과 당시 경쟁자로 대통령에 당선된 노무현 후보 측이 불법선거자금을 받았다는 것이 선거가 끝나고 검찰의 수사에서 그 실체가 드러난 바 있다. 이처럼 우리나라 대통령 선거는 훗날 실체가 드러나든 드러나지 않든 항상 위법에 대한 의혹이 제기된다는 점이다. 제기되는 의혹에 대해 검찰이 모두 수사를 하는 것은 아니므로 진위를 알기는 어렵지만, 역대 정치자금 수사결과를 볼 때, 대부분 소문이나 제기된 의혹들이 근거가 있는 경우가 많았다. 이러한 점에 비추어 보면 선거결과에 승복하지 않거나 경험을 바탕으로 선거에서 유리한 위치를 차지하기 위해 흠집을 내려는 네거티브전략을 적절하게 활용하고 있다는 것을 알 수 있다. 하지만 그보다 더 중요한 점은 대통령에 당선된 쪽이나 경쟁을 한 쪽 모두 스스로 불법이나 위법 행동을 한다는 데 있다. 그러므로 자신들이 불법이나 위법한 행동을 한 내용을 상대도 그렇게 할 수밖에 없었을 것이라는 개연성에 근거하거나 풍문을 확대해 의혹을 제기하는 경향이 강하다. 그러나 미국은 선거 자금 모금과 지출 내역 등 집행내용이 공개적으로 이루어지고 제기되는 의혹들에 대해 비교적 철저한 조사나 수사가 이루어지기 때문에 선거에서 가장 많은 문제가 되는 선거자금관리와 집행 내역에서 투명성이 확보된다. 따라서 선거결과에 대해 쉽게 승복하는 것으로 보인다. 이에 반해 우리는 선거법은 있지만 잘 지켜지지 않는다는데 문제가 있다. 세 번째는 국민의 자세와 태도이다. 미국에서도 네거티브전략이 구사되기는 하지만 국민 중 자발적으로 선거에 참여하여 봉사하는 사람들이 많고 후보자의 위법과 불법, 거짓말에 대해 철저한 감시를 한다. 잘못이 드러났을 때는 고위공직자일수록 더 엄격하게 책임을 묻는 사회풍토와 국민의식이 조성되어 있다. 이에 반해 우리나라는 민주화 과정을 거치면서 위법과 불법, 거짓말을 하는 정치가에 대해 비교적 너그러운 편이다. 그리고 고위공직자를 지낸 후보자에 대해서는 사회발전의 기여도를 인정하여 오히려 덜 엄격한 사회풍토와 국민의식이 조성되어 있다. 여기에 국민이 정이 많아 연민이나 인정에 따른지지를 적지 않게 하는 경향이 있어 불법을 저지른 사람이 다음에 선거에 출마해도 그것을 크게 문제 삼지 않는다.

김영삼 전 대통령은 2007년 11월 22일 한나라당 이명박 대선후보의 BBK사건 연루의혹에 대한 검찰수사를 언급하면서 자신의 재임 시절 김대중 전 대통령의 대선자금 수사중단을 지시했다고 밝혔다. 김영삼 전 대통령은 소공동 롯데호텔에서 열린 극동포럼 초청 특강에서 "내가 대통령 재임 당시 대선 직전에 김대중 씨의 1,300억 원이 넘는 천문학적 규모의 부정축재 자금 문제가 터져 나왔다. 검찰이 그 문제를 수사하게 되면 김대중 씨는 구속이 불가피할 것이고, 나라는 대통령 선거를 치를 수 없는 대혼란에 빠질 것으로 판단해 검찰총장을 직접 불러 수사유보를 지시했다"라고 말했다. 김대중 전 대통령 측은 즉각 반발했다. 최경환 공보비서관은 논평을 내고 "당시 김대중 후보의 비자금 문제는 신한국당이 선거에 이용하기 위해 조작해낸 것이고, 당시 검찰은 근거가 없어 수사하지 않기로 했다. 선거 이후 검찰이 수사했으나 사실무근이고, 계좌들은 깡통계좌임이 밝혀진 바 있다. 당시 검찰은 청와대 모 비서관이 신한국당 강삼재 사무총장에게 자료를 건네주고 폭로하게 했다고 조사에서 밝혔다. 김영삼 전 대통령은 자신이 수사하지 말라고 말했다는데, 청와대가 자료를 건네주고 폭로하게 했는데 대통령은 수사하지 말라고 했다는 것은 사실과 다르다. 김태정 당시 검찰총장은 자신의 판단으로 수사하지 않기로 했다고 누차 말했고, 김영삼 전 대통령은 비자금이 1,300억 원이라고 주장하지만, 강삼재 총장이 허위 폭로한 액수는 670억 원이었다"라며, "당시 국민회의 측은 국회에서 국정조사를 해서 밝혀내자고 요구했지만, 신한국당 측은 이 주장을 받아들이지 않았다. 근거가 있으면 왜 거부했겠는가"라고 반문했다.[224]

행동은 하지 않고 말로만 공방을 벌이니까 누가 옳은 말을 하는지 알 수 없지만, 사안의 해결은 아주 간단하다. 전직 대통령의 언급에 대해 국민이 의혹 규명을 요구했다면 누가 거짓말을 하는지 금방 드러날 일이었다. 하지만 국민들은 수사를 요구하지 않았고 양측의 공방은 의혹 속에 묻혔다. 이러한 현실은 문제를 지적하고 불러일으키는 사회단체와 국민이 상당히 편향되어 있기 때문에 나타나는 현상이다. 몇 천만 원이나 몇 억 원을 받고도 여론의 뭇매를 맞아 정치생명이 종결되는 사람들의 입장에서 보면 이해할 수 없는 일이지만 특정인의 지지자에게 있어서는 당연한 일이다. 결국 드러나지 않으면 비리와 죄가 없는 것이 된다는 것을 잘 알기 때문에 남북정상회담을 위해 북한에 자금을 제공한 것도 수사하지 말았어야 했다고 말할 수 있는 것이다. 수사하지 않았으면 과오도 없고 공적만으로 인정될 수 있다. 그러니 작은 일로 수

사 대상이 된 사람들의 입장에서는 억울하고 애석한 일일 수밖에…

한 정치인이 "배신과 반칙으로 한국의 민주주의는 후퇴하고 국민의 정치 불신은 더욱 깊어가고 있다. 정치란 정의를 실현하는 일이요 바른 명분이 생명인데, 수신(修身)도 하지 못한 사람이 어떻게 치인 치국을 할 수 있으며 법과 원칙을 저버린 사람이 어떻게 감히 국민 앞에서 법과 원칙을 말할 수 있겠느냐? 정치도, 대통령도 그 모두가 인간이 되고 난 뒤의 일이다. 먼저 인간이 돼야 한다"고 말한 바 있다. 아마 정치인 스스로 보기에도 인간이 되지 않은 사람들이 있는 것으로 보이는가 보다. 우리나라는 정치가는 권력과 공적에 집착하고 제도는 아직 제대로 정비되지 않아 허점이 적지 않다. 정권 획득을 위해 정치 전략적으로 이용하는 데도 국민은 엄격함보다는 인정에 의한 정서를 중시하기 때문에 선거결과에 제대로 승복하지 않더라도 그것이 우리 사회에서 통용되는 것이다. 국민이 진정 공정한 사회를 원한다면 같은 기준과 원칙으로 정치가를 평가할 수 있어야 한다. 각기 다른 비판 기준으로 대하면 도덕성과 윤리적인 사람보다는 권모술수에 능한 혹세무민하는 사람이 득세할 수밖에 없다.

12. 예산안 국회 단상, 왜 볼모가 될 수밖에 없는가?

헌법 제54조 ① 국회는 국가의 예산안을 심의·확정한다. ② 정부는 회계연도마다 예산안을 편성하여 회계연도 개시 90일 전까지 국회에 제출하고, 국회는 회계연도 개시 30일 전까지 이를 의결하여야 한다. ③ 새로운 회계연도가 개시될 때까지 예산안이 의결되지 못한 때에는 정부는 국회에서 예산안이 의결될 때까지 다음의 목적을 위한 경비는 전년도 예산에 따라 집행할 수 있다고 규정하고 있다. 즉 매년 헌법상 다음 해의 예산안 처리 시한은 12월 1일이다.

그런데 2010년까지 국회 예산안 통과가 8년째 처리 시한을 넘겼다. 그리고 예산안 처리를 두고 걸핏하면 상임위원회 의장석이나 본회의 의장석 단상을 점거하는 일이 발생한다. 여기저기서 지키지 않을 것 같으면 무엇을 하려고 처리시한을 정했는지 모르겠다는 국민의 불만이 터져 나온다. 여론이 따갑게 느껴지면 국회의원들의 자세가 조금 바뀐다. 2009년에도 그랬다. 여당인 한나라당과 야당인 민주당은 12월 중에 예산안을 처리하겠다며 예산안 심의일정을 합의하기도 했지만, 파행을 거듭하다가 결국 진통 끝에 해를 넘기지 않기 위해 12월 마지막 날 민주당이 투표에 기권한 가운데 통과되었다. 예산안이 국회를 통과해도 집행에는 절차상의 문제로 한 달 정도의 기간이 소요된다. 가집행의 방법이 없지는 않지만, 절차를 위반하는 일이기 때문에 국정을 담당하고 있는 정부나 행정기관, 공무원의 입장에서는 아무래도 확정된 예산을 배정받아 정상적인 절차에 따라 집행하기 바란다.

2009년의 경우 미디어법에 대한 앙금이 남아 있는 상태에서 세종시 원안 수정안과 4대강 정비 사업에 대한 논란이 가열되면서 전체적인 예산안 처리의 발목을 잡았다. 정부 여당은 경제 상태의 어려움을 들어 누차 2010년도 예산의 조기 통과를 역설했다. 그러나 정부 여당에서 추진하고 있는 세종시 원안 수정과 4대강 정비사업 추진에 반발하는 야당은 예산안 조기처리와 시한 내 처리에 반발했다. 그리고 4대강 정비 사업은 정부·여당이 국회 예산이 통과도 되기 전에 기공식을 하고 공사에 착공해 야당을 자극한 측면도 없지 않았다. 예산안은 수많은 이해관계가 걸려 있기 때문에 확정과 통과과정에서 통상적으로 여당과 야당의 의견이 상당 부분 충돌할 수 있는 것이 현실이다. 이러한 상황에도 당리당략보다는 국가의 이익과 국민 삶을 먼저 고려해 대화와 타협을 통해 합의점을 찾아 정부가 일할 수 있는 여건을 만들어 주겠다는 마음만 먹으면 예산안의 처리시한 내 통과는 문제 될 것이 없다. 정부 예산 중 복지예산과 민생지원, 중소기업 등 주로 서민경제적인 측면을 고려하면 더욱 그러하다.

언제부터인가 우리나라 국회는 예산안 통과를 정부 정책이나 법률안 통과 등과 연계시키면서 예산안의 심의 통과 자체가 정치투쟁의 장으로 변질되었다. 정부·여당이 하는 일이 야당의 입장에서 못마땅하거나 동의하기 어려운 경우 그 부분만 분리하여 별도로 처리하고 합의할 수 있는 부분에 대해서는 먼저 처리한다고 크게 문제 될 것도 없고 또 그렇게 해야 마땅하다. 단약 국회 예산안 처리방식이 해당 상임위원회를 통과하더라도 본회의에서 전체 예산안이 통과되지 않으면 집행을 할 수 없게 되어 있는 법규가 걸림돌이 된다면 정부와 국민의 편익을 위해 해당 상임위원회를 통과한 예산은 처리기한 내에 전체 예산이 국회를 통과하지 못할 대 자동통과 되어 집행할 수 있도록 법규를 개정하면 된다. 정당이나 국회의원의 입장에서는 껄끄럽겠지만, 정부와 국민의 입장에서는 환영할 일이다. 그리고 그것이 싫다면 예산안을 처리시한 내에 여야가 합의하여 통과시키면 될 일이다. 법률안 처리에 여야가 절차에 따라 대화와 타협을 하고 다수결의 원칙에 따라 처리하는 것은 당연한 일인데, 왜 그렇게 몸싸움을 많이 하고 단상을 점거하기 위해 온갖 추태를 보일까 하는 의문이 든다. 합리적인 방안만 찾으면 단상을 점거할 필요가 없는 데도 여당도 야당도 그런 방안에는 별로 관심이 없는 듯하다.

왜 우리나라 국회의원들이 이러한 행태를 보일까? 그것은 크게 보면 세 가지 원인 때문으로 분석된다. 첫째는 대화와 타협의 실종, 법과 절차에 대한 무시, 국익보다는 정당이나 개인의 이익을 앞세우는 이기주의 때문이다. 대화와 타협이 존재하고 법과 절차를 지키면 합리적인 일처리가 가능하고 국익을 개인이나 정당의 이익보다 우선하면 물리력을 동원한 단상점거는 해야 할 이유가 없다. 둘째는 네거티브 전략 때문이다. 네거티브 전략은 부정적이거나 반감을 살만한 내용을 부각시켜 상대방의 명예와 능력을 의심하게 만들거나 도덕성에 흠집을 내 반사이익을 노리는 것을 말하는데 1950년 미국 캘리포니아주 상원의원 선거에서 리처드 닉슨의 핵심참모였던 머레이 터너가 '착한 사람들과 겁쟁이들은 선거에서 승리할 수 없다'고 한 말은 때로는 비인간적이고 야만적인 네거티브 선거 운동의 필요성을 적나라하게 드러낸 대목이다.[225] 그러나 네거티브 전략이 선거에만 사용되는 것은 아니다. 정당 간 가장 치열한 각축장이 선거유세전이기 때문에 주로 선거에서 많이 이용되는 것일 뿐, 유리한 여론의 형성이나 지지를 끌어내기 위해 정쟁이 발생하는 곳에서는 언제나 서로 이기려고 경쟁을 하므로 네거티브전략이 사용된다. 우리 국회가 오늘날과 같은 추태를 보이는 것은 국민의 정치에 대한 불신과 혐오감이 커지고 있다는 것을 알면서도 네거티브 전략을 구사하고 있기 때문이다. 정치가들이 네거티브 전략을 구사하는 가장 핵심적인 이유는 추악한 폭로전 등 부정적인 면에 여론이 더 민감하게 반응하고 때로는 역사를 바꿀 수도 있다는 것을 알기 때문이다. 선거철만 되면 유권자들은 정책중심의 선거운동 방식인 포지티브 선거를 하라고 목소리를 높이고 국회에서 정책대결을 벌이라고 말하지만 그런 고상한 말은 선거 승리를 목적으로 하고 여론의 관심을 끌기 위해 혈안이 되어 있는 정치인들의 귀에 들을 리 없다. 야당은 이러한 네거티브 전략을 통하여 정부 여당의 불합리한 점을 지적하고 지도력에 타격을

---

225) YTN 2007. 7. 13.

가하여 문제해결능력이 부족하다는 인식을 국민이 갖게 만들어 반사이익을 취하려 하고 등시에 여당은 우리가 이렇게 열심히 노력하는데도 야당이 다수결의 원칙을 무시하고 정치공세로 일관하며 떼를 쓰고 억지를 부린다는 인식을 국민에게 부각시켜 반사이익을 얻으려고 한다. 하지만 실제로는 대화와 타협을 안 하기는 마찬가지이므로 피장파장 오류를 범하고 있는 것에 불과하다. 세 번째는 국민의 관심 유인 전략이다. 정치인은 오르지 여론과 지지라는 국민의 관심 속에서 존재한다. 그러므로 국민의 눈과 긔를 자신들에게 돌리기 위해 가급적 자극적인 처방의 방법으로 일부러 논란을 벌이거나 저속한 행동을 일삼는다. 국민의 관심은 여당과 야당 모두에게 필요하고 정국의 주도권이나 당리당략이라는 것도 모두 국민의 지지를 끌어내고 여론을 환기시켜야 가능하다. 따라서 국회의원 스스로 자신들이 하는 한심한 작태가 희극(comedy)이라고 하는 이유도 국민의 호응을 얻으려고 일부러 하는 행태라는 것을 알기 때문에 하는 말이다.

정치 현안에 대해 정견을 발표하는 방법으로도 얼마든지 존재감을 드러낼 수 있을 텐데 왜 하필이면 국민의 삶과 직접 연관이 되는 법률이나 예산안을 두고 그런 행동을 하느냐 하는 의문이 생길 수 있다. 바로 여기에 정당과 국회의원들이 예산안을 두고 대치하는 이유가 숨어 있다. 파급효과가 큰 국민의 삶과 직결된다는 점 때문이다. 쉽게 말하면 파급효과가 크기 때문에 홍보 효과도 클 것으로 생각하는 것이다. 국회에서 예산안을 통과시켜 정부가 그 예산을 집행하면 경제활동을 통하여 복지예산은 기초생활보장 수급자들에게 직접 지급된다. 각종 정책을 통해 사회 제반 분야로 분배되어 국민의 경제활동을 통하여 기업과 가계수입으로 들어간다. 가계수입은 지출과 세금으로 부과되어 정부로 환수되는 순환구조로 되어 있다. 예산안 통과는 국회의 고유능 중 하나이고 정부가 원활하게 일을 할 수 있도록 하기 위해서는 예산안의 통과 시한은 지켜져야 한다. 예산 통과가 지연되면 자립 생활능력이 부족한 서민들이 특히 고통을 많이 받는다는 것을 국회의원들도 잘 안다.

알면서 왜 이렇게 번번이 예산처리 시한을 넘기는가? 국회와 정당은 예산안을 통과시키면 당해 연도의 주요업무는 모두 마무리된다. 여기서 마무리된다는 것은 한해 활동에 대한 결산과 종결을 의미한다. 그 이후 새로운 사회적인 관심사가 부각되어 임시국회가 소집되기 전까지는 휴회에 들어간다. 그런데 정당과 국회의원의 입장에서는 자기가 소속된 정당이 호평을 받고 국민의 관심과 지지를 붙들어 두어야 정권을 재창출하거나 집권할 수 있다. 그러므로 자신들의 존재감을 부각시켜 기존 지지자들은 더욱 확실한 지지 세력으로 규합하고 반대 세력에 대해서는 압박을 가하면서 우리의 지지 세력으로 전환할 기회라는 계산이 깔렸다. 절차와 원칙이 잘 지켜지고 대화와 타협을 통한 상생의 정치가 이루어질 때는 이렇게 그릇된 정치행태는 발을 붙일 수 없다. 그러나 대단히 유감스럽게도 오늘날 우리나라 정치는 정치인 스스로 만신창이를 만들며 절차도 원칙도 합리성도 수시로 짓밟고 짓밟히는 진흙탕 싸움을 벌이고 있다.

정국 주도권을 잡아 보겠다는 허황된 생각에 사로잡혀 평상시에도 대화와 타협을 통한 합리적인 처리를 하기 위해 제대로 노력도 하지 않고 이전투구만 일삼으면서 국민에게 정치에 대한 혐오감만 심어주다가 연말만 되면 여당과 야당이 예산을 두고 다시 격돌한다. 결국 평상시 대화와 타협 정치의 실종으로 만들어진 응어리가 남아 불편한 관계를 만들어내기 때문에 정상적인 처리가 안 되는 것은 당연하다. 여야 모두 예산안은 당연하게 통과시켜야 한다는 생각을 갖고 있다. 그러나 그렇게 되면 여당의 입장에서는 일을 잘하는 것으로 비칠 수 있지만, 야당의 입장에서는 존재감을 부각하기가 쉽지 않다. 결국 이해득실을 고려하고 자신의 존재감이 상실되지 않게 하려고 여당과 야당 모두 동상이몽으로 예산안을 두고 대치한다. 열심히 일하고 있다는 것을 내보이기 위한 것처럼, 그동안 타협되지 않았던 법률과 정치현안에 대해 막후교섭을 통해 일괄 타결을 처리하는 기형적인 일 처리로 무더기 법안 처리와 예산안 통과를 시도하며 격돌한다.

국회의원이 단상을 점거하고 국민의 삶과 직접 연관이 되는 예산안을 두고 대치하는 행동을 하는 것은 야당의 입장에서는 여당이 이렇게 일을 잘못 처리하고 있다는 점을 부각할 수 있는 호자다. 국민의 관심을 끌고 반사이익을 얻는 데 가장 자극적이고 효과적이라는 야당의 전략이 숨어 있고, 항상 정부·여당의 무리한 정책추진은 그러한 빌미를 제공한다. 이러한 행동 이면에는 국민의 불편을 볼모로 존재감을 드러내고 권력의 유지와 재창출에 도움이 되도록 하겠다는 정치가들의 권력 향유에 대한 탐욕에 찬 이기주의가 숨어 있다. 국민이 불편해하고 혐오감을 갖든 말든 나는 권력을 향유하면 된다는 썩은 생각 말이다.

13. 정치개혁 요구, 왜 먹혀들지 않는가?

선거철만 되면 시민사회단체들은 연례행사처럼 나서서 정치개혁을 요구한다. 그리고 낙선운동을 벌이는 일도 있었다. 무슨 일이든지 일반적인 측면에서 볼 때 노력과 연륜이 쌓이면 영향력이 증가하기 마련이다. 동조하는 사람이 늘어날수록 영향력은 더 커진다. 시민사회단체가 주장하는 정치개혁에 대해 국민도 그 필요성을 거의 공감하는 분위기이다. 하지만 시민사회단체의 노력과 국민의 염원에도 여전히 대통령 참모, 국회의원, 지자체장, 기초자치단체 의원, 공무원 할 것 없이 온갖 부정부패에 연루된 사건들이 끝없이 드러나고 있다. 국민이 공감하는 시민사회단체의 정치개혁이 도무지 먹혀들지도 않고 속도가 붙지 않는다.

왜 이런 현상이 빚어질까? 여기에는 여론을 모을 수 있는 시민사회단체의 집적(集積) 능력이 갖는 한계, 시민사회단체 스스로 이미 특정 정당이나 정치인을 지지하는 이념적 편향이 핵심적인 문제이지만 그 외에도 여러 가지 원인이 있다. 시민사회단체가 영향력을 확대하기 위해서는 국민적 지지를 받을 수 있는, 과거 민주화 같은 대의명분, 인력, 조직, 예산, 기획능력 면에서 전국적인 사업을 추진해갈 수 있는 능력이 있어야 한다. 그런데 그러한 역량을 가진 단체들은 많지 않다. 일부 전국적인 조직체계를 갖춘 단체들이 있기는 하지만, 그들은 이미 보수나 진보 둘 중 하나로 편향되어 있다. 따라서 국익이나 국민을 위한 일보다 자신들의 이해관계에 먼저 영향을 미치는 예산 지원 권한을 가지고 있는 정부의 입장을 대변하거나 특정 정당과 이념과 행동을 같이하는 경향이 강하게 나타난다.

이처럼 주요 단체들이 이미 정치성향을 띠고 있는데다 정치개혁에 참여하고 주도하려는 다른 단체들 역시 대부분 정치적인 이해관계를 가진 경우가 많아 국민이 정치개혁의 동기와 목적에 대해 의구심을 갖기 때문에 세력 결집이 어렵고 영향력 행사도 쉽지 않은 것으로 보인다. 그리고 과거 김영삼 · 김대중 양 김 씨가 민주화를 내세워 정권 획득을 추구해나갈 때와는 달리 이제는 특정 지도자나 정당에 대해 개인적인 희생을 감수하면서까지 지지하려는 사람이 많지 않다. 가계를 운영하고 생업을 유지하기에 바쁜 국민은 더는 개인적인 정치적 야심을 가진 그러한 사람이나 단체에 대해 호응할 이유를 못 느낀다. 집적 능력에 한계가 드러나고 있는 것이다. 그리고 그동안 정치개혁을 선도한 시민사회단체의 일부 지도자들이 정치개혁을 목표로 제3의 정당을 만들거나 무소속으로 선거에 출마해 정치적 야심을 드러냈지만 대부분 제도권진입에 실패함으로써 오히려 동기에 대해 의심하게 만들었다. 이런 요인들이 복합적으로 작용 시민사회단체의 결집력을 약화시켰다.

여기에 국민이 상대적으로 정당의 집적능력이 시민사회단체와는 비교도 안 될 정도로 뛰어난 것으로 인식하여 개인이 당면하는 이해관계의 조정이나 달성에 있어 시민사회단체보다는 기존 정당에 편승하려는 경향이 강하게 나타나는 것도 또 다른 한 원인이다. 이외에도 시민단체들이 통일된 목소리를 내지 못하는 것도 중요한 사유 중 하나에 속한다. 힘이 약한 단체일수록 서로 연합하여야 강한 힘을 발휘할 수 있는데 명분에는 공감하지만, 각각 이해를 달리하기 때문어 결속력이 약해 큰 힘을 발휘하지 못하고 있는 것이 현실이다. 때로는 이해관계가 상반될 때 상호 반대성명을 통해 비방까지 마다하지 않는 고습을 보이기도 한다.

앞으로 시민사회단체의 정치개혁 요구가 국민의 호응을 받기 위해서는 이해관계를 초월하여 국민과 국가발전을 위한 동기와 목적의 순수성은 물론 과정에서 정당성과 합리성을 갖추고 서로 끝속할 때 국민은 그들의 노력에 적극적으로 동참할 것이다. 동기에 공감하더라도 진정성이 의심을 받는 상태에서는 국민의 마음을 움직이기 어렵다. 국민이 동참하지 않는 사회단체는 큰 힘과 영향력을 발휘할 수 없다. 정치인에게 가장 두려운 존재인 도민 여론이 작용하지 않으면 정치권은 별다른 관심을 보이지 않는다.

14. 유권자, 왜 그릇된 정치인 계속 지지하는가?

모든 사회문제는 그 원인을 제거하면 쉽게 해결될 수 있다. 오늘날 한국사회의 극단적인 분열과 대립 원인은 정권 획득을 추구하는 정당과 계파를 조직하여 정당을 이끌어 나가는 소수의 문제 있는 행동을 하는 몇몇 정치인이다. 국민이 문제가 있는 행동을 일삼는 정치가가 퇴출당하기를 원하는 이유는 그러한 정치가들이 계속 발붙이고 있는 한 국민통합과 사회정의 실현을 저해해 결국은 자신을 포함한 다수 국민에게 피해가 돌아올 것을 우려하기 때문이다.

문제가 있는 정치가는 스스로 잘못을 인정하고 현실정치에서 물러나는 것이 가장 바람직하다. 그것이 어려울 때 정당의 공천과정에서 배제하거나 국민이 선거에서 지지하지 않으면 간단하게 해결될 수 있다. 그럼에도 언제나 선거철이면 문제가 있다고 생각하는 사람 중 상당수가 정당 후보자로 출마하여 공천을 받고 그 중 또 상당수는 당선된다. 국민은 매번 선거에서 문제가 있는 사람을 지지해 스스로 피해가 돌아오게 하는 모순된 행동을 반복한다. 왜 그럴까? 그 이유는 상당수 유권자가 주권을 행사할 때 국익이나 사회정의보다는 개인의 이해관계를 먼저 고려하고 정(情)에 의한 지지표를 행사하는 데 기인하는 것으로 보인다.

그러니까 그릇된 정치가를 관용했다고 하기보다는 개인의 이익과 손해를 고려하고 인정에 의해 투표하는 점이 문제가 있는 행동을 한 사람들이 정치 일선에서 퇴출당하지 않도록 해 왔다고 할 수 있다. 만약 국민이 사회정의 구현과 국익을 먼저 고려했다면 문제가 있는 사람은 당선되지 않아야 한다. 그런데 우리 현실을 보면 문제 있는 행동을 심심찮게 하는 사람도 계속 당선된다. 이것은 유권자 중에 정치가가 아무리 문제가 있는 행동을 해도 학연, 지연, 혈연 또는 개인적으로 존경하는 사람이나 정치적 신념이 같은 사람은 강하게 지지한다는 말이다. 이들 중에는 지적된 문제를 인정하고 고치게 만들어 올바른 정치를 하도록 유도하기보다는, 오히려 잘못된 행동을 할 수밖에 없는 정당성을 개발해 합리화를 시도하는 경향까지 나타난다. 특히 특정 정당에 대한 지역 색깔이 강하게 나타나는 경우 문제가 있건 없건 해당 정당 후보자만 무조건 당선시켜왔다. 전통적으로 전라도와 경상도에서 이러한 결과가 많이 나타났다.

이외에도 특정한 정치인이 문제 있는 행동을 여러 차례 했더라도 해당 지역이나 정당에서 그만한 지지도를 가진 사람이 없고 정당이 문제 있는 사람을 반복해서 공천하는 경우이다. 이때 국민은 문제가 있는 줄 알면서도 지지표를 행사할 수밖에 없다. 대개 후보자는 마음에 안 들지만, 정당지지도를 쫓아 투표한다. 그 결과 여전히 문제 있는 정치인이 선출되고 있다. 그렇다고 항상 당선이 담보되는 것은 아니다. 어떤 사람은 문제 있는 행동을 되풀이하는데도 불구하고 여러 차례 당선되기도 하지만 어떤 사람은 한 번만 문제 있는 행동을 해도 바로 공천에서 배제되거나 선거에서 패배해 정치활동을 중단하게 되는 상황이 발생하기도 한다. 그러나 지역 전체에 나타나는 특정 정당이나 인물에 대한 지지는 대개 정치인에 대한 관용이나 무지보다는 유권자의 이해와 인정이 관련되어 있는 경우가 많다. 이러한 기조를 가리켜 지역정서나 국민 정서라고 표현한다.

국민인 유권자들이 문제 있는 행동을 하는 정치인에게 지지를 보내는 원인이 이해(利害)와 인정이라면 분명히 이해와 인정이 유권자들에게 그런 불합리한 행동과 선택을 계속하도록 만드는 이유가 있을 것이다. 이것을 알아내는 일은 암울한 한국 정치의 현실을 개선하고 정상화시킬 수 있는 대단히 의미 있는 일이다. 그런데 아직 누구도 그 이유를 제대로 파헤치지 못했다. 여기서 그 이유를 한번 살펴보자.

이해는 여러 가지 뜻이 있지만, 우리가 지금 여기서 말하는 이해(利害)는 이익과 손해, 득실(得失)이라는 말이다. 득실은 이익과 손해를 말하기 때문에 이해와 같은 말이다. 이해관계는 자신이 지지하는 정치가뿐만 아니라 국가와의 관계에도 작용한다. 내가 지지해 당선된 유능한 정치가는 국가와 지역사회를 발전시킨다. 무능하거나 저급한 정치가가 선출되면 국가와 사회발전을 저해할 수도 있다. 특정한 유권자가 특정한 후보를 지지했다는 것에 점을 출마한 후보자는 정확하게 알 수 없다. 지지한 사실을 안다고 하더라도 정치가는 특정한 개인의 이익을 위해 일하는 사람이 아니므로 나에게 도움이나 이익을 줄 것이라는 보장도 없다. 또한 타인의 권리남용으로부터 개인의 이익을 보호하는 것은 공권력이다. 공권력은 국가에 의해 수행되기 때문에 어떻게 보면 합리적이고 제대로 작동되도록 하기 위해 문제 있는 정치가는 퇴출시키고 합리적인 정치가를 지지하여 당선시켜야 정의사회가 구현된다. 국가의 이익이 커지도록 만들면 궁극적으로 나에게 그 혜택이 돌아올 가능성은 증가한다. 반대로 내가 지지하여 당선된 정치인이 나에게 도움이나 이익을 제공할 수도 있고, 국가이익이 나에게 별다른 혜택으로 돌아오지 않을 수도 있기 때문에 외형상 자신의 주권행사에 따른 이해는 양자 모두 관계가 된다.

그런데 왜 유권자들은 정치가들과의 이해관계를 먼저 고려하는가 하는 점이다. 그 이유는 영향력과 인간관계 때문이다. 유권자의 입장에서 판단할 때 정치가는 유권자에게 직접적인 영향을 미칠 수 있는 위치에 있고 국가는 간접적인 영향을 미칠 수 있는 위치에 있다. 당연히 이해관계도 직접적이고 가까운 거리에 있는 쪽에 영향을 강하게 받기 때문에 유권자들은 주권을 행사할 때 국가이익이나 사회정의 구현 같은 국가 전체의 이익보다 자신과 직접적인 이해관계를 갖는 쪽을 우선 고려해야 한다고 생각하는 것이다. 인간관계 측면에서 정치가와 유권자의 관계는 이익을 공유할 수 있는 여지가 많은 데다 유권자들은 정치가의 지지요청을 면전에서 노골적으로 거절했을 때 발생할 수 있는 불편한 인간관계 형성을 회피하려는 입장을 취하기 마련이다.

추후 당선되어 권력을 갖게 된 정치가에게 도움을 청하거나 정치가의 활동으로 인해 나에게 불이익이 돌아오는 것을 예방해야 하므로 유권자들은 인간관계를 쉽게 무시하지 못하게 만든다. 결국 합리적인 선택이라는 국가이익보다는 정치인과의 이해관계를 더 우선적으로 고려하게 된다. 그리고 주권 행사는 국가이익과 사회발전을 위해 일할 사람을 뽑는 것이기 때문에 과거에 비록 다소 문제가 있는 행동을 했더라도 자신이 지지하는 지도자가 개과천선하여 국가이익에 도움이 되는 합리적인 일을 해 줄 것이라는 기대를 하고 지지를 보낸다. 따라서 다수의 유권자가 자신의 이해를 먼저 고려하여 지지한 정치인이 문제 있는 행동을 되풀이하더라도 그것은 그 정치인이 유권자들의 바람을 져버린 일이다. 유권자 입장에서 볼 때 주권 행사는 합리적이고 정당하게 이루어진 것이라고 할 수 있다.

다음은 인정에 대한 문제이다. 인정(人情)은 사람이 본디 가지고 있는 온갖 감정, 남을 동정하는 마음씨, 세상 사람의 마음 등 여러 가지 뜻이 있는데 그 핵심은 사물에 느끼어 일어나는 마음의 작용, 사랑이나 친근감을 느끼는 마음, 남을 염려하여 헤아리는 마음 등을 뜻하는 정(情)이다. 이 정 속에는 불쌍하고 가련하게 여기는 연민(憐憫), 남의 어려운 처지를 안타깝게 여기는 마음인 동정심(同情心), 가엾고 불쌍히 여기는 마음인 측은지심(惻隱之心) 등이 포함되어 있다. 특별한 연고는 없지만 단지 선거에서 여러 번 패배한 사람이나 고향 사람이라는 이유로 지지하는 것을 우리 주위에서 어렵지 않게 볼 수 있다. 여기에 인간지사 새옹지마(塞翁之馬), 이 사람이나 저 사람이나 별로 다를 것이 없더라는 경험적 인식, 가치판단의 혼란이 가세할 때 표심은 매우 복잡한 양상을 나타낸다.

소위말해 민주화 운동으로 법률을 위반한 경우 민주화의 목적 달성 과정과 방법이 잘못되었는데도 그 행동 동기인 민주화에 대한 가치를 더 우선시해 관용적으로 받아들이는 경향이 있다. 가령 독재하는 쪽에서 법 집행권을 가지고 있고 민주화를 요구하는 쪽에서 법을 어기고 민주화 운동을 한 경우와 같이 가치판단이 쉽지 않을 때, 민주화를 위해 노력한 사람들을 지지하는 경향이 강하게 나타난다. 인정은 가까운 사람들과의 교류에 의해서 그 실체가 드러나므로 자연적으로 학연, 지연, 혈연을 중심으로 구축되는 인간관계와 결부될 수밖에 없다. 문제는 한국인의 보편적 정서 중 하나인 이 인정이, 유권자의 주권 행사에서 문제 있는 행동을 하는 정치가보다는 합리적인 정치가를 선출하도록 하는 데 강한 걸림돌이 되고 있다는 점이다. 때로는 이러한 국민 정서를 정치가들은 선거에 직접 활용하기도 한다. '우리가 남이가, 고향 까마귀가 더 반갑다'는 말은 이러한 경향을 잘 대변해준다. 개인의 인정이 규합되어 집단적 여론으로 형성된 정서를 무시하고, 지역이나 지역민의 의사에 반하는 행동을 했을 때 발생할 수 있는 불편한 인간관계의 고려는, 가치판단을 흐리게 하는 요소로 강하게 작용해 문제 있는 행동을 하는 사람인 줄 알면서도, 그러한 사람에게 지지를 보내게 만든다.

오늘날 한국의 지역주의가 가시지 않는 이유 중 한 가지가 여기에 있다. 같은 고향 출신이지만 정서를 달리하거나 다수가 지지하지 않는다는 이유로 반대하는 경우, 역으로 많은 사람이 지지한다는 이유로 거의 무조건에 가까운 지지를 보내는 경향이 그동안 전라도와 경상도 지역 주민의 지역주의적 주권행사 방식으로 여러 차례 나타난 바 있다. 이렇게 유권자의 개인적인 이해관계와 인정은 문제 있는 유권자가 선출되도록 했고 오늘날 왜곡된 우리 정치현실을 만드는 바탕이 되었다. 따라서 유권자들이 뚜렷한 현실 개선 의욕을 갖고 문제 있는 정치가가 퇴출당할 수 있도록 이해와 인정을 넘어 보다 합리적인 주권행사를 위해 노력하지 않고 기존의 잘못된 관행을 유지할 경우, 오늘날 우리 사회의 가장 큰 현안사회문제인 지역주위와 극단적 분열, 대립은 해소되기 어렵다. 어떤 정치가든 정치가가 정치활동을 계속할 수 있게 만드는 것은 그 이유가 무엇이건 국민이 선택한 결과이다.

15. 문제 있는 정치인, 어떤 사람을 말하는가?

선거에서 모든 국민은 자신이 지지하는 사람들에게 자유롭게 투표할 권리가 있다. 그것은 타인에게 비난을 받는 사람이라 할지라도 나의 지지 여부는 자의적인 판단과 의사에 의해 결정하면 된다. 하지만 선거를 할 때는 반드시 국가의 이익보다 정당이나 개인의 이익을 앞세우는 정치인을 지지했을 때 나타날 수 있는 부작용에 대해 염두에 두어야 한다. 이기적인 정치가가 당선되어 권력을 획득하고, 그들이 자신의 이익을 위해 권력을 휘두르고 누리려 할 때, 국민은 모두 그 대가를 치러야 한다. 그것은 독재 권력의 출현, 국가발전의 저해, 부정부패 증가, 사회갈등과 반목, 대립의 조장 등 다양하게 나타날 수 있다. 이러한 폐해를 예방하기 위해서는 선거를 통하여 문제가 있는 정치인이 당선되지 않도록 노력해야 한다.

그러면 문제 있는 정치인이란 어떤 사람을 말하는가? 첫째는 국민을 분열로 이끄는 사람이다. 어떤 국가나 사회, 집단 모두 단결하지 못하고 분열하면 치명적인 위기에 당면할 수 있다. 국민을 분열로 이끄는 가장 대표적인 행동이 지역주의를 통한 지역감정 조장, 파벌 조성 등 사회 전반에 걸쳐 분열을 획책하는 행동을 하는 사람이다. 둘째는 국가 이익과 국민 삶의 질 향상보다는 정당과 개인의 이익을 우선하는 이기주의적인 사람이다. 정치인은 공인이다. 따라서 개인의 이익을 위해서 일을 하는 것이 아니라 국가의 이익을 최우선으로 해야 한다. 헌법에도 그렇게 하도록 명시되어 있다. 셋째는 부정부패를 일삼는 사람이다. 부정부패는 민주주의의 제반 가치를 훼손하고 사회기강을 흔들어 혼란을 야기해 불공정한 사회를 만드는 원인이 될 수 있기 때문에 반드시 근절되어야 한다. 넷째는 법과 질서를 지키지 않는 사람이다. 정치인이 법과 질서를 지키고 존중하지 않으면 국민의 법의식을 약화시켜 모두가 피해자로 전락하게 만들 수 있다. 다섯째는 다수결의 원칙, 대화와 타협 같은 민주주의 기본 가치를 훼손하는 사람이다. 국민이 공감하는 상식이 통하는 사회를 만들기 위해 모든 국민은 민주주의의 기본 가치를 존중하지 않으면 안 된다. 여섯째는 도덕성에 문제가 제기되는 사람이다. 도덕성의 기초는 타인에게 피해를 주지 않으려는 마음이다. 정치인은 이해관계를 조정하고 국민을 통합하는 일을 하는 사람이다. 이해의 조정력이 제대로 발휘되게 하기 위해서는 스스로 도덕적이어야 한다. 우리가 위법행위를 한 전력이 있는 고위공직 후보자들에게 도덕성 문제를 제기하는 이유도, 그들의 잘못된 행동을 용인할 때 문제가 있는 사람들이 고위공직자가 되려고 하는 경향이 생기고, 그들로 인해 대중이 피해를 당할 것을 우려하기 때문이다. 일곱째는 신뢰가 부족한 사람이다. 거짓말을 일삼으면서 자신이 한 말을 언제든지 뒤집고 공약을 지키지 않는 사람들은 사회의 불신을 조장하고 국민을 불안하게 만든다.

여덟째는 네거티브전략에 집착하는 사람이다. 즉 다른 사람의 실수나 잘못만 지나치게 부각시키려고 노력하며 물고 늘어지는 사람이다. 선거는 정책공약으로 승부하는 것이야 한다. 인신공격이나 잘못만 물고 늘어지는 것은 바람직하지 않다. 대체로 이러한 사람들만 골라내면 우리는 정치가들로 인하여 사회갈등이 조장되어 국가발전이 저해되는 것을 우려하지 않아도 될 것으로 생각된다.

이와 반대로 우리가 적극적으로 지지하여 당선시켜야할 바람직한 정치인은 첫째 문제해결능력이 뛰어난 사람, 둘째 지도력이 뛰어난 사람, 셋째 국가와 국민, 사회를 위해 헌신하고 봉사하는 사람, 넷째 국민을 적극적으로 단합시키는 사람, 다섯째 창의성이 있는 사람, 여섯째 전문적인 식견을 가진 사람, 일곱째 말보다 행동에 더 비중을 두는 결단력과 추진력이 뛰어난 사람, 여덟째 건강한 사람 등을 들 수 있다. 이 가운데 여러 가지 요소의 능력을 갖춘 사람이라면 더욱 좋겠지만, 전문적 식견, 봉사와 헌신, 건강은 누구나 갖추어야 할 기본요소라 할 수 있다. 다가오는 2012년 선거에서 이러한 사람들을 많이 당선시켜 우리 정치가 선진정치로 진입하도록 만들자.

16. 전직 대통령 장례제도 이대로 좋은가?

1) 법정스님 장례식

2010년 2월 24일 공개된 법정 스님[226]의 유서 내용은 "내 것이라고

---

226) 법정(法頂, 1932. 10. 8.~2010. 3. 11.): 한국의 승려이자 수필 작가이다. 대표적인 수필집으로는 『무소유』, 『오두막 편지』 등이 있다. 속명은 박재철이다. 1932년 10월 8일 전라남도 해남(海南)에서 태어났

하는 것이 남아 있다면 모두 '사단법인 맑고 향기롭게'에 주어 맑고 향기로운 사회를 구현하는 활동에 사용토록 하여주시기 바랍니다. 머리맡에 남아 있는 책을 나에게 신문을 배달한 사람에게 전하여 주면 고맙겠다. 내가 떠나는 경우 내 이름으로 번거롭고 부질없는 검은 의식을 행하지 말고, 사리를 찾으려고 하지도 말며, 관과 수의를 마련하지 말고, 편리하고 이웃에 방해되지 않는 곳에서 지체 없이 평소의 승복을 입은 상태로 다비하여 주기 바란다"는 것이었다.227) 이 내용은 1971년 썼던 '미리 쓰는 유서' 내용에 따른 것으로 관과 수의를 따로 마련하지 말고 평소의 승복을 입은 채 다비하며, 사리를 찾지도, 탑을 세우지도 말라고 말했다고 한다. 특히 많은 사람에게 수고를 끼친다며 장례의식은 일절 행하지 말라고 당부한 것228)으로 알려졌다. 이런 유언에도 불구하고 스님의 마지막 가시는 길을 추모하기 위해 전국에서 모여든 1만여 명의 불자와 조문객들이 줄을 잇고 있는 가운데 2010년 3월 13일 법정스님의 뜻에 따라 다비식이 송광사에서 봉행되었으며, 스님의 습골은 강원도와 송광사 등 스님이 머물렀던 산사에서 뿌려졌다.229)

다. 1956년 전남대학교 상과대학 3년을 수료한 뒤, 같은 해 통영 미래사(彌來寺)에서 당대의 고승인 효봉(曉峰)을 은사로 출가하였다. 같은 해 7월 사미계(沙彌戒)를 받은 뒤, 1959년 3월 통도사 금강계단에서 승려 자운(慈雲)을 계사로 비구계를 받았다. 이어 1959년 4월 해인사 전문강원에서 승려 명봉(明峰)을 강주로 대교과를 졸업하였다. 그 뒤 지리산 쌍계사, 가야산 해인사, 조계산 송광사 등 여러 선원에서 수선안거(修禪安居)하였고, 『불교신문』 편집국장·역경국장, 송광사 수련원장 및 보조사상연구원장 등을 지냈다. 1970년대 후반에는 송광사 뒷산에 직접 작은 암자인 불일암(佛日庵)을 짓고 청빈한 삶을 실천하면서 홀로 살았다. 1994년부터는 순수 시민운동 단체인 '맑고 향기롭게'를 만들어 이끄는 한편, 1996년에는 서울 도심의 대원각을 시주받아 이듬해 길상사로 고치고 회주로 있었다. 2003년 12월 회주직에서 물러났으며 이후 강원도 산골에서 직접 땔감을 구하고, 밭을 일구면서 무소유의 삶을 살았다. 그러던 중 폐암이 발병하여 3~4년간 투병생활을 하였으며 2010년 3월 11일 길상사에서 78세(법랍 54세)를 일기로 입적하였다. 생전에 수필 창작에도 힘써 수십 권의 수필집을 출간하였는데, 담담하면서도 쉽게 읽히는 정갈하고 맑은 글쓰기로 출간하는 책마다 베스트셀러에 올랐고, 꾸준히 읽히는 스테디셀러 작가로도 문명(文名)이 높다. 대표적인 수필집으로는 『무소유, 오두막 편지, 새들이 떠나간 숲은 적막하다, 버리고 떠나기, 물소리 바람소리, 산방한담, 텅빈 충만, 스승을 찾아서, 서 있는 사람들, 인도기행』 등이 있다. 그 밖에 『깨달음의 거울(禪家龜鑑), 숫(수)타니파타, 불타 석가모니, 진리의 말씀(법구경), 인연이야기, 신역 화엄경』 등의 역서를 출간하였다.

227) 경향신문 2010. 3. 17.

228) SBS 2010. 3. 11.

종교인과 일반인의 장례식 규모와 내용이 같을 수는 없다고 하더라도 법정스님의 다비식은 우리에게 시사하는 바가 크다.

2) 김대중·노무현 전 대통령 장례식의 문제점

장례식을 화려하게 한다고 과오가 없어지고 공적이 커지는 것이 아닌데도 우리나라 전직대통령 장례는 지나치게 화려하고 낭비적이며 국민들에게 부담을 안겨주고, 심지어 사회 분열과 갈등의 원인으로 작용하기도 한다. 그런데도 가족, 측근, 정부에 의해 국민에게 엄청난 부담을 주는 장례식이 버젓이 이루어지고 있는 것이 현실이다.

정부는 2009년 5월 23일 서거해 국민장으로 치러진 고(故) 노무현 전 대통령의 장례비용으로 모두 29억5천79만5천 원을 국고에서 지원했다.[230] 또한 행정안전부는 김대중 전 대통령 장례비용 20억9천여만 원을 2009년 일반회계 예비비에서 지출한 것으로 알려졌다. 행정안전부는 2009년 8월 23일 서울 여의도 국회 앞마당에서 치러진 국장 영결식 비용과 운구를 비롯한 각종 행사비용을 포함해 6일간 장의 기간에 이 같은 비용이 들었다고 설명했다. 그러나 서울현충원 안장식 비용과 지방자치단체의 분향소 운영비용은 국방부와 각 지자체가 부담하기 때문에 이번 국고지원액에서 제외됐다고 행정안전부는 덧붙였다.[231] 이는 2006년 10월 22일 서거한 최규하 전 대통령의 국민장 때 장례비용 3억3천7백만 원을 지원한 것에 비하면 장례식 비용이 많이 늘어난 것을 알 수 있다.[232]

---

229) MBC 2010. 3. 13.
230) 동아일보 2009. 10. 27.
231) 연합뉴스 2009. 10. 27.

전·현직 대통령은 법률에 따라 국장이나 국민장을 치를 수 있다. 당연히 장례비용도 지원된다. 문제는 단순한 장례비용 문제가 아니라 국가에서 주관하는 국장[233]과 국민장이 국론 분열과 갈등의 장이 되었다는 점이다. 1967년 1월 16일 제정된 국장·국민장에 관한 법률은 제1조(목적) 이 법은 국가 또는 사회에 현저한 공훈을 남김으로써 국민의 추앙을 받는 자가 서거한 때에 그 장의를 경건하고 엄숙하게 집행하는 데 필요한 사항을 규정함을 목적으로 한다. 제3조(국장 및 국민장 대상자) 대통령의 직에 있었던 자, 국가 또는 사회에 현저한 공훈을 남김으로써 국민의 추앙을 받은 자에 해당하는 자가 서거한 때에는 주무부 장관의 제청으로 국무회의의 심의를 거쳐 대통령이 결정하는 바에 따라 이를 국장 또는 국민장으로 할 수 있다. 제5조(장의비용) ① 국장에 소요되는 비용은 그 전액을 국고에서 부담한다. ② 국민장에 소요되는 비용은 국무회의의 심의를 거쳐 그 일부를 국고에서 보조할 수 있다. 제6조(조기 게양) ① 국장 기간 중과 국민장 일에는 조기를 게양한다. ② 국장일에는 관공서는 휴무한다고 명시하고 있다.

국장은 정부가 주도하는 장례식으로 그 대상은 국민의 추앙을 받는 자이다. 추앙(推仰)은 높이 받들어 우러러봄을 뜻한다. 그러므로 국장을 지낸 전직 대통령의 경우, 그 과오로 인해 지지자 못지않게 비판자가

---

232) 동아일보 2009. 10. 27.

233) 국장(國葬) 사례

　① **박정희 전 대통령 국장**: 1979년 11월 3일 오전 10시 중앙청 앞마당에서 거행됐다. 사회는 김창식 소청심사위원장이 맡았다. 국장에는 유족과 41개국 조문사절 및 각계인사 등 3천여 명이 참석했다. 운구 행렬은 중앙청에서 바로 국립묘지로 이동하여 오후 2시부터 안장식을 가졌다. 대통령 재임 중 사망하였으며, 법정 최고 기간인 9일장으로 치러졌다.

　② **김대중 전 대통령 국장**: 2009년 8월 23일 오후 2시 국회의사당 앞 마당에서 거행됐다. 1979년 이후 30년 만에 치러지는 2번째 국장으로 사회는 조순용 청와대 전 민정 수석과 손숙 전 환경부 장관이 맡았다. 국장에는 정관계 주요 인사와 주한 외교 사절 유족 등 2만 4000여 명이 참석했다. 운구 행렬은 여의도 민주당사를 거쳐 동교동 사저에 머무른 뒤 인근 김대중도서관을 둘러본 후 다시 이동, 서울광장에서 추모제를 연 후 국립서울현충원으로 이동하여 오후 5시가 넘어 안장식을 가졌다. 대통령 퇴임 후 사망하였으며, 임시 공휴일을 지정하는 문제와 형평성 문제로 인해 6일장으로 치러졌다.

많은 경우 국장을 치른다는 것 자체가 사회적 논란으로 작용할 수 있다. 그런데 이제까지는 상당수 국민들의 반발에도 불구하고 대통령이나 정부의 의사 결정으로 국장이 치러졌다. 절차상으로 볼 때, 정부는 유족의 입장을 존중할 필요는 있지만 유족 측에서 정부에 협상하려 하는 모습이나 정부 입장과 배치되는 행동은 삼가야 한다. 정부가 하는 행동이 마음에 맞지 않으면 가족장으로 지내면 그만이다. 장례는 가족장이 기본이라는 것은 모두가 아는 사실이다. 윤보선 전 대통령 등은 가족장으로 장례를 했다. 그런데 김대중 전 대통령 장례에는 정부와 협상하는 것 같은 인상을 주었다. 정부와 배치되는 발표를 하거나 시민의 뜻을 받들어 자의적으로 행동하는 모습을 보이기도 했다.

김대중 전(前) 대통령의 노제 여부를 두고 정부 측과 유족 측의 입장이 다른 것으로 밝혀졌다. 역대 최대 규모의 장의위원회(2,300명)가 구성된 2009년 8월 20일, 정부는 "노제를 치르지 않기로 유족과 합의했다"는 공식 발표를 했다. 하지만 이날 오후 8시께 진행된 브리핑에서 김 전 대통령 측 최경환 비서관은 "국민이 참여하는, 나라의 품격을 높이는 국장이라는 개념(concept)에 부합하게 할 것이다. 노제를 할지 안 할지 여부는 내일 오전 발표하겠다"고 전했다. 장의위원회 구성 문제를 놓고도 유족 측은 공동장의위원장 구조를 희망한 것으로 알려졌지만 정부는 한승수 총리를 단독위원장으로 발표한 바 있다[234]고 당시 언론은 보도했다.

또한 민주당이 김대중 전 대통령 서거와 관련한 방송보도에 공식적으로 유감의 뜻을 나타냈다. 우상호 민주당 대변인은 2009년 8월 20일 "방송 뉴스에 김대중 대통령의 서거 관련 소식을 비중 있게 다룬 점은 감사하지만 세계적인 민주주의와 인권, 평화의 지도자께서 서거하신

---

234) 뉴스엔 2009. 8. 20.

점을 감안 한다면, 현재 방송사의 보도 행태는 일상적이고 평범하다는 지적을 하지 않을 수 없다. 과거의 사례에 비추어 볼 때 너무나 평이하며, 오락프로그램과 쇼 프로그램 등 지나치게 밝은 분위기의 일상적인 프로그램이 그대로 방송되는 것은 다소 우려스럽고 유감이다. 국무회의에서 국장으로 공식 결정된 이후 오히려 방송보도 패턴이 평범해지는 것이 과연 바람직한 것인지 문제 제기를 하지 않을 수 없다. 김대중 대통령의 장례절차 형식이 대한민국 국장으로 정해진 것에 맞춰 방송사의 보도 형태도 부응해야 한다는 것을 공식적으로 요청한다. 전국에서 방송을 시청하고 있는 국민들의 항의전화가 민주당에 많이 오고 있다. 이 문제에 대해 정중하게 항의하고 정중히 요청한다. 시민의 요구에 따라 오늘부터 서울광장에서는 오후 7시 반부터 김대중 전 대통령을 추모하는 촛불문화제를 진행하기로 했다. 목요일과 금요일 이틀 간 진행할 예정이고, 토요일에는 규모가 큰 전야제 형식의 추모 촛불문화제를 개최키로 했다[235]"고 말했다.

추종자나 지지자의 입장에서 보면 우상호 대변인의 요구는 당연한 것이다. 그러나 독도문제, 돈을 주고 한 남북정상회담, 제2연평해전 후 희생자에 대한 처리, 지역주의 등 김대중 전 대통령에 대한 비판적인 생각을 갖고 있는 사람과 대통령 선거에서 지지하지 않은 사람들에게 있어 우상호 대변인의 공영방송에 대한 통제 요구는 국민의 여흥이나 일상까지 관여하는 심각한 문제로 오만한 행동으로 받아들여질 수 있는 일이다.

8월 20일(목) 오후 2시 라이트코리아, 6.24 남침피해유족회, 자유북한운동연합 외 10여개 보수단체는 서울 종합청사 후문에서 "DJ(김대중) 서울 현충원 안장, 호국 영령에 용서 안 돼" 최고의 예우와 배려를 해주

---

235) 미디어오늘 2009. 8. 20.

어도 감사할 줄 모르는 자들이다. 이러한 자들을 의식해서 이명박 정부는 '김대중 국장'이라는 파격적인 결정을 내린 것인가? 라는 김대중 국장(國葬) 반대 견해를 발표하는 기자회견을 가졌다. 또한 언론인 출신의 김대중 지지자인 손모 씨는 "DJ의 서거가 억울하고 분하다. 고인의 마지막이 편안하지 못하게 한 직접적인 원인은 이명박 정권에 있다"고 정부를 원망하기도 하는 등 망자를 두고 대립되는 입장이 표출되기도 했다.[236]

한편 조갑제, 김동길 등 보수 논객들이 서거 이후에도 김 전 대통령에 대한 비난을 쏟아내는 것에 대해 안희정 민주당 최고위원이 다음 아고라에 글을 올려 "당신의 서거를 놓고 이 땅의 보수주의 원조를 자부한다는 자들의 글들을 보았다. 참으로 고통스러웠다. 보수와 진보의 구분은 국가운영의 정책과 노선의 차이에서 오는 것이길 바라는데, 현실에서 보수와 진보의 구분은 인간에 대한 품위와 예의를 지키는가 그렇지 않은가의 차이처럼 느껴진다. 보수주의를 표방하는 자들의 그 악다구니 같은 저주가 당신의 서거 뒷길에도 뿌려지고 있다"고 비난했다. 김대중 전 대통령의 영결식이 치러진 날에도 보수 논객들의 김 전 대통령에 대한 비난과 폄훼는 계속 됐다.

23일 오후 국회에서 거행된 고 김대중 전 대통령 국장 영결식에서 분향하고 헌화하는 이명박 대통령의 모습에 상당수 시민들은 야유를 보냈다. 전두환 전 대통령이 분향하는 장면을 두고도 야유와 욕설이 쏟아졌다. 권양숙 여사가 분향하는 장면에서 박수가 쏟아진 것과는 대조적이었다. 익명을 요구한 한 시민은 이명박 대통령의 모습을 두고 "무슨 염치로 저기에 나왔는지 모르겠다"며 날이 선 반응을 보였다. 광장한 곳에서는 경찰과 서울시의 서울광장 사용 제한 조치에 항의하는 서명 운동과 '언론악법 철폐 서명 운동'도 진행됐다.[237] 국회의사당에 다

---

236) 동아일보 2009. 8. 20.

련된 영결식장 귀빈(VIP)석 뒤편에 앉아 있던 한 중년 남성은 이날 오후 2시 50분쯤 영결식장에서 이명박 대통령 내외의 헌화 순서 때 '위선자'라고 고함을 치고 소동을 벌이다 경호원들에 의해 제지당했다. 2009년 6월 초 고 노무현 전 대통령의 영결식 때는 백원우 민주당 의원이 헌화에 나선 이 대통령을 향해 욕설과 함께 "사죄하시오"라고 외치다 경호원들에게 제지당했었다.[238]

3) 우리의 국장과 국민장 이대로 좋은가?

세계인들이 지켜보는 가운데 치르지는 국장에서 현직 대통령에게 야유가 일어나고 국민장에 국무총리가 조문 반대자들에 의해 조문을 제대로 하지 못하고 돌아가는 모습은 왜 저렇게 까지 하면서 국장이나 국민장을 해야 할까 하는 의구심이 들게 하기에 충분했다. 지나간 일은 그렇다고 하더라도 앞으로가 더 문제다. 대통령의 임기가 5년 단임이기 때문에 현행 헌법이 유지되는 한 많은 대통령이 배출될 것이다. 그 때마다 국민장이나 국장을 치르자고 하면 대책이 없다. 갈등과 분열의 원인으로 치닫는 것을 그대로 두고 보아야 하는가 하는 점은 의문이다.

만약 여기에 국회의원까지 장례지원을 요구하고 나선다면 문제는 심각해질 수 있다. 단순한 우려 같아도 5 · 18묘역 조성 이후 불거진 불평등 문제로 지금 당장 국립묘지의 6 · 25 참전용사 수용이 곧 바로 문제가 되고 있는 사안이다. 그래서 경북 영천에 새로운 묘지를 만들었단다. 국립묘지 장군 묘역 부족도 문제다. 누구 할 것 없이 모두 국가에 부담을 떠안기려 한다. 이 나라에 국가를 지키기 위해 대대손손 피와 땀을

---

237) 프레시안 2009. 8. 23.
238) 조선일보 2009. 8. 23.

흘리지 않은 사람이 누가 있는가? 한번 선거에 300여 명을 선출하는 국회의 경우 교체되는 인원을 고려할 때 4년마다 100명 전후의 국회의원이 새로 탄생한다고 볼 수 있다. 2010년 2월 정부의 헌정회 보조금이 헌정회 운영과 연로 회원 지원금으로 사용될 수 있도록 한 헌정회육성법 개정안 통과로 65세 이상 전직 국회의원에게 120만 원 연금을 평생 받을 수 있도록 한 것[239]과 같이 국민 비난 여론이 비등한데도 불구하고 2010년 9월 6일 박희태 국회의장이 세비 인상을 언급하여 논란[240]을 빚는 등 자기 잇속 챙기기에 일가견이 있는 여야가 합심하여 전직 국회의원의 장례를 국회장으로 하도록 하고 국민들에게 부담을 떠넘기는 법을 만들지 않는다는 보장은 어디에도 없다.

국민은 반대하더라도 분명히 헌법에 법 앞에 모든 국민은 평등하다고 명시되어 있는데 대통령은 되는데 왜 국회의원은 안 되느냐고 하면 할 말이 없다. 법이 문제라면 법은 시대의 산물이고 우리가 법을 만드는 사람이니까 만들면 된다고 나오면, 이 많은 사람들을 어떻게 모두 예우한다는 말인가? 물론 국회의원들이 그렇게 할 가능성은 거의 없고 국민들도 쉽게 용인하지 않겠지만 말을 하자면 그렇다는 것이다. 굳이 국회의원과 결부시키지 않더라도 국민 단합의 장이 되지 못하는 전직 대통령에 대한 국장은 그 규모를 대폭 축소시켜야 마땅하다. 생자든 사자든 국민에게 예우를 갖추라고 강요하는 것은 시대상황과 맞지 않다. 지금은 전제군주시대가 아니다. 국민 스스로 판단하고 행동할 일이다. 장례식 규모와 비용을 줄인다고 공적이 줄어들지도 않고 조문을 해야 할 사람들은 모두 알아서 한다.

윤보선 전 대통령, 장면 전 총리 등도 가족들의 원을 좇아 국민께 부

---

239) 동아일보 2010. 9. 4.
240) 헤럴드경제 2010. 9. 7.

담을 지우지 않고 조용히 가족장을 치르는 국민과 나라를 위하는 배려를 했었다. 노무현 전 대통령은 현 정부가 지나친 예우를 할 요량으로 넌지시 가족과 측근들에게 국민장을 권하는 인상을 지울 수가 없었다. 타의에 의하여 가족장의 원래 뜻이 변하여 국민장으로 바뀌었고, 그 기회에 사심으로 정치적인 덕을 보려는 분들이 엉뚱하고 가당찮은 망상을 갖게 되었다. 김대중 전 대통령은 "민주주의가 뒷걸음 치고 있는 보수 현 정부 전복을 위하여 민주세력은 일어나야 한다"고 불난 데 기름을 붓는 역할을 했고 보통 3일 장례가 1주일 장례 49일 장례로 늘어나고 국비 45억 원을 들여 서민경제는 어려워 죽을 판에 호화 장례를 치렀다. 서울 광장을 비롯한 덕수궁 정문에서는 조문 시위, 촛불 시위 시동을 만류하느라 치안은 전쟁 아닌 지긋 지긋한 장례전쟁을 치러야 했고, 고인에 대한 조금의 인간적이고 국민적인 궁휼이 국민적인 짜증과 증오심으로 바뀌는 등 지루한 장례를 치러야 했다.[241]

오늘날 우리 사회의 가장 큰 화두가 국론의 통합과 국민의 단결이다. 대한제국이 치욕을 겪은 것도 국론이 분열되고 국민이 단결하지 않았기 때문이다. 대한제국이 역사 속으로 사라진지 100년이 되었지만 지금도 우리 사회는 여전히 갈등이 고조되고 대립과 분열에 대한 우려가 끊이지 않는다. 어떤 사람이 사망하던 직책과는 상관없이 고인의 명복(冥福)을 빌어주어야 하고 생전에 좋지 않은 관계를 맺었던 사람들도 가급적 망자가 마지막 가는 길에 화해하기를 원하면 받아들이는 것이 모두를 위해 바람직하다. 그리고 조문을 하려는 사람들은 상주가 싫어할 조문은 하지 않는 것이 예의이다. 어떠한 경우이든 장례식장은 엄숙해야 한다. 만약 장례를 축제의 한마당으로 이끌어가려고 하면, 그러한 관습이나 전통을 우리 스스로 만들어 나가야 한다. 이것이 망자와 산자 모

---

241) 조선일보 2009. 8. 12.

두를 위해 바람직한 일기다.

반드시 사회적인 대립과 분열의 문제가 아니더라도 우리 사회에서 호화로운 경조사와 지나친 부조금(扶助金)은 부정부패를 일으킬 수 있는 근원적인 문제로 경계의 대상이 되어 왔다. 그런데 2009년 치러진 노무현·김대중 두 전직 대통령의 장례식은 국민장과 국장으로 치러지면서 보수진영과 진보진영 간 대립을 불러 국론을 분열시키는 원인으로 작용했다. 국민들이 모두 나서서 애도(哀悼)해도 뭣한데 장례를 치른지 49일도 채 안 돼 가묘를 파헤치는 행위(performance)를 한 것은 그 누구에게도 도움이 되지 않는다. 이러한 행동은 전직 대통령의 공적 못지 않은 과오가 원인을 제공하여 만들어진 소수의 극단적인 행동이자 간 우리 사회의 보수와 진보 간 대립과 갈등의 부작용이 부른 추태이기도 하다.

과거에 보수진영과 진보진영이 대립하지 않던 시기에 사망한 전직 대통령 중에 국민장이나 국장을 할 수 있는데도 하지 않고 가족장을 하신 분들이 더 많다. 가족장을 한다고 문제 될 것이 없다. 전직 대통령이라는 점을 고려하여 예우를 해야 한다면 장례식에 교통정리를 통한 통행 확보, 일정한 범위 내에서 장례비를 지원하는 것 정도는 무방할 것이다. 하지만 우리사회는 여전히 보수와 진보가 대립하고 있고 정치권은 사회 통합보다는 분열을 획책하고 있는 상황이다. 따라서 국장은 현직 대통령으로 재임 중 사망했을 때로 제한하고 현재 생존하는 전직 대통령에 대한 장례는 국장이나 국민장제도를 없애 가족장으로 하는 것이 바람직하다. 가족장이라도 누구나 자신이 존경하거나 인연이 있다고 생각하는 사람들은 참석한다. 환영받지 못하는 거창한 장례를 해야할 이유도 없다. 국장이나 국민장은 하나의 장례 방법일 뿐 그것을 했다고 공적이나 과오가 달라지는 것도 아니다. 공적이 크기 때문에 그것한 장례를 해야 한다고 주장하거나 요구하는 것은 착각이다. 현행 헌법이 유지되는 한 5년마다 한 분씩 새로운 대통령이 생산되도록 되어 있는데, 그 때마다 국민적 합의가 이루어지지도 않는데 내가 지지하고 존경한다고 국장이나 국민장을 요구하고 전국에 빈소를 차려야 한다고 하는 것은 지나치게 이기적인 행동에 지나지 않는다.

4) 한국 전직 대통령 과연 추앙할 정도인가?

국가적인 문제가 생기면 사지인 줄 알면서 달려가는 전직 대통령이 왜 한국에는 없는가? 빌 클린턴 전 미국 대통령은 2009년 8월 4일 평양에 도착했다. 그는 하루도 걸리지 않아 북한에 억류돼 있던 자국민 여기자들을 미국행 비행기에 안전하게 태웠다. 전광석화 같은 방북을 통해 여기자 송환이라는 소기의 성과를 달성했다. 억류된 지 140여 일 만의 일이었다. 그리고 지미 카터 전 미국 대통령도 비슷한 임무를 수행했다. 민간사절 자격으로 2010년 8월 25일 북한을 방문 억류된 아이잘론 말리 곰즈(30)를 데리고 27일 오전 평양을 떠났다.[242] 막후의 협상과 세계의 이목이 집중되고 있다고 하더라도 적지에 뛰어드는 것은 용기가 있어야 한다. 그런 면에서 보면 빌 클린턴과 카터 전 미국 대통령은 그 용기를 높이 살만하다.

2010년 1월 12일(현지시각) 중앙아메리카 아이티에서 발생한 규모 7.0의 강진으로 대통령궁을 비롯해 정부기관 건물과 의회, 병원 등이 붕괴되는 등 대참사가 발생했을 때, 빌 클린턴과 부시 전 대통령이 현직 오바마 대통령이 미국의 입장과 지원을 발표하는 연단 뒤쪽에서 미국 정부의 명령을 수행하기 위해 나란히 서 있는 모습은 대단히 인상적

---

242) 뉴시스 2010. 8. 27.

이었다. 정당을 떠나 국가가 부를 때 정치인이 앞장서는 것은 당연한 일이다. 그런데 우리에게서는 그런 모습이 보이지 않는다. 위기에 처한 국민을 구하고 퇴임 후에도 국가의 명령에 따라 언제든지 사지로 달려가는 미국의 전직 대통령과 뒷전에 앉아서 분열을 획책하고 대중을 선동하며 국내 정치에 훈수라는 명분으로 꼼수나 두는 우리의 전직 대통령과는 너무나 대조적이다. 개인의 입신출세와 권력 향유에 눈이 어두운 전 · 현직 대통령을 우리가 존경해야 할 이유가 있는지 의문을 가질 수밖에 없다.

국민의 입장에서 볼 때 존경하지 않는 사람을 단지 대통령을 역임했다고 예를 갖추어야 하는 것은 과거 군주시대에나 있을 수 있는 일로 현대 민주주주의 사회에서는 사리에 맞지 않다. 존경받을 만한 삶을 살았는지 의문을 갖고 있는데 예우를 하라고 국가가 요구하는 것은 더욱 말이 안 된다. 민주주의 국가에서 주권자는 국민이다. 그런데 국민으로부터 권력을 위임 받은 정부와 대통령이 전직 대통령에 대한 예우를 강요하는 것은 정당한 일이 아니다. 더 중요한 것은 명복을 빌어야 할 장례식이 국론을 분열시키고 국민의 갈등을 조장하도록 두는 것은 합당하지 않다. 현재 전직 대통령이라고 국장이나 국민장을 치르는 나라는 그리 많지 않다. 다른 나라들은 조용조용한 장례식을 치르는데 우리는 사회적인 문제가 되고 있음에도 전직 대통령에 대한 예우라는 허황된 명분을 내세워 국론 분열을 방치하는 것은 직무유기이다. 전관예우가 끊임없이 사회적 논란이 되고 있는데 전직 대통령에 대한 예우는 끝없이 하면서 공무원들의 전관예우를 문제 삼는다는 것은 논리 모순이다. 전직 대통령에 대한 예우도 시대에 맞게 재정비할 필요가 있다. 제왕적 대통령관은 이제 버려야 할 때가 되었다.

17. 멀쩡한 광장, 왜 논란 대상이 되었는가?

광장(廣場)은 여러 갈림길이 모이는 곳에 만든 너른 마당 또는 의사 소통을 꾀할 수 있는 장소를 비유한 말이다. 우리나라 광장은 한동안 여의도광장이 광장의 대명사로 여겨졌다. 여의도광장은 1972년부터 실시된 여의도 개발계획에 따라 개발되어 5·16광장이라고 하였다가 얼마 후에 여의도광장으로 개칭하였다. 1997년부터 여의도광장의 공원화 사업을 추진하여 1999년 1월에 여의도공원(汝矣島公園)으로 개장, 광장으로서의 기능을 상실했다. 오늘날 우리에게 있어 관심의 대상이 되는 광장은 서울시청 앞에 있는 서울광장[243]과 광화문 앞에 있는 광화문광장[244]이다. 광장은 그냥 너른 마당이면 된다. 물론 기능성을 부가하여 다용도로 사용할 수 있다. 그런 면에서 보면 조형물이 비교적 많이 갖추어진 광화문광장과 잔디밭으로 조성된 서울광장은 다소 차이가 있다. 서울광장의 개방 여부는 시민단체의 중요한 관심사 중 하나다. 광화문광장도 개소 이후 언론을 통하여 개방 여부를 두고 논란의 대상이 되기도 했다. 언뜻 보면 광화문광장의 조형물을 거론하는 것 같은 느낌이 들기도 하지만 실질적인 내용으로 들어가면 운영과 관련된 개방문제라는 것을 금방 알 수 있다. 한쪽에서는 광장을 시민들이 자유롭게 이용하도록 연중 개방하자는 주장이고, 다른 한쪽에서는 개방해서는 안 된

---

[243] 서울광장(Seoul Plaza)은 서울특별시 중구 태평로(太平路) 1가 서울시청 앞에 있는 타원형 잔디광장으로 서울특별시가 기존의 교통광장을 교차점광장·미관광장·시민광장 중심의 대광장으로 이용하기 위해 40여 년 간 서울특별시청 앞에 놓여 있던 분수대를 헐고 주변을 다듬어 2004년 5월 1일 개장하였다. 총면적은 3,995평, 잔디광장 면적은 1,904평, 돌로 포장된 잔디광장 둘레 면적은 2,098평이다.

[244] 광화문광장(光化門廣場)은 서울특별시 종로구 광화문에서 세종로사거리와 청계광장으로 이어지는 세종로 중앙에 조성된 광장이다. 600년 역사를 지닌 서울의 중심거리 세종로를 차량 중심에서 인간 중심의 공간으로 전환하고, 경복궁과 북악산 등 아름다운 자연경관 조망 공간으로 새롭게 조성하며, 세종로의 옛 모습인 육조(六曹)거리 복원을 통한 역사·문화 체험 공간으로 재탄생시키기 위한 사업으로 추진되어 2008년 5월 27일 착공되었으며, 2009년 8월 1일 개장하여 시민에게 개방되었다.

다는 주장이다. 그러다 보니 양쪽의 주장이 팽팽하게 맞선다. 그 결과 때로는 광장개방 여부를 두고 시민단체와 공권력 간에 충돌이 빚어지는 원인으로 작용하기도 한다.

2009년 8월 3일 서울 종로구 세종로 광화문광장에 피켓과 플래카드를 든 20여 명이 들어섰다. '광화문광장 조례안 폐지 촉구 기자회견'을 하기 위해 모인 민주당, 민주노동당, 창조한국당, 진보신당 등 4개 야당의 시의원들과 참여연대 등 시민단체 관계자들이었다. 서울시가 광화문광장에서 벌어지는 불법 집회를 원천 봉쇄하기 위해 까다롭게 조례 개정을 추진하는 것에 항의하기 위한 집회였다. 이번 기자회견은 1일 시민에게 개방된 광화문광장에서 열린 첫 집회이자 '불법' 집회로 그 주장은 아이러니컬하게도 "집회를 허가하라"는 것이었다. 주최 측 사회자가 발언을 시작하자 경찰은 확성기로 "이 집회는 미신고 불법 집회이므로 자진 해산하라"고 촉구했다.

주최 측 관계자 2명이 확성기를 든 종로경찰서 경비과장에게 "우리는 집회를 하는 게 아니라 기자회견을 하는 것"이라며 항의했지만 경비과장은 "피켓에 플래카드를 들고 서 있으니 명백한 집회"라며 물러서지 않았다. 승강이를 벌이는 가운데 기자회견은 계속됐다. 이수정 민주노동당 서울시 의원은 "광화문광장은 시민과 함께 나눌 수 있는 공간이 되어야 한다"고 외쳤다. 몇몇 시민은 손뼉을 쳤지만 "또 집회냐? 여기는 좀 놔둬라!"라고 고함치는 사람들도 있었다. 박원석 참여연대 협동사무처장이 마지막 순서로 기자회견문을 낭독하려 하자 경찰이 해산작전에 나섰다. 오전 11시 반경 경찰은 행사 관계자 10명을 연행했다. 몇몇은 끌려가면서 격렬하게 저항했다. 이 과정에서 근처에 있던 시민이 몸싸움에 치이거나 발을 밟혔고, 10세 남짓한 한 남자 아이가 넘어지기도 했다. 수서경찰서로 연행된 10명은 이날 집회 및 시위에 관한 법률

위반 혐의로 불구속 입건됐다.[245]

광장을 시민의 품으로 돌려보내기 위해 적극적인 행동에 나서서 직접 시민을 설득하는 사람들도 있다. 2009년 7월 '광장을 열자, 조례를 바꾸자'는 구호와 함께 기자회견을 열고 '조례 개정 캠페인단'이 발족된 이후 참여연대를 중심으로 서울광장 조례개정 서명에 들어가[246] 2009년 12월 서울시민 8만 5천여 명이 '서울광장이 완전히 시민의 품으로 돌아오지 못했다'며 광장 사용에 대한 조례 개정안을 제출했다. 광장 사용신청을 허가제에서 신고제로 바꾸고, 서울시가 판단한 여가선용과 문화생활뿐 아니라 집회도 할 수 있도록 하자는 것이다. 시민의 세금으로 만들어진 광장인 만큼 시의 자의적인 판단에 따라 사용이 제한되어서는 안 된다는 취지였다. 조례 개정안에 서명한 시민이 '19세 이상 시민의 1퍼센트'라는 기준을 넘어섬에 따라, 서울시가 이 개정안을 받아들여 2010년 3월 23일 의회에서 논의하기로 했다. 외국의 사례 등을 분석해 서울시가 제출한 의견서를 검토한 뒤, 시의회에서 과반수 이상이 개정에 동의하면 조례가 바뀌게 된다.[247] 그러나 오세훈 시장과 같은 한나라당 소속 의원이 많아 제대로 상정되지 않았다.

결국 2010년 6월 서울광장을 개방하는 조례안이 서울시의회에서 부결돼 폐기됐다. 서울시의회 행정자치위원회는 24일 '서울광장 사용·관리에 관한 조례' 개정안을 본회의에 부치지 않기로 결정했다고 밝혔다. 6월 본회의가 7대 시의회의 마지막 회기여서 개정안은 자동 폐기된다. 하지만 7월 8대 시의회가 새롭게 구성되면 서울광장을 개방하는 방안이 재추진될 가능성도 컸다. 서울광장 개방을 요구하는 민주당 소속 시의

---

245) 동아일보 2009. 8. 4.
246) 오마이뉴스 2009. 8. 4.
247) MBC 2010. 1. 26.

원들이 8대 시의회 106석 가운데 79석을 차지하고 있기 때문이었다.[248]

아니나 다를까 시의회는 2010년 8월 13일 정치집회 허가제를 신고제로 바꾸는 것을 골자로 하는 서울광장 사용 및 관리에 관한 조례 개정안을 통과시켰다. 이에 대해 오세훈 서울시장이 9월 6일 서울광장 개방에 반대하며 서울시 의회에 조례 개정안의 재의를 요청하고 나섰다 오세훈 시장은 "시의회를 존중하지만, 일방적인 서울광장 조례 개정 이후의 부작용이나 바람직한 이용형태에 대해 서울시장으로서 고민하지 않을 수 없다. '서울광장 조례개정안'이 법적인 측면뿐만 아니라, 운영적인 측면에서도 많은 문제를 내포하고 있다. 재의요구는 시민들의 의견 수렴 과정을 충분히 거쳐 최선의 답을 도출하기 위한 것이다. 공청회나 토론회, 여론조사 등을 통해 시민 목소리를 다양하게 반영해 미흡한 점을 보완하고 숙성된 결른을 내리자"고 제안했다.

시의회가 서울광장 조례 개정안을 원안대로 확정하려면 본회의에서 과반수 출석과 출석의원 3분의 2 이상의 찬성이 있어야 하나, 야당 의원들이 현재 전체 의석의 3분의 2 이상을 차지하고 있다.[249] 서울시의회가 서울시와 두 달째 공방을 벌여온 '서울광장의 사용 및 관리에 관한 조례' 개정안을 2010년 9월 27일 의장 직권으로 공프했다. 서울시는 무효확인소송을 대법원에 내는 '최후의 카드'를 꺼내기로 방침을 굳혀 서울광장을 둘러싼 양측 간 다툼은 법정에서 판가름나게 됐다.[250] 서울시와 의회는 각각 고유의 역할이 있고 대화와 타협의 여지가 있는데도 결국 정당을 달리하는 소속감으로 인해 합리적인 방법을 모두 져버리고 강제적인 조정을 선택했다. 정작 지도력이 발휘되어야 할 곳에서 지

---

248) 서울신문 2010. 6. 25.
249) 뷰스앤뉴스 2010. 9. 6.
250) 한국경제 2010. 9. 27.

도력은 찾아볼 수 없다. 이것이 우리의 정치 현실이다.

광장은 그대로 그 자리에 있는데 왜 멀쩡한 광장이 논란의 대상이 되었는가? 그것은 광장이 갖는 특성상 대규모 인원(人員)이 집결할 수 있는 기능과 정치적 목적 때문이다. 모이는 것까지는 문제가 없지만, 그 곳을 휴식이나 문화적인 공간으로 이용하는 것이 아니라 정치적인 용도의 집회를 목적으로 이용하려 하는 사람들이 있기 때문에 항상 문제가 된다. 정치적 집회는 일반시민들의 휴식과 문화공간으로서의 기능을 침해하고 집회 후 가두시위로 이어질 경우, 교통 통행의 방해와 시민들의 생계활동에 지장을 초래할 가능성이 높아, 이를 저지하려는 공권력과 표현의 자유를 향유하려는 시위대 간 충돌이 빚어질 가능성이 높다. 광장의 자유로운 개방을 요구하는 측이나 이를 저지하려 쪽 모두 이런 문제들이 내재되어 있음을 잘 안다.

우리나라는 집회시위공화국으로 불릴 정도로 집회가 잦다. 최근 10년간 집회시위는 11만 7천899건으로 연평균 1만 1천790건, 하루 32.3건의 시위가 발생했다. 인구 100만 명당 집회시위 건수는 서울 736건, 워싱턴 207건, 파리 186건, 동경 59건으로 서울의 집회시위 건수가 현저히 높다. 10년간 불법폭력시위는 1천84건이 발생 경찰부상자 5천245명이 발생했다.[251] 2009년 전국에서 크고 작은 시위가 510건 발생했다. 촛불시위가 휩쓴 2008년의 577건보다는 줄었지만, 양상은 날로 과격해지고 있다. 쇠파이프·각목·새총에 다친 경찰관이 207명이다. 전년도 71명에 비해 무려 136명이 늘었다. 이에 따른 사회경제적 비용도 엄청나다. 2008년 촛불시위로만 모두 3조 7천513억 원의 직간접 피해 비용이 발생한 것으로 한국경제연구원이 집계한 바 있다.[252] 고질적인 폭력 시

---

251) 안경률(2009), 『성숙한 사회, 선진 일류국가로 가기 위해 버려야 할 WORST 12』, 의정보고서, p.7
252) 중앙일보 2010. 1. 27.

위의 악순환은 이제 우리 사회에서 사라져야 한다.

시민의 광장 개방 요구는 정당하다. 그러나 문제는 현실적으로 광장이 개방되었을 때 정치적 목적 달성을 위한 시위대의 표적이 될 가능성이 크다는 점이다. 광장이 시민의 휴식과 문화공간으로만 이용될 수 있다면 지금 당장 전면 개방하는 것이 옳다. 2002년과 2010년 월드컵에서 서울광장은 국민 화합의 장이 되었다. 하지만 정부여당의 입장에서는 광장을 개방했을 때 정치집회가 일어나는 것을 현실적으로 통제하기 어려우므로 광장 개방을 꺼린다. 광장의 개방을 요구하는 쪽에서는 불법적인 시위에 대해서는 눈을 감고 있다. 평화적인 시위를 하겠다는 아무런 약속도 하지 않는다. 정치적 목적의 집회에 광장은 가장 효과적인 장소로 인식하므로 광장에서 집회를 하지 않겠다는 말을 하지 않는 것이다. 그러면서 시위대와 경찰의 마찰이 빚어지면 민주경찰이 시민들을 폭력으로 탄압한다며 정부와 공권력을 몰아세운다. 자기 정당화에 매몰된 이기주의적 행동의 전형이다. 굳이 말을 하지 않더라도 정치 집회를 개최하지 않고 일정 시간이 흐르면 일부러 개방을 요구하지 않아도 자연히 개방될 것인데, 이러한 기다림은 싫다며 의도적으로 개방을 요구하고 있다.

다른 지역도 상당수 광장들이 몸살을 앓기는 마찬가지이다. 개방이 되고 있는 광장의 경우 보수진영과 진보진영 양쪽에서 사용허가나 집회 인가를 서로 받기 위해 치열한 경쟁을 벌인다. 하지만 실제로는 거의 집회가 이루어지지 않는 것 또한 우리의 현실이다. 이렇게 대립과 사회갈등은 멀쩡한 광장까지 논란의 대상으로 만들었다. 이 모두가 정치권에 편승한 시민사회단체와 분열정치가 낳은 폐단으로 과열된 정치에 오염된 것이 원인이다. 권리는 의무를 수반하는 것이 민주주의이다. 권리를 요구하면서 의무에 대해 함구하는 것은 올바른 자세로 보기 어

렵다. 타인을 배려하는 성숙한 시민의식과 민주적인 시위문화가 아쉽
다. 이제 광장 민주주의를 버리고 제도적 절차적 민주주의로 전환해야
할 때가 되었다. 정당성과 합리성을 추구하지 않고 당리당략이나 이해
관계에 따라 우리에게 유리한 것을 추구할 수는 있지만 여야의 역할이
바뀌면 그 때는 부담이 되어 돌아오기 마련이다. 결국 정칙적인 결정으
로 이루어지는 것은 오늘 유리한 것이나 이익이 장기적으로 굳어지는
것이 아니다. 국민이 원하는 정치를 하면 광장 논란 같은 일은 자연스
럽게 해결된다.

18. 김제동 하차와 표현 자유 논란 어떻게 볼 것인가?

　2008년 신경민 앵커와 가수 윤도현 씨에 이어 2009년 김제동·손석희
씨 등 이른바 '비판적 진행자'들이 석연찮은 이유로 연달아 프로그램에
서 하차했다. 김제동 씨는 4년 동안 진행을 맡아온 '스타골든벨'에서 강
제 하차했고, MBC '100분 토론'의 진행자 손석희 성신여대 교수도 자진
사퇴 형식으로 프로그램을 떠났다. 이유는 김제동 씨는 "너무 오래 했
다"는 것이었고, 손 교수는 "회당 200만 원의 출연료가 비싸서"였다. 특
히 방송 녹화 3일 전에 하차 통보를 받은 김제동 씨는 노무현 전 대통
령의 노제 사회를 맡고 쌍용차 사태에 대해서도 소신 있는 발언을 하는
등 현 정권과 배치되는 발언을 여러 번 했다는 점에서 "정치 보복 아니
냐"는 여론이 들끓었다. 또한 손석희 교수가 진행한 '100분 토론'은 그
간 현 정권의 정책 등에 대해 성역 없이 비판한 대표적 시사토론 프로
그램이었다는 점에서 정권과 코드가 맞지 않는 진행자를 솎아낸 것이
라는 지적이 끊이지 않았다.[253] 그리고 2010년 7월에는 'KBS 블랙리스

트’ 발언과 관련해 김미화 문제가 논란의 대상이 되겠다.[254]

방송인과 연예인도 정치활동의 자유가 보장되어 있다. 하지만 김제동 씨 하차를 계기로 다시 불거진 연예인과 방송인에 대한 보복성 인사 문제 논란은 그동안 상당수 연예인들이 유세전에 가담하여 선거에 공공연하게 참여해 왔기 때문에 이미 예고된 논란이었다고 할 수 있다. 정권이 바뀌어 피해자가 되지 않고 계속 시청자의 사랑을 받는 방송인과 연예인이 되려면 실력과 안목을 갖추고, 스스로 정치활동 자제와 정치적 편향성에 말려들지 않도록 노력하는 등 정치적 의견을 말하는 데 신중할 필요가 있음을 일깨워준다. 표현의 자유는 국민의 기본적인 권리 중 하나로 헌법 제21조 ① 모든 국민은 언론·출판의 자유와 집회·결사의 자유를 가진다고 명시하고 있으며, ④ 언론·출판은 타인의 명예나 권리 또는 공중도덕이나 사회윤리를 침해하여서는 아니 된다. 언론·출판이 타인의 명예나 권리를 침해한 때에는 피해자는 이에 대한 피해의 배상을 청구할 수 있다고 하여 자유와 책임부분을 언급하고 있다.

정치가의 정치활동과 언론은 그 기능을 보장하는 데 필요한 사항을 법률로 정하고 있기 때문에 정치사회적인 언론의 자유를 행사하고 그것이 사회적인 영향을 미치더라도 법으로 이미 그 기능이 부여되어 있다. 하지만 정치활동과 언론에 부여된 표현의 자유도 무한대가 아니라 법적 테두리 내에서 제한된 자유이므로 정치가의 인신공격이나 언론의 오보로 인하여 발생한 개인의 명예를 훼손 및 피해에 대해서는 법률로서 구제를 받을 수 있는 길을 열어두었다. 하지만 개인의 행동에 대해서는 헌법에 명시된 내용 외에 현재 뚜렷한 법률적 기준이 없다. 불특정 다수를 상대로 할 때에는 피해 사실의 입증 문제가 발생하기 때문에

<hr>

253) CNB저널 2009. 12. 14.
254) 노컷뉴스 2010. 7. 19.

소송으로 발전하는 사례가 많지 않다. 다만 상황에 따라 형법(刑法)이나 민법 등 다른 법률에 따라 제반 법률을 위반한 것으로 판정되거나 피해자를 고소고발할 때는 책임이 있는 것으로 판정되면 내용에 따라 명예훼손혐의 등의 책임을 져야 한다. 따라서 표현이나 사상의 자유를 행사하고 그것이 파문을 일으켜 문제를 일으켰을 때는 책임을 지겠다는 자세가 필요하다.

아직 우리 사회에는 개인의 정치사회적인 발언을 국민의 기본권인 언론의 자유로 보장할 것인가 아니면 책임을 물어야 할 것인가 하는 점에 대해 국민적 합의도 없다. 국민의 기본권과 자유를 존중해야 한다는 쪽에서는 책임을 물어서는 안 된다는 입장이고 개인의 자유도 중요하지만 사회적 파장을 미치는 사안에 대해서는 누군가가 그 발언으로 인해 피해를 볼 수 있으므로 책임을 물어야 한다는 입장이 팽팽하게 맞서고 있다. 하지만 미네르바 사건이나 영화배우 겸 탤런트 김민선의 청산가리 발언, 미녀들의 수다에서 루저(패배자) 등의 사례에서 보는 바와 같이 그것이 불특정 다수를 향한 발언이나 방송 중의 발언이라 할지라도 피해의식을 느끼거나 피해자라고 하는 사람이나 단체에 의해 소송이 제기되면 발언의 당사자는 언제든지 법의 심판대에 오를 수 있다는 점은 시사하는 바가 크다. 그리고 사상과 표현의 자유에도 불구하고 특히 개인의 발언이나 사상이 정치적 편향성을 갖는 것으로 비춰질 경우 사회적 논란의 대상으로 대두될 수 있다. 그 대표적인 사례가 김제동 씨의 KBS '스타 골든벨' MC(Master of Ceremonies: 라디오, 텔레비전프로그램의 사회자) 하차이다. 김제동 씨의 MC 하차는 정치적 갈등과 대립에 의한 폐해는 얼마든지 공인이나 개인을 정치적 이용을 위한 논란의 대상으로 만들 수 있다는 점을 명백하게 보여주었다.

스타 골든벨은 '100분 토론'과 달리 뜨거운 사회 문제와 같은 논쟁점

(issue)을 다루는 프로도 아니다. 그런데 KBS가 2009년 가을 프로그램 개편 1주일을 남겨두고 스타 골든벨의 사회자 김제동 씨를 전격적으로 교체해 논란이 일었다. 김영선 KBS 예능국장은 "김씨가 4년이나 맡았고, 인기가 예전 같지 않았다. 데뷔 초기와 달리 유명세가 높아지면서 제작진과의 관계도 원만하지 못했다. 사회자 교체를 정치적으로 해석하는 반응을 어느 정도 예상했다. 프로그램 활성화를 위해 제작진이 세 번이나 회의를 열어 내린 건의를 이런 반응이 두려워 묵살한다면 그것이야말로 정치적 결정"이라고 말했다.255)

KBS 경영진은 김제동 씨 하차는 정치 보복 차원이 아니라고 부인했다. 이병순 KBS 사장은 이 문제와 관련한 의원들의 질문에 "사회자 교체 부분에 대해서는 직접 관장하지 않고 있다"고 정치적 목적설을 부인했다. 국감에 증인으로 나선 조대현 KBS TV 제작본부장도 "새로 온 연출진이 프로그램에 변화를 주겠다는 의도를 갖고 있었고, 김씨는 4년 정도 진행했다. 여러 요소를 고려한 제작진의 연출권 행사일 뿐"이라고 부인했다. 조대현 본부장은 KBS PD 협회 등이 '상부의 지시' 의혹을 제기하고 있는 데 대해서도 "제작진이 가을 개편을 끝내고 회의한 결과이다. 제작진이 사회자를 변경하는 과정에는 일일이 관여하지 않고 있다"고 반박했다.256) 어떻게 보면 KBS의 단순한 사회자 교체인사라고 볼 수 있다. 인사권을 행사한 사람들이 실제 외부로부터 정치적인 어떤 압력을 받았는지 알 수는 없지만 그것은 헌법에서 규정하고 있는 무죄추정의 원칙에 입각해 생각할 때 그러한 일이 있었다고 하더라도 드러나지 않는 이상 외압이 없었던 것으로 간주된다. 그러면 김제동 씨와 관련된 KBS 내 하나의 프로그램 제작과 관련된 일로 끝나야 하는 것이 정상

---

255) 동아일보 2009. 10. 19.
256) 프레시안 2009. 10. 12.

적이다. 김제동 씨가 KBS의 조치에 대해 수긍(首肯)을 하든 수긍을 하지 않든 그것은 김제동 씨 개인의 문제이다. 그런데도 정치권에서는 김제동 씨와 관련 국정 감사장에서까지 논란을 벌이며 정치 쟁점화 했다.

한국방송(KBS)과 문화방송(MBC) 대주주 방송문화진흥회 등을 상대로 열린 2009년 10월 12일 국회 문화체육관광방송통신위 국정 감사에서 논란이 된 김제동 씨의 <스타골든벨> 하차가 도마에 올랐다. 전병헌 의원(민주당)은 "김제동 씨의 퇴출은 개념 있는 방송인에 대한 개념 없는 탄압이다. 김씨 방출은 KBS가 뉴스 및 시사비평 프로그램에 대한 1단계 통제가 마무리되자 연예 오락 프로그램에 대한 2단계 통제로 들어간 것"이라고 비판했다. 전 의원은 "KBS에 '밤의 사장'이 군림하고 있다는 말이 방송가에 돌고 있다. 윤도현 씨에 이어 김제동 씨 퇴출 문제가 연이어 터진다면 국민이 KBS를 공영방송으로 인정할까"라고 지적했다. 그는 "과거 정부 당시 야당인 한나라당 후보를 지지했던 연예인들이 방송 출연 등에서 탄압을 받았다는 이야기를 들어본 적이 없었는데, 이명박 정부에서 (몇몇 연예인들이) 퇴출당하는 것을 보면 이해가 되지 않는다"고 꼬집었다. 조영택 의원(민주당)도 "KBS 독립성과 중립성에 국민들의 회의감이 커지고 있다. KBS와 관련해 여러 가지 문제가 제기되고 있는 가운데 인기 있는 진행자들이 도중에 하차함으로써 국민들과 시청자들이 우려하고 있다"고 지적했다. 김부겸 의원(민주당)도 "<심야토론>의 정관용 씨, 가수 윤도현 씨 등에 이어서 김제동 씨도 하차했다. 김씨를 갑자기 하차시키는 건 명백한 정치 탄압"이라고 주장하며 김씨의 교체 결정 시기, 이유, 과정 등을 따져 물었다.

특히 여당인 한나라당에서도 정치 보복 논란과 관련해 "소아병적인 원리 원칙주의자들의 발상"이라며 비판의 목소리가 나왔다. 홍사덕 의원(한나라당)은 "지난 10년 봉두완 선배가 모든 프로그램에서 하차하고 심현섭 씨 등 8명의 개그맨들이 모든 프로그램에서 추방됐듯이 똑같이 한다면 정말 잘못된 것"이라고 비판했다. 홍 의원은 "대한민국이 정보화 사회로 접어들었다. 다원화된 사람들이 사상의 자유를 바탕으로 한 언론의 자유를 갖기 마련이다. 모든 이데올로기에는 반드시 소아병적인 원리원칙주의자들이 있다. 그런 사람들이 큰 해를 끼친다"고 꼬집었다. "대한민국은 사상의 자유에 기초한 언론의 자유를 보장하는 나라고, 그렇기에 오늘날 번영을 구가한 나라"라고 강조했다. 그러나 한선교 의원(한나라당)은 "김제동 씨는 개인적으로 좋아하는 사회자이지만 제 방송 경험에 비춰보면 사회자는 하루 전날 밤 담당 국장이 미안한 모습으로 교체 사실을 설명하는 예도 있다. 결코 정치적 목적은 아닌 것 같다"고 KBS 경영진을 두둔했다.257) 또한 나경원 의원(한나라당)은 KBS 이병순 사장에게 "김제동 씨가 노무현 전 대통령의 노제에서 좌파적 발언을 했기 때문에 교체했는가"라고 물었다. 이를 놓고 2009년 10월 13일, 민주당은 날 선 칼날을 세우며 한나라당을 비난258)하는 등 대립각을 세웠다.

그 후에도 김제동 씨 하차 논란은 한동안 계속되었고, 2009년 10월 28일 치르진 국회의원 재보궐선거(補闕選擧)에 최대 승부처였던 수원 장안에서 민주당 이찬열 후보가 한나라당 후보를 누르고 승리하는 데 상당한 영향을 미쳤다는 것이 정치권의 분석이다. 5석 가운데 한나라당이 2석을 차지하는 데 그친 부진의 원인으로 MB(이명박) 중도실용·친서민의 거품, MB(이명박) 지지율의 고공 행진으로 인한 여당의 오만함, 4대강 사업과 세종시 수정 논란 등 정책적 문제, 그 외 김제동 퇴출, 박근혜의 외면 등등 다양한 요소259) 등이 제기되기도 했다.

---

257) 프레시안 2009. 10. 12.
258) 아시아뉴스통신 2009. 10. 13.

　김제동 씨의 개인적인 정치 성향은 정확하게 모른다. 하지만 2004년 한 대담(interview)에서 '정치에 대한 관심'을 묻자 "공인으로서 정치적 논쟁에 참여할 수도 있겠지만 남에게 웃음을 주는 직업인은 그냥 속으로 간직하고 있는 편이 좋다고 생각한다"고 대답[260]한 점으로 볼 때 정치적 편향을 상당히 경계하고 있었음은 알 수 있다. 그런데도 김제동 씨의 하차가 논란의 대상이 된 것은 2008년 MBC 100분 토론에 패널로 출연해 사이버 모욕죄에 반대하는 견해를 밝히고, 노무현 전 대통령의 서거 다음날인 2009년 5월 24일 자신의 팬카페에 노 전 대통령을 추모하는 장문의 글을 올린 것으로 알려졌다. 여기에 2009년 5월 29일 서울광장에서 열린 고 노무현 전 대통령 영결식 노제 때 사회를 보고 추도사를 했다. 노사가 격심한 갈등을 빚은 쌍용차 사태에 관해 2009년 8월 7일 지인이 만들어 준 트위터[261]를 통해 "반갑습니다 김제동입니다. 이란과 쌍용사태를 잊지 맙시다. 우리 모두가 약자가 될 수 있음을 잊지 맙시다"라는 글을 남기는[262] 등 사회적 논란 대상에 대해 평소 소신발언과 행동을 하는 과정에서 진보적인 인사로 분류된 것으로 보인다.

　민주주의 사회에서는 사상의 자유가 있기 때문에 김제동 씨 스스로가 진보적인 성향을 가졌는지 아닌지 판단하기는 어렵지만 자신의 의도와는 상관없이 정치권에 의해 사회적 논란의 대상이 되었다. 국회에

---

259) 미디어스 2009. 10. 30.

260) 동아일보 2009. 10. 19.

261) 트위터(Twitter)란, 이용자가 웹사이트는 물론 휴대전화를 통해서도 최고 140자의 문자메시지를 볼 수 있는 '블로그＋문자' 서비스를 말함. 파이낸셜타임스(FT)는 트위터가 미국 실리콘밸리에서 돌풍을 일으키고 있다고 2007년 3월 26일 보도했다. 트위터가 선보인 것은 2006년 여름이지만 본격적으로 이용되기 시작한 것은 2007년 3월 중순부터. 미국 텍사스에서 열린 한 회의에 블로거들이 참석하여 이 서비스를 이용하면서 이용자가 늘었다. 트위터 서비스를 선보인 IT업체 '오브비어스'의 블로거 비즈스톤은 "블로그나 휴대전화를 통해 하루 2만 개 정도에 머물렀던 메시지 수가 7만 개로 무려 3배 이상 늘었다"며 트위터의 높은 인기를 설명했다. 전문가들은 휴대전화 미니 블로그 서비스가 동영상 공유 사이트 유튜브나 온라인 커뮤니티 사이트 마이스페이스의 뒤를 잇는 히트작이 될 것이라는 전망을 내놓았다.

262) 중앙일보 2009. 8. 7.

서 논란을 벌이기까지 했던 민주당의원들 누구도 그 이후 김제동 씨의 취업에 도움을 주었다는 말은 들리지 않는다. 정치권의 폭풍우를 벗어난 것이 다행인 것 같기도 하지만 씁쓸한 기분을 감출 수 없다. 한국의 정치권이 국민들을 필요에 따라 이렇게 정치적 목적을 위해 이용해도 좋은가 하는 의문을 다시 한 번 갖게 한다. 우리 헌법 제2장 국민의 권리와 의무 제10조 모든 국민은 인간으로서의 존엄과 가치를 가지며, 행복을 추구할 권리를 가진다. 국가는 개인이 가지는 불가침의 기본적 인권을 확인하고 이를 보장할 의무를 진다. 제11조 ① 모든 국민은 법 앞에 평등하다. 누구든지 성별·종교 또는 사회적 신분에 의하여 정치적·경제적·사회적·문화적 생활의 모든 영역에 있어서 차별을 받지 아니한다고 규정하고 있다.

정치인들이 김제동 씨와 관련된 KBS의 인사를 어떤 목적을 갖고 기용한 것인지 아닌지를 판단하기는 쉽지 않다. 하지만 재보선 결과 등을 놓고 볼 때 결과론적으로 김제동 씨는 정치권에 의해 사회적 논란의 대상이 되는 피해를 본 것으로 보인다. 정치도 좋지만 모든 국민의 존엄과 가치, 행복은 존중되어야 한다. 국회의원 또한 마찬가지이다. 개인을 희생시켜 정치적 목적을 달성하려 하는 정치인이 있다면 그는 분명히 비겁한 사람임에 틀림이 없다.

19. 친일인명사전 논란과 이해에 대한 문제

2009년 12월 민족사연구회에서 친일인명사전을 발간했다. 박정희 대통령과 장지연을 비롯한 몇 사람의 등재(登載) 여부를 놓고 논란이 벌어지기도 했다. 결국 박정희 대통령과 장지연 두 사람의 경우 법원의 저판을 거쳐 등재가 이루어졌다. 하지만 법원의 재판에도 친일 인명사전에 대한 논란은 여전하다. 심지어 민족사연구회의 수장이 친북성향의 인사이기 때문에 상당수 공산주의 사상을 가진 사람들이 친일명사전에 등재되지 않고 빠졌다는 주장이 제기되기도 한다. 하지만 친일 인사의 행적에 대한 정리는 우리 역사를 바로 세우고 후손들에게 같은 잘못을 저지르지 않도록 경각심을 갖도록 하기 때문에 우리 민족에게 있어 대단히 의미 있는 일이다.

다만 친일인명사전을 펴낸 민족문제연구소(소장 임헌영)와 친일인명사전편찬위원회에 참여한 사람들이 모두 사상적 편향성을 갖거나 논란의 대상이 된 것은 아니지만, 임헌영 소장이 중심적인 역할을 함으로써 중대한 역사적 사안이 사회적 논란의 대상이 된 점은 안타까움을 느끼게 한다. 임헌영 소장은 반공법 위반 등으로 두 번 옥살이(문인간첩단 사건, 남민전 사건)를 했지만 모두 민주화 유공자로 확인을 받았다"고 말했다. 이승만 대통령은 일제 총독부 전직 관료들을 싫어하면서도 등용했다. 총독부 판사를 지낸 사람을 법무부 장관으로 쓰면서 "일제 앞잡이를 20년이나 했구먼"이라고 마뜩찮아 했다. 이 대통령은 해방 후 정국에서 '친일 청산'보다는 '공산화 저지'가 더 급하다고 판단했다. 이 대통령이 공산당과 싸우는 데 힘을 보태기 위해 친일파 관료와 경찰을 동원하고, 확고한 '반공(反共)'으로 남쪽의 자유와 번영을 지킨 것은 당시로서는 현실적인 선택이었다[263]는 주장을 비롯하여 우리 사회 일각에서 친북인사의 누락과 친일인명사전의 친일인사 분류기준에 대한 논란이 제기되기도 했다.

일부 언론을 중심으로 한 비판에 대해 민족문제연구소 측은 백문백답을 통해 다음과 같이 입장을 밝히고 있다. 「좌익이나 북한과 관련된

---

263) 동아일보 2009. 11. 15.

인사들에게 관대하다는 비판에 대해 사전 수록은 오로지 선정기준에 따를 뿐이며 일부의 형평성을 잃었다는 주장은 전혀 사실이 아닙니다. 사전에는 다수의 좌파 인물이나 월북 인사들이 수록되어 있으며, 객관적 증거가 확보되고 기준에 부합한다면 어떤 인물이라도 사전에 등재한다는 것이 편찬위원회의 일관된 방침입니다. 친일인명사전을 비난하는 인사들이 확실한 자로만 제시하면 보유편이나 수정증보판에 언제라도 반영할 수 있습니다. 용공좌익세력들이 국가정통성을 훼손하려는 기도라는 비판에 대해서도 전형적인 색깔론입니다. 해방공간에서도 독재정권하에서도 친일세력은 반공을 전가의 보도처럼 사용했습니다. 친일에서 친미, 친독재로 권력과 부를 좇아 기회주의적인 변절을 거듭한 자들과 반성하지 않는 그들의 후예들이 치부를 감출 수 있는 유일한 공간이 반공이었습니다. 냉전체제가 끝난 지금까지도 이데올로기를 악용하려 하지만 이제 국민들이 터무니없는 비난에 호응해주지 않습니다. 친일인명사전 발간이 갖는 의미는 첫째, 세계 어느 나라에서도 역사적 과제를 시민들의 힘으로 해결한 사례는 없었습니다. 국가가 외면한 미해결의 과제를 시민들이 직접 나서서 역사정의실현의 단서를 열었다는 점이 무엇보다 의미 있는 성과라고 봅니다. 둘째, 한국 근현대사 금기의 영역이 최초로 공개됨으로써 최근 만연하고 있는 퇴행적 역사인식에 경종을 울리고 성찰하는 계기가 되었으면 합니다. 셋째, 우리 내부의 부끄러운 역사를 고백하고 용기 있게 진실을 대면함으로써 다시는 이런 부끄러운 일을 되풀이하지 말자는 것입니다. 넷째 상식이 통하는 사회를 만드는 데 일조하였으면 합니다」라고 밝혔다.

특히 쟁점이 된 박정희 대통령의 등재 문제와 주로 연관되는 질문으로 볼 수 있는 '분야별 세부기준은 어떻게 되나요?'라는 질문에 대해 친일파를 분류하기 위해 모두 24개 분야를 설정하였다고 하여 설정된 그

용만 나와 있지 왜 그러한 기준을 마련하게 되었는지에 대한 설명은 없었다. 또한 '유력한 정치인을 흠집 내려는 음모의 일부라는 비난이 있습니다'라는 질문에 대해 민족문제연구소는 특정 정치인이 정계에 입문하기 훨씬 전인 1991년 출범한 이래 꾸준히 친일문제를 다뤄왔으며 일관된 주장을 펼쳐 왔습니다. 어떻게 그런 식의 연결이 가능한지 상상력이 놀라울 뿐입니다.[264]라며 직접적인 답변을 피해 갔다. 민족문제연구소의 이러한 입장 발표에도 불구하고 분류기준은 앞으로도 논란의 대상이 될 가능성이 큰 것으로 보인다.

이덕일 한가람역사문화연구소 소장도 박정희 대통령의 '친일 낙인'은 잘못된 결정이라고 비판하고 나섰다. 이 소장은 2009년 11월 17일 평화방송 '열린 세상 오늘!'과의 인터뷰에서 "박 전 대통령이 일제 만주군에 근무했을 당시에는 이미 그전에 대부분 만주에 있던 많은 독립운동가가 산해관 남쪽으로 피신하고 중국 공산당, 만주성위원회 산하의 동북 항일연구원 같은 부대의 일부 부대들은 남아있었다. 박 전 대통령이 활동했던 시대에는 (독립군이) 많지 않았고, 박 전 대통령의 부대 위치는 열화 근방이어서 독립군과 전투했다는 1차 사료는 발견되지 않았다"고 설명했다. 혈서(血書) 지원에 대해 이 소장은 "적극적 친일 행위라는 건 부인할 수 없다"고 말하고, "당시는 일본이 계속 승승장구할 때이기 때문에 한 개인의 출세적 관점에서 바라보면 이해가 되는 측면도 있다"고 말했다. 이 소장은 "하지만 어떤 식으로 평가하든지 민족주의적 관점에서는 문제가 많은 행위가 분명하다"고 비판했다.[265]

친일인명사전은 친일잔재 청산과 맞물려 있는 중요한 사안 중 하나이다. 최초의 친일잔재청산작업은 1948년 반민족특위가 구성됨으로써

---

264) 민족문제연구소

265) 뉴데일리 2009. 11. 17.

그 막이 올랐다. 그런데 이 반민특위가 제대로 역할을 수행하기도 전에 중도에 활동이 중단되고 해체되었다. 아직 정확한 원인이 밝혀진 것은 아니지만, 친일 세력들의 스스로에 대한 구명 노력, 동산화에 대응하기 위한 미국의 압력 영향 등 여러 가지 요인에 의해 이승만 대통령이 결단을 내려 반민특위 활동을 중단시켰다는 것이 정설로 되어 있다. 남한에 진주한 미군이 점령군으로서 통치활동을 전개하고 남한에 단독정부를 수립하는 과정에서 일제강점기에 사회 제반분야에서 활동했던 사람들의 협조가 필요했던 시대적 배경과 여건도 크게 작용했다. 친일세력은 실제 정부수립에 상당한 역할을 했으며 정부 수립 후에도 국가체계를 세우고 사회질서를 유지하는 데 일익을 담당했다. 미군의 압력도 있었지만, 이승만 정부도 그 필요성을 인정해 반민특위의 활동을 중단시켰다는 것이다. 하지간 그때 반민특위 활동을 제대로 마무리하지 못하고 중단된 점은 못내 아쉬움이 남게 한다.

1950년 6월 25일 한국전쟁이 발발하고 3년이 넘는 기간 동안 친일파들은 공산 세력의 확장에 대항하여 국가를 지키기 위하 목숨을 걸고 피를 흘려 국가를 지켜내는 데 큰 공훈을 세웠다. 1961년 5·16군사혁명을 통하여 박정희 대통령이 집권한 후 경제개발에도 상당한 기여를 하였다. 이렇게 우리나라의 친일파들은 일제강점기에 반민족적 행위에 가담한 과오와 정부수립 이후 국가 보존과 건설에 기여하는 공적을 동시에 쌓았다. 하지만 임시정부와 정부 수립을 주도한 독립운동 단체, 독립운동가와 그 유가족 등을 중심으로 국가정체성 문제가 계속하여 제기되면서 친일잔재 청산 목소리가 끊임없이 터져 나왔다. 그동안 친일인명사전 발간 과정을 살펴보면 1991년 2월 반민족문제연구소 설립(소장 김봉우), 95년 6월 민족문제연구소로 개칭(이사장 이돈명), 1999년 8월 친일인명사전 편찬지지 전국교수 1만인 선언' 기자회견, 2004년 8

월 친일인명사전 편찬 국민모금 시작, 2009년 11월 친일인명사전이 편찬되었으며 12월에 발간되었다.[266] 민족사연구회 측은 이 사전은 완성된 것이 아니며 추후 친일 행적이 드러나는 사람들에 대해서는 추가로 등재하겠다고 밝혔다.

친일인명사전에 등재된 사람들 후손 중 상당수가 반발하고 일부 사회단체를 중심으로 친일파가 힘을 기르기 위해 출사했을 뿐 일본에 빌붙기 위해 그런 것은 아니었다는 주장을 하고 있다. 그들의 주장이 어떻든 친일행적이 있는 사람은 모두 그 행적을 기록하고 정부수립 후 공적이 있으면 병기하면 별로 문제 될 것이 없어 보인다. 그런데 이 일이 생각보다 간단하지가 않은 것 같다. 일단 친일 인명사전에 등재되면 자손 대대로 친일인사나 그 후손으로 낙인이 찍히는 문제가 있는 데다 실제 우리 민족을 핍박(逼迫)하는데 상당한 역할을 한 군청이나 면사무소 직원, 순사 등에 대해 지역 주민이 치를 떠는 사람들이 적지 않다는 점이다. 분명히 죄가 있다는 것을 알지만, 그 행위를 서류로 입증하기가 어려워 등재할 수 없으므로 오히려 면죄부를 주는 역할을 하기도 한다. 결국 이러한 현실적 한계는 친일인명사전 등재를 결정하는 데 있어서 친일인사 분류와 평가기준에 대한 설정의 문제를 불러일으킬 수밖에 없게 만들었다.

박정희 대통령의 등재 여부가 논란의 대상이 되는 것도 우리 민족이나 독립군을 해하는 행위를 한 것이 드러나지 않았는데 만주사관학교와 일본육사에 입학하기 위해 일본에 충성을 맹세하고 1944년 일본 육군사관학교를 졸업한 후 8·15광복 이전까지 주로 관동군에 배속되어 중위로 복무한 짧은 기간 군대에 근무한 것을 친일파로 보아야 하느냐의 문제이다. 민족문제연구소에서는 친일인사의 분류 기준을 밝히고

박정희 대통령을 친일인명사전에 등재했지만, 이것은 국민 모두가 공감하는 것으로 보기는 어렵다. 친일 인명사전이 논란이 되는 이유가 여기에 있다. 반국가적인 인사로 낙인을 찍을 때는 상당 부분 국민적인 공감이 필요하다. 주최 측에서 분류와 평가기준을 단순하게 표명하는 것으로는 곤란하다. 물론 정부가 이 책을 편찬한 것이 아니므로 크게 문제 될 것은 없지만, 우리 민족과 국가의 독립을 위해 활동하는 독립군에 위해를 가하지 않는 사람에 대해 친일인사로 분류하는 것은 합당하지 않다는 주장과 특히 정치지도자이기 때문에 일본에 충성을 맹세한 것만으로도 후손들에게 친일을 하지 않아야 한다는 경각심을 심어줄 수 있다는 입장이 정면으로 대립된다.

시대적 상황문제가 있기 때문에 박정희 대통령을 친일파나 좌파로 분류하는 것은 다소 문제가 있는 것으로 느껴진다. 민족에 대한 위해행위가 구체적으로 드러나지 않았지만, 일본에 충성을 맹세했고 일본군에 참여했기 때문에 친일파로 규정할 수는 있다. 동기나 과정을 놓고 볼 때는 그렇다. 하지만 결과론적인 측면은 그렇게 잘못된 동기와 과정이 국가와 민족을 위해 더 큰 일을 하는 데 결정적인 역할을 했다. 무엇보다도 같은 우리 민족을 해하지 않았다. 따라서 친일인명 사전은 일제강점기에 활동했다고 하더라도 그 공과를 일생에 비추어 기재하고 분류기준도 우리 민족을 해치는 반역 행위에 어떤 형태로 가담했는지 그리고 구체적으로 어떤 행위를 했는지 충분히 조사하여 등재하면 크게 문제 되지 않을 것으로 보인다.

친일인명사전을 비판하는 사람들도 마찬가지이다. 누구든 공적과 과오가 있을 때 그것을 동시에 기재하고 후손들이 판단할 수 있도록 해야 한다. 민족문제연구소에서 특정인을 친일파로 등재한다고 해서 그 사람이 무조건 친일파가 되는 것은 아니다. 친일인명사전에 등재되었다

고 하더라도 박정희 대통령은 공적이 많다. 대한민국이 세계적인 국가
가 되는 초석을 닦은 위대한 대통령이라고 생각하면 위대한 대통령이
되는 것이다. 판단은 국민 각자의 몫이다. 인간은 근본적으로 완벽하지
않고 누구나 흠허물은 있기 마련이다. 다만 그것이 우리가 용인(容忍)하
고 용서할 수 있는 것이냐 아니냐가 중요하다.

20. 고성불패와 떼법 양산 원인과 대책

이해관계에 의한 갈등이 상존하는 우리 사회 곳곳에 고성불패[267]와
떼법[268]이 활개를 치고 극단적 행동으로 자신의 억울함을 호소하는 일
들이 빈발하고 있다. 한편에서는 고성불패와 떼법의 폐해를 지적하지
만, 아직 이렇다 할 대책은 나오지 않고 있다. 그럼 왜 우리 사회에 고
성불패와 떼법이 생긴 것일까? 그 일차적인 원인과 책임은 합리적인 정
책과 제도를 제대로 수립하지 못한 정부에 있지만, 공정한 사회를 제대
로 만들지 못한 정치권과 이해관계를 대화와 타협으로 해결하지 못하
고 때로는 법규를 무시하며 자신들의 이익만 앞세운 이해당사자들에게
있다.

국민의 생활 터전을 지켜주어야 할 국가가 그것을 위협할 때 느끼는
개인의 비애와 배신감은 클 수밖에 없다. 다수 국민을 위해 시행하는
정책적 사업에서 국가가 개인이 입는 손해를 모두 보상하기는 어렵지
만, 그렇다고 다수의 다른 국민을 위한 일이 특정인의 희생을 강요하는

---

267) 고성불패(高聲不敗)는 목소리가 크면 지지 않는다는 뜻으로, 목소리가 큰 이익 집단의 의견이 관철되기
　　쉬운 경향을 이르는 말이다.
268) 떼법은 법 적용을 무시하고 생떼를 쓰는 억지주장 또는 떼로 몰려다니며 불법시위를 하는 행위로 집단
　　이기주의와 법질서무시의 세태를 보여준다.

명분으로 작용하는 것은 곤란하다. 그런데 우리 사회는 언제부턴가 국가가 정책 사업을 시행하면서 힘없는 국민에게 희생을 강요하는 일들이 나타났다. 그것을 경험한 국민은 자의적인 결사체[269]를 조직하여 대항하는 등 극단적인 행동으로 저항하기 시작했다. 정부와 공공기관이 개인이 수긍할 수 있는 합리적인 피해보상을 해주지 못한 점에도 원인이 있지만, 그보다는 누구나 수용할 수 있는 사회에 일반화된 보편적 합리성을 갖춘 피해보상기준을 마련하는 데 실패하고 대화와 타협, 경청과 설득보다는 공권력을 앞세운 무리한 사업 강행이 결국은 국민의 극단적 저항을 불러왔다. 경제 활성화라는 명분 아래 법은 항상 가진 자가 더 많은 돈을 벌도록 기준을 마련하는 경향이 강했고, 가지지 못한 서민들의 피해 구제는 미흡했다. 정책사업 시행에는 어느 지역 할 것 없이 배경이나 힘 있는 사람들은 많은 보상을 받거나 사전에 정보를 입수하여 피해를 최소화하고 빠져나갔다. 그에 반해 가진 것이 별로 없고 힘없는 시민은 마지막까지 남아 고스란히 손해와 피해를 감수해야 하는 경우가 적지 않았다. 이러한 손해와 피해를 호소해도 누구 하나 귀담아듣지 않았다.

불합리한 공권력 행사를 저지하기 위해 자위(自衛)를 목적으로 개개인의 공동관심에 따라 인위적·계획적으로 형성되는 결합체인 결사체를 만들거나 기존 결사체와 연계하여 몸으로 막아서는 극단적인 행동에 나섰다. 격렬한 저항이 시작되면 그때는 언론과 국가 행정기관이 관심을 가졌다. 정부와 행정기관의 공권력 행사과정에서 법을 존중하며 잘 지키는 고분고분한 사람들은 얼마 되지 않는 보상금 몇 푼을 받는 것으로 피해를 감수하며 아픈 속을 삭여야 했다. 그렇지 않고 고성을

---

269) 결사체(結社體, association)는 특정한 관심을 추구하며 일정한 목적을 달성하기 위하여 인위적으로 만들어진 집단을 말한다.

지르고 격렬한 행동을 하며 저항하는 사람들은 사회적 관심을 불러일으켜 한 푼이라도 더 많은 보상을 받을 수 있었다. 이렇게 정부와 정치권의 문제해결능력 부족이 만들어낸 사회적 폐습이 누적되어 곪아 터진 가장 대표적인 사례가 용산참사였다. 용산참사는 2009년 1월에 발생했다. 그런데 이미 2004년과 2005년에 한국개발연구원(KDI), 전경련, 언론 등에서 관련 문제점을 지적하고 있었다. 그러나 정부와 정치권, 서울시는 별다른 대책을 내놓지 못했고 결국 참사가 발생하여 거의 1년 동안 우리 사회가 심한 홍역을 치러야 했다.

권혁철 자유기업원 법경제실장의 '고성불패 현상의 종식 없이 선진사회 진입 어렵다'는 제목으로 기고된 자유기업원 논평에는 이러한 문제점과 갈등 해소를 위한 대책까지 잘 나타나 있었으나 정부와 행정기관이 관심을 두고 이를 눈여겨보지 않았다. 「고성불패(高聲不敗)가 한국사회를 멍들게 한다. 한국개발연구원(KDI)이 2005년 초 발표한 보고서의 내용이다. 조직화되고 목소리 큰 소수의 이익집단이 조직화되지 못한 다수 시민에게 피해를 주면서 자신들의 특수이익을 챙기는 현상이 만연되어 있음을 말한다. 이 과정에서 정책결정은 왜곡되고 지연되며, 그로 인해 사회 전체적으로 값비싼 대가를 치른다. 하나의 잘못된 선례가 그 다음의 목소리를 높이는 행동을 낳고, 이것들이 쌓여 이제 우리 사회의 고질적인 병폐가 되었다. 그동안 수없이 지적되어 온 바이기도 하지만, 이제라도 이 악습의 고리를 과감하게 끊어야만 한다. KDI는 고성불패의 사례로 백화점 셔틀버스 운행제한과 도서정가제 등 각종 규제를 들었다. 이러한 규제는 일부 버스사업자, 재래시장, 중소 서적상들의 이익 보호를 위한 것이다. 이들은 소수이면서 조직화가 용이하며, 이에 따라 큰 목소리를 낼 수 있었다. 반면에 이러한 규제들로 인해 피해를 받게 되는 소비자들은 다수임에도 큰 목소리를 내지 못하고 고스란히 피해를 봐왔다 불특정 다수로서 조직화가 어려웠고, 큰 목소리를 낼 수 없었기 때문이다. 소수로 이루어진 이익집단 속의 개인이 받는 이익은 큰 반면, 다수 군중 속의 개인이 받게 되는 이익은 미미하다는 점도 불특정 다수의 조직화를 어렵게 하는 이유이다. 이러한 정황은 정치적인 계산을 해야 하는 정부와 정치권으로 하여금 거의 언제나 소수의 목소리 큰 집단들의 요구를 들어주도록 만들었다. 그 결과는 다수의 희생 위에 이루어진 소수이익의 보호이며, 반시장주의적 경쟁 제한적 규제정책이며 비효율의 만연이다. 10% 남짓한 대기업 근로자 중심 노동조합의 큰 목소리에 들혀 노동시장의 개혁이 지지브진한 것도 그렇다. 이외에 의료, 법률, 교육시장의 개방과 개혁도 막혀 있다. 한 스님의 단식으로 재차 중단된 천성산 공사를 비롯한 각종 국책사업 표류도 이 고성불패 현상과 무관하지 않다. 이렇듯 사회에 만연된 병폐를 치유하지 못하고서는 선진사회 진입은 어렵다. 이를 위해 정부는 최소한 다음 세 가지는 원칙으로 철저히 지켜야 한다. 첫째는 정부는 법과 원칙에 충실해야 한다. 대화와 타협도 좋지만, 법과 원칙에 어긋나는 행동과 요구에 대해서는 단호하게 대처해야 한다. 둘째는 시장과 경쟁원리에 충실해야 한다. 이익단체들이 목소리를 높이는 이유는 정부와 정치권이 자신들이 원하는 방향으로 규제할 수 있는 힘이 있다는 것을 알기 때문이다. 시장과 경쟁원리에 반하는 기존의 규제를 철폐하고, 새로운 규제에의 유혹을 뿌리쳐야 한다. 셋째는 관련 이익단체들을 정책결정에서 배제해야 한다. 이익단체들의 의견은 충분히 청취하고 수렴하되 최종적인 정책결정에서는 철저히 배제해야 한다. 오이켄(Eucken)의 말을 빌리자면 집단은 어떤 경우에도 양심의 가책을 느끼지 않기 대문이다.[270]」

사회갈등을 조정하고 해결에 나서야 할 정치권은 항상 오히려 갈등

---

270) 자유기업원 2005. 3. 15.

을 조장하고 문제가 터져 사회적 관심사가 되면 마치 무엇이라도 할 것 같은 호들갑을 떨며 온갖 법안 정비에 열을 올리다가 여론이 수그러들면 언제 그런 일이 있었느냐는 듯 무관심으로 돌아간다. 국가와 공공기관의 정책 사업에 대해 국민도 사적 이익을 위해 정도를 넘는 억지 요구로 피해보상이 아닌 마치 한 몫 잡는 기회로 생각하여 나의 경제적 기반을 공고히 하는 계기로 이용하려 해서는 안 되겠지만, 국가와 행정기관도 정책적 이주자들이 수긍할 수 있는 합리적인 기준을 갖고 인내하며 설득하는 노력을 통해 사업을 진행해 나가야 한다. 이를 위해서는 사업을 시행하기 전에 철저한 사전 조사와 준비 과정을 거치고 주민의 민의가 반영될 수 있도록 해야 한다. 이렇게 해도 사람이 하는 일은 변수가 많아 일을 진행하는 과정에 문제가 발생하는데 오늘날 우리나라의 대부분 국가 정책 사업은 선거에서 공약했고 당선되었기 때문에 국민 지지로 정당성을 확보했다는 저급한 논리로 접근하여 사업을 강행한다.

여당은 대통령과 정부의 거수기 노릇을 하고 야당은 반대와 저지에 나서는 이분법적 사고와 행동을 하는 일이 비일비재하다. 정작 그 사업으로 인해 피해를 보는 사람들에 대해 이렇다 할 대책은 세우지 않으면서 특정화되지 않는 다수국민에게 도움이 된다는 불분명한 명분을 내세워 해당 지역주민의 피해와 사회갈등을 양산시키고 있다. 결국 오늘날 우리 사회의 고성불패와 떼법, 피해 국민의 극단적인 저항은 정부와 행정기관이 권력에 의존한 무리한 정책 추진과 정치권의 역할 미흡, 잘못된 갈등 해소 방법이 만들어낸 폐단이다. 어떠한 경우든 국민에게 손해와 피해, 희생을 일방적으로 강요하고 저항하게 하는 정부는 좋은 정부가 아니다.

21. 선거구 개선 지역주의 타파 올바른 방안인가?

정치사회갈등 문제가 국민적 관심사로 등장한 이후 정치권에서 해법으로 주장해 온 것이 지역주의를 타파하기 위해서는 현행 국회의원 선거구 제도를 개선하여 중대선거구나 복합선거구로 바꾸어야 한다는 것이다. 일부 국회의원과 정당대표를 중심으로 거론되던 것이 급기야는 대통령까지 나서서 선거구 개편을 주장하는 지경에 이르렀다.

경제정의실천시민연합(이하 경실련)은 이명박 대통령이 2009년 3월 15일 언론과의 대담을 통해 지역주의 완화 등 정치적 비효율을 제거하기 위해 국회의원 선거구제 개편을 주장하며, 1개 선거구에서 1인을 선출하거나 혹은 2~3인을 선출하자는 소·중 복합선거구제도를 도입하자는 의견을 표명한 것에 대해 논평을 내고 다음과 같이 주장했다.

정치권의 선거구제 논의가 원칙 없이 진행되다 급기야는 대통령이 나서서 복합선거구제까지 주장하는 현실을 보며 우리 정치권의 늦은 수준을 보는 것 같아 답답한 심정이다. 오로지 당리당략에 따라 수시로 입장을 표변하는 정치권에 대해 '정치개혁'을 강조하며 '국민 여론'을 강조하는 것이 무슨 의미가 있을까 하는 마음뿐이다. 소선거구제[271]나 중·대선거구제[272]는 각기 나름의 장점이 있음에도 복합선거구제는 이

---

271) 소선거구제는 국회의원 선거는 선거구(선거를 시행하는 지역적 단위) 설정 방식에 따라 소선거구, 중선거구, 대선거구제로 나뉜다. 이중 소선거구제는 한 선거구에서 의원 1명을 선출하는 선거제도이다. 소선거구를 채택하는 경우 의원은 후보자 중에서 가장 다수의 표를 획득한 사람이 선출되기 때문에 이는 대표적인 방법으로는 '다수대크제'와 연결된다. 소선거구제에서는 미국과 영국에서 볼 수 있듯이 소정당의 진출이 어려워 2대 정당제가 되기 쉽고 그러한 의미에서 정국이 안정된다. 또 선거구가 좁으므로 선거인들은 후보자를 알기가 쉽고, 선거 비용도 절약되는 반면, 1명을 제외하고 모두 낙선되므로 사표(死票)가 많아지고 무소속 후보자들의 당선이 어렵다는 결함이 있다. 이러한 경우 소정당에도 의석을 주는 비례대표제를 가미하는 방법도 있다. 미국, 영국, 캐나다, 프랑스, 호주 등에서 소선거구제를 채택하고 있으며, 우리나라를 포함해 독일, 일본, 뉴질랜드, 러시아, 이탈리아 등에서 소선거구제에 비례대표제(정당의 득표수에 따라서 대표자를 배분하는 방식)를 혼합한 선거구제를 채택하고 있다.

272) 중·대선거구제는 한 선거구에서 2명 이상의 대표를 선출하는 선거제도이다. 중·대선거구제는 '소수대표제'와 함께 실시되는데, 소수대크제란 가장 많은 득표를 한 1인이 아니라 일정한 득표수를 차지한 복

도 저도 아닌 세계적으로도 유례가 드문 반개혁적 국적불명의 제도로 대통령을 비롯한 정치권은 앞으로 이러한 주장을 삼가야 한다.

소·중 복합선거구제는 한마디로 표현하면 정치권의 선거구 게리맨더링[273]을 제도적으로 허용해 주는 제도이다. 2~4인 선거구와 1인 선거구를 획정하는 원칙이 없을 뿐 아니라 정치권의 편의에 따라 선거구가 획정됨으로써 선거구획정이 여야의 당리에 따른 나눠 먹기 양상으로 진행될 가능성이 크다. 실제로 복합선거구제는 여야의 지역정당 성격에 따른 현실을 인정하고 서로에게 부담되는 지역은 나눠 가지자는 것의 다른 의사표현이며 이는 선거구 게리맨더링을 하자는 주장에 불과하다. 또한 복합선거구제는 선거구 획정의 큰 원칙인 '대표성의 원리'에 충실하지 못한 제도이다. 실제로 수십만 표를 얻어 당선된 의원과 수천 표를 얻어 당선된 의원이 현실로 나타날 가능성이 커 국민의 대표로서 대표성에 상당한 문제를 일으킨다. 대표의 자격문제가 생기는 것이다. 민주주의 국가에서 선거제도는 국민의 의사를 정치적 대표

러 사람을 당선자로 하는 제도이다. 2명 이상을 선출하더라도 전국을 단위로 하지 않고 지역을 단위로 하여 2명이상 5명 이하를 선거하는 제도를 보통 중선거구제라고 한다. 중·대선거구제는 소선거구제에 비해서 사표(死票)를 방지할 수 있고 인물선택의 범위가 넓어지는 등의 장점이 있으나 군소 정당의 난립으로 정국이 불안정해 질 수 있으며, 선거 비용이 많이 든다는 단점이 있다. 보궐선거와 재선거의 실시가 곤란하다는 점도 들 수 있다. 한국에서는 3차 개헌 후 참의원 선거에서 쓰였고, 제 4공화국과 제5공화국에서는 국회의원 지역구선거에 중선거구제를 채택했다. 오스트리아, 벨기에, 덴마크, 핀란드 등에서 대선거구제를 채택하고 있다.

273) 게리맨더링(Gerrymandering)은 특정 정당이나 특정인에 유리하도록 선거구를 정하는 것을 말한다. 예컨대 반대당이 강한 지구를 억지로 분할하거나 자기정당에 유리한 지역적 기반을 멋대로 결합시켜 당선을 획책하는 것을 말한다. 선거구를 정함에 있어 특정 정당이나 후보에 유리하도록 정했을 경우 선거의 공정을 기할 수 없다. 따라서 이런 행위를 방지하기 위해 선거구는 국민의 대표기관인 국회의 의결을 거쳐 만들어진 법률로 정하도록 되어있으며, 이러한 원칙을 선거구법정주의(選擧區法定主義)라 한다. 게리맨더링이란 용어는 미국 메사추세츠 주시사였던 엘브리지 게리(E. Gerry)가 1812년의 선거에서 자기 당에 유리하도록 선거구를 정했는데 그 부자연스러운 형태가 샐러맨더(salamander: 불속에 산다는 그리스 신화의 불도마뱀)와 비슷한 데서 유래하였다. 1812년 미국 매사추세츠 주지사 게리(E. Gerry)는 공화당에게 유리한 상원의원 선거구 개정법을 통과시켰다. 이 때 새로 획정된 선거구는 자연적인 형태나 문화·관습을 무시하고 이상야릇한 모양으로 이루어졌는데, 지역신문기자가 그것을 도마뱀(salamander)에 비유하였고 게리 주지사의 이름과 합성하여 게리맨더(Gerrymander)이라는 말이 생겼다. 당시 공화당은 5만 164표를 얻어 29명의 당선자를 낸 데 비해, 야당은 5만 1766표를 얻고도 11명의 당선자밖에 내지 못했다고 한다.

로 전환시키는 제도적 장치이다. 따라서 바람직한 선거제도의 조건은 유권자의 의사를 왜곡 없이 의석으로 전환시킬 수 있어야 하는데 복합선거구제는 득표율과 의석 점유의 왜곡을 제도적으로 보장해주는 제도이므로 선거제도로서 가장 좋지 않은 제도라 할 수 있다.

특히 복합선거구제는 선거구획정에서 지역구당 유권자 수의 불균등한 분포로 인하여 유권자 개개인 표의 등가성에도 심각한 문제를 불러일으키는 제도이다. 백만 명에 가까운 선거구에서 1표 행사로 복수의 대표가 선출되는 것과 몇만 명의 선거구에서 1표 행사로 1명의 대표가 선출되는 것은 각기 1표의 등가성을 현저히 파괴하는 제도이다. 다시 말해 우리 헌법상 평등선거의 원칙을 철저히 무시하는 선거제도이다. 선거제도 개선은 바람직한 정당구도(양당제냐 다당제냐)가 무엇이냐에 따라 달라지며, 또한 정부형태(권력구조)와 밀접한 연관을 가지고 있는 바, 이러한 점을 충분히 논의하여 결정해야 하는 문제이다. 권력구조를 바꾸지 않고 현재의 대통령제를 유지하는 상황에서 중대선거구제나 복합선거구제는 다당제를 초래하고 일상적인 여소야대 현상, 즉 일상적인 분점정부274)를 초래할 가능성이 크다. 아울러 우리 정당풍토에서 정치 불안을 야기할 가능성이 커 양당제를 결과할 가능성이 큰 소선거구제가 바람직하다는 것이 헌법학자나 정치학자들의 보편적인 주장이다. 다만, 소선거구제의 단점인 사표 양산과 비례성의 약화를 보완하기 위해 정당투표에 의한 비례대표제를 의미 있게 도입(전체의석의 1/2 혹은 1/3)하여 병립 혹은 병용하자는 것이 학계의 일반적 대안이다.

---

274) 분점정부(Divided Governments): 대통령을 선출한 정당이 국회에서 다수당을 차지하지 못하는 경우를 분점정부의 상황을 말한다. 이 경우 대통령은 추진력을 지니고, 정책을 수행하는 데 한계를 지니게 된다. 대통령이 정책을 시행하려고 한다면, 국회에 법률로 통과가 필요한데, 대통령을 배출한 당의 경우 대체 우호적이지만, 그 밖의 야당들은 반대하는 입장이 강하다. 따라서 여당이 다수당이 아닌 경우 법률로 통과되기 어렵고, 대통령의 정책시행의 어려움이 있을 수 있다. 분점정부는 대통령제를 실시하는 나라에서 종종 일어나는 일이다. 내각제라던 일어날 수 없다. 프랑스 같이 대통령제와 내각제를 혼용하는 이원집 정부제도 하에서도 분점정부는 나타날 수 있다.

현행의 소선거구제가 지역주의를 초래했다는 비판 또한 정보의 차이는 존재하지만, 특정의 선거구제가 지역주의와 연관된다는 엄밀한 과학적인 근거가 없고, 복합선거구제나 중대선구제로 바꾼다고 해서 지역주의가 약화된다는 보장이 없다. 설령 소선거구제가 지역주의 표출을 용이하게 하는 측면이 있다 하더라도 복합선거구제나 중대선거구제는 오히려 우리 정치의 폐해인 돈 정치를 양산하고, 정당 내 파벌을 양산할 가능성이 크기 때문에 지역주의 문제 하나만을 놓고 선거구제 개편을 주장해서는 안 된다. 특히 지역주의는 과거 국가권력과 자원을 독점한 특정 지역 정치세력에 의한 왜곡된 자원배분과 지역 차별적 국정운영에 의해 원인이 되었고, 이를 중앙의 정치세력이 자신들의 정치적 이해에 따라 조장함에 따라 심화되었다. 따라서 진정으로 지역주의 청산 의지가 있다면 이러한 잘못된 정치행태나 국정운영 태도를 변화시켜 지역에 상관없이 국민적 지지를 얻으려는 노력이 앞서야지 이런 노력 없이 선거구제만을 바꾼다고 해서 지역주의가 없어지지 않는다.

결론적으로 선거제도 개선 기본방향이나 선거구획정의 원칙에 벗어난 이명박 대통령의 복합선거구제 도입 주장은 정치개혁의 원칙에 반하는 주장일 뿐이다. 경실련은 여야에 당리에 따른 무원칙한 선거제도 논의를 즉각 중단할 것을 촉구한다. 아울러 선거제도 개선이 정략적으로 이루어지지 않도록 정부형태, 선거제도, 정당제도, 의회제도, 정치자금제도 등을 종합적으로 개선하는 방안을 연구하여 대안을 제시할 수 있는 범국민적 기구를 국회에 설치해 정치제도 전반의 개혁 방향성을 모색하도록 하고 이를 정치권이 참조토록 해야 한다. 이 기구는 정치인 뿐만 아니라 민간인 전문가, 언론인, 시민단체 등이 참여하도록 하여 국민적 합의로 정치개혁이 진행될 수 있도록 하든지, 아니면 선거제도 개정안 등에 대해서 뉴질랜드처럼 국민투표를 통해 국민이 직접 선택

하게 함으로써 국민의 합의와 이해를 이끌어 내는 방안을 수용할 것을
정치권에 결단을 촉구한다. 정치권은 국민의 정치개혁 요구를 무시하
는 태도를 버려야 한다. 아울러 현재 정치권에 정치개혁을 요구하는 것
자체가 어리석은 짓이라는 국민 일반의 생각을 유념할 필요가 있다고
지적한다. 따라서 경실련은 정치권이 헌법 정신에 반하는 잘못된 선거
제도인 복합선거구제 등을 제도화한다면 헌법소원 등 강력한 법적 대
응으로 헌법에 명시된 국민적 권리를 확보하는 운동을 전개할 것임을
분명하게 밝혀둔다는[275] 입장을 표명했다.

우리나라 정치사회갈등의 원인은 정치인의 정권에 대한 탐욕과 향유
에 대한 집착, 정치에 대한 잘못된 인식에서 비롯되었는데 그것을 제도
개혁으로 풀려고 하니까 잘못된 처방과 즉각적인 반발이 나오는 것이
다. 대통령과 국회의원, 정당이 법과 제도를 충실하게 지키는 준법정신
을 발휘하여 절차와 민주주의의 원리를 먼저 실천하면서 정당성과 합
리성을 추구하고 국익과 국가발전, 국민 권익 신장과 복리증진을 위해
노력하는 것이 우선되어야 한다. 그런 후 제도가 갖는 모순을 극복하고
갈등을 해소하며 법과 제도 개선에 나서야 공정한 사회를 만들 수 있
다. 그런데 국민이 요구하고 당연하게 실행해야 할 것은 실행하지 않으
면서 제도개선에 집착하는 것은 자신들의 권력에 대한 탐욕을 채우려
는 또 다른 탐욕적인 행위에 지나지 않는다.

지역주의는 일부러 타파하려 할 필요도 없지만, 정치가들이 부추기지
않으면 더 악화되지도 않고 시간이 흐르면 자연히 해소된다. 스스로 문
제를 만들면서 마치 제도를 개선하면 문제가 해결될 것처럼 행동하고
주장하는 것은 국민을 기만하는 행동이다. 정치가가 단합하여 본연의
직분에 충실하여 갈등 해소에 나서면 지역주의 타파는 물론 전반적인

---

275) 경제정의실천시민연합 2003. 9. 16

사회갈등이 많이 해소된다. 당연히 해야 할 일은 제대로 하지 않으면서 제도개선 타령을 하는 것은 그들만의 방식으로 정치놀음을 계속하려는 허튼수작에 불과하다. 중요한 것은 기존 법규와 제도를 고치는 일보다 항상 제대로 된 법규준수와 실천이 선행되어야 한다. 여러 가지 노력에도 그래도 모순이 나타나고 문제가 있다면 그때 개선해도 늦지 않다.

22. 헌법 개정 어떻게 해야 할까?

개헌을 통한 제도 개혁의 순서는 기존 법규를 준수하며 최선을 다해 실행해도 문제점이나 모순이 드러날 때 합리적인 보완책을 마련하고 논의를 거쳐 국민 여론을 수렴한 후 절차에 따라 진행해야 한다. 이때 개헌의 주도자는 국민이 되는 것이 가장 바람직하다. 그런데 우리나라의 개헌 논의는 희한하게 국민은 별다른 말을 하지 않는데 대통령 후보자와 현직 대통령, 국회의장, 국회의원, 정당대표가 나서서 자꾸 개헌해야 한다고 주장한다. 간단하게 말하면 국민은 단임제가 다소 문제가 있어도 괜찮은데 정치권은 권력을 자신들이 좌지우지하고 마음대로 누리고 탐욕하고 획득하는 데 불편하다는 것이다.

진정 국가발전과 국민의 권익 신장을 위해 그렇게 개헌이 필요한 일이라면 대통령에게 개헌할 수 있는 권한이 주어져 있으므로 개헌을 하면 될 일이다. 그런데 자신이 직접 개헌을 주도하고 싶은 생각은 없는 모양이다. 진정성이 의심스럽게 만든다. 속내는 국가와 국민을 위한 개헌이 아닌 정치인을 위한 개헌을 하고 싶은 것이다. 그러니까 자꾸 변죽을 울리며 국회에서 개헌에 나서야 한다고 공공연하게 부추긴다. 그리고 덩달아 국회의장이나 현재 다수의석을 차지하고 있는 여당대표

등을 중심으로 개헌 논의를 공론화하기 위해 부단히 시도한다. 참으로 해괴한 일이다. 우리 나라의 정치권력 구도는 대통령에게 너무 많은 권력이 주어져 있는 더 반해 견제가 어렵다고 주장하는 학자들이 적지 않은데 대통령은 그러한 권력을 향유하고 있으면서도 단임이라 마음대로 권력을 휘두르고 장기간 향유하는 데 불편하기 때문에 헌법 개정을 해야 한다고 말하는 것이다.

필시 대통령의 권력을 줄이기 위해 개헌을 하자는 말은 아닐 것임이 틀림없다. 결국 중임을 하고 싶다는 말을 우회적으로 표현한 것으로 볼 수 있다. 단임을 하면서도 국민의 절대적인 지지를 받는 통치를 하지 못하면서 기간을 늘리고 두 번 하면 잘하겠다는 것인지 이해하기 어렵다. 그리고 국회의장과 여당 국회의원들도 스스로 정부와 대통령에 대한 견제를 포기하고 국회 내에서 기존에 운영되고 있는 법과 제도는 물론 절차적 민주주의도 저대로 안 지키면서 개혁을 자꾸 운운한다. 그러면서 무엇을 또 새로 바꾸어 자신들의 권력 욕구를 채우고 국민을 우롱하겠다는 것인지 모를 일이다. 원칙적으로 법과 제도에 문제가 있으면 고치거나 개정하는 것이 합당하다. 그러나 그것은 스스로 그 법을 지키고 제도가 제대로 효과를 발휘하도록 최선을 다한 후의 일이다. 기존 법과 제도를 지키기 위해 최선을 다해보지도 않고 국회에서 절차적 민주주의를 비롯한 민주주의 원리가 제대로 가동되지 않는 상태에서 진행되는 개헌은 자신들의 권력에 대한 탐욕과 향유 욕구를 반영하려는 저의를 드러내는 저급한 행동에 지나지 않는다.

현행 헌법 개정 문제가 정치권의 관심사로 본격적으로 부각된 것은 1997년 대통령선거에서부터였다. 당시 김대중 후보는 DJ(김대중), JP(김종필), TJ(박태준) 3인의 영문 머리글자(initial)의 앞글자만 딴 DJT정치연합을 과시하며 내각제개헌과 박정희기념관건립을 약속하여 충청 표를 얻고 보수층의 반감을 누그러뜨리는 데 성공해 1997년 12월 18일 15대 대통령에 당선되었다[276]. 그 후 정치권에서는 주로 현직 대통령과 여당을 중심으로 여러 차례 개헌 필요성이 제기되었다. 이후 노무현 대통령의 개헌 추진 발언에 대해 2007년 3월 26일 야당인 한나라당 유기준 대변인은 논평을 통해 "대통령의 나 홀로 개헌 아리랑은 국민의 귀에는 전혀 들리지도 않는 메아리 없는 공허한 독창일 뿐이다. 민생과 국정에만 전념해달라"며 단번에 퇴짜를 놓았다.[277] 그런데 한나라당이 여당이 되고 집권 1년 6개월 정도밖에 안 되는 시점에서 이명박 대통령은 2009년 8·15 경축사에서 현행 정치·행정 제도의 문제점을 근본적으로 해결하는 방안을 국회가 논의해 줄 것을 주문했다. 박희태 한나라당 대표는 2009년 8월 26일 "개헌과 선거제도·행정구역 개편 등에 대한 논의의 속도를 내야 한다"고 했고, 안상수 원내대표도 "9월 정기국회가 시작되면 야당과 협의해 국회 개헌 특위를 구성하겠다"고 밝혔다.[278]

2009년 8월 29일에는 김형오 국회의장이 헌법 개정의 필요성을 주장한 바 있다. 김 의장은 한 걸음 더 나아가 이후 2달여 만에 국회의장 직속 헌법자문위원회에서 '개헌 보고서'를 내놓았다. '총리는 국회에서 뽑고 국방·안보·외교권을 주자'는 것이 핵심적인 내용으로 대통령의 힘을 확 뺀 분권형 대통령제(이원정부제)와 4년 중임 정·부통령제의 두 가지 개헌안을 제시하여 사실상 내각제를 제안한 것으로 국회의장 직속의 헌법연구자문위원회(위원장 김종인)가 마련한 '개헌 보고서'가 공개되어[279] 상당한 반향을 일으키기도 했다. 또한 같은 해 12월 30일 자유선진당 이회창 총재는 KBS와 토론에서 개헌 문제는 2011년쯤 논의

---

276) 조선일보 2009. 9. 8.
277) 데일리안 2010. 8. 17.
278) 조선일보 2009. 8. 27.
279) 중앙일보 2009. 8. 28.

하되, 분권화 등 국가 구조 개혁을 위한 개헌이 돼야 한다[280]고 밝힌 바 있다.

2010년 8 · 15 경축사에 이명박 대통령이 집권 후반기를 바라보며 다시 개헌론을 들고 나왔다. 헌법에 손을 댄다는 것은 워낙 휘발성 높은 사안이라 정치판도 변화를 꾀하는 여권에서 개헌론을 제기해온 것이 관례였다. 이 대통령의 진정성이 어떻든 이번 개헌추진 발언도 정치적 셈법에 따라 해석됐다. 개번 그랬듯, 셈법은 "시간이 흐를수록 미래권력으로 힘이 쏠리므로, 살아 있는 권력은 레임덕(Lame Duck: 권력누수 현상)에 시달릴 수밖에 없다"는 명제에서 비롯됐다. 정치적으로 반대편에 있는 민주당이 이 대통령의 개헌론에 호응할 리 만무하므로 개헌은 또다시 공허한 메아리에 그칠 가능성이 크다. 한나라당 역시 이 대통령의 개헌론에 불씨를 지펴보려고 애쓰지만, 통일세, 인사청문회 등 정점 현안에 가려져 별다른 반향을 일으키지 못하고 있다. 역시 문제는 야당의 반발이다. 야당도 개헌 필요성에는 공감하지만, 정치적 계산에 따라 반대 입장을 견지하고 있다. 이번엔 이 대통령이 2009년 개헌론을 꺼냈을 때보다 더 높게 반기를 들어 올렸다. 집권 후반기 레임덕을 해결하려는 것이라는 인식이 더욱 강해졌기 때문이다. 일제히 "이 대통령의 정략적 의도가 깔린 개헌은 반대"라고 묵살했다. 민주당 조영택 대변인은 "개헌은 국민과 국회가 진지하게 논의할 문제이지, 권력운영의 당사자가 이후의 권력구조를 먼저 얘기하는 것은 선후관계가 맞지 않는다"고 지적했다.

자유선진당 박선영 대변인도 "대통령이 개헌을 자꾸 언급하는 것도 매우 비겁하다. 우리 헌법은 분명히 대통령에게 헌법 개정안 발의권을 부여하고 있는데도 대통령이 기회가 있을 때마다 국회에서 개헌논의를

---

280) KBS 2009. 12. 30.

해 달라고 하는 것은 정치권에 대한 압박, 특히 한나라당에 대한 압박으로 볼 수밖에 없다"고 했다. 민주노동당 우위영 대변인은 "일방독주 정권과 거대 여당 한나라당에 의해 주도되는 개헌은 고양이 앞에 생선을 던지는 것만큼이나 위험한 일이다. 개헌의 주도권은 국민에게 주어져야 한다. 국민적 동의 없는 개헌은 어떤 경우에도 정권안위에 악용될 뿐"이라고 비판했다. 개헌론을 바라보는 여권의 속사정은 야권보다 복잡하다. 특히 '이명박─박근혜'로 대표되는 현재와 미래의 권력이 공존한 한나라당 입장에서는 개헌이 논란의 또 다른 소재다. 일각에서 이 대통령의 개헌론을 '박근혜 흔들기'라고 해석하는 것도 같은 맥락이다.[281]

1987년 민주화 이후, 군사 정권에서 민간 정부로 이행되는 과정에서 탄생한 현행 헌법은 대통령 장기집권의 싹을 원천적으로 잘라버리고 제도적 민주주의를 정착시켰다. 그러나 1970~80년대의 시대 상황을 담고 있는 이 헌법의 한계도 적지 않다. 무엇보다 5년 단임 대통령제에선 일단 대통령에 선출되면 더는 책임을 물을 방법이 없고, 갈수록 집권 말기의 권력 누수 현상(lame duck)이 조기에 나타나면서 임기 중반 이후 대통령의 리더십을 기대하기 어렵다는 점 등이 문제로 지적된다. 4년 중임제를 택한다고 해도, 임기 2년 차에 접어들면 국정의 중심이 재선 성공 전략에 맞춰지고, 재선된 대통령 역시 임기 중반 이후 5년 단임제 대통령 못지않은 레임덕 현상을 맞을 수밖에 없다. 어떤 제도가 다른 제도보다 월등히 낫다고 하기도 어렵고, 우리 실정에 완벽하게 맞는 제도가 무엇인지도 논란거리다. 하지만 우리 정치는 제도의 변화를 통해서라도 극단적 갈등과 투쟁의 정치에 대한 근본적 해법을 모색하지 않으면 안 될 단계에 이른 것이 사실이다. 개헌 논의가 성공하려면 국가 백 년의 틀을 짠다는 목표를 여야가 나눠 가지면서 정치적 이해와 정면

---

281) 데일리안 2010. 8. 17.

충돌을 피해 갈 지혜가 필요하다.[282]

현행 대통령제도는 대통령의 임기가 너무 짧아 정책의 완성도를 높이는 데 걸림돌이 되는데다 일관성 유지에도 상당한 문제점이 노출되고 업무 파악 후 일을 좀 하려고 하면 곧바로 보궐선거나 국회의원 선거로 정치적 부담을 가중시키거나 조기 레임덕 현상이 발생하는 등 현실적으로 상당 부분 보완이 필요한 것은 사실이다. 헌법은 국가의 가장 중요한 법으로 자주 바꾸어서는 안 되는 법인데 오늘날과 같이 국회에서 대화와 타협이 실종된 상태에서 이루어지는 헌법 개정은 정부ㆍ여당에 의해 주도될 가능성이 커 공정성과 합리성을 확브하기가 쉽지 않다. 설령 공정성과 합리성을 확보한다고 하더라도 야당 일각에서 결사반대하는 상태에서 개헌하는 것은 바람직하지 않다. 헌법은 국민 다수의 합의에 따라 그 정당성과 합리성을 인정받는 상터에서 개정이 이루어지는 것이 국민 모두를 위해 바람직하고 추후 헌법에 근거한 판결에 승복하도록 할 수 있기 때문에 헌법을 개정하기 전에 국회에 대화와 타협이 먼저 정착되어야 한다.

헌법 개정이 추진되면 현행 대통령제하에서 나타나는 문제점을 보완하기 위해서는 권력구조 개편에 대한 논의도 피해 가기 어렵다. 우리가 당면한 권력구조 개편은 미지의 새로운 구조를 창안하는 것이 아니라 현재 세계 각국이 채택하고 있는 대통령제, 준 대통령제, 의회제 중의 하나를 선택해 우리의 실정에 맞게 조정하는 것이다. 다만 중요한 전계는 선거제도와 분리될 수 없다는 것이다. 어떤 권력구조의 정부수반(대통령 혹은 총리)이든 권한 행사와 국정 운영은 국회의 정당 수와 각 정파의 세력에 좌우되고 이것은 곧 선거제도의 결과이기 때문이다. 권력구조는 결국 선거제도와 연계해서 모색되어야 하며 선거제도는 채택하

는 권력구조의 가치를 가장 잘 구현할 수 있고 민주성(표의 등가성)이 보장되는 제도여야 한다. 특히 선거제도는 선거구의 크기, 투표의 방법, 당선자의 결정방법에 따라 아주 다양한 결과를 만들어 낼 수 있다. 따라서 현재 권력구조와 선거제도 개편에서 가장 중요한 것 중 하나는 각 정당이 당리당략의 유혹에서 벗어나야 한다는 점이다.283)

제1야당인 민주당이 개헌의 필요성 자체를 부인하지는 않지만, 여권이 제기한 개헌 논의에 대해 부정적인284) 이유도 여기에 있는 것으로 보인다. 협상의 목적도 있겠지만, 여권의 정략적인 의도에 휘말릴 수 있다는 경계심을 내포하고 있기 때문이다. 따라서 여야가 정쟁(政爭)으로 번지지 않도록 하는 안전장치를 먼저 마련하지 못하는 상태에서의 개헌 논의는 큰 의미가 없다. 개헌하려면285) 여야 만장일치로 통과돼야 하는데 저 난장판 국회에서 개헌이 제대로 되기 어렵다. 안 되는 개헌 이야길 자꾸 끄집어내 이야기하는 것은 여야 간에 정쟁의 불씨를 만들어 줄 수도 있기 때문에 바람직하지 않다. 말하는 사람들의 정략적인 의도가 숨어 있을 가능성도 배제하기 어렵다.

개헌은 정치권 전체가 달려들어도 합의가 쉽지 않은 사안이다. 몇 년의 시간이 더 걸리더라도 국민의 절대다수가 동의하는 헌법 개정을 이루어내야 한다. 따라서 국회에서 대화와 타협이 실종된 현재 상태에서 헌법 개정 시기를 구체화하려는 것은 정치적인 목적을 달성하기 위한 당리당략에 따른 행동으로 볼 수밖에 없으며 협상을 통하여 본질을 왜곡시킬 가능성이 크다. 이러한 상황에서는 국가발전과 국민에게 도움이 되는 헌법 개정을 기대하기 어렵다. 스스로 지키지도 않을 것을 무

---

283) 조선일보 2009. 10. 1.
284) 조선일보 2009. 8. 27.
285) 중앙일보 2009. 8. 7.

리수를 써서 억지로 개헌하면 바로 또 다른 개헌 요구가 나올 것이 틀림없다. 그러므로 국민이 인정하고 여야가 합의하는 개헌을 하려면 우선 기존에 있는 법과 제도를 존중하고 철저하게 지키며 민주주의 윤리에 입각한 정부와 국회운영 모습을 실행해 보이는 기초부터 닦아야 한다. 국회는 헌법 개정을 논하기 전에 먼저 대화와 타협의 장을 만들고 다수결의 원칙을 존중하며 절차에 따라 법률안을 심의하고 상정하는 가장 기본적인 체계부터 먼저 만들어야 한다. 그런 후에 헌법 개정을 논하여도 늦지 않다.

제4장

주요 사회 갈등 사례 분석

사례 1:

촛불시위의 전말[286)

1. 한미 소고기 협상 경과

쇠고기 전면 수입은 한미 간 자유무역협정[287)(FTA)안 마련 과정에서도 양국 간에 많은 의견 충돌이 있었으나, 결국 합의하지 못한 채 한미 자유무역협정 최종안이 작성되었다. 그러나 미국 축산협회와 미국의 축산 관련 기업에서는 미국산 쇠고기의 세 번째 주요 수입국인 대한민

---

286) 위키백과 2008년 대한민국 미국산 쇠고기 수입 협상 논란 내용을 참조하여 정리했다.

287) 자유무역협정(FTA: Free Trade Agreement)는 국가 간 상품의 이동을 자유화시키는 협정이다. 특정국가 간에 배타적인 무역특혜를 서로 부여하는 협정으로서 가장 느슨한 형태의 지역 경제통합 형태이며, 지역 무역협정(RTA: regional trade agreement)의 대종을 이루고 있다. FTA가 포함하고 있는 분야는 협정 체약국들이 누구인가에 따라 상당히 다른 양상을 보인다. 전통적인 FTA와 개도국 간의 FTA는 상품분야의 무역자유화 또는 관세인하데 중점을 두고 있는 경우가 많다. 그러나 WTO 체저의 출범(1995년)을 전후하여 FTA의 적용범위도 크게 확대되어 대상범위가 점차 넓어지고 있다. 상품은 관세 철폐 이외에도 서비스 및 투자 자유화까지 프괄하는 것이 일반적인 추세다. 그 밖에 지적재산권 정부조달, 경쟁정책, 무역구제제도 등 정책의 조화부문까지 협정의 대상 범위가 점차 확대되고 있다. 다자 간 무역 협상 등을 통하여 전반적인 관세수준이 낮다지면서 다른 분야로 협력영역을 늘려가게 된 것도 이 같은 포괄범위 확대의 한 원인이라고 할 수 있다.

국의 쇠고기 시장 개방을 강하게 요구했으며, 그간 한미자유무역협정 비준의 선결 조건으로 주장해 왔다.

2003년 미국의 광우병 발생으로 중단되었던 미국산 쇠고기 수입이 2006년 '30개월 미만, 뼈를 제거한 고기'라는 조건으로 재개되면서 광우병에 대한 관심과 보도가 증가하였다. 2008년 초 미국에서 암소를 학대하는 동영상이 유포되었다. 이러한 상황 속에서도 양국 간의 협상은 미국산 쇠고기의 검역 조건을 대폭 낮추어 중단되었던 수입을 재개하는 내용으로, 2008년 4월 18일 합의되었다. 당초 합의 내용대로라면 대한민국은 미국으로부터 연령 30개월 미만 소는 편도와 소장 끝 부분을 제외한 모든 부위[두개골, 뇌, 3차 신경절, 눈, 등골뼈, 척수, 등근신경절 등 대부분의 특정위험물질[288](SRM: Specified Risk Material)을 포함한 부위], 30개월 이상 소는 특정위험물질을 제외한 모든 부위(뼈 포함)의 수입이 허용되게 되어 있었으나 추가협상을 통해 30개월 미만 소에서도 안구, 뇌 등 특정위험물질 부위를 추가로 제거하기로 합의하였다.

정부 측은 당초 협상결과를 국제수역사무국(OIE)의 기준에 따른 것이라 밝혔다. 그러나 협상결과는 2003년 12월 미국에서 소해면상뇌증(광우병) 발생 후 수입 금지와 재개가 되풀이되던 쇠고기의 수입을 재개하고 부위 대부분을 자유롭게 수입할 수 있도록 합의되었다. '뼈와 내장을 포함한 30개월 이상, 대부분의 특정위험부위를 포함한 30개월 미만'의 미국산 쇠고기를 수입하는 협상이 체결되면서 이른바 '광우병 논란'이 일기 시작했다. 특히, 2008년 4월 29일 문화방송의 PD[289]수첩

---

288) 특정위험물질(SRM: Specified Risk Material): 광우병을 일으키는 변형 프리온 단백질이 주로 들어있는 부위를 말한다. 소의 뇌 · 눈 · 척수 · 척추 · 머리뼈 · 편도 · 회장원위부(소장의 끝부분) 등이다. 변형 프리온이 소나 양의 뇌 속에 축적되면 세포를 파괴하고, 뇌 조직에 구멍을 내게 된다.

289) PD(Producer) 제작자라는 뜻의 텔레비전 방송국의 프로그램기획자로 작품의 선정(選定), 인력관리, 예산 통제를 담당한다. 라디오에서는 거의 프로듀서가 연출을 겸하고 있으나 텔레비전에서는 업무 내용이 복잡하여 차차 연출과 분리되는 경향이 있다.

'긴급취재! 미국산 쇠고기, 과연 광우병에서 안전한가?' 편이 방송되면서 논란이 크게 확대되었다.

[표 4-1]에서 보는 바와 같이 5월 2일과 5월 3일에는 청계 광장 앞에서 대규모 시위가 열렸다. 일부 연예인들은 시위에 참가하거나 자신의 미니홈피에 이명박과 미국 쇠고기 수입에 대한 비판의 글을 담기도 하였다. 이명박 대통령의 미니홈피에 누리꾼들의 각종 댓글이 쇄도하여 게시판을 폐쇄하기도 하였고,[290] 탄핵 서명운동이 인터넷에서 벌어져 5월 4일에 100만 명을 돌파했다[291]는 내용도 보도되었다. 협상 직후 공개된 주요 내용과 2008년 5월 5일에 공개된 합의문은 축산농가의 피해, 광우병의 위험성에 대한 우려와 함께 국민의 의견이 반영되지 않은 것이 지적되어 각계각층으로부터 논란을 불러일으켰다. 정당, 각종 언론, 전문가 등이 문지를 제기하면서 논란은 더욱 증폭되었다. 5월 6일 농림수산식품부와 보건복지가족부가 주최하는 미국산 쇠고기 안전성

[표 4-1] 미국산 쇠고기 수입 협상과 촛불시위 진행 일지

년	월	일	내 용
			2008년 이전
1992	6	11	우루과이 라운드에 의한 한미 1차 쇠고기 협상. 미국 측은 1997년 이후 쇠고기 완전개방을 요구
1993	6	26	한미 5차 쇠고기 협상 타결, 수입물량 증가. 완전개방 시기를 1997년 7월 ㅇ 후로 연기
1995	12		미국 측에서 쇠고기 등 5개 품목 재협상 요구. 2001년부터 관세 부과 형식으로 쇠고기수입 완전자유화 수용
1996	3	26	광우병 파동
1998			영국에서 ʋCJD로 사망한 환자의 혈액으로 만든 혈액제제가 대한민국에 유통, 1,492명에게 투여. 복지부와 적십자사에 대한 2003년도 정기 감사 자료에서 확인
2003	12	27	미국 소해면상뇌증 발생으로 미국산 쇠고기 수입 전면 금지

---

290) 데일리안 2008. 4. 30.
291) 세계일보 2008. 5. 4.

년	월	일	내 용
2006	9	8	30개월 미만의 뼈 없는 고기로 제한하여 수입 재개 승인
	11	24	수입 쇠고기에서 뼛조각이 발견되어 일부 수입 중단
2007	3	28	'한국이 축산물과 관련하여 미국 검역 시스템을 인정한다'는 내용의 한미 축산물 위생검역 기술협의 양해 문서 작성
	4	2	한미 FTA 협상 타결
	5	22	국제수역사무국, 미국을 광우병통제국(2등급)으로 판정
	8	2	수입 쇠고기에서 척추뼈가 발견되어 수입 중단
		24	수입 재개
	10	5	수입 쇠고기에서 등뼈가 발견되어 수입 중단
		10	한미 쇠고기 1차 협상, SRM 수입 불허로 협상 결렬

2008년 이후

년	월	일	내 용
2008	4	11	한미 쇠고기 2차 협상 개시
		18	한미 쇠고기 2차 협상 타결
		19	한미정상회담 (데이비드 캠프)
		25	미 식품의약청(FDA), 강화된 사료 조치 공표
		29	문화방송 PD수첩에서 미국산 소의 위험성을 다룬 1차 방송 방영.
	5	2	대한민국 정부, 미국산 소고기 안전성 기자회견 미국산 쇠고기 수입협상 반대시위 시작
		4	인터넷을 통한 이명박 대통령 탄핵 서명 100만 명 돌파 (2008년 12월 31일까지 총 138만 1787명으로 마감됨)
		5	대한민국 정부, 주요 일간지 광고 게재 시작, 청와대 등 홈페이지에 '광우병 괴담 10문 10답' 게재 강기갑 의원, 구 농림부 전문가 회의 자료 공개
		6	대한민국 정부, 인터넷을 통한 대국민홍보 시작, 미국산 쇠고기 안전성 설명회
		7	쇠고기 청문회
		8	문화방송, 100분 토론에서 미국산 소고기 수입 협상 문제 3시간 동안 토론.
		9	대한의사협회, 변종 크로이츠펠트-야코프병(인간 광우병)에 대해 입장 발표. 보건의료단체연합과 수의사연대, '10문 10답 반박' 발표. 정부, PD수첩 제작진 허위사실 유포 및 명예훼손 혐의로 고소
		12	대한민국 정부, 미국 관보 오역 시인
		13	문화방송 PD수첩에서 미국산 소의 안전성 문제를 다룬 2차 방송 방영
		14	한미 FTA 청문회
		15	언론중재위원회, PD수첩 광우병 관련 보도 내용에 대해 반론·정정보도 직권결정
		19	한미 쇠고기 협상 추가협의

년	월	일	내 용
		22	이명박 대통령, 대국민 담화문 발표
		23	정운천 농식품부 장관 해임건의안이 부결됨
		24	정운천 장관 해임건의안 부결 등으로 인해 협상반대 촛불시위가 두 시위로 확대됨. 경찰에 의한 시위대 연행 발생
		29	새로운 위생조건이 정운천 장관에 의해 고시됨
		30	진보신당 통합민주당, 자유선진당, 민주노동당, 고시에 대한 헌법소원을 냄
	6	2	수업 고시를 관보에 싣는 것을 유보. 따라서 쇠고기 수입이 연기됨
		5	민변, 9만 6천명 명의로 고시에 대한 헌법소원을 냄
		10	전국적으로 15만 명(경찰 추산)/100만 명(주최 측) 규모의 촛불집회 열림
		14	19일까지 한미 쇠고기 협상 추가협의
		19	대통령 특별기자회견에서 대국민 사과
		20	농수산부 PD수첩 명예훼손 혐의로 대검찰청에 수사 의뢰
		21	한미 쇠고기 추가협상 내용 발표
		24	MBC PD수첩 '긴급취재 – 쇠고기 추가협상 무엇을 얻었나' 방영
		26	쇠고기 협상 내용 고시(관보에 게재)
	7	1	육류수입업체 '에이미트', 미 쇠고기 시중 판매 개시
		8	쇠고기 원산지 표시제도 시행 차명진 의원 외 한나라당 의원들 30개월 미만 미국산 쇠고기 시식
		11	검찰 PD수첩 제작진 김보슬 · 이춘근 PD 및 작가 2명 출석 통보
		14	국회 쇠고기 국정조사 시작 농수산부, PD수첩 해명보도 방송통신심의위원회에 제재 요청 일본이 중등교과서 해설서에 '독도 영유권'을 사실상 명기
		15	PD수첩 '오역 실수' 반론보도, 남부지법서 PD수첩 첫 공판 정부 여야 일본의 '독도 영유권 명기' 강행 사태 총력 대응 및 규탄태세 돌입
		16	방송통신심의위원회, PD수첩 '시청자에 대한 사과' 제재 의결
		29	검찰 중간수사 결과 발표, 왜곡보도로 잠정 결론
		30	광우병국민대책회의 전문가자문위원회, 검찰 수사 반박 기자회견
		31	서울남부지법, '광우병 보도' 일부 내용에 대해 정정 및 반론보도 판결
	8	1	국회 쇠고기 국정조사특위 활동 시작
		11	육류수입업체 '네르프', LA갈비 등 뼈있는 미 쇠고기 판매 개시
	9	5	청문회(국회 쇠고기 국정조사 종료)
	11	25	이마트, 홈플러스, 롯데마트, 미 쇠고기 판매 재개 결정
	12	26	헌재, 고시에 대한 헌법소원을 기각함
2009	1	7	PD수첩 전담수사팀장 임수빈 서울중앙지검 형사2부장 사표 제출
	2	12	번역가 정지민 씨 소환

년	월	일	내 용
		17	법원, PD수첩 보도에 대한 손해배상소송을 기각함
	3	3	정운천 · 민동석, PD수첩 제작진 6명을 명예훼손 혐의로 고소
		5	검찰, 제작진과 작가들의 e – 메일과 휴대전화 통화기록 압수수색
		25	검찰, PD수첩 이춘근 PD 체포
		27	제작진 자택 등 압수수색, 이춘근 PD 석방
	4	8	검찰, MBC 본사 압수수색 및 제작진 체포영장 집행 시도
		15	검찰, 김보슬 PD 긴급체포
		22	외통위 박진 위원장, 한미 FTA 비준동의안 날치기 처리 검찰, MBC 본사 압수수색 및 제작진 체포영장 집행 2차 시도
		27	검찰, 조능희 전 CP 및 송일준 PD, 김은희 · 이연희 작가 등 제작진 4명 체포
	6	17	서울고법, 농수산부 PD수첩 상대 반론 · 정정보도 청구 항소심서 원고 일부 승소 판결
		18	검찰, 조능희 CP, 송일준 · 김보슬 · 이춘근 PD, 김은희 작가 등 5명 명예훼손 및 업무방해 혐의 불구속 기소, 이연희 작가 기소유예, 이승구 프리랜서 PD 공소권 없음 처분
	7	9	MBC PD수첩 제작진 미국쇠고기 정정보도 판결 불복해 대법원에 상고
	8	10	미국산 쇠고기 수입 업체가 "광우병이 득실거리는 소를 뼈째로 수입하다니 차라리 청산가리를 입안에 털어 넣는 편이 낫겠다"라는 발언을 한 배우 김규리와 PD수첩을 상대로 손해배상 청구 소송
2010	1	20	서울중앙지법, "PD수첩이 왜곡보도를 했다고 볼 수 없으며, 수입협상단에 대해서도 명예훼손죄가 성립될 수 없다"라며 PD수첩 제작진 전원에게 무죄 판결
	2	9	서울남부지법 민사합의 15부는 배우 김규리(김민선)에게 손해배상 소송을 낸 (주)에이미트와 (주)오래드림에 대해 원고 패소 판결
	5	11	조선일보의 촛불시위 참가자 인터뷰 왜곡보도, 이명박 대통령은 촛불시위에 참여했던 지식인과 의학계 인사의 반성요구

출처: 위키백과(2008년 대한민국 미국산 쇠고기 수입 협상 논란 일지에 독도관련 부분을 추가 정리했음)

설명회가 서울 세종로 외교통상부청사에서 열리는 등, 정부의 대책이 뒤따랐으나, 6월 2일의 여론 조사에서는 대다수 국민이 협상에 반대하는 것으로 나타났다.

한미 쇠고기 협상과 관련한 논란은 이전에도 존재하였으나, 2008년에 협상이 체결된 이후 정부의 대응은 협상에 반대하는 촛불집회를 확

대시켰다. 이후 국회와 방송에서 핵심 쟁점인 검역 주권 문제, 소해면
상뇌증과 특정 위험 물질 논란, 소의 연령 감별과 회 수육 논란, 대한민
국 내 통제 문제, 미국 내 통제 문제, 재협상과 추가 협의, 졸속 협상 의
혹, 합의문 왜곡, 미국 점검단, '교차 오염 우려' 누락 발표, 사료 조치
완화 은폐 의혹 등고 관련 각종 보도와 토론이 진행되고 정부 측의 설
득과 국민의 재협상 요구는 계속되었다. 큰 논란이 있는 가운데 미국과
추가협의를 거쳐 6월 26일 고시가 관보에 게재되면서 대폭 완화된 조
건으로 미국산 쇠고기 수입이 가능하게 되었다.292)

2. 2008년 대한민국 촛불시위 개요

촛불시위는 쇠고기 수입재개 협상 내용에 대한 반대 의사를 표시하
기 위하여 학생과 시민의 모임으로 출발한 집회이다. 2008년 촛불시위
는 학생들이 주로 참여한 문화제 성격의 모임에서 시작됐다. 2008년 4
월 고등학생 100여 명이 정부의 '학교자율화' 정책에 따른 0교시 수업
허용 등에 반발하며 고인 것을 계기로 주말마다 서울 청계광장과 광화
문 등에서 다양한 명목으로 '촛불문화제'가 열렸다. 이때까지만 하더라
도 촛불집회의 주요 명분은 정부의 교육정책이었다.

1) 첫 집회

촛불집회가 본격적인 미국산 소고기 수입 반발시위가 된 것은 2008
년 5월 2일 인터넷 카페 '이명박 탄핵을 위한 범국민운동본부'의 주최

---

292) 위키백과 2008년 대한민국 미국산 쇠고기 수입 협상 논란

로 오후 서울 종로구에 있는 청계 광장 일대에서 미국산 쇠고기 수입 재개 조치에 반발해 촛불 집회가 열렸다. 당초 주최 측은 경찰에 집회 참여 인원을 300여 명 정도가 참가하는 문화제로 예상하여 신고하였으나, 실제 참석 인원은 이를 크게 웃돌아 최소한 1만 명에 이르렀다. 첫 집회 때 집회구성원의 60% 이상 차지했던 여고생들의 시작으로 집회가 전개되었다. 100일 이상 집회가 계속되면서 교육 문제, 대운하·공기업 민영화 반대 및 정권퇴진 등으로 쟁점이 정치적으로 점차 확대되었다. 5월 2일 첫 집회가 열린 이후 2개월간 연일 수백에서 수십만 명이 참가하였다. 5월 17일 청계광장에서 1만 명 이상이 모인 집회가 있었으며, 김장훈, 윤도현, 이승환 등의 가수와 김부선 등의 연예인도 참석하였다. 한편, 서울시교육청의 현장지도 방침에도 많은 수의 학생이 집회에 참여했다.

2) 가두행진 시위 확대

5월 24일 청계광장에서 집회하던 시위대는 불법으로 도로를 점거하고 청와대 쪽으로 가두 행진을 하던 도중 광화문에서 경찰과 대치하였다. 5월 25일 새벽 4시 40분, 경찰은 집시법 위반을 사유로 살수차를 동원하여 시위자들을 강제 해산시켰다. 이에 대해 서울지방경찰청은 시위대를 해산하는 과정에서 사복 체포조를 투입하거나 살수차를 사용하지 않았다고 공식적으로 부인했다. 25일 저녁 청계광장에서의 촛불집회가 가두시위로 확대되었다. 이 시점부터 시위의 구호가 변화하여 일부 참가자들이 아닌 시위 참가자 거의 대다수가 쇠고기 협상 문제를 넘어 이명박 정권 자체에 대한 비판 구호를 외치는 등 시위의 내용 역시 넓어지기 시작했다.

5월 24일부터 27일까지 4일간 2백여 명의 학생과 시민이 연행되었고, 일부 석방되었다. 시위와 진압에 대해 각 언론사는 서로 다른 의견을 내놓았으며, 대한민국 내 거주 외국인은 집회의 변질에 대해 우려를 표시했다. 시위에 참가한 시민들은 무저항 불복종 운동의 한 방법으로 연행 요청 시에 저항하지 않고 동행하는 이른바 '닭장투어(tour: 관광 여행)'로 저항의 뜻을 표출하기도 하였다. 임의동행 한 시민들은 모두 48시간 내에 훈방되거나 불구속 입건된 후 풀려났다. 이런 과정에서 촛불 시위에 예비군·넥타이 부대도 등장했다.

3) 72시간 릴레이 시위

5월 31일에는 5만 명 이상의 시민이 시청 앞 광장에 모였으며, 역시 가두시위로 확대되었다. 시위대는 크게 세 갈래로 나뉘어 청와대와 연결된 주요 길목으로 향했으며, 밤새 경찰과 대치했다. 경찰은 물대포로 물을 발사하고, 소화기를 뿌려서 대응하여 부상자가 발생했으나 가두시위는 새벽까지 이어졌다. 6월 1일 아침이 되어 참여 시민들의 수가 많이 줄어들자, 경찰은 4대의 살수차와 시위 진압 체포 전문인 경찰관 기동대까지 동원하며 오전 8시경 시위대를 강제 해산시켰다. 시민들은 6월 5일 목요일부터 6월 8일 일요일까지 서울 시청 앞 광장을 중심으로 72시간 동안 연속으로 릴레이 시위를 벌였다. 시위 참가자 중 일부는 텐트를 치고 철야 시위에 나서기도 했다. 연휴 첫날인 6월 6일 현충일 시위에는 사상 최대인 경찰 추산 5만 6천여 명, 주최 측 추산 20만여 명이 참가하였다.

4) 특수임무수행자회와 마찰

6월 5일과 6일에는 '대한민국 특수임무수행자회'라는 단체에서 시위
대보다 먼저 시청 광장에서 '대한민국특수임무 전사자 합동 위령제'를
열었다. 결국 시위대는 창덕궁 부근에서 시위를 해야 했다. 이 행사는
원래 판교에서 열릴 계획이었던 것으로 밝혀져 일부에서 '정부의 지시
로 시위대를 막으려고 일부러 시청광장을 점거하는 것 아니냐'라는 항
의도 있었다. 이에 대해 특임자회 관계자는 "판교 행사장은 200명만 들
어가도 꽉 차는 장소다. 위패를 충분히 모시기 위해 공간이 넓고 국민
접근성이 좋은 장소를 찾다 보니 서울광장으로 옮기게 됐다"라고 해명
했다. 위령제 중 시위 참가자를 폭행해 특임자회원 3명이 입건되고 북
파공작원과 관련한, 다른 단체인 '대한민국 특수임무수행자유족동지회'
에서 자신들에게 허락도 받지 않고 남의 위패를 찬 땅바닥에 놓고 위령
제를 지낸다며 항의를 하는 등의 일들이 있었다. 이에 대해 특수임무수
행자회 측은 "까마귀 날자 배 떨어진 격으로, 조국을 위해 이름 없이 죽
어간 동지들의 넋을 기념하기 위한 행사"라고 말했다.

5) 쇠파이프 등장과 논란

6월 7일 밤 12시를 넘긴 시각, 일부 시위대는 쇠파이프와 망치, 경찰
에게서 빼앗은 소화기 등으로 버스를 부수는 한편 공사장 수도에 호스
를 연결해 전경들에게 물을 뿌렸다. 또한 경찰을 향해 폭죽을 쏘아대거
나 스프레이(spray: 분무기)에 불을 붙여 화염을 내며 위협적인 분위기
를 연출하기도 했다. 이 과정에서 경찰과 시위대 모두 수십 명의 부상
자가 나왔다. 촛불 집회를 주최한 국민대책회의는 8일 시위대 중 최소

20여 명이 머리와 얼굴을 다쳐 치료를 받고 있다고 밝혔다. 경찰은 전경과 의경 37명이 다치고 차량 19대가 파손됐다고 밝혔다. 경찰 관계자는 "쇠고기 수입 반대 거리 시위가 시작된 5월 24일 이후 시위대가 쇠파이프를 휘두른 것은 6월 8일이 처음이다. 이 같은 극렬 시위가 계속되면 물대포 사용 자제 방침을 바꿀 수 있다"고 말했다.

이에 대해 오종열 한국진보연대 공동 대표는 "6일과 7일의 폭력집회는 경찰이 소화기를 던지는 등 평화 시민을 의도적으로 자극했기 때문에 벌어진 일"이라고 주장했다. 인터넷에서는 프락치[293) 논란이 전가 되었다. 이에 대해 광우병 국민대책회의는 '극히 일부분에 불과하지만 안타까운 일'이라고 표현하며 "우리는 비폭력 평화 원칙을 선언하고 지난 31차례의 촛불문화제에서 이를 일관되게 견지해 왔다"고 강조했다. 6월 14일 한겨레21과 고려대 한국사회연구소에서 집회에 참가한 중고생들을 대상으로 한 공동 설문조사에서는 '폭력이 발생하는 것은 경찰의 과잉진압 때문'이며, '촛불집회는 비폭력으로 진행되어야 한다'는 항도에 대다수가 동의하였다.

6) 6 · 10 촛불 대행진

6월 10일에는 6 · 10 민주항쟁 21주년을 맞아 시위 이래 사상 최대인 경찰 추산 10만 명, 주최 측 추산 50만 명(전국 합산 100만여 명)이 참가

---

293) 프락치는 특수한 사명을 띠고 어떤 조직체나 분야에 들어가서 본래의 신분을 속이고 몰래 활동하는 사람이다. 원래 분파(영어로는 프랙션)라는 뜻의 러시아말(Fraktsiya)에서 나온 말로 첩자 혹은 끄나풀이란 의미로 쓰인다. 러시아 혁명 이후 공산당이 세력을 확장하고 내부 숙청 작업을 벌이는 과정에서 널리 사용된 용어다. 프락치 활동이란 각종 단체에 조직원(프락치)을 침투시켜 좌익 블록을 만들어 활동하는 일을 지칭한다. 프락치란 말은 우리 나라 군사정권시절에는 경찰이나 정보기관이 노동단체 · 학원 · 종교계 등에 심어놓은 첩자나 끄나풀 등을 지칭하는 말로 사용되었다. 문민정부 때도 학원가의 동향이나 운동 학생에 대한 정보를 얻기 위해 학생들을 돈이나 향응으로 매수하는 이른바 '학원 프락치' 활동이 논란이 된 적이 있다.

하는 촛불 대행진을 진행했다. 이 과정에서 시위대의 일부가 흥분해 집회 분위기가 험악해지면 시위대 내부에서 자제하자는 목소리가 터져 나왔다. 경찰 또한 시위대와 직접 충돌을 최대한 피했다. 경찰은 해산 권고 방송을 하며 긴장을 고조시키기도 했지만, 집회가 평화적으로 끝날 때까지 기다리겠다는 입장을 보였다. 이날 농림수산식품부 장관 정운천이 시위군중과 대화를 하기 위해 시위현장으로 나갔으나 시위대에게 발언을 저지당했다.

7) 컨테이너장벽 등장

경찰 측은 6월 10일 오후 7시에 예고된 촛불 집회에 대비 당일 새벽부터 세종로 충무공 동상 앞, 안국로 등 청와대로 진입할 수 있는 길목에 총 60여 개의 컨테이너 박스를 설치하였다. 서로 용접하고 바닥에 철심으로 고정해 바리케이드를 쳤다. 또한 컨테이너에 인화성 물질을 바르고 그 위에 대형 태극기를 붙여 놓았다. 그러나 컨테이너에 발라 놓은 그리스가 태극기에 묻어 지저분해졌고, 촛불 집회 시작 전 경찰은 부착했던 태극기를 떼었다. 경찰은 컨테이너 뒤에 경고용 대형 스피커를 설치하여 시위에 대비했다. 이런 컨테이너 박스는 경비국장 이길범의 아이디어로 부산 아시아 태평양 경제 협력체(APEC) 정상회의 개최 이후 서울에서는 처음으로 사용됐다.

이 컨테이너를 네티즌들은 "명박산성"이라고 희화해 부르기도 했다. 이로 인해 출근길에 시민들이 큰 불편을 겪었으며, 경찰청은 시민들의 항의로 몸살을 앓았다. 이에 대해 경찰청 경비국은 출입 기자들과의 간담회에서 컨테이너를 동원한 것에 대해 "오늘 시위는 명백한 범죄이다. 범죄의 예방과 제지를 위해 도로 교통을 차단한 것"이라고 설명했다.

일부 네티즌들은 이에 대해 이것이 이명박 방식의 소통이라며 조롱했다. 반면 경찰 관계자는 "컨테이너장벽 설치로 시위대와 경찰의 직접 충돌을 피하고 평화 시의를 유지할 수 있었다. 향후 집회 규모 및 시위 양상에 따라 한 번쯤 더 사용할 수도 있다"고 말했다. 경찰 측은 이를 사진 촬영하는 시민들을 제지하였으나, 시민들은 컨테이너 박스 주변에 '경축! 08년 서울의 랜드마크[294] 명박산성'이라고 표기된 현수막을 걸었으며, 대통령 이명박을 반대하는 구호가 담겨 있는 딱지(sticker)를 붙이기도 하였다.

8) 시국 미사와 비폭력 시위 복귀

2008년 6월 30일부터 7월 6일까지 천주교정의구현전국사제단 주최로 서울광장에서 시극 미사가 열렸다. 평화적으로 진행된 미사의 마지막 날인 7월 6일 사제단은 국민승리를 선언하였다. 이후 시위는 기존의 대규모 동원보다는 기습적인 형태로 진행되는 시위로 변화하였다. 일부 시위대들은 꾸준히 조계사에서 농성하고 있는 광우병 국민대책회의 간부들을 지지 방문했다. 8월 말에는 불교계가 이명박 대통령의 종교 편향을 비판하며 서울 시내에서 수십만 명이 모인 집회를 개최하였으며, 기존의 쇠고기 협상 관련 시위대들의 상당수도 여기에 참여하였다. 종교단체들의 대규모 행동 이후 시위는 서울 도심에서의 대규모 집회에서 각 지역에서의 분산 집회로 변화하는 모습을 보였다. 특히 촛불

---

294) 랜드마크(land mark): 어떤 지역을 식별하는 데 목표물로서 적당한 사물(事物)로, 주위의 경관 중에서 두드러지게 눈에 띄기 쉬운 것이라야 하는데, 남산 타워나 역사성이 있는 서울 남대문 등이 해당된다. 표지물이라고도 한다. 주위의 경관 중에서 두드러지게 눈에 띄기 쉬운 특이성이 있는 것이라야 한다. 그 특이성은 형태나 배경과의 대비성 공간적 배치의 우수성 등에서 찾을 수 있으며, 특히 배경과의 대비성은 색채 · 역사성 · 청결감 · 디자인의 특수성, 움직임 · 음향 등으로 이루어지게 할 수 있다. 서울 시내에 들어섰을 때 남산 타워나 역사성이 있는 서울 남대문 · 경복궁 광화문, 여의도에서는 고층빌딩인 대한생명 63빌딩, 강남에서는 한국종합무역센터빌딩 등은 훌륭한 랜드마크이다.

시위대들은 KBS, YTN 등의 사장 교체가 이명박 정부의 언론 통제라고
비판하고, 이들 방송사에서 수시로 촛불 집회를 했다. 또한 PD수첩 보
도로 인해 징계를 받은 MBC 앞에서도 여러 차례 촛불 집회가 열렸다.

9) 촛불시위자 수배 및 검거

촛불시위와 관련되어 수배된 광우병대책회의, 민주노총 관련자 여섯
명은 수배된 당시부터 조계사에서 계속 농성을 벌이고 있었다. 경찰은
조계사 주변에 병력을 배치하여 이들의 동태를 감시했지만 10월 29일
1시 반 경, 이들은 모두 조계사를 빠져나가 잠적해 버렸다. 이들은 메시
지를 남겨 "우리의 피신은, 어떤 권력도 시민들의 진실과 정의, 자유의
지를 꺾을 수 없다는 점을 보여주기 위한 상징적인 저항"이라고 밝혔
다. 경찰은 박원석 사무처장과 한 인터넷 언론사와의 인터뷰 사진을 근
거로 이들의 행방을 추적 끝에 11월 6일, 강원도 묵호항의 한 숙박시설
에서 수배자 중 다섯 명(박원석 참여연대 대외협력사무처장, 한용진 진
보연대 대외협력위원장, 백성균 미친소닷넷 대표, 김동규 진보연대 정
책국장, 권혜진 흥사단 교육운동본부 사무처장)을 검거했다. 또한 민주
노총의 이석행 위원장도 11월 28일 고양시 덕양구 행신동 모처에서 검
거되었다.

시민들은 촛불시위에 대부분 자발적으로 참여하였다. 자녀를 동반한
가족 단위 참가도 많았으며, 연예인이나 음악가들이 많이 참가하는 등
문화제적인 모습을 보이기도 했다. 비폭력을 표방한 평화시위로 과거
의 쇠파이프나 화염병 등을 배제하기 위해 노력하고, 자율적으로 구호
를 부르거나 자유 발표를 하였다. 하지만 집회가 끝난 뒤, 도로를 무단
점거하여 청와대로 향하는 과정에서 쇠파이프와 각목을 휘두르며 경찰

들과 충돌이 빚어지기도 하였다. 시위 참가자의 자발적이고 개방적인
특성을 두고 (웹 2.0에 빗대어) '민주주의 2.0' 혹은 '시위 2.0'의 등장이
라고 부르기도 하지만, 의회 민주주의를 무시한 길거리 정치라는 부정
적 평가도 있다. 2008년의 촛불 시위는 '정치권과 시민 간 의사소통' 문
제를 제기하고, '민주주의 학습의 장'으로서 의미를 부여하기도 하지만,
비 인터넷 계층의 거리감, 온라인 착시효과, 및 무분별한 허위사실 유
포 등 문제점이 드러나기도 하였다.[295]

촛불시위는 합법성 문제, 시위 과잉 진압 문제, 인권 침해, 유모차 부
대 수사 및 논란, 연예인 소환조사, 시위 현장 주변 상인들의 집단소송
등 우리 사회에 많은 문제와 논란의 앙금을 남긴 채 끝났다.

3. 촛불시위의 사회적 비용

촛불시위로 인하여 우리는 얼마만한 대가를 치렀을까? 2008년 7월 8
일 전국경제인연합회 부설 한국경제연구원은 『촛불시위의 사회적 비용』
(조경엽·송원근·정연호·김필헌 저)에서 3조 7천513억 원에 달하는
사회적 비용의 손실을 가져왔다고 주장하였다. 그중 직접 피해비용은 1
조 574억 원, 간접 피해비용은 2조 6천939억 원에 달한다고 주장하였다.
이에 대해 진보진영 측은 "민주주의 유지를 위해 필요한 최소한의 사회
적 비용을 구체적인 액수로 따져 정치적으로 이용하려는 의도 자체가
야만적인 행위"라고 반론했다. 또한 "비용을 고민하면서, 정작 그 비용
을 들여 얻을 수 있는 긍정적 측면을 간과하고 있다"라면서 구체적으로
한국경제연구원이 내놓은 연구 자료의 논리적 빈약함에 대해 비판하기

---

295) 위키백과 2008년 대한민국의 촛불 시위 내용 인용 정리

도 했다.

2009년 12월 21일 서울중앙지법 형사 13단독 문성관 판사 심리로 열린 결심 공판에서 검찰은 "방송이 촛불 시위와 반정부 시위로 이어져 1조 9천억 원에 달하는 사회적 비용을 야기했다"라고 주장하였다. 이에 대해 변호인단은 "비판 보도를 했다고 명예훼손으로 처벌하는 것은 세계적으로 유례가 없는 일"이라고 무죄를 주장했다. 광우병 관련 논문으로 영국 에든버러대학교에서 박사 학위를 취득한, 한국인 중에 몇 명 안 되는 광우병 전문 연구자인 김기홍 씨는 다음과 같이 언급한다. "광우병 발생률이 극히 낮은 상태임에도 광우병의 발생이 가져올 수 있는 사회 – 경제적인 파급력은 다른 어떤 질병보다 강력하다. 영국은 광우병 진단과 억제를 위해 수십억 파운드를 사용해야 했으며 지금까지 경제적인 손실은 약 655억 달러로 잠정 집계되고 있다"라고 하였다.[296)]

주장은 누구나 할 수 있다. 그러나 촛불시위가 실제 얼마만큼의 사회적 비용을 발생시켰는지 우리는 아무도 모른다. 국가정책 결정자들이 올바른 정책결정을 하도록 경종을 울려주는 것, 한미관계의 재정립 등 국민의 불만이 반영되어 긍정적인 효과를 발휘한 내용에 대해서는 미래에 그 효과가 나타나기 때문에 현실적으로 계산이 어렵다. 학자들이 촛불시위에 대해 나름대로 사회적 비용을 계산할 수는 있겠지만, 그것은 하나의 모형을 통한 추정적 계산에 불과하다. 그럼에도 우리가 사회적 비용을 논하는 것은 피해 전망을 통해 유사한 낭비가 일어나지 않도록 하자는 데 그 의의가 있다. 이런 측면에서 본다면 원인을 제공한 정부와 협상참여자들에게 강한 책임을 물어야 한다. 그러나 그들 또한 국력의 현저한 차이가 나는 상황에서 나름대로 노력한 점을 고려하면, 결국 우리가 도달할 수 있는 결론은 국력을 키우고 내외부의 갈등이 분출

---

296) 위키백과 2008년 대한민국의 촛불 시위 내용 인용 정리

될 때 그것을 적절하게 조율하여 국가발전의 에너지로 전환시킬 수 있
는 실력을 쌓는 길밖에 없다는 것이다.

4. 촛불시위의 배경

2008년에 발생한 촛불시위는 한국사회의 갈등을 대표하는 상징적 사
건이라고 할 수 있다. 모든 일에는 인과관계가 있고 반드시 초기에 그
징후가 나타난다. 배경(背景)은 사건이나 환경, 인물 따위를 둘러싼 주
위의 정경 또는 앞에 드러나지 아니한 채 뒤에서 돌보아 주는 힘, 징후
(徵候)는 좋거나 언짢은 조짐 또는 조짐의 모양이고, 조짐(兆朕)은 길흉
이 생길 동기가 미리 드러나 뵈는 빌미를 말한다. 여기서 징후를 언급
하는 것은 어떤 일이 일어나기 위해서는 반드시 원인이 되는 행위, 즉
배경이 있다는 말이다. 눈에 볼 수 있는 정도로 속도가 느리게 진행되
는 계절이 바뀌는 것, 아이가 자라 성인이 되는 것을 보면 쉽게 이해할
수 있다. 원인 없이 결과가 나오지 않는다. 촛불시위도 마찬가지다. 그
것이 발생할 수밖에 없었던 징후에 해당하는 배경은 크게 보면 두 가지
이다. 권위주의적인 이명박 정부의 문제해결능력 부족과 국민 정서를
무시한 밀어붙이기식 업무 추진이 국민 불만을 자극했다는 것, 미국에
대한 누적된 불만의 표출을 들 수 있다.

1) 이명박 정부 국민 불만· 자극

불만(不滿)은 '불만족'의 준말이고, 불만족(不滿足)은 만족하지 않음이
다. 자극(刺戟)은 외부에서 작용을 주어 감각이나 마음에 반응이 일어나

게 함 또는 신경을 충동하여 흥분되게 함을 뜻한다. 표출(表出)은 겉으로 나타냄으로 표현과 같은 말이다. 일반적으로 사람들이 갖는 불만은 항상 추가적인 행동에 의해 자극되어 표출된다. 드러나기 전까지의 불만은 마음에 안 들더라도 인내하고 수용할 수 있는 수준에 해당된다. 그런데 불만이 내재되어 있는 상태에서 자극적인 행위가 첨부되면 인내의 한계를 넘어 겉으로 나타난다. 이때 표출되는 불만의 정도와 세기가 급격하고 일시에 한꺼번에 터져 나오는 것을 '불만이 폭발했다'는 표현으로 사용한다. 촛불시위는 이명박 정부에 대해 단계적으로 누적된 국민의 불만이 2008년 4월 29일 문화방송(MBC) PD수첩에서 미국산 소의 위험성을 다룬 1차 방송 방영을 계기로 폭발한 것이다.

이명박 정부에 대한 국민의 불만은 여러 가지가 있었다. 첫째는 대통령직 인수위원회[297]의 잘못된 행동에서부터 시작되었다. 그 핵심이 영어몰입교육 발표와 그에 대한 사교육 증가에 대한 국민의 우려에 따른 반발과 불만이었다. 원래 대통령직 인수위원회는 차기 대통령의 원활한 직무 수행을 위해 현직 대통령과 정부로부터 업무를 인수받는 역할이 주요 임무이다. 이를 위해 차기 대통령이 추진할 정책에 대한 준비와 대안 마련 등이 포함될 수 있지만, 그것은 차기 대통령에게 보고하면 된다. 새로운 정책을 발표하는 곳이 아니다. 대통령직 인수에 관한 법률에 대통령직 인수위원회의 업무 등 전반적인 내용이 구체적으로 나와 있다. 제6조(대통령직인수위원회의 설치 및 존속기한) ① 대통령당선인을 보좌하여 대통령직의 인수와 관련된 업무를 담당하기 위하여 대통령직 인수위원회(이하 '위원회'라 한다)를 설치한다. ② 위원회는

---

297) 대한민국의 대통령직 인수위원회(大韓民國大統領職引受委員會)는 '대통령직 인수에 관한 법률'에 의거하여 대통령 당선인이 대통령직의 원활한 인수를 위한 업무를 위해 구성하는 위원회이다. 대통령 취임 이후 30일까지 존속할 수 있다. 대통령직 인수위원회는 위원회의 활동이 끝난 후 30일 안에 위원회의 활동경과 및 예산사용 내역을 백서로 정리하여 공개해야 한다.

대통령의 임기개시일 이후 30일의 범위까지 존속한다. 제7조(업무) 위원회는 정부의 조직·기능 및 예산현황의 파악, 새 정부의 정책기조를 설정하기 위한 준비, 대통령의 취임행사 등 관련업무의 준비, 그 밖에 대통령직의 인수에 필요한 사항의 업무를 수행한다. 제8조(위원회의 구성 등) ① 위원회는 위원장 1인, 부위원장 1인 및 24인 이내의 위원으로 구성한다. ② 위원장·부위원장 및 위원은 명예직으로 하고, 대통령당선인이 임명한다. ③ 위원장은 대통령당선인을 보좌하여 위원회의 업무를 통할하며, 위원회의 직원을 지휘·감독한다고 구정하고 있다. 문제는 이명박 당선인의 대통령직 인수위원회 구성원들의 행태가 정도를 넘어 점령군처럼 거만하게 행동한다는 불만이 터져 나온 데다 차기 대통령이 추진해야 할 정책을 미리 언론을 통해 공공연하게 발표하는 잘못을 저질렀다는 점이다. 영어몰입교육 발표도 그중 한 가지이다. immersion education(언어 교육 방법론 중 하나)은 대통령직 인수위원회에서 영어 과목을 영어로 가르치다가 장기적으로 일반 과목도 영어로 가르치겠다는 '영어 몰입 교육' 정책을 발표하고 바로 철회하면서 대중에게 널리 알려진 단어다.[298] 2008년 3월 11일 조선일보는 '영어로 수업한다고 영어가 되나?'라는 기사에서 「새 정부 인수위에서 발표한 영어 몰입 교육과 원어민 교사 채용에 대한 논란이 뜨거운 가운데 교사가 영어로 수업하는 과정이나 기초적 상황 체험 방식의 영어 마을을 통한 영어 학습에 대한 효과에 의문을 제기하는 주장이 영어 교육계 일각에서 강하게 제기되고 있다[299]」고 보도했다. 결국 인수위원회는 대통령직에 취임도 하기 전에 이미 대통령 취임 후 추진해야 할 정책이 국민의 대대적인 반발과 불만 대상이 되게 만들었다. 교육문제는 한국사회의 가장 민감

---

298) 한겨레21 제697호(2008. 2. 14.)
299) 조선일보 2008. 3. 11.

한 사안 중 한 가지이다. 그런데 대학 총장을 지낸 사람이 유학을 다녀온 대학교수도 제대로 못 하는 영어전용 수업을 고등학교 단계에서 시행하겠다고 했으니 문제가 되지 않을 수 없었다. 이 문제는 단순하게 학부모와 아이들뿐만 아니라 교육 종사자들의 전반적인 불만을 만들어냈다. 직분에 대한 잘못된 인식과 상황판단이 이명박 대통령과 정부에 대한 불신을 자초했다. 이것은 당시 이명박 당선인이 이경자 위원장을 비롯한 대통령직 인수위원회 위원을 잘못 인선한 데서 비롯되었다. 둘째는 강부자, 고소영 내각과 도덕성 문제였다. 대통령직 인수위원회의 잘못에 이어 이명박 대통령이 취임하면서 내정한 국무총리와 장관, 차관, 청와대 핵심 참모 등 주요 정무직공무원에 중 강남에 사는 부자와 고소득자가 많은 데다 상당수 도덕성에 문제가 있는 사람들이 포함되어 있었다. 전임 노무현 정부가 추진해온 친서민 정책 기조가 잘사는 고소득 상류층 위주로 바뀌는 것이 아닌가 하는 우려의 목소리가 높았다. 서민 삶의 실질적인 내용을 잘 모르는 부자들이 효율적인 서민정책을 펴기 어렵고 사회 기득권층을 옹호하여 못 살고 가난한 사람들은 승진의 기회가 차단되었다는 불만의 소리가 여기저기서 터져 나왔다. 셋째는 한반도 대운하 건설 논란이었다. 이명박 대통령은 대통령선거 공약으로 한반도 대운하 건설을 제시했다. 그런데 이것이 경제성은 없고 환경만 파괴할 것이라는 문제가 사회 전반에서 제기되었다. 그런데 이명박 정부는 국민이 대대적으로 문제를 제기하는데도 한반도 대운하 건설 문제에 대해 완전히 포기하지 않고 결국 4대강 정비 사업으로 변질시켰다. 이 과정에서 국민의 불신을 샀다. 촛불시위 발생 몇 년이 지난 지금까지 야당과 환경단체, 학계, 종교계 등으로부터 끊임없는 반발이 이루어지고 문제가 제기되는데도 반대자들의 의견 수렴보다는 일방적인 홍보로 일관하며 밀어붙이기로 강행하고 있다. 넷째는 민영화를 포함한 공기업 구조조정과 인사 문제였다. 정권이 바뀌면서 전 정권에서 임명된 사람 중 잔여 임기가 남았는데도 일부러 쫓아내기 위해 감사를 하거나 비리를 캔다는 소문이 확산되고 일부는 강압적으로 퇴직시키는 조치를 한 데 대한 불만이 터져 나왔다. 여기에 경영합리화를 위한 구조조정 문제는 공기업 종사자들과 노동조합의 불안을 자극했다. 실제 시위에 노동자들이 많이 참여했다는 것이 이를 입증한다. 이외에도 국민의 불만을 자극하는 교육정책 등 여러 가지가 있었다.

2) 저자세 외교 미국에 대한 누적된 불만 표출

그동안 우리 사회 일각에는 미국이 한국에 상당한 도움도 주었지만, 정치사회적 압력에 의한 핵무기 개발 차단, 중장거리 미사일 개발 제한 등에 대한 불만의 목소리가 내재하여 있었다. 여기에 심심찮게 발생한 미군 범죄와 미국의 자국민 보호에 우선하는 정책으로 제대로 처벌이 이루어지지 않는 데 대한 불만의 목소리가 높았다. 이런 여러 가지 요소가 누적되어 일차적으로 폭발한 것이 2002년 6월 13일 친구 생일잔치에 가던 신효순, 심미선 두 여중학생이 갓길에서 대북군사훈련에 참가하던 주한미군의 장갑차에 깔려 숨을 거둔 효순이 미선이 사망 사건이다. 주한미군은 사실을 은폐시키기 위해서 사건이 발생하자마자 재빠르게 움직이고 대응하였다. 한ㆍ미 행정협정(SOFA)[300]에 기대어 제

---

300) 한ㆍ미 행정협정(SOFA: Status of Forces Agreement in Korea)은 1950년 7월 체결된 '재한(在韓) 미국 군대의 관할권에 관한 대한민국과 미합중국 간의 협정'에 대체해 지난 1966년 7월 서울에서 한국 외무장관과 미국 국무장관 간에 조인해 1967년 2월 9일에 발효된 협정이다. 정식명칭은 '대한민국과 아메리카합중국 간의 상호 방위조약 제4조에 의한 시설과 구역 및 대한민국에서의 군대의 지위에 관한 협정'이다. 이 협정은 전문 31조로 된 본문과 합의의사록 합의양해사항 교환서한 등 3개 부속문서로 구성되어 있다. 한국과 미국은 1996년 6월 외무부에서 SOFA 개정을 위한 7차 협상을 벌였으나 미국 측이 미국 피의자에 대한 강력한 법적 보호 장치를 계속 요구함에 따라 타협을 보지 못한 채 협상을 마친 바 있다. 그러나 매향리 폭격장과 한강 독극물 방류 사건, 여중생 장갑차 사건 등을 계기로 주한미군범죄근

판권을 포기하지 않았고 미군법정에서 통신장애의 문제점으로 돌리면서 무죄판결을 내리고 두 범죄자를 미국으로 돌려보냈다.

이 사건은 국민의 반미 감정을 극도로 자극했다. 한·미 행정협정 개정을 요구하며 시위대가 미국 대사관까지 진출하는 등 전국적인 시위를 유발시켰고, 주한미군의 파렴치한 행보가 줄을 이을수록 투쟁의 불길은 더욱 넓게 번져갔다. 한국사회의 각계각층이 효순이와 미선이의 죽음에 분노하며 투쟁에 나서기 시작했다. 2002년 7월 4일에는 효순이와 미선의 마을 사람들 집회가 열렸고, 영광주민을 비롯한 영광천주교 신자들, 영광농민회, 영광 여성의 전화, 핵 추방위원회까지 용산에서 주한미군을 규탄하는 집회를 했다. 노동자들도 여중생 사망사건 관련 투쟁에 적극적으로 나섰다. 7월 14일 민주노총은 '노동자 행동의 날'을 상정해서 투쟁하였고, 7월 20일 경기 북부 시민선언문이 발표되었다. 또 7월 25일 탑골공원에서 여성단체들이 주최한 미군 장갑차에 의해 살해된 여중생 고 신효순과 심미선을 위한 여성 추모제가 있었다. 7월 31일 청년 학생 4개 단체(전학협, 연대회의, 한총련, 행동연대) 여중생 사망사고 관련 공동결의대회가 열렸다.

우리사회에 촛불이 시위 전면에 본격적으로 등장한 것은 2003년 6월 13일 전국 곳곳에서 밤늦게까지 열린 두 어린 여학생에 대한 1주기 추모 집회에서부터였다. 촛불 집회를 마친 저녁 8시 50분, 집회 참가자들은 경찰의 봉쇄 방침에도 당초 일정대로 미 대사관으로 행진을 시작했다.[301] 효순이와 미선이 죽음에 대한 미국의 잘못된 대응은 국민, 특히

절운동본부를 비롯한 100여 개의 시민단체와 종교계가 불평등한 SOFA 조항을 전면 개정할 것을 촉구하고 있다. 주요 조항으로는 형사관할권 조항과 관련하여 ① 적용대상에서 군속과 가족 제외 ② 한국 측의 재판포기 조항 삭제 ③ 미군 피의자 신병인도 시기를 공소시점으로 조정 ④ 미군 피의자에 대한 지나친 특혜 폐지 ⑤ 공무의 최종 판단을 한국법원에 일임할 것 등을 반드시 해결해야 한다는 것이다.

301) SBS 2003. 6. 14.

젊은이들을 분노하게 만들었다. 효순이와 미선이 추도 집회는 매년 6월 13일이면 규모의 차이는 있어도 연례행사로 이어져 오고 있다.

이런 가운데 쇠기 협상 타결이 이루어졌다. 광우병 위험이 큰 미국산 소고기가 수입되면 단체급식을 하는 일선 학교에 가장 먼저 공급될 것이 확실하다고 느꼈던 학생들이 MBC PD수첩의 방송을 보고 분노가 폭발했다. 김민선의 발언이나 촛불시위에 학생들이 대구모로 참가한 것을 보면 아마도 상당수 학생들이 상당한 위기의식을 느낀 것으로 보인다. 이명박 정부는 전임 노무현 정부가 어렵게 만들어 놓은 한미 관계 복원 필요성을 느꼈던 것으로 생각되지만, 한국과 미국의 관계가 어느 정도로 악화되었는지 정확하게 알 수는 없다. 실제 관계가 많이 악화되었다고 하더라도 국민들 눈에 표시 나게 저자세 외교를 한다는 느낌을 들게 한 점은 외교역량과 기교가 부족한 탓이다. 간단하게 말하면 실력이 부족했다는 말이다.

2008년 4월 18일 한미 쇠고기 2차 협상 타결과 때를 같이하며 이명박 대통령이 미국을 방문한 것은 부시 미국 대통령에게 선물을 준 것이 아니었느냐는 의혹이 강하게 제기되었다. 거기다 협상 내용이 이웃 일본이나 대만 등 다른 나라와 달리 광우병 우려가 큰 30개월을 넘는 소고기를 수입하도록 하고, 검역 주권을 포기해 미국에 일방적으로 유리한 협상이 이루어졌다고 국민이 인식함으로써 정부에 대한 불만이 적지 않았다. 특히 2008년 4월 19일 데이비드 캠프에서 열린 이명박 대통령과 부시 대통령 간 한미정상회담 등 만남의 과정에서 이명박 대통령이 전기차를 운전하고 부시 대통령이 일어서 손을 흔드는 모습은 한국국민에게 큰 실망을 안겨주었다. 그동안 세계 속에 당당한 선진한국이 될 수 있다는 국민들의 긍지와 자부심을 짓밟는 일이었다. 일국의 대통령으로 신중치 못한 처신으로 부시의 운전사 노릇을 하는 모습은 '우리나라의 대통령이 저 정도밖에 안 되는가' 하는 자괴지심(自愧之心)[302]을 갖게 했다. 자주독립국 대통령으로서 국민의 자존심을 크게 상하게 했다. 언론을 통해 보도된 대통령의 부적절한 행동은 저자세 외교의 대명사로 비칠 정도로 사회적 비판과 논란거리가 되었다.

5. 촛불시위 촉발

촉발(觸發)은 일을 당하여 충동·감정 따위를 유발(誘發)함이고, 계기(契機)는 어떤 일이 일어나는 결정적인 원인이나 기회를 말한다. 작용(作用)은 어떠한 현상을 일으키거나 영향을 미침이다. 문화방송(MBC) PD수첩이 광우병 보도를 하기 전 이미 여러 언론기관과 인터넷 등을 통해 미국산 소고기 수입협상 타결에 대한 여러 가지 문제점이 지적되고 있었다. 이에 2008년 4월 25일 미국 식품의약청(FDA)은 강화된 사료 조치를 공표하기도 했다. 하지만 그것이 본격적인 시위로까지 이어지지는 않았다. MBC PD수첩이 촛불시위를 촉발시키는 계기가 되었지만, 정부가 PD수첩 방송 이전이나 방송 직후 안전 조치에 대해 국민이 확신할 수 있는 내용을 제시했다면 상황은 전혀 달라졌을 것이다. 그런데 정부는 그렇게 하지 못했다. 결국 PD수첩이 방송되어 국민에게 광우병에 대한 위험에 대한 위기의식을 갖게 만들었고 정부는 대책을 내놓지 못했으므로, 두 가지가 결합되어 촛불시위를 촉발시켰다.

---

302) 자괴지심(自愧之心): 스스로 부끄러워하는 마음. 자괴심.

1) 정부의 안전 조치 저시 부재

처음에 촛불 집회의 명분을 제공한 것은 자유무역협정(FTA) 협상이었으며, 2008년 4월 19일 데이비드 캠프의 한미 정상 회담을 하루 앞두고 급격하게 전면 가방을 내용으로 한 한미 쇠고기 2차 협상 타결 소식이었다. 이 타결 안에는 어느 국가도 허용하지 않은 광우병 발생이 잦은 30개월 이상의 쇠고기 연령 제한 해제 및 검역에서 광우병이 발생하여도 수입을 중단할 수 없는 내용이 포함되어 있었다 5월 2일 정부에서 전면개방에 따른 미극산 소고기 안전성 기자회견을 하였으나, 어떠한 안전 조치도 내놓지 않았다. 수입 쇠고기 안전성에 대한 문제로 본격적으로 시작된 촛불 집회는 이어 이명박 정부의 국정 전반에 대한 비판과 퇴진 요구로 확대되었다. 참가자는 초기에 중학생·고등학생이 차지하는 비율이 매우 높았으나, 차츰 대학생, 직장인 등 연령대가 다양해졌다.303)

2) PD수첩 광우병 보도

문화방송 PD수첩어서 미국산 소의 위험성을 다룬 1차 방송을 방영한 것은 2008년 4월 29일이었다. 이 방송을 계기로 인터넷에 본격적으로 광우병 괴담이 나도는 등 여론이 들끓기 시작했다. 청소년에게 인기 있는 연예인들의 팬 사이트를 중심으로 동일한 내용의 선전물들이 연예인 사진과 편집디자인만 변경되어 배포되었다. 미국 광우병 쇠고기는 위험하며, 그 쇠고기가 수입되면 팬들이 사랑하는 '오빠들'이 위험해진다. 5월 2일 집회가 있으니 모이라는 내용이었다. 이 내용에 위기

---

303) 위키백과 2008년 대한민국의 촛불 시위 내용 인용 정리

를 느낀 일부 학생들의 시위가 있었다. 정부는 2008년 5월 2일 미국산 소고기 안전성 기자회견을 했지만, 미국산 쇠고기 수입협상 반대시위는 이미 시작되었다. 2008년 5월 5일 정부는 주요 일간지에 광고 게재를 시작하고 청와대 등 홈페이지에 '광우병 괴담 10문 10답'을 게재했으나, 같은 날 강기갑 의원의 구 농림부 전문가 회의 자료 공개로 파문은 확산되어 갔다.

2008년 5월 6일 대한민국 정부는 인터넷을 통한 대국민홍보를 시작하고, 미국산 쇠고기의 안전성 설명회를 개최했다. 5월 7일 쇠고기 청문회, 5월 8일 문화방송 100분 토론에서 미국산 소고기 수입 협상 문제를 두고 3시간 동안 토론이 이어졌다. 5월 9일 대한의사협회가 변종 크로이츠펠트-야코프병(인간 광우병)에 대해 입장을 발표하고, 보건의료단체연합과 수의사연대가 '10문 10답 반박' 자료를 발표했다. 정부는 PD수첩 제작진을 허위사실 유포 및 명예훼손 혐의로 고소했다. 이런 와중에 5월 12일 정부가 미국 관보 오역을 시인하고, 5월 13일에는 문화방송 PD수첩에서 미국산 소의 안전성 문제를 다룬 2차 방송을 방영했으며, 6월 24일에는 MBC PD수첩 '긴급취재-쇠고기 추가협상 무엇을 얻었나?'가 방영되었다. 그 후 검찰이 조능희 전 CP 및 송일준 PD, 김은희·이연희 작가를 비롯한 제작진 4명을 체포, 재판이 이어졌다.

방송은 적법성뿐만 아니라 윤리성도 갖추어야 한다. 그러므로 법원의 판단만으로 모든 것이 끝나는 것은 아니다. MBC PD수첩의 미국산 소고기 수입과 관련된 방송이 문제가 되는 것은 국민에게 광우병에 대한 불안을 너무 크게 자극했다는 것이다. 그것이 제작진이 의도하거나 예측했건 그렇지 않았건 국민은 그 방송에 의해 자극되었다. 배우 김규리가 미국산 쇠고기 수입 업체가 "광우병이 득실거리는 소를 뼈째로 수입하다니 차라리 청산가리를 입안에 털어 넣는 편이 낫겠다"라고 한 발언은 이를 잘 대변해 준다.

언론의 본질은 사회문제 지적과 잘못된 정부 정책에 대한 비판을 통하여 건전한 사회가 되도록 하는 데 있다. 국민을 선동하거나 사회분열을 획책하는 일이 아니므로 균형감각을 갖추고 문제 해결을 위한 대안을 마련하도록 유도해 나가야 한다. 그런데 MBC PD수첩의 미국산 소고기 수입과 관련된 보도는 법원에서 무죄 판결을 받고 일부러 사실을 왜곡할 의도가 없었다고 하더라도 방송에서 우려한 것 같은 문제들이 모두 나타난 것이 아니고 국민에게 광우병에 대한 지나친 위기의식을 갖게 하는 등 과잉보도 측면이 있는 것은 사실이다. 이 점에 대해서는 나름대로 보도 내용이 기여한 점이 있다 하더라도 MBC와 PD수첩은 의도와 달리 일이 전개되면서 사회 갈등이 고조되고 국민적인 물의를 빚은 점에 대해서는 진정으로 사과해야 마땅하다. 그런데 MBC PD수첩 측은 잘못된 것이 없다는 입장을 보이면서 법원을 통해 가부를 가리려는 모습을 보인 것은 유감이다. 방송통신위원회의 결정이나 검찰의 기소에 대해 억울하다는 생각으로 법적 대응을 하더라도 그것은 국민을 향하여 사과하는 것과는 별개의 문제다.

글을 쓰는 사람은 언론은 얼마든지 법을 어기지 않고 사람들을 선동할 수 있다는 것을 안다. 언어의 추상성과 법률 제정이 갖는 한계성 때문이다. MBC PD수첩의 미국산 소고기 수입 방송 내용이 오로지 해악만 끼친 것은 아니다. 명분을 제공해 미국과 추가협의토 검역강화와 30개월 이상 소고기 수입 제한 등 국익에 도움이 된 측면도 있다. 정부는 협상의 주역으로 국민의 눈높이에 맞추지 못한 협상 결과를 내놓고 국민을 충분히 이해시키지 못한 책임이 있으므로 더 법적 논란을 벌이는 것은 큰 의미가 없다. 촛불시위 당시 대통령이 잘못을 인정하고 사과한 것에 진정이 담겼다면 더욱 그렇다.

6. 촛불시위 전국적 확산

비교적 짧은 시간 내에 촛불시위가 전국적으로 확산된 데에는 여러 가지 요소가 복합적으로 작용했다. 이명박 정부의 지도력과 문제해결능력 부족 및 권위주의적인 태도, 정치권의 이기주의와 역할 부재, 언론의 과잉 보도, 사회단체를 중심으로 한 진보진영의 상실감 표출, 사회적 광기 발현 등을 들 수 있다.

촛불시위가 전국적으로 확산된 세부 내용을 살펴보면 다음과 같다. 첫째는 권위주의적인 이명박 정부의 지도력과 문제해결능력 부족이다. 사전에 국민의 눈높이에 맞는 협상결과를 내놓았으면 문제가 일어나지 않았을 것이다. 그런데 국민이 이해하기 어려운 협상 결과를 내놓음으로써 촛불사태가 발생하는 원인을 대통령과 정부 스스로 제공했다. 광우병 우려와 검역주권 포기 등 국민들이 의혹과 문제를 계속 제기하고 협상 내용에 불만을 표시하는데도 이명박 정부의 관료들은 재협상은 불가하다는 입장을 취하면서 협상이 잘된 것이라는 입장을 보이는 등 권위주의적인 태도와 고압적인 자세로 국민의 불만을 무시하고 밀어붙이기식으로 고시를 강행했다. 결국 주권을 가진 국민에게 대통령과 정부가 잘못된 협상 결과를 강요하는 데 대한 불만이 촛불시위로 폭발했다. 정부 관계자들은 협상 내용에 대한 당위성을 주장했지만, 이론적 토대 빈약으로 국민이 제기하는 문제와 의혹에 대해 납득할 수 있도록 구체적으로 설명할 수 있는 능력을 갖춘 사람은 거의 없었다. 대통령과 정부의 지도력과 문제해결능력 부족이 문제의 원인을 제공했다. 이명박 대통령은 촛불시위 발생 이후 부쩍 소통을 강조했지만, 촛불시위의 본질은 국민이 원하는 것을 읽고 수렴하고 그것을 기대하는 결과로 만들어내지 못한 정부의 능력부족과 일방적인 행동에 있었다. 대통령과 정부는 자신들이 문제가 없다고 하고 잘되었다고 한다고 해서 일을 잘한 것이 아니다. 국민으로부터 공감을 받아야 하고 요구사항을 수렴할 줄 알아야 하는데 그것을 제대로 하지 못했다. 따라서 당연히 소통문제가 제기되지만, 소통부족이 본질은 아니다. 일을 처리하는 방법과 태도, 능력부족의 문제였다. 둘째는 정치권의 이기주의와 역할 부재를 들 수 있다. 정치는 원래 사회갈등을 해소하는 고유의 역할이 주어져 있다. 그런데 정당과 국회의원을 비롯한 정치권은 당리당략에 따라 여야가 나서 설전을 벌이고 일부 야당의원은 국민의 관심을 끌기 위해 시위에 참여하는 등 직분을 망각하고 오히려 시위가 확산되도록 했다. 정치권은 문제 해결과 여론 수렴을 위한 그 어떤 노력도 제대로 하지 않았다. 셋째는 언론의 과잉보도 문제다. 특히 MBC와 경향신문이 그 전면에 있었다. MBC는 PD수첩에서 미국산 소고기 수입과 관련하여 3차례 보도한 것 외에도 2008년 5월 8일 100분 토론에서 미국산 소고기 수입 협상 문제를 3시간 동안 토론회를 개최하여 논란이 확산되게 만들었다. 경향신문은 미국산 소고기 수입문제와 관련하여 2008년 7월 1일 213회 이달의 기자상 시상식에서 2명의 수상자까지 배출하기도 했다. 기자는 사실보도로 상을 받을 수는 있지만, 전체 기자가 쓴 기사를 편집하여 신문으로 출판하는 신문사는 다르다. 그런데 경향신문이 보도한 내용 중 정부가 채택하여 문제 해결에 사용된 대책이나 대안으로 채택되어 사회적 갈등을 잠재우는 데 도움이 된 기사는 거의 없었다. 그러나 MBC나 경향신문만이 문제가 아니었다. 대다수 언론이 연일 소고기 수입 문제와 관련된 보도를 했지만 실제로는 사실보도를 빙자한 현상보도와 추측보도로 부정확한 정보를 상당 부분 남발함으로써 촛불시위를 부추겼다는 비난을 피하기 어렵다. 사회갈등으로 인해 국가사회가 입게 되는 피해, 바람직한 시위문화 제시와 불법시위의 문제점, 문제 해결과 갈등 해소방안 제시 등을 시위대가 표출하는 국민 불만과 균형 있게 다루어야 했다. 그런데 그런 균형감각은 찾아보기 쉽지 않았다. 또한 왜곡된 인터넷 문화도 시민의 불안 심리를 더욱 자극했다. 광우병 괴담의 유포도 그렇지만 2000년경부터 인터넷 동호회를 중심으로 시작된 특정 장소에 모이기, 사람 찾기, 주어진 과제 수행 등의 놀이문화가 특히 젊은 층이 시위에 많이 참여하는 원인이 되기도 했다. 미국산 소고기 수입과 관련하여 온갖 괴담과 억측 등 부정확한 내용이 나돌았지만, 권리만 주장할 뿐 아무도 제대로 책임지는 자세를 보이지 않았다. 넷째는 사회단체 중심 진보진영의 정권상실감 표출을 들 수 있다. 이것은 촛불사태의 지도부 역할을 한 사람 중 진보진영의 시민사회단체에 소속된 사람들이 적지 않았다는 점이 잘 말해준다. 이에 반해 보수 진영의 사회단체 중 촛불시위에 참여한 사례는 잘 드러나지 않았다. 일부 타고난 반골 기질로 자기 존재감을 드러내기 위해 매번 반정부 시위 때마다 앞자리에 앉는 사람이 있는데 촛불시위 때도 그러한 사람들이 다수 포함되어 있었다. 다섯째는 사회적 광기 발현이다. 사건(事件)은 문제가 되거나 주목을 받을 만한 뜻밖의 일을 뜻하는데, 시위는 국민이 불만을 정부에 직접 표현하고 전달하는 가장 일반적인 수단으로 사전에 계획되는 것도 있지만, 그보다는 사건과 상황에 따라 우발적으로 일어나는 것이 훨씬 더 많다. 참여자들도 목적의식을 갖고 시위에 참여하는 사람도 있지만 그렇지 않고 군중심리에 의해 참여하는 사람들도 적지 않다. 광기(狂氣)는 사소한 일에 화내고 소리치는 사람의 기질을 말하는데 사회적 광기가 발현될 때는 더욱 그렇다. 촛불시위는 광우병에 대한 불안 심리가 자극되어 표출된 것이지만 참가자의 목적과 의도는 모두 같은 것으로 보기 어렵다. 각자 자신의 입장에서 갖는 정부와 사회에 대한 불만을 드러낸 것이다. 대개 사회적 현상은 단일 사건이 관심사가 되더라도 이전에 일어난 다른 사건에 대한 국민 정서가 반영되어 복합적으로 분출되는 경우가 많다. 촛불시위도 마찬가지다.

7. 촛불시위의 진정

촛불시위가 급격하게 수그러들어 진정 국면에 들어가는 데 결정적인 역할을 한 것은 시위지도부의 체포로 주도 세력 상실, 시위대의 가두시위에 따른 인근지역 상인과 통행에 불편을 겪은 시민들의 불만이 누적되면서 시위 반대여론의 증가와 그에 따른 압박, 미국의 태도 변화로 2008년 6월 14일에서 19일까지 진행된 한미 쇠고기 협상 추가협의를 통한 30개월 이상 소고기 수입 금지, 검역 강화방안 제시 등 국민의 요구 수렴 반영, 2008년 6월 19일 대통령 특별기자회견에서 대국민 사과 등 여러 가지가 복합적으로 작용했다. 하지만 무엇보도 결정적인 역할을 한 것은 일본에 의한 독도문제의 급부상이었다.

정부는 2008년 7월 14일 일본이 중등교과서 해설서에 '독도 영유권'을 사실상 명기한 것을 영토 주권 침해로 간주, 권철현 주일 대사를 소환하고 독도에 대한 실효적 지배 조치를 취하기로 하는 등 범정부 차원의 총력 대응체제를 구축기로 했다. 청와대는 일본의 영유권 명기를 매우 심각한 사태로 규정하고 즉각 '절대 용납할 수 없다'는 입장을 내놨다. '향후 한·일 관계 악화에 대한 모든 책임은 일본에 있다'는 점도 분명히 밝혔다. 이명박 대통령은 즉각 엄중 대처를 지시했다. 강경 대응 배경엔 독도는 우리의 영토 주권과 자존심이 걸린 문제로 초기에 미흡하게 대처했다간 자칫 '쇠고기 파문'과 같은 국민적 공분을 살 수 있다는 인식이 깔려 있었다. 청와대의 이 같은 방침에 따라 각 부처는 단계적인 조치를 취하고 나섰다.

우선 유명환 외교통상부 장관은 14일 오후 시게이에 도시노리 주한 일본 대사를 외교부 청사로 초치, 항의의 뜻을 전달했다. 권 대사는 일본 외무성을 방문해 항의할 계획이며 우리 정부는 16일경 권 대사를 본국으로 귀환 조치키로 했다. 사실상 소환의 성격이 강하다. 외교부와 국토해양부, 교육과학기술부, 경찰청 등 여러 부서가 나서 다양한 대책을 내놓았다. 그러나 이 같은 조치들이 실효성을 거두기는 힘들다는 게 당시 대체적인 관측304)이었다. 일본 정부가 한국의 강한 반발을 뻔히 예상하면서까지 영유권 명시를 강행한 마당이어서 스스로 철회하기는 불가능하다는 게 전문가들의 공통된 지적이었다. 그러나 촛불사태 국면을 전화하는 데는 충분히 효력을 발휘했다.

정부 여당에 발맞추어 야권도 15일 일본의 '독도 영유권 명기' 강행 사태를 놓고 총력 규탄태세에 돌입했다. 이번 사태는 명백한 영토주권 침해이자 역사적 범죄행위로서 이를 즉각 철회하지 않을 때 가용한 외교적 수단을 총동원해 강력히 대응해나가겠다는 의지를 천명하고 나섰다.305) 한승수 국무총리는 7월 29일 오전 유인촌 문화체육관광부 장관, 정종환 국토해양부 장관과 함께 독도에 도착하여 김관용 경북도지사와 독도 경비대장으로부터 독도 수호 종합대책과 경비 현황을 보고받고 독도 주민들과 경비대원을 격려하는 등 영토 주권을 수호하겠다는 정부의 의지를 강력히 표명했다. 또한 독도가 한국 영토임을 나타내는 표지석을 설치하고 독도 주민과 함께 독도수호 결의 다짐 행사를 했다.306) 이외에도 상당 수 국회의원이 독도를 방문하는 등 전국 곳곳에서 반일 시위가 이어졌다.

---

304) 한국경제 2008. 7. 15.

305) 연합뉴스 2008. 7. 15.

306) 경상북도 인터넷신문 2008. 7. 30.

2008년 7월 초순 방한 예정이었던 부시 미국 대통령의 방한 일정까지 연기하게 만들었던 촛불시위에 대한 국민 관심이 일제히 독도문제로 전환되면서 급격하게 세력이 약화되어 진정국면에 접어들었다. 대통령과 정치가들이 지도력을 발휘하거나 정부가 문제해결능력을 발휘한 것이 아니라 다른 문제로 사회적 관심이 전환되면서 진정된 것이다. 그동안 우리의 정치권, 정부, 언론은 어떤 제대로 된 대안이나 해결책도 내놓지 못하면서 오히려 문제를 확대시키는 역할을 했다. 무슨 말 못할 속사정이 있는지 모르겠지만, 촛불시위에서 문제가 된 것은 국민의 눈높이에 맞는 일 처리를 못하고서도 문제가 없고 당연히 할 일을 했다고 주장하며 국민을 설득시키는 능력도 해결 대안도 내놓지 못하는 정부와 고위공직자들의 거만한 모습은 국민을 더욱 분노하게 만들었다.

한동안 잠잠하던 촛불시위 문제가 2010년 5월 11일 조선일보의 촛불시위 참가자 인터뷰 관련 보도, 이명박 대통령의 촛불시위 문제에 대한 언급에 대해 시위 참가자들이 반발하면서 한동안 촛불시위를 두고 논란이 재연되는 듯했다. 하지만 후속적으로 언론과 대통령이 이 문제에 대해 언급을 하지 않으면서 외형상 거의 진정된 것으로 보인다. 지금도 여전히 우리 사회의 갈등을 확대시키는 데 정치인이 큰 몫을 한다. 마치 무슨 일을 해야 하는 직분을 맡고 있는지 모르는 것처럼 스스로 문제를 일으키고 상황을 악화시키면서 한편으로는 그것이 잘못되었다고 국민을 계도하려는 우를 범하고 있다. 사회갈등이라는 측면에서 보면 정치권과 언론은 상부상조하며 너무나 닮은꼴로 잘못을 지속하고 있다. 특히 이명박 대통령이 우리나라 사회갈등 유발 제조기 역할을 담당하고 있는 것을 이제는 국민들도 잘 안다. 세련된 표현으로 국민의 공감을 얻을 능력이 없으면 말을 안 하는 것이 더 나은데, 이명박 대통령은 여전히 책임지지도 않을 말을 너무 많이 하는 것이 탈이다.

용산참사 발생 이유와 원인[307)

1. 사건 개요

용산 4구역 철거 현장 화재 사건은 2009년 1월 20일 대한민국 서울특별시 용산구 한강로 2가에 위치한 남일당 건물 옥상에서 점거농성을 벌이던 세입자와 전국철거민연합회(이하 전철연) 회원들, 경찰, 용역 직원들 간의 충돌이 벌어지는 가운데 발생한 화재로 인해 다수의 사상자가 발생한 사건이다. 이 사건으로 철거민 5명과 경찰특공대 1명이 사망하고 23명이 크고 작은 부상을 입었다.[308) 사고 당시의 폭력 문제, 용역 직원, 안전 대책, 과잉 진압 여부 등에 대한 논란과 함께 검찰의 수사가 이어졌고, 이후 수사 결과, 홍보 지침, 왜곡 시도 등에 대한 논란도 있었다. 이 사건은 주로 용산참사라 불린다.

---

307) 용산참사 발생 이유와 원인은 위키백과사전의 '용산 4구역 철거 현장 화재 사고' 내용을 참조하였음.
308) MBC 2009. 1. 20.

  2009년 1월 19일 오전 5시 33분 용산 4구역 철거민과 전국 철거민 연합회 회원 등 약 30여 명이 서울특별시 용산구 한강르 2가에 위치한 6층짜리 남일당 상가 건물 옥상을 점거하였으며, 경찰은 경비 병력으로 3개 중대 300여 명을 투입하였다. 검찰의 공소사실에 따르면, 철거민들은 옥상 건물 위에 망루(望樓)를 짓고 충분한 양의 가연성 물질인 시너를 바닥과 옥상에 준비하였고 화염병과 돌을 던지며 철거반에 저항하였으며, 경찰은 물대포를 쏘며 맞섰다.309) 철거민들은 서울시가 임시시장 개설 등 최소한의 보상도 없이 철거를 밀어붙이고 있다 서울시가 철거민들의 생계보장을 위한 조치 없이 영업 중인 상적 앞에 바리케이드를 치는 등 강제철거를 계속했다고 주장했다.310)

  1월 20일 오전 1시 22분, 철거민들이 던진 화염병으로 농성장 옆 상가 건물 가림막에 화재가 발생했으나 40분 만에 진화되었고, 오전 6시 12분에 경찰은 철거민들에게 물대포 살수를 시작하였다. 6시 45분, 경찰은 건물의 옥상에서 농성하던 철거민들을 진압하기 위해 컨테이너에 경찰특공대를 태워 옥상으로 올려 보냈으며, 7시에 컨테이너가 옥상으로 올라가자 본격적인 진압이 시작되었다. 7시 20분어 특공대를 실은 두 번째 크레인이 올라가자 3층과 5층에서 불이 났고, 옥상에 있던 망루에도 불길이 번졌다. 7시 30분에서 40분 사이, 5층에서 3명이 불을 피해 창문가로 이동했다. 7시 45분에는 불이 붙은 망루가 무너졌고, 8시 30분에 소방관들이 옥상에 올라가 망루를 해체하였다.311) 11시 45분 경찰은 망루를 수색하여 사망자 5명(세입자 2명, 전철연 회원 2명, 경찰특공대대원 1명)을 발견했으며, 23명(경찰 16명, 농성자 7명)이 부상했다

---

309) 연합뉴스 2009. 1. 20.

310) 노컷뉴스 2009. 1. 19.

311) 한겨레 2009. 1. 20.

고 발표하였다. 12시 20분 시신 1구가 추가로 발견되었다.

유가족들과 세입자들은 과잉 진압이라며 책임자 처벌과 보상을 요구했고, 참사 20일 뒤 결국 김석기 경찰청장 내정자가 사퇴했다. 당시 김석기 경찰청장 내정자는 "용산 사태의 도의적인 책임을 지고 경찰청장과 서울지방경찰청장에서 사퇴하기로 결심했다"고 말한 바 있다. 하지만 정부와 서울시는 경찰은 질서유지를 위해 개입했을 뿐이라며 보상과 책임자 처벌 등 유가족들의 요구는 거부했다. 이에 따라 유가족과 용산참사 범국민 대책위원회는 장례를 미룬 채 항의시위와 농성에 들어갔고, 시울시와 종교단체 대표 등의 중재 노력으로 2009년 12월 30일 보상협상이 극적으로 타결됐다.[312] 용산참사 철거민 희생자들에 대한 장례식이 참사 발생 355일째인 2010년 1월 9일 서울 도심에서 이루어졌다.[313] 장례식이 끝남으로써 갈등 양상을 지속시켜온 핵심쟁점이 매듭지어졌고, 2010년 7월 22일 서울중앙지법 형사합의 28부(김시철 부장판사)가 용산참사 당시 망루 농성을 벌이고 진압 중인 경찰관을 다치게 한 혐의로 기소된 박모 씨 등 14명에게 징역 1년 6월~3년에 집행유예 3~4년을 선고함으로써 사건이 사실상 종결되었다.[314] 용산참사 당일 시간대별 상황은 [표 4-2]와 같다.

---

312) KBS 2009. 12. 30.

313) 중앙일보 2010. 1. 9.

314) 연합뉴스 2010. 7. 22.

[표 4-2] 용산참사 당일 시간대별 상황

시 간	내 용
03:30~05:30	특공대 인원배치, 크레인설치, 소방차·구급차 대기
06:30	특공대 진압작전 개시(옥상조, 지상조 투입)
06:44	지상조 3층 장악, 옥상조 특공대 12명 옥상에 내림
06:54	2차 옥상조 특공대 7명이 옥상에 내림. 나머지 옥상조 4명이 컨네이너 타고 망루 접근하다 화염병에 맞아 휴대용소화기로 진화
06:47~07:10	옥상 농성자와 망루 농성자 각 9명 검거
07:10	망루 진입했던 특공대원 격렬 저항으로 망루 밖 후퇴
07:15	농성자들어 망루 창문 밖으로 통째로 시너투기
07:18	특공대 망루 2차 진입 시도
07:19	4층 계단 부근에 있던 농성자 중 일부가 망루 외벽 해체하는 특공대원들 향해 30초 이상 시너 다량 투기
07:20	망루 3층 계단 부근에서 발화한 불이 망루 내 계단과 1층 바닥에 옮겨 붙으며 대규모 화재 발생
07:28	화재로 망루 붕괴
07:52	옥상 등에서 농성자 9명 검거
09:38~12:50	농성자 5명과 경찰관 1명 시체 발견

출처: 연합뉴스 2009. 2. 9.

2. 배경

1) 도시정비사업

서울시는 도시정비사업의 일환으로 용산 4구역 재개발사업을 추진하였다. 용산 4구역 재개발사업은 한강로 3가 63~70번지 일대 5만 3,442m²를 도시환경정비 차원에서 재개발하는 사업이다. 이 사업으로 40층 규모 주상복합 아파트 6개 동(493가구, 평형은 164~312㎡)이 들어서게 된다.[315] 상인들은 재개발로 인해 주변 땅값이 많이 올라 장사가 힘들어졌다. 그리고 도시정비사업 관련 법률은 도시개발법과 도시 및 주거환경정비법, 도시재정비 촉진을 위한 특별법, 토지보상법 등으로 다종다양하여 법률 간에 일관되지 않는 점도 있었고, 행정적인 판단을 하기에 불필요하게 복잡하게 되어 있는 부분도 있었다. 이러한 복잡한 법체계의 틈으로 공공연한 불법행위가 저질러졌다. 서울시와 자치구들은 토지보상법에 규정된 주거 이전비가 너무 적다며 반발해 시위를 해온 세입자들(약 100여 명)을 강제로 철수시키는 과정에서 물의를 일으켰다.[316]

2) 보상비 갈등

인명 참사로 이어진 서울 용산 재개발 철거민들의 건물옥상 농성은 철거민과 조합 간 보상비 갈등이 직접적인 원인이다. 서울시와 용산구에 따르면 재개발조합 측은 세입자에게 법적으로 규정된 휴업보상비 3개월분과 주거 이전비 4개월분을 지급한다는 입장이었다. 그러나 일부 세입자는 조합이 주는 보상비로는 생계와 주거를 이어갈 수 없다는 입장이었다. 상가 세입자들은 "지금껏 충분하지는 않지만 먹고살만했는데, 조합이 주는 보상비는 턱없이 적다. 철거하면 당장 생계를 이을 수 없으니 대체 상가를 마련하는 등 대책을 세워 달라"라고 요구하였다. 사건 발생 전에 세입자 890명 중 85.7%(763명)의 보상은 완료되었다. 철거도 80%가량 이뤄졌으나 일부 상인과 주거 세입자 중 100여 명이 2007년부터 보상비에 반발해 시위를 계속했다.[317]

---

315) 세계일보 2009. 1. 20.
316) 한겨레 2009. 1. 21.
317) 세계일보 2009. 1. 20.

3) 겨울철 강제철거

철거민들이 과격한 수단을 동원한 것은 겨울철 강제철거 때문이라는 분석이 있다. 해당 구역은 2008년 11월부터 철거가 본격적으로 시작되었는데, 거처 마련이 어려운 상황에서 겨울철 철거 위기에 몰렸다는 것이다. 국제사회에서는 임시거처를 마련하기 어려운 상황을 고려해 겨울철 강제철거를 금지하고 있다. 우리나라가 가입한 UN 사회권규약위원회는 "퇴거를 당하는 사람들이 원치 않을 경우 겨울철과 같은 악천후에는 퇴거를 수행해선 안 된다"고 못 박고 있다. 서울시 역시 2008년 11월 겨울철 강제철거를 원칙적으로 금지하는 행정 지침을 내놨다. 하지만 마땅한 처벌규정이 없는데다 법원에서 허가를 받으면 철거를 막을 수 없다. 이러다 보니 2008년 말 왕십리 뉴타운과 성동구 재개발 지역에서 철거가 이뤄지는 등 한겨울 강제 철거가 여전히 계속되고 있다.[318]

4) 안전대책 미비

애초 경찰청 진입계획에는 유류화재 진압이 가능한 소방차가 필요하다고 돼 있었다. 용산경찰서가 이 계획을 받아 용산소방서에 '분말 분사가 가능한 화학소방차'를 요청했으나 경찰과 소방서 실무자 간 협의 과정에서 화학소방차는 굳이 출동할 필요 없겠다고 협의가 돼 출동하지 않았다.[319] 검찰은 경찰이 진압작전을 준비하는 단계에서 소방서에 유류화재에 대비한 소화성 물질을 요청할 정도로 화재 발생 위험을 예측했지만, 마땅한 소화(消化)약제가 없다는 이유로 소방대비책이 없는

---

318) YTN 2009. 1. 22.
319) 한국일보 2009. 2. 10.

상황에서 진압을 시작했다. 검찰은 이에 대해 "소방장비를 갖췄더라도 사망참사를 막기 힘들었을 것"이라고 말했다. 하지만 야당과 철거민 측은 경찰이 "1차 진입 후 화염병 등을 확인하고도 소화기로 진압이 가능했다는 이유로 별다른 조치 없이 인력만 보강해 2차 진입을 강행하는 바람에 참사가 발생했다"고 반박하기도 했다.[320]

3. 주요쟁점

1) 발화 원인, 농성자가 던진 화염병

농성자의 사망원인이 된 발화원인을 밝히는 것은 용산참사의 핵심 쟁점 중 하나였다. 이에 따라 책임 문제가 전혀 달라질 수 있기 때문이다. 이 발화원인에 대한 답은 재판과정에서 나왔다. 최대 관심사였던 망루 발화원인에 대해 재판부는 "농성자들이 경찰특공대 1차 진입 당시 화염병을 던진 뒤 큰 불이 나지 않고 꺼지자, 2차 진입 때도 그대로 던졌을 가능성이 크다"고 밝혔다. 농성자들이 망루 4층에서 던진 화염병이 3층 계단에 옮겨 붙은 뒤, 여기서 흘러내린 불똥이 발화하면서 망루 전체로 불이 옮겨 붙었다는 설명이다. 세녹스[321] 유증기에 정전기나

---

320) 조선일보 2009. 2. 10.

321) 세녹스(Cenox)란 대체에너지 벤처업체인 ㈜프리플라이트가 개발한 것으로, 석유제품인 용제와 석유화학제품인 메틸알코올, 톨루엔 등을 혼합한 제품이다. 세녹스는 2001년 7월 환경부로부터 첨가제로 승인을 받았다. 그런데 일반적으로 첨가제는 1% 정도 미량(微量) 넣는 것이 정상이지만, 세녹스는 가솔린에다 최대 40%까지 혼합할 수 있다. 또한 휘발유보다 값이 저렴하여 2003년 들어 인기가 급증하자 첨가제냐 유사휘발유냐 논쟁이 일었다. 산업자원부에서는 '유사휘발유'(휘발유 대용으로 판매할 수 없다는 뜻)로 주장하고, 제조사인 벤처업체 ㈜프리플라이트는 세녹스가 환경부에서 인정한 다목적 '연료첨가제'라 주장하고 있다. 세녹스는 제조원가(공장도 가격)만 비교하면 휘발유보다 비싸지만, 휘발유에 붙는 교통세·교육세·주행세가 붙지 않기 때문에 소비자 가격은 훨씬 저렴하게 판매되었다. 세녹스가 휘발유처럼 사용되자 국세청은 제조사 측이 그동안 밀린 600억 원의 교통세를 내야 한다며 강제 집행에 들어갈 것이라고 발표했으며, 이

전동그라인더 불꽃으로 발화됐거나, 발전기가 발화원인일 가능성을 배제할 수 없다는 변호인 측의 주장에 대해서 재판부는 "전동기의 전원은 꺼진 상태였으며, 날씨가 춥고 살수가 이뤄지는 상황에서 정전기 때문에 발화했을 가능성은 낮다"고 일축했다. 재판부는 끝으로 "누가 화염병을 던졌는지 알 수 없는 상황이지만, 인화물질을 다량 보관하는 상황에서 화염병을 계속 투척하면 많은 사람들이 상해를 입을 것으로 충분히 예상할 수 있어, 치사상죄를 면할 수 없다"고 덧붙였다.[322]

2) 경찰특공대 투입의 적법성

경찰특공대 투입이 적법한가 하는 점 또한 중요한 쟁점 중 하나였다. 과잉 진압으로 밝혀질 경우 책임이 모두 정부에게 전가될 수 있기 때문이다. 정부 측은 정당성을 유가족 측은 부당성을 주장했지만, 이 또한 재판부에 의해 답이 나왔다. 변호인 측이 주장한 경찰특공대 조기 투입의 불법성에 대해서도 재판부는 '이유 없다'고 못 박았다. 재판부는 "최초 경찰이 전철연 간부와 협상을 추진했지만, 농성자들은 '경찰철수'라는 실현되기 어려운 조건을 계속 요구했다. 경찰이 지속적으로 협상을 시도한 점이 인정된다"고 밝혔다. 재판부는 이어 "피고인들은 서울 중심지 도로에 위치한 건물에 망루를 세우고 화염병을 투척하는 중대한 범죄를 저질렀다. 숙련된 특공대의 투입이 필요했다고 보이며 조기투입결정이 위법했다고 보기는 어렵다"고 설명했다.[323]

에 제조사 측은 세녹스는 유사휘발유가 아니기 때문에 교통세를 낼 필요가 없다고 주장한다.

322) 노컷뉴스 2009. 10. 28.

323) 노컷뉴스 2009. 10. 28.

3) 농성 이유와 방법의 정당성

농성 이유와 방법이 정당한가 정당하지 않은가 하는 점은 농성자들의 행동에 대한 책임과 처벌 문제와 직결된다. 재판부가 농성 이유와 방법이 합법적인 것으로 인정할 경우 농성에 대해서는 처벌이 이루어질 수 없기 때문이다. 이 또한 재판부에 의해 결론이 내려졌다. 양형에서 재판부는 "농성자들은 권리를 지키기 위해 어쩔 수 없이 망루에 올랐고, 민사분쟁 사안에 경찰이 개입하면서 다수의 인명을 살상하는 결과가 초래됐다고 주장한다. 그러나 동기가 아무리 정당해도 그 수단과 방법까지 정당화될 수는 없다"고 밝혔다. 재판부는 특히 아무리 상황이 절박해도 망루 농성을 하며 경찰관을 향해 위험물질을 부어 많은 사상자를 낸 것은 국가 법질서의 근본을 유린한 행위라고 판단한 것이다. 재판부는 특히 "농성자들은 아무런 사과나 피해회복조치도 취하지 않고 있으며, 계획적으로 재판을 방해하고 재판장을 정치적 투쟁의 장으로 활용해 무거운 형을 내림이 마땅하다"고 설명했다. 재판부는 다만 "이번 사안이 사회적 갈등 끝에 빚어진 측면이 있고, 농성자 측 역시 5명이 사망했으며, 사회 각계에서 선처를 호소하는 탄원서가 접수된 점을 양형에 감안했다"고 덧붙였다.[324]

4) 문제 핵심 세입자 요구의 정당성과 보상

민주주의에서 일반적인 사회문제 해결방식은 이해당사자의 대화와 타협, 제삼자에 의한 조정, 사법부의 법률에 의한 판단, 공권력에 의한

강제에 의해 마무리된다. 다원주의 사회에서 사람들은 각자 의견과 생각을 가지고 이익을 좇아 행동하기 때문에 모든 문제는 개인의 배려와 양보, 대화와 타협을 통해 자율적으로 해결되는 것이 바람직하고 국가도 이러한 해결을 적극적으로 권장한다.

그동안 많은 사람들이 재개발사업이 안고 있는 문제의 핵심을 개발이익 배분이나 법률, 제도적인 측면에서 찾았다. 하지만 재개발 문제는 이러한 점보다는 세입자 요구의 정당성과 보상에 따른 이해관계가 핵심이다. 세입자가 보상에 만족하면 모든 문제는 해결된다. 물론 보상의 기준이 되는 법률과 제도, 개발이익 분배도 중요하기는 하다. 보상에 만족하지 않을 때 문제가 되므로 보상이 세입자들이 요구하는 현실적인 문제를 만족시키느냐 못 시키느냐 하는 문제가 최우선이 될 수밖에 없다. 궁극적으로 재개발지역에서의 이주 문제는 결국 보상으로 모든 문제가 해결된다. 국회의 적절한 법률 제정, 정부나 행정기관이 제대로 보상이 이루어지도록 정책이나 제도를 사전에 정비했느냐 하는 문제도 모두 이것과 연결되어 있다. 용산참사가 '이주비가 적어서 발생한 것이 아니라거나 장기간의 농성이 보상 몇 푼 더 받기 위한 것이 아니라'는 주장은 설득력이 떨어진다. 이사를 미리 한 사람들은 현실적인 기준을 수용하고 법질서를 지키기 위해 현실과 타협한 것이지 바보가 아니다. 용산참사도 법질서를 지키고 수용했으면 일어날 수 없는 일이었다. 그리고 모든 재개발사업 문제의 시작과 끝은 보상과 연관된 금전적인 문제이다. 이것은 주민들의 입장 표명과 주장에서도 그대로 드러난다. 한 재건축 지역 세입자는 "우리는 여기서 10년, 20년 장사하고 살던 사람들이에요. 그런데 개발이라고 권리금도 전혀 못 받아요. 뭐 먹고 살아요. 우리가 가진 것 가지고 갈 데가 없어요. 전부 사방이 (월세가) 올라버려서…" 상가가 많은 저개발 지역은 세입자들이 권리금과 실내장식

(interior) 투자비용을 보상받지 못할 경우 가게를 낼 수 없다고 세입자들은 하소연한다. 그러나 3달 동안 장사를 못해서 생기는 손해, 즉 휴업보상금만 지급되고 있다. 지금도 이런 갈등을 풀지 못해 제2의 용산 참사가 일어날 위험은 어디나 도사리고 있다.[325]

분명히 유사한 사태가 재발할 우려는 서울 시내 곳곳에 여전히 남아 있다. 재개발이나 재건축 등이 진행되는 곳에서 개발 사업을 추진하려는 측과 더 많은 보상을 요구하는, 또는 개발 자체를 반대하는 원주민이나 상가 세입자 등의 대립이 끊이지 않고 있기 때문이다. 주민과 상가 세입자들이 주거 대책을 마련하고 적정한 보상비를 지급하라며 반발하고 있다. 특히 상가 세입자들은 보상비로 주어지는 3개월 치 영업평가 금액만으로는 다른 지역에 새로 터를 잡고 생계를 유지하기가 불가능하다며 목청을 높인다. 상가 세입자에게 이사비와 영업손실 보상비 정도를 보전해줄 뿐 재입주 자체가 어려운 지금의 재개발 보상 제도를 전면 재검토하지 않는다면 언제든지 참극은 되풀이될 수 있다고 전문가들은 지적한다. 이사비와 보상비가 가구당 2천만에서 3천만 원에 불과하고 세입자끼리 주고받는 '권리금'에 대한 보상 규정도 마련돼 있지 않아 재개발에 들어가면 세입자는 큰 곤경에 처할 수밖에 없다는 것이다.[326]

실내장식과 권리금은 법 규정이나 제도와는 상관없이 우리 사회에 상존하는 현실적인 것이므로 차제에 법 개정을 통한 근거 마련과 제도적 개선이 필요한 부분이다. 다만 그 기간과 근거를 명확히 하여 상각 기간을 기준으로 설정하여 그 범위 내에 드는 것은 보상해 주는 것이 마땅하다. 재건축 조합은 결성과 동시에 지역 내 모든 상가 세입자에게 재건축 추진 사실을 의무적으로 알리고 보상관계를 설명하여 세입자의

---

325) KBS 2009. 12. 30.
326) 동아일보 2009. 12. 30.

피해와 마찰을 줄일 수 있도록 기준을 개정할 필요가 있다. 하지만 우리의 현실은 무리한 요구를 하는 세입자들의 억지를 법과 제도만으로 해결하기 어려운 점이 상존한다. 가령 가게를 운영할 곳을 시에서 마련해 달라거나 새로 건축된 상가에 입주권을 요구하는 것 등이 그것이다. 시에서 개인의 가게까지 마련해 줄 수 없다는 것은 우리 모두가 아는 사실이다. 입주권은 시세 차익을 염두에 둔 특혜를 말한다. 분양가에 가게를 구입할 여력이 있는 사람들은 다른 곳에 가서도 가게를 할 수 있기 때문에 그것은 애초부터 무리한 요구다. 사회적 약자에 대한 배려와 주거권 등 삶의 터전이 침해당한다는 점이 고려될 수는 있지만, 이것도 정도를 넘어서는 곤란하기 때문에 기준에 없는 억지 보상 요구는 타협의 대상이 될 수 없다.

그런데도 세입자들은 왜 버티기를 하며 정도를 넘는 요구를 할까? 그것은 현실적으로 부족한 이주비와 개발이익이 주택 소유자, 재건축이나 재개발조합, 건설사들에게 모두 돌아가는데 자신들은 수혜를 누리지 못하는 것은 고사하고 삶의 터전에서 쫓겨나 갈 곳이 없는 피해까지 입는다는 불만과 피해의식 때문이다. 현실적으로 이주비가 부족해 이사를 하고 싶어도 할 수 없기 때문에 주저앉아 있게 만든다. 다급해진 조합 측이 강제 철거를 시작하면 그 때부터는 버틴다. 버티기가 한계에 도달하면 철거를 저지하기 위해 농성에 돌입한다. 이런 과정에서 이주비 협상이나 이주대책이 마련되지 못하고 자신들의 힘이 부족함을 인식하여 전국철거민대책위원회 같은 외부 세력과 연계하면 농성은 점차 폭력적인 저항으로 바뀌고 때로는 극단적인 행동을 일삼는 경우도 발생한다. 하지만 대다수 사람들은 억울하다는 마음이 들어도 억지로라도 이주 대책을 마련 정들었던 곳을 떠난다.

문제는 착공이 지연되면 조합원과 건설사의 부담이 커지기 때문에 조합이나 조합원, 건설사 입장은 어떻게 해서라도 빨리 세입자와 문제를 해결하고 싶어 한다. 그런데 세입자들의 요구가 대부분 기준에 없거나 기준을 벗어난 것이다. 근거 없는 자금 집행은 곧바로 책임으로 이어지기 때문에 이렇다 할 해결방안이 없다. 한 곳에서 법이나 제도에서 허용하는 기준을 넘어선 보상을 하면 다른 지역이나 다른 사람에 의해 바로 도전되고 더 많은 보상요구로 이어지므로 이 또한 심각한 고민거리이다. 용산참사는 협상결과를 공개하지 않기로 함에 따라 공개하지 않아 사실 여부는 확인할 수 없지만, 언론을 통해 숨진 농성자 5명의 유족이 용산 4구역 재개발조합으로부터 35억 원 가량의 보상금을 받을 것으로 전해지자 바로 경찰 순직자에 대한 보상[327]을 현실화하라는 요구로 이어졌다.

전·현직 경찰관들의 모임인 대한민국 무궁화클럽은 2010년 1월 8일 서울시 서대문구 미근동 경찰청 앞에서 기자회견을 열고 용산 사건에서 희생당한 경찰관에 대한 보상금을 늘려줄 것을 요구했다. 전경수 회장은 "용산 사건에서 숨진 민간인 유족에게 지급되는 보상금은 35억 원에 이르지만, 진압 과정에서 숨진 경찰관 유족에겐 보상금이 훨씬 적게 주어졌다. 서울시와 시공회사는 숨진 경찰관 유족에게 최소한 100억 원 이상의 보상금을 지급하라"고 말했다. 전 회장은 "당시 진압 과정에서 다친 경찰관에게도 더 큰 보상을 해야 한다"고 강조했다. 용산 사건에서 숨진 고 김남훈 경사의 유족에게는 퇴직금과 보상금 등의 명목으로

---

327) 위험직무 관련 순직공무원의 보상에 관한 법률 시행령 제2조(전체 공무원 보수월액의 평균액) 「위험직무 관련 순직공무원의 보상에 관한 법률」(이하 '법'이라 한다) 제5조제3항에 따른 전체 공무원 보수월액의 평균액은 행정안전부장관이 매년 1월 25일을 기준으로 산정하여 고시한다. 법에 따르면 순직 공무원의 유족이 받을 수 있는 돈은 보상금과 연금 두 종류다. 보상금은 전체 공무원이 받는 보수월액(평균 월급)의 60배, 연금은 근무한 기간에 따라 사망 당시 월급의 55~65%를 매월 지급하도록 돼 있다. 그러나 남은 가족이 살아가는 데에는 이 돈이 현실적으로 부족하다는 지적이다. 경찰청 복지정책과 박종모 경사는 "뉴욕 경찰의 경우 순직을 하면 당시 받던 급여를 배우자가 사망할 때까지 매달 100% 지급한다"며 "우리도 보상금 지급액을 현실화할 필요가 있다"고 말했다.

일시금 1억 3천9백만 원이 주어졌고 보훈연금으로 매달 86만 원이 지급되고 있다. 당시 부상을 당한 경찰관들에게는 10만 원에서 50만 원의 위로금이 주어졌다. 위험직무 관련 순직 공무원 보상에 관한 법률은 '고도의 위험을 무릅쓰고 국민의 생명과 재산을 보호하기 위한 직무를 수행하다가 순직한 공무원의 유족에게는 안정적인 생활을 할 수 있도록 보상을 실시한다'고 규정하고 있다. 화재를 진압하다 사망한 소방관, 음주운전을 단속하다 달아나는 차량에 치여 사망한 교통경찰관 등이 대상이다. 용산 사건에서 사망한 김 경사도 이에 해당한다[328]는 것이다.

버티기와 억지, 3차 개입과 중재, 협상 등 복합적인 요소가 작용하여 책정된 용산참사 유족에 대한 보상금은 순직 경찰의 보상금 현실화 요구로 이어지는 새로운 사회문제를 만들어 냈다.

4. 근본적 원인, 법의 정당성과 준수 문제

용산참사의 원인을 규명하는 것은 유사 사고를 예방하기 위해 아주 중요하다. 우리 사회 일각에서는 용산참사의 본질은 재개발로 삶의 터전을 잃고 쫓겨나게 된 철거민들의 항의시위에 경찰이 충분한 사전대비도 없이 무모하게 진압작전을 펼친[329] 것이 원인이라고 생각하는 사람들이 적지 않은 것 같다. 경찰이 진압작전을 하지 않았다면 이런 일은 발생하지 않았을 것이기 때문에 맞는 것 같기도 하고 아닌 것 같기도 하다. 여러 가지 상황 설정과 가정을 동원하면 초점을 어디에 맞추느냐에 따라 이야기가 전혀 달라진다. 쉽게 결론이 나지 않는다.

---

328) 중앙일보 2010. 1. 9.

329) 한겨레 2009. 12. 30.

경찰이 무모한 작전을 펼친 것이 원인이라면 다음부터 무모한 작전을 펼치지 않으면 이런 문제가 발생하지 않는다는 말이 된다. 그런데 여기서 또 다른 의문이 생긴다. 첫째는 폭력이 난무하는 현장이 생겨도 진압을 하지 말아야 하는가 하는 점이다. 그것은 아니다. 민주주의의 원칙인 법을 무시하고 다른 사람이 피해를 입는 것을 방치하면 사회질서는 확보될 수 없다. 모두 실력행사를 하려 할 수밖에 없다. 그러면 더 많은 참사가 유발될 가능성이 크다. 둘째는 충분한 사전대비의 기준과 무모하지 않은 작전은 무엇인가 하는 점이다. 우리는 그것을 잘 모른다. 상황에 따라 다르기 때문이다. 현장 상황은 시시각각 변화한다. 아무리 사전에 충분한 대비를 해도 항상 예기치 않은 일이 발생할 수 있고 작전이란 변화되는 상황에 따라 진행되는 것이다. 상대방의 행동은 그 변수를 확대하기 때문에 그 기준을 판단하기는 지극히 어렵다. 물론 당시 경찰이 화학소방차와 추락에 대비한 준비 등 일부 미흡한 점이 있었다는 점을 지적하고자 한다면 그것은 이해할 수 있는 일이다.

이러한 일련의 상황을 종합하면 용산 참사의 궁극적인 원인은 법의 정당성과 준수 문제로 거슬러 올라간다. 문제의 쟁점은 일반 주거 전세 입자와 형평성을 고려하지 않고 권리금과 실내장식 비용 등 보상을 농성세입자들이 원하는 대로 해줄 수 있느냐 하는 것과 그렇게 해준다면 정당한 것인가 하는 것이다. 정당성에 문제가 없으면 해결은 간단한데 정당성에 문제가 있다. 이해관계가 없는 사람들은 현실적인 법적 기준에 따라야 한다고 하지만 생존권을 침해당하는 상황에서 현실과 동떨어진 법을 정당한 기준이기 때문에 손해를 감수하며 지키라고 한다고 해서 되는 것이 아니다. 법률은 현실적 상황을 반영하도록 형평성이 고려될 수 있는 근거를 제공하고 제도가 그에 따라 정비될 때 지켜질 수 있다. 이런 측면에서 현행 법률은 정당성 측면에서 다소 문제점을 안고 있기 때문에 관련 구정을 개정하거나 보완할 필요가 있다. 정치권드 이러한 측면의 문제를 해소하기 위해 용산참사 이후 여러 건의 법률을 개정 부분적인 보완이 이루어졌다. 그럼에도 세입자들의 요구를 모두 반영하기에는 여전히 부족한 점이 많다.

다음은 법규 준수 문제이다. 아무리 좋은 법률과 제도를 만들어도 그것을 지키고 지키지 않는 것은 사람이다. 위법인 줄 알면서도 지키 지 않으면 공권력을 통해 강제할 수밖에 없다. 용산참사도 결국 기존 법률을 지키지 않았고 농성이라는 극단적인 방법을 선택한 것이 단초가 되었다. 도로에 날아드는 화염병에 의한 피해를 막기 위해 경찰이 진압하는 과정에서 벌어진 참사이다. 잘못된 법률과 제도는 개선해야 하겠지만, 민주주의에서는 질서가 유지되어야 한다. 따라서 경찰은 유사한 상황이 벌어지더라도 또 진압에 나서야 한다는 점에 대해서는 모두가 공감하는 일이다. 작전에 임하는 경찰이 법을 위반하면 책임을 물을 수 있지만, 현장 상황에 대한 작전권은 현장을 지휘하는 지휘관에게 맡겨야 한다는 것은 당연한 일이다.

5. 잘못된 시위문화와 문제 제기 방법

그동안 우리 사회어는 무리한 요구를 관철하기 위해 극렬 투쟁을 벌이다 사고가 나면 '폭력 경찰'에 모든 책임을 뒤집어씌우고, 상식에 반하는 '떼법'으로 밀어붙이는 일이 비일비재했다.330) 그리고 고성불패와 도심지 광장이나 시가에서 시위를 통하여 민주화를 요구하는 광장 민주주의가 공공연하게 통용되었다. 용산참사는 경찰의 진압 작전 개시

---

330) 동아일보 2009. 10. 29.

전 하루 동안에만 농성자들은 화염병 200여 개, 염산병 40여 개, 골프공과 벽돌 수백 개를 던졌다. 근처 한강로의 통행이 다섯 차례 통제됐다. 건물 망루 속에는 쇠파이프 250개, 시너 70여 통, 염산 20리터짜리 2통, 새총발사대 20개, 골프공 1만 개, 유리구슬 3천 개, 쌀 20포대 등 시위도구가 준비돼 있었다고 한다. 결국 진압 과정의 화재로 경찰 1명, 농성자 5명이 숨졌다.[331]

상황이 이런데도 용산사건 관련 단체들은 그동안 화재 사망자와 구속자들의 불법 폭력행위는 외면한 채 일방적인 희생자로 부각하고 경찰의 정당한 공권력 행사를 살인행위라고 몰아붙였다. 또 철거 반대투쟁을 벌인 사람들은 아무 잘못도 없는데 경찰의 불법 과잉진압 때문에 참사가 빚어진 것처럼 주장했다. 철거민 관련 단체 사람들은 정부의 사과와 법적 근거도 없는 보상을 요구하며 사망자들의 유족을 일방적으로 감싸 사건 발생 11개월이 넘도록 장례식도 치르지 못하도록 했다. 하지만 이들이 사건의 진상을 왜곡하고 오도했음이 1심 판결문을 통해 상당 부분 확인됐다. 판결문은 '아무리 절박해도 자신들의 주장을 관철하기 위해 공무집행 중인 경찰을 향해 위험한 화염병을 던진 것은 국가 법질서의 근본을 유린하는 행위로 법치국가에서 용인될 수 없다'고 밝혔다. 재판부는 관련자들이 경찰과 철거용역반원에게 책임을 전가하고 자신들의 행위로 죽고 다친 사람들에게 아무런 피해 보상을 하지 않은 데다 정치적 목적으로 재판 진행을 방해한 태도를 꾸짖었다. '무리한 진압이 참사를 불렀다'는 주장에 대해서도 '한강대로 변 건물에 무단 침입해 행인들을 위협하는 위험한 농성을 벌이는 농성자들을 신속하게 진압하기 위해 경찰이 특공대를 조기에 투입한 것은 정당한 공무집행'이라고 인정했다.[332]

---

331) 조선일보 2010. 1. 5.

변호인단 측은 판결 선고 직후 낸 성명서를 통해 "가장 핵심 혐의인 특수공무집행방해치사상죄를 인정한 것은 재판부가 사법정의를 포기한 것과 마찬가지이다. 2009년 3월부터 진행된 재판과정은 우리 사법현실을 적나라하게 드러냈다. 검찰의 기소내용이 구체적 증거 없이 억지스러운 짜 맞추기 수사였음이 드러나, 기소의 핵심내용이 무너졌는데도 재판부는 정의보다는 정치권력의 힘을 택했다"고 비판했다. 한편 변호인단 측은 국회의 도움을 얻어 특별검사제를 도입해 이 사건을 처음부터 다시 수사하게끔 노력하겠다고 설명했다.[333)

민주주의에서 문제 제기는 절차와 방법에 따르면 된다. 변호사는 변론으로 검찰의 잘못을 입증하고 무죄나 정부 측이 책임을 지도록 만들고 그것이 마음에 안 들면 항소하면 된다. 언론을 통해 판결내용을 비판하고 문제를 제기하는 것은 바람직하지 못한 방법이다. 그리고 시민단체도 사회적 약자인 세입자의 이익을 대변하기 위한 노력과 자세는 나름대로 가치가 있지만, 그렇다고 뚜렷한 근거 없이 정부를 공개적으로 비판하는 일은 삼가야 한다. 만일 정부의 통치에 잘못이 있다면 사법부를 통해 해결하면 될 일이다. 사회적 약자를 위하는 마음은 가상하지만 그로 인해 다른 문제를 파생시킬 수 있는 행동을 하는 것은 국민에게 피해를 줄 수 있기 때문에 합리적인 방법으로 전환하는 것이 마땅하다.

6. 사회구조적 문제가 빚어낸 참사

세종대 도시부동산대학원 김수현 교수는 "불량한 도시환경을 개선하

---

332) 동아일보 2009. 10. 29.
333) 노컷뉴스 2009. 10. 28.

면서 우량주택 공급을 늘리고 주민과 정부 모두 돈을 들이지 않는 그런 꿈같은 사업은 없다. 따라서 도시 재생사업은 서민들을 보호하되 우량 주택 공급에 중점을 두는 사업과 서민들의 생활에 적합한 수준으로 개발하되 공공이 지원하는 사업으로 이원화할 필요가 있다. 근본대책은 공공의 책임을 명확히 하는 데서 출발한다. 재건축 문제가 해결되지 않는 이유는, 첫째는 비용을 부담하지 않으려는 정부, 둘째는 소유 주택의 가격 상승을 기대하는 건물주, 셋째는 사업물량을 확보하려는 건설업체, 넷째는 공급확대를 외치는 시장만능주의자와 보수언론, 다섯째는 욕망의 정치를 통해 이득을 보려는 정치행태 등이 결합된 때문이다. 공공의 비용 분담과 책임 있는 조정이 핵심이며 이것이 선행되지 않고서는 어떤 문제도 근본적으로 해결이 불가능하다"고 주장했다.[334]

김 교수의 주장에서 나타나는 것처럼 용산참사는 우리 사회의 유관기관이나 이해당사자가 제각기 이기적인 입장을 고수하면서 책임은 다하지 못한 데서 출발한다. 정치권은 합리적인 법률을 제정하고 정부는 현실적인 제도와 정책 시행, 행정기관은 중재, 언론은 문제 제기, 조합과 조합원은 양보, 세입자는 법질서의 준수와 타협을 외면하고 농성을 선택했기 때문에 빚어진 문제이다. 하지만 어느 한 부분만 고친다고 하여 해결될 문제는 아니다. 모든 것을 고친다고 하여도 근원적인 문제인 전세입자의 이주비와 삶의 터전을 마련해주는 데는 한계가 있다. 결국 용산참사의 본질은 제도 보완도 필요하지만, 무엇보다도 우리 사회가 그동안 사회적 약자의 아픔에 대한 절규를 외면했다는 점이다. 약자 스스로 힘겨움을 감내할 수 없고 이들에 대한 배려가 없는 상태에서 법과 공권력을 앞세워 내몰기만 하면 언제든지 용산참사와 같은 일이 재발할 우려가 있다.

---

334) 미디어오늘 2009. 12. 24.

7. 정부와 정치권 해결능력 부재, 해결 장기화 초래

정치(政治)는 국가의 주권자가 그 영토 및 국민을 통치, 국가 권력을 획득하고 유지하며 행사하는 활동도 있지만 여러 권력이나 집단 사이에 생기는 이해관계의 대립 등을 조정·통합하는 일도 주요한 기능 중 하나이다.

도심 재개발 추진에 따른 이해당사 간 마찰은 어제오늘의 일이 아니다. 정치 기능을 보더라도 정치인들은 이해관계의 조정과 통합에 적극적으로 나서야 한다. 그러나 2009년 10월 KBS에 보도된 일부 내용을 살펴보면 왜 정치권의 해결능력 부재와 정부의 잘못된 대응이 문제가 되는지 엿볼 수 있다. 「최인기 민주당 의원 "용산참사 문제 근본적인 원인 재개발 사업이 그런 사람들 세입대책 없이 추진했다는 것. 세입대책 요구하는 사람들에게 경찰이 강제 진입 해산했다는 것이 문제", 이은재 한나라당 의원 "전철연은 골리앗 투쟁이라는 이름하에 화염병 등을 준비하고 장기농성으로 의견을 관철해 오지 않았나?", 특히 야당은 서울시가 사태 해결에 적극적으로 나설 것을 촉구했다. 김희철 민주당 의원 "임시상가 마련해 주는 등 생계대책 마련해야…", 오세훈 서울시장 "현행 세입자 보상 규정에 없고 향후 추진되는 재개발에도 같은 민원이 발생할 수 있기 때문에 불가능하다", 장제원 한나라당 의원 "서울시의 12.8%가 재개발되고 있다. 이러한 재개발 정책이 부동산 가격을 올리는 데 한몫했다고 생각한다." 뉴타운 사업[335]이 집값 폭등과 전세 대란의

---

335) 뉴타운사업은 종래 민간주도의 개발이 도시기반시설에 대한 충분한 고려 없이 주택중심으로만 추진돼 난개발로 이어지는 문제점을 개선하기 위해 시행하는 새로운 '기성시가지 재개발 방식'이라고 할 수 있다. 주택재개발이 민간개발 편의위주로 개별주택 가치 중심의 소규모 개발이라던 '뉴타운 개발'은 공공이 원하는 민간사업으로 적정규모의 생활권역을 대상으로 한 충분한 도시기반시설을 확충하는 종합적인 도시계획사업이다. 단순한 도시구조의 정비, 개선에 머무는 것이 아니라 다양한 계층과 세대가 함께 살 수 있는 '인간 중심의 커뮤니티'를 조성하고, 도시전체가 조화를 이루는 '21C형 고품질의 복지 주거환경 공간'을 만들어 가는 것이다. 서울시는 지역 간 격차는 그동안 서울시의 시급한 해결 과제로 지역 간

주범이라는 데는 여야가 의견을 같이 했다[336]」고 문제를 지적하거나 공방을 벌였지만 아무런 대책도 내놓지 못했다. 그리고 일부 야당 의원은 시민단체들이 주도한 '용산 폭력 살인진압 규탄대회'에 참가해 갈등을 부추기고 해결을 어렵게 만들었다. 이러한 행동은 자칫 잘못하면 정부나 서울시가 관련자 가족들에게 법적 근거도 없이 보상금이나 특혜를 주면 '역시 떼법은 통한다. 불법 행동이라도 끝까지 우기면 뭔가 나온다'는 잘못된 신호를 우리 사회에 보낼 수 있다.[337]

일을 하는 데는 문제가 발생하기 전에 가능성을 예측하고 예방방안을 마련하는 방법과 문제가 발생한 후 문제를 해결하는 방법이 있다. 당연히 문제가 터지기 전에 대책을 세우는 것이 최선이다. 국회가 나서서 법률을 정비하고 이해관계가 첨예한 현장을 찾아 조정하는 등 노력을 하고, 정부도 정책을 정비하고 제도를 미리 점검했어야 했다. 특히 서울시의 경우 뉴타운 건설로 전국에서 가장 문제 발생 가능성이 크기 때문에 담당 부서 관계자를 통해 문제점을 파악하고 필요한 내용은 정부나 국회에 건의하는 조치를 취했어야 한다. 그런데 그 누구도 자기 역할을 제대로 하지 않았다.

문제가 발생한 후에도 정치권은 스스로 해야 할 법령정비도 제대로

체계적인 균형 개발을 통해 시민의 삶의 질을 개선함은 물론 지속가능한 공간으로 개발해야 하는 필요성이 대두된 것이라고 주장하지만 사실은 기존 도심지역과 신도시지역 균형발전을 추구하지 않고 외형 팽창의 신도시 건설에 집중한 왜곡된 도시정책이 만들어 낸 것이다.

2002년 10월 23일 은평·길음·왕십리 등 시범뉴타운의 지구지정을 시작으로 서울시 지역균형발전을 목표로 시행된 뉴타운 사업이 8년차에 접어들었다. 2002년 3곳의 시범뉴타운을 선정하고 1년 뒤, 2003년 11월 18일엔 각 자치구에서 대상지를 뽑아 서울시에 지구지정을 요청하는 등, 12곳의 2차 뉴타운 사업지와 5곳의 시범 균형발전촉진지구도 지구지정을 마치게 된다. 이후 2005~2007년에 걸쳐 3차 뉴타운 11개 지구와 3개의 2차 균촉지구, 1개의 재정비촉진지구 등, 서울시 25개구에서만, 총 35개소 305구역의 도시재생사업이 진행 중이다. 하지만, 뉴타운 총 305구역 중 준공의 결실을 맺은 곳은 15개 구역으로 전체의 4.9%에 그치고 있고, 이마저도 공영개발의 기치를 내건 은평뉴타운(3개)과 기존 재개발구역의 연계 개발인 길음뉴타운(7개) 등이 1/3을 주도하고 있어 2~3차 뉴타운의 사업진척 속도가 상대적으로 느린 것으로 분석됐다.

336) KBS 2009. 10. 8.
337) 동아일보 2009. 10. 29.

하지 않으면서 정부에 문제 해결을 종용하며 비난하고 여당과 야당이 서로의 행동에 대해 공방만 벌였지 별다른 문제해결능력을 발휘하지 못했다. 그러면서 정치인들은 농성장이나 시위현장, 장례식에 참여하여 정치적 이익을 보려는 츠태를 보였다. 정부는 정부대로 공권력 행사는 적법하다는 주장만 되풀이하고 거의 손을 놓고 있었다. 정운찬 총리가 용산참사 현장을 몇 차례 방문하거나 이명박 대통령께 문제 해결의 필요성을 설명했다고 하지만 실제로는 아무런 조치도 취하지 않고 받치하다시피 했다. 책임 회피에 급급할 뿐 이렇다 할 해결방안을 내놓지 못하고 상당한 거리를 두는 미온적인 태도를 보였다. 국가사회적인 갈등과 논란의 대상이었지간 최종 협상 타결에도 정부의 노력은 거의 보이지 않았다. 서울시도 한동안 뒷짐만 지고 앉아 있었다. 보상 기준기 없고 다른 지역 민원 운운하다가 어느 날 갑자기 중재로 돌아섰다. 2010년 6월 2일 지방선거를 의식하여 해결에 나섰다는 의문이 제기되게 만들었다.

어떤 사건이 국가사회적인 문제로 확대되었을 때 국민이 기댈 곳은 정부와 지도자밖에 없다. 대통령, 국회의원, 지방자치단체장을 선출하는 것도 모두 이러한 일을 해달라는 국민의 요구와 기대가 수반되어 있다. 그런데 아무도 제대로 된 역량을 발휘하는 사람이 없었다. 사건이 장기화되면서 사회적 갈등과 국론 분열의 원인으로 작용하는 등 사회적 비용을 낭비하게 만들었다. 결국 정치권과 정부의 역할 부재 속에 나선 것이 종교계였고 문제 해결에 실질적인 역할을 했다. 그런데도 사태를 관망하며 뒷전에만 앉아 있던 오세훈 시장은 결과 발표장에 나서서 마치 서울시와 자신의 공으로 협상이 타결된 것처럼 말했다. 오세훈 시장이 용산참사 해결을 위해 얼마만한 노력을 했는지 국민이 모르는 것으로 생각하는 모양이다. 참으로 한심스러운 노릇이다. 어느 시대를 막론하고 진정으로 국가와 국민을 위해 노력하고 뛰어난 지도력과 문제해결능력을 발휘하는 사람들은 존경의 대상이 되었다는 점을 우리의 정치가들은 상기할 필요가 있다.

8. 협상 통한 핵심쟁점 종결이 남긴 문제점

오세훈 서울시장이 100여 명의 취재진이 운집한 가운데 용산문제 타결을 발표했다.[338] 이날 발표한 합의 내용에는 정부를 대표해 정운찬 국무총리가 용산 참사에 대한 정부의 책임을 인정하고 유가족에게 깊은 유감을 표명한다는 내용이 담겼다. 이런 합의에 따라서 정 총리는 합의 사실이 언론에 공표되자마자 서면으로 '유감'을 표명했다. 장례에 소요되는 비용과 유가족 위로금, 세입자 보상금을 재개발 조합이 '인도적 차원'에서 부담하기로 결정했다. 또 유가족과 세입자, 조합은 상호 간 민·형사상 책임을 묻지 않기로 하고 장례식과 사업 진행에 협조하기로 했다. 합의 금액 등 세부 내용은 외부에 공개하지 않는다는 방침이다.

이와 함께 이번 합의 내용이 실질적으로 이행될 수 있도록 종교계 지도자를 포함해 7명으로 구성된 '합의 사항 이행 추진 위원회'를 구성할 계획이다. 여기에는 김용태 서울가톨릭 사회복지회장, 김종생 한국교회봉사단 사무총장, 조계종 총무원장 혜경 스님, 정성헌 한국DMZ(비무장지대)평화생명동산남북강원도협력협회 이사장, 박연철 변호사, 김영걸 서울시 균형발전본부장, 이산철 용산구 부구청장이 참여한다. 합의가 이뤄짐에 따라 용산범대위와 유가족은 즉시 장례위원회를 구성하

---

338) 조선일보 2010. 1. 5.

고 2010년 1월 9일 철거민 희생자 5명의 장례식을 치를 예정이다. 또 참사 발생 1주기를 닻는 같은 달 20일에 참사 현장에서 추모 행사를 가진 뒤, 현재 사고 건물 주변에서 운영하고 있는 추모 시설을 철거하기로 했다. 애초 범대위와 세입자대책위원회가 요구해온 임시 상가, 임대 상가 등의 문제는 합의에서 제외됐다.[339]

1년 가까이 끌어온 용산참사 보상협상이 2009년 12월 30일 극적으로 타결되어 용산참사 협상이 마침내 마무리됐다. 종교계와 서울시의 적극적인 중재가 참사 345일 만에 결실을 보았다. 오세훈 서울시장은 개인적 감상(感傷)도 덧붙였다 "눈물과 한숨으로 지새온 유가족의 비통함을 이제나마 풀어 드릴 수 있게 되어 다행스럽게 생각합니다"라고 말했다.[340] 협상을 중재한 종교계 인사들과의 기념촬영도 있었다. 서울시가 배포한 '용산 협상 막전막후' 보도 자료에는 온통 오 시장의 공로로 채워져 있었다. 공(功)을 따지면 정운찬 총리가 우선이었다. 총리 취임 직후 용산 참사 현장부터 방문했고, 대통령을 수차례 설득하기도 했다. 그는 "많이 늦었지만 2009년이 가기 전에 이 문제를 마듭짓게 돼 참으로 다행이다. 총리로서 척임을 느끼며 다시 한 번 유족 여러분께 깊은 유감의 뜻을 표한다"고 했다. 농성세력의 요구대로, 그는 정부를 대표해 사과를 전한 것이다. 해를 안 넘기고 마음먹은 것을 원만하게 해결한 데 대해 그는 자부심을 갖고 있었다. 하지만 총리나 서울시장 그 누구도 법과 질서에 대해서는 말하지 않았다. 유가족의 억울함을 풀어준 것에만 흡족해할 뿐, 용산 사태에서 공권력의 정당한 집행에는 한마디 언급도 없었다. "당시 농성자의 화염병 투척으로 화재가 발생해 사상자가 속출한 것으로 추정된다"는 1심 법원의 유죄판결이 이미 있었지만,

339) 프레시안 2009. 12. 30.
340) KBS 2009. 12. 30.

심지어 당사자인 경찰 수뇌부회의에서조차 "골치 아픈 문제가 정치적으로 원만하게 해결됐다"고 덕담을 주고받았다[341]고 한다.

하지만 언론 보도에 의하면 용산범대위와 서울시의 입장은 사뭇 다른 것이었다. 용산범대위는 2009년 12월 30일 기자회견을 통해 "지난 1년 가까이 유가족과 용산범대위는 공권력에 희생된 철거민 5명의 죽음에 대한 정부의 책임을 인정하라고 요구했지만, 정부는 '사인(私人) 간의 문제'라며 우리의 요구를 무시하고 방치했다. 2009년이 다 저물어가는 연말이 되어서야 정부가 비로소 용산 참사에 대한 자신의 책임을 인정했다. 그러나 우리는 1년이 다 되어서야 자신의 책임을 인정한 정부의 태도에 대해 다시 한 번 강력한 유감의 뜻을 표한다. 국가는 국민의 생명과 안전을 지키기 위해 존재한다는 당연한 전제와 상식이 이명박 정부 아래에서 그동안 철저히 기만당했다. 유가족과 범대위가 이번 합의를 두고도 기뻐할 수만은 없는 이유가 여기에 있다. 장례를 치른다고 해서 용산 참사가 해결되는 것은 결코 아니다. 뉴타운·재개발 정책이 근본적으로 개선되지 않는 한 제2, 3의 용산 참사는 언제든 다시 발생할지도 모른다. 장례 이후에도 진상 규명과 책임자 처벌, 뉴타운·재개발 정책의 개선을 위해 모든 노력을 다할 것"이라고 밝혔다.

한편, 서울시는 지난 1년간 유가족·조합 간 대화와 중재를 위해 끝없이 노력했다고 강조했다. 오세훈 서울시장은 이날 '시민 고객 여러분께 드리는 말씀'을 통해 "서울시는 사고 발생 당일부터 대책 본부를 설치하고, 유가족의 권한을 위임받은 측과 조합 간의 중재자로서 지난 1년 동안 100여 차례에 가까운 대화를 시도하는 등, 사태의 원만한 해결에 주력해왔다. 그 과정에서 수많은 오해와 비판이 쏟아지기도 했다. 하지만 협상 성사를 간절히 바라는 서울시로서는 비공개 원칙을 고수

할 수밖에 없었다. 때로는 정쟁의 수단이 된 비난까지도 감내하며 지금까지 묵묵히, 그러나 굳은 의지를 갖고 달려왔다. 서울시는 이제 시작이라고 생각한다. 근본적으로 이번 사건이 발생하게 된 재개발 사업의 문제점 개선을 위해 노력하겠다. 재개발·재건축 등의 사업 과정이 원주민과 세입자 보호는 강화하면서도 사업은 신속하게 추진되는 방향으로 이뤄질 수 있도록 하겠다"고 덧붙였다.

협상책임을 맡았던 김영걸 서울시 균형발전본부장은 "사고가 난 뒤 수십 차례 대화를 시도했지만, 범대위와 유가족이 응하지 않았고, 협상은 사실상 12월에 이르러 다섯 차례에 걸쳐 이뤄졌다. 그 이전에는 범대위와 정부의 시각 차이를 조정하고 설득과 대화를 하는 과정이었다. 국민적으로 이것은 법적으로 해결해서는 안 된다는 인식이 컸고, 종교계 인사들도 인도적 차원에서 해결해야 한다고 강조했다. 이번 협상은 이런 차원에서 이뤄진 것"이라고 설명했다.[342]

1년 가까이 시신을 냉동고에 넣어둔 유족들의 눈물을 떠올리면 어쩌면 좋은 결과일 수도 있다. 지켜보는 입장에서도 안쓰러움과 지긋지긋함이 없지 않았다. 정부도 "인도적 차원에서라도 빨리 문제를 해결하라"는 압박을 받았고, 지방선거를 앞두고 정치적 부담을 털어내야 한다는 계산도 했을 것이다. 하지만 당장 눈앞에 좋은 게 늘 좋은 것인가. '연내 해결' 가이드라인[343]에 맞추기 위해, 마지막 담판은 2009년 12월 29일 오후부터 다음날 새벽까지 끌었다. 용산 사태가 상징하는 법과 원칙은 벌써 잊혀졌다. 주요 쟁점은 '상대가 제시한 요구액에서 몇 푼을

---

342) 프레시안 2009. 12. 30.

343) 가이드라인(guideline)은 지침 또는 안내선이란 뜻에서 정부가 어떤 부문에 대한 정책을 뒷받침하기 위하여 설정한 규제의 범위이다. 중앙은행이 단기외자의 유입을 규제하기 위하여 외국환은행의 수출입 어음이나 보유 외화 등, 외화 총운용 자산액에 대한 단기외자의 보유고에 관하여 설정한 한도, 또 소득정책과 관련하여 정부가 제시하는 임금 인상에 관한 지표를 가리키는 경우도 있다. 이를 가이드포스트라고도 한다.

더 깎느냐'였다. 35억 원에 가까운 보상금 지급은 재개발조합과 시공사로 넘겼다. "법적으로 정한 기준 외에는 책임질 수 없다"고 그동안 버텨온 조합 측에 어떤 대가를 줬는지는 알 수 없다.

돈과 관련된 구체적 합의 내용은 비밀에 부쳐졌다. "나중에 이와 비슷한 협상을 할 때 선례로 남을 수 있기 때문"이라는 게 이유였다. 하지만 이 어둠침침한 협상 자체가 앞으로 선례가 될 것이다. 이렇게 돈으로 두루뭉술하게 해결할 수 있었는데, 왜 1년이나 끌었는가. 너무 각박(刻薄)한 법치에는 반대한다. 하지만 일심 재판부의 판결 내용을 고려하면 정부 스스로 법의 원칙을 무너뜨리고 감상적 온정주의에 의해 어정쩡한 매듭을 지은 것 아니냐는 비판을 면하기는 어렵게 됐다.[344] 사회적 문제로 인식되어 온 문제 중 하나가 해결되었다는 것은 다행스러운 일이다. 하지만 이번 협상은 법과 질서문제 등 중요한 몇 가지 사안에 대해서는 함구했다. 그리고 다음에 유사한 사건이 재발되는 것을 방지하기위한 대책에 대한 언급도 없으며 앞으로 풀어나가야 할 문제들도 여전히 과제로 남겨두었다. 임시방편의 미봉책(彌縫策)으로 끝난 것이다.

무엇보다 정운찬 총리의 유족에 대한 유감 표시는 상당한 문제점을 안고 있다. 정운찬 총리가 정작 사과를 해야 할 대상은 무능한 정부를 대표하여 국민에게 심려를 끼쳐 죄송하다는 말을 해야 옳다. 그런데 그런 말은 잘 보이지 않는다. 유감도 사과의 일종이다. 사과해야 할 정도로 정부에 책임이 있다면 농성자 유가족에게 보상해야 한다. 그런데 재판부는 농성자에게 책임이 있다고 했다. 다음에 유사한 사건으로 또 농성자들이 사과를 요구하면 정부는 총리를 보내 사과할 것인가? 정부가 문제를 해결하는 것이 아니라 새로운 문제를 만든다. 이러니 이명박 정부가 하고자 하는 일이 많이 꼬일 수밖에 없다.

---

344) 조선일보 2010. 1. 5.

9. 유족의 잘못된 인식과 거창한 장례식

용산참사 철거민 희생자들에 대한 장례식이 참사 발생 355일째인 2010년 1월 9일 서울 도심에서 엄수됐다. 영결식은 이날 낮 12시 서울역광장에서 민주당 정세균 대표, 한명숙·이해찬 전 총리, 민노당 강기갑 대표, 진보신당 노회찬 대표, 정동영 의원, 문정현 신부 등 인사와 시민 등 5천여 명(장계위 추산·경찰 추산은 2천 명)이 참석한 가운데 치러졌다. 철거민 희생자 5명의 시신은 이날 오전 9시께 용산구 한남동 순천향대병원 장례식장 앞에서 유가족 등의 오열 속에 발인을 치른 뒤 순천향병원~국립극장~장충단공원~퇴계로 구간 약 8km를 거쳐 서울역 광장에 도착했다. 영결식은 이강실·조희주 상임장례위원장의 개식사와 약력·경과보고, 조사, 조가, 진혼무, 유가족 인사, 분향, 헌화 순으로 2시간 30분가량 진행됐다.[345]

1심 재판부는 검찰이 적용한 특수공무집행방해 치사상죄와 주거침입, 재물손괴, 일반건조물방화, 일반교통방해, 업무방해, 화염병사용법 위반 등 모든 혐의사실을 유죄로 인정[346]한 바 있다. 또한 철거민 희생자들은 나라가 어려움을 당했을 때 절의를 굳게 지키며 목숨을 바쳐 싸운 열사(烈士)나 나라와 민족을 위하여 의로운 행동으로 목숨을 바친 의사(義士)도 아니다. 그런데도 서울 도심의 통행을 방해하며 수천 명이 참여하는 거창한 장례를 치르는 것은 바람직한 행동으로 보기 어렵다. 문제 해결에는 아무런 행동도 하지 않았으면서 그러한 장례를 주관하거나 참석한 야당 정치인도 마찬가지이다. 민주주의 국가에는 법과 질서가 있다. 내 마음대로 행동하는 것이 민주주의가 아니다. 정부가 사

---

345) 중앙일보 2010. 1. 9.
346) 노컷뉴스 2009. 10. 28.

건의 조기 종결을 위한 모양을 갖추기 위해 유감을 표명한 것을 유족들이 오해하여 잘못 받아들이고 스스로는 책임이 없다고 생각하는 것이 아닌가 하는 의구심을 갖게 한다. 재판결과도 그렇지만 모든 문제의 발단은 그것이 양심이나 도의적인 책임이든 법적인 책임이든 나에게 어느 정도의 책임이 있다. 그리고 무엇보다도 사회의 물의가 빚어진 것은 사실이기 때문에 철거민 희생자들의 장례는 지나친 감이 없지 않다.

서울중앙지법 형사합의 27부(한양석 부장판사)는 2009년 10월 28일 오후 열린 선고공판에서 검찰의 공소사실을 모두 받아들여 용산철거민 대책위원장 이충연 씨와 김모 씨에 대해서 징역 6년을 선고했다. 또 같은 혐의 등으로 기소된 천모 씨 등 5명에 대해서는 징역 5년, 조모 씨에 대해서는 징역 3년에 집행유예 4년, 김모 씨에 대해서는 징역 2년에 집행유예 3년을 선고했다. 이로써 피고인 9명 가운데 모두 7명이 실형을 선고받아 수감됐고, 2명이 집행유예로 석방됐다.[347] 그리고 서울중앙지법 형사합의 28부(김시철 부장판사)는 2010년 7월 22일 용산참사 당시 망루 농성을 벌이고 진압 중인 경찰관을 다치게 한 혐의로 기소된 박모 씨 등 14명에게 징역 1년 6월에서 3년에 집행유예 3년에서 4년을 선고했다. 재판부는 "피고인들이 대부분 행위를 인정하고 있고 관련자의 진술, 그 밖의 증거를 종합하면 공소사실이 대체로 인정된다"고 밝혔다. 이어 "이들이 처한 상황과 사건 경위, 앞서 용산참사 당시 경찰관을 숨지게 한 혐의로 기소된 다른 피고인의 1·2심 재판 결과 등을 함께 고려해 양형을 정했다"고 덧붙였다. 박씨 등은 2009년 1월 용산참사 당시 서울 용산구 남일당 건물에 4층 규모의 망루를 설치하고 농성을 벌였으며, 이 과정에서 폭력을 휘두르거나 화염병을 투척해 진압에 나선 경찰관을 다치게 한 혐의(특수공무집행방해치상 등)로 기소됐다.[348]

---

347) 노컷뉴스 2009. 10. 28.

　3자 개입이 있었다고 하더라도 스스로 자중하지 못하고 거창한 장례식을 치른 유족도 그렇지만 사회적인 문제를 스스로 해결할 책임이 있는 정치인들이 나서서 정략적인 도구로 장례행사를 이용하는 모습은 참으로 한심하기 그지없었다. 우리나라 야당이 저 정도 수준밖에 되지 않는가 하는 생각을 갖게 하기에 충분했다.

10. 문제 해결 위한 법과 제도개선 방향

　용산참사 해결을 위한 과정에서 여러 가지 제언(提言)이 나왔다. 범 위에서 활동한 빈곤사회연대 이원호 교육위원은 "주거 세입자의 권리는 지속적으로 개선되어 왔지만 상가 세입자들은 여전히 쫓겨나면 갈 곳이 없는 경우가 대부분"이라고 지적한다. 주거 세입자들은 4인 가족 기준으로 1,200만 원의 주거 이전비용을 받거나 완공 후 임대주택 분양권을 받는 등 다양한 선택의 여지가 있지만, 상가 세입자들은 3개월 휴업 보상금이 전부다. 이 정도로는 어디 가서도 같은 영업을 할 수가 없다는 이야기다. 주거 세입자들이 최소 철거 1년 전에 철거 사실을 알게 되는 것과 달리 상가 세입자들은 관리처분 인가를 받고 나면 1~2개월 안에 곧바로 철거가 시작된다. 이들은 감정평가가 끝나기 전까지 휴업 보상금을 얼마나 받을지 알 수 없어서 더더욱 무방비 상태일 수밖에 없다. 휴업 보상금의 기준이 모호한 경우도 많고 대개는 총액이 미리 결정돼 있는 데다 감정평가 기준과 내용이 공개되지 않기 때문에 불만이 없을 수가 없다.

　용산 철거민들의 요구는 단순히 보상금을 더 많이 달라는 것이 아니

다. 보상금 몇 푼 더 받겠다고 목숨을 걸고 망루에 오를 사람들이 얼마나 될까. 이들의 요구는 재개발 사업이 끝날 때까지 공원부지 등에 임시로 장사할 수 있는 공간을 마련해 주고 재개발이 끝나면 임대상가를 분양해 달라는 것이다. 고작 3개월의 휴업 보상금으로는 아무 데도 갈 곳이 없기 때문이다. 이게 과연 터무니없이 지나친 요구일까. 권리금 역시 핵심 쟁점이지만 논의조차 되지 않고 있다. 우리나라에만 있는 제도인데다 법적으로 보호받을 수 없는 세입자들끼리의 거래라는 게 일반적인 견해지만 상가의 무형 가치와 건물주가 얻게 되는 개발이익에 세입자들이 조성한 상권의 가치가 포함돼 있다는 주장도 있다. 세입자들이 권리금을 송두리째 잃게 되는 반면 건물주들이 개발이익을 독차지하는 것은 형평성에 맞지 않다는 이야기다. "용산 재개발 사업은 민간개발이지만 민영사업이 아니라 공익사업입니다. 공공의 이익에 부합하는지 관리하고 감독할 책임이 정부와 지방자치단체에 있다는 것이다. 건설회사와 땅주인들의 개발이익을 최대한 환수해야 하고 필요하다면 정부가 재정을 지출해서 공공의 이익을 극대화하는 방향으로 세입자들에게도 충분한 보상을 해야 한다. 그런데 지금은 땅따먹기 하라고 금만 그어주고 있는 상황이다"라는 것이 이 위원의 주장이다.

당시 용산참사 범대위의 요구사항은 크게 다섯 가지였다. 첫째는 정부의 사과, 둘째는 진상규명과 책임자 처벌, 셋째는 유가족들의 피해보상, 넷째는 철거민들의 생존권 보장, 다섯째는 구속자들의 석방과 수배자들의 수배 해제 등이다. 유가족들의 문제는 당장에라도 해결 가능하지만 결국 철거민들의 생존권 보장이라는 근본 대책이 나오지 않으면 또 다른 용산참사가 재연될 가능성을 배제할 수 없다. 이 위원은 "용산에서부터 시작하자"고 제안했다. 당장 2010년과 2011년에는 서울 전역에서 사상 최대 규모의 도심 재개발 사업이 예정돼 있다. 서울시민의

15%가 영향을 받게 된다. 정부가 용산참사 이후 휴업 보상금을 3개월에서 4개월로 늘리는 등 세입자 보호 대책을 일부 개선했지만, 철거민들의 상황은 큰 차이가 없다. 지금 용산을 해결하지 못하면 제2, 제3의 훨씬 더 끔찍한 용산참사가 서울 곳곳에서 벌어질 수 있다는 이야기다.

토지정의시민연대 이태경 사무처장은 "정부가 용산 문제를 방치하고 있는 진짜 이유는 민간개발에 정부가 개입한 전례를 만들고 싶지 않기 때문일 것"이라고 지적했다. 2010년부터 예정된 대규모 도심 재개발 사업에 미칠 영향을 우려해서라는 이야기다. 정부는 재거발 사업을 철저하게 민간의 영역으로 규정하고 개입하지 않는 것을 원칙으로 하고 있다. 정부나 철거민 운동연합이나 용산을 마지노선으로 삼고 있는 셈이다.[349]

또한 참여연대 민생희망본부장 김남근 변호사는 "권리금에 포함된 시설투자비 정도는 보상금에 포함해야 한다. 또 일본처럼 개발 이익의 30~40%에서 재입주비뿐 아니라 다른 곳에서 영업할 수 있게 비용 전반을 지원할 필요가 있다"고 말했다. 재개발사업을 조합에만 맡겨둘 게 아니라 정부가 나서서 조합과 세입자 간 갈등을 중재하고 개발 속도를 조절해야 한다는 목소리도 높았다. 조합과 세입자는 이해관계 때문에 사사건건 대립할 수밖에 없어 정부가 뒷짐 지는 상황에서는 또 다른 참사의 소지를 늘 안고 있다는 것이다. 특히 규모가 큰 재개발 사업의 경우 조합과 세입자가 시간을 두고 타협할 수 있도록 돕는 제도 마련이 시급하다는 지적도 나왔다. 서울시립대 도시행정학과 오동훈 교수는 "지가가 비싸 사업성 확보를 위해 너무 서두른 것이 이번 참사의 한 원인이다. 국가가 지원하고 민간도 손해를 조금 감수해 영세민이 피해를 보지 않는 체계를 마련해야 한다"고 말했다. 건국대 부동산학과 조주현

교수도 "더는 개별 협상에 맡길 것이 아니라 지방자치단체나 정부 차원에서 입법화 과정을 거쳐 체계적으로 문제를 해결할 수 있는 토대를 구축해야 한다"고 조언했다.[350]

이 밖에 김수현 세종대 부동산대학원 교수도 KBS와의 대담(interview)에서 "주거권과 같은 무형의 권리를 보상금에 환산해서 지급하는 게 필요하다"고 말했다. 정부도 보상 협상 타결을 발표하면서 제도개선을 약속했다.[351] 대체로 전문가들은 미래 개발 이익을 어느 정도 세입자에게 돌려 적절하게 보상하는 방향으로 관련 법규를 재정비하는 것이 대안이라고 강조한다.

용산참사 발생 이후 한동안 주택정비사업 관련 법안이 봇물을 이루었다. 한꺼번에 지나치게 많은 법안들이 쏟아져 나오다 보니 당연히 같은 당 의원이 발의한 법안끼리도 내용이 상충되거나 일부 안건에 있어 충돌하는 경우가 많았다. 용산사태 이후 법안 발의의 구체적인 원칙과 내용, 실행과정에서의 부작용 등을 충분히 고려하지 않고 상황논리에 맞춰 급조된 것 같은 느낌을 주는 내용들도 상당수 있었다. 2009년 2월 16일 자유선진당 김낙성 의원 외 11명의 의원이 '정비 사업으로 인해 영업상 손실을 보게 되는 세입자에 대한 보상을 법률에 명문화하고 보상 방법 및 절차를 구체화'하는 내용을 담은 도시 및 주거환경정비법 일부 개정안을 발의했다.[352] 이 중 도시 및 주거환경정비법 제40조의 2 (용적률에 관한 특례) 사업시행자가 제40조 제1항 단서에 따라 대통령령으로 따로 정하는 손실보상의 기준 이상으로 세입자에게 주거 이전 비용을 지급하거나 영업의 폐지 또는 휴업에 따른 손실을 보상하는 경

---

350) 동아일보 2009. 12. 30.
351) KBS 2009. 12. 30.
352) 도시재생신문 2010. 7. 7.

우에는 국토의 계획 및 이용에 관한 법률 제78조 제1항에도 불구하고 해당 정비구역에 적용되는 용적률의 100분의 125 이하의 범위에서 대통령령으로 정하는 바에 따라 특별시·광역시·특별자치도·시 또는 군의 조례로 용적률을 완화하여 정할 수 있다는 내용이 2009년 5월 27일 신설됐다.

2010년 1월 8일 현재 국회와 정치권에 따르면 용산참사와 관련하여 발의된 5개 관련 법률 개정안 발의건수 47건은 아직 상임위를 통과하지 못하고 있었다. 뉴타운·재개발의 방식을 근본적으로 바꿀 핵심 법률인 도시·주거환경정비법 개정안은 17건이 발의됐지만, 국토해양위 법안심사 소위에 계류 중이었다. 토지보상법 개정안도 12건이나 발의됐지만, 상임위를 통과하지 못했다. 2009년 1월과 3월, 4월 발의된 행정대집행법 개정안 3건은 무분별한 강제철거를 금지하고 최소한의 주거권을 보장한다는 내용을 담고 있었다. 용산참사의 원인 중 하나로 지목됐던 겨울철 철거금지 조항도 포함됐다. 하지만 소관 상임위인 행정안전위원회에 상정만 됐을 뿐 논의는 전혀 이뤄지지 않았다. 개정안 발의 이후 1년이 지났지만, 법안소위로 넘겨지지도 않았다. 관련 법률이 지연되면서 용산참사와 비슷한 일들은 계속해서 발생하고 있다.

2009년 12월 2일 서울 마포구 용강동 시민아파트 김모 씨가 스스로 목숨을 끊은 사건이 대표적이다. 겨울철 철거를 금지한다는 서울시의 행정지침은 11월 시작된 시민아파트 철거를 막지 못했다. 김성순 의원실 관계자는 "법률 개정안 논의 요구에도 불구하고 일부를 제외하고는 대부분 무관심했다. 근본적인 원인을 제거하지 않는 한 용산참사와 같은 불행한 사건이 이어질 수밖에 없다"고 말했다. 법률 개정안이 47건이나 발의됐고 수많은 국회의원들이 개정안에 서명했으며 전문가들의 지적이 계속되고 있는데도 문제가 해결되지 않는 이유는 뉴타운·재개발의 복잡한 이해관계 때문이다. △비용을 부담하지 않으려는 공공 △주택 가격 상승을 기대하는 가옥주 △신규아파트 공급 효과를 기대하는 정부 △사업물량을 확보하려는 기업 △욕망의 정치를 통해 이익을 보려는 정치행태가 결합된 사안이라는 것이다. 김수현 세종대 교수는 "근본적이고 철저한 해결책에 대한 사회적 결단이 필요하다"고 강조했다.[353]

현재 우리나라의 도시재개발 문제가 당면하고 있는 내용과 해결방안들이 위에 거의 언급된 것으로 볼 수 있다. 법률과 제도 문제가 있기 때문에 정치권과 정부를 비판할 수도 있고, 대책을 말하는 사람들은 자기 돈이 나가는 것이 아니기 때문에 좋은 말로 외국 사례를 들어가며 많은 보상을 해주어야 한다고 말할 수 있다. 하지만 추가적인 보상 문제의 핵심은 누가 돈을 내놓을 것인가 하는 문제이다. 부담해야 할 주체는 조합원이나 건설사, 정책 당국이다. 문제가 원만하게 해결되기 위해서는 조합원이나 건설사의 자의적인 양보가 필요하다. 그것이 어려울 때는 지방자치단체가 나서 조정하고 그래도 여의치 않으면 정치권과 정부에서 법이나 제도를 만들어 개발이익 일부를 세입자들에게 돌려주는 방법이다.

고밀도 개발은 교통문제를 비롯한 사회적 비용을 증가시키고 개발이익이 상대적으로 많이 날 가능성이 크므로 세입자에게 어느 정도 배려가 가능하다. 하지만 저밀도 개발은 세입자들에게 배려하기가 쉽지 않다. 문제는 유관기관의 노력에도 세입자들이 보상 내용에 대해 만족하지 못하고 우리는 돈이 없어서 이사를 못 가겠다고 버티기를 하거나 또 다른 대책을 요구하면 그때는 해결방안이 없어진다. 그렇다고 무조건 보상을 늘리면 보상을 노리고 들어오는 사람이 생기게 하는 등 지나친 보상은 형평성의 문제로 새로운 사회 문제를 파생시킬 수밖에 없다. 여

---

353) 내일신문 2010. 1. 8.

기에 재개발문제 해결의 어려움이 있다. 각자 손해를 감수하고 상호 배려하며 질서를 지키면서 대화와 타협을 통해 해결하려는 자세가 되어 있지 않고 다른 사람이 어떤 부담이나 피해를 보든 나의 입장만 내세워 행동하는 이기주의 앞에서는 모든 대책은 무용지물이 될 수밖에 없다. 최선의 대책은 세입자들이 돈을 많이 벌어서 자력으로 이사 갈 수 있는 재력을 확보하도록 하는 것인데 이 문제를 해결할 수 있는 묘안이 거의 없다는 것이 근본적인 문제다.

11. 재개발 · 재건축 현장의 갈등 해법

사회통합위원회는 용산참사 해결방안을 마련해 대통령에게 건의하겠다고 했다. 하지만 재개발 문제는 그 누구에게도 확실한 해결 방법이 없다. 자칭 전문가들이라며 법률 정비나 제도적 장치 마련 필요성 지적, 보상 방안을 제시하며 해결책이 있는 것처럼 말하고, 정부도 제도 개선을 약속했지만, 이 모든 방법은 나름대로 모두 한계를 가지고 있다. 잘못하면 부작용만 키울 수밖에 없다. 보완된 보상 방안도 주민이 이를 수용하지 못하겠다고 농성을 선택하면 모든 것은 허사로 돌아간다. 국민 개인의 가치판단에 따른 행동을 막을 수 있는 것은 세상에 아무것도 없다. 문제가 있을 때는 단지 법으로 제재를 가할 수 있을 뿐이다. 가장 근원적인 문제는 세입자의 자활능력과 재력이 부족한 것이다. 본인의 노력에 의하지 않는 이사비용 문제를 외부에서 보상해주는 것으로는 한계가 있다. 재개발 문제를 해결할 확실한 방법은 있지만, 실행이 쉽지 않은 셈이다. 세입자들이 어떻게 해서든 다른 사람들에게 불합리한 요구를 하지 않아도 될 정도로 재력을 확보하는 방법이 있다면 그보다 좋은 묘수는 없다. 그런데 그것이 안 되니까 문제다. 따라서 누구에게도 확실한 해결방안은 없다. 하지만 궁극적인 해결방법은 없는 것은 아니다.

스스로 해결이 안 될 때는 외부에서 도움을 제공해야 끝이 난다. 따라서 궁극적인 해결방안은 국가는 제도적인 보완책을 만들고 행정기관은 이러한 문제가 발생하기 전에 갈등을 해결할 수 있도록 원인 파악과 적극적인 중재에 나서야 한다. 재개발사업자는 자주적인 해결의지를 보이고 해당 지역의 조합은 이익배분이라는 측면에서 장래 예상되는 수익 일부를 세입자에게 제공하기 위해 노력하고 세입자는 불합리한 요구를 하지 않고 법질서를 준수하며 대화와 타협을 통한 해결에 나서는 것이다. 즉 직간접적으로 이해관계를 갖는 관계자들이 주어진 역할을 충실히 수행하고, 대화와 타협, 배려와 법질서를 준수하는 것이 최선의 해결방법이다. 나는 전혀 손해를 보지 않겠다거나 다른 사람이 어떤 부담을 안던 그것은 나와는 상관없다는 자세를 가지고서는 아무것도 해결되지 않는다. 하지만 양보와 타협만 있으면 모든 사회문제는 해결이 가능하다. 쉽지는 않지만 내가 조금 더 손해 보겠다는 생각으로 양보하고 타협하면서 노력하면 풀리지 않을 문제는 없다.

12. 용산참사가 남긴 교훈

용산참사는 정부와 정치권이 문제해결능력이 부족하고 국민이 법질서를 어기며 시민단체가 합법적 절차를 무시하는 무리한 행동으로 개입하여 시민이 본 피해를 옹호하며 문제를 제기할 때 어떤 결과가 나타날 수 있는가 하는 점을 잘 보여준 사건이다.

화염병을 던지고 시너를 뿌리고 새총을 쏘고 경찰관이 진압과정에서 순직하는 사건에 대해 일국의 국무총리가[354] 유감을 표명한다고 해결되는 것은 아무것도 없었다. 유족과 대책위원회도 만족하지 않았지만, 국민을 혼란에 빠뜨렸다. 법이 저렇게 무시되어도 좋은가? 저렇게 하는 것이 올바른 정부의 대응자세인가? 이해관계가 생기면 손해를 보지 않기 위해 저렇게 농성하고 버티면서 협상해야 원하는 보상을 받을 수 있는 것인가? 의문만 쌓인다. 그리고 사회갈등에 대한 정부의 문제해결능력 부족이 백일하에 드러났다. 지도력을 발휘하고 문제를 해결해야 할 정부의 역할은 용산참사 처리 과정 어디에서도 찾아보기 어려웠다. 경찰을 통한 농성장 진압, 정운찬 총리의 유족 조문 및 위로방문 외에는 사실상 손을 놓고 지켜보거나 책임 회피자로 일관하면서 오히려 강경진압 논란, 여론 조작 및 왜곡 논란, 검찰의 수사기록 열람 및 등사 거부 등 여러 가지 논란만 만들어냈다.

용산참사는 대한민국의 갈등 조정과 분쟁 해결 능력이 사회의 건강한 존속과 작동을 위협하는 수준까지 저하(低下)됐음을 가리키는 경고신호(sign)이다. 축구로 치면 우리 사회 전체가 경고를 의미하는 표지(yellow card)를 받은 것이다. 이해(利害)가 엇갈리는 당사자 사이의 갈등을 조정하는 첫 단계는 사실(事實)이 실제 어떠했는가를 확정하는 것이다. 누구의 무슨 행동이 어떤 사태를 불러와 어느 과정을 밟으며, 이런 결과에 이르렀나를 먼저 객관적으로 밝혀야 한다. 그래야만 각 당사자의 잘잘못을 저울에 올려놓고 그에 합당한 책임을 묻는 다음 단계로 나아갈 수 있다. 그러나 요즘 대한민국에선 사회적 파장이 큰 사건일수록 사실 관계를 객관적으로 확정하는 것이 불가능하다.

사건 당사자들은 우리가 만들고 겪는 사실이 흑백 영화의 화면처럼 '나의 진실'과 '너의 거짓'이란 두 쪽으로 거울 깨지듯 쫙 갈린다고 생

---

354) 뉴데일리 2009. 11. 3.

각한다. 대부분의 사실이 나의 진실과 너의 거짓 혹은 나의 거짓과 너의 진실이 켜켜이 쌓이거나 함께 버무려지면서 만들어진 다면체(多面體)라는 점을 인정하지 않는다. 그래서 '철거민의 불법 행동'과 '경찰의 무리한 진압'이 맞물렸던 두 얼굴을 한 용산 참사의 진실은 누구에게도 환영받지 못하는 '애물 덩이 진실'이 되고 만다. 광우병 소동으로 시작해 2008년과 2009년 우리 사회를 진동시킨 모든 대형 사건이 이런 과정(course)을 밟아왔다. 이 과정을 거치며 우리 사회의 분쟁 해결 절차와 장치들도 하나하나 망가졌다. 그릇이 온전해야 물도 온전히 퍼 담을 수 있다. 그릇의 모양에 따라 물의 모양도 달라진다. 절차와 정의와의 관계도 그릇과 물의 관계와 같다. 온전한 절차로만 온전한 정의를 퍼 담을 수 있다. 이 빠진 두레박으론 이 빠진 정의밖에 길어 올리지 못한다. 공평무사(公平無私)하지 못한 법적 절차의 권위 붕괴와 '정의는 나의 편'이라는 사이비(似而非) 성인(聖人) 집단의 법적 절차를 향한 공격 가운데 어느 것이 먼저 출현했는지는 모른다.

따져보면 국민들에게 법적 절차가 물리적 폭력 앞에서 얼마나 허무하게 허물어지는가를 가장 극적으로 보여줘 온 극장은 국회의사당이다. 법률안이 법적 절차를 밟아 상정되는 경우는 거의 없다. 상정된 법률안이 법적 절차대로 토론되는 경우도 거의 없다. 법적 절차를 따라 상임위를 통과한 법안도 거의 없고, 본회의에서 법적 절차를 밟아 표결되는 법안도 거의 없다. 정당 간부들의 상당수는 유사시엔 출입구 대신 의사당 창문을 개구멍처럼 이용한다. 쇠톱과 망치가 의사봉만큼 자주 등장하고 초등학교 반장 선거에서도 찾아볼 수 없는 낯 뜨거운 대리투표 논란도 여전하다. 산모(産母)들 행실이 이 지경이니 그들이 어떤 아이를 낳을지는 물어보지 않아도 짐작이 간다. 여기 기우고 저기 덧댄 누더기 법안이 유독 많고 국회가 만든 법의 유효 여부를 늘 헌법재판소의 판단에 맡겨야 하는 창피스런 꼴이 되풀이되고 있는 것도 이 때문이다. 우리 국민은 국회한테 합법적 절차의 소중함을 배워본 적이 없다. 정의를 세우려면 먼저 절차를 바로 세우지 않으면 안 된다.[355]

정부 또한 절차 무시, 훗날 대가를 요구하는 불합리한 방법이나 편법적인 방법에 의한 경제개발이나 건설 정책은 그만두어야 한다. 지금 조금 빨리 간다고 결코 앞서 가는 것이 아니다. 합법적인 절차가 바로 서야 정의도 뒤따라서는 법, 있는 길 찾기 어려우면 새길 닦아나가는 것이 역사이다. 그리고 국내에서 발생하는 국가사회적인 문제를 정부가 손을 놓고 나 몰라라 하면 해결 주체가 없어진다. 이는 국민이 바라는 일이 아니다. 정부는 앞으로 정책이나 제도, 법률이 사회갈등의 원인으로 작용하지 않도록 사전에 철저하게 점검하여 시행하고 실제 사회갈등 문제가 발생했을 대도 적극적으로 대응할 수 있는 전문가 양성에 힘써야 하겠다.

---

355) 조선일보 2009. 7. 24.

한국사회 갈등의 대명사 세종시 문제

1. 8년 정쟁의 발단

1) 개황

한 때 국가 최우선 해결과제로 부상하기도 했던 세종시는 2030년 12월까지 인구 50만 도시 건설을 목표[356]로 현재 공사가 진행 중이다. 행정구역은 충청남도 연기군 남면·금남면·동면, 공주시 장기면·반포면 일원의 72.91㎢(주변지역: 223.77㎢) 면적이 예정지역이다. 지리적 특징은 중심부에 원수봉(254m)이 있고 미호천과 금강이 합류하는 지점으로, 대전과 청주로부터 10km 거리이다. 경부고속철도와 경부선 및 경부고속도로가 예정지역의 동쪽을 지나가고, 서쪽으로 대전－당진 고속도

---

356) 『행정중심 복합도시 건설기본계획안(2006)』, 건설교통부. p.4

로, 청주공항이 24km 거리에 위치해 있다.

인구와 산업의 수도권 집중이 심화되면서 나타난 주택난과 교통 혼잡, 환경오염 등 우리나라가 당면하고 있는 여러 가지 사회문제를 해결하기 위해 참여정부는 수도권 집중현상으로 인한 비효율을 최소화하고 국토의 균형 있는 발전을 위해 지역의 특성화 전략에 기초한 국가균형발전정책을 마련하였다. 국가균형발전의 대표적 사업으로 행정중심복합도시 건설을 추진하게 되었다. 2005년 3월 신행정수도 후속대책을 위한 연기·공주지역 행정중심복합도시 건설을 위한 특별법 제정과 동시에 시작된 행정중심복합도시 건설사업은 2006년 기본계획과 개발계획 수립 과정에서 국제공모를 시행하고 도시건설의 수요자를 계획 수립과정에 직접 참여시키는 등 개방형 계획수립체계를 마련하여 도시건설의 새로운 패러다임(paradigm)[357]을 제시하였다. 또한 보상추진협의회 및 주민설명회를 실시하는 등 주민과의 지속적인 협의를 통해 2006년 말 1년 만에 96.7%의 실적을 달성하며 토지보상이 마무리되었다. 영세민 임대아파트 건립, 상업용지에 대한 우선입찰권 부여 등 주민수요를 고려한 맞춤형 지원 대책을 마련하여 토지보상업무의 혁신을 이루어냈다.[358]

이렇게 세종시는 노무현 정부 때 9부2처2청이 이전하는 행정중심복합도시로 추진됐으나 이명박 정부 들어 경제적으로 효율적이지 않다는 지적이 제기되면서 2010년 1월 11일 행정부처 이전을 백지화하고 교육과학 중심 경제도시 건설을 골자로 하는 세종시 수정안이 발표됐다. 2010년 10월 말 현재 건설 현황은 사업비 대비 28.51%가 진행되었다. 세종시 원안에서 수정안 관련 법률이 국회에 부결 폐기되기까지 경과는 [표 4-3]과 같다.

---

357) 패러다임(paradigm): 어떤 한 시대 사람들의 견해나 사고를 지배하고 있는 이론적 틀이나 개념의 집합체
358) 행정중심복합도시건설청, 『2007년 행정중심복합도시 백서』, p.23

[표 4-3] 세종시 원안부터 수정안까지 일지

년 도	월	일	내 용
2002	9	30	노무현 대통령 후보, 충청권 행정수도 공약 발표
	12	13	이명박 당시 서울시장 기자간담회에서 "행정수도 이전이 안보 불안을 부를 것"이라고 말함
2003	4	14	신행정수도 건설추진기획단과 지원단 발족
2004	4	17	신행정수도 특별조치법 시행
	8	11	신행정수도 건설 최종 입지 확정
	10		신행정수도특별법 헌재 위헌 결정, 후속대책으로 행정중심복합도시 추진
	11	18	신행정수도 후속대책위원회 발족
2005	3	2	행정중심복합도시 건설특별법 국회 통과
	4	7	대통령 직속 행정중심복합도시 건설추진위원회 출범
	12	20	행정도시 예정지역 보상 착수
2006	1	1	행정도시 건설청 개청(건설교통부 외청)
	7	31	행정도시 건설 기본계획 확정
	12	13	이명박 대통령 당시 충북대학교 특강에서 '이미 시작된 일이므로 (대통령이 돼도) 바꿀 생각은 없다' 원안 건설 지지 발언
		21	행정도시 명칭 '세종시'로 확정
2007	3	27	행정도시특별법 시행령 개정안 공포
	7	20	세종시 기공식
2008	2	29	행정도시특별법 개정, 행정도시건설청 국토해양부 산하로 변경
	11	26	행·정도시건설특별법 시행령 개정안 공포, 시행
2009	9	3	정운찬 총리 후보자, 세종시 계획 수정추진 발언, 세종시 문제 논의 본격화
	9	29	정운찬 총리 취임 "세종시 문제 해결에 명예를 걸겠다"
	10	23	박근혜 전 한나라당 대표, '세종시 원안+알파(α)' 추진 재확인
	10	30	정 총리, 세종시 건설현장 첫 방문
	10	31	박근혜 "세종시, 개인 신념으로 폄하 안 돼"
	11	4	정 총리, 세종시 추진 방안 이명박 대통령에게 보고. 기자회견 통해 '민관합동위원회' 구성 계획 발표. "내년 1월 최종안 제시한다"
	11	5	세종시 기획단 출범
	11	16	세종시 민관합동위원회 출범(공동위원장 정운찬, 송석구), 1차 회의
	11	19	정부, 세종시 교육과학경제도시…인센티브 제공 검토
	11	23	세종시 민관합동위원회 2차회의…자족기능 확충 방안 논의
	11	27	이명박 대통령 세종시 공식사과 …정면돌파 '의지'

년 도	월	일	내 용
	12	7	세종시 민관합동위원회 4차 회의…과학비즈니스벨트 유치 검토
	12	14	세종시 민관합동위원회 5차 회의…세종시 원안 및 대안 경제성 분석
	12	19	세종시 민관합동위원회 독일 본·베를린 방문
2010	1	5	세종시 민관합동위원회 7차 회의…입주기업＋대학 인센티브 방안 확정(인근 산업단지의 반값 수준 혜택)
	1	6	정운찬 총리, 세종시 수정안 초안 이명박 대통령에게 보고, 이 대통령 세종시 수정 5대 원칙 지시
	1	8	세종시 민관합동위원회 8차 회의－세종시 발전방안 보고
	1	11	세종시 발전방안 발표
	3	23	세종시 발전안(특별법 개정안) 국회 제출
	6	22	세종시 발전안(특별법 개정안) 국토해양위 부결
	6	29	세종시 발전안(특별법 개정안) 국회 본회의 부결

출처: 행정중심복합도시건설청 일부 보완

2) 권력 향유에 대한 탐욕, 세종시 문제의 시발

세종시[359] 문제의 시발은 전직 노무현 대통령과 현직 이명박 대통령의 권력 향유에 대한 탐욕과 공적에 대한 집착 그리고 지도력과 문제해결능력 부재가 불러온 문제이다. 정당과 국회의원들이 가세하기는 했지만 가장 큰 책임은 전직 노무현·현직 이명박 두 대통령에게 있다.

16대 대선 당시 노무현 후보는 출사표를 던지기에 앞서 뭔가 돌파구가 필요했다. 선거운동본부(camp) 수뇌부는 수도이전 공약에 찬반이 팽팽하게 갈렸다. 연설문 기초자인 이병완 전 대통령실장이 나섰다. "더 이상 잃을 게 없다. 적어도 전국지 1면에 나오고 최소한 충청권 언론에

---

359) 세종시: 행정중심복합도시의 도시 명칭은 2006년 12월 21일 개최된 제5회 행정중심복합도시건설추진위원회(위원장 한명숙 국무총리) 전체 회의를 개최하여 '세종'으로 확정되었다. 그동안, 행정중심복합도시건설청은 도시의 정체성을 확립하고 국내·외 홍보 등에 활용코자 2006년 3월부터 도시명칭 제정을 위한 국민공모 등을 실시하였으며 접수된 2,163건 중 6차례에 걸친 도시명칭제정심의위원회(위원장 김안제)의 심의와 국민선호도 조사를 통해 충분한 토론을 거쳐 최종 명칭을 결정하였다. 세종(世宗, Sejong)의 의미는 조선시대 세종대왕을 기리는 도시이름이며 나라의 중심에 위치한 행정중심 도시를 상징[세상 세(世)와 으뜸 종(宗)].

서 1면 톱이 될 것이다", 노 후보가 반문했다. "지금 형편에 이걸 내놓으면 웃음거리 안 될까요?", 이병완 전 실장은 물러서지 않았다. 노 후보가 잠시 담배를 피워 물었다. "그러면 그렇게 갑시다"(이병완, 『박정희의 나라 김대중의 나라 그리고 노무현의 나라』)[360]라는 결론이 내려졌다. 이런 과정을 거쳐 2002년 9월 30일 당시 노무현 새천년민주당 대통령 후보가 대선 선거대책위원회 출범식을 갖고 "수도권 집중 억제와 낙후된 지역경제 문제의 근본적 해결을 위해 충청권에 행정수도를 건설, 청와대와 중앙 부처부터 옮겨 가겠다"고 전격 선언함으로써 세종시 문제가 시작되었다.[361]

역대 대선에서 캐스팅보트[362](casting vote) 역할을 했던 충청 표를 얻기 위해 내건 신행정수도 공약 덕분에 당시 이회창 후보를 57만 표 차로 이겼다. 충청권에서는 25만 표 차이가 났다.[363] 노 대통령은 결국 충청권에서 득표 1위를 차지했다. 그런데 대통령의 잘못된 말 한마디가 문제가 되었다. 노무현 대통령은 2003년 11월 6일 신행정수도건설 국정과제회의에서 "이 주제로 재미 좀 봤다"고 말했다.[364] 바로 이 말이 수도권 인구분산과 국가균형발전이라는 명분에도 불구하고 수도이전에 대한 정당성과 합리성, 진정성에 의문을 갖게 만들고 선거 득표 전략에 의한 것이었다는 것을 본인 스스로 실토함으로써 논란과 갈등의 화근을 자초했다.

세종시 문제는 노무현 전 대통령의 당선 시점인 2002년 12월을 기준으로 하면 8년 동안 논쟁을 지속하면서 두 번의 위헌 시비가 있었고,

---

360) 중앙일보 2010. 2. 17.
361) 조선일보 2010. 1. 13.
362) 캐스팅보트(casting vote)는 합의체의 의결에서 가부(可否)가 동수인 경우에 의장이 가지는 결정권이다.
363) 조선일보 2009. 11. 17.
364) 조선일보 2010. 1. 13.

네 번의 선거가 있었으며, 한 번의 정권 교체가 이루어졌다. 이는 모두 정파적 이해나 권력욕 또는 지역주의에서 비롯되었다.[365] 그런데도 노무현 정권은 행정도시가 아니라 행복도시로 약칭을 정한 뒤 대대적으로 홍보했다. 철저히 정략적 목적으로 추진된 희대의 포퓰리즘(populism: 대중영합주의) 정책에 행복도시란 멋진 이름을 붙임으로써 앞으로 불러올 국가적 후유증을 숨겼다. 이렇게 행정중심복합도시(세종시)는 약칭을 통한 대표적인 상징 조작 사례에 해당된다.[366]

원안 건설을 주장하는 사람 중에는 가끔 세종시 건설의 정당성을 갈할 때 박정희 대통령의 행정수도 이전 계획을 거론하곤 한다. 1975년 박정희 대통령의 지시로 중화학공업기획단 산하에 행정수도 건설 등을 담당하는 사업 추진팀(TF: Task Force)팀이 만들어졌다. 당시 대통령 측근으로 관련 계획을 전담한 것으로 알려진 오원철 전 경제수석은 "박정희 대통령 시절에도 행정수도 건설이 검토된 바 있다. 당시에 이미 선진국 도약을 위한 행정수도 건설과 4대강 정비사업 등을 담은 국토개발 계획(plan)이 만들어지고 있었다. 1960~1970년대 경제 강국 건설에 이은 신(新)국토 설계였다. 전담팀은 2년 동안 전국 곳곳을 누볐고 국토의 균형개발이라는 측면과 안보적 요소를 고려해 최적지로 충남 연기군을 선택했다. 현재의 세종시와 위치는 비슷하지만 동일하지는 않다. 차령산맥의 국사봉과 장군봉을 배후로 두고 금강이 에워싸는 형태의 천혜의 땅을 찾아내 대통령께 문서로 보고했다"고 한다.[367] 청와대를 비롯한 행정기능 전반을 이전하는 사실상의 천도를 계획하였으나 실행에 옮기지 않았다.

---

365) 프레시안 2010. 1. 18.
366) 동아일보 2009. 11. 2.
367) 조선일보 2009. 12. 15.

연세대 김동길 명예교수는 2009년 11월 자신의 홈페이지(home page: 인터넷에 마련된 자기만의 공간)에 올린 "2002년 대선 후보였던 노무현이 '아닌 밤중에 홍두깨'처럼 불쑥 던진 한 마디가 이제 와서 여당을 분열시키고 대한민국을 걷잡을 수 없는 혼란으로 몰고 가는 겁니까?"라고 반문하며 "(세종시법은) 선거 막판에 노 후보가 던진 실없는 공약이었을 뿐이다. 당선이 안 됐다면 아마도 농담으로 끝났을 것"이라고 주장했다. 또 그는 "(신행정수도설치특별법에 대해) 2004년 10월 21일 헌법재판소에서 위헌 판결이 내렸으니 노 씨와 당시의 여당은 단념을 했어야만 한다"고 덧붙였다.[368] 김영삼 전 대통령도 "헌법재판소의 위헌판결에도 승복하지 않고 정부를 반으로 쪼개는 기형적인 괴물을 여야가 한통속이 돼 정략의 산물로 만들었다. 어떤 이유로도 있을 수 없는 일"이라고 말했다.[369]

헌법재판소가 노무현 정부에서 제출한 수도이전 법안에 대해 위헌 결정을 한만큼 그 결정을 피해 가기 위해 만든 세종시법에 대해서도 역시 위헌 결정을 했더라면 좋았을 걸 하는 아쉬움이 남는다.[370] 그러나 2004년 헌법재판소의 위헌 판결 이후에도 노무현 정부는 수도이전을 포기하지 않았고 행정부처 이전으로 내용을 수정하여 계속 추진하였다. 이에 따라 2005년 3월 열린우리당[371]과 한나라당의 합의에 따라 정부

---

368) 조선일보 2009. 11. 5.

369) 중앙일보 2009. 12. 17.

370) 문화일보 2010. 1. 22.

371) 열린우리당(영어: Uri Party)은 새천년민주당이 개혁을 둘러싸고 분란이 일면서 새천년민주당을 탈당한 세력과 한나라당 탈당파 5인, 개혁국민정당이 세력을 합쳐 [2003년] 11월 11일에 결성, 창당되었던 대한민국의 정당이다. '열린우리당(약칭 우리당)'이라는 당명은 개방적 공동체주의를 지향한다는 의미를 담고 있다. 우리당의 4대 강령은 '새롭고 깨끗한 정치실현', '중산층과 서민이 잘사는 나라구현', '더불어 사는 따뜻한 사회건설', '한반도 평화통일'로서 열린우리당의 정치적·시대적 지향점을 압축적으로 표현하고 있다. 또한 '전국 정당'을 표방하면서 지역주의 타파를 외쳤다. 2004년 4월 15일, 제17대 국회의원 선거를 통해 1988년 이래 최초로 의회의 과반을 차지하게 되었으나 노무현 정부가 국민으로부터 지지를 얻지 못하면서 당의 지지도도 급락하여 대선을 앞둔 2007년 창당 4년 만에 당을 사실상 해체하고, 대통합민주신당을 출범 시켰다.

부처의 절반을 세종시로 이전시키는 행정중심복합도시 건설로 결론이 났다.372)

세종시 추진과정에는 국회와 한나라당의 책임도 만만치 않다. 노무현 전 대통령은 당선 된 지 1년 뒤인 2003년 12월 29일 세종시 건설을 위한 '신행정수도의 건설을 위한 특별조치법안'을 제출해 통과시켰다. 당시 표결에는 194인이 참가해 찬성 167인, 반대 13인, 기권 14인으로 별 마찰 없이 통과되었다. 문제의 법은 정부부처는 물론이고 청와대까지 모두 옮기는, 말 그대로 '천도(遷都)법'이다. 당시 의석분포는 ▲한나라당 149석 ▲민주당 60석 ▲열린우리당 47석 ▲자민련 10석 등이었다. 재적의원은 272석으로, 한나라당은 과반 이상을 차지하고 있던 거대야당이었다. 찬성 167인 중 한나라당 소속 의원이 무려 81명이나 됐다. 이들 가운데 그 후 몰아친 탄핵 역풍에도 불구하고 살아남은 뒤, 지금도 한나라당 현역 의원인 이들은 모두 22명이다. 이명박 대통령의 친형 이상득 의원도 찬성표를 던졌다. 당시 이 의원은 '행정개혁·지방분권 특별위원장'을 맡아 수도이전법에 반발하던 당내 의원들을 설득하고 의견수렴을 총괄하며 수도이전법 통과를 주도했다.

현재 행정안전부 장관인 맹형규 의원도 찬성표를 던졌고, 박희태 국회의장, 친이계 핵심인 심재철, 안경률, 정의화 의원, 전 국회부의장인 이윤성 의원, 당시 평의원이었던 박근혜 전 대표도 찬성표를 던졌다. 반대투표를 한 의원 13인 중 한나라당 의원은 안상수, 최병국 의원 등 4인에 불과했다. 기권 14인 중 한나라당 소속은 김덕룡, 오세훈, 임태희, 전재희 등 8인이었다. 2003년 말 최병렬 대표가 이끌던 한나라당은 총선을 앞두고 표를 의식해 수도이전에 주도적이었다. 2004년 '세종시법' 모태법도 한나라당의원이 다수 찬성했다. 2004년 초 보수단체들이 국

회를 통과한 '수도이전법'에 대해 헌법재판소에 소원을 제기했다. 헌재는 2004년 10월 관습헌법[373)]이라는 논리를 앞세워 신행정수도건설특별법에 위헌 판결을 내렸다. 국회는 이에 헌재 판결을 받아들여 2004년 12월 8일 '신행정수도의 건설을 위한 특별조치법 위헌 결정 후속대책 및 지역균형발전특별위원회 구성결의안'을 투표의원 204인 중 165인의 찬성으로 통과시켰다. 이때도 한나라당 의원 40명이 찬성표를 던졌다. 해당 결의안은 '행정부처의 선별적 이전'을 전제로 한 결의안이었다. 현재 '세종시법'의 모태가 된 결의안이었던 것이다.[374)]

정치권은 유독 충청도에 집착해왔다. 1992년 김영삼(YS)의 3당 합당에서부터, 1997년의 김대중 – 김종필(DJP) 연합, 2002년 행정 수도 건설 공약 등을 통해 충청권을 캐스팅보트로 활용했던 지난 정치권의 역사는 그 이유를 설명해 준다. 8년간 정부의 행정도시 추진과정을 지켜보며 원주민 대책에 관심을 가져왔던 주민보상대책위원회 홍석하 기획차장도 세종시 수정안 발표를 "아무리 생각해도 권력 재창출을 위한 정치적 목적이 있다고밖에 해석이 안 된다"고 고개를 설레설레 흔들었다.[375)]

---

373) 관습헌법(慣習憲法)이라고 불리는 헌법관습법(또는 헌정 관습법) 또한 불문법인 불문 헌법의 일종으로서, 성문 헌법과 같이 국내법 질서에서 최고의 효력을 갖는 헌법적 사항에 대한 관습법을 가리킨다. 성문 헌법을 가지고 있는 국가에서 관습 헌법이 성립할 수 있는가에 대해서는 학설이 다양하며, 성립할 수 있다는 학자도 그 효력에 대해서는 이론이 분분하다. 대체적으로 성문의 헌법을 가진 국가에서는 헌법에 직접 명시되지는 않았으나, 성문의 헌법에 내재되어 있는 불문의 헌법 규범이 나타날 수는 있지만, 이러한 규범은 어디까지나 성문 헌법의 규범적 범위 이내에서 그 성문 헌법의 애매한 점을 보충하는 데에서만 인정할 수 있다는 것이 다수설이다. 그러나 관습 헌법이 이론적으로는 가능하지만, 실제적으로는 불가능한 이론적인 흥미의 대상 또는 실제적인 의의가 미미하다는 입장을 취하고 있는 학자도 많다. 대한민국의 헌법 재판소는 신행정수도법 위헌 확인 결정에서 기본적 헌법 사항에 대해 국내법 질서에서 성문의 헌법과 같은 효력을 갖는 헌법적 사항에 대한 관습법이 성립할 수 있으며, 신행정수도의건설을위한특별조치법은 서울을 수도로 하는 관습 헌법에 위반하므로 수도 이전을 위해서는 성문 헌법과 같은 개헌 절차가 필요하다고 판시하였다. 이후 대한민국에서 관습 헌법의 효력을 긍정하는 학자가 나타나기 시작하였으며, 효력을 부정하는 입장에서 긍정하는 입장으로 선회한 학자도 있다. 다만 헌법 재판소의 판결과 같은 입장을 취하는 학자는 극소수이다.

374) 한겨레 2009. 11. 5.

375) 프레시안 2010. 1. 18.

주민들이 세종시를 만들어달라고 한 적은 없었다. 감정과 이성, 현재 권력과 미래권력 사이의 갈등이 충청과 비충청의 나라 가르기로 비화될 가능성도 있었지만, 비 충청지역 사람들은 눈물이 날만큼 질투 나는 수정안을 놓고 충청도민들은 별로 탐탁해하지 않았다. 국민은 세종시에 죄지은 것도, 빚진 것도 없다. 그런데 이렇게 대한민국의 발목을 잡는 건 너무했다.[376]

2002년 12월 13일 당시 서울시장으로 기자간담회에서 "행정수도 이전이 안보 불안을 부를 것"이라고 말한[377] 이후 줄곧 세종시 반대 입장을 견지해온 이명박 대통령이 기존의 세종시 반대 입장을 처음으로 바꾼 것은 2006년 12월 13일 충북대학교 특강에서 '이미 시작된 일이드로 (대통령이 돼도) 바꿀 생각은 없다'[378]고 밝히면서부터 시작되었다. 그후 2007년 17대 대통령 선거에서 한나라당 후보로 지명되자 원안 건설을 여러 차례에 걸쳐 언급하고 약속했다. 그런데 대통령에 당선된 후 다시 입장을 바꾸었다. 2009년 9월 3일 정운찬 국무총리 후보 내정자가 세종시의 자족기능과 비효율적인 행정 문제를 들어 수정 필요성을 제기하고 총리 인준을 위한 국회 청문회과정에서 논란이 확산되자 2009년 11월 4일 정부는 세종시 수정 계획 추진을 공식적으로 발표했다.

11월 27일 대통령과의 대화[379]를 통해 이명박 대통령은 입장 번복을

---

376) 동아일보 2010. 1. 18.

377) 오마이뉴스 2009. 11. 5.

378) 위클리경향 852호(2009. 12. 1.)

379) 대통령과의 대화: 2008년 9월 9일과 2009년 11월 27일 두 차례에 걸쳐 밤 10시부터 11시 40분까지 생방송으로 진행된 TV 프로그램이다. 프로그램의 취지는 국민과 대통령 사이의 대화를 통해 국정에 관한 궁금증을 해소하고, 국민들의 생각을 국정에 반영하는 것이다. 2008년 대통령 취임 200일에 즈음하여 이명박은 국민들과 함께하는 방송 토론을 개최하였다. 질문자는 총 100명으로써 Millwards Brown 미디어 리서치가 무작위로 선출하였다. 그러나 일부 누리꾼들은 정부에서 질문자 선정에 직·간접적으로 관여했다는 의혹을 제기하며, 패널로 참가했던 '장상옥'이라는 사람이 방송에서는 자영업자로 나왔으나 실제로는 국토해양부 공무원이었던 사실을 그 근거의 하나로 들고 있다. 하지만 국토해양부는 이를 부인했고, 실제로 그는 SH공사 사업 총괄팀 직원인 것으로 드러났다. 첫 번째 ≪대통령과의 대화≫의 시청률은 KBS, MBC 합쳐서 15% 정도의 시청률로 집계되었다. 2009년 ≪대통령과의 대화≫에서는 MBC

사과하고 세종시 수정추진 정면 돌파 의지를 내비쳤다. 총리 후보자가 문제를 제기했더라도 대통령과 정부가 수렴하지 않으면 더 이상 문제가 되지 않았을 터인데 대통령과 정부는 이를 계기로 삼아 본격적인 수정을 추진한 것이다. 이명박 대통령은 국가 백년대계를 위해 수정할 수밖에 없다는 입장을 밝혔지만 입장 변화에 따른 구체적인 설명이나 근거는 제시되지 않았고, 수정을 위한 뚜렷한 원칙이나 해법도 없었다. 야당이 모두 반대하는 원안 건설을 처음부터 수정해야 한다는 결론을 내려놓고 대화와 타협이 곤란한 상태에서 권력의 힘과 여론에 의한 수정 강행에 들어갔다. 결국 대통령과 정부는 지도력과 문제해결능력이 제대로 없으면서 문제를 제기해 갈등을 고조시키고 논란만 확산시키는 결과를 초래했다.

한화갑 민주당 상임고문은 세종시 수정문제가 논란이 된 것에 대해 "공약을 시작할 때 선거에서 표를 얻기 위한 의도가 짙었기 때문에 이런 역현상이 일어난 것이다. 대한민국 국가전략차원에서 다시는 이런 문제에 대한 실수를 범하지 않도록 하는 그러한 계기가 되었으면 한다"고 개인적인 생각을 말한 바 있다.[380]

2. 각 제안에 대한 개요 이해

세종시 건설을 두고 제시된 안은 총 4가지였다. 이를 날짜순서대로

여의도 스튜디오에서 촬영이 진행됐으며, 방송에서 이명박 대통령의 개인 발언은 2분정도로 짧게 진행하고, 나머지 시간은 전문 패널 및 일반 패널들과의 질의응답 형식으로 이루어 졌다. 전문 패널로는 김호기 연세대학교 사회학과 교수, 김진 중앙일보 논설위원, 김연희 Bain&Company(컨설팅기관) 대표 등이 참석하였다.

380) 뉴데일리 2009. 11. 17.

정리하면 민주당과 자유선진당이 주장하는 원안, 친박계가 주장하는 원안+α, 정부가 내놓고 한나라당 친이계가 지지하는 수정안, 김무성 의원이 제안한 절충안이 있다.

1) 원안

원안은 2005년 3월 2일 국회 본회의에서 통과된 신행정수도 후속대책을 위한 연기·공주지역 행정중심복합도시 건설을 위한 특별법(세종시법)에 의한 건설을 말한다. 그 구체적인 내용은 두 가지로 요약된다. 첫째는 세종시 건설과 관련된 내용이다. 세종시법 제6조(행정중심복합도시건설의 기본방향) 국가는 다음 각 호의 도시 특성이 구현될 수 있는 방향으로 행정중심복합도시를 조성하여야 한다. 1. 국가 균형발전을 선도할 수 있는 행정기능 중심의 복합형 자족도시 2. 자연과 인간이 어우러지는 쾌적한 친환경도시 3. 편리성과 안전성을 함께 갖춘 인간중심도시 4. 문화와 첨단기술이 조화되는 문화·정보도시로 그 성격이 명시되어 있다. 그리고 제16조(중앙행정기관 등의 이전계획) ① 행정안전부 장관은 중앙행정기관 등을 행정중심복합도시로 이전하는 계획을 수립하여 대통령의 승인을 얻어야 한다. ② 외교통상부, 통일부, 법무부, 국방부, 행정안전부, 여성가족부는 이전대상에서 제외한다. 즉 나머지 이전해야 할 중앙부처는 애초 12부 4처 2청이었으나 이명박 정부의 부처조정으로 9부 2처 2청이 이전대상이다. 둘째는 국가 균형발전 부문이다. 제4조(국가균형발전시책의 병행추진) 국가는 전국 각 지역이 지역특성에 따라 골고루 잘 사는 국토여건을 조성하기 위하여 공공기관 지방이전, 수도권 발전대책, 낙후지역 개발, 지방분권 등 국가균형발전시책을 행정중심복합도시건설과 병행하여 추진하여야 한다고 규정하고 있다.

원안은 자족기능 부족문제와 행정비효율이 해결해야 할 과제이다. 이에 대해 야당 일각에선 세종시의 행정 비효율을 극복하기 위한 대안으로 화상회의를 제안한다. 통신기술의 발달 덕분에 행정 부처의 분산에 따른 의사소통 문제점을 얼마든지 해결할 수 있다는 주장이었다.[381] 또한 중앙행정기관이 원안대로 다 이전해도 목표인구 달성과 도시로서의 자족기능은 부족할 것으로 우려된다. 자족기능 부족은 정치권을 떠나 각계 전문가가 그런 지적을 많이 하고 있어 원안대로 하더라도 사전에 대책을 강구해야 할 필요가 있는 것으로 보인다.[382]

계획기간과 목표인구 50만은 공약도 아니고 정책을 실행하기 위한 계획내용의 일부이기 때문에 상황에 따라 얼마든지 변경될 가능성이 있다. 목표인구를 넘는 것도 그렇지만 정부의 의도대로 되지 않아 미달하는 상황이 발생한다고 하더라도 그것까지 어떻게 할 수는 없는 일이다. 인근지역의 추가 편입이나 용지에 대한 형질변경 등 조정 없이는 목표인구 달성은 거의 현실성이 없다. 여기에 통일 이후 대비를 비롯한 행정기관 이전문제도 제기되고 있으며, 정부가 그동안 준비한 수정안의 내용도 수렴하기 어려운 문제점을 안고 있다. 도시건설에는 변수가 많기 때문에 정권을 획득하여 직접 건설을 관장하지 않는 상태에서 추진되는 원안 건설은 자족기능 보장을 담보하기가 쉽지 않다. 따라서 민주당이나 자유선진당이 정권을 획득해야 제반 문제의 원활한 해결이 가능할 것으로 전망된다. 세종시 원안 사수 운동을 하는 단체는 크게 세 부류로 나뉜다. 민주당, 자유선진당을 비롯한 지역 기초의원 등 정치권, 충청도의 시민단체, 그리고 행정도시사수연기군대책위 등 연기군 주민이 각각의 축을 이루었다.[383]

---

381) 동아일보 2009. 11. 19.
382) 뉴데일리 2009. 11. 2.

2) 원안+α

원안+α안은 원안인 세종시법에 명시된 내용으로 건설할 경우 예상되는 자족기능을 강화한다는 것이 특징이다. 어떻게 강화할지 그 세부적인 내용은 아직 언급되지 않고 있지만, 기업 유치를 통한 산업부문, 학교 등 교육 분문이 중심이 될 가능성이 크다. 세종시법 제6조(행정중심복합도시건설의 기본방향) '1. 국가균형발전을 선도할 수 있는 행정기능 중심의 복합형 자족도시'가 언급되어 있기 때문에 법 개정 없이도 추진이 가능하고 외형상 크게 장애가 될 만한 문제는 없다. 정부가 수정안을 위해 준비한 건설내용도 모두 수용이 가능하다. 단지 원안과 마찬가지로 행정기관 이전에 따른 행정 비효율문제를 어떻게 극복할 것인가 하는 점이 앞으로 해결해야 할 과제이다. 2009년 9월 당시 정운찬 총리 후보자의 세종시 자족기능에 대한 문제 제기 이후 세종시 수정에 대한 논란이 불거지자 2009년 10월 23일 박 전 대표가 "세종시는 원안＋알파(α)로 추진되어야 한다"고 발언했다.[384] 한나라당 친박계 의원들이 주로 지지하고 있다.

3) 수정안

정부는 2010년 1월 11일 세종시에 9부2처2청의 정부 부처가 옮겨가게 돼 있는 원안을 백지화하고 대신 교육과학중심 경제도시를 짓겠다는 수정안을 발표했다. 정부의 새 안(案)은 세종시는 삼성, 한화, 롯데, 웅진, SSF 등 국내외 5개 기업이 4조 5천억 원을 투자해 생산시설과 연

---

383) 프레시안 2010. 1. 18.
384) 조선일보 2010. 1. 15.

구단지 등을 조성하고, 고려대와 KAIST의 일부 또는 전체가 옮겨오고 중이온가속기를 새로 설치해 교육과 과학에 중심을 둔 도시로 건설, 일자리 25만 개가 새로 생겨나는 인구 50만 명의 자족(自足)도시로 만들겠다는 것이었다. 이를 위해 토지보상과 부지조성 비용을 뺀 순수한 세종시 건설 사업 예산을 당초 8조 5천억 원에서 16조 5천억 원으로 두 배가량 늘렸고, 자립형 사립고를 비롯한 각급 우수 학교 유치계획도 밝혔다.385)

정운찬 국무총리는 텔레비전(TV)으로 생중계된 세종시 수정안 대국민 발표를 통해 "세종시는 어제의 잘못을 바로잡는 일이자, 새로운 내일의 토대를 다지는 시대적 과업이다. 충청권은 물론, 대한민국이 50년, 100년 먹고살 '제3의 쌀'을 창조해야 한다. 여기에는 정치적 고려나 지역적 이해관계가 끼어들 여지가 없다. 세종시 같은 국가적 대사(大事)를 결정하는 기준은 단순하고 명료하다. 어느 방안이 국민과 국가의 이익을 극대화하느냐는 것, 그 이상도 그 이하도 아니다. 세종시 건설은 정치적 신의 문제 이전에 막중한 국가 대사이다. 수도 이전이 벽에 부닥치자 행정부처 일부 이전으로 대신하려는 것은 시대의 수레바퀴를 거꾸로 돌리자는 것과 다를 바 없다. 행정부를 분산하면 매년 3조~5조 원의 비용이 낭비된다. 행정도시가 관(官) 주도의 과거식 개발계획이라면, 세종시는 과학기술이 교육과 문화와 어우러진 미래형 첨단 경제도시이다. 이미 세종시 투자가 약속된 부지가 900만㎡에 달한다, 이는 전체 자족용지(1천500만㎡)의 60%에 달한다. 한국개발연구원(KDI)은 발전방안의 민간부문 투자액을 총 40조 원 규모로 추정하고 있는데, 이는 15조 원 정도인 원안의 세 배 가까운 수준"이라고 말했다.386)

---

385) 조선일보 2010. 1. 11.
386) 연합뉴스 2010. 1. 11.

　수정안을 실행하기 위해서는 원안에 포함되어 있는 세종시법 제16조 (중앙행정기관 등의 이전계획) ②의 행정기관 이전이 프함된 내용을 백지화하는 법 개정이 필요했다. 그런데 한나라당 친박계, 야당인 민주당과 자유선진당, 상당수 충청지역 주민들까지 반대를 하고 있어 난관에 부딪혔다. 수정안대로라면 중앙부처 이전에 따른 행정 비효율 문제와 자족기능 문제는 해결이 가능하다. 그런데 이명박 대통령의 임기가 얼마 남지 않았다. 다음 대통령을 비롯한 이후 대통령과 정부가 수정안을 지지하고 현재의 정부가 계획하는 대로 도시를 건설해 줄지 아무도 장담할 수 없다. 그리고 정운찬 총리는 "대한민국이 50년, 100년 먹고살 제3의 쌀을 창조해야 한다. 행정부를 분산하면 매년 3조~5조 원의 비용이 낭비된다"고 하겠지만, 이는 근거가 없는 말이다. 세종시 하나에서 대한민국이 그렇지 장기간 먹고 살 수 있는 쌀은 창조되기 어렵고, 행정 분산에 따른 비용낭비도 지나치게 부풀려져 있었다. 화상회의, 행정 전산화 사업 강화, 산림청 헬리콥터나 행정기관 전용 헬리콥터와 전용버스 운용 등 보완책을 마련하면 그렇게 비용이 많이 낭비될 이유가 없다. 투입되는 국가적 비용이 지나치게 큰 반면 회수는 어려워 충청도에 퍼주기 방식의 선심성 정책으로, 정부가 나서서 오히려 각종 특혜를 부여하여 세종시의 규모를 엄청나게 크게 확장시켜 놓았다. 다른 지자체와 수도권지역에서 반발이 확산되는 이유가 여기에 있다.

　정부 부처 이전을 백지화하는 수정안 발표로 세종시 문제는 국가의 백년대계, 국토의 균형발전, 국민과의 신뢰, 지역 우대와 차별, 정치세력 간의 대결, 차기 대통령 선거, 정권의 레임덕(lame duck) 등 하나같이 쉽지 않은 문제들이 뒤얽힌 난마가 되었다. 정부와 여당, 야당, 각 자치단체 등을 비롯한 정치권은 말할 나위도 없고, 충청도민을 비롯한 지역 주민들도 이해관계에 따라 제각각 다양한 의견을 내세우기 시작했다.387) 결국 세종시 문제가 정치권의 용암으로 확대되고 있는 이유는 정부와 여권이 국민을 설득시킬 수 있는 철저한 경제성 분석 없이 원안 수정에 착수했기 때문이었다.388) 수정안은 정부가 안을 내놓고 이명박 대통령을 비롯한 정부와 한나라당 친이계가 지지했다.

4) 절충안

한나라당 김무성 의원이 2010년 2월 19일 기자회견을 갖고 "정부 부처 분할은 안 된다"면서 행정부 부처 대신389) 대법원과 헌법재판소 그리고 중앙선거관리위원회 등 독립적 성격의 국가기관 7개를 세종시로 보내자는 제안을 했다. 수정안+α가 절충안의 내용이다. 그는 "정부의 수정안은 자족기능을 대폭 보충했기 때문에 수정안만으로 충분히 민간부분 시너지390)(synergy)를 낼 수 있다. 이미 정부안의 '+α'에 충분한 혜택이 들어 있기 때문에 독립기관이 이전하면 더 도움이 될 수 있다"고 설명했다.391)

절충안을 실행하기 위해서는 세종시법 제16조(중앙행정기관 등의 이전계획) ②에 명시된 이전 행정기관의 내용을 변경해야 하기 때문에 법 개정이 필요하다. 절충안은 원안의 자족기능과 행정비효율문제를 극복할 수 있고 수정안에서 빠진 행정기관 이전에 대한 반대 여론도 잠재울 수 있는 가능성이 크다. 또한 정부가 수정안 건설을 위해 준비한 내용을 모두 수용할 수 있다. 독립기관의 이전이 행정부 산하기관의 이전에

---

387) 중앙일보 2010. 1. 14.
388) 조선일보 2009. 11. 5.
389) 프레시안 2010. 2. 19.
390) 시너지(synergy): 분산 상태에 있는 집단이나 개인이 서로 적응하여 통합되어 가는 과정.
391) 아시아경제 2010. 2. 19.

비해 얼마나 행정비효율 축소에 도움이 되는지 그리고 국민들이 일을 보는데 또 얼마의 부담 경감이 되는지 등에 대한 경제성과 효율에 대한 연구가 수반되지 않은 제안이었다. 정치적 타협용으로 유력한 방안이기는 하지만 개인 안인데다 당시 김무성 의원 자신이 소속된 친박계의 박근혜 전 한나라당 대표부터 반대하는 등 지지 세력이 없었다. 법 개정이 국회의원 혼자서 되는 일도 아니므로, 정부가 이 안을 제시했더라면 친박계를 설득하고 야당에도 명분을 줄 수 있기 때문에 상당히 좋은 안이 될 수 있었을 것으로 생각되지만, 정부는 애초부터 수정안에 행정기관 이전을 고려하지 않았다.

3. 세종시 문제의 본질과 성격

1) 피장파장 오류의 전형

세종시 문제가 사회적 논란의 대상 된 원인은 어디에 있을까. 여기에는 여러 가지 요인이 있겠지만, 정치권이 서로 역공을 일삼는 피장파장 오류가 그 대표적인 원인 중 하나임에는 틀림이 없다. 피장파장 오류는 비판받은 내용이 비판하는 사람에게도 역시 동일하게 적용됨을 근거로 비판을 벗어나려는 오류이다. 대통령과 국무총리를 포함한 정부, 한나라당의 친이계와 친박계, 야당 어느 쪽이든 한쪽이 자신이 범하고 있는 오류를 인정하면 세종시 문제는 곧바로 해결의 길로 접어들 가능성이 컸다. 그런데 하나같이 자신들이 주장하는 안이 정당하고 합리적이며 충분한 명분이 있다는 주장을 굽히지 않았다. 논란이 장기화되면서 모두 상당한 실수와 잘못을 범했다. 그런데 자신들의 잘못을 인정해 고쳐려 하지 않고 상대방의 잘못과 불합리성만 지적하며 공격에 역공격으로 맞대응하고 반대를 위한 반대를 일삼는 오류를 범했다. 따라서 의견 차이는 전혀 좁혀지지 않고 대립과 갈등만 지속되었다.

오류(誤謬)는 이치에 틀린 인식, 그릇되어 이치에 어긋난 것을 뜻하는데 추론의 형식을 제대로 지키지 않는 경우 또는 명제와 논거를 잘못 진술하거나 사용하는 데서 빚어지는 논리적인 잘못을 말한다. 세종시 문제가 온 국민의 관심사로 논란의 대상이 되었지만, 논란에 참석한 정당이나 유식을 자랑하며 제각기 한마디씩 한 사람들도 실제 정확하게 어느 안이 옳은지 모른다. 자신이 가장 잘 아는 것처럼 떠벌리고 말하는 사람들의 주장은 모두 단편적인 것이지 전체적인 것은 아니다. 정상적인 사람이라면 행정부처만 옮기는 것, 완전히 백지화하는 것, 일부만 옮기고 자족기능을 보태는 것 중 어느 게 옳은지 '나는 잘 모른다'고 하는 것이 올바른 자세이다. 확실하게 아는 것이 있으면 그 근거를 내놓고 세종시 문제가 하루빨리 해결되도록 해야 할 일이었다. 먼저 의견이 있으려면 근거가 있어야 한다. 부처 이전 비용은 얼마인지, 나라에 어느 정도 보탬이 되는지는 최소한 알아야 한다. 하지만 지난 정부에서든 이 정부에서든 제반 요소가 고려되는 종합적인 타당성 분석은 하지 않았다. 그러니 주장만 무성했다. 사정이 이렇다 보니 토론하는 사람들도 겉돌기는 마찬가지였다. 한쪽은 균형발전과 수도권의 과밀화 해소를, 다른 쪽은 행정 비효율성과 국가경쟁력 약화만 떠들다가 끝났다. 비용과 편익은 같이 고려돼야 한다는 상식은 온데간데없었다. 자료(date)가 없으니 그럴 수밖에 없었다. 이런 상황에서 국민 여론조사는 하나마나였다.

전적으로 정부 탓이다. 원안대로든 뒤집기든 정부는 덜렁 결정부터 했다. 그런 후 논거를 찾아 끼워 맞추려 했다. 일을 처리하는 순서가 잘못된 것이었다. 세종시는 처음부터 그랬다. 노무현 전 대통령은 2002년 대선 때 수도 이전을 공약으로 내걸었다. 이만한 걸 들고 나오려면 정말 준비를 많이 해야 한다. 최소한 비용과 편익을 따진 손익계산서는 있어야 했다. 균형발전과 수도권 과밀화 해소의 편익이 더 크니 수도를 옮기겠다고 공약해야 했다. 그게 상식적인 사람의 정상적인 행태 아닌가? 하지만 그에게는 손익계산서가 없었다. 당선에 도움이 될 것 같기에 그렇게 주장했을 뿐이다. 국익은 사라지고 정략만 있었다는 얘기다. 약식이나마 계산서를 만든 건 대통령에 당선된 이후였다. 수도 이전이 위헌으로 결정 난 후에도 노 전 대통령의 행태는 변하지 않았다. 정부 부처만 옮긴다면 손익계산서는 새로 만들어야 한다. 행정 비효율성이 비용 부문에 추가되기 때문이다. 하지만 그는 그렇게 하지 않았다. 계산서는 안중에도 없었다. 위헌 결정 후 불과 4개월 만에 행정부처 이전을 발표할 수 있었던 이유다.

이명박 정부라고 다를 게 없었다. 원안을 뒤집겠다는 결정부터 내렸다. 그런 후 비용과 편익 분석을 시작했다. 세종시 원안과 대안의 비교 분석 결과가 나왔지만, 신뢰성에 문제가 제기됐다. 정부가 처음부터 설득력 있는 대안을 들고 나오지 못한 까닭이다. 물론 지난 정부가 첫 단추를 잘못 끼운 탓이 크다. 하지만 그렇다고 면피 되는 건 아니다. 그럴수록 더 철저하게 준비했어야 했다. 잘못 설계된 역사의 궤도를 다시 놓는 건 정말 힘들기 때문이다. 최소한 행정 비효율성, 경쟁력 저하, 부처 이전 등의 비용을 몽땅 계산한 후 균형발전과 과밀화 해소의 편익과 비교하는 작업을 진작 했거야 했다. 이걸로 국민을 설득해야 했다. 얼마나 답답했으면 여당 국회의원이 "정책을 만들 때는 과학적이고 계량화된 개념을 써야 한다"며 질책했을까? 정부가 우왕좌왕하는 것도 이 때문이었다. 기업 유치 운운하다가 "서울이 아닌 지역의 기업은 유치하-

지 않겠다"고 말을 바꿨다. 특혜 시비가 일자 타 지역에 피해가 가지 않도록 하겠다는 조치를 하고 나섰다. 정부 스스로 확신이 없는 탓이었다. 그 밑바탕에는 손익계산서가 없기 때문이다. 중앙이 이러니 지방인들 별수 있겠나? 앞뒤 재지 않고 일부터 저지르는 건 판박이다.[392]

노무현 정부와 이명박 정부, 입장이 바뀐 여야 모두 피장파장 오류를 범하기는 마찬가지였다. 자신들이 주장하는 안이 국가발전과 이익에 더 도움이 된다는 확실한 근거가 없는데도 아무도 오류를 인정하지 않은 채 정부는 세종시 원안을 수정해야 한다며 수정안을 내놓았다. 같은 한나라당의 친박계를 대표하는 박근혜 의원은 원안+α, 민주당과 자유선진당 등 야당은 원안대로 건설해야 한다는 주장을 굽히지 않고 연일 논쟁을 벌였다. 합리성과 정당성의 근거를 보지 못한 국민들도 제각기 자신들이 지지하는 정당과 정치인의 주장에 동조하거나 편승하며 때로는 자신의 생각까지 곁들여 논란을 벌이면서 갈등과 대립을 고조시켰다. 어떤 때는 문제 해결은 뒷전이고 정국 주도권을 쟁취하기 위해 일부러 문제를 지속시키거나 확대시키는 것이 아닌가 하는 의구심을 갖게 했다.

2) 우리 사회 온갖 병폐가 곪아 터진 정치적 산물

세종시 문제는 한국 정치와 우리 사회의 온갖 병폐가 곪아 터진 정치적 산물이다. 노무현 전 대통령이 권력에 대한 탐욕으로 당선되기 위해 정략적 공약으로 발표해 시작한 것, 후속적으로 정책을 입법화한 것, 헌법재판소 위헌 결정을 수용하여 중단하지 않고 내용을 변경해 강행한 데다 재미를 봤다고 함으로써 스스로 정당성과 합리성을 크게 훼손

---

392) 중앙일보 2009. 12. 13.

하였다. 이런 발언은 세종시 건설이 대중의 인기에 영합하는 선거용 정책이었음을 자인함으로써 우리 사회를 혼란으로 몰아넣었다.

국가 정치의 한 축으로 정부에 대한 견제역할을 해야 할 한나라당도 당시에는 야당이면서도 입법에 협조 문제를 어렵게 만드는 데 일조했다. 또한 이명박 대통령도 서울시장 시절과 대통령 후보 시절, 대통령에 당선된 후 등 총 두 번에 걸쳐 입장을 번복하는 등 정략적으로 세종시를 이용했다. 수정안 반대를 외친 이회창 자유선진당 대표도 2002년 선거 때 세종시 건설을 반대했으며, 원안+α 건설을 주장하는 박근혜 전 한나라당 대표 또한 충분히 여론 수렴을 하지 않고 세종시법이 통과되도록 당론을 결정한 데 대해 사과를 한 일이 있었다. 민주당은 과거 열린우리당 시절 자족기능을 보강하는 데 필요한 세종시 외곽지역의 편입 등에 미온적인 태도를 보여 이명박 정부가 자족기능 미흡 문제를 제기도록 한 책임이 있는데도 원안 건설만 주장했다. 절충안을 내놓은 김무성 의원, 줏대 없이 여당의 핵심 세력이면서도 독자적인 제안이나 해결책은 내놓지 못하고 친박계를 몰아세우며 오락가락한 친이계 등 모두 세종시에 대해 확실한 소신과 책임감을 갖고 접근한 정치인은 아무도 없었다.

충청도 주민도 마찬가지였다. 전국 두 번째로 빠르고 전체 국민이 부담하는 국가 예산이 투입되는 국책사업인데도 자신들이 원하는 대로 투자하고 개발해 줄 것을 요구하며 시위를 벌였다. 여기에 정운찬 국무총리는 대안도 없이 문제 제기부터 하고 국토균형발전이 연계된 사업을 수정안이라는 명분을 내세워 고향인 세종시 지역에 국가의 엄청난 예산을 쏟아 부어 명품도시를 건설하겠다고 하여 전국적인 반발을 샀다. 모두 국가이익을 위한다고 하지만 사실은 하나같이 이기적이고 자기중심적인 사고로 이익 챙기기에 급급했다. 정치권은 권력에 대한 탐욕, 지역주민은 개발이익만을 주로 고려했다. 국가이익과 국민의 복리 증진이 뒷전이 된 것은 이미 오래되었다.

세종시를 건설하는 것이 마치 수도권에 집중되어 있는 인구와 경제력을 분산시키고 지역균형발전에 도움이 되는 것처럼 말을 하지만 이것은 허구에 찬 정치노름과 말이나 글을 다듬고 꾸며서 보다 아름답고 조리 있게 만드는 일 또는 그 기술을 뜻하는 수사(修辭)일 뿐이다. 수도권에 인구가 집중된 것, 지역이 낙후된 것, 세종시와 지역혁신도시를 건설해 그러한 문제를 해결하겠다는 것도 모두 정치와 국가정책 실패 때문이다. 이를테면 정치권과 정부가 나서서 국민을 대상으로 스스로 문제를 만들고 스스로 풀겠다는 장난을 하는 것에 지나지 않았다. 그 과정에서 책임과 부담은 전혀 지지 않고 허울 좋은 명문을 내세우며 정치권력 획득을 위한 탐욕에 이용하는 것이었다. 오늘날의 수도권 집중현상을 고려할 때 만일 박정희 대통령이 지방에 공업단지를 건설하지 않았으면 어떻게 되었을까 하고 생각하면 모골이 송연해질 정도이다.

매번 정치권은 선거 때마다 지역균형발전을 거론하고 있지만 민주화 이후 이제까지 제대로 된 지역균형발전 방안은 한 번도 나오지 않았다. 만일 국민 모두가 공감할 수 있는 지역균형발전 방안이 나오고 그것이 실천되었다면 수도권 과밀억제나 지역균형발전이 현재 우리의 사회적 관심사가 될 이유가 없다. 노무현 정부 시절 만든 세종시와 연계된 지역균형발전 방안도 허구에 차기는 마찬가지이다. 진정한 국가균형발전은 지역주민이 지역에서 자립된 삶을 영위할 수 있는 좋은 일자리와 경제 및 문화적 바탕을 만들어 제공해 주는 것이다. 다른 지역에 있는 것을 옮기는 것은 올바른 방법이 아니다. 공기업이나 공공기관 이전에 소요되는 비용과 세종시 건설에 소요되는 비용을 모두 남부지방인 부산, 광주, 경남, 전남에 투입하여 공단을 만들고 기업을 유치하면 지역균형발전과 수도권 집중해소에 훨씬 도움이 될 수 있다. 그런데 이 지역에 새로운 투자는 고사하고 토지를 소유하고 있는 몇몇 사람들의 배만 불려주는 이전사업에 막대한 국가 예산을 쏟아 부으려 한다. 부산에 공공기관 몇 개 이전한다고 즐어든 25만여 명의 인구가 다시 늘어나지는 않는다. 도움이 된다면 겨우 인구 감소를 지연시키는 정도일 것이다.

부산을 보면 정부 정책이 얼마나 잘못되었고 정치권의 주장이 기만적인지 알 수 있다. 우리나라 제2의 도시인 부산은 현재 전국 최고 수준의 노령화 도시로 저출산에 시달리고 있으며 재정자립도도 가장 낮은 지역 중 하나이다. 2009년 말 부산 남구가 전국 지자체로서는 처음으로 예산이 부족하여 공무원들에게 월급 줄 돈이 모자라 빚이 되는 채권을 발행했다. 일이 이 지경에 이른 것은 여러 가지 원인이 있겠지만, 결국 지방세 수입이 필요한 예산에 상응하지 못하고, 지자체장의 부실한 관리와 정부의 예산분배가 적절하게 이루어지지 못했기 때문이다. 정치권과 정부는 지역균형개발을 한다고 했지만, 부산시민이 먹고 살기에 충분한 공단을 제대로 조성하지 않았다. 오히려 지역특화전략은 기존에 부산시내에 있던 이름 있는 대기업들이 모두 본사나 공장을 서울과 충청도를 비롯한 다른 지역으로 이주하게 만들었다. 이전되는 공장 따라 사람들이 이사를 가고 새로운 일자리가 부족해지자 또 다른 부산사람들도 수도권과 충청도를 비롯한 다른 지역으로 떠나갔다.

하지만 역으로 부산에 투자하는 기업이 없는 것은 아니다. 대표적인 기업에 SK가 있다. SK 최태원 회장은 취임 10주년을 맞아 2008년 9월 1일 울산 롯데호텔에서 열린 기념식에서 갑작스레 참석한 임직원들을 향해 큰절을 했다.[393] SK는 세계적인 석학들로부터 인정받는다는 SKMS[394](SK Management System)라는 독특한 경영으로 고객 만족과 고

---

393) 머니투데이 2008. 9. 4.

객행복을 추구해 왔다. 부산에 내세울 만한 투자 한번 제대로 한 일이 없던 SK그룹은 부산시와 부산상공인들이 힘을 합쳐 지역발전을 위해 만들고 부산시의 특혜와 부산시민들의 불편 속에 키운 알짜기업인 부산도시가스를 마치 적자에서 벗어나기를 기다리기라도 했다는 것처럼 어떤 공작적인 수법을 사용했는지 창립 참가 부산기업들의 온갖 노력에도 소용이 없던 부산시의 지분제한규정을 풀고 주식을 매입하여 계열사화했다. 그 후 주요 경영진을 거의 모두 위에서 내려 보내는 데다 인근지역 도시가스 회사들이 자라나는 아이들에게 꿈과 희망을 주는 대대적인 활동을 하는 것과는 대조적인 모습을 보이고 있다. 모사인 부산도시가스의 막대한 순이익에도 불구하고 부산도시가스개발이라는 계열사를 청산하면서 구조조정을 지휘한 사장은 모사인 부산도시가스로 복귀하고 극히 일부 SK 전·현직 임원과 연관된 몇 명의 직원은 부산도시가스로 데리고 갔다. 그 외에 SK에 연줄과 힘이 없는 직원들은 과거 부산도시가스에서 온 사람이 있었음에도 복귀시키지 않고 모두 내보냄으로써 고용증대에 역행하는 조치를 취했으며, 서울보다 훨씬 높은 가정용 가스요금을 받아 왔다. 여기에 심심찮게 터지는 내부 비리에도 불구하고 대표적 전국적인 경제인연합관련 단체 산하기업과 어떤 관계를 유지하는지 최근 몇 년간 달아서 소비자만족도 1위 기업이라는 허울을 걸쳤다.

이런 상황이 만들어진 데는 부산시도 잘못이 크다. 전국 제2의 도시로서 면모를 제대로 갖추지 못하고 자꾸 쪼그라드는 모습을 보이는 등 상대적 낙후 도시로 전락한 데는 허남식 시장의 잘못된 정책도 한몫 톡톡히 했다. 부산의 노른자위 땅인 센텀시티[395]를 첨단산업단지로 육성

---

394) SKMS(SK Management System): SK고유의 경영관리체계로서 SK구성원의 합의를 통해 정립된 경영철학이자 방법.

하지 않고 땅장사를 해 아파트 단지와 유통업체만 잔뜩 들어오게 만들었으면서도 여전히 관광단지 조성에 열을 올리고 있다. 시민들은 별로 관심도 없는데 무슨 국제회의 하나 유치하면 경제적 효과가 얼마라고 떠들어 댄다. 해운대와 센텀시티 빌딩 건설, 용호만 매립지, 시청 앞 광장 조성, 부산외대 이전 부지 등과 관련 각종 편법과 특혜시비 등이 끊이지 않는다. 그러면서 정작 정부의 특혜가 주어지는 부산진해경제자유구역청은 특별히 활성화 시키지 못하고 있다. 기업들이 밖으로 이전할 수밖에 없도록 만들었으면서 이제 와서 외국기업을 유치하고 부산에 있는 기업이 다른 지역에 투자하거나 밖으로 이주하는 것을 막으려고 혈안이다. 그 사이 1995년 381만여 명으로 한 때 400만 명에 육박하던 부산의 인구는 2002년에는 374만 명, 2008년 말에는 359만 명으로 줄어들었다.[396] 2010년 6월 말 현재 356만 6천 437명으로 다소 둔화되기는 했으나 인구감소 추세에는 변화가 없다. 노무현 후보가 세종시 건설을 공약하던 그 이전부터 이미 부산의 인구는 줄어들고 있었다. 이는 울산과 창원을 제외한 다른 남부권 지방의 공통된 현상이다.

부산에 있던 한보철강과 동국제강 등의 기업이 충청도로 이사한 지 오래다. 아랫돌 뽑아 윗돌로 쓰는 정책이 무슨 국가균형개발전이라는 말인가? 다른 지역의 기업을 이전시키는 것은 국가 차원에서 보면 제로 섬 게임도 못 되는 전체 합이 마이너스가 되는 마이너스 섬 게임이다. 모두 국가권력을 획득하고 통치과정에서 의사결정권을 행사하는 정치권과 정부의 잘못된 정책 때문이다. 국가균형발전이 가장 효과적인 방법은 성장 속도가 빠르고 수도권에서 가까운 충청도가 아니라 전라남

---

395) 센텀시티(Centum City)는 대한민국 부산광역시 해운대구에 위치한 주요 멀티프로젝트 도시개발구역이다. 과거에 수영비행장이 위치하고 있었기 때문에 전체적으로 땅이 고르다. 현재 센텀시티에는 초고층 건물들이 많이 건설되었으며 부산의 맨하튼이라고도 불리는 곳이다.

396) 『2008년 주민등록인구통계』, 부산광역시, p.7

도와 광주, 경상남도와 부산에 투자하는 것이다. 투자하는 것이 어려우면 그냥 지자체 스스로 공단을 만들 수 있도록 허용만 해주어도 좋다. 부산에 있어야 할 기업들이 값싼 부지를 찾아 불법적으로 이전한 대표적인 지역이 경남 김해와 진영, 양산이다.

지금도 진영의 벌판에는 공장들이 난립해 있으며, 김해시 외곽 일원도 마찬가지이다. 그동안 상당 부분 농공단지 등으로 양성화되었지만, 처음부터 정책적 계획적으로 개발된 곳은 많지 않다. 노무현 대통령은 고향을 오가면서 그러한 현장을 목도했을 것이다. 그런데 그 중 상당수는 노무현 정부 때 절대농지에 공장이 만들어졌다. 고상한 수도권 과밀억제 해소와 지역균형개발을 위한 클러스터(cluster: 한 덩어리, 떼, 집단, 단지)라는 아리송한 용어 하나 갖다 붙여 무슨 대단한 일을 하는 것 같은 모습을 보인 것이 너무 속 보인다. 모두 자기중심적으로 행동하는 정치권의 공적에 대한 지나친 의식과 권력향유에 대한 탐욕이 만들어낸 화근이다. 그러나 진정성은 어느 시대에나 통하는 법이다. 1980년대 말 서울의 주택난을 해결하기 위해 시작된 노태우 정부의 200만 호 주택건설을 목표로 한 서울위성도시개발로 수도권 집중이 급속하게 진행되자 이를 우려한 김영삼 후보가 내세운 대전의 정부 제3청사 건설은 세종시와 같은 논란의 대상이 되지 않았다.

1992년 대선 때, 김영삼 민자당 대통령 후보는 수도권 비대화를 막기 위한 국가균형발전계획의 일환으로 '제2 행정수도' 공약을 발표했다. 김영삼 후보는 그해 10월 30일 대선공약 발표를 통해 "집권하면 11개 중앙행정기관을 대전으로 이전해 대전을 제2의 행정수도로 만들겠다"고 약속했다. 그는 실제로 대통령에 당선된 직후인 1993년 통계청 등 10개 외청을 대전으로 옮기기 위한 '정부 대전청사' 공사에 착공했다. 당시에도 일각에서 행정부처 분산에 따른 비효율성 논란이 제기됐으나 김영삼(YS) 대통령은 이를 밀어붙였다. 대전청사는 김대중 대통령 취임 첫해인 1998년 7월어 공사가 끝났고, 김대중 대통령은 김영삼 전 대통령의 정책을 그대로 승계해 통계청, 특허청, 철도청, 병무청, 조달청, 산림청, 관세청 등 10개 외청의 이전을 완료했다.

현재 행정 비효율은 별로 문제 되지 않는다. 무슨 일이든지 정당성과 합리성, 진정성을 갖고 최선을 다하면 국민은 무한대의 신뢰와 지지를 보낸다. 지금도 늦지 않았다. 자신의 이익만 내세우지 갈고 국가발전에 도움이 되는 방향으로 세종시 문제를 해결하도록 진정으로 노력해보자. 금방 해결할 수 있다.

4. 누가 무엇이 세종시 문제 확대시켰나?

1) 이명박 대통령 입장 변경 너무 많은 언급

대통령의 자기중심적 사고, 계파정치, 입장 변화, 말을 흘렸다가 다니면 말고 하는 식의 여론의 간을 보는 정치, 밀어붙이기식의 독주, 문제해결능력과 지도력 부족, 잦은 언급이 세종시 문제의 핵심 원인이다. 그동안 대통령의 직접 발언과 청와대 참모를 통한 간접 발언을 통해 세종시 문제의 흐름을 살펴보면 이명박 대통령은 이제까지 원안 반대, 원안 지지, 내용적 원안+α 추진 언급, 수정안 발표, 국민이 반대하면 (수정안) 그만둘 수도 있다는 언급, 국민투표 고려하고 있지 않다. 국회에서 잘 알아서 결정하기 바란다는 것으로 이어져 왔다. 결국 세종시 문제에 대한 철학 부족, 무소신이 끊임없이 국가를 혼란으로 몰아넣었다. 민주정치에서 필요한 국정 지도력(leadership)은 설득하는 역량에서 나온다. 대통령은 측근 참모로부터 행정책임자, 여당 내부, 야당, 국회 그리고 일반 국민에게 이르기까지 다양한 개인과 집단을 대상으로 설득하면서 직무를 수행해야 한다. 이 과정에서 여당 대표나 총리는 대통령을 보좌할 뿐이다. 대통령은 장기적이고 일반적인 국익의 관점에서 국가정책을 관리할 의무가 있다. 국회나 여론의 지지가 충분하지 못하더라도 심지어 대선 공약마저 잘못됐다고 판단되면 고뇌 어린 결단을 거쳐 방향을 바꾸어야 한다. 이 경우에도 대통령은 설득의 리더십을 발휘해야 한다. 대통령은 행정명령 이전에 법으로 국정을 수행하기 때문에 정당과 국회, 그리고 일반 국민이 대통령이 원하는 입법을 수용하도록 소통·설득해야 한다. 그런데 세종시 문제의 경우 소통과 설득에 나서는 대통령의 행보에[397] 문제가 적지 않았다.

(1) 두 번의 정반대 입장 변경

2009년 11월 수정 추진 발표 이후 재연된 세종시 문제로 인한 사회적 갈등과 논란의 가장 큰 책임은 이명박 대통령에게 있다. 이제까지 이명박 대통령의 세종시에 대한 입장은 크게 보면 두 번 바뀌었다. 그러나 입장을 바꾼 이유에 대해 구체적인 설명은 없었다. 수정안 추진의 이유가 정당한 것이었다면 선거기간 동안의 언행과 약속은 모두 대통령이 되기 위한 탐욕과 이기심이라고 밖에 표현하기 어렵다. 그것이 혼자만의 문제라면 사과로 끝날 일이겠지만 박근혜 전 대표까지 끌어들였다. 상당수 한나라당 국회의원도 동참하도록 요청했다. 결국 책임지지도 못할 말과 행동을 너무 많이 한 것이다. 이러한 이명박 대통령의 입장변화와 협조요청은 정부가 세종시 수정을 추진해 나가는 데 있어 정당성과 합리성, 일관성을 크게 훼손시켰다.

---

397) 중앙일보 2010. 2. 17.

　노무현 전 대통령이 국책사업을 '재미 좀 봤다'고 하여 정당성을 훼손한 것과 너무도 닮았다. 또한 한국정치의 가장 큰 폐해인 계파정치를 하는 것도 마찬가지다. 이미 국민들로부터 그 진정성을 의심받고 있다. 그리고 구체적인 대안이나 해법도 없이 목표를 미리 정해 놓고 논리와 설득, 대화와 타협이 아닌 다수와 권력이라는 힘에 의존해 밀어붙이는 것으로 문제를 해결하려고 했다. 반대와 문제점 지적에 대해서는 그때그때 논리를 개발하는 방식으로 대응해 왔다. 2009년 11월 27일 '대통령과의 대화'에서 이명박 대통령은 세종시 수정에 대해 사과하고 수정 추진을 공식 표명했다.[398] 하지만 국민이 원하는 것은 사과가 아니라 해법이었다. 그런데 국민이 납득할 수 있는 해법은 보이지 않았다. 법 개정과 같은 절차적 과정을 거쳐 처리해야 하고 국가 미래가 걸려 있기 때문에 지도력과 문제해결능력이 부족한 대통령의 단순한 사과 한마디로 세종시 문제가 끝날 일이 아니다. 따라서 대통령이 수정안을 너무 전략적으로 추진한 것이 아닌가 하는 의구심을 갖게 했다.

　오마이뉴스 보도에 의하면 「이명박 대통령의 입장은 '군대 동원→이명박표 명품도시로→양심상 안 돼'로 요약되며 사과·해명 없이 두 차례 180도 말 바꾸기를 했다. 노무현 전 대통령이 행정수도 건설을 추진하던 시절, 이명박 대통령은 그에 맞선 전위투사 같은 모습이었다. 한나라당도 반대했지만, 당시 서울시장이었던 그도 물불 안 가리고 나섰다. 2002년 6월 지방선거에서 서울시장에 당선된 그가 대선 직전인 그해 12월 13일 기자간담회에서 "행정수도 이전이 안보 불안을 부를 것"이라고 말한 것은, 이후 반대 활동을 예고하는 것이었다. 이 대통령은 당시 시의회 시정연설, 강연 등을 통해 "정치권이 지역 간 갈등을 부추기고 이를 정치적으르 이용하려 한다"고 비판했고, 2004년 신년사에서

---

398) 조선일보 2010. 1. 15.

는 통일시대 행정수도 건설을 위해 남북한 공동위원회 구성을 제안하기도 했다. 신행정수도 후속대책을 위한 연기·공주지역 행정중심복합도시(세종시) 문제에 대해서도 마찬가지였다. "수도 분할은 국가 정체성과 통치의 근본을 쪼개는 것으로, 수도 이전보다 더 나쁘다"는 것이었다. 또한 나중에 농담이라고 해명했지만, "행정수도 이전을 못하게 하려면 군대라도 동원하고 싶은 심정"이라는 말까지 나왔다. 2005년 3월 2일 행정중심복합도시법이 국회를 통과한 뒤에도 반대 뜻을 굽히지 않았다. 3월 24일에는 노무현 대통령을 향해 글을 띄우기도 했다. 노무현 대통령이 청와대 홈페이지에 '행정수도 건설을 결심하게 된 사연'이라는 글을 올리자, 서울시 홈페이지에 "행정수도에 관해 저 이명박이 말씀드립니다"라고 반박 글을 발표한 것이다. 그는 "저의 꿈은 통일수도"라며 "대통령께서는 '분할된 수도'를 꿈꾸고 계시지만, 저는 '통합된 수도'를 꿈꾸고 있다"고 비판했다. 또, 행정중심복합도시에 찬성한 한나라당까지 겨냥해 "수도 이전과 수도 분할에 정략적으로 담합한 정치권은 책임을 면하지 못할 것"이라고 했다. 그러면서 "서울은 지방이 아니라 세계와 경쟁하고 있다. 수도 이전은 평화통일이라는 민족의 염원과 통일한국의 장래를 염두에 두고 구상돼야 한다. 행정중심도시는 어차피 성공하지 못할 일"이라고 했다. 그해 7월에는 행정중심 복합도시 건설법에 대한 헌법소원과 관련해 위헌이라는 의견서를 헌법재판소에 내기도 했다. 그의 행정중심도시 반대운동은 청계천의 성공과 함께 한나라당 내에서 그가 박근혜 전 대표와 구별되는 정치인으로서, 수도권 의원들의 지지를 얻어내는 데 큰 자산이 된다. 그가 이때 노 대통령을 상대로 쓴 글은 이 대통령이 2009년 11월 4일 정운찬 총리에게 세종시 원안수정과 관련해 제시한 3가지 기준, 즉 국가경쟁력, 통일 이후의 국가미래, 해당지역의 발전과 그대로 연결된다.

대선에 나서며 입장을 바꿔 '공직자들 모두 이사, 자녀들도 고교까지 행복도시에서' 이처럼 나름의 논리를 내세웠지만, 그는 서울시장에서 물러난 뒤 입장을 바꾸기 시작했다. 2006년 9월 22일 대전지역 정책전문가들과의 포럼에서 "행정은 일관성이 있어야 한다. 기왕에 옮기기로 한 만큼 잘 해야 한다"고 말했다. 그가 행정도시 건설에 긍정적인 입장을 보인 것은 그 때가 처음이었다. 이어 대선의 해인 2007년 초, '행정수도+α'라는 입장을 정리했다. 8월 한나라당 대전시당 기자간담회에서는 "현 정부가 수도권에서 행정수도로 출퇴근하는 사람들에게 특별수당과 기차표 할인 혜택 등을 주겠다고 했다는데 과연 중부권을 발전시키려는 의지가 있는지 모르겠다. 내가 대통령이라면 1만4천여 명의 공직자들이 모두 행정중심복합도시로 이사하고 자녀들도 고등학교가지는 여기서 다닐 수 있도록 하겠다"고 했다. "이런 식이라면 (정부종합청사가 있는) 과천과 다를 게 뭐가 있느냐. 이 정권이 진정한 의미에서 행정수도를 옮긴다고 할 수 있느냐"고도 했다. 한나라당 대선후보경선에서 박근혜 전 대표와의 경쟁이 가열되면서 명품도시라는 말도 했다. 대전 합동연설회에서 "기왕 시작된 것은 제대로 만들어야 한다. 저는 반대할 때는 반대하지만 하기로 맘먹으면 누구보다 잘한다. 진정한 명품도시를 더 빨리, 더 크게 제대로 해 놓겠다"고 약속했다. 2007년 11월 28일 당시 한나라당 대선 후보였던 이명박 대통령이 행정도시건설청을 방문, 기자회견을 통해 "행정도시를 '이명박표 세종시'로 만들겠다"그 말했다. 같은 달 말 충남지역 유세에서 "이명박표 세종시, 명품 첨단도시가 되도록 혼신의 노력을 다하겠다. 그러나 지금의 계획은 답습하지는 않겠다. 과학, 산업, 행정 기능을 접목하고 주변 도시들과의 연계를 강화해 도시의 자족기능을 높이겠다"고 약속했다. "저는 약속을 반드시 지키는 사람"이라고도 했다. "이미 결정된 것이니 내가 더 확실하게 하겠다"고 했을 뿐 별다른 설명 없이, 서울시장 시절의 극력반대론을 뒤집은 것이다. 속내는 세종시 반대였다는 점에서 이를 공약으로 내걸고 대선에 임하는 것이 정도였지만, 대권을 눈앞에 두고 있던 그는 그럴 생각은 없었고, 결국 또 한 번의 180도 회전으로 나타나게 된다.

결국 대통령 취임 2년째에 원래 입장으로 회귀했다. 이 대통령은 대통령에 당선된 뒤에도 세종시를 추진하겠다는 뜻을 유지했다. 이완구 충남지사는 2008년 1월 21일 "이명박 대통령 당선인에게 행정도시 건설 방향에 대해 물었더니 행정도시는 차질 없이 갈 것이다. 행정도시에 내가 대선공약으로 제시한 국제과학비즈니스벨트 기능이 추가될 것이라고 약속했다"고 전했다. 대통령 취임 직후인 3월 20일 충남도청 업무보고에서도 "행정도시를 누가 축소할 것이라고 하던가. 행정도시는 계획대로 추진한다"고 확약했고, 이런 태도는 공식적으로는 2009년 6월 20일 당시 한나라당 박희태 대표, 자유선진당 이회창 총재와의 청와대 회동에서 "당초 계획대로 현재 진행 중이며, 정부 마음대로 세종시 계획을 취소하고 변경할 수는 없다"고 할 때까지 계속됐다. 이 대통령은 그러나 7월 중순 한나라당의 핵심 당직자에게 "대통령의 양심상 세종시는 그대로 하기 어렵다"고 했다. 이어 10월 17일 경기도 과천 중앙공무원교육원에서 열린 장·차관 워크숍에서 "국가의 백년대계를 위한 정책에는 적당한 타협이 있어서는 안 된다. 정권에는 도움이 안 될지라도 국가에 도움이 된다면 한때 오해를 받는 한이 있더라도 그것을 택해야 한다"고 말했다. 그 뒤 결국 정운찬 총리를 앞세워서 세종시 백지화를 공식화했다. 대선공약 번복에 대한 사과 한 마디 없이, '자족도시가 될 수 없다'는 주장 하나로 2002년 대선 이후의 모든 논의를 물거품으로 만들어 버린 것이다. 두 번의 180도 회전을 통해 이 대통령은 자신의 소신으로 돌아왔지만, 이 과정에서 그는 정치인의 가장 중요한 덕목인 일관성을 잃었다.」이 대통령의 거듭된 말 바꾸기는 세종시 문제를 둘러싼 박근혜 전 대표 그리고 야당과의 격돌에서 그의 최대 약점이 되었다.[399]

(2) 세종시 관련 주요 발언

정치가의 말 한마디는 언제든지 정쟁의 대상이 될 수도 있고 정국을 소용돌이 속으로 몰아넣을 수 있다. 그런데도 이명박 대통령은 너무 잦은 말을 했다. 지속적으르 쏟아낸 무책임한 말을 통해 대통령은 세종시 문제와 관련된 갈등을 유발하고 이끌어가는 중심 인둘이 되었다. 누구나 말이 많아지면 실수가 나오기 마련이다. 따라서 대통령이 말을 너무

[표 4-4] 이명박 대통령의 세종시 관련 발언

날짜	발언
· 2006. 12. 13.	"이미 시작된 일이므로(대통령이 돼도) 바꿀 생각은 없다."(충북대 특강)
· 2007. 8. 2.	"중도에 계획을 바꾸는 것은 옳지 않다. 행복도시(행정중심복합도시)를 행정기능과 함께 과학, 산업, 문화 등 기반시설이 함께하는 지족능력을 갖춘 도시로 육성할 것이다."(오송역 방문)
· 2007. 9. 12.	"훌륭한 계획인 것 같다. 서울시장 시절엔 반대했지만 기왕 시작된 것 제대로 만들어야 한다. 더 빨리 더 크게 해 놓겠다. 행복도시는 계획대로 추진해야 한다."(행복도시건설청 방문)
· 2007. 11. 27.	"제가 대통령이 되면 행복도시가 안 될 거라고 하지만 저는 약속을 반드시 지키는 사람이다."(대전유세)
· 2007. 11. 28.	"대통령이 되면 행정도시 건설은 정책의 일관성 측면에서 예정대로 추진할 것임을 분명히 한다."(행복도시건설청 방문)
· 2008. 3. 20.	"행정도시는 축소되지 않고 계획대로 추진할 것이다. 그래서 행복도시건설청장과 본부장도 안바꾼것이다."(충남도 업무보고)
· 2008. 5. 2.	"부처통·폐합 때문에 몇 개 부처가 줄어들 수 있지만 기본적으로는 (행정부처 이전에) 변함이 없다."(청와대 시·도지사 회의 후 충남지사에게)
· 2009. 6. 20.	"당초 계획대로 진행중이고, 나도 정부 마음대로 취소하고 변경할 수 없다고 생각한다."(청와대 여야대표 회동)
· 2009. 10. 17.	"국가의 백년대계를 위한 정책에는 적당한 타협이 있어서는 안된다."(장·차관 워크숍)
· 2009. 11. 2.	"세종시는 충분히 숙고해서 하는 게 좋으니까 당에서 잘 논의할 필요가 있다."(청와대 한나라당 대표회동)
· 2009. 11. 4.	"세종시의 대안은 원안보다 실효적 측면에서 더 발전되고 유익해야 한다. 대안의 기준은 첫째 국가경쟁력 둘째 통일 이후의 국가미래, 셋째 해당 지역의 발전이다. 이 같은 것을 염두에 두고 대안이 마련돼야 한다."(정운찬 총리 주례보고)

출처: 위클리경향 852호(2009. 12. 1.)

---

399) 오마이뉴스 2009. 11. 5.

많이 한 것은 이미 그 자체가 큰 실수였다. 이제는 대통령이 말을 해도 국민들은 잘 믿으려 하지 않는다. 말을 많이 한다는 것은 자신의 생각과 감정표현의 증가를 의미하기 때문에 상대적으로 경청은 줄어들고 상대의 마음과 입장을 헤아리려고 하지 않아 소통문제를 일으키고 결국 국민의 눈에는 밀어붙이기만 하는 독주의 권력을 휘두르는 것으로 인식되는 것이다.

수정안을 지지하지 않는다는 친이계의 공격에 대해 한나라당 친박계의 이성헌 의원은 이 대통령이 (대선에서) 원안 건설을 열두 번씩이나 얘기하면서 약속한 사안인데 그에 대해서 먼저 얘기(해명)하는 게 맞는 것 아니냐[400]고 받아쳤다. 2009년 12월에 발행된 민주당 정책홍보물 행복도시브로슈어(brochure: 안내·광고용 책자)에 의하면 이명박 대통령은 '대선후보 시절, 그리고 당선 후 국민과 한 스무 번의 원안 추진 약속을 헌신짝처럼 내팽개친 대국민 사기극'[401]이라고 주장했다. [표 4-4]에는 2006년 12월부터 2009년 11월 4일까지 이명박 대통령의 세종시 관련 발언이 정리되어 있다. 그러나 이것은 극히 일부분에 지나지 않는다.

한국일보 보도에 의하면 「결국 문제는 청와대다. 세종시 수정을 둘러싼 파열음이 거세지면서 '청와대 독주'가 새삼 부각되고 있다. 정권 초반 미국산 쇠고기 전면 수입에서 세종시 수정까지 청와대가 주동했던 사안들은 모두 정치권은 물론 사회적인 논쟁거리로 번졌다. 청와대는 그럴 때마다 '대통령의 진정성'을 강변하고 나섰지만, 진짜 원인은 독선적 국정운영 스타일에 있다는 지적이 적지 않았다. 실제 청와대가 밀어붙였던 '이명박 의제'들은 정국 파행은 물론 국론 분열까지 불러온 사례가 잦았다. 집권 여당이 소외된 경우도 있었다. 세종시 수정 논란

---

400) 오마이뉴스 2009. 11. 9.

401) 민주당

이 단적인 예다. 청와대 요청을 받은 정운찬 총리가 한나라당과 사전 협의 없이 불쑥 거론하면서 이 문제는 여권 내부 갈등을 넘어, 사회적 논란으로 번졌다. 각종 여론조사에서 반대 여론이 압도적이었던 4대강 사업 관련 예산은 이명박 대통령이 "정쟁과 논쟁의 대상이 될 수 없다" 고 못 박은 이후 2009년 연말 국회에서 일방 통과됐다. 청와대의 독주 는 근본적으로 최고경영자 출신인 이명박 대통령의 '성과 중시'에서 비 롯됐다는 지적이다. "처음엔 반대해도, 해놓고 나면 다들 좋아한다"는 말을 즐겨하는 이 대통령의 "할 수 있다. 나를 믿고 따르라"는 '돌격 리 더십'이다. 그러다보니 이 대통령은 대화와 타협, 절충 등 과정이 중요 한 여의도 정치에 대해 '비효율적'이라는 시각을 갖게 됐고, 이런 사고 방식이 야당은 물론 여당마저 정책결정에서 소외시켜 갈등과 혼란을 더욱 키우고 있는 형국이다. 문제는 청와대의 이런 행태가 집권여당을 '거수기'로 전락시키고, 궁극적으로 정치의 실종을 부를 수 있다는 것 이다. 주요 쟁점에 대한 '여과' 내지 '완충지대' 역할을 하는 정치공간 의 실종은 결국 사회적 갈등으로 이어질 수 있다. 명지대 신율 교수는 "청와대가 정치의 기능을 상실하게끔 만들고 있다. (정치의 부재는) 정 책을 집행하는 측과 그 정책에 반대하는 시민사회가 곧바로 부딪치도 록 해 사회적 갈등을 깊어지게 만들며, 시민들의 분노가 한꺼번에 표출 될 수 있다"[402]」고 말했다.

(3) 입장 변경 원인 분석

그러면 대통령은 왜 이렇게 부담을 안으면서까지 입장을 변경하게 되었을까 하는 의문이 생길 수 있다. 세종시 문제의 탄생은 권력과 권 력 향유에 대한 탐욕이 만들어낸 기형적 산물로 현재까지도 우리는 그

산고를 겪고 있다. 민주당과 노무현 전 대통령의 권력과 권력향유에 대한 탐욕이 이명박 정권에도 그대로 답습되는 모습을 보여주었다. 어떤 일을 꾸미고 이루어 나가는 꾀와 방법을 책략(策略), 겉으로 드러나지 않은 음흉한 내막(內幕)을 흑막(黑幕)이라 하며, 전쟁을 전반적으로 이끌어 가는 방법이나 책략, 정치·사회 운동 등에서의 책략이 전략(戰略)이다. 전쟁에 이기기 위한 여러 가지 기술과 방책, 전법(戰法), 병술(兵術), 일정한 목적을 달성하기 위한 수단이나 방법을 전술(戰術)이라고 한다. 세종시 문제는 초기 입안할 때부터 정치적인 책략의 일환으로 시작되었으며, 한나라당의 수정 논란 역시 마찬가지였다. 한나라당 내의 차기 대권 후보를 향한 암투, 공천, 당 운영과 정국의 주도권 쟁탈을 두고 벌어지는 여러 가지 책략이 숨어 있었다.

실제 대통령이 어떤 어중을 가졌는지 알 수는 없지만 이제까지 외형상으로 드러난 주장이나 발표 등을 바탕으로 분석해보면 자신의 신뢰추락 위험까지 감수하며 입장을 바꾼 데는 대략 다섯 가지 이유가 있는 것으로 분석된다. 첫째는 대통령의 직무 수행과 관련된 지지문제이다. 정책을 결정해나가는 데 있어 여전히 지지와 후원세력이 필요한데 자신을 따르는 친이명박 계열의 수장 노릇을 해야 할 최측근 인사인 이재오, 이방호 전 의원이 국회의원 선거에서 낙선하고 친형인 이상득 의원은 한나라당 내부는 물론 야당의 강력한 견제를 받으면서 한나라당 내외에서 친이계열을 이끌어나가는 데 어려움이 많았다. 대통령 취임 첫해 미국산 쇠고기 파동, 국제금융위기에 따른 재정수지 악화, 원화 약세 등 여러 가지 어려움에 직면했을 때 한나라당이 큰 도움이 되지 못한 것으로 판단한 대통령은 자신의 가장 든든한 지지 세력을 활성화할 방안이 필요했던 것으로 보인다. 세종시 문제를 수정하는 것은 대통령 선거과정에서의 공약을 뒤집어 신뢰를 실추당할 수 있기 때문에 잘못하면 자신이 궁지에 몰릴 수 있는 정치적 부담을 안을 수도 있는 사안이었다. 그러나 그보다는 친이계의 결집과 지지 세력의 건재를 위해 친박계의 반대 예상에도 불구하고 친이계의 손을 들어준 것으로 분석된다. 둘째는 계파정치와 정권의 재창출을 위한 야당의 견제 목적이다. 우리나라 정치는 여전히 후진적이고 저급한 계파정치다. 이명박 대통령도 정책의 정당성, 합리성, 객관성에 의존하는 역사와의 승부보다는 친이계의 지지에 의존하는 계파정치를 하고 있다. 계파 정치의 결과는 정권이 바뀐 후 대부분 대통령을 지낸 사람이 그만한 대가를 치러야 했다. 현재의 한나라당을 제외한 역대 대통령들이 취임 후 대부분 신당을 창당한 이유도 이전 정권의 영향력을 벗어나 보다 자유롭고 자율적인 정치를 하기 원했기 때문이었다. 특히 같은 당에서 대통령이 배출될 때에는 더더욱 그러한 필요성이 강했다. 기득권 유지를 위한 노력은 신정권의 반발과 반격으로 이어졌다. 이런 구태를 잘 알기 때문에 퇴임 후 새로운 권력으로부터 탄압을 피하거나 최소화하기 위해서는 정권의 재창출 그것도 가급적 자신의 지지자나 추종자가 차기 정권을 이어받을 필요가 있다는 판단이 강하게 작용한 것으로 보인다. 또한 우리나라 대선에서 캐스팅보트 역할을 해온 충청권에서 자유선진당이 버티고 있는 상황에서는 차기 정권의 재창출이 쉽지 않을 수도 있다. 따라서 세종시 원안을 지지하는 제1야당인 민주당뿐만 아니라 자유선진당의 강력한 동시 견제 방안이 필요했다. 세 번째는 대통령 자신의 입장변화와 판단 문제이다. 누구나 대통령이 되기 위한 후보 시절과 대통령이 되었을 때의 입장은 크게 변화한다. 후보의 입장에서는 우선 선거에서 당선되어야 자신의 역량을 발휘할 수 있는 기회가 주어지기 때문에 정당성이나 합리성보다는 득표에 유리하냐 불리하냐 하는 것이 판단 기준으로 작용하는 것이 일반적이다. 특히 야당 후보의 경우 특정한 정책에 대한 정보수집능력이 열세에 놓인다. 하지만 대통령에 당선되면 국내 주요 정보는 모두 보고되고 수집된다. 이를 통해 과거 정권에서 이양된 정책이나 사업은 물론 자신이 선거를 통해 공약한 신규 사업이나 정책에 대해 재검토를 하여 자신의 업적관리와 역사적 평가를 고려 우선순위를 재정립하기 마련이다. 따라서 과거 정권에서 이양된 사업이 비록 선거 기간 중에 지지했더라도 당선되어 취임하고 난 후 수집된 정보를 바탕으로 판단한 결과 문제가 많은 것으로 드러났다. 그 결과 문제점의 보완보다 수정이 더 바람직한 것으로 판단한 것으로 보인다. 네 번째는 사업 주도권의 조정 필요성 때문이다. 전정권이 기초해서 실행하고 있는 사업을 그대로 이양 받아 진행할 경우 잘되면 공적은 모두 전 정권으로 돌아가고 잘못되면 실행을 맡았기 때문에 공동의 책임문제가 따른다. 사업의 주도권 또한 확보가 쉽지 않다. 문제점을 안고 있어 공적과 원활한 진행도 기대하기 어렵다. 이러한 문제들을 모두 해결하는 방법이 내용 변경이다. 내용을 수정해 공적도 책임도 우리에게 돌아오도록 하면서 사업내용을 재구성해 사업의 주도권을 거머쥔다면 충청도의 민심을 정부와 한나라당에 유리한 방향으로 전환시킬 수 있다. 또한 정권 창출에 기여한 지지 세력의 공적에 따른 이익 배분에도 도움이 된다는 판단을 했을 것으로 추정된다. 그리고 충청도민과 자유선진당, 민주당이 결사적으로 반대해 성사되지 않을 경우 추후 문제가 발생하면 그들의 반대 때문에 원안대로 할 수밖에 없었다는 명분을 획득할 수도 있기 때문에 현재 정권의 중심인 대통령과 차기정권의 재창출을 위한 주도권을 잡으려는 친이계의 입장에서는 그다지 손해 볼 것이 없다. 세종시 수정 논란이 정치적 책략이라고 하는 이유는 수정안에 대한 정당성과 합리성을 충족할 수 있는 자료 부족 때문이다. 기존 사업내용이나 법 개정의 필요성에 대한 구체적이고 합리적인 자료가 제시되면서 추

진되었다면 이것은 책략보다는 국익을 위한 합리적이고 이성적인 주장
으로 받아들여질 수 있었을 것이다. 그러나 그러한 자료는 이제까지 뚜
렷하게 제시된 것이 없다. 다섯째는 대통령 자신이 공약한 대운하사업
의 변형된 형태인 4대강 정비사업과 관련이 있다. 민주당은 '4대강 공
사 예산은 늘리면서 세종시 예산은 매년 3천억 원씩 깎고 있다. 애초
건실한 자족능력을 가진 세종시를 이명박 정권이 망치고 있다'고 주장
했다. 대통령에게는 서울시장 재직시절 추진한 청계천 복원공사에 대
한 시민들의 높은 지지 환상이 남아 있는데다 현대건설에 장기간 근무
한 경험과 자신감이 만나는 접점 역시 토목 분야이다. 그런데 대운하건
설에 대한 불합리성과 문제점이 집중 부각되자 4대강 정비 사업으로
전환하였다. 그러나 4대강 정비사업 역시 국민의 반대여론이 만만치 않
았다. 이러한 반대여론을 잠재우고 원활한 4대강 정비사업 추진을 위해
세종시의 원안 건설에 따른 문제점을 거론하기 시작한 것으로 보인다.
정부는 2009년 6월 8일 4대강 살리기 종합사업 계획(project master plan)
을 최종 확정했다. 하지만 야당의 격렬한 반대에 봉착해 있었고 환경영
향평가와 국회 예산안 통과 등 풀어나가야 할 난제들이 산적해 있었다.
이 때 세종시에 대한 강한 자극은 4대강 정비 사업에 대한 야당의 반대
를 분산시키는 효과를 볼 수 있었다. 대통령의 입장에서는 아무래도 전
정권이 진행해온 사업을 이양 받아 공사를 진행하는 것보다는 내용이
일부 수정되더라도 자신의 공약사항을 이행하는 것이 공적관리에 유리
한 것으로 판단할 수밖에 없었다. 그리고 세종시 수정안이 받아들여지
면 사업의 공적을 자신의 공적으로 전환이 가능하고 실패하더라도 문
제 제기를 했으니, 책임을 회피하는 데 도움이 될 수 있다. 이에 따른
득실을 고려할 때 선거기간 중 세종시 지지에 대한 입장번복이 손해보
다는 이익이 큰 것으로 판단한 것으로 보인다. 세종시를 건설하지 말자

는 것이 아니라 문제점을 그대로 두고 건설을 강행하는 것은 불합리하기 때문에 문제점을 들어 수정하자는 것으로 대통령의 입장에서 결코 손해 갈 것이 없는 문제 제기였다. 같은 맥락에서 볼 때 친이계의 입장에서도 수정안이 받아들여지지 않더라도 손해될 것이 없고 만일 수정안이 받아들여지면 야당뿐만 아니라 친박계를 강력하게 견제할 수 있으며, 부수적으로 정국과 당내 주도권을 장악할 수 있는 유리한 위치를 확보할 수 있다. 그런데 문제는 의도하는 대로 성공을 시켰으면 좋았을 터인데 그렇게 하지 못했다는 점이다. 결과적으로 문제해결능력과 지도력 부족이 한나라당 내부에 자기네 패거리나 집단 속에서 일어나는 싸움질인 자중지란(自中之亂)만 만든 꼴이 되었다.

이러한 상황을 종합해 보면 세종시 논란은 친이계도 정운찬 총리도 아닌 청와대, 구체적으로 이명박 대통령 자신이 만들어 낸 것이었다는 것을 알 수 있다. 친박계나 청와대 참모진에서 문제 제기를 했더라도 결국 판단하고 결정하는 것은 대통령 자신이다. 우리나라 대통령은 공통적으로 타인의 말을 듣는 척하다가도 결국에는 듣지 않는 특이한 면이 있다. 내 판단이나 생각이 옳기 때문에 자신이 대통령이 되었다는 생각을 하는 경향이 강하다. 이명박 대통령 또한 마찬가지이다. 대통령은 스스로 문제를 불러일으키면서 국민이나 야당과 소통이 안 되고 자신의 진심을 몰라준다는 서운함을 표출한다. 인수위를 통한 영어 공교육 논란, 사교육비 절반 추진에 따른 외국어고등학교 존폐 논란, 부자 감세를 하면서 친서민 정책을 편다는 것 등 여러 차례 있었다. 대통령의 이러한 모습은 판단의 기준을 국민이 아닌 정책을 집행하고 수행하는 청와대와 정부 여당으로 보는 자기중심적인 사고를 갖고 있는 데서 기인하는 것으로 보인다.

(4) 책임 소재 여론 조사 이명박 대통령 가장 높아

설 연휴(13~15일) 직후인 2010년 2월 16일 동아일보가 코리아리서치센터(KRC)에 의뢰해 실시한 세종시 여론조사 결과 [표 4-5]에서 보는 것처럼 세종시 문제가 해결되지 않는 가장 큰 책임이 누구에게 있는지를 묻는 질문에 응답자의 38.3%는 이명박 대통령을 꼽았다. 이어 '민주당 등 야당'(19.1%), '충청지역 정치인과 여론 주도층'(13.0%), '박근혜 전 한나라당 대표'(10.2%) 순으로 답이 나왔다. 대부분의 계층에서 이 대통령의 책임론이 가장 높게 언급되었다.[403]

여론 조사결과를 전해 들었는지 이명박 대통령은 2010년 2월 17일 청와대 수석비서관회의어서 "정부와 국무위원은 설 이후에도 우리 국정의 최우선 목표를 경제 살리기에 두고 민생을 살피는 데 총력을 기을여 달라. 세종시는 당이 중심이 돼 결론을 내리면 될 것"이라고 말[404] 한 이후 세종시 문제에서 한발 물러서는 것 같은 모습을 보였다. 그리고 천안함 사건이 터지고 2010년 6·2지방선거에서 한나라당이 참패한

[표 4-5] 세종시 문제 책임 소재

(단위 : %)

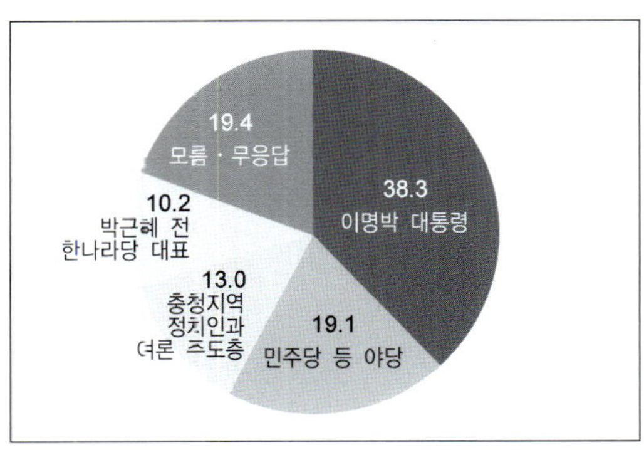

출처: 동아일보

---

403) 동아일보 2010. 2. 18.
404) 미디어오늘 2010. 2. 17.

이후 세종시 문제에 대해 국회에서 결정하면 그것에 따르겠다는 언급을 하는 것으로 발을 완전히 뺐다. 국회 표결결과 세종시 수정안 관련 법안이 부결되었고 외형상 갈등은 봉합되었다.

2) 정운찬 총리 진중하지 못한 언행

정운찬 국무총리는 자족기능 미흡과 행정 비효율 문제를 들어 국무총리 지명 직후인 2009년 9월 3일 세종시에 대해 "원안보다 수정안으로 가지 않을까 한다"고 밝혀 온 나라를 갈등의 소용돌이로 몰아넣는 세종시 논란을 촉발시켰다.[405] 하지만 정운찬 총리가 지적한 자족기능 미흡 문제는 건설 당시부터 고려 대상으로 전혀 새로운 것이 아니었다.

2005년 3월 2일 통과된 신행정수도 후속대책을 위한 연기·공주지역 행정중심복합도시건설을 위한 특별법(세종시법) 제6조(행정중심복합도시건설의 기본방향) '1. 국가균형발전을 선도할 수 있는 행정기능 중심의 복합형 자족도시'라고 규정하고 있으며, 2007년 11월 당시 한나라당 대선 후보였던 이명박 대통령이 충남지역 유세에서 "주변 도시들과의 연계를 강화해 도시의 자족기능을 높이겠다"고 약속했다.[406] 따라서 자족도시에 대한 언급은 전혀 새로울 것이 없었다. 단지 행정부를 총괄할 국무총리의 직책 비중이 문제를 확대시킨 것으로 볼 수 있다. 기존에 직무를 수행하고 있던 정무직공무원도 자신의 발언으로 인해 정쟁의 대상이 되거나 논란이 일어나면 사퇴한 전례가 적지 않다. 심지어 아무런 잘못이 없는데도 오해를 불식시키고 여론을 환기하기 위해 물러나는 경우도 있다. 그런데 정운찬 총리는 후보자로 지명된 상태였기 때문에 첨예

---

405) 한국일보 2009. 9. 21.
406) 오마이뉴스 2009. 11. 5.

한 정치적 쟁점 사안에 더해 직접적으로 언급한 것은 의도적이었든 아니었든 진중하지 못한 행동이었다. 그 발언으로 인하여 사회적 갈등과 대립이 격화되고 정국이 얼어붙어 정부가 일을 처리해 나가는데 문제가 되는 상황에 이르렀기 때문이다. 세종시 수정은 법 개정이 이루어져야 하는 문제로 국무총리가 혼자 해결할 수 있는 사안도 아니다. 그리고 무책임하게 해결방안도 갖고 있지 않으면서 수정 필요성을 언급했다.

전 한나라당 윤리위원장인 인명진 목사는 2009년 10월 27일 라디오 프로그램에 나와 세종시 문제와 관련, 정운찬 총리를 향해 "국가적인 대사이고 상당히 논란 시비가 있는 문제인데 그렇게 그냥 불쑥 한마디 해놓고 수정한다면서 구체적인 대안도 내놓지 못하고 혼란만 가중시키는 등 신중하지 못하다. 이게 정 총리가 결정할 문제가 아닌데 좀 지나친 부분이 있다"고 말했다.[407] 또한 한나라당 이정현 의원은 2009년 11월 교육·사회·문화분야 대정부질문에서 "총리, 기자들에게 뭐라 얘기했나? 내 생각이 정리되면 설득하겠다? 자기 생각도 정리 안 된 상태에서 총리 내정 반나절 만에 대안도 없이 온 정치권을 소용돌이에 빠지게 해놓은 것 아니냐"고 고성을 지르며 세종시 논란의 핵심이 정 총리라는 점을 분명히 했다. 또한 이 의원은 "자기 생각도 정리를 안 해 놓고 이런 제안을 하느냐. 약속을 깨자는 사람들이 지키는 사람들 공격하는 것을 사자성어로 뭐라 하는지 아느냐. '적반하장'이라고 한다. 이럴 수 있느냐"고 재차 질타했다.[408]

참여정부 초기 청와대 인사수석을 지낸 정찬용 전 청와대 인사수석은 2009년 9월 21일 광주광역시의회 기자실 간담회에서 정운찬 국무총리 후보자에 대해 "참여정부 당시 경제부총리로 발탁하기 위해 검증

---

407) 조선일보 2009. 10. 27.
408) 뉴데일리 2009. 11. 9.

(screen)을 했으나 신통치 않아 배제했다. 정 후보자의 평판은 신문사 논설위원과 서울대 출입기자들에게 물어보면 잘 안다. 껍데기는 좋은데 속은 신통치 않았다. 병역기피, 값 낮춘(down) 계약서 작성, 소득세 탈루, 사외이사 겸직, 논문중복 게재, 부인의 위장전입 등 갖은 의혹이 제기되고 있어 자격 자체가 의심스럽다”고 말한 것으로 알려졌다.[409] 실제 국회청문회 과정에서 드러난 것처럼 여러 가지 의혹에도 불구하고 총리에 임명되었지만 거듭된 말실수를 보면 정 총리의 도덕성을 가늠케 하는 자만이 배어 있음을 느끼게 하기에 충분하다.

조선일보 보도에 의하면 「서울대 정운찬 총장이 2004년 5월 12일 학생들과의 공개면담 자리에서 “국립대를 평준화하면 이 나라의 장래는 망한다”[410]」고 말했다. 또한 민중의소리 보도에 의하면 「2005년 6월 8일 전북 고창북고에서 열린 ‘서울대 총장과의 대화시간’이란 행사에 참가한 당시 서울대학교 정운찬 총장은 “서울대 폐지론을 주장하는 사람들에게 ‘나라가 망하기를 원한다면 서울대를 폐지하라’고 역공격하고 있다”」고 말한 것으로 전해졌다.[411]

대한민국을 건국하는 데 서울대는 아무런 역할을 하지 않았다. 국립서울대학교는 1946년 10월 개교하였다. 1948년 8월 15일 대한민국 정부가 수립되자 새 출발의 의미로 학교의 공식 명칭을 서울대학교로 바꾸었다. 모두가 아는 것처럼 대한민국의 초기 경제건설 주역은 육군사관학교 출신이었다. 그동안 서울대학교가 많은 인재를 배출하여 국가발전에 기여한 것은 사실이지만 국내에서 배출된 인재들이 여러 가지 여건상 선호하여 진학하고 통과하는 하나의 통로 역할을 할 뿐 평범한 인

---

409) 연합뉴스 2009. 9. 21.
410) 조선일보 2004. 5. 13.
411) 민중의소리 2005. 6. 10.

재를 입학시켜 탁월하고 대단한 인재를 만들지는 않는다. 대한민국이 서울대학교가 있기 때문에 존재하는 것은 아니다. 서울대학교가 없어져도 대한민국은 건재하다. 대한민국이 배출한 인재는 어디 가지 않으며 서울대학교보다 훨씬 좋은 대학을 만들면 된다. 프랑스가 대학을 평균화해도 국력이 줄어들거나 망하지 않았다.

정운찬 총리가 세종시로 정부부처 이전을 백지화하는 대신에 각종 특혜를 주어 서울공대 제2 캠퍼스, 기업 등을 유치하려는 데 대해 이상돈 중앙대 법대 교수가 "한심하다"며 강도 높은 직격탄을 날렸다. 이상돈 교수는 2009년 11월 9일 자신의 블로그에 올린 글을 통해 "세종시는 복잡한 과정을 거쳐서 결정된 것으로, 정치권 어느 누구도 그로부터 완전히 자유롭지 못하다. 그런 사정을 무시하고 마치 원점에 서 있는 것처럼 논의하자는 것 자체가 무책임한 일이다. 어차피 논의가 되어서 상당히 공사가 진행되어 있다는 현실을 전제하고 이야기해야 한다"고 지적했다. 이 교수는 이어 화살을 정운찬 총리에게 돌려 "청와대 의중을 대변하는 정운찬 총리는 행정부처 이전을 백지화하고 다른 것을 보낸다고 하는데, 정부가 자기 의지대로 보낼 수 있는 것이 정부 부처 외에 다른 무엇이 있는지 이해가 안 된다. 대학총장을 지낸 사람이 건물이나 짓고 돈을 퍼서 부으면 대학이 생겨나는 것으로 말하는 것부터가 한심하다"고 직격탄을 날렸다. 그는 구체적으로 "서울대학교가 제2 공대를 따로 세운다는 이야기도 그렇다. 포스텍(포항공대)도 대학원생이 부족해서 고민인 것이 요즘 우리나라의 현실인데, 국민 세금으로 중국 유학생들을 받아서 가르치겠다는 것인지, 도무지 알 수가 없다"라고 힐난했다.

그는 이어 "기업을 내려 보낸다는 것도 마찬가지이다. 세종시로 내려가는 기업에게는 세금을 우대하는 등 인센티브를 준다고 하는데, 이런 특혜는 보조금을 금지하는 세계무역기구(WTO) 협정에 위반되는 면이 있다. 무엇보다 특정기업에 세금을 면제하면 그것은 결국 일반 국민들이 세금을 더 내서 메우는 것임을 알아야 한다”고 지적했다. 그는 또 “현 정권의 기본철학은 수도권이라고 해서 역차별을 받아서는 안 된다는 것인데, 그렇다면 기업에게 세종시로 내려가라고 강요하는 것은 어떻게 설명할 것인가”라고 반문한 뒤, “혁신 도시로 공기업을 내려 보내는 것은 주저하면서 세금을 축내면서 민간 기업을 세종시로 내려 보내는 것은 또 어떻게 설명할 수 있을까”라고 덧붙였다.[412]

그런데 정 총리의 실수는 한두 번이 아니다. 강창희 전 의원은 2010년 1월 21일 “정운찬 총리가 학자적 이상과 정치의 현실을 혼동하는 발언으로 (세종시) 사태를 더욱 복잡하게 만들고 있어 참으로 안타깝게 생각한다”고 말했다. 강 전 의원은 이날 오후 충청그린문화포럼이 대전시립미술관 강당에서 연 ‘세종시와 10년 후의 대전’을 주제로 한 토론회에서 인사말을 통해 “정 총리가 미국 MIT대학 교수인 폴 사무엘슨의 ‘공약은 잊어버리는 것’이라는 말을 공개적인 자리에서 인용한 것은 총리로서 매우 부적절한 행동이다. 총리가 공약을 잊으라고 한다면 대통령의 공약을 실천하는 장관들은 어떻게 하라는 말이냐”고 반문했다. 그는 “무엇보다 총리가 ‘행정부 일부만 (세종시에) 내려오면 나라가 거덜난다’고 말한 것은 국민과 충청인을 협박하는 것이다. 충청도에서는 최대한 지원해 명품도시를 만든다고 하고 다른 곳에 가서는 특혜가 없다고 한다면 도대체 무엇이 진실이냐”고 따졌다.[413]

2009년 11월 6일 국회 본회의에서 열린 대정부질의에서 정운찬 총리는 제2차 세계대전 당시 만주에서 생체실험을 자행한 일본의 731부대에 대한 생각을 묻는 자유선진당 박선영 의원의 질문에 대해 “항일독립

---

412) 뷰스앤뉴스 2009. 11. 9.
413) 중앙일보 2010. 1. 21.

군인가"라고 반문했다. 정 총리는 생체실험 피해자인 '마루타'에 대해서도 "전쟁포로를 말하는 것 같다"고 오답을 냈다. '전시납북자'의 뜻을 묻는 질문에 대해서도 당황해 제대로 대답을 못한 정 총리는 "국군포로 가족들을 볼 면목이 있느냐"는 박 의원의 추궁에 "면목이 없다"고 고개를 숙이기도 했다.[414] 강원일보 보도에 의하면 2010년 「1월 21일 오후 행정부를 대표해 고 이용삼 국회의원의 빈소를 찾은 정운찬 국무총리가 고인에 대한 사전 정보도 없이 조문하는 실례를 범했다[415]」고 한다. 이 의원은 지난 14대 국회를 시작으로 15, 16대에 내리 당선됐고, 18대에 다시 국회로 돌아온 4선 의원이다. 상임위원장과 특위위원장도 지낸 중진의원이었다. 정 총리의 이 같은 발언들에 악의나 전략적 의도가 배인 것으로 보이지는 않는다. 그럼에도 불구하고 반복되는 실언 해프닝은 총리의 권위를 떨어뜨릴뿐더러 향후 정치 행보에 악재로 작용할 가능성을 무시하기도 어렵다고 당시 언론은 지적했다.[416]

사람이 모든 것을 다 알 수는 없고 실수도 할 수 있다. 중요한 점은 도덕적인 사람은 모르면 모른다고 하고 잘못이 있으면 이를 인정하고 사과를 한다. 그런데 정운찬 총리는 자꾸 다른 말을 하거나 자신이 하고 싶은 말을 하면서 잘못에 대해 제대로 사과를 하지 않기 때문에 계속해 비판을 받는 것이다. 중앙일보 보도에 의하면 「2009년 7월 이 대통령을 만난 한나라당의 한 핵심 당직자는 "대통령의 양심상 세종시는 원안 그대로 하기 어렵다"는 이 대통령의 말을 들었다[417]」고 한다. 정운찬 총리가 대통령과 사전에 어느 정도 교감이 있었는지 아니면 정부·여당에 잘 보여 국무총리가 되고 싶어 그랬는지, 순수하게 혼자만의 우

---

414) 조선일보 2009. 11. 6.
415) 강원일보 2010. 1. 22.
416) 프레시안 2010. 1. 22.
417) 중앙일보 2009. 10. 19.

국충정에 의한 독자적인 발언이었는지 그 진의는 알 수는 없다. 하지만 정운찬 총리의 세종시 수정 발언이 결과적으로 온 나라를 논란과 갈등의 소용돌이 속으로 몰아넣은 것만은 틀림없는 사실이다. 그리고 수정안 관철을 위해 활동을 계속하면서 정국을 혼란스럽게 만들었다. 자신의 생각도 정리되지 않고 대안이나 해법도 없이 말한 것은 무책임의 전형(典型)이다. 설령 우국충정이 있었더라도 국론을 분열시키는 발언이나 행동은 결코 바람직한 행동이 아니다. 그럼에도 사회갈등과 세종시 건설의 결과에 대해 아무런 책임을 지지 않고 2010년 6월 국회에서 세종시 수정안 관련 법안이 부결된 이후 총리직을 물러났다. 정운찬 국무총리는 2010년 8월 11일 이임식에서 "저는 어디에서 무엇을 하든 세대 간, 계층 간, 이념 간 갈등을 조정하는 균형추 역할을 하겠다"고 말했다.[418] 행정부의 수장으로 현직에 있으면서 사회갈등에 대해 그 어느 것 하나 제대로 해결하지 못했으면서 물러나서 예산과 조직도 없는데 무엇으로 사회갈등을 조정하는 역할을 하겠다는 것인지 모를 일이다.

3) 정무직공무원의 권력 향유와 무책임

정무직공무원의 권력 향유와 무책임 또한 세종시 문제에 있어서 갈등과 논란을 확대시킨 대표적인 요인 중 한 가지이다. 전·현직 고위공무원의 태도를 한번 살펴보자. 먼저 노무현 정부 시절 공무원의 일면이다. 행정중심복합도시건설청 자료에 의하면「행정중심복합도시 건설의 이념과 미래상은 '상생과 도약, 순환과 소통을 통한 더불어 잘사는 공생(共生)의 도시' 건설로 제시되었다. 2006년 7월 26일 확정된 건설기본계획은 5월 3일 행정중심복합도시건설추진위원회에 보고한 후 4회에

---

418) 뷰스앤뉴스 2010. 8. 11.

걸친 공청회(5. 1).~5. 16.)와 관계기관 협의('06. 5~6), 5회에 걸친 추진위원회 위촉위원 간담회를 거쳐 제기된 265건의 다양한 의견을 심도 있게 검토하여 128건을 반영(기반영된 사항 포함)하여 마련한 것으로 행정중심복합도시건설청에서 한명숙 국무총리 주재로 개최된 '행정중심복합도시건설추진위원회(위원장 한명숙 국무총리, 서의택 부산외대 총장)'는 행정중심복합도시 건설의 기본방향을 제시할 행정중심복합도시 건설 기본계획안이 의결되었다. 한명숙 총리는 충청지역 대표 등과 함께 오찬간담회를 갖고 "행정중심복합도시 건설에 대한 충청지역의 지속적인 지원과 적극적인 협조"를 당부하였다. 이날 간담회에는 건교부장관, 국방부장관, 농림부장관 등 정부부처 관계자와 충청지역 국회의원, 충남·충북도지사 등 70여명이 참석하였다.」 그 때 행정중심복합도시 건설기본계획안을 의결했던 한명숙 전 총리와 충청지역의 지속적인 지원과 적극적인 협조를 당부하며 간담회 자리에 배석했던 건교부장관, 국방부장관, 농림부장관 등 정부부처 관계자와 충청지역 국회의원, 충남·충북도지사 등 장관을 포함한 대부분의 공직자들은 정권과 함께 퇴진했다. 민주당어 몸담고 있는 사람들 외에는 거의 입을 다물고 있다. 아무런 책임도 지지 않았다.

이번에는 이명박 정부 공무원의 일면이다. 오마이뉴스 보도에 의하면 2009년 9월 「정운찬 국무총리 내정자가 세종시 수정 필요성을 돌연 선언했다. 파장은 컸다. 당시 세종시는 수년에 걸친 오랜 논란과 토론 끝에 여야합의로 통과된 특별법에 따라 토지보상을 마무리하고 순조롭게 공사가 이루어지고 있었다. 정 총리의 선언에 놀란 연기주민 등 충청권 주민들이 두 주먹을 움켜쥐고 거리로 몰려나왔다. 저항이 시작되자 일부 언론과 한나라당 의원, 학자들이 한꺼번에 '행정비효율'을 외치며 세종시 수정론에 가세했다. 물리력의 우세만으로는 안 된다는 것을 잘

아는 이들은 '이전하기로 한 행정기관 대신 대기업이나 큰 대학이 들어
서게 하겠다'고 달랬다. 그 사이 슈뢰더 전 독일 총리가 날아와서 자국
의 사례를 예로 들며 이명박 대통령에게 '수도는 분할하면 안 된다'고
충고했다. 슈뢰더 전 독일 총리가 비행기를 타고 한 시간 이상 날아가
야 하는 본-베를린과 달리 세종시는 서울에서 불과 열차 타고 40~50
분 거리인 것을 알고 있었는지 모르겠다. 계속된 공세에도 충청권 주민
들이 시큰둥한 반응을 보이자 이명박 대통령이 방송을 앞세운 '대통령
과의 대화'를 통해 지원에 나섰다. 이 대통령의 세종시 대화는 돌격 명
령으로 바뀌었고, 기다렸다는 듯이 세종시 민관합동위원회를 비롯해
정부 관료들이 일제히 세종시로 몰려들기 시작했다. 청와대 수석에 이
어 정운찬 국무총리, 국토해양부 장관, 국무조정실장, 행안부장관 등이
하루가 멀다 하고 대전과 세종시를 방문해 기업과 대학, 연구기관을 세
트로 줄 테니 행정기관과 맞바꾸자고 제의했다. 협박도 뒤따랐다. 권태
신 국무조정실장이 대표적이었다. 그는 2009년 12월 16일 정부대전청
사에서 4급 이상 공무원 400여 명을 대상으로 한 강연에서 "국제과학비
즈니스벨트는 중앙부처 이전 백지화를 전제로 세종시로 오는 것이다.
세종시 원안을 고집하면 광주나 대구 등 다른 지역에 주겠다"고 으름장
을 놓았다. 정부가 수정 대안을 내놓기도 전에 국무조정실장이 미리부
터 '국제과학비즈니스벨트'를 받으라는 것도 어이없지만, 어르고 뺨치
는 고위관료의 태도가 정말 가관이었다. 후방교란도 끊이지 않았다. 정
종환 국토부장관이 그 예다. 정 장관은 17일 온양 그랜드호텔에서 아산
지역 주요 인사 100여 명과 오찬을 하며 "아산시 등 다른 시·도의 발
전도 신경 써야 하는데, 모든 것을 세종시에 넣는다면 다른 지역은 얼
마나 상심이 크겠냐"며 편 가르기에 나섰다. 이달곤 행정안전부장관도
같은 날 충남도청 공직자들과 만나 "지금은 전국적으로 인구가 늘지 않

아 신도시를 만들어 부각시킨다는 것은 굉장히 어렵다"며 세종시 수정
필요성을 강조했다. 내부교란도 계속되었다. 공주대 김재현 총장은 곽
형준 청와대 정무수석과 만난 이후 공주대 세종시 이전 연구를 지시하
더니, 세종시 원안수정을 지지하는 선진충청포럼 주최 세미나에 주제
발표자로 나서 '공주대를 세종시의 국립대로 육성해야 한다'고 주장했
다. 주민들은 행정중심이 빠진 상태에서는 국립대학 이전이나 교육도
시 조성은 논의 대상이 아니라고 목이 터지라 외치고 있는데, 한쪽에서
는 대학 이권 챙기기와 서 불리기에 이번 논란을 드러내놓고 이용하고
있는 셈이다. 한국행정연구원과 한국행정학회는 '9부2처2청'을 세종시
로 이전할 경우 행정비효율로 연간 3조~5조 원, 향후 20년간 총 100조
원 이상의 비용이 발생할 것이라는 연구결과를 내놓았다. 지난 2005년
교통연구개발원이 발표한 '수도권교통혼잡비용'이 연간 12조 원(2004
년 기준)에 이른다는 연구결과에 대해서는 일언반구도 하지 않고 있다.
일부 정치인과 학자들은 기다렸다는 듯이 세종시를 미국의 실리콘밸리
같은 첨단과학산업도시로 만들자는 제안을 쏟아냈다. 아닌 밤중에 홍
두깨지만 논란이 되는 사안에 대해 치열하게 논의하고 토론할 수는 있
다. 하지만 행정은 법률에 의거해 행해져야 하는 것이 원칙이다. 법치
에 따른다면 헌법 수호의 최고 책임자인 이 대통령을 비롯한 정부관료
모두 지금은 '9부2처2청'을 세종시로 이전하기로 돼 있는 행정복합도시
건설특별법이 정한대로 일해야 한다. 적어도 법이 개정되기 이전까지
는 법대로 일하는 시늉이라도 해야 하지 않겠는가? 어제까지는 법에 따
라 행정중심복합도시를 차질 없이 건설하겠다던 정부 관료들이, 대통
령의 한마디에 법전을 내팽개치고 군사작전을 벌이듯 세종시 수정작전
에 나서는 것은 볼썽사납다.[419]」

---

419) 오마이뉴스 2009. 12. 18.

하지만 청와대 박형준 정무수석은 2009년 12월 23일 "세종시 문제는 역사적 책임의식을 갖고 하는 것이기 때문에 중도 포기는 없다"고 말했다. 박 수석은 친이명박 계열 의원모임인 '함께 내일로'가 국회에서 주최한 간담회에서 "정치적 자살골이 되더라도 임기 내에 풀겠다는 이명박 대통령의 의지는 지금도 확고한 것으로 안다"며 이같이 밝힌 것으로 알려졌다.[420] 한때 그렇게 기세등등하던 것처럼 보였던 정운찬 총리도, 이달곤 행안부 장관도, 박형준 수석도, 권태신 국무총리 실장도 지금은 물러났다. 현재 재임 중인 각료들의 임기도 대통령 재임 기간을 고려할 때 이제 2년 정도밖에 남지 않았다. 이 중 대다수는 전 정권 시절 세종시 문제에 대해 별다른 언급을 하지 않았다. 지금은 고위공직자가 되었다고 자신들의 주장을 내세우거나 정부의 수정안을 강력하게 지지한다. 하지만 임기가 끝나면 모두 다음 일에 대해서는 또 함구할 것이다. 무책임하기 그지없는 처신이다. 소신이라고는 눈곱만큼도 찾아보기 어렵다. 그저 정권에 빌붙어 한자리 차지하는 것이 전부인 것처럼 보인다.

공무원은 정권이나 대통령을 위해 일하는 사람이 아니라 국가와 국민을 위해 일하는 사람이다. 상관을 진심으로 모시는 사람이라면 아부가 능사가 아니다. 퇴임 후 국민에게 비난이나 손가락질을 당하지 않도록 하는 것이 올바른 처신이다. 진정한 공무원이라면 국민의 복리증진과 국가이익을 위해 최선을 다해야 한다. 그런데 그런 모습은 어디에서도 찾아보기 어렵다. 하나같이 권력의 탐욕에 대한 이기주의적인 행동만 일삼는다.

4) 선동자와 그들에게 편승한 주민

저급한 방법으로 뒷전에 앉아 세종시 갈등을 부추기는 선동을 한 선

---

420) 조선일보 2009. 12. 23.

동자는 정말 나쁜 사람들이다. 그리고 이들에 편승해 시위에 참여하거나 돈을 받는 사람 또한 이기적이기는 마찬가지이다. 경향신문 보도에 의하면 「2010년 2월 4일 낮 12시 55분쯤 대전 서구 둔산동 대전지방노동청 옆 도로. ㅎ대학 로고가 새겨진 대전 75바○○○○ 버스에 40~60대 남녀 40여 명이 올라탔다. 차 안에 미리 대기하고 있던 한 남자가 "여러분들을 인솔하게 될 사람입니다"라고 자신을 소개했다. 그는 "정부가 세종시 홍보를 위해 여러분을 동원하는 것"이라고 말을 이었다. 이 남자는 "현지(조치원역)에 가면 방송국 등에서 인터뷰 요청이 올 텐데 일절 응하지 말아 달라. 만약 어디서 왔느냐고 물으면 대전에서 왔다고 말하지 말고 조치원 쪽에서 왔다고 말해 달라"며 취재 대응법까지 알려줬다. 이 남자는 "다음 주에는 서울 쪽에서 열리는 집회에도 가야 하니 잘 부탁한다"는 말도 잊지 않았다. 이 남자의 말이 끝나자마자 버스는 오후 1시쯤 대전을 출발해 충남 연기군으로 향했다. 이날 오후 1시 30분쯤 연기군 조치원읍 조치원역, 대전 둔산과 유성구 지역에서 온 버스 12대가 차례로 도착했다. 버스 안에서는 500여 명의 주민들이 쏟아져 나왔다. 이날 모인 700여 명의 주민들은 오후 1시 30분부터 '세종시 원주민 생계 및 재보상 비상대책위원회 2차 집회'에 참석했다. 대전에서 온 주민들은 3시쯤 차례로 버스에 올라탔다. 대전지역 주민들 중 상당수는 돌아오는 버스 안에서 1인당 3만 원씩 일당을 받은 것으로 밝혀졌다. 김모 씨(44)는 "버스 안에서 3만 원씩을 주기에 받았다. 다음 주 서울 집회에 참석하면 5만~6만 원의 일당을 받게 된다는 얘기도 들었다"고 말했다. 박모 씨(52)도 "사실 세종시 건설에 대해 별 관심이 없는데 같은 동호회 모임 관계자로부터 일당을 준다는 연락을 받고 아르바이트라고 생각하고 다녀왔다"[421]」고 말했다.

---

421) 경향신문 2010. 2. 5.

결국 이같이 무책임한 선동자와 그들에게 편승하는 일부 주민들 때문에 사회갈등과 논란이 고조되어 국가발전을 저해하고 선량한 국민들만 피해를 보았다.

5) 무분별한 언론보도

청와대와 여권 핵심부에서 촉각을 곤두세우는 대목은 정부의 세종시 수정안을 둘러싼 '여론'의 흐름이었다. 이명박 정부는 정치적 고비마다 '훈훈한 언론 환경'의 도움을 얻었다. 정부는 세종시 수정안과 관련 언론과 우호적인 관계를 만들기 위해 진력했다.[422] 하지만 정론직필 해야 할 바른 언론이라면 형평성을 잃는 것을 스스로 경계해야 할 일이다.

2010년 2월 투명사회를 위한 정보공개센터가 총리실에 정보공개를 요청해 공개한 자료에 의하면「정부의 세종시 수정안 홍보가 과열 양상을 보이고 있는 가운데 총리실의 세종시 수정안 홍보 예산이 당초 알려진 12억 원보다 10억 원이 많은 22억 원이 집행됐거나 집행을 기다리고 있는 것으로 드러났다. 총리실은 이미 2009년 세종시 홍보비로 8억 5천만 원을 책정해 집행한데 이어 2010년에는 5억 5천만 원이 증액된 14억 원의 예산을 편성했다. 그 중 일부는 1월 12일 신문광고로 6억6천 7백만 원을 사용한 데 이어 나머지 예산도 '언론재단'을 통해 광고를 집행 중에 있었다. 특히 세종시 수정안에 대한 충청권의 반발이 거세지고 있는 가운데 연일 대전, 충청 지역의 방송과 신문에서는 세종시 홍보 광고가 쏟아지고 있어 총리실이 생긴 이후 유례가 없는 광고 물량공세로 지역여론을 호도하려 하는 것 아니냐[423]」는 지적을 받기도 했다.

---

422) 미디어오늘 2010. 1. 13.
423) 투명사회를 위한 정보공개센터 2010. 2. 19.

어떤 문제든지 논란이 지속되기 위해서는 상대도 있어야 하지만 그보다 더 중요한 것은 지속적으로 공급되는 에너지가 있어야 한다는 점이다. 동력에너지는 처음의 안정한 상태에서 움직임을 시작하기 위해 요구되는 활성화에너지와 운동을 계속해 나가기 위한 가속에너지가 필요하다. 자동차로 말하면 시동용 축전지와 휘발유가 각각 이에 해당한다. 세종시 문제에 있어서 활성화에너지는 기본적으로 정부와 여야를 비롯한 정치권이다. 하지만 이를 증폭시키는 가속에너지는 언론이었다. 당시 우리 언론의 보도 태도를 보면 크게 우려되는 점이 없지 않았다. 기사가 보도되기 위해서는 편집의 기준이 되는 방침이 있게 마련인데 그것도 찾아보기 어렵고 국가의 이익도 고려되지 않는 것으로 보여 도대체 무엇을 하자는 것인지 이해가 되지 않을 정도였다.

정치가나 정부 관계자의 말을 인용해 싣더라도 찬성과 반대를 오가면 혼란스러울 수밖에 없는데 사설이나 논평, 기고 등이 어우러져 원안과 수정안, 원안+α 안으로 건설해야 한다는 각각의 주장을 마구 섞어 게재했다. 어느 날은 비판했다가 어느 날은 찬성으로 돌아서고 그런가 하면 특정 세력에게 은근슬적 제시한 안을 포기해야 한다는 압력성 기사를 쓰기도 했다. 언론사 스스로 원하든 원하지 않든 이러한 일관성 없는 보도태도는 국민을 혼란에 빠뜨리고 사회갈등을 고조시키는 역할을 할 수밖에 없다. 당시는 갈등 해소가 우리 사회의 최대 해결 과제였다. 그런데 갈등을 해소하는 것이 아니라 언론의 자유라는 미명아래 오히려 왜곡된 정보를 제공하며 혼란과 대립을 부추겼다. 그러면서 그것이 잘못되었다는 것을 의식하지 않고, 책임도 지지 않았다. 국가의 백년대계가 달린 중차대한 문제인데도 그냥 우리는 보도만 하면 된다는 식으로 주어진 자유와 권리만 향유하려 들었다. 한심한 생각이 들 정도로 지극히 이기적인 발상이다. 국민적인 불신과 혐오의 대상이 되고 있는 우리 정치권의 모습과 언론의 행태가 너무나 닮았다.

정치권이 제 기능을 하지 못하는 이유가 문제해결능력과 지도력에 대한 실력 부족이 문제이듯이 세종시 문제에 대한 언론의 보도 또한 취재와 분석능력이 부족한 실력의 문제였다. 누구나 공감할 수 있는 기사라면 한번 보도하면 끝날 터인데 장님이 코끼리 만지듯이 부분만 만지고 그 부분에 대해 기사를 쓰기 때문에 읽어 보면 맞는 것 같기도 하고 아닌 것 같기도 했다. 한 마디로 혼란스러웠다. 그 결과 우리나라는 사회갈등으로 인해 막대한 사회적 비용을 낭비했다. 이러한 국가 차원의 이익, 언론사 자신의 신뢰와 명예를 고려한다면 제대로 모르면 보도를 하지 않는 것이 바람직한 일이다. 그런데도 어느 날은 한 꼭지도 아니고 몇 꼭지씩 기사를 내보내기도 했다. 도대체 누구와 무엇을 위한 보도인지 납득하기 어려울 지경이었다.

6) 역할 부재 정치권 오히려 갈등 조장

세종시 문제는 이명박 정부와 여당인 한나라당의 문제해결능력 및 지도력 부재가 가장 핵심적인 원인이었다. 이명박 대통령은 2010년 1월 11일 "세종시 수정안은 지역 특성에 맞춘 차별화된 발전과 지역성장, 나아가 국가경쟁력을 제고하기 위한 것으로 정치 현안과는 구분해서 생각해야 한다"고 말했다. 그러나 세종시 수정안에 아무리 획기적인 내용이 담겨 있다고 해도 충청도민과 국민, 정치권이 이 안에 동의하지 않으면 '그림의 떡'으로 끝날 수밖에 없었다. 당장 야당은 물론 한나라당 내부 친박 진영까지 '결사반대'를 외치고 있어 세종시 수정법안이 국회를 통과할 길이 막혀 있었다.[424] 정치적 타협의 산물인 특별법을

불완전한 경제성·효율성의 논리로 뒤집으려고 하는 이명박 대통령과 정부의 노력은 여권 자체의 분열만 불러왔다.[425]

반대자들을 설득하고 일을 성공적으로 이끌어 갈 수 있는 추동력이 약한 상태에서 무리하게 밀어 붙이다 보니 분열과 파열음만 커졌다. 시작할 때부터 대안을 갖고 있어야 했는데 그것이 없었던 것이 원인이었다. 대안이 없는 상태에서는 시작하지 않는 것이 마땅한데도 시작했다. 일단 시작했으면 대안을 내놓고 문제를 해결해야 하는데 그렇게 할 수 있는 묘안이 없었다. 단순하게 문제를 풀기 위해 열심히 일하거나 여론을 의지해 수정안을 관철시키려는 것은 상책이 아니었다. 결국 국민의 피해를 가중시키고 정부와 여당은 준비된 무기 없이 분쟁 전선만 확대시키는 결과를 초래했다.[426]

(1) 한나라당

행정 비효율이 문제가 되면 국무총리가 통할(統轄)하는 데 무리가 없는 사회부처(과학기술, 국토, 환경 등)와 정치권력과 분리되어야 할 청(廳) 단위 부처를 세종시로 보내는 식으로 접근할 수도 있었고, 김무성 의원이 제시한 대법원 등 독립기관을 이전하는 것도 한 방법이 될 수 있었다. 또한 중앙대 법대 이상돈 교수는 세종시 원안 건설은 청와대가 매사에 일일이 간여하는 이른바 '제왕적 대통령'의 문제를 해소하는 데도 기여할 수 있을 것이라고 지적한 바 있다. 그리고 2009년 8월 국회의장과 몇몇 여당의원들이 분권형 대통령제를 위해 개헌을 하자고 주장했는데, 분권형 대통령제는 하자면서 행정수도 건설에는 반대하는 이유가 무엇인지 이해하기 어려웠다.[427]

---

425) 조선일보 2009. 11. 5.
426) 조선일보 2009. 11. 5.

특히 세종시 문제 처리 과정에서 한나라당 친이계는 대통령 의중만 따라 움직이는 무소신, 무원칙, 무능함에 빠져 있으면서 해결 대안은 내놓지 않고 친박계만 몰아붙였다. 김무성 의원이 절충안을 제안하자 일부에서 지지할 것 같은 모습을 보일 때는 더욱 그렇게 보였다. 참으로 한심한 생각이 들게 했다. 대통령만 쳐다보고 하라는 대로 하는 영혼이 없는 거수기가 아닐지언정 정부, 친박계, 민주당 아니 김무성 의원 개인보다 못한 능력을 그대로 보여주면서 연일 고성만 지르고 패거리로 몰려다니며 분열만 일삼았다.

조선일보에 게재된 기사는 이러한 한나라당의 실상을 정확하게 꼬집었다. 한나라당은 국회 전체 의석(298석)의 56.7%에 이르는 169석을 가진 거대 여당이다. 이런 큰 덩치를 가진 한나라당이 지난 1년 반 동안 보여준 국회 운영에는 단 하나의 유형(pattern)이 있을 뿐이다. 우선순위가 무엇인지 헷갈리게 우왕좌왕하다가 막판에 몰리면 국회의장에게 긴급구조를 요청한다. 결국 국회의장이 쟁점 법안의 직권상정에 응하면 야당과 크고 작은 몸싸움을 벌여 법안을 강행처리하는 형태이다. 덩치만 컸지 그것을 쓰는 방법을 터득하지 못한 것이라고 했다.[428]

한나라당이 좀 더 성숙한 정당이라면, 오히려 박근혜라는 '불편한' 존재를 고맙게 여겨야 옳다. 정당이란 본래 논리와 가치관, 혹은 여러 입장들이 서로 다투고 싸우는 곳이다. 위에서 버튼을 눌러 일사불란하게 움직이는 것은 과거 독재자의 전위부대라면 몰라도 민주사회의 정당은 아니다. 대통령의 말씀이 있어도 당내에서 세종시 문제가 아무런 소음 없이 받아들여진다면 그것은 이미 활력을 상실한 정당이라고 할 수밖에 없다. 물론 당내 계파 간 갈등과 분란, 콩가루 집안을 초래한 장

---

427) 뷰스앤뉴스 2009. 11. 9.
428) 조선일보 2009. 11. 17.

본인으로 박 전 대표를 찍을 수도 있다. 그러나 좀 더 냉철하게 따져보면, 한나라당은 그로 인해 얻은 것이 훨씬 많다. 우선 세상의 관심을 한나라당으로 돌려놓았다. 추운 날 길거리로 뛰쳐나가 선전전을 벌이고 머리를 삭발했던 야당보다 그의 언행이 더 뉴스가 됐다. 정치를 안다면 외면과 무관심보다는 욕먹더라도 시끄러운 것이 백번 낫다는 걸 안다. 이것으로도 그의 존재 의미는 충분할지 모른다.[429]」

민주주의 사회에서는 누구나 어떤 주장도 할 수 있고 어떤 논리도 펼 수 있지만, 당리당략이나 계파 이익 같은 사적감정을 버리고 국가를 위하는 대의를 세웠느냐 하는 것이 그 주장과 논리의 옳고 그름을 가르는 준거가 되어야 한다. 내가 옳은 주장을 하고 있는지 판단하는 중요한 기준 중 하나는 우리 아이들에게 보다 나은 나라를 물려줄 수 있는 주장을 하는 것인지 생각해보면 된다.[430] 친이계의 입장에서 볼 때 당장 해법이나 설득할 묘안은 없고 당내에 50~60석에 달하는 친박계가 똘똘 뭉쳐 세종시 수정을 반대하며, 야당을 도와주고 있는 형국으로 인해 정부의 입법 시도가 무산되는 상황을 걱정할 정도였다.[431] 따라서 미운 마음에 설득보다는 비판과 공격을 일삼은 것으로 보인다. 하지만 이는 바람직한 해결 방법이 아니었다. 국민들은 정작 중요한 친이계의 입장과 원칙이 무엇인지도 알 수 없었다.

민주당이 발간한 행복도시 안내ㆍ광고용 책자(brochure)에 의하면 안상수 한나라당 원내대표는 정부의 수정안 발표 직전인 2009년 10월까지 세종시법 원안 추진이 당론이라고 했다. 그런데 한나라당은 아무런 설명도 사과도 없이 손바닥 뒤집듯이 수정안으로 바꾸려 했다. 지금부

---

429) 조선일보 2010. 1. 27.
430) 중앙일보 2009. 11. 4.
431) 조선일보 2010. 1. 13.

터라도 시간에 구애받지 말고 후유증을 최소화할 수 있는 방안을 강구해야 한다. 친박계의 수장인 박근혜 전 대표도 문제해결능력을 발휘하지 못하고 자신의 안만 고수하려는 것은 지도자로서 바람직한 태도로 보기는 어렵다. 정치지도자는 국가가 어려움에 처하고 사회 갈등이 심화될 때는 그것을 해결하기 위해 발 벗고 나서야 한다. 그것이 진정한 지도자이다. 근거도 없이 한번 그런 행동을 했으니 일관되게 그 기조를 유지하겠다며 대화와 타협까지도 거부한 것 같은 태도를 보인 점은 참으로 실망스러웠다. 내심은 이익이 된다는 판단에 따른 것이었다. 국민 모두가 아는 사실이다. 대화와 타협 양보하지 않는 정치는 갈등만 불러일으킬 뿐이다. 세종시 문제로 한국사회가 심각한 갈등을 겪은 데는 박근혜 전 한나라당 대표의 책임도 적지 않다.

(2) 민주당과 자유선진당

한 언론사의 논설위원은 '야당도 대책 없기는 매한가지다. 한국 야당사(史)에서 지금의 야당처럼 철학도 비전도 인물도 없는 경우는 드물 것'이라고 꼬집었다.[432] 민주당은 제1야당이지만 우리나라 정치역학 구도상 세종시 문제를 대화와 타협으로 풀고 국민의 지지를 획득할 수 있는 절호의 기회를 맞이했다. 그러나 스스로 만든 근거도 없는 원안 사수 당론이라는 울에 갇혀 꼼짝 못하고 실기했다. 참으로 안타까운 일이다. 국회에서 세종시 수정안이 부결됨으로써 민주당이 원한 원안 건설이 이루어지게 됐지만, 정당성과 합리성을 추구한 것이 아니었기 때문에 국민의 지지가 민주당으로 쏠리지 않았다. 국민은 그저 지긋지긋할 정도로 싸움만 하는 세종시 문제가 빨리 끝나기만을 바랐을 뿐이었다. 4대강 사업의 기회가 아직 남아 있기는 하지만, 세종시 문제 처리는 추

---

432) 조선일보 2009. 11. 17.

후 민주당의 존립에 위기로 작용할 가능성도 있다. 당의 체질이 정당성과 합리성을 추구하는 방향으로 바뀌어야 한다는 말이다.

당의 홍보물을 통해 '행복도시 백지화는 법률에 따라 집행 중인 국책사업을 무너뜨리는 의법행위이다. 세종시와 혁신도시는 바늘과 실의 관계이다. 공공기관이 세종시로 이전해야 10개 혁신도시, 6개 기업도시도 살아난다. 지역경제 활성화와 수도권 과밀해소로 지방은 물론, 수도권에 사는 서민과 중산층의 삶에 큰 이익이 되는 일'이라고 주장했다. 하지만 이는 다소 과장된 측면이 없지 않았다. 행정기관의 세종시 이전이 명분은 될 수는 있지만, 그렇다고 혁신도시나 기업도시에 관한 생사의 전제가 되지는 않는다. 수도권 과밀억제해소도 장담하기 어렵다. 지방에 이익이 되고 지방을 발전시키는 가장 좋은 방법은 자생력이지 공공기관 몇 개 이전하는 것이 아니다.

힘이 약한 소수 야당이 여당이 되기 위해 국민의 지지를 이끌어 내는 가장 좋은 방법은 국민이 원하고 국민을 위하는 국민이 공감하는 일을 국민과 함께하는 것이다. 많은 국민이 지지하는 수정안을 사기라고 몰아붙인다고 해결되지는 않는다. 그리고 대화와 타협을 한다고 해서 기존 민주당의 지지 세력이 금방 약화되지도 않는다. 정당성과 합리성이 있는 일을 하는 데 강한 지지를 보내지 않는다면 그것이 더 이상한 일이다. 앞으로 세종시 문제와 같이 민주당의 역할을 부각시킬 수 있고 호평을 받을 수 있는 기회는 쉽게 오지 않을 가능성이 크다. 정부 여당에 반대만 일삼는 야당으로서는 여당이 되기 어렵다. 어떻게 행동하는 것이 장기적으로 당에 도움이 되는 일인지 민주당은 심사숙고할 필요가 있었다.

자유선진당은 혼자서 정국을 주도하는 데는 어려움이 있었지만, 세종시 문제를 위해서는 나름대로 기여할 수 있는 역할을 할 수 있었다.

그런데 그 기회를 제대로 살리지 못했다. 현재 우리나라의 야당에는 많은 인재가 있음에도 내부의 계파라는 장벽을 넘어 역사 앞에 승부하는 용기 있는 지도자가 나타나지 못하고 있는 현실이 참으로 안타깝다.

5. 정부, 왜 수정안 관철시키지 못했나?

여러 사람이 모여서 하는 일은 그 결과가 좋지 않게 나온 경우 대개 복합적인 요인이 작용하는 일이 많다. 정부가 세종시 수정안을 관철시키지 못한 것도 마찬가지다. 지도력과 문제해결능력 부족, 처음부터 해법 잘못 접근 힘의 대결로 변질, 원칙 부재 밀어붙이기 불안조장 반발 확산, 국민경제적 타당성 분석 외면, 여론몰이와 유인정책에 의존한 것이 문제였다. 인간의 삶과 일은 결과를 만들어가는 과정이므로 상대가 있을 때는 상대와 대화와 타협을 통해 좋은 결과를 얻기 위한 노력이 아주 중요한데 그러한 노력이 미흡했던 점 또한 아쉬움으로 남는다.

1) 지도력과 문제해결능력 부족

정부 측에서 문제해결능력과 지도력을 발휘할 사람은 이명박 대통령과 정운찬 총리였다. 원안 수정 발표 이후 정부에서 이제까지 한 일은 수정안과 연관된 법령을 발표한 것이 전부였다. 문제해결능력이 있으면 좋겠지만 그러한 능력은 보이지 않았다. 수정안발표 이후 여론도 정부의 의도대로 모아지지 않았다. 대통령과 국무총리의 문제해결능력과 지도력은 김용갑 고문의 대담 속에 잘 나타나 있다. 대통령도 제대로 해결하지 못하는 문제를 총리가 자신이 풀어낼 것처럼 여러 사람들에게 '진심을 믿어달라'는 말을 하는 것을 보면 안쓰러운 마음까지 들게 할 정도였다.

조선일보 보도에 의하면 「2010년 1월 14일 김용갑 한나라당 상임고문은 평화방송 라디오 '열린세상 오늘 이석우입니다'와의 인터뷰에서 "(세종시 수정안 발표로) 한나라당 안에서부터 대형 화재가 발생했다. 불을 꺼야 할 대통령이 불을 지르고 있는 것은 아닌지 걱정스럽다. 이 대통령이 박근혜 전 대표와 동반자 관계를 약속해놓고는, 일방적으로 불도저식으로 박 전 대표를 코너에 몰아 굴복시키려하고 있다. 집안 식구조차 외압으로 압박하는 꼴인데, 역대 대통령 중에서 민주적 리더십 꼴찌를 자처하고 있는 것이 아니냐"고 목소리를 높였다. 그는 또 정운찬 총리가 '돌멩이를 맞고 세종시 수정안이 통과된다면 (내가) 돌을 맞을 것'이라고 밝힌 데 대해, "정 총리가 너무 정치적이다. 사실 정 총리는 책임 있는 당사자가 아니다. 이 대통령이 임명한 하나의 관리가 아니냐"고 반박했다. 김 고문은 "박근혜 대표는 아마 세종시 원안 고수 입장을 절대로 바꾸지 않을 것이다. 도리어 박근혜 대표의 생각을 바꾸기 위해서 모든 압박 수단을 쓸수록 역효과가 날 것"이라고 말했다.」

이명박 정부에 있어 세종시는 시간이 경과할수록 미궁에 빠지는 것 같은 느낌이었다. 국민투표나 여론조사로 압박한다고 박 전 대표를 돌려세우고 현지 주민의 다음을 얻을 수 있을 것 같지 않아 보였다. 그런데 2010년 4월 국회에서 수정법안을 처리해야 한다는 섣부른 소리가 들렸다. 너무 서두르는 인상을 지울 수 없었다. '손자병법'에는 '우직(迂直)의 계(計)'가 있다. 때로는 돌아가는 게 가장 빠른 길이다. 급할수록 돌아가라는 말이다. 백년대계로 세종시를 바꾼다면, 똑같은 논리로 백년을 기다릴 수 있다는 각오로 접근해야 했다.[433] 문제를 해결하는 것

---

433) 중앙일보 2010. 1. 13.

은 '빨리빨리'가 아니라 그 핵심을 짚어내는 것이다. 그런데 이명박 대통령과 정운찬 총리는 해결책과 지도력도 없으면서 자기중심적인 사고로 자신의 생각이 옳다고 강요하고 밀어붙이기만 하다가 결국 한계를 드러내고 손을 들고 말았다.

2) 처음부터 해법 잘못 접근, 힘의 대결로 변질

정부의 세종시 처리 방법이 애초부터 잘못되었다. 정상적인 방법은 민심이 스스로 세종시 원안을 거부했어야 했고, 그것이 의견수렴의 단초가 되고 정점이 되어 수정안을 만들었어야 했다. 이를테면 대학교수나 지역주민이 원안에 문제를 제기한 후 여당이 국회 차원에서 검토에 들어가고 정부가 여당의 건의를 받아들이는 수순으로 진행되었다면 진퇴도 자유롭고 대화와 타협도 가능하며 오늘날과 같은 부담을 정부나 이명박 대통령이 떠안을 필요가 전혀 없었을 것이다.

문제가 국민에 의해 제기될 경우 해결 과정에서 갈등과 논란이 발생하더라도 정부·여당으로서는 해야 할 일을 하는 것이기 때문에 야당도 정도를 넘어선 공격을 가하기 어렵고 친박계의 반발도 국민의 이름으로 대응할 수 있는 기초가 마련된다. 그런데 실제 상황은 느닷없는 국무총리 후보자의 한 마디가 일파만파로 번져 온 나라에 파문을 일으켰다. 내각을 총괄할 그것도 여러 가지 의혹이 불거지고 도덕성에 문제가 제기되는 사람을 야당의 비난과 반대에도 불구하고 총리로 임명하고, 그가 한 말을 수렴하여 대통령이 직접 수정안을 발표함으로써 세종시 문제의 갈등과 논란의 원인 제공자가 정부와 대통령이 되고 말았다. 이것이 대통령과 정부가 세종시 문제 해결을 위해 가장 큰 실수를 한 부분이다. 또한 문제를 충분히 해결할 수 있는 안목과 역량을 갖춘 사람이 있었으면 상황이 달라졌을 터인데 정부에는 그러한 사람이 없었다.

세종시는 여야가 법으로 합의했고 대통령과 정권이 여러 차례 '원안 실행'을 공약한 것이었다. 한나라당 내부적으로는 비주류 수장인 박근혜 의원이 당대표였던 2005년 3월 법안에 합의해준 것이다. 따라서 이를 수정하려면 먼저 당내 주류와 비주류, 그리고 정부와 한나라당 사이에 사전 조율작업을 충분히 한 후 밀고 나갔어야 했다. 그런 후에 수정안을 가지고 충청도를 포함한 국민에게 양해를 구하고 야당과 협상해야 하는 것이 순서였다. 그런데 당내는 물론 당정 간 조율이나 대통령의 대국민 설명도 없었다.[434] 마음에 들지 않아도 성공적인 수정안 처리를 통해 대통령과 정부의 문제해결능력을 입증하기 위해서는 친박계와 조율할 수 있는 길을 열어두었어야 했다. 그런데 역으로 궁지로 몰았다.

정부는 해결방안이 없는 상태에서 목표를 수정안으로 먼저 정해 두고 강행했다. 이렇게 문제해결능력도 없고 대화와 타협은 스스로 봉쇄하는 극단적인 선택을 함으로써 퇴로를 차단 배수의 진을 침으로써 물러 설 수 없는 외통수를 자초했다. 여기서 이미 선택의 여지는 없어졌다. 결국 힘에 의존한 무리수를 써서라도 밀어붙이며 앞으로 뚫고 나가야 하는 구도가 만들어지고 말았다. 상대를 제압할 수 있으면 상황이 다르게 전개될 수 있는데 그러기에는 힘이 부족했다. 결국 진행을 하면 할수록 새로운 문제가 생겨나고 불만이 터져 혼란은 커졌다. 이제 뭐가 뭔지 잘 모르겠다는 생각이 들게 되었다. 진심도 안 통하고 생각대로 진행도 안 되고 물러설 수도 없는 교착상태에 빠져버렸다. 그 결과 혼란과 갈등은 증폭됐고 문제는 벼랑 끝으로 치닫게 만들었다. 처음부터 길을 잘못 들어섰고 좋지 않은 방법을 선택한 데다 해결사가 없기 때문이다.

누가 이렇게 만들었는지는 모르지만, 정부는 결국 수렁에 빠졌다. 굴

---

434) 중앙일보 2009. 11. 4.

론 대통령도 밤잠 못 자며 고민하여 내린 결정임에는 틀림이 없을 것이다. 하지만 순서가 뒤바뀌고, 의사 결정이 비민주적일 때 어떤 일이 일어나게 될 것인가에 대한 충분한 검토가 없었던 것으로 보인다. 국운을 생각하고, 행정 효율성을 제고하고, 불합리와 비효율성을 제거하려는 결단 이전에 국민적 합의가 우선되어야 한다는 점을 놓친 것이 안타깝다. 청와대에서 시작된 불씨가 충청도로 번지고, 다시 경상도, 전라도를 비롯해 수도권 전체로 번져 갔다. 정부와 한나라당, 야당, 친박 세력이 화합할 수 없는 목소리를 냈다. 국론이 갈가리 찢기는 것을 보면서도 정부는 제 고집만 할 뿐 속수무책이었다.

충청도 민심이 정부쪽으로 움직이기 시작했다는 근거 없는 애드벌룬 (adballoon: 광고하는 글이나 그림 따위를 매달아 공중에 띄우는 풍선)을 띄우는 것으로 민심을 잡아보려 했지만, 누구 하나 그 말을 믿는 것 같지 않았다. 이미 너무 깊숙이 들어와 발을 빼기도 어렵게 됐다. 세종시의 문제가 아니라 분열된 민심을 수습하고 국론을 통일하는 문제가 더 급하게 되었다. 더 이상 대통령의 권위에 관한 문제도 아니고, 효율성을 따질 게재도 아니며, 정당 간, 계파 간의 정책 대결로 몰아갈 일도 아니었다. 그런 일들은 한낱 부수적인 문제(issue)로 변해 버렸으며, 국민의 의사를 수렴해 그대로 결정하고 시행하면 사라질 문제일 뿐이었다. 힘들게 결정한 세종시 원안을 너무 쉽게 바꿔 보려고 한 정부의 경솔함이 문제였다.[435]

정부여당은 혁신도시는 차질 없이 건설될 것이다. '더 좋은 세종시' 를 만들기 위해 고심을 거듭하고 있다고 설명했지만, 그 말을 그대로 믿는 사람은 그리 많지 않았다. 그리고 다음 정권이 어떻게 할지는 다음 정부에 가보아야 알 수 있다. 이미 정부 스스로 수정안을 들고 나왔

---

435) 동아일보 2010. 1. 8.

기 때문에 국민들로 하여금 의구심을 갖게 만들었고 많은 신뢰를 잃었다. 국가 경영에 있어 효율보다 무서운 것이 무형의 가치, 즉 국민과 정부, 정치권과 국민 간 신뢰와 믿음이다. 그런데 정부는 싸움을 잘못 시작했다. 정부는 국민의 지지를 등에 업고 국민의 뜻에 따라 국민이 원하는 일을 하면 된다. 그런데 정부의 눈에 국민은 홍보를 통해 여론을 조작할 수 있는 대상 정도로 생각하는 모습이 역력했다.

손자병법 군형편(軍形篇)에서 손자는 사전의 모든 준비와 확신하는 승산이 없는 전쟁은 절대로 해서는 안 된다고 경계한다. 그는 반드시 이길 수 있는 전쟁만을 한다. 그러기에 그는 '승리하는 군대는 먼저 이겨놓은 뒤에 싸움을 시작하고, 패배하는 군대는 먼저 싸움을 시작한 뒤에 승리할 길을 찾는다(勝兵先勝而後求戰　敗兵先戰而後求勝)'[436]고 하여 유능한 전략가는 승리한 후에 싸움을 시작한다고 했다. 그런데 정부는 승리에 대한 계산은커녕 진행 방향도 제대로 가늠하지도 못했기 때문에 궁지에 몰렸다.

여론은 정부가 지지해 달라고 해서 지지하고, 하지 달라고 해서 하지 않는 세상이 아니다. 국가의 주인은 국민이다. 무슨 일이든 정부는 처음부터 제대로 준비해 국민이 무릎을 칠 만한 대안을 갖고 국민과 만나야 한다.[437] 그래야 정부가 추진하는 정책이 성공할 수 있다. 백성 한 사람 한 사람은 어리석은 것 같지만, 국민의 마음은 항상 현명하다. 백성 한 사람 한 사람은 약하디 약한 존재이지만 국민의 힘은 위대한 것이다.[438] 그래서 현명한 지도자는 군림하는 것이 아니라 섬기는 지도력[439]을 발휘해야 한다.

---

436) 손무 저, 남면성 역(1982), 『손자병법』, 현암사, p.143

437) 조선일보 2009. 11. 4.

438) 손무 저, 남면성 역(1982), 『손자병법』, 현암사, p.19

439) 서번트리더십(Servant Leadership)은 타인을 위한 봉사에 초점을 두고, 종업원과 고객의 커뮤니티를 우

3) 원칙 부재 밀어붙이기 불안조장 반발확산

정부의 잘못된 일 처리 방식이 갈등과 논란을 키웠다. 기업에서 신상품을 기획하거나 신규 사업을 시작할 때는 기획실을 중심으로 사전에 정보수집과 시장조사 같은 경제성 분석이나 타당성 조사를 실시한다. 청와대도 정운찬 국무총리 후보자의 발언을 기준으로 할 때 정부가 원안 수정 추진을 발표할 때까지 2개월의 시간이 있었다. 만일 청와대 참모 중에 역량 있는 사람이 있었다면 수정안의 방안과 함께 예상되는 문제점을 분석하고 기준과 원칙을 정립했어야 했다.

무슨 사업이든 신규 사업을 기획할 때는 그만한 안목과 세부 실행능력을 갖춘 사람이 나서야 한다. 그런데 청와대는 그렇지 못했다. 방침과 방향은 설정했지만, 문제점에 대해서는 전혀 파악하지 못했던 것으로 보인다. 역량부족은 곧바로 초기 대응 잘못으로 이어졌다. 처음부터 준비된 기준과 원칙, 복안을 갖고 해결책을 찾는 것이 아니라 방침에 따라 사업을 추진하면서 그때그때 나타나는 문제점을 해결하는 대응논리로 접근했다. 이러한 진행은 결국 지방자치단체에서 수도권으로 반발 확산은 물론 국민에게 대통령의 문제해결능력과 지도력 부족이 드러나게 만들고 문제를 확대 재생산시켰다. 그 증거는 여러 곳에서 드러난다. 첫째가 세종시 유치 3원칙이 정부 수정안 발표보다 20일 이상 늦은 점, 둘째는 미국 투자회사와 양해각서 체결, 셋째는 원형지[440) 공급,

---

선으로 그들의 욕구를 만족시키기 위해 헌신하는 리더십을 뜻한다. 1977년 AT&T에서 경영관련 교육과 연구를 담당했던 로버트 그린리프(Robert K. Greenleaf)가 저술한 『Servant Leadership』에서 처음으로 제시되었다.

440) 원형지(原形地): 글자 그대로 개발되지 않은 땅을 뜻한다. 주요 간선도로, 상하수도 등 기초인프라만 수립한 땅이다. 원형지에 개발 주체가 수립한 토지이용계획, 건축계획을 따라 도로 등 인프라를 조성한 후 토지를 공급하는 게 보통의 개발 방식이다. 원형지 개발이란 개발 주체에 부지조성부터 건물 수립까지 모든 과정을 맡기는 방식이다. 일반적으로 원형지 개발은 공기를 단축하고 토지 훼손을 최소화하는 사업으로 알려져 있다. 원형지 공급이 처음 이뤄진 사례가 참여정부 당시 행정도시에 공급키로 한 첫 마을

그 외에도 여러 가지가 있다.

이명박 대통령이 2009년 11월 4일 세종시 원안을 수정하겠다는 뜻을 공식화하면서 대안 마련을 위한 3대 조건을 제시했다. 이 대통령은 이 날 정운찬 국무총리로부터 세종시 관련 향후 추진계획을 보고받은 뒤 세종시의 대안은 ▲국가경쟁력 ▲통일 이후 국가 미래 ▲해당 지역의 발전 등 세 가지 기준에 긍정적 영향을 미쳐야 한다는 점을 분명히 했다.[441] 이때 세종시 건설에 대한 기준과 원칙에 관한 내용은 없었다. 정부가 행정중심복합도시(세종시) 계획 수정을 공식 선언한 이후 건설업계가 좌불안석이었다. 세종시 주변 배후단지 택지 개발을 위해 미리 땅을 사둔 건설사들은 "계획이 사실상 백지화되는 것 아니냐"며 당혹감을 감추지 못했다. 2009년 11월 5일 한국토지주택공사 등에 따르면 2007년 11월 당시 한국토지공사는 국내 12개 건설사와 세종시 배후 거주지역인 시범단지 부지 총 109만 3000㎡에 대한 분양계약을 체결했다. 참여건설사는 현대건설, 삼성물산, 대우건설, 대림건설, 롯데건설, 포스코건설, 두산건설, 효성, 극동건설, 금호산업, 쌍용건설, 풍성주택이었다.[442]

사업이다. 용인 죽전·동백 지구에서도 원형지 공급이 이뤄졌다. 원형지 개발은 산업단지에서도 가능하다. '산업입지및개발에관한법률'에 따르면 "기업을 보다 효율적으로 유치할 경우" 조성원가 이하에서 토지를 분양할 수 있도록 규정해 놓았다. 다만 개발주체가 국가나 지자체, 공기업 정도로 한정돼 있다. 따라서 산업단지 주체가 삼성, 한화 등 민간기업이 된다면 관련법을 수정하지 않는 한, 원형지 개발은 어렵다. 법 개정 논란이 나오는 이유다. 대기업 특혜 논란이 나오는 이유는 원형지 가격이 조성원가다 지나치게 싸기 때문이다. 세종시 입주기업에 제공키로 한 원형지 가격(3.3㎡당 36~40만 원)은 조성원가(3.3㎡당 227만 원)의 17% 수준에 불과하다. 업계나 전문가들은 공통적으로 원형지에 조성비와 기반시설 설치비, 인건비 등을 전부 포함하더라도 입주 기업의 부담은 90만 원 이하일 것으로 전망하고 있다. 조성원가의 절반도 안 되는 가격으로 큰 땅을 사들일 수 있다는 얘기다. 그 부담은 사업시행자인 LH공사가 져야 한다. 민주당 기용섭 의원실은 세종시 입주 발표 기업이 이와 같은 방식으로 얻는 특혜 규모가 1조6,500억 원 수준일 것으로 전망했다. 행정중심복합도시건설청이 지난 2007년 9월 발표한 '행정중심복합도시 토지공급지침'에 따르면 당초 행정도시의 용지별 공급가격은 초등학교·중학교가 조성원가의 50%, 고등학교는 70%, 주택용지는 60~100% 정도다. 공익적 시설에만 조성원가보다 싸게 공급하는 셈이다. 산업용지 중에서도 도시형공장이나 벤처기업 등 중소기업에만 조성원가 수준으로 공급키로 했었다.

441) 중앙일보 2009. 11. 4.
442) 세계일보 2009. 11. 5.

충청타임즈 보도에 의하면 정부가 세종시(행정중심복합도시)에 대규모 '의료과학도시'를 건설하기 위해 미국 투자회사와 2009년 2월 양해각서(MOU)를 교환한 뒤 2009년 8월에 충북 오송과 대구 신서를 첨단의료복합단지로 선정한 것으로 드러났다. 특히 이 투자회사는 세종시로 정부부처 이전이 불투명해지자 9월 충북도와도 양해각서를 교환한 것으로 드러났다. 충북도 등에 따르면 행정중심복합도시건설청은 2009년 2월 의료사업전문 개발업체 BMC를 통해 미국 투자회사인 CCI와 세종시에 200여만 평 규모의 의료과학 친환경도시를 조성하기로 양해각서(MOU: Memorandum Of Understanding)를 맺은 것으로 알려졌다. 이 의료과학도시는 오송과 대구 신서를 합한 것보다 4배가량 큰 규모인 것으로 전해졌다. 선택과 집중을 통한 국내 의료산업의 발전을 꾀하겠다던 정부가 앞에서는 첨단의료복합단지를 선정하고, 뒤에서는 세종시를 의료산업의 중심지로 육성하려고 한 '이중 경기(play)'에 충북도와 대구·경북이 뒤통수를 맞은 것이다.

이에 따라 세종시 입주 의료기업은 정부에서 유치하고, 첨단의료복합단지 입주기업은 지방자치단체가 알아서 채우라는 식으로 해석될 수 있어 오송 첨단의료복합단지가 빈껍데기로 전락하는 것 아니냐는 우려감이 높아졌다. 충청북도로선 자칫 수년간 노력이 모두 허사로 돌아갈 수 있는 상황이었다. 당시 도는 이 협약으로 오송 첨단의료복합단지 내외에 미국 보스턴지역의 유명 의료기관들이 중심이 되는 글로벌메디컬 클러스터가 들어설 것으로 예상했다. 이를 위해 충청북도와 BMC 등은 2009년 12월에 특수목적법인을 설립하고 2010년 5월까지 사업계획안을 마련키로 한 바 있다. 이에 대해 충청북도 관계자는 "BMC는 세종시에 중앙부처가 원안대로 이전한다는 전제 아래 미국의 워싱턴DC 같은 도시를 만들려 했던 것이다. 그러다가 세종시 축소·철회 논란이 벌어지

자 오송으로 방향을 틀린 것"이라고 말했다.[443)

국회에서도 이 문제가 도마 위에 올랐다. 2009년 11월 20일 국회 보건복지가족위원회 전체회의에서 민주당 백원우 의원은 전재희 장관에 대해 "대구와 오송에 첨단의료복합단지를 만들겠다고 정부는 발표했다. 그런데 이미 그것보다 4배나 큰 규모의 의료 단지를 세종시에 만들겠다는 양해각서를 행정중심복합도시건설청이 (미국 투자회사와) 체결했다"며 경과를 물었다. 보건복지위원장인 자유선진당 변웅전 의원도 "이중 행동을 하고 있는 정부의 행태를 질타한다. 세종시 수정 추진은 여러 기업에 투자를 구걸하는 정부의 행태로 세종시가 누더기가 될 것"이라고 전 장관을 꾸짖었다. 대구·오송 단지보다 4배나 커 10조 원대 이상의 천문학적 투자가 예상되는 세종시 의료과학도시 건설 양해각서 체결 사실을 주무장관도 모르고 총리도 몰랐으며, 일개 행복건설청장 혼자만 알고 있었던 일이라는 전 장관의 답변은 이명박 정부의 현주소를 보여주는 어지러운 풍광이었다.[444)

뒤늦게 원칙이 만들어지기는 했지만 이미 논란이 전국적으로 확산된 후였다. 정부는 2009년 11월 23일 세종시의 자족기능을 높이기 위해 다른 지역에 갈 기업이나 기관을 빼앗지 않겠다는 플러스 섬(plus-sum)의 원칙을 제시했다. 플러스 섬[445)이란 경기 참가자 중 양쪽 모두 이익을 보거나 한쪽이 이익을 보고 다른 한쪽은 손해를 보더라도 전체적인 합은 이익(plus)이 되는 경기를 말한다. 국무총리실 산하 세종시기획단은 이날 세종시 민관합동위원회 제2차 회의에 제출한 안건보고서에서 수

---

443) 충청타임즈 2009. 11. 23.

444) 뷰스앤뉴스 2009. 11. 21.

445) 플러스섬(plus-sum) 게임: 경기 참가자의 이익과 손해의 합이 플러스가 되는 게임이다. 손해 보는 사람
은 없고 나와 상대가 동시에 이익을 보는 윈–윈(win-win)게임과 한쪽은 손해를 보지만 다른 한쪽이 상
대의 손해보다 더 큰 이익을 보기 때문에 합은 결국 플러스가 되는 윈–루즈(win-lose)게임이 있다.

도권으로부터 이전되는 기능, 그간 (특정 지역의 유치가) 공론화되지 않았던 새로운 기능, 해외로부터 유치되는 기능'만 세종시에 유치해야 한다고 위원회에 제안했다. 이를 요약하면 세종시 유치 3원칙은 △수도권에서만 이전 △지방에 없는 산업 △해외서 유치한다는 것이었다.

이것은 비(非) 충청권에서 제기된 '세종시 블랙홀 논란'을 잠재우기 위한 조치로 받아들여졌다. 관련 부처들도 '플러스 섬 원칙' 내에서 세종시의 자족기능을 높일 수 있는 방안들을 민관합동위에 보고했다. 지식경제부는 "다른 지역 기업 이전이 위축되는 효과를 최소화하겠다"고 보고했다. 이를 위해 정보통신 · 소프트웨어 등 융 · 복합산업단지나 녹색기술기업, 연구개발(R&D: Research and Development)센터처럼 기존 도시에 없는 기업을 세종시에 유치하겠다고 밝혔다. 교육과학기술부는 국내외 연구기관 22개를 유치하는 과학도시 조성 등의 가능성을, 국토해양부는 '지역발전정책 추진현황 및 계획'이란 보고서에서 "혁신도시의 공공기관 이전을 차질 없이 추진하겠다. 미착공 기업도시에 대한 중점 관리를 하겠다"는 계획을 밝혔다. 기존의 혁신도시 · 기업도시를 유치해 놓은 지자체를 안심시키겠다는 취지였다.446)

내일신문 보도에 의하면 당시 세종시 반대 목소리가 비수도권 지자체에 이어 수도권까지 확산되고 있었다. 정부가 세종시 자족기능 확충을 위해 수도권 기업 · 연구기관 유치에 적극적으로 나서기로 해 경기 · 인천지역 반발이 거세진 것이었다. 비수도권도 여전히 '세종시 블랙홀' 현상을 우려하고 있었다. 정부는 2009년 11월 23일 세종시 민관합동위원회 제2차 회의를 갖고 세종시를 교육 · 과학중심 경제도시로 만들기 위해 특목고 자율형 사립고 등 교육기관과 국내외 연구기관 22개, 첨단 녹색기업단지 및 산학연 클러스터를 조성키로 했다. 이와 관련해 정부

---

446) 중앙일보 2009. 11. 24.

는 △수도권에서만 이전 △지방에 없는 산업(특정지역유치 거론된 기능 배제) △해외유치 등의 원칙을 제시했다. 하지만 경기ㆍ인천지역은 여전히 우려의 목소리가 높았다.

인천시는 즉각 대책 마련에 나서는 한편 "또다시 정치논리로 경제자유구역이 왜곡될 수 있다"며 불만을 표출했다. 외국인 학교, 외국계 병원, 해외 연구기관, 연구개발 클러스터 형성 등 수정안에 포함된 내용 대부분이 이미 인천경제자유구역이 유치에 나선 분야이기 때문이었다. 인천시 관계자는 "정부 방침대로 추진되면 특히 연구소 유치 등은 세종시와 경쟁이 불가피하다. 만약 세종시에 경제자유구역 이상의 특혜가 주어질 경우 큰 반발에 직면할 것"이라고 말했다. 경기도도 각종 규제와 높은 땅값 때문에 지금도 기업들의 지방이전이 계속되는 상황에서 정부가 세종시 입주기업에게 파격적인 인센티브를 줄 경우 기업 등의 '탈 경기도' 현상이 빨라질 것으로 우려했다. 당장 서울대와 글로벌 교육ㆍ의료산학클러스터 조성을 추진 중인 시흥시의 경우 서울대의 세종시 이전 및 병원건립 가능성에 민감한 반응을 보였다.

비수도권의 우려도 여전했다. 대구시의회는 '첨단의료복합단지조성 훼손 등 지역균형발전 훼손 중지 촉구 결의문'을 채택했다. 의원들은 "국가균형발전정책은 지방 잠재력을 강화하고 수도권 집중문제를 해결하기 위해 지속 추진돼야 한다. 대구신서 첨단의료복합단지 성공을 위한 정부방안을 조속히 밝혀 달라"고 요구했다. 롯데그룹의 맥주공장 유치를 위해 2009년 초부터 공을 들여온 경상북도도 세종시 수정안 발표 이후 진척이 없다며 불안해하고 있었다. 경상북도는 롯데그룹이 신규 주류면허를 받아 맥주사업에 뛰어들 것이라는 정보를 입수하고 한나라당 이철우 의원(경북 김천)과 공동으로 투자유치활동을 벌여왔다.

그러나 정부가 세종시 수정안을 발표하면서 전면 보류 상태가 됐다.

김장호 경상북도 투자유치과장은 "롯데 측이 세종시 맥주공장 건립을 검토한 바 없다고 밝혔지만, 세종시 파동 이후 후속절차가 이뤄지지 않는 것은 사실"이라고 말했다. 전남 나주에 건설될 광주·전남 공동혁신도시도 '한전의 세종시 이전설'로 몸살을 앓았다. 사실무근으로 확인됐지만, 혁신도시로 이전하는 공공기관이 이전 계획을 차일피일 미루고 있어 불안감은 더욱 커지고 있었다. 경남도 고위 관계자는 이에 대해 "공공기관이 이전을 미루는 주된 핑계가 혁신도시의 비싼 땅값이다. 세종시 특혜는 명백한 지방 역차별이다"고 주장했다.447)」

그 후에도 정부는 불만과 문제가 터질 때마다 대응했다. 이명박 대통령은 세종시 수정안 발표 다음날인 2010년 1월 12일 시·도지사 오찬 간담회에서 세종시 입주기업에 제시했던 혜택 가운데 원형지 공급, 즉 정부가 기반 조성을 하지 않은 상태에서 땅을 팔고 조성에 들어가는 비용은 기업이 내는 방식은 타 지역의 혁신도시나 국가·지방산업단지에도 적용할 수 있도록 하라고 지시했다. 이와 관련해 청와대 박재완 국정기획수석은 "기업이 원할 경우, 타 지역에서도 공사기간을 줄이고, 기업 경쟁력도 높일 수 있게 법 개정을 검토하겠다"고 밝혔다.448)

프레시안 보도에 의하면 행정중심복합도시(세종시) 수정안 발표로 역차별 논란에 시달렸던 정부가 혁신도시와 산업단지에 원형지(개발하지 않은 토지)를 확대 공급하고 분양가를 인하하겠다는 입장을 밝혔다. 정부 방침이 실제로 이행될 경우, 재정 소요 증가가 불가피해 세종시 논란은 더욱 거세질 것으로 전망됐다. 결국 2010년 1월 22일 정부는 정운찬 국무총리 주재로 국가정책 조정회의를 열고, 세종시 수정안으로 인해 피해가 우려되는 지역 사업에 대한 보완 방안을 마련했다. 재정을

---

447) 내일신문 2009. 11. 24.
448) MBC 2010. 1. 12.

풀어 지방 도시 곳곳에 당근을 쥐어줘 잡음을 차단하겠다는 심산이었다. 결국 역차별에 뿔 난 지방을 달랠 길은 당근을 더 쥐어주는 것뿐이었다. 당근의 무리한 생산은 지력(재정)을 약화시킬 수 있다. 정부는 혁신도시의 경우, 우선 전북 전주시 완주군에 들어설 혁신도시 부지 일부를 원형지로 공급하겠다고 밝혔다. 농촌진흥청·농업과학기술원 등 공공기관에 공급기로 했던 전북 농생명단지(673만㎡) 부지가 대상이다. 광주·전남 지역의 혁신도시(나주시)에는 민간에 공급이 예정된 골프장 부지 82만㎡를 관련 법제 정비 후 원형지로 공급하겠다고 밝혔다.

2010년 말 착공이 예정된 4개 국가 산업단지(포항, 구미, 대구, 광주·전남)에서도 원형지 공급 방침을 정했다. 100만㎡ 이상 대규모 일반 산업단지에도 원형지 공급을 검토하겠다고 정부는 밝혔다. 기업도시의 경우 사업시행자인 민간 기업이 원형지 공급 방침을 자율적으로 추진토록 했다. 지난 2008년 6월 사업이 착공된 충주의 골프장 부지 87만㎡는 원형지 공급을 완료했고, 같은 해 7월 사업 착공한 원주시 골프장 부지(48만㎡)는 원형지 분양을 공고할 예정이라고 정부는 밝혔다. 아직 실시계획이 수립되지 않은 무안, 무주, 영암·해남 기업도시는 실시계획을 수립할 때 원형지 공급을 반영하겠다고 덧붙였다. 정부는 다만 혁신도시·기업도시가 세종시보다 규모가 작아 원형지 공급 면적을 50만㎡로 설정하기 어려운 만큼, 지역별 특성을 고려해 공급 면적을 탄력적으로 운영하겠다고 설명했다. 정부는 2010년 1월 11일 발표한 세종시 수정안에서 "50만㎡ 이상의 부지 수요자에게 맞춤형 토지를 미개발 상태의 원형지 형태로 공급하겠다"고 밝혔다.

분양가 인하와 세제지원 조치도 내놓았다. 이는 국책 개발 대상 도시들이 세종시와 동일한 혜택을 요구하며 주장한 사안들이다. 정부는 우선 임시처분용지(자족기능용지)를 확대하는 등 분양가를 인하해 기업

유치에 힘을 실어주겠다는 입장을 밝혔다. 혁신도시는 녹지와 공원면적을 줄여 임시처분용지를 종전 244만㎡에서 338만㎡로 38% 확대해 14%의 분양가를 인하하겠다고 밝혔다. 산업단지 역시 조성원가 인하 등을 추진해 분양가를 최대 20%가량 낮추겠다고 전했다. 또 '조세특례제한법'을 개정할 때 혁신도시에 대한 세제지원 규모를 세종시 수준으로 늘리겠다고 약속했다. 김창영 국무총리실 공보실장은 "세종시 수정안으로 인해 혁신도시 등에 내재된 문제점이 세종시로 인해 촉발된 것으로 오해됐다. 논란을 불식시키고 지자체들이 요구하는 안도 들어주기 위한 것"이라고 말했다.

정부의 이와 같은 대응은 세종시 수정안 발표 때부터 전문가들이 공통으로 우려하던 문제였다. 정부가 원안에서는 2016년부터 본격적으로 추진하려던 세종시의 자족기능 확충을 당장 2010년으로 앞당김에 따라, 이전에 추진되던 혁신도시 등 지역 산업 거점도시 전략과 정면으로 충돌할 수밖에 없었기 때문이다. 이에 따라 수정안 발표 직후 각 지자체들은 지자체장을 중심으로 세종시 수정안에 강하게 반발, 지역 도시개발 사업에도 세종시와 동일한 수준의 혜택을 요구해 왔다. 수정안 통과를 위해 지역민심을 붙잡아야 하는 정부로서는 귀 기울이지 않을 수 없었다.

결국 원안 수정이 단순히 세종시 성격을 바꾸는 데 그친 게 아니라, 지역도시 개발계획 밑그림까지 흔들게 됐다. 문제는 한국토지주택공사(LH공사)가 추진 중인 9개 혁신도시 가운데는 50만㎡ 이상의 원형지를 공급할 땅이 없다는 것이다. 토지 조성 진척도가 이미 17.2%에 달할 정도로 조성이 진행된 상황이었다. 결국 혁신도시에 원형지 개발 방식을 적용하기 위해서는 관련 도시개발 계획 자체를 다 흔든 상황이 빚어지게 됐다. 이와 관련, 조명래 단국대 교수는 2010년 1월 19일 국회 의원회관에서 열린 토론회에서 "너무 큰 변화를 수정안에 담아 결과적으로 우리나라의 기본 가치 왜곡과 훼손이 동시에 이뤄지고 있다"고 지적했다.

혁신도시에도 세종시와 마찬가지의 특혜를 제공하면서 재정 소요가 종전보다 더욱 급증하게 됐다. 이 부담은 정부와 지자체가 떠안게 되, 기업 특혜 범위가 더욱 확대된 셈이었다. 이는 자칫 전국적으로 기업들에 부동산 헐값 사재기 경쟁을 부추겨 전국 부동산 시장의 불안정성을 가중시킬 수도 있다. 이와 같은 지적에 대해 공보실장은 "일괄적으로 원형지 공급을 결정하지 못한 게 재정문제를 고려했기 때문이다. 재정이 허용하는 범위 안에서 조금씩(step by step) 공급해나간다는 게 정부 방침"이라고 설명했다. 녹지가 줄어들고 난개발이 횡행하는 것 아니냐는 지적에 대해서 "분양가를 낮추기 위해서는 임시처분용지를 늘릴 수밖에 없다. 용지 개발 권리를 모두 주는 것은 아니다. 건물을 올릴 때는 관련 규제를 받는다. 도시계획을 확실히 하는 것으로 이해해 달라"고 했다.

그러나 조명래 교수는 "대통령이 형평성을 고려해 다른 유사 지역에도 저가로 용지를 공급하면 재정부담 문제가 커질 수밖에 없다"고 비판했다. 변창흠 세종대 교수도 "대기업에 부여하는 특혜는 사업시행자(LH공사 등)에게 적자를 초래할 수밖에 없다. 이는 정부 재정으로 메워야 하며, 결국 국민 세금으로 대기업에만 특혜를 주겠다는 방침"이라고 지적했다. 원형지 공급 방식에 대해서도 변 교수는 "토지소유자가 자율적으로 개발하게 되면서 일체적이고 계획적인 도시 개발이 어려워진다. 난개발이 우려됨은 물론, 지반 고도 설정에 따라서는 토사의 과부족 문제가 발생해 조성원가가 오히려 더 오를 수도 있다"고 말했다. 토지를 조성할 때 지반의 높낮이를 균등히 하기 어려워 예기치 않은 문제가 발생할 수도 있다는 뜻이다.

공공기관을 지역 거점도시로 내려보내 지방 경쟁력을 강화시키겠다는 목적으로 추진된 혁신도시 사업은 2010년 1월 현재 10개 혁신도시의 토지보상이 완료된 상태다. 부지 조성공사 공정률은 약 22.6%다. 정부에 따르면 157개 이전 대상기관 중 128개 기관의 이전계획이 확정됐다. 지난 2005년 7월 선정된 6개 기업도시는 태안과 충주, 원주에서 사업이 착공된 상태다. 무주와 무안, 영암·해남은 현재 사업이 추진 중이다. 산업단지는 2009년 말 현재 전국적으로 1,339㎢가 지정돼 개발 중이다. 정부에 따르면 지난해 분양한 18개 산업단지의 평균 분양가는 3.3㎡당 78만 원이었으며 분양률은 불과 25%였다. 혁신도시는 96~299만 원, 기업도시는 24~65만 원 정도였다. 반면 세종시 산업용지는 원형지로 공급됨에 따라 36~40만 원 수준이다.[449]」

정부는 세종시 수정안을 관철하기 위해 온갖 특혜와 약속을 남발했다. 하지만 책임을 지지도 못할 약속을 남발한 것은 대화와 타협이 아닌 여론 호도를 통해 힘에 의존하여 문제를 풀어나가려는 잘못된 방법에서 출발했다. 아무리 정부가 약속을 하더라도 실제 정부의 약속이행을 보장할 수 있는 것은 국회다. 그런데 그 국회가 움직이지 않아 결국 2010년 6월 수정안 관련 법률안의 부결로 여러 가지 응어리와 상흔을 남긴 채 하루아침에 거품이 되어 사라졌다. 정부와 정운찬 총리는 무엇을 위해 그 많은 약속을 했는지 의문이다. 한 번 정도를 벗어나 무리수를 쓰기 시작하면 문제가 걷잡을 수 없는 단계로 확대될 수 있다. 안목도 해결책도 부재한 정부의 세종시 수정안이 꼭 그 꼴이다.

4) 국민경제적 타당성 분석 외면

정부가 시간적 여유를 갖고 누구나 수긍할 수 있는 국민경제적 타당성을 분석한 후 정당성과 합리성, 타당성을 확보한 후 세종시 수정안을

---

449) 프레시안 2010. 1. 22.

내놓았더라면 상황이 전혀 달라졌을지도 모른다. 그런데 의도적으로 명분을 만들기 위한 부분 연구 결과에 의존함으로써 기존 연구 내용에 대비되는 결과를 만들 수는 있었지만 국민 여론을 움직이는 데 실패했다. 정부의 세종시 수정안에 대한 연구결과 발표는 오히려 국민에게 의구심을 갖게 만들었다.

세종시 문제의 해결점은 국론분열의 총비용과 기회비용을 감안한 광의의 경제성을 의식하는 데에서 출발해야 했다. 그런데 '신행정수도 후속대책을 위한 연기·공주지역 행정중심복합도시건설을 위한 특별법'이란 긴 이름을 가진 세종시법은 법안의 잉태부터 통과에 이르기까지 진정한 경제성 분석은 철저하게 외면돼 왔다. 이 특별법은 처음부터 아전인수 격인 정치적 이해관계의 산물이었다. 세종시 문제가 정치권의 용암으로 확대된 이유는 정부와 여권이 국민을 설득시킬 수 있는 철저한 경제성 분석 없이 원안 수정에 착수했기 때문이다. 말하자면 정부와 여당은 준비된 무기 없이 분쟁의 전선만 확대시켰다.[450]

세종시 문제를 놓고 정치권에서는 '약속, 대계(大計), 배신'과 같은 온갖 수사(修辭)들이 난무했다. 원안 수정을 주장하는 측은 국가 백년대계를 위한 양심을 명분으로 내세우고 원안 고수 쪽은 약속을 지키는 신뢰의 정치를 강조했다. 다 좋은 말이다. 그러나 이 수사들을 한 꺼풀 벗겨내 보면 상투적 정치 공방으로 충청권과 국민을 현혹하고 있다는 느낌을 받게 했다. 국민이 진정으로 알고 싶은 것은 원안 수정과 원안 고수를 각각 선택할 경우 뭐가 좋아지고, 뭐가 나빠지는 것인가 하는 점이었다. 원안대로 세종시에 총리실과 9부2처2청이 옮겨가면 충청권에도, 다른 지역에도 같이 이익이 되는가. 10년 후, 50년 후에 남북한을 합친 7,500만 대한민국 동포와 그 자손들에게도 도움이 되는가. 원안대로 하면 당초 목

---

450) 조선일보 2009. 11. 5.

표대로 50만 명이 먹고사는 자족(自足)도시가 될 수 있나. 사실상의 수도 분할 이후 국가정책 협의에는 문제가 없는가. 그래도 약속한 것이니까 지켜야 한다고? 누가 누구에게 약속했다는 말인가? 제대로 된 도시건설을 위해서는 이러한 일련의 의문에 대해 정치권은 국민 앞에 솔직하고 분명한 답안을 내놓아야 했다. 감성적 구호로 국민을 호도하지 말고, 양측이 비용-효과에 관한 계산서부터 제시하고 어느 쪽이 한반도 미래까지 염두에 둔 국익에 부합하는지, 국민의 선택을 받는 것이 마땅했다.[451]

그런데 세종시 문제는 타당성 분석을 하지 않았기 때문에 판정할 수 있는 자료, 각 안에 대한 판정기준도 없었다. 기준이 있으면 국민들은 그 기준에 근거해 판단하면 어떤 안이 좋은 안인지 좋지 않은 안인지 구분할 수 있다. 이런 구분은 사회적 갈등과 대립을 해소할 수 있는 지름길이다. 국민들이 판정할 수 있는 기준이 되는 타당성 분석에는 국토의 균형개발과 행정효율, 국가경쟁력 제고 등 제반사항을 고려한 경제성분석이 이루어져야 한다. 대전광역시에 정부 청사의 일부를 옮긴 것에 대한 인구분산 효과를 분석한 자료는 있지만, 그것은 지역균형개발이 연계된 세종시 문제와는 차원이 다르다. 2006년 7월 당시 건설교통부의 '행정중심복합도시 건설기본계획안'을 보면 계획기간 연계 및 유기적인 연구수행을 위해 국토연구원, 전략연구과제 연구기관, 계발계획 연구기관 등으로 공동연구단을 구성하도록 하고 국토연구원이 기본구상 등 전체연구의 총괄책임을 담당하며 부문별 전략연구과제의 연구내용을 조정하는 역할을 수행하도록 했다. 하지만 이것은 건설을 위한 연구였다. 노무현 정부와 이명박 정부에 의해 세종시 원안과 수정안에 관한 부분적 연구가 이루어진 것이 있기는 한데 정반대의 결과가 나왔다.

조선일보 보도에 의하면 2009년 12월 16일 한국행정연구원은 행정학

회와 함께 개최한 세미나에서 세종시를 원안대로 9부2처2청의 중앙 행정부처를 이전하면 1년에 최대 5조 원 정도의 행정 비효율이 발생할 것으로 전망했다. 공무원 출장비용, 민원인의 시간·경제적 낭비가 1,271억 원이고, 정부 정책 품질 저하와 성장 잠재력 저하 등 간접비용이 4조 6,800억 원이라는 것이다. 이를 토대로 향후 20년간 100조 원의 직·간접 낭비가 발생한다는 얘기까지 나왔다. 이 내용은 정부 산하 세종시 민관위원회에도 보고됐다. 민관위원회뿐만 아니라 국민 누구라도 이 엄청난 비효율을 걱정하지 않을 수 없을 것이다. 그러나 과거 노무현 정부 첫해인 지난 2003년 12월에 국토연구원과 한국행정연구원 등 7개 기관이 참여해 실시한 '행정수도 이전의 효과분석 및 국내외 사례 조사 연구'는 행정수도를 이전하면 수도권과 비충청권과의 통행량 감소로 전국적으로 연간 1조 1,000억 원의 교통비용이 절감되고, 수도권 환경 오염 감소로 연간 1,060억 원의 환경비용이 절약될 것이라고 했다. 또 수도권 과밀해소로 수도권에서 각각 땅값이 1.5%, 집값이 1.0% 떨어진 다고도 했다. 떨어진 만큼을 돈으로 환산하면 엄청난 액수일 것이다. 여기에 서열주의 완화, 지역주의 해소, 권위주의 약화 등 사회적 파급 효과도 있을 것이라고 했다.

물론 2003년에는 지역 균형 발전 쪽에 중점을 두어 연구를 했고, 이번에는 행정 효율성에 초점을 맞췄기 때문에 다른 결과가 나왔을 것이다. '효율'이나 '균형'은 어느 쪽도 소홀히 할 수 없는 중요한 문제들이다. 국민과 충청권 주민들을 설득하기 위해서는 세종시 문제가 갖고 있는 이런 상반된 두 측면을 모두 분석한 다음 이를 다 고려했을 때도 나라가 가야 할 길은 세종시 수정이라는 판단 결과를 내놓아야 한다. 그래야 세종시 원안 추진을 바라는 사람들도 고개를 끄덕일 수 있다. 그러지 않고 이런 식으로 마치 한쪽 측면에는 눈을 감아버린 것 같은 연구 결과를 내놓으면 본래의 의도와 달리 불신만 낳을 수 있다. 세종시 문제는 이런 불신들이 쌓이고 얽혀서 풀기 어렵게 된 것이다. 정부가 부처 이전으로 국가 백년대계가 위협받을 수 있다고 걱정한다면 그 진심을 국민 앞에 일관되게, 허심탄회하게 털어놓는 것이 가장 효과적이다. 목표를 정해놓고 구색만 맞춰 밀어붙이려 하면 그것이 일의 성사(成事)에 도움이 되는지는 차치하고 가장 중요한 '진정성'에 흠이 생길 수 있다.452) 그런데 정부는 밀어붙이기로 스스로 진정성에 흠을 만들었다.

국책연구기관이 내놓은 다른 결과는 국민을 혼란에 빠뜨렸다. 연구를 발주한 정부도 잘못했다. 선행연구 결과가 있었기 때문에 동일한 내용으로 연구하든지 아니면 선행연구에 대한 비교연구가 포함되는 종합적인 연구 과제를 발주하는 것이 마땅하다. 그런데 책임을 면피하고 명분을 만들기라도 하듯이 관점이 다른 연구를 발주했다. 두 번 모두 연구에 참여한 한국행정연구원 또한 연구의 기본은 선행연구를 검토하고 참고하는 것인데도 이를 제대로 이행하지 않았다. 결국 국책연구기관이 참여한 연구가 아무런 결론을 낼 수 없게 만들어 버렸다. 아부의 극치 또는 책임회피용 연구를 한 것이다. 그것도 정부가 세종시 수정 계획을 발표한 지 불과 두 달 남짓한 기간이었다. 연구하기도 바쁜 시간에 보고서를 만들어 발표했다. 발주자인 정부의 입장을 두둔하기 위해 의도적으로 만들어진 것이 아닌가 하는 의구심을 갖게 하기 충분하다.

이러한 내용을 대학총장을 역임했기 때문에 누구보다도 잘 알만한 정운찬 총리는 정부가 발주한 연구 결과를 예로 들어 원안대로 세종시를 건설해 행정부를 분산하면 매년 3조~5조 원의 비용이 낭비된다고 주장했다. 무책임하기 그지없는 정치적인 해석과 정치적인 행동이다. 대비되는 결과를 두고 우리에게 불리한 결과가 나온 전 정부가 발주한

---

452) 조선일보 2009. 12. 20.

연구결과는 묻어두고 우리에게 유리한 결과가 나온 현 정부의 발주 연구결과만 인용하여 비용을 언급하는 것은 정도를 넘어선 저급한 행동이다. 적어도 양식이 있는 사람이라면 인용을 하지 말든지 아니면 양쪽을 같이 인용해야 마땅하다. 결국 세종시를 어느 안에 따라 건설하는 것이 국가에 이익이 될지 판단하기는 어렵게 됐다. 차제(此際)에 연구 발주자를 가려내어 국민을 혼란스럽게 만들고 국론 분열을 가중시킨 책임을 엄중하게 물어야 한다. 그래야 앞으로 사리분별을 제대로 못하고 아부를 일삼는 공무원을 없앨 수 있다. 우리 사회가 세종시 문제로 지불한 사회적 비용의 대가는 너무 컸다.

5) 여론몰이와 유인정책 의존

정부의 세종시 문제에 대한 해법은 주로 여론몰이와 유인 정책으로 요약할 수 있다. 이미 2010년 1월 11일 수정안 발표에서 유인정책에 대한 기본적인 내용은 모두 드러났다. 그리고 지자체의 반발도 상당했다.

2010년 1월 27일 정부가 관보를 통해 세종시 수정 관련법 개정안 5건을 입법예고한[453] 후 우리 사회는 극심한 갈등과 대립의 소용돌이에 휘말려 들었다. 한동안 국가 최우선 해결과제로 인식되기까지 했다. 수정안 관련 입법안의 국회 제출을 앞두고 여론몰이를 위해 대통령, 청와대, 국무총리, 국무총리 행정조정실, 정부 주요부처 장관 심지어 친이계, 공무원, 공기업 까지 동원 수정안 관철을 위한 대대적인 홍보에 나섰다. 정부의 전방위 홍보는 여론몰이를 통해 수정안을 반대하는 친박계와 야당을 압박하여 국회에 제출하는 입법안이 원활하게 통과되도록 하려는 것이 목적이였다. 오로지 수정안 관철 목표를 향해 앞으로만 질주하는 정부의 원칙과 기준

---

453) 경향신문 2010. 1. 27.

을 무시한 유인책 남발은 곳곳에서 형평성 문제를 제기하게 만들었다. 야당은 물론 전국의 거의 모든 지자체가 문제를 제기하는 등 반발도 극심해졌다. 2010년 초 대한민국 사회는 그렇게 갈등의 골이 깊어만 갔다.

정부도 정책홍보를 할 수는 있지만, 그 목적이 정치적인 쟁점이 되는 사안에 대한 지지를 목표로 하는 것이어서는 온당하지 못하다. 만약 정부의 판단이 한 방향으로 치우쳤을 때 국민들이 안아야 할 부담이 너무 크기 때문이다. 모양도 별로 좋지 않다. 민주주의 국가에서 정치 쟁점은 정치권의 대화와 타협 등 국민적 합의에 의해 결정되는 것이어야 한다. 정부를 견제하기 위해 정치적인 기능을 수행하는 국회가 존재한다. 그런데 정부가 정치 쟁점이 되는 정책에 대해 의도적으로 홍보하고 여론 조정에 나서는 것은 국회의 정치적 기능까지 겸하려는 태도로 이는 삼권분립의 원칙이 지향하는 고유 목적에도 어긋난다.

당시 세종시 문제에 대한 정부의 태도를 보면 마치 무엇엔가 쫓기듯이 급하게 일을 서두르고 있는 모습이 역력했다. 한겨레 보도에 의하면 정부가 세종시에 입주할 기업·대학들과 잇달아 양해각서(MOU)를 맺으며 '수정안 대못 박기'에 나서고 있다. 국회 논의를 거치지 않아 법적 근거를 갖추지 못한 상황에서 세종시 수정안의 후속 절차를 진행하는 것이어서 '월권행위'라는 비판이 나온다. 2010년 1월 14일 정부는 정운찬 국무총리가 참석한 가운데 세종시 입주를 확정한 삼성·한화·웅진·롯데그룹, 카이스트(KAIST)·고려대가 한국토지주택공사(LH)와 토지 공급과 개발 계획 등을 담은 양해각서를 맺었다고 밝혔다. 양해각서에는 1월 11일 정부가 세종시 수정안에서 밝힌 대로 기업과 대학에 원형지 형태로 땅을 공급하고 세금 감면과 재정 지원을 약속하는 내용을 담았다.

특히 정부는 원형지 공급과 행동을 장려하기 위한 장려책(incentive) 지원을 위한 관련법 개정 등 제도적 절차를 2010년 안으로 마무리 짓겠다고 약속했다. 정부가 국회의 고유 권한인 법률 개정을 미리 예단하고 기업 · 대학과 약정을 맺은 셈이다. 양해각서는 앞으로 2년 동안 효력이 있으며, 당사자가 서면으르 동의하면 기간을 늘릴 수 있다. 실제로 이뤄질지도 모르는 불확실한 내용을 담은 양해각서를 내밀며 약속을 남발하는 건 의미 없는 홍보에 지나지 않는다. 지금은 냉철하게 수정안의 타당성에 대한 논의를 모아야 할 때454)라고 지적했다.

정부 · 여당이 2010년 6월 2일 지방선거와 11월 G20회의를 의식한 행동으로 급한 마음은 이해가 되지만 야당과 친박계는 움직이지 않는데 정부는 계속 앞서 가기만 하면서 수정안 통과를 전제로 일을 진행하고 있었다. 상대를 모두 무시한 독주는 문제를 풀어 가는 데 도움이 되는 것이 아니라 오히려 더 시간을 지연시키고 문제를 어렵게 만들 뿐이다. 그런데 정부의 밀어붙이기식 일 처리 방식은 끝까지 마찬가지였다. 2010년 6월 세종시 수정안 처리에 대해 대통령이 나서 국회로 결정권을 넘기는 발표를 하는 것으로 손을 놓고 말았다. 하지만 우리 사회를 갈등의 소용돌이로 몰아넣은 데 대해 이명박 대통령도 정운찬 총리도 국민을 향한 사과는 없었다. 마치 전략적인 이용 가치가 달성되었다는 듯이…

6. 세종시 문제 모두 해결된 것인가?

1) 이명박 대통령의 저급한 선택

이명박 대통령은 지도력과 문제해결능력이 부족하면서도 수정안을 공식으로 추진해 온 나라를 세종시 문제로 들끓게 만들었다. 그럼에도 불

---

454) 한겨레 2010. 1. 14.

구하고 국민에게 단 한마디도 사과하지 않았다. 꽁무니를 내빼면서 슬그머니 국회에 최종결정을 떠넘기는 가장 저급한 방법을 선택했다. 훗날 세종시 문제가 다시 문제가 되더라도 나는 수정보완하려고 노력했다. 야당과 친박계가 반대해 어쩔 수가 없었다고 말할 명분을 얻은 것이다.

이명박 대통령이 세종시 문제에 대한 결단을 내린 데에는 크게 네 가지 원인이 작용한 것으로 보인다. 첫째는 자신의 지도력에 대한 한계이다. 공무원을 동원하고 주민들에게 수도이전과 관련하여 독일까지 견학을 보내고, 정부의 전방위적인 홍보에도 불구하고 여론이 원하는 방향으로 움직이지 않아 수정안에 반대하는 야당과 한나라당의 친박계를 설득하거나 꺾지 못했다. 둘째는 2010년 6.2지방선거 의식으로 볼 수 있다. 공식적으로 중간평가라는 말은 없었지만, 실질적으로 6.2지방선거 결과에서 한나라당의 패배는 집권 후반기 정국 운영에 큰 부담이 될 수밖에 없었다. 실제 선거 결과 한나라당은 충청지역에서 기대하는 수준의 지자체장 당선자를 내지 못했다. 그런데 곧바로 이어지는 7.28 보선에서 이미 나타난 수정안에 대한 충청도의 여론이 야당으로 쏠려 국회의원 재보궐선거 결과에 영향을 주는 것을 우려했다. 셋째는 2010년 11월 11일과 12일 양 일 간에 걸쳐 개최되는 서울 G20 정상회의[455] 문제다. 세계 주요국의 지도자들이 모이고 이목이 집중되는 상황에서 자칫 잘못하면 리더십이 부재해 사회적 논란이 지속되는 모습을 보이는 것은 세계적인 망신을 살 가능성을 배제하기 어려워 부담스럽게 느꼈을 것이 틀림없다. 넷째는 4대강 사업도 본 궤도에 들어섰고, 이만하면 할 만큼 했다는 생각을 했을 것으로 보인다. 훗날 세종시 문제가 다시 논란이 되거나 역사적 평가에 있어 수정안을 추진했다는 흔적으로 남겨두면 업적에 큰 흠이 되지 않을 것이라는 생각이 작용했을 것으로

---

455) 서울 G20 정상회의

보인다. 이러한 요인들이 복합적으로 작용하여 자신이 시작한 세종시 수정안 문제의 최종 결정을 국회로 떠넘기면서 빠져나갔다.

시울시장 시절인 2002년 12월 13일 이명박 대통령은 기자간담회에서 "행정수도 이전이 안보 불안을 부를 것"이라고[456] 처음으로 언급한 이후 8년 동안 세종시에 행정기관 이전 문제를 두고 반대와 찬성, 다시 반대로 오락가락하며 항상 논란의 중심에서 서 있었다. 수없이 많은 언급으로 갈등을 조장했다. 문제를 유발시킨 장본인이 언급하지 않으니 당연히 갈등은 바로 진정 국면으로 접어들었다. 세종시 문제를 다시 꺼낸 정운찬 총리가 재직하고 있었지만, 대통령이 더 이상 언급하지 않겠다는데 총리가 무슨 할 말이 있겠는가? 무엇보다 세종시 문제는 국무총리가 좌우할만한 내용이 아니었다. 처음부터 사주를 받아 세종시 문제를 거론하기라도 했다는 듯이 소신도 보이지 않고 덩달아 함구에 들어갔다.

2) 세종시 문제 모두 해결되었나?

세종시 문제가 급격하게 진정국면에 들어간 것은 2010년 3월 26일 서해 백령도 근처 해상에서 천안함 사건이 발생하면서부터였다. 천안함 사건 발생 후 언론과 정치인, 국민의 관심이 온통 그쪽으로 쏠리면서 사실상 논란이 사라졌다. 일부 정치인들이 세종시 문제를 언급하기는 했지만, 언론에 비중 있게 다루어지지도 않았고 국민은 별다른 반응을 보이지 않았다. 그리고 천안함 사건이 어느 정도 정리된 2010년 6월 14일 텔레비전으로 생중계된 정례 라디오 연설에서 이명박 대통령이 세종시 수정안 관련 법안에 대해 "(세종시 수정안의 당위성에 대해선) 지금도 확신을 가지고 있다. 행정 부처를 분할하는 것은 두고두고 후회

---

456) 오마이뉴스 2009. 11. 5.

하는 일을 만드는 것이다. 하지만 이 때문에 지역적·정치적 균열이 심화되는 것을 더 이상 방치할 수 없다. 국회가 이번 회기에 표결 처리해 주기 바란다. 정부는 국회가 표결로 내린 결정을 존중할 것"이라고 밝힘으로써 획기적인 전기가 마련되어 실질적인 봉합이 시작되었다.

한나라당 내에서 친박계가 반대하고, 야당이 반대 입장을 고수하는 만큼 국회 자율 표결이 이뤄지면 세종시 수정안은 부결될 가능성이 큰 상태에서 대통령의 발표는 사실상 세종시 수정안 관철을 포기하는 수순에 들어간 것으로 받아들여졌다.[457] 2010년 6월 29일 국회 표결에서 세종시 수정안과 관련된 법률안이 국회 본회의서 부결 폐기됨으로써 세종시 갈등이 일단락되었다. 국회 본회의의 세종시 수정안 표결 결과는 2010년 6월 현재 한국의 정치 지형을 있는 그대로 보여주고 있다. 표면적으로는 여대야소(총 299석 가운데 한나라 168석) 상황이지만, 실질적으로는 여소야대인 기형적인 상황이 계속되고 있는 것이다. 국회는 본회의에 상정된 '신행정수도 후속대책을 위한 연기·공주지역 행정중심복합도시건설특별법 개정안'에 대한 표결을 실시, 찬성 105명, 반대 164명으로 부결시켰다. 표결에는 재적의원 291명 가운데 275명이 참석했고 6명이 기권했다.

표결에서는 수정안에 반대해온 한나라당 친박(친박근혜)계 의원 50여 명과 민주당을 비롯한 야당 의원 120명의 대부분이 반대표를 던지는 등 각 정파에서 이탈표는 거의 없었던 것으로 분석된다. 이로써 2002년 9월 당시 노무현 민주당 대통령 후보가 청와대를 포함한 중앙정부기관을 충청권으로 이전하는 '신행정수도 건설' 공약을 발표하면서 쟁점이 된데 이어 현 정권 들어 정운찬 국무총리가 내정된 2009년 9월부터 논란이 끊이지 않았던 세종시 건설 수정계획은 10개월 만에

---

457) 중앙일보 2010. 6. 15.

일단 종지부를 찍게 됐다. 또 9부2처2청의 행정기관 이전을 골자로 한 원안인 '행정중심복합도시'의 건설이 추진될 전망이다.

이명박 대통령은 "이제 우리 모두는 오늘 국회 결정에 대한 평가는 역사에 맡기고 세종시를 둘러싼 갈등을 넘어서서 국가 선진화를 위해 함께 나아가기를 바란다"고 말했다. 국회 본회의 표결이라는 공식 절차가 수정안의 진로를 결정한 만큼 국론 분열에 따른 혼란과 갈등은 끝나야 한다는 목소리가 높지만, 수정안의 부결이, 논란의 완전한 종결로 이어질지는 미지수다. 과학비즈니스벨트 문제로 대변되는 이른바 '플러스 알파' 논란이 2012년 국회의원 총선거와 대통령 선거에서 주요 이슈로 재등장할 가능성이 제기된다. 무엇보다 세종시 논란으로 확대된 정치권 내부의 균열이 쉽게 좁혀지지 않을 전망이다. 세종시 논란은 10개월 동안 다른 어떤 요소보다 집권 여당 내 친이 · 친박 간 계파 분열을 자극해왔으며, 이날 표결은 그 간극을 더욱 고착시키는 계기로 작용할 수 있다.[458]

국회에서 관련 법률이 부결되었으면 세종시 문제는 모두 해결된 것인가? 그것은 지금으로서는 그렇게 보기 어렵다. 세종시 문제는 지역균형발전을 위한 공공기관 이전과 맞물려 있어 그렇게 간단한 문제가 아니다. 현재로서는 봉합으로 보는 것이 좋을 듯하다. 우리가 여기서 세종시 문제를 어떤 상태로 이해하고 볼 것인가 하는 점은 추후 세종시 발전과 국가 사회적 갈등관리라는 측면에서 볼 때 상당히 중요하다. 봉합(縫合)은 수술하기 위해 절개한 자리나 외상(外傷)으로 갈라진 자리를 꿰매어 붙임, 진정(鎭靜)은 흥분이나 아픔 따위를 가라앉힘 또는 소란스럽고 어지러운 일을 가라앉혀 고요하게 함, 해결(解決)은 얽힌 일을 풀어서 처리함, 문제를 풀어서 결말을 지음, 매듭은 일의 마무리, 잠복(潛伏)은 몰래 숨어 있음 또는 감염은 됐으나 증상은 나타나지 않음, 소강(小康)은 병이

조금 나은 기색이 있음 또는 소란하던 상태가 조금 잠잠함을 말한다.

세종시 문제는 분명히 진정 국면에 접어들어 소강상태를 보이고 있는 것은 사실이지만 아직 문제가 잠복하고 있다. 해결이 되었으면 그보다 좋을 수는 없겠지만 우리 사회 합의는 아직 그 수준에 이르지 못하고 있다. 이명박 정부가 해결을 위해 문제를 파헤쳤지만 제대로 처리하지 못했으므로 통합된 것으로 볼 수 있다. 세월이 지나면 그 결과가 뚜렷하게 드러나겠지만, 현재로서는 정치권에서 문제를 언급하지 않으니 논란이 자연히 가라앉았다. 앞으로도 정치가와 정치권이 다시 건드려 정치쟁점화하지 않으면 이미 해결된 것으로 볼 수 있다. 그런데 자신의 이익과 당리당략을 우선하는 우리나라 정치가들의 구태가 없어진 것이 아니므로, 2012년 대통령선거와 국회의원 선거에서 반드시 다시 세종시 문제가 재쟁점화될 가능성이 크다.

유망한 대선 후보 중 한 사람인 박근혜 한나라당 전 대표의 원안 +α는 이미 재쟁점화를 충분히 예고하고 있다. 한나라당 내에서 누가 차기 대선후보가 될지는 모르겠지만, 세종시 수정안에 제시되었던 충청도 지역의 과학비즈니스벨트 건설이 +α의 핵심이 되고 그와 연계된 지역균형발전이 선거공약화 되어 갈등이 다시 재점화될 것이 거의 확실시된다. 그리고 실제 행정기관이 이전한 후 인구의 절대다수가 모여 사는 수도권 거주 주민을 비롯한 국민들이 불편을 겪으면서 제기하는 불만, 통일문제 등을 고려할 때 재논란의 가능성은 너무 크다. 국민은 아직 세종시 문제가 완전히 해결된 것으로 받아들이지 않으며, 설령 지금 해결된 것으로 받아들인다고 하더라도 어느 날 정치권에서 누군가 문제 제기를 하면 다시 논란의 대상이 될 수 있다. 이것은 중앙행정기관 이전이라는 국가 주요 기관의 이전이 포함되어 있는 중대한 문제이기 때문이다.

3) 세종시 문제가 남긴 교훈

세종시 문제는 지도자가 지도력과 문제해결능력이 부족하면서, 권력에 대한 탐욕과 정치권력을 획득하기 위해 수단과 방법을 가리지 않고 획득된 권력을 일방적으로 향유하려 하면서 표리부동한 행동으로 이전투구와 명분 싸움을 일삼을 때, 사회갈등이 얼마나 큰 피해를 줄 수 있는가를 보여준 대표적인 사례이다. 무슨 일이든 훗날 문제가 되지 않게 하려면 명분이 좋고 여론이 호응하더라도 국민을 설득하고 납득시킬 수 있는 충분한 정당성과 합리성을 구비한 논리를 갖추고 지도력을 발휘하면서 적절한 시기를 선택 법규와 절차에 따라 일을 진행해야 한다. 세종시 문제는 정당성과 합리성을 결여한 채 정치가가 정략적 목적으로 명분과 여론에 기초해 정책을 추진하면, 국가발전을 저하하며 국론을 분열시키고 사회갈등을 초래하는 등 끊임없는 논란의 대상이 된다는 줄을 잘 보여 주고 있다. 그리고 대통령과 정치권이 논란을 그만두면 8년 이상 끌어 오며, 한 때 국가 최우선 해결과제가 되었던 사회갈등문제가 금방 진정된다는 것을 잘 보여 주었다. 이는 정치가만 직분에 충실하면 우리나라의 국가 사회적 갈등이 거의 대부분 금방 해결될 수 있다는 것을 의미하기도 한다. 한국 사회의 주요 갈등은 대부분 탐욕에 근거한 정쟁과 감정싸움으로 다른 사안들도 이해관계에 있는 당사자의 행위목적과 의도에 따라 금방 해결될 수도 있고 아주 오랫동안 질질 끌 수도 있는 특성을 갖고 있다. 4대강 정비사업도 오늘이라도 야당인 민주당이 논란을 포기하면 바로 해결될 수 있다. 이명박 대통령이 세종시 문제를 포기해도 별다른 손해를 입지 않았듯이 민주당이 4대강 정비 사업을 포기하더라도 손해를 입을 것은 없다. 그런데도 탐욕을 내려놓지 못한다

참고문헌

김범주(2003), 『법과 사회』, 형설출판사, p.36~458

김병섭 외(2007), 『살아있는 우리 정부조직 이야기』, 법문사, p.104

김선빈 외(2009), 『시티즌십, 위기 극복의 필요조건』, 삼성경제연구소 CEO Information 697호

김영종(2001), 『부패학』, 숭실대학교 출판부, p.103~106

김형렬(2000), 『정책학』, 법문사, p.4~618

노정현(1996), 『깨끗해야 떳떳하다』, 미래미디어, p.29

데이빗 오스본 · 피터 플래스트리크 저, 최창현 옮김(1998), 『정부개혁의 5가지 전략』, 삼성경제연구소, p.72~73

박상섭(2002), 『국가와 폭력 : 마키아벨리의 정치사상연구』, 서울대학교출판부, p.231~236

박세정(1995), 『세계화 시대의 일류행정』, 가람기획, p.14~28

박완규(2007), 『리바이어던, 근대국가의 탄생』, 사계절, p.65~157

박준(2009), 『한국의 사회갈등과 경제적 비용』, 삼성경제연구소, p.9~12

박진 · 채종헌(2006), 『갈등 조정, 그 소통의 미학』, 굿인포데이션, p.9~361

박천식(1999), 『재미있는 심리학』, 원출판사, p.184

박효종(2001), 『국가와 권위』, 박영사, p.26~61

박형서(2005), 『국책사업 사회갈등의 원인과 특징』, 국토연구원(통권 제283호), p.6~14

서문기 외(2001), 『한국사회의 갈등구조에 대한 이해』, 삼성경제연구소, p.11~40

서병훈(2008), 『포퓰리즘』, 책세상, p.21~45

손무 저, 남면성 역(1982), 『손자병법』, 현암사, p.143

안경률(2009), 『성숙한 사회, 선진 일류국가로 가기 위해 버려야 할 WORST 12』, 의정보고서, p.1~19

염용섭 외(2009), 『방송규제완화의 경제적 효과분석』, 정보통신연구원, p.4~9

오석홍 외(2000), 『정책학의 주요이론』, 법문사, p.101~320

오카자와노리오 저, 이명남 역(1997), 『현대정당론』, 도서출판 문원, p.24~29

이동원 외(2009), 『사회적 자본 확충을 위한 정책과제』, 삼성경제연구소 CEO Information 722호, p.1~15

이상안(2001), 『지식국정운영론』, 대명출판사, p.473

이상안(2000), 『공직윤리봉사론』, 박영사, p.121~348

이성근(2006), 『정책계획론』, 법문사, p.494

이수윤(1998), 『정치학 개론』, 법문사, p.79~110

이원종(2006), 『국민참여시대의 한국 정당』, 나남출판, p.45~107

이종수(2006), 『정부혁신과 인사행정』, 다산출판사, p.19

이종수 외(2005), 『새 행정학』, 대영문화사, p.34~700

이주희(2006), 『고객감동 행정 서비스』, 기문당, p.21~22

이진호(2010), 『부정부패 원인과 대책』, 팔모, p.24~28

이진호(2010), 『현명한 부모의 자녀교육』, 팔모, p.54~56

전대양(2007), 『현대사회와 범죄』, 형설출판사, p.17

정정길(2001), 『정책학원론』, 대명출판사, p.52~805

정종기 · 최락인(1999), 『지역사회행정론』, 글로벌, p.85~92

정진민(2008), 『한국의 정당정치와 대통령제 민주주의』, 인간사랑, p.88~90

조셉 S. 나이 외, 박준원 옮김(2001), 『국민은 왜 정부를 믿지 않는가』, 굿인포메이션, p.7~223

조은상(2003), 『기업 내 부패의 유형, 원인 및 반부패 제언』, 전경련 간담회자료, p.6

조현국(2009), 『SERI 경영노트, 제36호, 보이지 않는 힘 : 동료효과』, 삼성경제연구소, p.1

주성수(2004), 『공공저책 가버넌스』, 한양대학교 출판부, p.3~149

전광석(2004), 『한국헌법론』, 법문사, p.3

전홍신 · 김형택 저(2006), 『에너지 · 연소 · 환경』, 한티미디어, p.9~10

최종고(2008), 『법학통론』, 박영사, p.303~305

최창호 · 하미승(2006), 『새 행정학』, 삼영사, p.3~780

하태권 외(2001), 『현대 한국정부론』, 법문사, p.11~318

행정안전부(2009), 『활기찬 지역경제와 선진정부 실현을 위한 2010년 핵심 정책과제』, 행정안전부, p.24

행정중심 복합도시 건설기본계획안(2006), 건설교통부, p.4

행정중심복합도시건설청, 『2007년 행정중심복합도시 백서』, p.23

허명환(1999), 『관료가 바뀌어야 나라가 바로 선다』, 한국세정신문사, p.38

Anita Woolfolk 저, 김아영 외 옮김(2007), "교육심리학", 박학사, p.123

Jeffery H. Goldstein 저, 홍성열 · 임영식 옮김(2002), 『환경이 범죄자를 만드는가』,

　　　교육과학사, p.128~135
Purves 외 저, 이광웅 외 역(2007),『생명생물의 과학』, 교보문고, p.111
Richard A. schmuck · Patricia A. Schmuck 저, 김경식 역(2000),『학급의 사회심리
　　　학』, 원미사, p.375~376
T.E. Graedel · B.R.Allenby 저, 조영일 역(2004),『산업생태학』, 도서출판 한산,
　　　p.1~2
『2008년 주민등록인구통계』, 부산광역시, p.7

법규

검찰청법	도시 및 주거환경정비법
공직선거법	법원조직법
공직자윤리법	신행정수도 후속대책을 위한 연기 ·
국가공무원법	공주지역 행정중심복합도시
국가재정법	건설을 위한 특별법(세종시법)
국가재정법 시행령	정당법
국장 · 국민장에관한법률	위험직무 관련 순직공무원의 보상에
국회법	관한 법률 시행령
국회에서의증언 · 감정등에관한법률	헌법
대통령직인수에관한법률	

행정기관

교육과학기술부	사회통합위원회
국토해양부	서울시
농림수산식품부	전국경제인연합회
방송통신위원회	통계청

한국은행
행정안전부

행정중심복합도시건설청

사전

네이버 국어사전
네이버 백과사전
네이버 용어사전
네이트 용어사전
다음 국어사전

대신경제연구소 용어사전
두산백과사전
야후백과사전
위키백과(사전)

언론

강원도민일보
강원일보
경상북도 인터넷신문
경인일보
경향신문
국민일보
내일신문
노컷뉴스
뉴데일리
뉴스엔
뉴스웨이
뉴스한국
뉴시스
대전일보
데일리안
도시재생신문
동아일보
매일경제

머니투데이
문화일보
미디어스
미디어오늘
민중의소리
뷰스앤뉴스
서울경제
서울신문
서울투데이
세계일보
소비자가만드는신문
신동아
아시아경제
아시아뉴스통신
아이뉴스24
에이블뉴스
연합뉴스
연합인포맥스

오마이뉴스
월간중앙
위클리경향
이데일리
이코노미스트
일요서울
조선일보
주간동아
중앙일보
충청타임즈
케이뉴스
파이낸셜뉴스
프레시안
한강타임즈

한겨레
한겨레21
한국경제
한국일보
헤럴드경제
CNB저널
KBS
KTV(한국정책방송)
MBC
MBN
SBS
TV리포트
YTN

기타

경제정의실천시민연합(경실련)
민족문제연구소
민주당
박희태 국회의장 사이트
분쟁해결포럼 단국대학교 분쟁해결
　　　　연구센터
서울 G20 정상회의
신창운 전문기자의 여론다움

안민석 국회의원 사이트
자유기업원
전주신흥고등학교
투명사회를 위한 정보공개센터
한나라당
한국투명성기구
SK사이버경영관

색인

이진호 —————————————————————————————————

귀뚜라미그룹 기술아이디어 경진대회 동상 수상
(가정용 가스보일러 연도 폐가스 누출방지용 이음장치)
한국가스신문사 퇴사
한중씨아이티 품질보증팀장 퇴사
대구대학교 불어불문학과 졸업
한국방송광고공사 광고교육원 대체과정 수료
부산대학교 지방자치 및 NGO고-정 수료
부산대학교 환경대학원(환경공학 전공) 졸업
현) 교육, 부정부패, 행정개혁, 리더십, 정치, 사회갈등문제 연구·저술가

『부정부패의 원인과 대책』
『현명한 부모의 자녀교육』
「X지향 설계를 통해 청정생산 달성을 위한 초저온저장탱크에 대한 LCA 적용)」
(공학석사학위논문)

한국사회
대립과
갈등 진단(상)

초 판 인 쇄 | 2011년 1월 28일
초 판 발 행 | 2011년 1월 28일

지 은 이 | 이진호
펴 낸 이 | 채종준
펴 낸 곳 | 한국학술정보㈜
주　　소 | 경기도 파주시 교하읍 문발리 파주출판문화정보산업단지 513-5
전　　화 | 031) 908-3181(대표)
팩　　스 | 031) 908-3189
홈 페 이 지 | http://ebook.kstudy.com
E-mail | 출판사업부 publish@kstudy.com
등　　록 | 제일산-115호(2000. 6. 19)

ISBN　　978-89-268-1858-9 94330 (Paper Book)
　　　　978-89-268-1859-6 98330 (e-Book)
　　　　978-89-268-1856-5 94330 (Paper Book set)
　　　　978-89-268-1857-2 98330 (e-Book set)

내일을여는지식 은 시대와 시대의 지식을 이어 갑니다.